Johannes F. & Martina Hartkemeyer

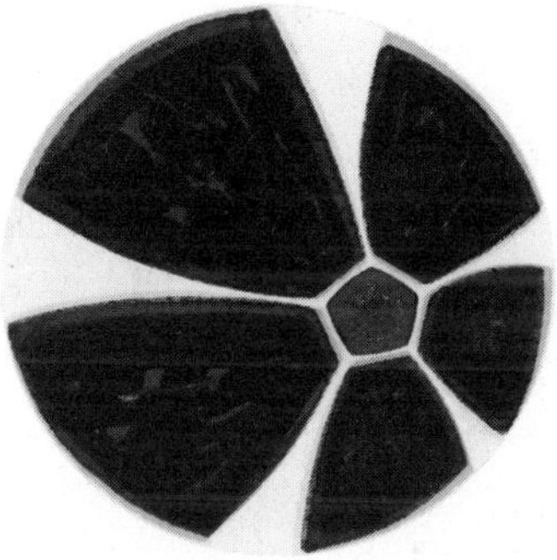

Die Kunst des Dialogs – Kreative Kommunikation entdecken

Erfahrungen, Anregungen, Übungen

Klett-Cotta

Klett-Cotta

Stuttgart 2005

Printed in Germany
Schutzumschlag: Dietrich Ebert, Reutlingen
Farbtafelteil: für alle Abbildungen © Werner Ratering, Havixbeck, 2005
Gesetzt aus der Rotis Serif und auf Recyclingpapier gedruckt und gebunden von Kösel, Krugzell
ISBN 3-608-94118-5

Bibliografische Information Der Deutschen Bibliothek
Die Deutsche Bibliothek verzeichnet diese Publikation in der Deutschen Nationalbibliografie; detaillierte bibliografische Daten sind im Internet über <http://dnb.ddb.de> abrufbar.

Inhalt

Anhang

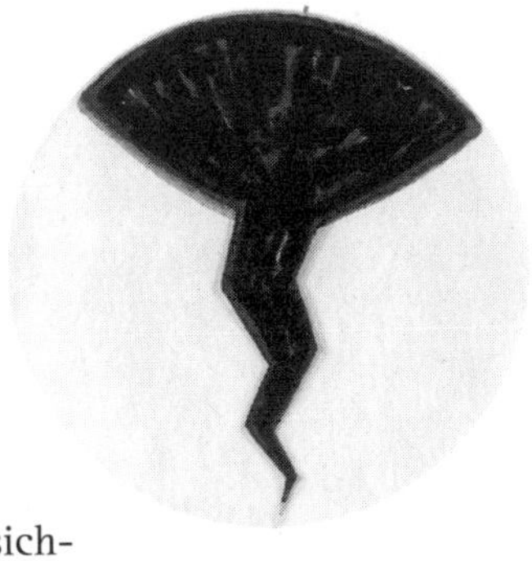

1 Einleitung

Hatten Sie einmal die Gelegenheit, die Sixtinische Kapelle in Rom zu besichtigen? Gewiss haben Sie dann noch die prächtigen Deckengemälde Michelangelos in Erinnerung. Der hier wiedergegebene Ausschnitt aus einem Teil dieser Gemälde, der »Erschaffung Adams«, stellt die Begegnung der Hand Gottes und der Hand Adams dar. Die Hände berühren sich nicht. Und hierin liegt für uns die entscheidende Aussage des Bildes: In dem Raum zwischen den Fingern Gottes und denen des werdenden Menschen wird die Energie entfaltet, findet die Verwandlung statt. Hier wird dem Menschen durch die Begegnung mit Gott »Geist« gegeben.

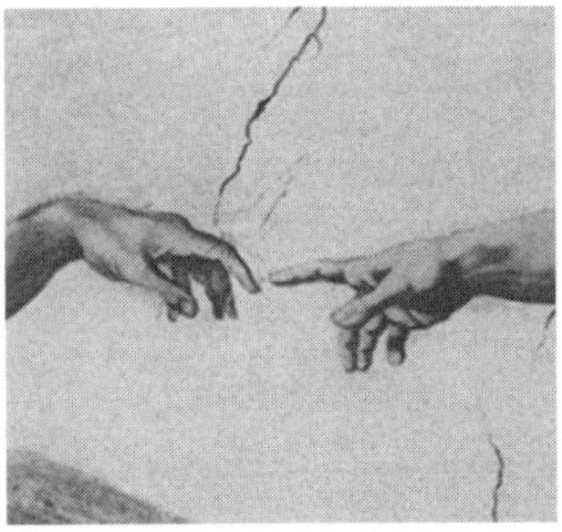

Der Geist von Begegnung und Beziehung (oder sein Fehlen) bestimmt unser Lebensgefühl, er entscheidet darüber, wie oder was wir lernen oder wie wir mit andern Kulturen zusammenleben können. Denn auf unser Wissen allein kommt es nicht an.

Nicht nur in technologischen Bereichen bedarf es neuer »Erfindungen«: Vor allem im Umgang mit Menschen benötigen wir eine neue Qualität, die zwischen Menschen entstehen kann: eine »dialogische Intelligenz«. – Niemand lebt für sich allein. Auch Wissen und Entwicklung erfordern Begegnung. Nicht immer entsteht dabei Kreativität. Diese Kunst, Kreativität in menschlichen Beziehungen zu entfalten, ist Thema unseres Buches.

Wir möchten Ihnen Ansätze einer *Kultur der Ermutigung* vorstellen, Initiativen von Menschen, die mit Phantasie und Kreativität, mit Engagement und Energie Bedingungen schaffen, um die Entwicklung von Vielfalt und Lebendigkeit zu fördern, Gespräche mit Menschen, die auch unter schwierigen Verhältnissen zum Dialog und zur Begegnung einladen.

Seit dem Erscheinen unseres ersten Buches *Miteinander denken* (1998, mit Freeman Dhority) hat sich ein Feld von Ideen, Initiativen und Netzwerken zum Thema Dialog entwickelt – ein Zeichen für die Suche nach einer qualitativ anderen Kommunikationskultur. Dieses Bemühen reicht weit über unseren Kulturkreis hinaus. So wurde unser erstes Buch inzwischen ins Persische übersetzt, und hier dürfen wir einen ersten Bericht über Aktivitäten zur Einführung des Dialogs im Iran wiedergeben. Eine Fülle von Erfahrungen bringen verschiedene Dialogprozess-Begleiterinnen und -Begleiter in dieses Buch ein. Sie berichten nicht nur selbst aus ihren Erfahrungsbereichen, sondern lassen auch Teilnehmer ihrer Dialogseminare zu Wort kommen. Darüber hinaus befassen sie sich mit besonderen Themenaspekten wie der Rolle von Intuition im Dialogprozess oder sie setzen sich mit der Bedeutung von Nichtwissen in Organisationen und dem Zugang zu diesem Phänomen mit Hilfe des Dialogs auseinander.

Unsere Suche bringt uns, wie auch im ersten Buch, mit zahlreichen Gesprächspartnerinnen und -partnern zusammen: Die Form des Gesprächs als dialogische Annäherung an die Wirklichkeit ermöglicht es eher als »monologisierende« Aussagen, Gedanken und Entwicklungen in der Schwebe zu halten, und verhilft dazu, Apodiktisches in der Beschreibung dialogischer Fragestellungen und Praktiken zu vermeiden. Hierzu tragen auch (und vielleicht besonders) solche Gesprächspartner bei, denen unser – d. h. der Bohm-/Bubersche – Dialogansatz nicht vertraut ist. Sie inspirieren uns dazu, unser Dialogverfahren kritisch zu hinterfragen und unser Dialogverständnis zu vertiefen. Sie geben Impulse für die Weiterentwicklung und das Verständnis von »dialogischer Intelligenz«.

Ein kurzer Wegweiser – als roter Faden – in der Themenlandschaft des Buches: »Der Weg entsteht beim Gehen« – insofern können Sie überall in das Buch einsteigen. Für das Verständnis unseres Dialogansatzes ist es hilfreich zu wissen, dass manche Alltagsbegriffe in ihrer Bedeutung neu akzentuiert sind – vom Begriff »Dialog« angefangen, dessen Inhalt sich vielfach nur aus dem Kontext erschließen lässt.

Das *Grundlagenkapitel 2* erscheint uns als geeigneter Einstieg, um sich mit unserem Verständnis von Dialog vertraut zu machen. Hiernach gehört zum Dialog eine Reihe von Kernfähigkeiten. Und diese lassen sich einüben! Von dieser ermutigenden Tatsache handeln die folgenden Kapitel, in denen es um das Wirken des Dialogs im privaten familiären, beruflichen und gesellschaftlichen Bereich geht, bis zu politisch sensiblen Feldern wie dem interkulturellen Zusammenleben.

Dialog statt Monolog. Viele Monologe ergeben noch keinen Dialog – weniger Recht haben – mehr zuhören und verstehen.

Sicherlich sind Ihnen Zustände durchwachter Nächte vertraut, in denen Traum und Wirklichkeit nahe beieinander liegen – und sich Gespräche entspinnen, die »unserem« Dialog recht nahe kommen können. Davon ausgehend fragen wir in *Kapitel 3* nach den Möglichkeiten des Dialogs in Alltagsbereichen wie Familie, Schule und Beruf: Wie können wir *ehrlich* und *kreativ* miteinander kommunizieren? Wie lassen sich kleine – und doch so bedeutsame – Alltagskonflikte »dialogisch« bewältigen? »Bringt« der Dialog auch etwas in so genannten »alternativen« Wohnprojekten? Um diese Fragen geht es in mehreren Erfahrungsberichten. Unserem Gespräch mit dem dialogbegeisterten Filmemacher *Michael Mendizza* können Sie entnehmen, wie Spitzenleistungen etwa von Sportlern mental zustande kommen und was dies mit dem Dialog zu tun hat...

Dialog als Raum für Be-gegnung: über die Qualität des Redens und »Mitsammenseins« nachdenken und Ver-gegnung im Alltag vermeiden.

Als Eltern machen Sie bestimmt oft die Erfahrung, dass Erziehung ein Abenteuer ist. Manchmal stehen Sie und Ihre Kinder vor Herausforderungen, die nur mit »Pioniergeist« zu bewältigen sind. Welche Rolle der Dialog dabei spielen kann, darüber berichtet *Kapitel 4*. Dabei gehen wir von einem Gespräch mit *Jesper Juul* aus, der den Kindern ihren eigenen Wert, ihre Eigenständigkeit wieder zuerkennt und fragt, was »Erziehung« mit uns selbst zu tun hat. In unserem Gespräch mit der Psychologin *Verena Kast* geht es um »Schatten« – von uns verleugnete Persönlichkeitsanteile, die auch Dialogbegleiter bei sich erkennen können, wenn sie beispielsweise bei sich selbst Antipathien gegen gewisse Teilnehmer und Teilnehmerinnen feststellen...

Der »PISA-Schock« steckt uns gewissermaßen noch in den Knochen, dies aller Wahrscheinlichkeit nach mit Langzeitwirkung. Was vermag der Dialog in unserem reformbedürftigen Bildungssystem zu leisten? In *Kapitel 5* untersuchen wir Anwendungsfelder für den Dialog im Bereich der organisierten Bildung und Weiterbildung. Wir stellen in einer Reihe von Erfahrungsberichten aus Schule, Universität und beruflicher Weiterbildung durch den Dialog inspirierte Ansätze vor, die zu einer neuen Kultur des Lernens beitragen können. Anregende Gesprächspartner waren uns dabei der Nestor der schulischen Bildung, *Hartmut von Hentig*, und *Norm Green* von der Bildungskommission des Distrikts Durham in Kanada, für den Lehrer Lernprozess-Begleiter sind. Für den Erwachsenenbildner *Horst Siebert* sind Dialoge als »existenzielle Schlüsselsituationen« Bestandteile eines »weltweiten Paradigmenwechsels«, der nicht nur die Bildungssysteme umfasst. Mit *Satish Kumar*, dem Begründer der »Small-School-Bewegung« in England, unterhielten wir uns u. a. darüber, welche Folgen ein dialogisch orientierter Bildungsbegriff für unsere Lebensweise haben kann.

Dialog als lernbare Disziplin: den Annahmen, Überzeugungen und Gefühlen auf den Grund gehen, um zu beleuchten, was unterschwellig unser Miteinander beherrscht.

Können Sie sich vorstellen, dass unser Dialogverfahren in weltweit agierenden Konzernen angewendet wird? In *Kapitel 6* stellen wir erfolgreiche Dialogprojekte im Bereich verschiedenster Profit- und Non-Profit-Organisationen vor, so in der »Deutschen Leasing AG«, bei DaimlerChrysler und der renommierten Bildungsakademie Boldern in der Schweiz. Diese Erfahrungsberichte vermitteln Ihnen eine Vorstellung davon, wie wirksam die Entfaltung kollektiver Intelligenz für dauerhafte Veränderungsprozesse und dialogische Organisationskulturen sein kann. Hierauf bezieht sich auch unser Gespräch mit *Joseph Jaworski*, der sich die längste Zeit seines Lebens mit der Entwicklung, Leitung und dem Wandel von großen Organisationen befasst hat.

Dialog als Kernkompetenz für lernende Organisationen: um lernfähig und überlebensfähig zu bleiben.

Kann der Dialog auch etwas in politisch-gesellschaftlich höchst umstrittenen Konfliktfeldern ausrichten, wie z. B. der Gentechnik und dem interkulturellen Zusammenleben? Hierüber berichten wir in *Kapitel 7*. Interkulturelle Dialogprojekte führen uns vom »Europäischen Projekt für Interreligiöses Lernen« bis nach Namibia und in den Iran. Bei *Mohammad Khatami*, dem Präsidenten der iranischen Republik, erfuhren wir von erstaunlichen Parallelen zu unserem Dialogverständnis.

Was kann der Dialog von so mutigen Versuchen wie dem des ehemaligen Staatspräsidenten von Kolumbien *Andrés Pastrana Arango* lernen, der sich zu Verhandlungen mit Guerilleros in den Urwald begab? Wie ist das weitgehende Gelingen des Versöhnungsprozesses in Südafrika dialogisch zu deuten? Ist überhaupt ein Weg vorstellbar, Täter und Opfer von Gewalt wieder zusammenzubringen? Über solche und ähnliche Fragen sprachen wir mit *Pastrana*, mit *Martin Coetzee* in Südafrika und *Dan Bar-On* aus Israel.

Der Dialog ist nur eines von zahlreichen Kommunikationsverfahren. »Open Space«, »Gewaltfreie Kommunikation«, »Mediation« und »Themenzentrierte Interaktion« etwa haben ähnliche Zielsetzungen und gehen vordergründig ähnlich wie der Dialog vor. In *Kapitel 8* zeigen wir mit Hilfe unserer Gesprächspartner *Marshall Rosenberg* und *Ruth Cohn*, was den Dialog von anderen Kommunikationsverfahren unterscheidet und was er von anderen lernen kann. Denn der Dialog ist ein ergebnisoffener Prozess, in dem die »Regeln«, »Methoden« und »Rituale« sich als für den Erkenntnisprozess dienlich erweisen sollen und keinen kanonisierten – sich selbst dienenden – Selbstzweck erfüllen.

Dialog als Sinnfluss: miteinander ein neues Verständnis erreichen – einen gemeinsamen Sinn entdecken, über die bereits »gedachten« Gedanken hinaus.

Von Albert Einstein stammt die Aussage: »Wenn eine Maus das Weltall betrachtet, ändert es sich.« Damit meinte das Physik-Genie vielleicht auch, dass die Welt aus einem Netz von Beziehungen besteht. Was der Dialog damit zu tun hat, darüber fabulieren wir ein wenig – zusammen mit dem Biologen und Erkenntnistheoretiker *Humberto Maturana,* dem Atomphysiker und Träger des Alternativen Nobelpreises *Hans-Peter Dürr* und dem »enfant terrible« unter den Naturwissenschaftlern *Rupert Sheldrake* – in *Kapitel 9.* Und eröffnen damit, quasi als Ausblick, ein weiteres kreatives Feld…

Wollen Sie wissen, wie Dialogseminare aufgebaut werden können? Was Sie erwartet, wenn Sie sich für eine Ausbildung zur Dialogbegleitung interessieren? Dann werfen Sie einen Blick in die *Dialog-Werkstatt* im Schlusskapitel. Dort finden Sie neben Überlegungen zu häufig gestellten Fragen weitere Praxisbeispiele für den Einsatz des Dialogverfahrens. Übungen und Arbeitsmaterialien laden Sie dazu ein, eigene Erfahrungen im Dialog zu sammeln.

Die Literatur zum Dialog füllt Bibliotheken. Im Literaturverzeichnis dieses Buchs haben wir Titel ausgewählt, auf die wir selbst immer wieder zurückgreifen und von denen wir meinen, dass sie auch für Sie eine Orientierungshilfe bieten. Auch im Internet, dem weltumspannenden »Marktplatz«, können Sie viel Hilfreiches rund um den Dialog finden – von Fachartikeln, Bildern, Tondokumenten bis hin zu Adressen von Gruppen, die versuchen, sich dialogisch auszutauschen.

So ist das vorliegende Buch ein Gemeinschaftswerk aus dem Feld des weltweiten Dialogs über die Möglichkeiten einer neuen Qualität von Kommunikation und Begegnung, ein Ergebnis der Arbeit all der Menschen, die uns in offener und freigiebiger Weise an ihren Erfahrungen teilhaben ließen.

Mit Max Frisch sind wir uns – bei allem Bemühen, unsere Gedanken schriftlich zu fassen – dessen bewusst, dass Worte nur »darum herumschreiben« können:

»Unser Anliegen, das eigentliche, lässt sich bestenfalls umschreiben, und das heißt ganz wörtlich: Man schreibt darum herum. Man umstellt es. Man gibt

Aussagen, die nie unser eigentliches Erlebnis enthalten, das unsagbar bleibt; sie können es nur umgrenzen, möglichst nahe und genau, und das Eigentliche, das Unsagbare, erscheint bestenfalls als Spannung zwischen diesen Aussagen.« (Frisch 1998, S. 379)

Um das geschriebene und gesprochene Wort geht es auch in dem einleitenden Gespräch mit dem Philosophen und Hermeneutiker *Hans-Georg Gadamer*, der zeitlebens ein »Mann des Dialogs« war. Die Entwicklung einer Lern- und Fragekultur sowie die grundsätzliche Notwendigkeit einer dialogischen Haltung für einen offenen Erkenntnisprozess stehen für ihn im Zentrum des Gesprächs.

Zur Zitierweise in diesem Buch

Dieses Buch folgt den Regeln der neuen Rechtschreibung, auch bei den ursprünglich in alter Rechtschreibung geschriebenen Zitaten.

»Im Dialog die unbeweisbaren Dinge des Lebens umkreisen«

Gespräch mit Hans-Georg Gadamer

»Tanzen weist auf den Geist hin, der den Kreis der existierenden Dinge umrundet...«
Ahmad Ghasali

Im Gespräch mit dem Philosophen Hans-Georg Gadamer wird die Entwicklung einer Lern- und Fragekultur sowie die Notwendigkeit einer dialogischen Haltung angesprochen. Hans-Georg Gadamer gilt als einer der bedeutendsten zeitgenössischen Philosophen. Er hatte die dialogischen Qualitäten verinnerlicht, die wir uns erschließen wollen. Studenten berichten davon, dass Prüfungen, die Gadamer abnahm, sich zu intensiven Gesprächen entwickelten.

Am 11. Februar 1900 in Marburg geboren, studierte er in Breslau, Marburg, München und Freiburg u. a. Philosophie, um bei Paul Natorp in Marburg zu promovieren. Nach der Habilitation bei Martin Heidegger bekam er eine außerordentliche Professur in Marburg. Später wurde er nach Leipzig, Frankfurt und Heidelberg berufen. Darüber hinaus war Gadamer auch langjähriger Präsident der Allgemeinen Deutschen Gesellschaft für Philosophie. 1960 erschien sein Hauptwerk Wahrheit und Methode, *das als Standardwerk für die Hermeneutik* gilt und ihn schlagartig berühmt machte. Im Dialogverständnis Gadamers kommen mehrere Kompetenzen zum Ausdruck, die wir als »Kernfähigkeiten« des Dialogprozesses begreifen, wie z. B. die »lernende Haltung«, das »Erkunden« und das »In-der-Schwebe-Halten von Annahmen«, die wir in Kapitel 2 (S. 38ff.) vorstellen.*

Gadamer starb am 13. März 2002 im Alter von 102 Jahren.

Hartkemeyer: *Herr Gadamer, was bedeutet für Sie der Dialog?*

Gadamer: Die lebendige Form der Kommunikation durch die Sprache ist für mich die Grundfrage des Menschlichen. Durch Sprache in sich öffnenden Horizonten zu leben, durch den Verstehensprozess sich die Dinge zu erschließen steht für mich im Mittelpunkt. Dagegen halte ich den konventionellen Sprachunterricht an den Schulen für Unsinn. Es erweitert den Horizont nicht, Menschen in einer toten Form mit Sprachen zu traktieren. Ich habe mit 14 Jahren, also zu Beginn des Ersten Weltkrieges, in Breslau selbst erlebt, welchen Unterschied es macht, z. B. mit einem Franzosen im Unterricht lebendig zu kommunizieren.

Wo genau sehen Sie das Problem?

---

* Hermeneutik (von griech. *hermeneuein:* deuten, interpretieren), Lehre vom Verstehen, Auslegungskunst, siehe auch Nachspann des Gesprächs.

Gadamer: Es sind für mich Nachwirkungen eines falsch verstandenen humanistischen Sprachunterrichtes. Mindestens ein Viertel des Unterrichts sollte dem erkenntnisfördernden Dialog dienen, vor allem in den lebenden Sprachen. Die toten helfen sich selbst. Deshalb bin ich auch ein großer Anhänger des freien Redens ohne Manuskript.

Worum geht es Ihnen beim Verstehensprozess, den Sie das ›hermeneutische Problem‹ genannt haben, im Kern?

Gadamer: Es geht erstens um die Frage: Wie machen wir uns selbst für andere durch Sprache verständlich; und zweitens: Wie gehen wir mit geschriebenen Texten um, damit Missverständnisse, Verdrehungen und Missbräuche vermieden werden?

Wie machen wir uns durch Sprache verständlich?

Die Mathematik wird als exakter Formalismus angesehen, durch den Sachverhalte präzise beschrieben werden. Kann Sprache eine ähnliche Präzision und Genauigkeit erreichen wie Mathematik?

Gadamer: Ich denke nicht. Wenn auch in quantitativen Bereichen der Naturwissenschaften exakte Resultate möglich sein können, haben wir es beim Menschen in erster Linie mit qualitativen Fragen zu tun. Uns selbst zu verstehen und die Kultur zu entwickeln kann nicht auf positivistische Methoden der Naturwissenschaften reduziert werden. Wir sind Teil einer Geschichte, die niemals abgeschlossen ist. Sie will immer wieder neu entdeckt werden. Deshalb betrachten wir auch die Geschichte und uns selbst immer wieder neu; alle zeitgebundenen Urteile über uns und die Welt erkennen wir immer wieder als vorläufig und nicht selten als Vorurteil.

Der Weg der Erkenntnis, die Methode des Erkennens steht für Sie im Mittelpunkt?

Gadamer: Ja. »Methodos« bedeutet in der Antike stets das Ganze der Beschäftigung mit einem Bereich von Fragen und Problemen. In diesem Sinn ist »die Methode« nicht ein Werkzeug zur Objektivierung und Beherrschung von etwas, sondern ein Anteilnehmen am Umgang mit den Dingen, mit denen wir uns befassen. Diese Bedeutung von »Methode« als Mitgehen setzt voraus, dass wir uns schon mitten im Spiel befinden und keinen neutralen Blickpunkt ein-

»Die Methode«: ein Anteilnehmen am Umgang mit den Dingen.

nehmen – auch wenn wir uns noch so sehr um Objektivität bemühen und unsere Vorurteile aufs Spiel setzen.

Nun haben Sie ja zu »Wahrheit und Methode« geschrieben. Was haben Wahrheit und Dialog miteinander zu tun? Der Konstruktivismus gipfelt in dem Ausspruch Heinz von Foersters: »Die Wahrheit ist die Erfindung eines Lügners.«

Im Dialog die unbeweisbaren Dinge des Lebens umkreisen.

Gadamer: Nein (lacht), so weit gehe ich nicht. Aber das bringt mich auf einen Vergleich. Ich habe gestern einen englischen Vortrag eines Kollegen gehört, und solange er im Auditorium doziert hat, habe ich nichts verstanden. Erst im persönlichen Gespräch ist es mir gelungen, sein Anliegen nachzuvollziehen. Der Mathematiker sagt: »Was hilft mir ein richtiger Satz, wenn ich ihn nicht beweisen kann.« Das aber ist nicht die Art, wie wir Menschen im Dialog die unbeweisbaren Dinge des Lebens umkreisen.

Über die Sprache hinaus scheint auch die Schriftform große Probleme im Verstehensprozess zu bereiten.

Gadamer: Ja, ich gehe sogar so weit, die Schriftlichkeit als eines der größten Probleme für die Erkenntnis zu sehen. Ich denke auch, dass man aus diesem Grund früher beim Schreiben und Lesen laut gesprochen hat. Das war bis zum 12. Jahrhundert die Regel. Letztlich ist alles Verstehen die Anwendung des Verstandenen auf uns selbst.

Sokrates sagte einmal, ein redlicher Mann sollte nicht schreiben.

Gadamer: (Lacht) Vielleicht habe ich auch deshalb bis zum 60. Geburtstag gewartet, bis ich mein erstes Buch veröffentlicht habe.

»Wahrheit und Methode«.

Gadamer: Ja. Ich bin gerührt, dass dieses Buch bis heute noch in immer neuen Ausgaben um die Welt geht und eine solche Wirkung hat. Was aber die Stimme in all ihren Variationen leistet, liegt weit über den Möglichkeiten der Schrift.

Neben der Bedeutung der Stimme im Dialog ist die Art des Fragens von zentraler Bedeutung. Im Alltag tun wir oft so, als ob wir etwas fragen wollten, nicht selten äußern wir aber verdeckte Behauptungen. Und diesen Verkürzungen folgen die Interpretationen. Das vermindert die Qualität der Verständigung. Denn jede Suche nach Antwort ist ein subjektiver Weg.

Was ist bei dieser Suche die Aufgabe der Philosophie?

Gadamer: Aus meiner Sicht gibt es immer mehr Fragen, auf die wir keine Antworten finden. Unsere konventionellen Gesprächsformen sind den Problemtiefen nicht mehr gewachsen. Es ist auch ein Aberglaube, dass sie durch den wissenschaftlich-technischen Fortschritt verschwinden würden. Die Informatik von heute macht immer mehr jede wirkliche Urteilsbildung unmöglich. Die Menschen kommen kaum noch zur Besinnung. Ich bin froh, wenn es mir erspart bleibt, lediglich informiert zu sein. Denn das suggeriert ja, ich brauchte nicht mehr zu fragen. Gerade hier beginnt die Aufgabe der Philosophen. Und das ist jeder, der eine wirkliche Frage stellen kann.

Philosoph ist jeder, der eine wirkliche Frage stellen kann.

Zwingen uns nicht besonders unsere Kinder zu existenziellen Fragen? Vielleicht sogar mehr als die Menschen, die in Seminaren etwas intellektuell wissen wollen? Kindern geht es immer wieder um die Grenzen von Erkenntnis, den Sinn des Lebens.

Gadamer: Gerade solche Fragen meine ich ja. Man sollte beim Fragen nicht nur Informationen bekommen, über die man nicht weiter nachdenken muss. Es geht um die Schaffung eines gemeinsamen Verständnishorizontes, nicht um das Überredenwollen. Wenn man jemanden überzeugen will, nennt man das Rhetorik.

Rhetorik als Redekunst oder Überzeugungsinstrument ist aber keine philosophische Erkenntnismethode.

Gadamer: Da bin ich mir nicht sicher. Nehmen Sie Platon. Allerdings nicht bei Kant. Für mich ist das wirkliche Gespräch eine entscheidende Aufgabe der Philosophie. Es setzt immer voraus, das auch der andere Recht haben könnte.

Welche Dimension hat der Dialog heute vor dem Hintergrund der Fragen, denen die Weltkultur ausgesetzt ist?

Gadamer: Wir können doch die Augen nicht davor verschließen, dass das friedliche Zusammenleben der Menschen auf diesem Planeten von der Art und Weise abhängt, wie wir miteinander reden. Die atemberaubende Expansion der

Wir können nur mit unserer Sprache denken.

Weltwirtschaft, die gleichzeitig die menschlichen Fähigkeiten entwickelt, schafft auch völlig neue Arten von Konflikten und Gewaltformen. Es scheint ein »Wille zur Macht« in diesen Konkurrenzstrukturen alles Kommunikative zu durchdringen. Glauben Sie wirklich, dass irgendeine Technik »konkreten Sprechens« in Form linguistischer Präzision die Muttersprache ablöst und diese Konflikte löst? Wir können nur mit unserer Sprache denken – nicht über oder gar gegen sie.

Gibt es aus Ihrer Sicht einen praktischen Weg zur interkulturellen Verständigung?

Gadamer: Ich sehe die Menschheit heute weit entfernt von einem Ideal einer Weltkulturgemeinschaft, wo alle ihren gleichberechtigten Platz haben. Das würde eine höhere Form von Moral erfordern, als wir sie heute in der Politik finden. Die Welt der Musik könnte so etwas wie eine Ahnung von einer Weltkultur vermitteln, die hinter den Differenzen der Sprache liegt. Und wir können uns vielleicht an die unvergleichliche Wirkung erinnern, welche die Muttersprache seit frühester Kindheit hat, welche unreflektierten Einstellungen, Gefühlsmuster in uns verinnerlicht werden, welches Selbstverständnis uns vermittelt wurde. Hermeneutik und Dialog könnten die Zugänge sein, die Aufmerksamkeit für diese Differenziertheit zu schärfen und einen Weg zu ihrer Versöhnung zu finden.

Wir müssen unsere begrenzten Sichtweisen austauschen. Wie der Dialog ist die Hermeneutik keine Erfindung eines einzelnen Denkers. Es sind Begriffe für etwas, was wir eigentlich wissen, seit die Menschen begonnen haben, ihre Lebensweisen aufeinander zu beziehen. Nur ist es so schwer zu begreifen, dass heute niemand, kein Einzelner, kein Staat, keine Religion in der Lage ist, letztendlich Ziele zu entwickeln, mit denen alle einverstanden sind. Die Frage nach dem Guten ist – wie Sokrates sagte – nicht zu beantworten. Trotzdem müssen wir die Frage ernst nehmen, denn wir sind für unser Handeln verantwortlich.

Ist nicht auch die Entwicklung einer Fragekultur des Alltags von Bedeutung, die in der Politik unterentwickelt ist?

Auflösung der Regelschablonen des Denkens – Aufgabe des Dialogs.

Gadamer: Ja, wir alle müssen wieder fragen lernen und sehen, dass ein so genannter Dummkopf ein größerer Philosoph sein kann als mancher, der sich als professioneller Philosoph gibt. Dabei ist es gerade die Aufgabe eines jeden Gebildeten, auf die leisen Stimmen zu hören. Wenn die menschliche Kommunikation eine der größten Kulturleistungen ist, so ist die Auflösung der Regelschablonen des Denkens eine Aufgabe des Dialogs.

Heißt »hören« dann nicht, dass man auf die tiefsten Fragen eigentlich gar keine Antwort erwarten sollte?

Gadamer: Man sollte bei jeder Antwort alle möglichen Variationen mit ins Auge fassen und keine so hohen Erwartungen an die Philosophie haben, auch wenn es um die so genannten großen Fragen und letzten Dinge geht, wie Tod, Geburt, Theologie, oder darum, was Bewusstsein ist.

Die Informationstheorie gibt Ihnen darauf keine Antwort. Aber jeder Mensch ist damit konfrontiert. Auch einfache Menschen können in diesem Sinne philosophieren. Aber ich glaube, wir müssen in der Philosophie endlich wieder lernen, wie man einen guten Dialog führt. Es ist für mich immer wieder unfassbar, was es an Differenzen, an Nuancen der Wirklichkeitserfahrung gibt. Das kann man gar nicht theoretisch erfassen oder abhandeln.

Endlich wieder lernen, wie man einen guten Dialog führt.

Die Sprache kann im Dialog eine mögliche Form sein, um Sichtweisen in der Schwebe zu halten. Die Schriftlichkeit ist von einer kalten Abstraktion. Es ist interessant, dass die Chinesen das so stark empfunden haben, dass sie bei ihren Briefen malen.

Die Schriftzeichen bieten eine große Vielfalt der Interpretationsmöglichkeiten.

Gadamer: Ja, sie setzen die bildenden Kräfte frei. Wenn ich einen chinesischen Brief bekomme, macht das auf mich immer wieder einen großen Eindruck.

Hermeneutik

Im 20. Jahrhundert waren es Edmund Husserl, Martin Heidegger und sein Schüler Hans-Georg Gadamer, die eine Neuorientierung der philosophischen Hermeneutik im Sinn einer eher »offenen« Auslegekunst unternahmen. Verstehen ist demnach niemals nur durch das konkret-gegenwärtige Verhältnis des Subjekts zu dem Gegenstand seiner Betrachtung bestimmt, sondern Teil eines wirkungsgeschichtlichen Geschehens, das die historisch wandelbaren Gegebenheiten, den jeweiligen Horizont des Erkenntnisaktes, berücksichtigen muss (Horizonttheorie). Der Bedeutungszusammenhang des zu Deutenden ist als vergangene Wirklichkeit dem Rezipienten nie wirklich zugänglich. Der Interpret und das zu Interpretierende stehen vielmehr in einem gegenseitigen Bedingungsgefüge. Heidegger und Gadamer beschreiben dieses Dilemma als einen »hermeneutischen Zirkel«: Dabei beziehen sie sich auf die Art und Weise, in der – sowohl im Verständnis als auch in der Interpretation – der Teil und das Ganze kreisförmig aufeinander bezogen sind. Um das Ganze zu verstehen, ist es notwendig, die Teile zu verstehen, und umgekehrt. Nur unter dieser Bedingung sind menschliche Erfahrung und Forschung überhaupt möglich.

»Möglichkeit oder Chance inmitten der Krise« – Chinesische Zeichen

»Möglichkeit oder Chance inmitten der Krise« ist die Übersetzung des nebenstehenden chinesischen Zeichens. Das chinesiche Wort für »Krise« setzt sich aus zwei Zeichen zusammen: aus dem Zeichen »Gefahr« (links) und dem Zeichen »Chance« (rechts). Das mittlere Zeichen bedeutet »Zentrum«. Die alte Form von »Gefahr« (hier nicht abgebildet) zeigt eine Person am Rande des Abgrunds. Die (ebenfalls nicht abgebildete) alte Form des Zeichens für »Chance« zeigt zwei Kokons, das Zeichen für transformative Veränderung.

›Das wirkliche Gespräch setzt immer voraus, dass auch der andere Recht haben könnte‹: Diese Grundhaltung Gadamers ist Basis des Dialogs. Sie lässt es zu, nicht auf eigenen Gewissheiten zu beharren, sondern sie zumindest vorübergehend in der Schwebe zu halten. Für Gadamer ist das Gespräch die Basis des Denkens. Es ist – wie Gadamer sagte – …»die antwortende Anwesenheit des anderen, mit dem man das Gespräch sucht, um das Gespräch mit sich selbst fortzusetzen, das man Denken nennt«.

Das Gespräch mit sich selbst, das man Denken nennt.

Der gemeinsame und kollektive Denkprozess ist Basis für die Erhaltung einer geistigen Offenheit. Gadamer: »Ich erschrecke über meine Neigung zum Konformismus, der immer wieder neue Mittel und Wege zum Selbstbetrug findet.« Der Bezogenheit auf das Gegenüber, um Entwicklung möglich zu machen, entspricht bei Martin Buber die Bedeutung des »Anderen«, des »Du«, für die Entwicklung des »Ich«.

Gadamer verstand auch die Methode nicht als ein Werkzeug zur Beherrschung oder Objektivierung von etwas, sondern als Anteilnehmen in dem Bewusstsein, dass wir keinen neutralen »objektiven« Blickpunkt einnehmen können. Insofern ist die »Beobachtung des Beobachters«, wie wir sie im folgenden Kapitel als eine der zehn dialogischen Kernfähigkeiten skizzieren, die Basis für einen permanenten reflexiven Suchprozess – eine Haltung, die auch die Dialogprozess-Begleitung auszeichnet.

2 Von der Kunst, miteinander zu denken – Einige Grundlagen des Dialogs

Die Welt des Dialogs im Gefängnis

> »Um einen Staat zu beurteilen, muss man seine Gefängnisse von innen ansehen.«
> Lev N. Tolstoi

Die schweren Stahltüren des Hochsicherheitsgefängnisses HMP Whitemoor fallen hinter *Peter Garrett* ins Schloss. Mit seinem unbewaffneten Begleiter *Mike English* ist er auf dem Weg zu seinem Arbeitsplatz, einer Dialogrunde hinter dreifach gesicherten Mauern. Seine Gesprächspartner waren in der letzten Woche Mehrfachvergewaltiger, heute sind es Serienmörder, Berufskiller und Terroristen. Sozialarbeiter und Gefängnispfarrer haben diese Menschen fast aufgegeben. Peter Garrett, Managementtrainer und Aktionsforscher aus dem englischen Chipping-Campden, ist der einzige, der noch mit ihnen ins Gespräch kommt. Die Teilnehmer sind freiwillig in der Runde, und sie lernen Schritt für Schritt, ihren verborgenen Lebenslauf zu entschlüsseln.

Hat Peter Garrett ein Zaubermittel entwickelt? Auf den ersten Blick tut er fast nichts. Aber er ist präsent. Er hat festgestellt, dass diejenigen, die mit der Einstellung arbeiten, die Gefangenen ändern zu wollen, sie zu zivilisieren, genau das Gegenteil erreichen. Sein Weg ist, sie einfach zu verstehen, ihnen zuzuhören. *Peter Garrett* sorgt zunächst für ein offenes Gesprächsfeld und einen Vertrauensraum, den »Container« (s. auch S. 36f.). »Das ist von grundlegender Bedeutung, denn in einer gewöhnlichen Gesprächssituation ist das, was gesagt wird, häufig nur verbales Spielmaterial und überlagert die darunter liegenden Einstellungen, Ängste und Machtstrukturen in der Gruppe. Um diese thematisieren zu können, ist ein tragfähiger Container als Vertrauensbasis Voraussetzung«, so Garrett.

Vielfach ist es für Gefangene das erste Mal in ihrem Leben, dass man ihnen echte Aufmerksamkeit schenkt. In diesem »Hörfeld« sagen sie Dinge über sich, die sie nie vorher erzählt haben. Sie sind über sich selbst erstaunt. Und es beginnt ein seltsamer Veränderungsprozess nach dem Motto: »Wahrgenommene Phänomene verwandeln sich.«

Heute nehmen 21 Personen teil. Auch Wachleute sind darunter. Ein Gefangener zur Runde: »Ihr schimpft auf die Knastbedingungen, als hätten wir nichts verbrochen. Ich weiß, warum ich hier bin. Ich habe Banken ausgeraubt, und es war klar, wenn sie mich fassen, lande ich hier. Bankraub ist mein Business. Und Knast ist das Geschäftsrisiko. Ich weiß nicht, warum ich das mache. Mir gehörte eine Kneipe, und ich brauchte eigentlich das Geld nicht. Als ich jung war, habe ich in dem Landstrich, wo ich lebte, gesehen, dass die einzigen, die schicke Wagen fuhren, Bankräuber waren. Darum habe ich wohl damit begonnen. Aber ich weiß nicht, warum ich das heute mache.« Garretts Begleiter: »Willst du denn herausfinden, warum du das machst?«

Hauptwachtmeister Ken X: »Was ich heute besonders schätze, ist, dass wir über Dinge reden, die uns wirklich etwas angehen und uns bewegen. Das hat große Bedeutung für mich, und ich werde für die Dialoggruppe in diesem Gefängnisflügel Werbung machen.«

Peter Garrett arbeitete ursprünglich wissenschaftlich im Bereich der Gruppenforschung und der praktischen Managementbildung. Die Methode des Dialogs faszinierte ihn, und er wollte prüfen, ob sie nur eine intellektuelle Spielwiese sei oder auch für den härtesten Alltag tauge. Garrett: »Das Problem, das manche Menschen mit dem Dialog haben, ist, dass sie glauben, er ist nur für ›Softprobleme‹ geeignet (s. auch Dialog-Werkstatt, Abschnitt 1, S. 374). Nach meiner Erfahrung ist er aber gerade die Grundlage für die Lösung der schwierigsten Situationen. Denn er macht Machtstrukturen sichtbar. Darum geht es im Gefängnis und im Leben von Gewalttätern. Es wird im Dialogprozess sichtbar, wie der Einzelne mit Macht und Energie umgeht.«

Garrett hat gelernt, dass Frage keineswegs gleich Frage ist. Das unschuldige »Ich habe ja nur gefragt« gilt für ihn nicht. »Fragen und Antworten funktionieren nicht nach der linearen Logik eines Computermodells ›ja/nein‹ oder ›richtig/falsch‹. Eine Welt von Bedeutung steckt dahinter und dazwischen«, betont er. So hat eine in den USA durchgeführte Untersuchung ergeben, dass 95 % der jeweils Befragten in standardisierten Gesprächssituationen die Fragen der Fragesteller als »feindlich« einstufen, während die Versuchsleiter die gleichen Fragen zu 80 % als verdeckte Statements und zu 10 % als »feindliche« Fragen einstuften. Nur 10 % aller Fragen wurden als »echte« Fragen klassifiziert! (S. auch Dialog-Werkstatt, Abschnitt 3.7, S. 407.)

»Dies ist für mich auch immer eine Reise in die dunklen Bereiche meiner eigenen Psyche«, meint Garrett. Im Gefängnis-Dialog muss jede Bewertung der Verurteilten in der konkreten Dialogsituation entfallen. Es ist der Zustand

> Wenn ich mich selber beobachte – z. B. bemerke, wie ich wütend werde –, so bin ich die Wütende, die beobachtet, und kann die (beobachtete) Wut als Forschungsobjekt nur schwer von der Beobachterin trennen. Wenn ich den anderen als (möglichen) Verursacher (Forschungsobjekt) meiner Wut beobachte, geschieht dies von mir, der Forschenden, aus meiner Haltung als Wütende bzw. einer »Forschenden«, die gerade versucht, ihre Wut zu betrachten …

der *Suspendierung*, des zeitweiligen Außerkraftsetzens von gesellschaftlichen Kontrollnormen, der allen Beteiligten die Grundlage für eigene Entdeckungen bietet.

Es geht um die Beziehung und um die Einsicht, dass man durch seine eigene Beobachtungshaltung sich selbst und den anderen beeinflusst. In diesem Sinne ist – in Analogie zur Quantenphysik – der jeweilige »Forschungsgegenstand« nicht vom Beobachtenden, von seiner Haltung, seinen Intentionen zu trennen.

Dass dieses »Beziehungsphänomen« auch wissenschaftlich begründbar ist, hat erst die Quantenphysik gezeigt. Das gesamte Universum ist demnach ein vollständiges Netz von Beziehungen, nach dem Motto von Einstein: »Wenn eine Maus das Universum betrachtet, verändert es sich.« Auch das verrückte »Doppelspalt-Experiment« der Physik, in dem sich ein Lichtphoton je nach Versuchsanordnung und Beobachtung einmal als Teilchen, einmal als Welle zeigt, hat schon Generationen von Physikern beschäftigt (mehr dazu in Kapitel 9 »Modellvorstellungen«, S. 335). Vielleicht ist es daher auch kein Zufall, dass ein Physiker und Schüler von Oppenheimer und Einstein, nämlich *David Bohm*, einer der Begründer des Großgruppendialogs ist. Mit ihm hat Garrett auch die ersten dialogorientierten Großgruppenexperimente entwickelt. Die ersten Treffen fanden in den 80er Jahren in dem kleinen englischen Städtchen Mickleton statt.

Hotel Three Ways House in Mickleton

Was ist ein Dialog?

> *Woran glaubst du? Daran: dass die Gewichte aller Dinge neu bestimmt werden müssen.*
> *Einer hat immer Unrecht: aber mit zweien beginnt die Wahrheit.*
>
> *Friedrich Nietzsche*

Was verbirgt sich hinter diesem Dialogbegriff, der bis hinter Gefängnismauern dringt? Wir geben zunächst einen kurzen Überblick über unser Verständnis von Dialog – als Einführung für Dialog-Interessierte und zur Erinnerung für Leserinnen und Leser unseres Buchs *Miteinander denken*, wo wir darauf ausführlicher eingehen.

Der Dialogbegriff hat viele ideengeschichtliche Wurzeln und Bezüge, die von der Philosophie und Psychologie bis hin zur Quantenphysik reichen (siehe Dialog-Werkstatt, S. 429). Unser Dialogverständnis wurde entscheidend vom anglo-amerikanischen Quantenphysiker *David Bohm* (1917–1992) und dem jüdischen Religionsphilosophen *Martin Buber* (1878–1965) beeinflusst.

Vor allem die Überlegungen von *David Bohm* führten in den USA zu einem Forschungsvorhaben zum Dialog, das in den Jahren 1992 bis 1994 am Massachusetts Institute of Technology (MIT) unter der Leitung von *William Isaacs* durchgeführt wurde (vgl. Miteinander denken, S. 60–68). *L. Freeman Dhority*, Mitautor von *Miteinander denken*, arbeitete als Dialogbegleiter (Facilitator) des *Boston City Dialogue* an Isaacs Projekt mit und führte es in Deutschland ein. Hier begleitete er zwischen 1995 und 1997 das Dialogprojekt der *Adolf-Reichwein-Gesellschaft* (ARG), das in Zusammenarbeit mit der *Volkshochschule Osnabrück* und mit Unterstützung der *Deutschen Bundesstiftung Umwelt* (DBU) durchgeführt wurde. Aus diesem Projekt ging schließlich das *Institut für Dialogprozess-Begleitung der ARG* hervor.

Aspekte von Bohms Dialogbegriff

Dia-logos = Fließen von Sinn.

David Bohm, Quantenphysiker und Entwickler der modernen Dialogtheorie, verwendet den Begriff Dialog im ursprünglichen Wortsinn: »Dialog« bedeutet demnach das »Fließen von Sinn«, das Suchen und Entwickeln neuer, zuvor nicht bekannter Bedeutung in einer Gruppe um und durch die Menschen (dia: [hin-]durch, logos: Wort, Sinn, Bedeutung). Der Dialog soll ermöglichen, den Voraussetzungen, Ideen, Annahmen, Überzeugungen und Gefühlen von Menschen auf den Grund zu gehen, die unterschwellig die Interaktionen in der Gruppe beherrschen.

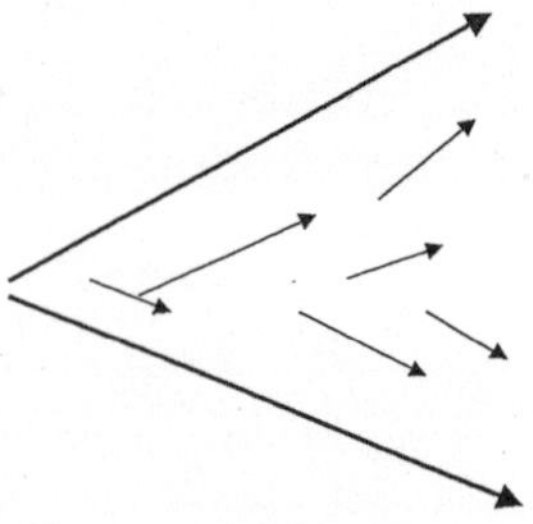

Öffnende Haltung des Dialogs

Der so beschriebene Dialog ist weder Diskussion, Debatte noch Disput. Diskussionen haben die Tendenz, im Sinn der englischen wurzelverwandten Begriffe *percussion* (Stoß, Schlag; lat. »percussio«, Schlagen) oder *concussion* (Gehirnerschütterung; lat. »concussio«, Schwingen, auch Erdbeben) Dinge zu zerschlagen, zu zerreißen oder zu zergliedern, selbst wenn sie mit dem Ziel begonnen werden, Gemeinsamkeit herzustellen. Im Dialog geht es nicht darum, sich durchzusetzen, »Punkte zu machen«, rhetorisch zu brillieren und mit der eigenen Meinung zu »gewinnen«, sondern um einen Gewinn für alle Beteiligten durch neue Einsichten und Erkenntnisse in einem kreativen Feld. Also eine klassische »win-win-Situation«, die grundsätzlich nicht mit »Konsens« gleichzusetzen ist, wie er etwa als Ergebnis von Debatten angestrebt wird.

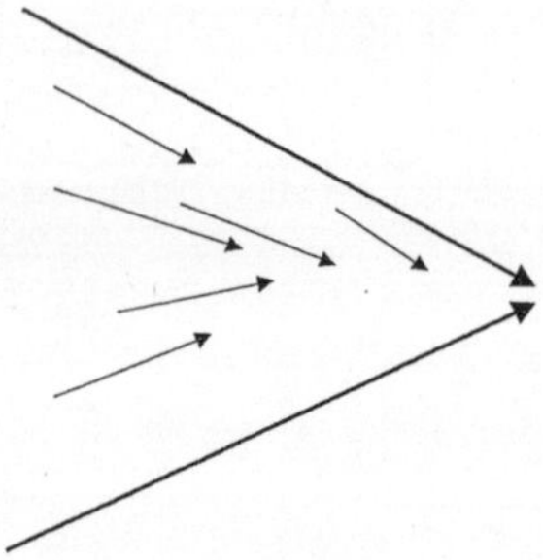

Verengende Haltung der Debatte

Der Dialog ist nach Bohm keineswegs eine harmonisierende, schöngeistige Konversationsübung. Vielmehr soll er die »Fragmentierung« der »Wirklichkeit«

durch das abendländische rational-analytische Denken aufheben, um hinter die Oberfläche der Erscheinungen zu schauen und die zugrunde liegenden Zusammenhänge von Problemstellungen besser erkennen zu können (s. auch in Kap. 9 das Modell des mehrschleifigen Lernens, S. 364). Im Dialog kann die Kohärenz der »impliziten Ordnung« aufscheinen und unser Denkprozess »defragmentiert« werden. Bohm hielt die verändernde Kraft des Dialogs für so weitgehend, dass sie zur Entstehung einer neuen Sicht der Welt führen könne.

Kohärenz

Implizite Ordnung

Der Prozess des Dialogführens ist für Bohm ein Mittel, um deutlich zu machen, wie unser Denken abläuft. Denken umfaßt nach Bohm nicht nur das rationale Denken, welches die Realität nach historisch geformten Paradigmen interpretiert, zergliedert und in Regeln fasst, sondern auch das Feld der Emotionen, Gefühle, Wünsche, Absichten, Unterstellungen und Ängste.

David Bohm unterscheidet zwischen *Gedachtem* und *Denken* (im Englischen *thought* und *thinking*). Das Einüben von Präsenz, von Gegenwärtigsein, ist für ihn ein Weg, um vom *Gedachten*, dem Vermächtnis des Gestern, zum Heute, zu *neuem Denken* zu kommen. – Sie haben sicher auch schon einmal die Erfahrung gemacht, wie Ihnen blitzartig neue Gedanken »durch den Kopf schießen«, wenn Sie selbstvergessen in ein Gespräch eintauchen. Oder wie sich eine Situation völlig neu darstellt, indem Ihnen die »Schuppen von den Augen« fallen. Im Gegensatz dazu – wie unglaublich langweilig sind manche öffentlichen Debatten, weil man schon vorher weiß, wie die jeweiligen Positionsvertreter argumentieren werden.

Das Denken sagt, ich war's nicht.
David Bohm zum Denken als Ursache der Fragmentierung

»Eine der auftretenden Schwierigkeiten ist die Fragmentierung, die ihren Ursprung im Denken hat – es ist das Denken, das alles zerteilt und aufspaltet. Jede Teilung, die wir vornehmen, ist das Resultat unserer Denkweise. In Wirklichkeit besteht die ganze Welt aus ineinanderfließenden Übergängen. Aber wir wählen bestimmte Dinge aus und trennen sie von anderen, zunächst aus Bequemlichkeit. Später messen wir dann der erfolgten Unterscheidung große Bedeutung bei. Wir bilden separate Nationen, die gänzlich ein Resultat unseres Denkens sind, ebenso wie die Trennung in verschiedene Religionen und die Abgrenzungen innerhalb der Familie. Die Struktur der Familie in unserer Gesellschaft ist auf unsere Denkweise zurückzuführen.

Die Fragmentierung ist eine der Schwierigkeiten des Denkens, aber die Wurzeln liegen tiefer. Das Denken ist sehr aktiv, aber der Denkprozeß denkt, dass er gar nichts tut, sondern einem nur mitteilt, wie die Dinge eben sind. Fast alles um uns herum entspringt im Grunde dem Denken – Häuser, Fabriken, Bauernhöfe, Straßen, Schulen, Nationen, Wissenschaft, Technologie, Religion. Sie können anführen, was immer Sie wollen. Unser Denken ist Ursache aller ökologischen Probleme, denn wir haben gedacht, die Welt sei da, damit wir sie ausbeuten können, und sie sei unbegrenzt, so dass wir unbedenklich Luft, Wasser und Erde verschmutzen können, ohne dass es etwas ausmacht.
Wenn wir irgendwo ein »Problem« sehen, ob nun Umweltverschmutzung, Kohlenmonoxid oder was auch immer, sagen wir uns: »Wir müssen dieses Problem lösen.« Aber durch die Natur unseres Denkens produzieren wir fortwährend diese Art Problem: nicht nur ein bestimmtes, sondern diese Art Problem. Wenn wir weiterhin denken, dass die Welt ausschließlich zu unserer Bequemlichkeit da sei, werden wir sie weiterhin ausbeuten und irgendwo ein anderes Problem schaffen, sobald eins gelöst ist. Wenn wir beispielsweise die Umweltverschmutzung in den Griff bekommen sollten, werden wir dadurch irgendein anderes Problem hervorrufen, vielleicht wirtschaftliches Chaos. Wir können die Gentechnik einsetzen, aber wenn schon die ganz normale Technik solche gewaltigen Probleme verursachen kann: malen Sie sich einmal aus, in welchen Schlamassel wir erst durch die Gentechnik geraten könnten – sofern wir unsere Denkweise beibehalten. Die Gentechnik wird je nach Lust und Laune der Verantwortlichen und ihrer Denkweise entsprechend eingesetzt werden.
Der entscheidende Punkt ist: Das Denken bewirkt etwas, sagt aber, ich war's nicht.« (Bohm 2002, S. 38 f.)

Aspekte von Bubers Dialogbegriff

Der jüdische Religionsphilosoph *Martin Buber* gilt – neben den griechischen Klassikern, Sokrates und Platon – als einer der »Väter« der Dialogidee (als dialogisches Denken und dialogische Haltung). Buber beschreibt den Dialog als Zwiegespräch (dia: zwei, logos: Wort, Sinn), als echtes Zusammentreffen von Menschen, »die sich einander in Wahrheit zugewandt haben, sich rückhaltlos äußern und vom Scheinenwollen frei sind« (Buber 1994, S. 295).

Dia-logos = Zwiegespräch

Buber betont, dass sich im Dialog »eine denkwürdige, nirgendwo sonst sich einstellende gemeinschaftliche Fruchtbarkeit« entwickeln kann und so

»das Zwischenmenschliche«, »das sonst Unerschlossene« zu erschließen vermag (ebd.).

Seine Anforderungen an einen gelingenden Dialog gehen dabei weit: Im echten Gespräch darf der Sprechende sein Gegenüber nicht bloß wahrnehmen, sondern muss ihn zu seinem Partner annehmen, also: das andere Sein bestätigen, ohne es billigen zu müssen. Das bedeutet, zu ihm als Person »Ja« zu sagen. Jeder sollte nach der Überwindung des Scheins trachten: »In wem auch noch in der Atmosphäre des echten Gesprächs der Gedanke an die eigene Wirkung als Sprecher des von ihm zu Sprechenden waltet, der wirkt als Zerstörer.« (Ebd., S. 294)

Eine Frage der inneren Haltung

Für Buber ist ebenfalls die einem Gespräch zugrunde liegende Haltung, die Intention, Zuwendung in der jeweiligen Situation maßgebend: Ein echter Dialog ist für ihn ein Gespräch, in dem »jeder der Teilnehmer den oder die anderen in ihrem Dasein und Sosein wirklich meint und sich ihnen in der Intention zuwendet, dass lebendige Gegenseitigkeit sich zwischen ihm und ihnen stifte« (Ebd., S. 166).

Während *Bohms* Perspektive eher darin liegt, in einer Gruppe neuen Sinn miteinander zu schaffen, Sicherheiten zu hinterfragen und Interpretationsmuster zu überprüfen, liegt *Bubers* Augenmerk eher auf der zwischen-menschlichen Begegnung, dem Ich-Du im Dialog. Wenn diese beiden Perspektiven sich treffen – menschliche Begegnung und Infragestellen des Bekannten –, können sich sowohl dem Individuum als auch der Gruppe ganz neue Erfahrungs- und Gedankenwelten eröffnen.

Bewerten oder Begegnen

Was mich betrifft, kenne ich keinen Vorgang,
der stärker befreit, der tiefer das Gefühl von Befreiung
und Freiheit schafft, als das Wegfallen oder Wegdenken
eines Vorurteils.

Peter Handke

Die Qualität eines jeden Gesprächs wird weitgehend bestimmt von der Haltung der Menschen, die es führen, von deren Annahmen, Bewertungen, Schlüssen und Urteilen. Wie sortiere ich, beurteile oder verurteile ich, was mir begegnet? Wenn ich es spannend fand, heißt das auch, dass alle es spannend fanden? Wenn ich jemanden als anstrengend empfinde, war sie oder er das für andere auch?

Unsere Sprache verführt dazu, die persönlichen Bewertungen, die wir jeweils über eine Situation, ein Ereignis oder eine Person entwickeln, für wahr im Sinne von »allgemeingültig« zu halten. »Das war aber spannend!« »Die ist ja wirklich anstrengend!« »So eine wunderbare Dialogrunde...« »Heute war das Gespräch richtig oberflächlich.« »Der hat ständig so klug dahergeredet.«

Sobald solche Bewertungen sich ihrem Kontext entziehen und zu scheinbar objektiven Feststellungen verselbstständigen, verlieren wir die Wahrnehmungsschärfe für die Wirkung unserer eigenen Annahmen und den Blick dafür, dass wir selbst die Urheber derartiger Bewertungen sind. Wir setzen sie schließlich mit der Wirklichkeit gleich und können uns kaum vorstellen, dass andere diese Bewertungen vielleicht nicht teilen.

Wie ist es z. B. mit unserer Haltung gegenüber den Kopftüchern muslimischer Lehrerinnen – oder gegenüber der Kopfbedeckung katholischer Ordensfrauen? Wie weit beeinflusst das Medienbild unsere Wahrnehmung muslimischer Mütter oder junger Frauen?

Häufig gibt es zwar geteilte Einschätzungen und Beurteilungen, die sich an dominierenden kulturellen und sozialen Normen, an Höflichkeit oder taktischem Verhalten orientieren können und dadurch als mehrheitsfähig erscheinen – aber schon wenn jemand aus einer anderen sozialen oder kulturellen Gruppe anwesend ist, können sich solche vermeintlich »wahren« Urteile überraschend schnell ändern.

Die *Reflexionsrunden* nach einem Dialogprozess machen immer wieder in beeindruckender Weise deutlich, dass es *den* guten oder schlechten Dialogprozess nicht gibt. Dass es aber wohl Dialogprozesse gibt, die von einer Mehrzahl als angenehm oder als schwierig empfunden werden. Wenn wir beschreiben, wie wir etwas erlebt haben, und formulieren: »Es war ein guter oder schlechter Dialog...«, so überschreiten wir schon die Grenze zwischen Bewertung und Beobachtung, denn wie »es« für andere war, könnte ich erst durch einen konkreten Austausch erfahren.

Eine dialogische Sicht der Welt basiert darauf, unterschiedliche individuelle Ansichten zunächst nicht abzuwehren oder zu verurteilen, sondern als Ergänzung und Bereicherung der eigenen Sichtweise zu sehen. Im Gespräch das eigene Verständnis durch das Verstehen des anderen zu vertiefen, ohne eigene Wahrheiten verteidigen zu müssen – ohne der Verführung nachzugeben, durch den Kampf gegen das Andere, Fremde oder Ungewohnte eigene Unsicherheiten zu vermeiden.

Vertrauensraum – container

Nötig ist für ein dialogisches Gespräch ein gemeinsam geschaffener, sicherer Raum, ein Vertrauensraum (»container«, von lat. con-tinére = zusammen-hal-

»Ausarbeitung eines überzeugenden Konzepts«

ten), der es zulässt, dass eigene Annahmen und fremde Sichtweisen sich begegnen, um gemeinsam erforscht zu werden. Ohne Anspruch, sich ändern zu müssen – mit dem Wunsch, die Beweggründe, Bedürfnisse, mentalen Muster besser zu verstehen, die verschiedene Weltbilder prägen.

Verschiedene Formen des Dialogs

Ein Gespräch, in dem Sinn neu entsteht (Bohms »dia-logos«) und die Beteiligten eine »lebendige Gegenseitigkeit« (Buber) miteinander schaffen, kann durchaus auch bei einer zufälligen Begegnung geschehen. Bei bewusst gestalteten Dialogen unterscheiden wir zwischen:

- *thematischen* Dialogen, die eine thematische oder strategische Frage an den Anfang stellen und versuchen, diese dialogisch zu vertiefen;
- und *generativen* Dialogen – ohne vorgegebenes Thema –, bei denen Themen auftauchen, sich kürzer oder länger halten, aber nicht der eigentliche Zweck des Zusammenkommens sind.

Der Fokus des Dialogs liegt in beiden Fällen darauf, sich bewusst zu werden, *wie* in der Runde miteinander geredet wird und wie jede(r) Einzelne mit eigenen Gedanken und Gefühlen umgeht. Die Reflexion des Prozesses – z. B. mit der Frage: »Wie habe ich den gemeinsamen Prozess erlebt?« – ist entscheidend für neue Einsichten. Immer wieder ist überraschend, wie unterschiedlich ein gemeinsames Erlebnis wahrgenommen, interpretiert und bewertet wird, wie viele einzelne »Wahrheiten« es geben kann und wie sehr individuell unterschiedliche Wahrnehmungs-»Brillen« die Weltsicht färben und verändern können.

Nicht therapeutisch, aber heilsam.

Der Dialogprozess versteht sich nicht als therapeutischer Prozess, obgleich er eine durchaus heilsame Wirkung haben kann. Eine gesunde Belastbarkeit und Bereitschaft zur Selbstreflexion ist notwendige Voraussetzung. (Siehe dazu auch in Kap. 8 den Abschnitt »Unterschiede zwischen dem Dialog und therapeutischen Verfahren«, S. 333)

Haltung und Kernfähigkeiten für den Dialogprozess

Der Künstler und Bildhauer *Werner Ratering* hat zu den zehn Kernfähigkeiten des Dialogs, mit denen wir arbeiten, Bilder gestaltet, die dazu einladen, den eigenen Assoziationen nachzusinnen und sich durch Wort und Bild neue Perspektiven zu erschließen. (In diesem Buch leiten seine Bilder jeweils ein neues Kapitel ein.) Die Arbeit damit hat sich als sehr fruchtbar erwiesen. Wenn die Zeit es nicht zulässt, auf alle zehn Begriffe im Einzelnen einzugehen, stellen wir in unseren Dialogseminaren nur einige vor. Es kann für eine Gruppe ebenfalls hilfreich sein, die Teilnehmenden mit selbstgewählten Gesprächsregeln arbeiten zu lassen. Beispiele dafür stellen wir in diesem Buch vor.

»Es gibt keine Methode, es gibt nur Achtsamkeit.«
Jiddu Krishnamurti

Letztlich geht es um eine andere Gesprächshaltung und Atmosphäre, wie der indische Philosoph und Gesprächspartner Bohms, Jiddu Krishnamurti, formuliert hat: »Es gibt keine Methode, es gibt nur Achtsamkeit« (Blau 1995).

Im Wesentlichen ist es die innere Einstellung, die meine Wahrnehmung, meine Interpretationen, mein Handeln bestimmt. Wenn ich »Achtsamkeit« als Prinzip verinnerlicht habe, werden methodische Handwerksköfferchen zumindest zweitrangig. Und wann immer wir methodisch arbeiten, so sagen die Methoden etwas über uns aus – wie *Paulo Freire* formuliert hat: »Die Methode ist in Wirklichkeit die äußere Form des Bewusstseins, das sich in Handlungen ausdrückt.« (Siehe auch *Miteinander denken*, S. 143–149)

Eine lernende Haltung einnehmen

Der Lernende muss in jedem Augenblick sich zum völlig leeren Gefäß machen können, in das die fremde Welt einfließt.

Rudolf Steiner

Im Dialog geht es darum, eine Haltung einzunehmen, die darauf basiert, dass ich nie letztlich wissen kann, wie die Welt aus anderer Perspektive, aus dem Blickwinkel meines Gegenüber aussieht und aufgrund welcher Erfahrungen und Erwartungen, Annahmen und Bedürfnisse die oder der andere die Welt interpretiert. Wenn ich meinem Gegenüber als nicht-»besser«-wissend, sondern als lernbereit entgegentrete, habe ich eine Chance, mein Verständnis zu vertiefen und meine Perspektive zu erweitern.

Erinnern Sie sich an ein Ereignis in Ihrem Leben, auf das Sie mit dieser Haltung zugegangen sind, etwa wie Sie sich bei ihrem ersten Schulbesuch, bei Ihrem ersten Rendezvous gefühlt haben? Oder daran, mit welcher Neugier, welchem wachen Interesse, welcher Begeisterung Ihnen Ihre Kinder Löcher in den Bauch frag(t)en? Oder sehen Sie einem krabbelnden oder spielenden Baby zu – es macht ständig Entdeckungen, von denen Einstein nur träumen konnte …

Und ein solches Interesse an einem anderen Menschen ist nicht rein intellektuell. Der französische Philosoph *Edgar Morin* unterscheidet zwei Arten von Verständnis: das *intellektuelle, objektive Verständnis* und das *intersubjektive menschliche Verständnis* (Morin 2001, S. 116). Die Begrenztheit des rein intellektuellen, distanzierten, sachlich-analysierenden Verstehens macht er sehr plastisch an einem Beispiel deutlich: »Wenn ein Kind weint, ist es dann angemessen, den Salzgehalt der Tränen zu messen, um es besser zu verstehen? Muss ich nicht vielmehr auf anderer Ebene in Kontakt mit ihm treten? Es geht vielleicht eher darum, in mir meine kindlichen Ängste wiederzufinden, ›es mit mir‹ zu identifizieren und ›mich mit ihm‹.« (Ebd.)

Nehmen Sie sich etwas Zeit. Versuchen Sie, Ihren Alltag mit dem Blick eines anderen Menschen neu anzuschauen. Wählen Sie eine Tätigkeit aus, die Sie schon häufig verrichtet haben, und versuchen Sie, so daranzugehen, als täten Sie es zum ersten Mal. Sei es der Gang zum Briefkasten, das Öffnen Ihrer Post, das Ausfegen der Küche …

»Jedem Anfang wohnt ein Zauber inne …«

Hermann Hesse

Die ersten vier der folgenden Kernfähigkeiten – radikaler Respekt, von Herzen sprechen, generatives Zuhören, Annahmen und Bewertungen suspendieren – hat auch *William Isaacs* in seinem Buch *Dialogue and The Art of Thinking Together* als grundlegende Kompetenzen beschrieben (respecting, voicing, listening, suspending).

Radikaler Respekt

[Der Dialog kann] sich nicht ereignen zwischen solchen, die die Welt benennen wollen, und solchen, die eine solche Benennung nicht wünschen – zwischen solchen, die anderen Menschen das Recht, ihr Wort zu sagen, verwehren, und solchen, deren Recht zu reden ihnen verwehrt worden ist… Dort, wo man sich begegnet, gibt es weder totale Ignoranten noch vollkommene Weise – es gibt nur Menschen, die miteinander den Versuch unternehmen, zu dem, was sie schon wissen, hinzuzulernen.

Paulo Freire

Radikaler Respekt bedeutet für uns, die andere Person in ihrer Andersartigkeit als legitim und gleichwertig anzuerkennen, ihre Sicht der Welt als ebenso sinnvoll und berechtigt zu verstehen wie die eigene. Die respektvolle Haltung dem anderen gegenüber bleibt nicht oberflächlich, sondern benötigt »Radikalität«, d. h. geht »an die Wurzel« – in dem Sinn, dass wir uns um ein tieferes Verständnis des anderen bemühen. Was besonders dann nicht einfach ist, wenn wir in uns Ablehnung und Misstrauen verspüren.

Respekt: von re-spicere = wieder hinschauen, zurückblicken auf; s. auch die »goldene Brille« der Empathie, Kap. 4, S. 120, 123

Stellen Sie sich einen Menschen vor, den Sie überhaupt nicht leiden können. Überlegen Sie, was Sie am meisten stört. Wie würden Sie empfinden, wenn Sie eine ähnliche Lebensgeschichte wie dieser Mensch gelebt hätten? Versuchen Sie danach, noch einmal neu hinzuschauen!

Von Herzen sprechen

Ihr werdet's nicht zum Herzen schaffen,
wenn's euch nicht von Herzen geht.
Goethe, Faust I

»Von Herzen sprechen« bedeutet, dass ich von dem rede, was mir wirklich wichtig ist, was mich wesentlich angeht. Ich vermeide beispielsweise komplizierte Formulierungen, viele Fremdworte und Fachbegriffe, mit denen ich gemeinhin brillieren möchte.

Und es bedeutet, dass »die eigene Wirkung als Sprecher des … zu Sprechenden« (Buber 1994, S. 294) nicht stärker wiegt als das, was ich zu sagen habe. Darin liegt der entscheidende Unterschied: das Sprechen um des Sprechens und Erscheinens willen, um meinem Ego zu schmeicheln, kann zerstörend wirken: »fehlbehaftet tritt es [das so Gesagte] ins Gespräch, und das Gespräch wird fehlbehaftet« (ebd., S. 294 f.). Oder: dann sprechen, wenn es etwas zu sagen gibt, und das sagen, was zu sagen ist. Dabei bedeutet für Buber »Rückhaltlosigkeit« »das genaue Gegenteil des Drauflosredens« (ebd., S. 294). Sie zeigt sich vielmehr in der Bereitschaft, sich einzulassen auf das andere im anderen, auf das Fremde, das Unbekannte, Geheimnisvolle und Unverständliche. Es geht darum, ohne Maske zu sprechen, wie die Indianer es nannten: »Sprich von Herzen und fasse dich kurz.«

»Selbstverständlich brauchen nicht alle zu einem echten Gespräch Vereinten selber zu sprechen; schweigsam Bleibende können mitunter besonders wichtig werden. Jeder aber muss entschlossen sein, sich nicht zu entziehen, wenn es etwa dem Gang des Gesprächs nach an ihm sein wird zu sagen, was eben er zu sagen hat. Wobei natürlich keiner von vornherein wissen kann, was das etwa sein wird: ein echtes Gespräch kann man nicht vordisponieren.«
Martin Buber

Erinnern Sie sich an eine Gesprächssituation, die Sie für verfahren halten. Versuchen Sie bei einer erneuten Begegnung, ganz bei sich – bei Ihren Gefühlen – zu bleiben und jede Spur von Schuldzuweisung zu vermeiden. Sehen Sie, was passiert!

Generatives Zuhören

Es kommt vor, dass ein Gedanke, der bisweilen innerlich schon formuliert wurde, bisweilen auch nicht, die Seele insgeheim bedrängt und dass sein Einfluss auf sie dennoch schwach bleibt.
Hört man diesen Gedanken nun außerhalb seiner selbst von einem anderen formuliert, und zwar von jemand, dessen Worten man seine Aufmerksamkeit schenkt, so wird die Kraft des Gedankens hierdurch verhundertfacht, und es kann geschehen, dass er eine innere Umwandlung bewirkt.

Simone Weil

»*Wie höre ich zu?*
Wie
Höre ich
Anderen zu?

So,
Als wäre
Jeder mein Meister,
Der seine
Kostbaren
Letzten Worte
Spricht.«

Hafis

So oft bemerken *die anderen* nicht, dass sie nicht richtig zuhören und dass sie bei bestimmten Fragestellungen ganz einfach »blockiert« sind. So oft bemerken *die anderen* nicht die Widersprüche, in die sie sich verwickeln, und weichen an bestimmten Stellen einer Antwort einfach aus. Bei *den anderen* ist das sehr klar zu erkennen. Doch die eigenen »Blockierungen«, »Widersprüche« und Ausweichmanöver selbst als solche zu erkennen, dies ist viel schwieriger. Bestimmten Fragen möchte ich lieber ausweichen, sie erwecken unangenehme Gefühle, andere dagegen wecken Energie und freudige Erwartung, da werde ich richtig lebendig und möchte mich engagiert einbringen. Kann ich diese eigenen Reaktionen wahrnehmen und mir bewusst machen, so dass sie mein Zuhören nicht blockieren und erschweren? Oder lege ich mir eine Antwort schon zurecht, während der andere spricht, und höre bestenfalls das, was ich hören will, um es in meine Entgegnung einzubauen?

Konzentriertes und offenes Zuhören in einer Gruppe kann dazu führen, Neues entstehen zu lassen, zu generieren – in uns selbst und in der Gruppe: wir bezeichnen es im Dialogprozess daher als »generatives Zuhören«.

Hören Sie jemandem wirklich zu. Kommentieren Sie das Gehörte nicht. Spüren Sie, von wo Sie zuhören, was innerlich in Ihnen geschieht, ob Sie während des Hörens Ihre ungeteilte Aufmerksamkeit auf Ihr Gegenüber richten können.

Annahmen und Bewertungen suspendieren, in der Schwebe halten

Die wahre Entdeckungsreise liegt nicht darin,
neue Länder zu erkunden, sondern die Wirklichkeit
mit neuen Augen zu sehen.

Marcel Proust

Ein wesentlicher Anspruch des Dialogs liegt darin, sich die eigenen Meinungen, Vorannahmen und Bewertungen – man spricht auch von »mentalen Modellen« – bewusst zu machen und davon innerlich einen Schritt zurückzutreten, sie zu suspendieren, »in der Schwebe zu halten«, sie wie ein Bild in einem Spiegel zu betrachten. Oder sie, wie man den von *David Bohm* benutzten englischen Begriff *to suspend* auch übersetzen kann, vorübergehend zu »entlassen«. Im Dialog geht es aber nicht darum, diese Vorannahmen und Bewertungen zu unterdrücken, sondern sie zum Gegenstand der weiteren Betrachtungen zu machen. Dies gilt auch für Gefühle. Etwa unseren eigenen Ärger zu suspendieren, in der Schwebe zu halten – diese Vorstellung zeigt, wie schwierig diese Form der Selbstwahrnehmung, die Beobachtung unseres eigenen Denkens und unserer Gefühle ist (vgl. Bohm 2002, S. 140). Bin ich noch ärgerlich, wenn ich rechtzeitig merke, wie ich es werde? Wir können uns vorstellen, dass wir unseren Ärger wie in einem Spiegel vor uns aufhängen und ihn betrachten.

Der Ärger im Spiegel

Den Ärger wahrnehmen heißt nicht, seine Berechtigung in Frage zu stellen. Es bedeutet aber, ihn anzuschauen, um ihn und seine Entstehung besser kennen zu lernen.

Stellen Sie fest, in welchen Bereichen Sie eine besonders feste Meinung haben. Spüren Sie, was mit Ihnen passiert, wie Sie innerlich reagieren, wenn jemand diese Meinung in Frage stellt.

Erkunden

Im eigentlichen Sinne ist Philosophieren ein Liebkosen – eine Bezeugung der innigsten Liebe zum Nachdenken, der absoluten Lust an der Weisheit.
Novalis

»Nur im Fluss bleiben, nur nicht zur Spinne eines Gedankens werden.«
Christian Morgenstern

Die dialogische Beziehung zwischen Sprechen und Hören basiert auf dem *Erkunden* der anderen Position durch aufrichtige, interessierte Fragen. Solche »unschuldigen« Fragen haben eine andere Qualität als Fragen, mit denen ich mich in Szene setzen oder die Führung im Gespräch übernehmen will (vgl. Abschnitt 3.7 der Dialog-Werkstatt, S. 402).

Üben Sie mit einer anderen Person, Fragen zu stellen, die diese nicht als bedrohlich oder »inquisitorisch« empfindet, sondern als ehrlich und hilfreich.

Produktiv plädieren

Anschauungen ohne Begriffe sind leer,
Begriffe ohne Anschauung sind blind.
Immanuel Kant

Möchte ich in dialogischer Haltung für meine Position plädieren, so ist es hilfreich, meinen Denk*prozess* zu erläutern, den Weg, auf dem etwa meine Haltung zu einem Problem entstand, und nicht nur ein Denk*produkt* zu präsentieren (s. S. 33). Dabei lade ich die anderen ein, mit mir meinen Denkweg zu überprüfen und ihre Beobachtungen daneben zu stellen, so dass sich das gesamte Bild erweitern kann.

Spüren Sie, was passiert, wenn Sie künftig in einer verfahrenen Gesprächssituation jemanden nicht einfach nur mit Ihrer Meinung konfrontieren, sondern Ihre Denkwurzeln offen legen, damit der andere sehen kann, woher Ihre Meinungen stammen.

Offenheit

Ich suche nicht. – Ich finde. Suchen, das ist Ausgehen von alten Beständen und ein Finden-Wollen von bereits Bekanntem im Neuen. Finden, das ist das völlig Neue! Das Neue auch in der Bewegung.
Alle Wege sind offen, und was gefunden wird, ist unbekannt. Es ist ein Wagnis – ein heiliges Abenteuer. Die Ungewissheit solcher Wagnisse können eigentlich jene auf sich nehmen, die sich im Ungeborgenen geborgen wissen – die in die Ungewissheit geführt werden – die sich im Dunkeln einem unsichtbaren Stern überlassen – die sich vom Ziele ziehen lassen und nicht, menschlich beschränkt und eingeengt, das Ziel bestimmen. Dieses Offensein für jede neue Erkenntnis im Außen und Innen: das ist das Wesenhafte des modernen Menschen, der in aller Angst des Loslassens doch die Gnade des Gehaltenseins im Offenwerden neuer Möglichkeiten erfährt.

Pablo Picasso

Das Dialogische gründet sich auf die Offenheit des Menschen für Überraschungen. Martin Buber: Wir können unser Zuhören fruchtbarer werden lassen, wenn der Respekt gegenüber anderen auf *Offenheit* basiert, die wir neuen, anderen, vielleicht auch konträren Positionen entgegenbringen. Offenheit beinhaltet eine Bewegung gegenüber anderen und eine innere Haltung, die voraussetzt, dass ich bereit bin, mich einzubringen und dem anderen – in dem von mir gewünschten Maße – zu öffnen. Wenn zwei oder mehrere Personen bereit sind, sich voreinander von ihren eigenen Überzeugungen zu lösen, kann Öffnung entstehen.

Suchen Sie ein Gespräch mit einer anderen Person, von der Sie annehmen, dass Sie konträre Positionen hat. Versuchen Sie, sich dieser Person zu öffnen. ohne sich selbst zu zwingen, Ihre eigene Meinung aufzugeben oder die fremde übernehmen zu müssen. Versuchen Sie zu bemerken, was sich durch Ihre offene Haltung verändert.

Verlangsamung

Ein Wort gibt es, das ist ein Schlüssel
zu jeder Schöpfung: Geduld:
Sinne dem nach, und du wirst selbst
Schöpfern genähert.

Christian Morgenstern

Für den Geist der Ritualisierung – wider die Herrschaft der Methode.

Unsere Meinung zu suspendieren, in der Schwebe zu halten – die innere Verlangsamung –, dies gelingt eher in einem Prozess, der durch entsprechende Vereinbarungen und Rituale auch äußerlich verlangsamt wird: die Benutzung eines Redeobjektes für die Sprechenden und Klangschalen, die zur zusätzlichen Verlangsamung angeschlagen werden können. Solange ihr Ton hörbar ist, gilt die vereinbarte Redeunterbrechung. Derartige Rituale des Dialogverfahrens stellen für uns die besten uns bekannten Mittel dar, um den Geist des »Miteinander-Denkens« lebendig zu erhalten, um das Eigentliche im Dialog – den gemeinsamen Denk*prozess* – zu ermöglichen.

Wir haben sie dann als besonders hilfreich erlebt, wenn sie als Angebot eingebracht werden und die Gruppe sich entscheiden kann, ob und wie sie damit experimentieren möchte – als von außen auferlegte Vorgabe können sie auch Widerstand und Ablehnung hervorrufen (s. auch S. 61 ff.). Übrigens: David Bohm verzichtete in seinen Gruppendialogen auf jegliche Hilfsmittel!

Letztlich aber sind die methodischen Elemente dabei nur Hilfestellungen, um den Geist des Dialogs lebendig werden zu lassen. Vielleicht können sie sich selbst überflüssig machen, wenn sich die Mitglieder der Gruppe miteinander vertraut gemacht haben, vielleicht bleiben sie dienstbare Elemente für den gesamten Prozess. Immer sind sie Möglichkeit, Angebot oder Vereinbarung, die es ebenso zu suspendieren gilt wie individuelle Annahmen und Glaubenssätze. Es bleibt eine Spannung zwischen künstlich und kunstvoll, zwischen Methode und Experiment, zwischen Ritual und Suche.

Bitten Sie in einer hitzigen Gesprächssituation um eine Pause. Versuchen Sie durch eine Vereinbarung die Situation so zu verlangsamen, dass nur jeweils eine Person spricht.

Schneller ist nicht immer besser,
oder: Über den Genuss der Verlangsamung

»Wenn Sie hier das viele Geld haben, Hacinto, dann können Sie sich ein Automobil kaufen.«

»Ich brauche kein Automobil«, sagte Hacinto gleichgültig.

»Aber, Mann, Hombre, dann können Sie doch in einer halben Stunde in Tuxpam sein.«

»Ich will ja aber gar nicht in einer halben Stunde in Tuxpam sein. Ich will ja mit den Leuten am Wege sprechen und sehen, wie ihr Mais steht und was die Kleinen machen, die ich alle kenne, und ich will sehen, ob die blauen Buschblumen schon heraus sind und ob die großen Schildkröten an der Laguna Eier in den Sand gelegt haben und ob der schwere Mahagonibaum, der vor vier Jahren abbrach und sich quer über den Weg legte, noch immer nicht verfaulen will. Ich habe schon zweimal Feuer untergelegt, damit er durchbrennen soll. Aber er brennt nicht durch, und wir müssen nun immer herumreiten.« …

»Wenn ich nach Tuxpam will, um Schweine zu verkaufen oder um einen neuen Hut für Nazario mitzubringen, dann nehme ich den gelben Macho und reite früh um halb vier fort und bin um neun in Tuxpam. Das ist mir dann gerade Zeit genug. Und ich habe alles auf dem Wege gesehen, und ich habe mit Rafael gesprochen, der sich ein neues Palmdach auf… sein Haus, gelegt hat, weil das andere zu alt war und durchregnete. Dann bin ich immer noch zeitig genug in Tuxpam. Ich brauche kein Automobil. Wirklich nicht. …« (B. Traven, 1983, S. 20 f.)

Die Beobachterin beobachten

Objektivität ist die Wahnvorstellung, Beobachtungen könnten ohne Beobachter gemacht werden.
Die Berufung auf Objektivität ist die Verweigerung der Verantwortung – daher auch ihre Beliebtheit.

Heinz von Foerster

»Vor sich zurücktreten wie ein Maler vor seinem Bilde – wer das vermöchte!«

Christian Morgenstern

Wenn wir unsere Meinung beim Zuhören zurückstellen und zurückstellen können, wird uns die Beobachtung unserer eigenen Reaktionen möglich und nehmen wir unsere eigene Reaktivität wahr. Diese Art von Selbstwahrnehmung, die Beobachtung des eigenen Beobachtens, hebt uns innerlich sozusagen auf die Meta-Ebene, schult unsere meta-kognitive Kompetenz und ermöglicht dadurch – hoffentlich –, Projektionen eigener Reaktionen auf andere zu bemerken, bevor sie ihr destruktives Potenzial entfalten.

Wenn ich die heraufziehenden Gewitterwolken noch vor dem ersten Donnergrollen am inneren Stimmungshimmel beispielsweise als mangelnde und doch so stark erhoffte Bestätigung erkenne, wenn diese Qualität der Selbstwahrnehmung geschult und verinnerlicht ist, hat die Entfaltung von dialogischer Intelligenz wesentlich höhere Chancen als in einer Atmosphäre von Projektion und Schuldzuweisung.

A: »Ich möchte gern ein Schwan sein.«
B: »Warum?«
A: »Dann könnte ich fliegen.«
B: »Dann möchte ich lieber zwei Schwäne sein.«
A: »Wieso das?«
B: »Dann könnte ich hinter mir herfliegen.«
A: »Dann möchte ich noch lieber drei Schwäne sein.«
B: »Das verstehe ich nicht.«
A: »Dann könnte ich nämlich sehen, wie ich hinter mir herfliege …«

Beobachten Sie bei sich selbst in einem Gespräch mit einer Person, die Sie als schwierig empfinden: Was passiert, wenn Impulse in Ihnen hochsteigen, schnell etwas erwidern zu müssen? Versuchen Sie sich selbst in der Situation gewissermaßen von einer anderen Position aus zu beobachten.

Die Arbeit mit diesen Kernbegriffen und -fähigkeiten ist ebenso ein Experimentierfeld wie andere Lernfelder, die Erfahrung benötigen. Sie »können« ja auch erst dann richtig kochen, wenn Sie plötzlich merken, dass Sie kein Rezept mehr brauchen. So spricht nichts dagegen, wenn Sie etwa die »Kernfähigkeiten« des Dialogs zunächst trainieren. Betrachten Sie sie getrost als Ihren Sport, wobei Sie Ihr Augenmerk auf die kontinuierliche Leistungssteigerung richten. Nehmen Sie nichts Geringeres als olympiareife Leistungen in den Blick! Aber bedenken

Sie bei allem Ehrgeiz: Die Hochleistungssportler(innen) üben ihren Sport zumeist schon seit ihrer Kindheit aus. Also, lassen Sie es langsam angehen, denn Sie wollen doch keine Sport- respektive Dialoginvaliden werden. Oder?

Im Folgenden finden Sie die Kernfähigkeiten des Dialogs auf einen Blick. – Und abschließend etwas zum Schmunzeln: in Form einer Paradoxie skizzieren wir, wie es am sichersten »gelingt«, einen Dialog zu vermeiden – erkennen Sie sich vielleicht sogar in dem einen oder anderen Aspekt wieder?

Die zehn Kernfähigkeiten auf einen Blick

1. Eine lernende Haltung einnehmen

- Nicht als Wissende, als Experten auftreten, sondern »Anfängergeist« verkörpern.
- Interesse an neuen Sichtweisen zeigen, die unsere tradierten Denk- und Verhaltensmuster in Frage stellen.

2. Radikalen Respekt zeigen

- Die Gesprächspartnerin in ihrem »Sosein« akzeptieren.
- Versuchen, den Gesprächspartner aus dessen Perspektive zu sehen.

3. Von Herzen sprechen

- Von dem sprechen, was mir wirklich wichtig ist, nicht nur »aus dem Kopf heraus«.
- Verzichten auf Belehrungen, langwierige theoretische Ergüsse, intellektuelle Spielereien.

4. Generativ zuhören

- Aktiv und empathisch zuhören, so dass die oder der Sprechende sich dabei selbst entdeckt und
- der Zuhörende sich beim Einordnen des Gehörten beobachten kann.

5. Annahmen und Bewertungen »suspendieren, in der Schwebe halten«

- Sich die eigenen Annahmen und Bewertungen bewusst machen und von Beobachtungen unterscheiden.
- Diese Annahmen und Bewertungen »in der Schwebe halten«, sie »suspendieren«, also auf ihnen zunächst keine Reaktion gründen.

(Fortsetzung auf S. 52)

Der sichere Weg aus der Dialogfalle Versuch einer paradoxen Intervention

1. Mit Wissen beeindrucken

- Ich muss dem Gegenüber deutlich machen, dass ich ganz klar weiß, wie die Dinge wirklich liegen. Daran darf überhaupt kein Zweifel aufkommen! Jetzt ist der Zeitpunkt gekommen, mit all meinem Wissen in Erscheinung zu treten und zu glänzen. Sollen die anderen ruhig merken, dass sie im Grunde keine Ahnung haben.

2. Den anderen keinesfalls ernst nehmen

- Das wäre ja noch schöner, wenn ich mich auf den da einlassen würde. Das ist doch kompletter Unsinn, was der erzählt. Unerträglich! Ich mich in den reinversetzen? Im Gegenteil: Er hat *mich* zu respektieren!

3. Unpersönlich und abstrakt bleiben

- Warum soll ich preisgeben, was ich wirklich denke? Oder gar meine Gefühle zeigen? Ich mache doch hier keinen Seelenstriptease. Was denken dann die anderen von mir? Das nutzen die doch nur aus! Dann ziehe ich den Kürzeren!

4. Ins Wort fallen, unterbrechen

- Ich muss die Zeit aktiv nutzen für meine Position. Deshalb: dazwischenfahren, wo es nur geht! Den anderen gar nicht dazu kommen lassen, einen klaren Gedanken zu fassen, geschweige denn zu formulieren. Es gilt, den Gegner zu irritieren, zu verunsichern, bis er zu Fall gebracht ist.

5. Sich mit seiner Meinung identifizieren

- Meine Position steht da wie ein Fels, uneinnehmbar (selbst für mich) und unmissverständlich. Natürlich stelle ich sie nicht in Frage, das wäre ja noch schöner. Natürlich identifiziere ich mich voll damit und lasse ich nicht zu, dass andere mich verunsichern. *(Fortsetzung auf S. 53)*

(Die zehn Kernfähigkeiten auf einen Blick)

6. Erkunden

- Aufrichtige, »unschuldige« – nicht rhetorische – Fragen stellen, in einer Haltung von Neugierde, Achtsamkeit und Bescheidenheit.
- Das Bedürfnis entwickeln, wirklich verstehen zu wollen.

7. Produktiv plädieren

- Die persönliche Sichtweise des Themas darlegen und die Beweggründe dieser Sichtweise, einschließlich der eigenen Unsicherheiten.
- Die Herkunft eigener Bewertungen deutlich machen, die anderen dadurch am eigenen Denkprozess beteiligen (anstatt sie mit meinem Denk*produkt* zu konfrontieren).

8. Offenheit

- Die eigenen Beweggründe transparent machen und auf die Beweggründe des anderen ohne Vorurteile und Kritik eingehen.
- Sich von den eigenen Überzeugungen lösen.

9. Verlangsamung zulassen

- Die »innere« Verlangsamung zulassen, die sich durch das Erlernen und Beherzigen der anderen Kernfähigkeiten von selbst einstellt.
- Die »äußere« Verlangsamung durch langsamere Sprecherinnen oder Instrumente wie Redestein oder Klangschale akzeptieren.

10. Die Beobachterin beobachten

- Den Beobachter in uns, d. h. die Instanz, die alles durch die konventionelle Brille sieht, beobachten.
- Sich bewusst machen, durch welche Gefühle und Voranahmen unsere Haltung zum Gegenüber ausgelöst wird.

(Der sichere Weg aus der Dialogfalle)

6. Den Gegner durch Fragen verunsichern

- Ich suche den Gegner durch gezielte, inquisitorische Fragen zu verunsichern. Wie er zu seinen verschrobenen Ansichten kommt, interessiert mich nicht.

7. Seinen Standpunkt unmissverständlich vertreten

- Der eigene Standpunkt muss ganz klar formuliert werden. *Warum* ich so denke, geht den anderen nichts an. Dann würde ich mich nur zu seinem Manipulationsobjekt machen und hätte keine Chance, mich durchzusetzen.

8. Sich abschotten

- Ich soll mich angreifbar machen? Etwa indem ich noch Gefühle äußere? Das wäre doch taktisch völliger Blödsinn. Da würde ich ja nur offene Flanken bieten und dem anderen auch noch Munition liefern, dann wäre ich ja gleich zu Fall gebracht.

9. Schnell sein

- Schnell sein ist entscheidend, sich selbst und dem anderen keine Pausen gönnen. Nachdenklichkeit ist etwas fürs Alter. Schließlich gilt: Wer zu spät kommt, den bestraft das Leben!

10. Mich selbst nie in Frage stellen

- Auf meinen Instinkt kann ich immer vertrauen, der lässt mich nie im Stich, der sagt mir, wo die Schwächen des anderen liegen. Mich soll ich beobachten? Ich bin doch nicht schizophren.

»Aufgabe des Dialogbegleiters ist es, sich selbst überflüssig zu machen.«

»Anfangs kann ein Dialogbegleiter nützlich sein, der die Gruppe eine Zeitlang im Auge behält und von Zeit zu Zeit erklärt, was gerade geschieht. Aber seine Aufgabe ist es, sich selbst überflüssig zu machen. Das kann allerdings seine Zeit dauern. [...] Und die Teilnehmer werden lernen, sich immer weniger auf den Dialogbegleiter zu verlassen. Zumindest ist das die Idee, die dahinter steckt. Unsere ganze Gesellschaft ist so aufgebaut, dass wir glauben, ohne Leiter und ohne Autoritäten nicht auskommen zu können. Aber vielleicht können wir es doch.«
(David Bohm: Der Dialog, S. 47 f.)

Dialogprozess-Begleitung

Häufig taucht die Frage auf, wie ein Dialogprozess in einer Gruppe initiiert und unterstützt werden kann. Wie oben erwähnt, ist es zunächst wichtig, die Erwartungen einer Gruppe zu klären und Regeln des Prozesses gemeinsam zu vereinbaren. Die Präsenz und Haltung der Begleitenden gibt Anstöße, aber der Dialogprozess kann nur von der Gruppe gemeinsam entwickelt werden.
Die Begleiter können zum einen die Aufgabe übernehmen:

- den Rahmen zu gestalten,
  - zeitlich (Anfang, Ende, Reflexionszeit)
  - und räumlich (Gestaltung des Raumes, des Stuhlkreises, der Mitte);
- und die Gruppe während der vereinbarten Zeit zu begleiten, indem sie darauf achten, dass die gemeinsam vereinbarten Regeln und Absprachen eingehalten werden (evtl. Einführung von Redestein und/oder Klangschale).

Diese Regeln können entweder mit der Gruppe zu Beginn vereinbart (vgl. z.B. den Beitrag von Johannes Schopp, Kap. 4, S. 119 ff.) oder von den Begleitern vorgeschlagen werden – etwa anhand der Kernfähigkeiten, die wir vorgestellt haben. Für Interventionen während des gemeinsamen Prozesses ist es wichtig, vorweg das Einverständnis der Gruppe einzuholen.

Die Begleitung eines Dialogprozesses bedeutet keine thematische Straffung, kein Sichtbarmachen, Zusammenführen des »roten Fadens« oder Aufstellen von Rednerlisten zur Berücksichtigung aller Redebeiträge – und unterscheidet sich dadurch deutlich von der *Moderation*. Begleitung bedeutet vielmehr waches Interesse für den Prozess, für unterschiedliche Sichtweisen. Fragen zu eigenen Annahmen und Bewertungen können ebenso hilfreich sein wie Ermutigung zur Neugier, zum Interesse am anderen Standpunkt. Möglichst wenig Interventionen scheinen für die Entwicklung eines Dialogs hilfreicher als zu viel »Leitung«.

Jenseits von »richtig und falsch«

Gespräch mit Peter Garrett

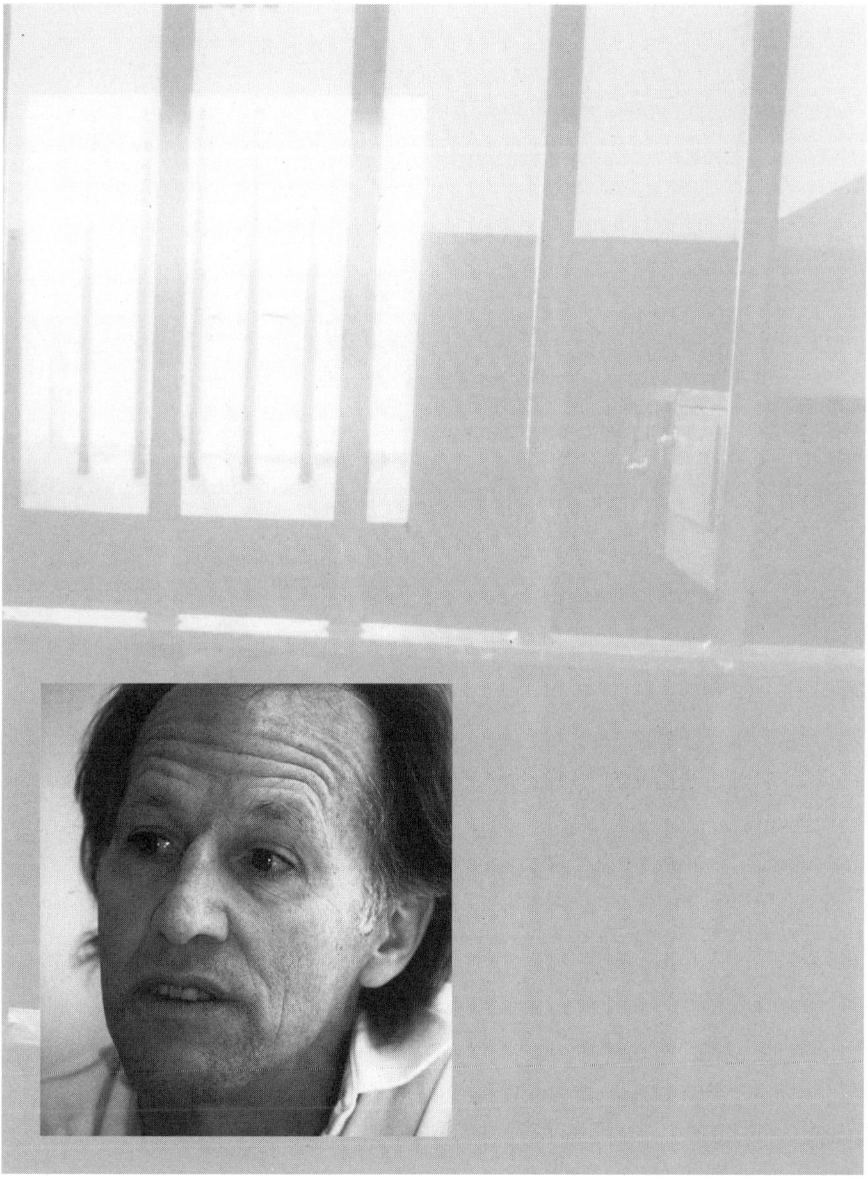

Peter Garrett, *mit dessen Arbeit wir Sie zu Beginn dieses Kapitels bekannt gemacht haben, entwickelte den Dialogprozess in England. Zwischen 1982 und 1992 arbeitete er intensiv mit David Bohm zusammen und führte den Dialog in den letzten Jahren als Methode der Resozialisation in mehreren Hochsicherheitsgefängnissen ein.*

Seine Arbeit machte ihm klar, wie unser Verhalten durch »das verborgene Curriculum«, den heimlichen »Lehrplan«, bestimmt wird, den uns Familie und Gesellschaft mitgeben. Garrett hat erstaunlichen Erfolg mit der Gruppenarbeit im Dialog. Es geht ihm nicht um Schuldzuweisung, sondern um Selbsterkenntnis. Alle Teilnehmer sind freiwillig in der Runde, und sie lernen, Schritt für Schritt ihr verborgenes Lebenscurriculum zu entschlüsseln.

Hartkemeyer: *Peter Garrett, wie sind Sie dazu gekommen, den »Dialog«, der von manchen als schöngeistige Konversationsübung missverstanden wird, in einem Gefängnis anzubieten?*

Garrett: In einer Dialoggruppe in London lernte ich bei dem Gruppenanalytiker Patrick de Maré den leitenden Beamten eines Hochsicherheitsgefängnisses kennen. Er war vom Dialog so begeistert, dass wir zusammen mit Donald Factor, der ebenfalls große Dialogerfahrungen hat, einen Vorschlag für ein konkretes Projekt ausarbeiteten.

Warum hat Sie das Arbeiten im Gefängnis so fasziniert?

Garrett: Es war ein sonderbares Gefühl, ähnlich dem, das ich beim Besuch von Anstalten für psychisch Kranke hatte. Vielleicht ahnte ich, dass es ein Weg ist in Bereiche, in denen ich mehr über mich entdecke, als ich sehen will. Wo ich mit etwas konfrontiert werde, das ich im Schattenbereich meiner Psyche halten möchte. Ich bin im damaligen Rhodesien aufgewachsen, auf dem Lande, in der Weite der Natur, und wurde dort von einer schwarzen Amme betreut, ging dann nach England mit seinen strengen sozialen Regeln und Klassenstrukturen. So fühlte ich mich eingezwängt zwischen meiner intellektuellen Heimat Europa und der Gefühlsheimat Afrika. Ich kann nicht in beiden gleichzeitig sein. Diese Konfliktlage finde ich im übertragenen Sinne auch in Gefängnissen. Die Familien der Insassen leben außerhalb, und zu denen können sie nicht. Die Gefängniswelt ist aber nicht die wirkliche Welt, und viele Gefangene empfinden die Haft als verlorene Zeit.

War es leicht, diese Arbeit zu beginnen?

Garrett: Nein, denn das, was wir schaffen, ist eine Art Gegenkultur. Wir kommen überein, dass die Runde freiwillig ist und wir über alles reden können. Gewöhnlich ist die Konversation im Gefängnis sehr begrenzt. Auch die Wärter gebrauchen eine sehr begrenzte Art des Vokabulars, und die Gefangenen tauschen in der Regel nur Floskeln aus. Wenn man in dieser Kultur etwas erreichen will, muss man einen langen Atem haben und den starken internen Widerstand der Organisationsstruktur überwinden. Und man muss auch dafür sorgen, dass man selbst nicht psychisch geschädigt wird.

Aber ich erfahre bei dieser Arbeit eine Menge darüber, wie wir in unserer Gesellschaft lernen, uns so zu verhalten, wie wir uns verhalten. Diesen Prozess bekommen wir zunächst über unsere Familien mit. Unbewusst lernen wir, über was wir reden können und über welche Themen nicht. Lehrer und alle, die Einfluss auf unser Denken haben, bringen uns schnell dazu, zu spüren, für welche Äußerungen wir belohnt oder bestraft werden. Selbst wenn wir hören, dass jemand etwas offensichtlich ziemlich »Unlogisches« und »dummes Zeug« sagt, haben wir als Kind gelernt zu schweigen. Alle Eltern bringen ihren Kindern subtil bei, wie sie sich in spezifischen Situationen zu verhalten haben. Ein Polizist symbolisiert nur den Prozess, den alle Wohlerzogenen als Kontrollinstanz verinnerlicht haben. Was mich interessiert, ist, warum viele Gefangene nicht in diesem Sinne »zivilisiert« sind.

Ich habe Menschen kennen gelernt, die über 40 Jahre daran gearbeitet haben, diesen Zivilisationsprozess über das Training von Normen oder Schamgefühl nachzuholen und zu verändern, damit sich die Straffälligen besser verhalten. Ich glaube nicht, dass dies ein erfolgreicher Weg ist.

Und durch diese Fragen habe ich sehr viel über den heimlichen Lehrplan erfahren, der unsere Interaktionen beherrscht. Für Organisationen ist es ganz entscheidend, die Sprache zu kennen, wenn man wirksame Veränderungsprozesse durchführen will. Das Gleiche gilt für die individuelle Ebene.

Haben Sie ein Beispiel für einen dialogischen Reflexionsprozess?

Garrett: Ich hatte einmal einen Mehrfachvergewaltiger in der Runde, und wir kamen zu dem Punkt, an dem ich ihn offen fragte, warum er das getan habe. Nachdem er einige Details erzählt hatte, sagte er: »Nach all den Verhandlungen, Berichten und 12 Jahren Haft sind Sie der Erste, der mich fragt, warum.« Und er war durch seine eigene Frage in der Lage, von der Abwehr und Rechtfertigung wegzukommen und eine forschende Haltung einzunehmen. Er begann seine Geschichte mit dem Satz: »Ich hätte es nicht tun sollen.« Ich erwiderte: »Wer sagt, dass Sie es nicht hätten tun sollen?« Es geht nicht darum, dass man eine andere Person nicht verletzen soll; jetzt geht es um die Frage: »Warum passierte es wirklich?« Denn die Denkstrukturen mit den Kategorien: »Das ist falsch, und ich hätte es nicht tun sollen«, kommen aus einem anderen Wertesystem. Ich denke, wir sollten unabhängig von »richtig« und »falsch« hinsehen und erforschen, warum es passiert ist. Erst wenn dieser Prozess der Selbsterforschung durchlaufen ist, können wir über Werte reden und über die Konsequenzen eines solchen Verhaltens.

Das können wir in der Regel schlecht akzeptieren, weil es uns unmöglich erscheint, ohne den Zeigefinger der Empörung über solche Scheußlichkeiten zu reden.

Garrett: Genau. Und wir verstehen nicht, warum unsere moralische Entrüstung und unsere Appelle in der Regel völlig unfruchtbar sind. Mein Ziel ist jedoch, die sehr begrenzten menschlichen Kapazitäten zur Selbsterforschung zu erweitern.

Glauben Sie, dass die Personen, mit denen sie gearbeitet haben, nun die eigenen Verhaltensmuster besser verstehen?

Garrett: Ja, ob sie allein über sich selbst nachdenken oder ob sie durch das Gespräch in einer Dialoggruppe über sich nachdenken, in der sie wirklich gehört werden, dies sind völlig unterschiedliche Prozesse.

Ein Unterschied besteht darin, dass dann, wenn ich isoliert über mich nachdenke, die Gedanken springen können, ohne dass ich mich um irgendwelche Zusammenhänge kümmere. Erst denke ich beispielsweise daran, wie ich hierherkam, dann darüber, ob du noch einen Keks möchtest, dann über das Mittagessen, dann über deine Fragen ... die Gedanken schweifen überallhin. Das ist ganz natürlich. Wenn ich anderen in einem Dialogprozess etwas verständlich machen will, muss ich ihnen die Zusammenhänge zwischen den Gedankenmustern erläutern. Entweder ich erkläre sie, oder ich werde gefragt. Und während ich diese Zusammenhänge erkläre, passiert es häufig, dass ich feststelle, dass sie gar nicht so zusammenhängend sind, wie ich angenommen hatte. Ich kann in der Dialoggruppe erkennen, wie begrenzt mein Bild war. Plötzlich sehe ich neue Zusammenhänge. Zwischen den fragmentierten Mustern erkenne ich neuen Sinn, und durch diesen Prozess kann ich völlig neue Gedankenfelder aufbauen, zu denen ich allein nicht in der Lage gewesen wäre.

Durch den Dialog völlig neue Gedankenfelder aufbauen.

Verändern, ohne es zu »wollen«

Garretts Erfolge mit der Dialogprozessarbeit haben in England zur Gründung der Stiftung *Prison Dialogue* geführt. Das Geheimnis seines Erfolgs liegt für Garrett darin, eine echte Fragehaltung zu entwickeln und sich eine echte Entdeckerfreude zu erhalten. Im Dialogprozess geht es nicht um Bewertung oder Abwertung der Verurteilten. Die Suspendierung – die hier so etwas wie das zeitweilige Außerkraftsetzen von gesellschaftlichen Kontrollnormen bedeutet – bietet allen Beteiligten die Grundlage für eigene Entdeckungen: In dem Moment, in dem niemand eine Verwandlung zu erzwingen sucht, wird es möglich, sich zu wandeln.

Aus dem Gespräch mit Peter Garrett geht auch hervor, wie sehr Ver- und Beurteilungen die Selbstreflexion des Einzelnen blockieren. Eine vorurteilsfreie Atmosphäre und ein sicherer Vertrauensraum dagegen ermöglichen den Blick auf die innere Motivation, ein Erkennen der tieferen Bedürfnisse, die den eigenen Handlungen zugrunde liegen. Erste Voraussetzung eines solchen Prozesses ist das Gehörtwerden in der Gruppe, er erfordert darüber hinaus das Formulieren und Aussprechen eigener Annahmen und Vermutungen, erweitert sich durch den Austausch, kann eigenes Erkennen von größeren Zusammenhängen ermöglichen und zu neuem Denken führen.

Peter Garrett arbeitete ursprünglich wissenschaftlich im Bereich der Gruppenforschung und der praktischen Managementbildung. Er wollte prüfen, welches Veränderungspotenzial der Dialogprozess hat und ob er auch für die Lösung schwieriger Situationen brauchbar ist. In einem solchen Prozess können Machtstrukturen thematisiert werden, und darum geht es im Gefängnis und im Leben von Gewalttätern – aber im Prinzip auch im Alltag eines jeden. Wie der Einzelne mit Macht und Energie umgeht, tritt dort nur drastischer hervor.

Garrett hat festgestellt, dass diejenigen, die die Gefangenen ändern wollen, oftmals genau das Gegenteil erreichen. Sein Weg ist, ihnen zuzuhören.

Das ist eine der zentralen Paradoxien der Aktionsforschung: Es geht nicht darum, dass ein Subjekt ein Objekt zu verändern sucht. In einem Beziehungsnetz sind immer alle »irgendwie« beteiligt. Aus eigener Erfahrung weiß jeder Partner in einer Beziehung, wie erfolglos und aggressionsauslösend solche Veränderungsversuche sind, ob in der Pubertät, in Partnerschaft oder Ehe. Worum es im Dialog geht, ist die Förderung einer gleichwürdigen Qualität der Beziehung. Erst dann haben wir die Chance zu spüren, wie wir durch die jeweils eigene Achtsamkeit und Haltung uns selbst und den anderen beeinflussen.

DENKPAUSE

Stefan Schönfeld geht aus der etwas ungewöhnlichen nächtlichen Perspektive eines Schlafwagenschaffners auf eine Reise zwischen den Welten, wo der Dialog zur Traumzeit entsteht. Zeitweise augenzwinkernd spürt er der Frage nach, welche Bedingungen der Dialog für seine Entfaltung braucht. Der »Geist des Dialogs« scheint zumindest nicht nur mit Hilfe von Redesteinen und Klangschalen geweckt zu werden, sondern kann auch unabhängig wehen…

»Tiefer Einklang und steter Fluss«. Zwischen den Welten – Dialog im Schlafwagen

Vor jedem guten Gefühl eines Menschen müsste man niederknien wie vor einem Heiligtum, wie vor einem Stern. Man müsste es schützen und wie ein brennendes Licht tragen. Und wenn es nur ein Fünkchen wäre, seinen letzten Atemzug müsste man dafür hergeben, um es wieder zum Leuchten zu bringen.

Marek Hlasko, Der achte Tag der Woche

Ende der 80er Jahre arbeitete ich als Schlafwagenschaffner bei einer Tochtergesellschaft der Deutschen Bahn. Meine Fahrten nahmen meistens in Hamburg-Altona ihren Anfang und verteilten von dort Reisende nach Skandinavien, nach Paris, Avignon, Narbonne oder in die Schweiz und nach Österreich. Wie jeder andere Schlafwagenschaffner auch liebte ich die Routen nach Stockholm, Göteborg, Oslo und nach Südfrankreich. Die Verbindungen nach Kopenhagen, München, Basel oder Wien waren unter den Schlafwagenschaffnern weniger gelitten. Dies hatte – und hat sicherlich bis heute – folgende Bewandtnis:

Mit der Unterzeichnung des Dienstvertrags als Schlafwagenschaffner verzichtet man offiziell auf die erholsamen Stunden des Nachtschlafs und sichert gleichzeitig zu, den Reisenden auf ihrem Weg verantwortungsvollen und freundlichen Service angedeihen zu lassen. Und das ist leichter gesagt als getan. Spätestens nach der dritten durchwachten Nacht »auf der Schiene« gleiten die Gedanken in Zwischenwelten ab, verführt vom gleichmäßigen Geräusch der Waggonräder, und der Schlaf droht hinter jeder Weiche und vor jedem Bahnhof. Dies ist nicht lange durchzuhalten, und so hat spätestens nach einem Monat Festanstellung jeder Schaffner seinen Weg gefunden, sich während der Arbeitszeit »zu regenerieren«: beständig auf der Hut vor der »Revision«, Männern in Grau, die nächtens an entlegenen Bahnhöfen zusteigen, um den Wachzustand der Kondukteure zu kontrollieren.

Der Nachtschlaf des Schaffners ist also ein begehrtes Gut. Und Fahrten, die viele nächtliche Zwischenstopps aufweisen, hindern den Schaffner an der Vermehrung seines Gutes, weil Revisoren und Reisende zusteigen könnten und unnötige Arbeit verursachen würden. Die nächtlichen Städteverbindungen Kopenhagen, München, Basel und Wien waren prädestiniert für spät zusteigende Gäste und übellaunige Revisoren. Auf den Schienen Frankreichs und Skandinaviens war die Schaffnerwelt noch in Ordnung, denn dorthin trauten sich damals nur wenige deutschstämmige Revisoren.

Die schlaflosesten Nächte erlebte ich auf der Strecke *Hamburg–München*. Bisweilen schien es mir, als würden ununterbrochen Gäste einsteigen. Und jeder wollte etwas anderes von mir: Tickets oder Wein, Bier oder Brot, warme Decken oder ein zusätzliches Kopfkissen. Seltsam war auch, dass offenbar die wenigstens meiner Gäste ein Schlafbedürfnis hatten, obgleich sie ja eben dafür einen Platz reserviert und nicht wenig Geld bezahlt hatten. Statt zu schlafen, hielten sie sich auf dem Gang auf und blickten aus dem Fenster in die dunkle Nacht, stundenlang, Männer wie Frauen.

Begegnungen – keine Position, Ansehen des anderen.

Gelegentlich geschah es dann, dass sich Gespräche zwischen diesen Reisenden und mir entwickelten. Viele dieser Begegnungen waren geprägt von einem tiefen Einklang und einem steten Fluss, ohne Widerstand. Es war Ruhe, und keine Position war spürbar, nur Tiefe und Ansehen des anderen. – Diese Stimmungen habe ich bis heute in Erinnerung. Sie ähneln in ihrer Intensität sehr den Dialogrunden, und auch die Inhalte waren andere als sonst.

Mit einem polnischen Ehepaar, beispielsweise, sprach ich zunächst über den Filmemacher Roman Polanski. Das Gespräch war sehr langsam und sehr pausenreich, weil ich überhaupt kein Polnisch spreche und das Ehepaar kaum Englisch reden konnte. Wir hörten einander sehr aufmerksam zu und versuchten uns zu verstehen. Über Polanski kamen wir auf das weitschweifige Thema »Das Miteinander der Menschen« und sprachen über die Fragwürdigkeit von politischen Grenzen. Das bewusste Formulieren der eigenen Argumente unter dem

Eindruck der Verständigungsschwierigkeiten tat sein Übriges, um eine weitere Ebene gegenseitigen Zuhörens zu öffnen. Auf diese Weise unterhielten wir uns bestimmt zwei Stunden lang. Zum Schluss empfahl mir die Frau Kurzgeschichten des polnischen Schriftstellers Marek Hlasko, bevor wir im Gleichklang auseinander gingen und sie sich mit ihrem Mann ins Abteil zurückzog.

Heute arbeite ich als Dialogprozess-Begleiter und Konflikttrainer vorwiegend in der Qualifizierung von Pflegekräften zu Stationsschwestern und -pflegern. In diesen Fortbildungen sitzen rund 20 Teilnehmende. In diesem Zusammenhang erlebe ich Stimmungen beschriebener Intensität wieder und entdecke die Parallelen zwischen den Tätigkeiten eines Dialogprozess-Begleiters und eines Schlafwagenschaffners.

Nun ist ein Schlafwagen kaum mit einem Container im dialogischen Sinne vergleichbar. Dennoch gleichen sich die geschützte Abgeschiedenheit und das Dahingleiten durch verschiedene Welten in einem gewissen Sinne schon. Ähnlich den Begegnungen mit den Reisenden habe ich keine Ahnung, welche Wegstrecken die jeweiligen Schwestern und Pfleger dem Prozess hinzufügen. Ziemlich sicher ist jedoch, dass das langsame und offene Zusammensein in einem Dialog, getragen von empathischer Wertschätzung und Respekt, sehr geschätzt wird. Ich habe die Erfahrung gemacht, dass besonders die Berufe mit einer hohen Frequenz von Sozialkontakten das dialogische Setting als Basis für anstehende Lernerfahrungen brauchen. Die Beziehung zueinander trägt die Vermittlung der inhaltlichen Themen.

Geschützte Abgeschiedenheit und Dahingleiten durch verschiedene Welten.

Was dem Schaffner sein Schlafwagen, ist dem Dialogprozess-Begleiter sein Container und der Stuhlkreis. Wie sieht es aber mit den Requisiten Redestein, Klangschale und Blumentopf aus? Und sind diese Dinge unbedingt nötig, um »gute« Dialoge führen zu können? Nun behaupte ich weiter oben, dass ich schon vor meiner Ausbildung zum Dialogprozess-Begleiter über die Fähigkeit verfügte, Dialoge zu führen. Und dennoch bin ich damals ohne Kugel, Kerze, Blume und Schale umhergereist. (Obgleich dies aus heutiger Sicht ein spannendes Experiment sein könnte. Stellen Sie sich bitte kurz die Gesichter der Schlafwagengäste vor, wenn der Schaffner plötzlich ins Abteil bittet und die Klangschale anschlägt.)

Ich glaube, die Verwendung dieser Dinge steht in einem engen Bezug zur Motivation des Dialogbegleiters. Ich halte in einem dialogischen Miteinander die Phasen der Reflexion über die erlebten Prozesse für den eigentlichen Kern echter Dialogarbeit. (Darin unterscheidet sich der »Schlafwagen-Dialog«.) Die einzelnen Utensilien bieten dabei Kristallisationspunkte, um die Reflexionsphasen an die Oberfläche zu holen. Dabei bin ich davon überzeugt, dass bereits ein Ausruf einer Teilnehmerin wie beispielsweise »Sind wir jetzt bei den anonymen Alkoholikern?« angesichts des Dialog-Settings ein Hinweis auf ein Dialog-Angebot ist. Ich gehe auf derartige Äußerungen ein und frage mich gleichzeitig, was ein solcher Kommentar in mir als Prozessbegleiter ausgelöst hat. (Zum Beispiel: Habe ich plötzlich Angst vor der Gruppe? Bin ich jetzt nicht mehr überzeugt von diesem Setting? Bewerte ich die Teilnehmerin plötzlich abfällig und strafe sie damit non-verbal für ihre Meinungsäußerung?) Ich beobachte mich auch in meinem weiteren Verhalten gegenüber der Gruppe und dieser Teilnehmerin.

Phasen der Reflexion – eigentlicher Kern echter Dialogarbeit.

Ich habe die Erfahrung gemacht, dass das Benutzen eines Redesteins als Ritual zur Verlangsamung wichtig ist, die Verwendung allerdings nur ein Abbild der Haltung der Gruppe und des Prozessbegleiters ist. Im Dialog mit den polnischen Schlafwagengästen ist die Sprachbarriere qualitativ gleichbedeutend mit dem Redestein. Wichtig scheint mir daher mehr das gemeinsame Wesen einer entstehenden Dialoggruppe zu sein. Deswegen gehe ich mit diesen Mitteln der jeweiligen Gruppe entsprechend um. Spüre ich Abneigung gegenüber dem Dialog-Setting, spreche ich dies an, halte die Verwendung der jeweiligen Dinge offen, lasse es aber auch in der nächsten Unterrichtseinheit aufgebaut. Selbstverständlich immer unter der Voraussetzung, selbstbeobachtend zu verstehen, wovon meine Motivation im Umgang mit der Gruppe und dem Prozess getragen ist. Und wenn eine Gruppe bis zum Schluss einer Unterrichtsreihe abgeneigt ist, Kugel und Klangschale zu akzeptieren, heißt dies noch lange nicht, dass das dialogische Miteinander in Frage gestellt wird. Allerdings bedeutet dies für die Gruppe und ihren Begleiter eine behutsame Etablierung anderer Interventionsebenen, um über die Dialog-Eigenschaften Einvernehmen zu erzielen. Und diese müssen, ebenfalls in Abhängigkeit von der Gruppenkompetenz, wiederholend durch Übungen erfahrbar gemacht werden.

Dialogisches Miteinander auch ohne Kugel und Klangschale.

Ein letztes Wort noch zur Kugel: Viele Teilnehmende erleben bereits die Stuhlkreisformation als belastend. Diese Offenheit wird zunächst missverstanden als nötigender Präsentierteller. Kommt dann noch das Check-in* dazu, fühlen sich viele ihren eigenen Blockaden hilflos ausgeliefert und fliehen in ein »inneres Exil«. Das Check-in, ritualisiert mit dem Redestein, kann diese Teilnehmenden integrieren, indem der Prozessbegleiter ausdrücklich hervorhebt, dass die Kugel auch wortlos weitergegeben werden kann. Allein das bewusste

* Als Einführung und Einstimmung, in der sich alle Teilnehmer äußern können, etwa um ihre Erwartungen und Hoffnungen zu beschreiben. Siehe S. 112 f. und auch *Miteinander denken*, S. 107 ff.

Weiterreichen des Redesteins kann in solchen Fällen eine Präsenz in der Gruppe erleichtern.

Ich denke, dass Dialogprozess-Begleiter in der Tat nichts anderes sind als Reisebegleiter, ebenso wie Schlafwagenschaffner. Damit reiht sich dieser Beruf ein in die ehrenvolle Gesellschaft großer Wegbegleiter und setzt die lange Tradition des wohlfeilen, manchmal auch bezahlten Weggefährten fort. Die Kollegen vergangener Zeiten heißen Cháron, der Totenfährmann der Griechen, der die Seelen der Verstorbenen gegen ein Münzgeld über den Styx ruderte. Hermes, Sohn des Zeus, der den Wanderern Zeichen zur Orientierung gab und den die Kaufleute, Händler und Diebe wegen seiner Schnelligkeit und Schlauheit verehrten. Sancho Pansa, treuer Begleiter seines Herrn Don Quijote, der alles Leid und alle Freude mit diesem teilte. Und schließlich Sam, seines Zeichens Hobbit, der seinem Freund Frodo die Bürde des Ringes zu tragen half.

Dialogprozess-Begleiter – Reisebegleiter – Cháron – Hermes – Sancho Pansa – Sam …

Seltsamerweise alles mythische Gestalten.

3 »Wir hörten einander wirklich zu« – Der Dialog im Alltag

Gegenseitige Wegbegleiter

Die Hauptvoraussetzung zur Entstehung eines echten Gesprächs ist, dass jeder seinen Partner als diesen, als eben diesen Menschen meint.

Martin Buber

Wo Menschen einander begegnen und aufeinander angewiesen sind, in Familien, in der Schule, am Arbeitsplatz, in Wohn- und Lebensgemeinschaften – überall dort, wo sich gemeinsames Leben abspielt –, entstehen immer wieder Spannungen, Missverständnisse, Konflikte oder zumindest Erwartungen aneinander.

Wir stellen Ihnen einige Beispiele zum Einsatz des Dialogs aus verschiedenen Alltagsfeldern vor und zeigen einige Muster und Phänomene auf, die in Begegnungen wirksam sind.

In Familien tauchen unter Geschwistern immer wieder brisante Themen wie Konkurrenz um Zuneigung, Angenommensein oder Bevorzugung auf. Sie können im geschützten Raum des Dialogs leichter thematisiert werden, wenn alle erfahren haben, dass dieser Raum so etwas zulässt und dass die gegenseitigen Beziehungen auch Spannungen aushalten. Vater oder Mutter sind dabei ebenfalls Lernende. Sie übernehmen zugleich ihren Anteil an der Verantwortung, zumindest für die Atmosphäre. Dies kann sich – wie in dem folgenden Beispiel von *Erika Meier* – darin ausdrücken, dass sie den Dialog mit hilfreichen Fragen begleiten, ohne dabei Lösungen anzubieten.

Hilfreiche Fragen – ohne Lösungen.

»Sonst hätte ich gar nicht gewusst, wie es dir geht« – Familiendialog

Franz, 52, und Erika, 48, haben drei Kinder – Heiner, 20, Sonja, 17, und Birgit, 14 Jahre. Die Eltern möchten in der Familie eine dialogische Gesprächskultur praktizieren und versammeln sich in unregelmäßigen Abständen um den großen Esstisch.

Während die Jüngste, Birgit, noch zu Hause wohnt, kommen Sonja und Heiner nur noch in den Ferien nach Hause. Der Sohn ist schon seit einer Woche zu Hause, jetzt ist auch Sonja, die ältere Schwester, von einem Ferienausflug zurückgekommen. Tags zuvor sind die Schwestern beim Mittagstisch ziemlich aneinander geraten, was in der letzten Zeit immer wieder vorgekommen ist und die Atmosphäre belastet. In der Stube lümmeln sich alle um den runden Tisch. Nach einigen allgemeinen Themen kommt die Frage: Reden wir jetzt mit oder ohne Stein – Heiner meint, es ginge doch in so einer kleinen Runde auch mal ohne. Erika Meier:

Ich beginne einfach, indem ich den Redestein ergreife. Zunächst äußern alle allgemeine Freude über den Urlaub und darüber, zu Hause sein zu können. Doch es gibt unterschiedliche Wünsche und Pläne – so will Sonja beispielsweise noch mit Freundinnen an die See fahren.

Franz: »Vielleicht könnten wir ja auch was zusammen machen, noch mal gemeinsam an die See fahren oder so?«

Birgit: »Ich finde es eigentlich schade, dass Sonja schon wieder wegfährt, ich hatte mich so gefreut, dass sie wieder nach Hause kommt. Ich weiß aber gar nicht, ob sie sich auch auf mich gefreut hat, und jetzt fährt sie gleich schon wieder weg. Mit Heiner hier zu Hause, das war wirklich ganz schön.« (Birgit hat Tränen in den Augen, als sie das sagt. Sie schaut intensiv vor sich auf den Teppich und wischt sich verstohlen das Gesicht ab.)

Sonja: »Bin jetzt etwas verwundert, weil ich gar nicht gemerkt habe, dass du dich freust, dass ich wieder da bin.«

Heiner: »Birgit hat ja auch einiges gemacht, als alle weg und wir zwei alleine waren, hat mal Essen gemacht, oft die Küche aufgeräumt und die Vögel versorgt. Vielleicht ist das auch dumm von mir, dass ich heute Morgen nicht erwähnt habe, was du immer gemacht hast, Birgit, sondern nur davon geredet habe, dass du so lange schläfst.«

… Pause …

Ich: »Ich würde auch gerne etwas mehr über unsere Beziehungen nachdenken und darüber, wie es uns so miteinander geht. Ich war heute auch gestresst, obwohl es dafür gar keinen eigentlichen Grund gab. Dann war meine Stimmung hin, und weil ich nicht so rummotzen wollte, hab ich gar nichts mehr gesagt, und Sonja, du meintest, ich sei auf dich sauer, aber ich brauchte auch Zeit, meine Gedanken zu sortieren.«

Birgit: »Ich merke jetzt erst, wie mich das geärgert hat, dass alle von ihren tollen Ferien erzählt und Heiner gelobt haben, was der alles Tolles gemacht hat. Dabei hatte ich hier ja auch mitgeholfen, und das hat keiner gemerkt. Ich war nur immer die Faule, die den ganzen Tag im Bett liegt und nichts tut.« (Schluckt.)

Ich: »Was wünschst du dir denn jetzt, Birgit?«

Birgit: »Das weiß ich auch nicht so richtig, aber alle finden immer, dass ich faul bin. Und dabei habe ich auch immer die Vögel versorgt und die Küche aufgeräumt, das hat Heiner nie getan.«

Ich: »Heute Morgen sagtest du doch auch, dass es dir ganz gut getan hat, mal richtig auszuschlafen zu Ferienbeginn. War das nicht auch ganz schön für dich?«

Ich bin überflüssig und störe bloß.

Birgit: »Ja schon, aber kaum war Sonja wieder da, kam ihre beste Freundin auch schon nach einer halben Stunde wieder hier an. Wenn Sonja mit ihrer besten Freundin nach Gießen zieht, bin ich ja sowieso überflüssig. Vielleicht freut sie sich dann auch gar nicht, wenn ich komme. Wenn Sonjas beste Freundin da ist, störe ich sowieso bloß.«

Franz: »Du hast sie aber auch gar nicht gefragt, ob sie sich freuen würde und sie es schön fände, wenn du kommen würdest. Du denkst das, aber du weißt nicht, ob es auch für Sonja so ist. Manchmal ist es besser, direkt zu fragen, sonst hat man vielleicht ein falsches Bild von dem anderen im Kopf.«

Heiner: »Das ist aber auch nicht so einfach, wenn Birgit die Sonja so an der Tür trifft und ihr sagt, du findest deine beste Freundin sicher besser als mich und willst gar nicht, dass ich dich besuche. Dann sagt doch Sonja, ›Sag mal, spinnst du denn, was soll denn das jetzt?‹«

Franz: »So meinte ich das auch nicht, aber die Bilder, die wir uns im Kopf zurechtlegen, stimmen eben nicht immer mit den Bildern der anderen in deren Köpfen überein, und wenn wir nicht fragen, wissen wir eben nicht, wie anders jemand anderes das sieht.«

Birgit: »Ich finde das jetzt für mich auch ganz schön schwer. Ich merke jetzt auch erst, wie fertig mich das gemacht hat, denn auch in der Schule war's in der letzten Zeit ganz schön nervig, das hat mich ziemlich angestrengt.« (Weint ein bisschen.)

Sonja: »Jetzt bin ich wirklich ganz verwundert. Ich weiß gar nicht so genau, was jetzt ist. Klar habe ich auch darüber nachgedacht, ob du mich wohl mal in Gießen besuchen würdest. Aber ich war mir gar nicht sicher, ob du dazu überhaupt Lust hättest. Da war ich mir nicht sicher, weil du mich häufig so anmotzt. Aber natürlich würde ich mich sehr freuen, wenn du kommst. Ich weiß ja auch noch gar nicht, wie das in Gießen sein wird.

Heiner hat auch wohl Recht: Wenn Birgit mir das so zwischendurch gesagt hätte, hätte ich wahrscheinlich gesagt: ›Eh, du spinnst doch wohl‹, aber ich glaube, hier kann ich dir gut zuhören und verstehe das auch besser.«

Birgit: »Ja, ich glaube, das war jetzt gut, dass ich das gesagt habe, jetzt ist es auch besser.« (Lächelt.)

Sonja: »Sonst hätte ich gar nicht gewusst, wie es dir wirklich geht, weil ich manchmal denke, du hast gar keine Lust, was mit mir zu machen.«

Sich konzentrieren und zuhören.

Heiner: »Es war wohl doch ganz gut, mit dem Stein zu reden. Denn wenn man das sonst nicht hinkriegt, sich zuzuhören, und dann denkt, ›Ja, wir setzen uns mal zusammen …‹, dann klappt das meist auch nicht richtig. Vielleicht hilft dieser Stein doch etwas, sich zu konzentrieren und zuzuhören.«

Franz: »Ich bin ganz beeindruckt, wie viel ich in dieser Stunde von euch erfahren habe. Ihr habt das selbst sehr gut geschildert, wie es euch geht.«

Birgit schlägt zum Abschluss einmal die Klangschale an. Bevor alle auseinander gehen, umarmen sich Sonja und Birgit lange.

Zwischen Schein- und Spukgestalten

Der Beitrag von *Erika Meier* verdeutlicht einen wichtigen Aspekt beim Dialog: Die Vorstellungen und Bilder, die ich von mir habe, die andere von mir haben und die auch ich mir von andern mache, können sich als für eine lebendige Beziehung hinderlich erweisen.

Martin Buber beschreibt, wie solche Bilder, die Menschen sich von sich und voneinander machen, zu Barrieren zwischen ihnen werden können und eine direkte Beziehung, einen lebendigen Austausch erschweren oder gar unmöglich machen. Sie treten als »Scheingestalten« zwischen die Menschen und blockieren ihren Kontakt:

»Stellen wir uns nun zwei Bildmenschen vor, die beieinander sitzen und miteinander reden – nennen wir sie *Peter und Paula* – und zählen wir die Figurationen nach, die dabei im Spiel sind.
Da sind erst mal der Peter, wie *er der Paula erscheinen will*,
und die Paula, wie sie dem Peter erscheinen will;
sodann der Peter, wie *er der Paula wirklich erscheint*,
Paulas Bild von Peter also, das gemeiniglich keineswegs mit dem von Peter gewünschten übereinstimmen wird,
und vice versa;
dazu noch *Peter, wie er sich selbst*, und
Paula, wie sie sich selbst erscheint;
zu guter Letzt die *leibliche Paula und der leibliche Peter*.
Zwei lebende Wesen und sechs gespenstische Scheingestalten, die sich in das Gespräch der beiden mannigfaltig mischen! Wo bliebe da noch Raum für die Echtheit des Zwischenmenschlichen!« (Buber 1994, S. 279; wir haben Absätze und Hervorhebungen eingefügt sowie Paul zu Paula geändert, entsprechend der folgenden Abbildung.)

»Wir dürfen zwei Arten menschlichen Daseins unterscheiden. Die eine mag als Leben vom Wesen aus, Leben bestimmt von dem was einer ist, die andre als Leben vom Bilde aus, Leben bestimmt von dem wie einer erscheinen will, bezeichnet werden.«

Martin Buber

Sein und Scheinen

> DICH
> Dich dich sein lassen
> ganz dich sehen
> dass du nur du bist
> wenn du alles bist was du bist
> das Zarte und das Wilde
> das was sich losreißen
> und das was sich anschmiegen will
> Wer nur die Hälfte liebt
> der liebt dich nicht halb
> sondern gar nicht
> der will dich zurechtschneiden,
> amputieren, verstümmeln.
> Dich dich sein lassen
> ob das schwer oder leicht ist?
> Es kommt nicht darauf an
> mit wie viel Vorbedacht und Verstand,
> sondern mit wie viel Liebe
> und mit wie viel offener Sehnsucht nach allem –
> nach allem was du bist
> Nach der Wärme und nach der Kälte
> nach der Güte und nach dem Starrsinn
> nach deinem Willen und Unwillen
> nach jeder deiner Gebärden
> nach deiner Ungebärdigkeit
> Unstetigkeit
> Stetigkeit
> dann ist dieses dich
> dich sein lassen
> vielleicht gar nicht so schwer
> Erich Fried

Wenn es auf die *Echtheit des Zwischenmenschlichen* ankommt, so heißt das, dass wir zwischen uns und den anderen *keinen Schein sich einschleichen lassen* (vgl. Buber, ebd., S. 280). Das erfordert Bewusstheit für beide Seiten: die Sicht auf mich und auf mein Gegenüber. Das Ringen um Bewusstheit stellt sich als Versuch dar, das eigene Wesen so wahrzunehmen und so darzustellen, dass ich mir – zumindest hin und wieder – diese Scheingestalten bewusst mache: sowohl in meiner Selbst-Wahrnehmung als auch in der Wahrnehmung anderer. Es bedeutet, auch nicht besser erscheinen zu wollen als ich bin, zu meinen Schwächen und Fehlern zu stehen, mich nicht hinter einem Bild zu verstecken, das ich anderen präsentiere.

Du sollst dir kein Bildnis machen! Von Bilderstürmereien, goldenen Kälbern und Schattenwesen

Erinnerungen an Menschen, die uns wichtig sind, tragen wir als Bilder, Szenen, Gerüche, Worte, Klänge im Gedächtnis. Wir halten so – durch die Erinnerungen – eine Verbindung aufrecht. Oftmals formen diese Bilder aber eine eigene Wirklichkeit, so dass sie bisweilen die Begegnung mit dem tatsächlichen, lebendigen Menschen erschweren.

Besuch bei meinem Bruder

Wie sehr sich diese Bilder in unseren Köpfen festsetzen, erfuhr unser Freund Manfred bei einem Familien-Treffen. Er erzählt:

> »Ich war einige Tage zu Besuch bei meinem Bruder und seiner Familie, die ich schon jahrelang nicht besucht hatte: geräumiges Haus, einladender Esstisch, ausgiebiges Mittagessen mit der Familie. Nach dem Essen räumen wir gemeinsam den Tisch ab, ich lasse Wasser in die Spüle einlaufen und beginne, das Geschirr abzuwaschen. Mein Bruder schaut mich völlig entgeistert an: ›Manfred, du spülst?‹
> Und noch ehe ich ein lässiges ›Na und?‹ knurren konnte, wurde mir klar: Als Kind hatte ich mich immer entschieden geweigert abzuwaschen, jedwede Gelegenheit genutzt, um mich davor zu drücken, und war dabei recht kreativ im Erfinden von Ausreden gewesen. Offenbar war meinem Bruder dieses Bild von mir noch sehr präsent. Dass inzwischen einige Jahrzehnte vergan-

> gen waren und ich seit langem derartige Hausarbeiten für selbstverständlich hielt – das war ihm nicht so gegenwärtig wie das Bild seines kleinen nörgelnden Bruders.«

Gerade in familiären Beziehungen halten sich die Bilder über Jahre und Jahrzehnte. Kein Witz, aber trotz des Todesfalles ein wenig zum Schmunzeln ist folgende Szene: Auf der Beerdigung ihres 60-jährigen jüngsten Sohnes wendet sich die Mutter, 88 Jahre, an ihre Nachbarin mit den Worten: »Dat hat ik me oll dacht, dat wi den lüttken nich graut krieget...« (Das hatte ich mir schon gedacht, dass wir den Kleinen nicht groß kriegen...)

Wie geht es Ihnen, wenn Sie auf der Straße eine ehemalige Lehrerin wiedertreffen? Sehen Sie den älter gewordenen Menschen vor sich, oder sind die Szenen aus dem Klassenzimmer wieder präsent, in denen diese Lehrerin Sie ermahnte oder ermutigte? Und wie nehmen Sie sich selbst in dem Moment wahr?

Wie nehmen wir andere Menschen wahr und wie sehr überlagern Erfahrungen, die wir mit anderen gemacht haben, die Gegenwart? Für *Max Frisch* kommt noch ein weiterer Aspekt dazu: Das Bild, die Annahme, die wir von jemand anderem haben, wirkt auch auf ihn zurück. Wie wäre die Welt, wenn wir in den Menschen tatsächlich die verborgenen Potenziale und Möglichkeiten sehen könnten, ja diese in sie *hineinsehen* würden?

> »In gewissem Grad sind wir wirklich das Wesen, das die andern in uns hineinsehen, Freunde wie Feinde. Und umgekehrt! Auch wir sind die Verfasser der andern; wir sind auf eine heimliche und unentrinnbare Weise verantwortlich für das Gesicht, das sie uns zeigen, verantwortlich nicht für ihre Anlage, aber für die Ausschöpfung dieser Anlage. Wir sind es, die dem Freunde, dessen Erstarrtsein uns bemüht, im Wege stehen, und zwar dadurch, dass unsere Meinung, er sei erstarrt, ein weiteres Glied in jener Kette ist, die ihn fesselt und langsam erwürgt. Wir wünschen ihm, dass er sich wandle, o ja, wir wünschen es ganzen Völkern! Aber darum sind wir noch lange nicht bereit, unsere Vorstellung von ihnen aufzugeben. Wir selber sind die letzten, die sie verwandeln. Wir halten uns für den Spiegel und ahnen nur selten, wie sehr der andere seinerseits eben der Spiegel unseres erstarrten Menschenbildes ist, unser Erzeugnis, unser Opfer.« (Max Frisch, 1998, S. 371)

Wissen Sie, welche Bilder Sie über Ihre Partnerin, Kinder, Nachbarn, Freunde ... im Kopf haben? Wir brauchen Bilder immer wieder zur Orientierung, zum Erhalt einer Beziehung, zum Anknüpfen eines Gesprächs. Aber sie stellen sich so spontan ein, dass wir kaum wissen, woher sie kommen, wie sie entstehen und wie wirksam sie sind. Problematisch wird es erst, wenn wir glauben, wir hätten sie nicht und wir wären daher völlig unvoreingenommen.

An anderen erkennen, was wir selbst »kennen«.

Bilder helfen uns, indem sie die Komplexität dessen, was wir wahrnehmen, reduzieren. So löschen sie wesentliche Eigenschaften aus und erkennen an anderen das, was wir selbst »kennen«. Unser innerer »Bildermacher« wird aktiv, wenn er etwas, das wir verdrängt haben, auf andere projizieren kann oder etwas von uns Ungelebtes bei anderen bewundert und »vergoldet«.

Die Bilder werden geprägt von gesellschaftlichen Rollen und Vorstellungen, von Moden, Schurken und Helden, die z. B. von der Medienwelt inszeniert werden. Diese verzerrten Bilder bestimmen zu einem schwer einzuschätzenden Anteil unser Verhalten gegenüber den Abgebildeten.

Weil diese Bilder nach Bestätigung ihres Vorurteils suchen, tendieren sie dazu, auf die Dauer stabiler und resistenter gegen neue Erkenntnisse und Erfahrungen zu sein. Im Dialogprozess haben die Beteiligten die Chance, durch den gegenseitigen Austausch ihre Vorurteile zu revidieren. Weil auch Gruppen kollektiven Vorurteilen unterliegen können und sich diese im Gruppenprozess verstärken können, ist es notwendig, die eigenen Anteile (die Beobachterin beobachten) zu erkennen und zu revidieren.

»Einen Menschen lieben heißt: ihn so sehen, wie Gott ihn gemeint hat.«
Fjodor M. Dostojewski

Bilder, die andere von uns haben, Erwartungen, die an uns gestellt werden, können uns sowohl blockieren als auch ermutigen; auch eigene innere Bilder, die wir von uns selbst haben, hinterlassen ihre Spuren. Die lebenslange Kunst der Entwicklung bleibt der Versuch, in Verbindung zu unseren Möglichkeiten, unserem »wahren Selbst« zu treten, zu dem, wie wir gemeint sind, was in unserem »transpersonalen Selbst« (Ferrucci, 1999) als Potenzial aufscheint, wie die Schöpfung, vielleicht wie »Gott« uns gemeint hat.

Dialog im Alltag beruht auf der Bereitschaft, des öfteren neu hinzuschauen und alte Muster zu hinterfragen. Sie kennen vielleicht das Gefühl, sich in einer Situation fehl am Platze zu fühlen – wenn eine hitzige Diskussion über Politik, Sport oder Arbeit stattfindet. Nicht immer gelingt es dann, sich mit einer dialogischen – interessierten – Haltung einzubringen und die Atmosphäre zu ändern, ohne belehrend zu wirken. Der Grat bis zum Besserwisser, zur »Besser-Wessi«-Haltung, ist schmal.

Vielleicht können Sie aber Anstöße dafür mitnehmen, wie Sie sich bei anderer Gelegenheit einbringen wollen? Oder einfach für sich selbst mehr innere Klarheit gewinnen, wie Sie Gespräche führen wollen und welche Begegnungen Ihnen wichtig sind?

Seminarteilnehmerinnen haben von Geburtstagen und sogar Hochzeitsfeiern erzählt, auf denen die Gäste miteinander neu ins Gespräch kamen. Geburtstagsgäste gaben den Anstoß dazu durch Fragen an die anderen Gäste, die dialogbegeisterte Braut hatte einen Facilitator zu ihrer Hochzeitsfeier eingeladen, der die Gäste zum Dialog einlud und unterstützte – getanzt wurde danach.

Ruth, Mutter des $3\frac{1}{2}$-jährigen Jan, erzählt davon, wie sich ihr Sohn mit seinem Freund Felix unterhält. Felix saugt hingebungsvoll an seiner Nuckelflasche, während Jan ihm etwas erzählt. Jan schaut ihn an, schaut auf die Nuckelflasche, hält einen Moment inne, zieht Felix energisch die Flasche aus dem Mund und redet erst dann weiter. – Offenbar wünscht sich Jan zum Zuhören die ungeteilte Aufmerksamkeit seines Freundes – entweder trinken oder zuhören!

Neue Brillen und innere Modelle

Die Brille, die ich bereits jahrelang trage, bemerke ich nicht mehr. Die Welt erscheint so selbstverständlich klar, dass sich erst durch das Fehlen der Brille zeigt, dass sie da war und wie sie sonst gewirkt hat.

Nicht anders verhält es sich mit unseren »inneren Brillen«, den mentalen Mustern, Erklärungsmodellen, mit deren Hilfe wir das, was wir sehen, interpretieren. Die andere Perspektive ist nicht immer so plastisch wie beim Besuch eines Gulliver-Dorfes, wo die Perspektive eines Kindes durch überdimensioniertes Mobiliar nachempfunden werden kann, wo Stühle kaum ohne Leiter zu erklimmen sind und Tische die Höhe von Kleiderschränken übertreffen.

Auch Erwachsene können sich klein fühlen – auf zu großen Möbeln.

Was ich am Wald schätze, hängt davon ab, wie ich ihn betrachte

Argumentativ in andere Rollen hineinzuschlüpfen erfordert Einfühlungsvermögen. Die eigene verinnerlichte »Brille« abzunehmen und gegen eine andere einzutauschen braucht Phantasie. Und dennoch kann das Bild der Welt nur farbiger werden, wenn unterschiedliche Sichtweisen verschiedene Aspekte ergänzen.

Die Wirkung mentaler Modelle auf die Wahrnehmung zeigt die nebenstehende Abbildung.

Wie der Blickwinkel, den man hat, die Sicht oder Lösung eines Problems bestimmen kann, zeigt die folgende Geschichte:

Dialogische Herausforderung: Viele mögliche mentale Modelle?!

Vor einiger Zeit rief mich ein Kollege an und bat mich, bei der Benotung einer Prüfungsfrage als Schiedsrichter zu fungieren. Offenbar wollte er einem Studenten null Punkte für dessen Beantwortung einer Frage in Physik geben; der Student seinerseits behauptete, er verdiene eigentlich die beste Note und würde sie auch bekommen, wenn das System nicht von vornherein gegen ihn wäre. Der Professor und der Student einigten sich darauf, den Fall einem unparteiischen Schiedsrichter vorzulegen, und die Wahl fiel auf mich.
Ich ging also ins Büro meines Kollegen und las die Prüfungsfrage. Sie lautete: »Zeigen Sie, wie man die Höhe eines Bauwerks mit Hilfe eines Barometers bestimmen kann.«
Die Antwort des Studenten sah folgendermaßen aus: »Nehmen Sie das Barometer, steigen Sie damit auf das Dach des Bauwerks, binden Sie das Barometer an ein langes Seil, lassen Sie es hinunter, und messen Sie dann die Länge des Seils. Die Länge des Seils entspricht der Höhe des Gebäudes.«
Nun, das ist eine recht interessante Antwort, aber sollte man dem Studenten dafür eine gute Note geben? Ich wies darauf hin, dass vieles dafür sprach, denn er hatte die Frage vollständig und korrekt beantwortet. Andererseits hätte die höchste Punktzahl zu einer recht hohen Einstufung des Studenten in seinem Physikkurs geführt. Das wäre einer Art Bescheinigung, dass der Student sich in Physik einigermaßen auskannte, gleichgekommen; darauf hatte seine Ant-

wort jedoch keinerlei Rückschlüsse zugelassen. Aufgrund dieser Überlegung machte ich den Vorschlag, der Student solle einen zweiten Versuch machen, die Frage zu beantworten. Dass mein Kollege einverstanden war, überraschte mich nicht weiter, allerdings war ich sehr überrascht, als auch der Student zustimmte.
Ich gab dem Studenten sechs Minuten, um die Frage zu beantworten, machte ihn jedoch darauf aufmerksam, dass die Antwort einige Grundkenntnisse in Physik erkennen lassen sollte. Nach fünf Minuten saß er immer noch vor einem leeren Blatt Papier. Ich fragte ihn, ob er aufgeben wolle, denn ich musste mich noch um einen anderen Kurs kümmern. Er erklärte jedoch, nein, er gebe nicht auf, er wisse viele Antworten auf die Frage und überlege gerade, welche die beste sei. Ich entschuldigte mich, dass ich ihn unterbrochen hatte, und bat ihn weiterzumachen. Binnen einer Minute hatte er seine Antwort hingekritzelt. Die lautete:
»Gehen Sie mit dem Barometer auf das Dach des Gebäudes, und beugen Sie sich über das Geländer. Lassen Sie das Barometer fallen, und messen Sie die Zeit, bis es unten aufschlägt, mit der Stoppuhr. Berechnen Sie dann mit Hilfe der Formel $s = \frac{1}{2} g \cdot x^2$ (die Fallhöhe entspricht der Hälfte der Erdbeschleunigung mal dem Quadrat der Zeit) die Höhe des Gebäudes.«
An diesem Punkt fragte ich meinen Kollegen, ob er aufgeben wollte. Er willigte ein und gab dem Studenten fast die volle Punktzahl. Als ich das Büro meines Kollegen verließ, fiel mir ein, dass der Student gesagt hatte, er wüsste mehrere Antworten auf die Frage, ich fragte ihn also danach. »O ja«, meinte er. »Es gibt viele Möglichkeiten, mit Hilfe eines Barometers die Höhe des Gebäudes zu berechnen. Beispielsweise können Sie an einem sonnigen Tag das Barometer mit rausnehmen, messen, wie hoch das Barometer, wie lang sein Schatten und wie lang der Schatten ist, den das Gebäude wirft. Mittels einer einfachen Verhältnisgleichung können Sie dann die Höhe des Bauwerks bestimmen.«
»Fein«, sagte ich. »Und die anderen?«
»Na ja«, erwiderte der Student, »es gibt eine sehr einfache Messung, die wird Ihnen gefallen. Sie nehmen das Barometer und steigen damit die Treppe hinauf. Beim Hinaufsteigen verwenden Sie das Barometer als eine Art Meterstab und erhalten so die Höhe des Gebäudes in Barometereinheiten. Eine sehr direkte Methode.
Wenn Sie allerdings eine raffinierte Methode vorziehen, dann befestigen Sie das Barometer an einer Schnur, schwingen Sie es wie ein Pendel hin und her und be-

stimmen den Wert von g (Erdbeschleunigung) unten auf der Straße und oben auf dem Dach des Gebäudes. Aus der Differenz zwischen den beiden Werten für g lässt sich, zumindest im Prinzip, die Höhe des Gebäudes berechnen.
Allerdings gibt es«, fügte er abschließend hinzu, »noch viele andere Antworten, wenn Sie mich nicht auf physikalische Lösungen festlegen. Beispielsweise könnten Sie mit dem Barometer ins Erdgeschoss gehen und beim Hausverwalter klopfen. Wenn er Ihnen aufmacht, sagen Sie:
›Werter Herr Verwalter, ich habe hier ein sehr schönes Barometer. Wenn Sie mir sagen, wie hoch dieses Gebäude ist, gehört es Ihnen ...‹« (Murray Gell-Man 1994, S. 381–384)

***

Die folgenden Erfahrungsberichte stammen von Teilnehmerinnen an Dialoprozessen, die regelmäßig stattfanden und von *Ingeborg Schneider* (s. S. 148 f.) als Facilitatorin begleitet wurden. Im ersten Fall erzählt *Erika Dietz* davon, wie sie sich in einer Geschichte wieder erkannte und es ihr dadurch gelang, ein altes Handlungsmuster zu durchbrechen. Ihr Beispiel verdeutlicht: Dialogerfahrungen können auch helfen, sich selbst aus einer anderen Perspektive zu sehen und dadurch zu verstehen, wie man von Personen aus dem eigenen Umfeld erlebt wird.

»Warum machst du das so?« – Das »Schwiegermutter-Problem«

Ich nehme seit einiger Zeit an einer Dialoggruppe teil und komme immer voller Erwartung und Neugier, was heute wieder geschieht. Eine Menge Erfahrungen habe ich inzwischen für mich gesammelt und fühle mich im täglichen Leben gut – fast »erhaben«.

Dann kam der Abend, an dem die Dialogteilnehmerin Anna, sonst ruhig und besonnen, einem Gefühlsausbruch voller Wut und Ärger nachgab. Sie fühlte sich hilflos, weil ihre Schwiegermutter ein paar Tage bei ihr zu Besuch war und ihr bei allem auf die Finger sah, mit der Bemerkung: »Warum machst du das so, ich mache das so und so, das ist viel besser.« Immer lief sie hinter ihr her, stellte sich gar zu ihr in die Küche, um in die Töpfe zu gucken.

Unsere Dialogbegleiterin teilte darauf die Gruppe so auf, dass zehn Personen Anna Fragen stellen konnten. Zwei Personen sollten den Prozess nur beobachten, sich aber nicht durch Fragen in das Geschehen einbringen. Eine von den beiden Beobachterinnen war ich. Es war für mich anstrengend und erforderte viel Disziplin, den Mund zu halten, denn viele Fragen konnte ich kaum zurückhalten, weil ich sehr betroffen war.

Es wurde mir klar, dass ich mich bei meinen beiden Kindern, zwei Mädchen, ähnlich wie die Schwiegermutter verhalten habe, weil ich einfach nur meine Erfahrungen – wirklich nur gut gemeint, nicht bevormundend – weitergeben wollte, um hilfreich zu sein.

An diesem Abend ging ich völlig erschöpft und nachdenklich nach Hause; die Worte von Anna und parallel die meiner Kinder im Ohr: »Mama, ich mach das aber lieber so, misch dich doch bitte nicht ein, du hast ja vielleicht Recht, ich möchte aber meine eigenen Erfahrungen machen.« Ich war meinen Kindern oft mit Hartnäckigkeit und falsch verstandener Fürsorge auf die Nerven gegangen.

Anna hatte mir unbewusst die Augen geöffnet – ich beschloss, mein Verhalten zu ändern, und habe dieses Vorhaben auch umgesetzt. So sagte mir meine ältere Tochter bei einem Besuch einige Tage später: »Mama, fühlst du dich nicht gut? Du hast ja jetzt gar nichts gesagt, das machst du doch sonst immer.« Später: »Fehlt dir etwas? Soll ich für dich einen Arzttermin verabreden?« Und meine beiden Enkelkinder, fünf und acht Jahre alt, ergänzten fröhlich: »Toll, Oma, heute haben wir bei dir ja alles richtig gemacht – es war noch viel schöner bei dir als sonst.«

An einem anderen Wochenende besuchte mich dann meine jüngere Tochter, und auch ihr blieb meine Veränderung nicht verborgen. »Mama, du hast dich ja noch gar nicht über die Unordnung aufgeregt, die ich gerade gemacht habe, geht es dir gut?« Später in der Küche – sie sagte, sie wolle einen Kuchen backen – stellte ich nur fest: »Mädchen, mach nur, wie du meinst, wie du es machst, ist es richtig.« Ihr Kommentar: »Mama, wenn du Sorgen hast, sprich darüber – du weißt doch, ich bin immer für dich da!«

Ich habe meinen Kindern die Wandlung erklärt …

***

Mit den folgenden Erfahrungsberichten verlassen wir den (relativ geschützten) Raum der Familie und begeben uns an den Arbeitsplatz und in den Ortsbeirat einer kleinen Gemeinde.

Ein exemplarisches Thema am Arbeitsplatz ist die Urlaubsplanung, bei der es gilt, die verschiedensten Interessen miteinander zu vereinbaren. Wie dies den Mitarbeiterinnen einer sozialen Einrichtung im zweiten Anlauf mit Hilfe des Dialogs gelang, schildert *Ingrun Bechen*.

Die simple Regel »Nur wer den Redestein hat, redet, und die anderen hören zu« zeitigt erstaunliche Erfolge. So geschehen in einem Ortsbeirat, in dem schließlich auch ein Mitglied ausreden konnte, das sonst nie gehört worden war. Hiervon berichtet die Ortsvorsteherin *Martina Sauerbier*. (Dass der Redestein durch einen Flaschendeckel ersetzt worden war, hat den Dialogerfolg offensichtlich nicht geschmälert ...)

»Keiner konnte seinen Wunschurlaub nehmen« – Dialog für die Urlaubsplanung

Es ging um die Urlaubsplanung von Mitarbeiterinnen und einem Mitarbeiter einer sozialen Einrichtung für das kommende Jahr. Teilnehmende an der Teambesprechung zu dieser Frage waren vier Fachkräfte aus sozialen Berufen und eine Verwaltungskraft (Jörg, Barbara, Karola, Sina, Miriam). Dieses Team war aufgrund einer Einführungsveranstaltung mit Grundlagen des Dialogs vertraut. Karola fragte nach den Wünschen der anderen. Alle wollten im Sommer während der Schulferien Urlaub machen, weil sie schulpflichtige Kinder haben. Am Arbeitsplatz müssen allerdings immer zwei Mitarbeiter anwesend sein, die die anderen vertreten.

Karola, Sina und Miriam wollten während der letzten drei Wochen in den Sommerferien Urlaub machen. Jörg erklärte, er betreue in dieser Zeit für die Arbeitsstelle eine Jugend-Freizeit, so dass Barbara dann in dieser Zeit allein am Arbeitsplatz wäre. Eine der Mitarbeiterinnen hätte ihren Urlaub vorverlegen müssen. Schließlich ergab das Gespräch, dass die Festlegung des Urlaubs bei zwei Mitarbeiterinnen auch von der Kinderbetreuung in der restlichen Urlaubszeit abhängig war.

Die Argumente flogen immer hitziger hin und her, keine ließ die andere mehr ausreden. Vorwürfe und Vorhaltungen wurden in Bezug auf die Familiensituationen Einzelner geäußert. Eine Einigung schien in weite Ferne gerückt zu sein. Die Teilnehmerinnen der Teambesprechung zogen sich schließlich in ihre Schneckenhäuser zurück und waren nicht mehr in der Lage, den Konflikt aufzulösen. Das Gespräch wurde ergebnislos abgebrochen.

Sina schlug vor, das nächste Teamgespräch mit den Regeln des Dialogs (s. Kap. 2, S. 54) zu führen, damit sich ein solcher Streit nicht wiederhole. Außerdem solle jede Mitarbeiterin in ihrer Familie erneut nach Alternativen in der Urlaubsplanung suchen, die in der nächsten Woche eingebracht werden sollten.

So setzten wir uns in der darauffolgenden Woche erneut zusammen, um die Urlaubsplanung zu besprechen. Sina hatte einen Redestein mitgebracht, der reihum weitergegeben wurde. Nur wer den Redestein hatte, durfte sprechen. Achtung und Wertschätzung der anderen Gesprächsteilnehmer waren Grundbedingung. Alle Teilnehmerinnen erhielten so ausreichend Zeit und Raum, ihre persönliche Situation und ihre Möglichkeiten für den Urlaub darzustellen.

Die Atmosphäre war sehr viel entspannter. Es wurde eine Urlaubseinteilung und Lösung möglich, mit der sich alle Gesprächsteilnehmer einverstanden erklären konnten. Keiner konnte seinen Wunschurlaub nehmen, aber durch die einvernehmliche Reduzierung auf zwei Ferienwochen in den Schulferien für jede Mitarbeiterin und dadurch, dass Jörg und Miriam ihren Urlaub teilweise außerhalb der Schulferien legten, war eine für alle annehmbare Lösung gefunden worden.

»... es ist nur die Disziplin, die geübt wird« – Dialog im Ortsbeirat

Unser Ortsbeirat besteht aus fünf Personen, vier Männern und einer Frau. Bei Sitzungen geht es oft laut und undiszipliniert zu. Ich bin die Vorsitzende des Ortsbeirats und muss daher die Sitzungen leiten. Mir fällt es schwer, Diskussionsleiterin zu sein, dem einen das Wort zu erteilen und es dem anderen zu entziehen.

Während einer Sitzung, bei der es wieder einmal laut herging und man von den eigentlichen Themen abkam, erzählte ich den Männern von meiner Dialogrunde, an der ich schon seit einiger Zeit teilnehme. Ich sagte ihnen, dass wir dort als Hilfsmittel einen Redestein benutzen, um jedem die Möglichkeit zu geben, auszureden und zuzuhören. Nur wer den Redestein in der Hand hält, hat das Wort.

Einer der Männer nahm daraufhin einen Flaschendeckel, warf ihn in die Mitte und fragte, ob es auch damit ginge. Ich sagte: »Damit geht es auch, es ist nur die Disziplin, die geübt wird.« Während der ganzen Sitzung wurde der Flaschendeckel immer wieder in die Mitte des Tisches gelegt. Wer etwas sagen wollte, nahm ihn und behielt ihn in der Hand, bis er zu Ende gesprochen hatte. Die anderen schwiegen und hörten nur zu. In kürzester Zeit hatten wir die Tagesordnung bewältigt; alle waren entspannt und erfreut über den konstruktiven Verlauf der Sitzung.

Zu einer anderen Sitzung, inzwischen in etwas anderer Besetzung, nahm ich meinen Redestein mit. Ich erklärte den neuen Mitgliedern, dass wir in der Vergangenheit manchmal bei Sitzungen den Redestein benutzt hatten, um jedem die Möglichkeit zu geben, in Ruhe zur Runde zu sprechen. Mir fiel auf, dass in dieser Sitzung einer der Männer bis zum Ende seines Beitrags gehört wurde, der sonst meistens unterbrochen wurde. Seine Ansicht trug wesentlich zur Klärung bei. Auch diese Sitzung verlief ruhig und sachlich. Die einzelnen Punkte der Tagesordnung waren in kurzer Zeit geklärt.

Zu den Sitzungen nehme ich nun immer den Redestein mit. Uns gelingt es jedoch auch häufig ohne Hilfsmittel, jeden in Ruhe ausreden zu lassen und zuzuhören.

***

In den folgenden beiden Kurzberichten kommen die Fortbildungsbeauftragte einer Stadtverwaltung sowie ein Gewerkschafter zu Wort. Beide berichten – nicht ohne Skepsis – über ihre Erfahrungen aus Dialogseminaren mit *Heike Gumpert* (s. S. 183 f.). Die Skepsis der Fortbildungsbeauftragten bezieht sich auf die Frage, wie der Transfer des Dialogs in die Praxis gelingen kann, während der Gewerkschafter zunächst bemängelt, dass der Dialog kein Ergebnis anstrebe, dann aber von der Wirkung überrascht ist, nachdem er die Einstellungsänderung einer Dialogteilnehmerin im Rahmen des Themas »Rechtsextremismus« erlebt hat.

»Wenn ich mir zu träumen erlaube ...« – Eine neue Haltung in der Verwaltung?

Ich bin Fortbildungsbeauftragte einer Stadtverwaltung. Mein Vorgänger hatte für unser Weiterbildungsprogramm eine Einführung in den Dialog vorgesehen, und mir oblag nun die organisatorische Abwicklung.

Zunächst war ich skeptisch. Nach einem kurzen Einführungsvortrag in unserer Volkshochschule wuchs mein Interesse, und inzwischen haben drei 3-tägige Dialogseminare im städtischen Weiterbildungsprogramm für Mitarbeiter und Mitarbeiterinnen stattgefunden, an denen mittlere Führungskräfte, Fachreferentinnen, Sozialarbeiter und Pädagoginnen, Sachbearbeitende und Auszubildende teilgenommen haben. An einem Seminar nahm ich auch selbst teil.

Die Ergebnisse und die Reaktionen auf die Seminare haben mich ermutigt. Der Dialog hat mir wertvolle Erfahrungen gebracht, die ich im Alltag der Verwaltung sonst viel zu wenig machen kann. Was ich davon am lebhaftesten in Erinnerung habe, ist, dass der Dialog zu einer Haltungsänderung führen kann, zu mehr Offenheit und mehr Wertschätzung gegenüber den Gesprächspartnern. Kurz gesagt, der Dialog, wie ich ihn kennen gelernt habe, ermöglicht, respektvoll gemeinsam nachzudenken.

Anfänglich fiel mir das Suspendieren meiner eigenen Annahmen ziemlich schwer. Zwar hatte ich vom Kopf her verstanden, worum es geht, aber in mir zeigten sich viele Widerstände. Nach einigen Erfahrungen sehe ich es jetzt jedoch als Chance, sich in die Rolle des Beobachters und des Lernenden zu begeben, eine Rolle, die mir der Arbeitsplatz normalerweise nicht vermittelt.

Und der Transfer des Dialogs in die betriebliche Praxis? Er kann nach einem Seminar von zweieinhalb Tagen kaum anhaltend gelingen, klar. Dies führt aber zu Enttäuschungen. Ich komme vom Seminar, bin voller Ideen, was ich gern ändern würde, und dann geht es doch nicht. Darin sehe ich Grenzen oder Schwächen des Dialogs.

Wenn ich mir zu träumen erlaube: Ich fände es gut, wenn sich die Haltung, die durch die Praxis des Dialogs entsteht, zumindest in Ansätzen in verschiedenen Bereichen der Stadtverwaltung verbreiten würde. Auch wenn von Leitungen immer stärker »soziale Kompetenz« gefordert wird – noch werden solche Themen wie »Dialog« oder auch »kollegiale Reflexionen«, die wir auch schon angeboten haben, von den Führungskräften nach wie vor mehrheitlich als »Sozialarbeiter-Träumerei« belächelt...

»...anders als erwartet« – Dialog im Gewerkschaftsseminar

Ich bin Stadtplaner und Personalrat. Den Dialog habe ich vor einigen Jahren auf einem Seminar meiner Gewerkschaft kennen gelernt. Das Seminar hatte das Verfahren selbst zum Inhalt.

Die Stärken des Dialogs sehe ich in seiner Offenheit, in seinem offen angelegten Prozess. Ein Ergebnis wird nicht angestrebt, alle Teilnehmer sind gleichberechtigt, für mich ein großer Vorteil. Es gibt keinen Diskussionsleiter. Auf den ersten Blick könnte man meinen, dass ein Dialog keine Ergebnisse erbringt. Ich sehe dies aber nicht so. Das Ergebnis eines Dialogs ist häufig anders als erwartet. Das wurde mir bewusst, als in dem Dialog das Thema »Rechtsextremismus« aufkam.

Zu dieser Zeit wurde viel über das NPD-Verbot geschrieben und in der Öffentlichkeit diskutiert. Die Dialog-Einführung fand in Berlin-Wannsee statt, und die meisten Teilnehmer haben auch eine Dauerausstellung im Haus der »Wannseekonferenz« besucht, wo 1942 die Vernichtung der europäischen Juden geplant und beschlossen worden war. So wurde der Rechtsextremismus in einer Dialogrunde zum Thema. Nun hat das Thema – fast möchte ich sagen: natürlich – die Tendenz, dass die üblichen Standpunkte quasi »abgehakt« werden, jeder sich positioniert und, wie oft in gewerkschaftlichen Diskussionen, »falsche« Positionen »verdammt« werden. Im Dialog war das ganz anders.

Ich habe die Aussage einer Teilnehmerin noch im Ohr, die am Anfang des Seminars vehement dafür eintrat, die NPD müsse verboten werden. Am Ende der Veranstaltung sagte genau diese Frau, man müsse mit den Leuten reden und ein Verbot könne nicht von vornherein die richtige Antwort sein. Offensichtlich hing diese Einstellungsänderung mit der dialogischen Behandlung der Thematik zusammen. Das emotionsgeladene Thema wurde sachlich besprochen. Einige Teilnehmende brachten sogar sehr persönliche Erfahrungen ein. Das wäre in einer üblichen Diskussion nicht möglich gewesen. Gerade die persönlichen Beiträge trugen meiner Ansicht nach viel zu einem anderen, tieferen Verstehen des Themas bei.

Ich denke, der Dialog öffnet sozusagen den Horizont von Gesprächspartnern. Gewiss haben die Teilnehmenden ihre Einstellung zum Rechtsextremismus nicht geändert, wohl aber den Umgang damit.

Für mein Arbeitsfeld als Personalrat kann ich mir den Dialogprozess gut vorstellen, sowohl innerhalb des Gremiums als auch in der Auseinandersetzung mit der Dienststelle. Als Stadtplaner fände ich es spannend, einen Dialog in der Bürgerbeteiligung bei der Aufstellung von Bebauungsplänen zu führen, auch wenn ich mir derzeit noch nicht so recht vorstellen kann, wie dies zu bewerkstelligen wäre.

»Der Dialog hält uns zusammen« – Der »LebensRaum Niederhof«

Das offene Gespräch ist die vorbereitete Umgebung für die von innen geleitete Entwicklung Erwachsener!
Mauricio Wild

Mit dem letzten Erfahrungsbericht dieses Kapitels begeben wir uns in eine Dorfgemeinschaft.

Lebensgemeinschaften, in denen soziale und wirtschaftliche Perspektiven erwachsener Menschen aus unterschiedlichen Berufen zusammenkommen, haben einen hohen Kommunikations- und Abstimmungsbedarf, um sich entwickeln zu können. Welche Rolle spielen regelmäßige Dialoge in einer solchen größeren Gemeinschaft von Menschen?

Benno Kapelari hat zusammen mit befreundeten Familien den »LebensRaum Niederhof« ins Leben gerufen. Nach der Gründung im Jahr 1997 mit vier Familien ist der Niederhof heute die Heimat einer 34-köpfigen »Dorfgemeinschaft« aus drei Generationen mit einer kleinen Schule, einer Kindergruppe und Landwirtschaft. »Hier versuchen wir«, schreibt *Kapelari* in dem folgenden Beitrag, »in gegenseitigem Respekt untereinander und mit der Natur, den Tieren und Pflanzen zu leben«.

Wie kam der Dialog zum Niederhof?

Zwei Jahre nach der Gründung des *LebensRaumes* kamen wir durch das Ausscheiden einer Familie erstmals an den Punkt, dass gegenseitiges Unverständnis bestimmend wurde. Im Zuge dieser Krise trafen wir uns über ein dreiviertel Jahr nur noch, um die notwendigsten Aufgaben zu besprechen. Diese Treffen waren meistens sehr spannungsgeladen, kämpferisch und relativ unproduktiv. Doch mit dem Wissen, dass alle Konflikte einen konstruktiven Kern bergen, tauchte nach dieser Rückzugsphase der Wunsch nach Gemeinschaft wieder auf.

In dieser Phase kamen wir zum Dialog – oder besser: der Dialog kam zu uns. Ebenso wie die Entstehung der Niederhofschule, der Kindergruppe und des Spielraums geht die Einführung dialogischer Rederunden auf eine Anregung von *Mauricio* und *Rebecca Wild* aus Ecuador zurück. Sie führten bei uns zunächst Seminare für die nichtdirektive Begleitung von Kindern und Jugendlichen durch.

»Wir brauchen nicht so fortzuleben, wie wir gestern gelebt haben. Macht Euch nur von dieser Anschauung los, und tausend Möglichkeiten laden uns zu neuem Leben ein.«
Christian Morgenstern

Ermutigt durch viele Gespräche mit den Wilds begannen wir vor vier Jahren damit, uns einmal im Monat zu offenen Rederunden zusammenzusetzen. Anfangs mit Begeisterung für die neue Idee, aber ohne konkreten Orientierungsrahmen. Die Rederunden blieben oftmals reine Diskussionsrunden. Trotzdem merkten wir, dass diese Runden für unser Zusammenleben wichtig werden könnten. Die Teilnehmerzahl nahm jedoch mehr und mehr ab, bis am Ende niemand mehr kam. In dieser Situation machten uns Mauricio und Rebecca Wild den Vorschlag, mit uns über zwei Tage einen Dialog zu führen.

Die Grundstruktur unseres Dialogs

Im Nachhinein betrachtet, wirkte dieser zweitägige Dialog wie eine Initialzündung auf die Teilnehmenden: Erstmals zeichneten sich für lange schwelende Konflikte in unserem LebensRaum Niederhof Lösungen ab. Für Konflikte, persönliche Verletzungen oder offene organisatorische Fragen war ein geschützter Raum gefunden, in dem sie ohne direkten Lösungszwang angesprochen werden durften.

Die Grundstruktur dieses Dialogprozesses war ebenso einfach wie genial: Durch die Übereinkunft, sich zwei Tage Zeit für einen Austausch zu nehmen und nichts anderes einzuplanen, entstand ein tragfähiger Gesprächsrahmen. Daneben kochten wir, aßen gemeinsam und erholten uns – ohne ablenkende Tätigkeiten. Hervorzuheben ist auch, dass es keine Verpflichtung zur Teilnahme gab und keinerlei Gruppenzwang. Alle brachten die Bereitschaft mit, offene oder unausgesprochene Konflikte zu lösen. Für die beiden Tage legten wir lediglich zwei Regeln fest:

Zwei Tage Zeit für Austausch und nichts anderes.

- Wir sprechen persönlich – also von uns.
- Alles darf gesagt werden – und gehört werden.

Unsere beiden »Redetage« begannen mit einem anfangs gespannten, darauf immer tieferen Schweigen – bis der erste Satz in das wache Schweigen fiel. (So halten wir es bis heute. Jede Rederunde beginnt mit diesem gemeinsamen Schweigen.) Anfangs bestanden die Wortmeldungen oft aus Fragen an die beiden »kompetenten Dialogiker«, bis daraus mit der Zeit ein anregendes Miteinander wurde. Manchmal folgte Wortmeldung auf Wortmeldung, manchmal ebbte das Reden ab, manchmal kam Müdigkeit auf. Das Fehlen definierter Themen und Zielsetzungen, das Fehlen eines Zeitdrucks erlebten wir als äußerst entspannend.

Die eigene Befindlichkeit, nicht verarbeitete Ereignisse und persönliche Konflikte anzusprechen wurde im Verlauf der beiden Dialogtage zunehmend leichter. Mehr und mehr intensivierte sich das Gefühl der Verbundenheit, der gemeinsamen Erholung. Am zweiten Tag wurde allmählich das spürbar, was *David Bohm* das »gemeinsame Denken in einer Gruppe« nennt: eine Gruppe verbindet sich zu einer neuen Einheit und erzeugt, generiert aus sich heraus Neues.

»Regeneration« im wahrsten Sinn des Wortes.

Die Mitglieder der Gruppe fühlten sich angenommen und respektiert. Zwei Tage mussten sie nichts erreichen, sich nicht gegen Widerstände behaupten. Es ging nur darum, in Gemeinschaft mit Freunden zu sein. Nur dann zu sprechen, wenn der eigene Impuls dazu veranlasst. Spüren, dass die anderen mir zuhören, wenn ich etwas sage, und sogar wahrnehmen, wenn ich nur etwas sagen *will.* Der sonst übliche Impuls des »Redekampfes« machte dem Gefühl Platz, dass genug Zeit und Raum ist, die eigenen Bedürfnisse, Ideen und Gefühle einzubringen.

Der Dialog als regelmäßiges Ritual

Nach der Erfahrung dieser zwei Tage beschlossen wir, uns wöchentlich sonntagabends zu Dialogen zu treffen. Auch daran hat sich bis heute nichts geändert. Die Rederunden sind für alle vom Niederhof, die daran teilnehmen wollen, offen. Es gibt keine Verpflichtung dazu, keine Sanktionen. Jederzeit können auch Neuinteressenten teilnehmen, wozu die Gruppe ihr Einverständnis signalisiert. Manchmal nehmen alle teil, manchmal kommen nur wenige. Unsere Redetage haben sich gleichwohl als ein regelmäßiges Ritual eingebürgert.

Bisher wurde keine dieser dialogischen Rederunden durch einleitende Übungen eröffnet. Nur selten gab es Check-in- oder Check-out-Runden. Von wenigen konfliktträchtigen Dialogrunden abgesehen wurden weder Redestein oder -stab noch eine Klangschale als Werkzeuge der Verlangsamung und der Achtsamkeit angewendet. Einzig werden der Raum und die Mitte der Rederunde oft geschmückt.

Durch unsere Arbeit mit den Kindern – eine Arbeit, deren Basis tiefer Respekt und Achtung vor dem inneren Entwicklungsimpuls der Kinder ist – gehen wir Erwachsenen mit dem Willen, einander zu respektieren, in diese Runden. Der Wunsch, auch als Erwachsene in gegenseitigem Respekt zu leben, ist die Triebfeder für den Fortbestand der Dialogrunden.

Einsatzbereiche des Dialogs

Der Dialog fand mit der Zeit verschiedene Einsatzbereiche:

- Ausgehend von den sonntäglichen Rederunden, war es nahe liegend, die Elternabende im *SchulRaum* und im *SpielRaum* in dialogische Rederunden ohne und mit thematischer Festlegung umzuwandeln. Für alle Beteiligten (Betreuer, Eltern, Organisationsverantwortliche) ist es dort auch leichter, gehört und verstanden zu werden.
- Immer wieder geschieht es, dass Konflikte zwischen zwei Menschen oder im Schul- und Kindergruppenteam mit Hilfe der dialogischen Rededisziplin besprochen werden. Als Unterstützung übernimmt eine unbeteiligte Dritte die Aufgabe der Begleiterin.
- Auch für organisatorische Treffen setzen wir vermehrt die sozialisierte Form des dialogischen Redens ein und vereinbaren für die sonntäglichen Runden bestimmte Themen, um unseren Blick auch auf organisatorische Fragen zu lenken.
- Und zu guter Letzt gibt es immer wieder, angestachelt durch meine Neugierde, »außerordentliche« dialogische Rederunden. Etwa einen Geburtstagsdialog unter der Fragestellung »Was hat das Leben ab 40 noch zu bieten?« oder nächtliche Dialogrunden im Park.

Erfahrungen

Unsere regelmäßigen Dialogrunden brachten mir wertvolle Erfahrungen im Hinblick auf unser Zusammenleben:

- Im Laufe der Zeit beginnt die dialogische Redehaltung immer mehr in den Alltag der Begegnungen und Gespräche einzufließen. Gefühle dürfen ausgedrückt werden, andere Ansichten und Meinungen haben eine Existenzberechtigung, Unterschiede sind gewünscht, organisatorische Versammlungen verlieren ihren kämpferischen Charakter.

- Die Entwicklung neuer Ideen ist zunehmend mit Gefühlen der Gemeinsamkeit verbunden. Der Einzelne versteht sich mehr als Teil des Ganzen. Das erlebe ich besonders, wenn wir neue Projekte beginnen oder auch neue Ideen für alte Probleme suchen. Die Betroffenen orientieren sich mehr an ihren eigenen Möglichkeiten und übernehmen Aufgaben, die sie tatsächlich verantworten können.
- Die Fähigkeiten und das Fehlen von Fähigkeiten der Einzelnen werden schneller akzeptiert. Persönliche Schwierigkeiten, die sich aus Unverständnis für die Situation der anderen ergeben, werden schneller (auch im Alltag) angesprochen.
- Finden die Rederunden über einen längeren Zeitraum mit nur wenigen Teilnehmenden statt, so häufen sich die kleinen Missverständnisse am Niederhof. Die organisatorischen Treffen werden dann mühsamer und konfliktträchtiger.
- Jeder, der am Niederhof lebt, weiß heute bewusst oder unbewusst um diese Qualitäten der dialogischen Rederunden und fordert sie auch bei Bedarf ein, indem er mitteilt: »Das möchte ich im Dialog mit allen besprechen!«

Die letzten sieben Jahre des Zusammenlebens am Niederhof haben mir gezeigt, dass es anscheinend ein tiefes Bedürfnis von uns Menschen ist, in überschaubaren, gestaltbaren Gemeinschaften zu leben.

Die Verwirklichung dieses Bedürfnisses ist an eine wesentliche Bedingung geknüpft: Der Ausgangspunkt für jedes Leben in Gemeinschaft ist der Einzelne. Als Mensch braucht er im Leben seinen respektierten Platz. Als ein abgegrenztes, eigenverantwortliches Individuum kann er sich von sich aus auf eine größere Gruppe beziehen. Aus diesem Wechselspiel des Respekts für den Einzelnen mit der Sicherheit und Geborgenheit, die die Gruppe gibt, kann sich die Kraft der Weiterentwicklung entfalten.

Der Dialog – das Bindemittel einer Gemeinschaft.

Zur nachhaltigen Entwicklung von Gemeinschaften ist der Dialog als Gegenpol zur Diskussion unabdingbar. Wenn die Diskussion die Triebfeder nach vorne ist, dann ist der Dialog sozusagen das Bindemittel einer Gemeinschaft.

Der Alltag als Übungsfeld

Die dialogische Haltung mit in den Alltag zu nehmen bedeutet auch, die eigene Lernfähigkeit zu erhalten, die eigenen Wünsche, Visionen, Hoffnungen immer wieder neu anzuschauen, nicht in alten Mustern zu verharren, in vermeintlichen Zwängen zu erstarren – sondern mich immer wieder der Frage neu zu stellen, ob und warum ich das tue, was ich tue, so lebe, wie ich lebe.

Das bedeutet nicht, allen Unannehmlichkeiten aus dem Weg zu gehen, sondern die unangenehmen Dinge, die ich tue, so zu tun, dass ich ihnen durch meine Entscheidung einen eigenen Sinn gebe. Egal ob Abwasch, Aufräumen, Rasen mähen, WC säubern, für Klausuren büffeln, in einer Warteschlange stehen, eine neue Sprache lernen – wenn ich die Entscheidung getroffen habe, eine saubere Küche, ein aufgeräumtes Haus, einen ordentlichen Garten oder bessere Kontaktmöglichkeiten im Ausland haben zu wollen, und dafür die notwendigen Schritte tun möchte, »fühlen sich« auch die daraus resultierenden unangenehmen Aufgaben »anders an«.

Es heißt auch, als Lernende immer wieder neu hinzuschauen, was mir das Leben an Entwicklungsmöglichkeiten bietet, wo ich einen – meinen – Teil beitragen kann und welchen Anteil ich durch die Begegnung mit anderen Menschen erhalten kann.

Wir haben in diesem Kapitel über die Wirkung der inneren Bilder gesprochen und darüber, wie sie unsere Vorstellungswelt beherrschen. Ein weiteres Element, das sich zwischen uns und andere stellen kann, ist die Absicht, »etwas erreichen zu wollen«, die nicht selten dazu führt, dass wir genau das Gewünschte nicht erreichen.

Wir wollen ein wenig bei dieser Akzentuierung von Haltungen verweilen, weil sie schwer zu beschreibende Phänomene im Dialogprozess sind. Ein Problem hat ein Zen-Meister so beschrieben: »Die Europäer wollen immer alles zu etwas benutzen.« Man tut etwas nicht, weil es um die Sache selbst geht, sondern zu einem anderen Zweck, es wird instrumentalisiert. So ist es z. B. auch möglich, dass es beim Thema eines Gesprächs nicht um das Thema selbst geht, sondern darum, sich selbst – das eigene Wissen, die eigene Eloquenz etc. – darzustellen. Wenn das spürbar wird – und das wird es häufig –, kann sich der Angesprochene instrumentalisiert fühlen. *Martin Buber* hat, wie gezeigt, von einem Phänomen gesprochen, das damit zusammenhängt, dem Geist des »Scheinenwollens«, der einen Dialog unmöglich macht. Das »Nicht-Scheinenwollen« ist allerdings unserer öffentlichen Kultur diametral entgegengesetzt: wo es um Marketing, »Standing« in der Öffentlichkeit, mediengerechte Politik, Selbstinszenierung … geht.

Im Dialogprozess geht es gerade *nicht* darum, wohlformulierte, vorgefertigte, gut gedachte Wortbeiträge vorzutragen, sondern um »frisches« Denken, die »Geburt« neuer Einsichten, wie sie ähnlich in der *Mäeutik*, der »Hebammenkunst«, in der sokratischen Dialogik beschrieben ist.

Nichts erreichen wollen – Mühelosigkeit – nicht scheinen wollen.

Eugen Herrigel beschreibt in seinem Buch *Zen in der Kunst des Bogenschießens,* wie schwer es ist, den Zustand der »Absichtslosigkeit« und der »Mühelosigkeit«, die sich daraus ergibt, zu erreichen; sein Lehrer im Bogenschießen sagt einmal zu ihm:

> »Sie können von einem gewöhnlichen Bambusblatt lernen, worauf es ankommt. Durch die Last des Schnees wird es herabgedrückt, immer tiefer. Plötzlich rutscht die Schneelast ab, ohne dass das Blatt sich gerührt hätte. Verweilen Sie, ihm gleich, in der höchsten Spannung, bis der Schuss fällt. So ist es in der Tat: wenn die Spannung erfüllt ist, muss der Schuss fallen, er muss vom Schützen abfallen wie die Schneelast vom Bambusblatt, noch ehe er es gedacht hat.« (Herrigel 1994, S. 60)

Michael Mendizza ist der Frage nach den Zusammenhängen von Erfolg, Lernen und Motivation nachgegangen. Die Form von Offenheit, die er als grundlegend für Entwicklung beschreibt, charakterisiert gerade jene Haltung eines Lernenden, der sich nicht durch große Wissensvorsprünge erhaben und damit überlegen fühlt. Als Wissende habe ich die Rolle der Lernenden ad acta gelegt und favorisiere meine eigenen Bewertungsschemata, die sich als erprobt, erfolgreich und richtig erwiesen haben. Als Wissende halte ich es nicht mehr für nötig, die Perspektive zu wechseln, neu hinzuschauen, andere »Brillen« auszuprobieren und mich auf das Experiment des Neuanfangs einzulassen.

Mendizza berichtet, welch zentrale Bedeutung es hat, den spielerischen, absichtslosen Charakter des Lernens zu bewahren, eine Tätigkeit zu genießen, die Zeit ringsum zu vergessen, selbstvergessen in den Fluss der Gedanken, der sportlichen oder künstlerischen Tätigkeit einzutauchen.

»Ich würde nichts Schöneres kennen, als in Ewigkeit weiterlernen zu dürfen.«
Christian Morgenstern

Das Lernen neu denken – Durch »Flow« zu Spitzenleistungen

Gespräch mit Michael Mendizza

Michael Mendizza *ist Bildungsforscher, Filmemacher und Gründer des weltweiten Netzwerkes »Touch the Future«. Das Projekt mit Sitz in Kalifornien befasst sich mit der Entwicklung von neuen Lernmodellen, welche die »Intelligenz des spielerischen Lernens« als Grundlage haben. Mendizza hat einen Film über die pädagogischen Ideen des indischen Weisheitslehrers* Jiddu Krishnamurti *gedreht, und das Dialogkonzept von David Bohm hat ihn begeistert. Mendizza untersuchte zwei Extreme: Er hat bei einer Reihe von Spitzensportlern die geistigen Grundlagen von Höchstleistungen erforscht und hat mit Vergewaltigungstätern Interviews über die mentalen Hintergründe ihrer Verbrechen geführt.*

Hartkemeyer: *Michael Mendizza, Sie suchen nach Möglichkeiten, eine neue Vorstellung vom Lernen zu gewinnen, um dadurch das Erziehungswesen und die Weiterbildung grundlegend zu verändern. Was ist Ihre zentrale Botschaft?*

Mendizza: Wir wissen alle, dass Einsichten das Leben verändern können. Einsichten sind unmittelbare Erfahrungen von Verbundenheit mit einer grundlegenden Form von Intelligenz. Das Problem ist: Je mehr wir »wissen«, desto schwieriger wird es, neuen Erfahrungen gegenüber wirklich offen zu sein. Das führt dann dazu, dass wir in jedem Moment in der Gefahr sind, verändernde Einsichten durch Konditionierungen und Bewertungen »einzuordnen« oder sie gar abzuwehren.

Je mehr wir wissen, desto schwieriger wird es.

Lernen besteht doch nach unseren offiziellen Lehrplänen darin, generalisieren zu können, Theorien und Abstraktionen zu entwickeln.

Mendizza: Genau darin besteht auch, wenn wir tiefer über das Lernen nachdenken wollen, eine große Gefahr. Die meisten Lernforscher sind der Ansicht, dass wir nur etwa 5 Prozent unserer potenziellen Intelligenz nutzen. Und wir sind uns auch einig, dass wir aufgrund der weltweiten Herausforderungen – z. B. die ökologische Krise – unser konkretes Verhalten ändern müssen. Lernen ist um seiner selbst willen da. Es hat zunächst nichts mit Ergebnissen zu tun und auch nichts mit »Wissen«. Es ist ein Zustand absoluter Neugier, um zu sehen: »was passiert jetzt«, ohne etwas gleich zu bewerten.

Lernen: absolute Neugier und völlige Offenheit.

Es ist eine völlige Offenheit, wo alles möglich ist, ohne Angst vor Bewertung oder vor Fehlern. Wir erleben diesen Zustand manchmal bei Kindern, die völlig im Spiel versunken sind. Dieser Zustand ändert sich sofort, wenn sie sich beobachtet fühlen oder meinen, etwas vorführen zu müssen. Bereits hier beginnt das Übel unseres Systems. Eltern meinen, den Kindern zeigen zu müssen, wie es »richtig« geht. Und in unserem konventionellen Verständnis von Schule, Training und Konditionierung wird die Tür zu diesem unmittelbaren Zustand des Spielerischen mit den besten »Intentionen« durch unsere »Erwachsenen-Kultur« verschlossen.

Wie kommen wir aber an diese ungenutzten Potenziale? Welche Erfahrungen haben Sie gemacht, um anders an das Thema »Lernen« heranzugehen?

Mendizza: Dies sind für mich im Wesentlichen drei Erfahrungsbereiche:

Erstens sind es die Gespräche mit dem indischen Lehrer *Krishnamurti*, die vor zwanzig Jahren begannen, sowie der Austausch mit *David Bohm*. Nach den Ideen dieser beiden haben wir im Prinzip ein unendliches Potenzial, das wir uns erschließen können. Beide gehen davon aus, dass eine universelle Intelligenz existiert, die bereits da ist, bevor wir bewusst denken. Sie drückt sich beispielsweise in unserem Körper, in jeder einzelnen Zelle aus. Allein unseren Körper zu erschließen, diese bereits vorhandenen Potenziale zu nutzen, mit ihnen »intelligent« umzugehen ist ein unendliches Feld.

Es existiert eine universelle Intelligenz.

Diese Ideen haben mich zweitens dazu gebracht, ein Filmprojekt zu realisieren, um herauszufinden, wie absolute Spitzensportler zu ihren Höchstleistungen kommen. Warum gibt es bei gleichen Voraussetzungen und gleichem Training so große Leistungsunterschiede? Es liegt nicht am Talent. Und übereinstimmend war Folgendes: Ein wirklich guter Spieler spielt, weil es Spaß macht. Denn es kostet ja z. B. kaum Energie, den Golfball zu schlagen. In dem Moment aber, wo ich daran denke, wie gut ich sein muss oder wie ich mich einem Beobachter gegenüber darstelle, bricht dieses spezifische Aufmerksamkeitsfeld zusammen. Ich kann zwar auch mit viel Übung und Druck ein guter Spieler werden – aber Spitzenleistungen werden nur im Zustand des absoluten »Flow« erreicht. Übereinstimmend ist auch, dass diese Spitzensportler Eltern hatten, die sie weder zu Übungen zwangen noch als Erstes nach einem Spiel fragten: »Wie viele Tore hast du denn heute geschossen?« Sie interessierten sich dafür, ob es Spaß gemacht hat, aber nicht unter dem Leistungsaspekt, und genau das führte paradoxerweise zu Spitzenleistungen. Deshalb finde ich es ja so Besorgnis erregend, dass mehrere hundert Millionen Eltern weltweit ihre Kinder mit »Angstprogrammen« traktieren. Auch die »Vorbildfunktion« der Medien ist fatal: »Wenn

Spitzenleistungen nur im Zustand des absoluten »Flow«.

du viel Geld verdienen willst, musst du werden wie XY, dann kommst du ins Fernsehen.« Das Spielerische wird dabei zerstört.

Drittens habe ich mich in einem weiteren Projekt damit auseinander gesetzt, wie scheinbar ganz normale Menschen zu Gewalttätern werden. Etwa fünfzig Interviews habe ich mit Vergewaltigungstätern geführt. Ein Ergebnis ist, dass diesen Menschen bereits in der frühen Kindheit das grundlegende Urvertrauen nicht ermöglicht wurde. Das Gefühl unbedingter Zuwendung kannten sie nicht. Eine erhebliche Menge an Energie mussten sie deshalb investieren, um ihr Ego zu schützen, sich selbst abzukapseln und um Aufmerksamkeit zu kämpfen.

Sie sprechen von paradoxen Ergebnissen: dass beispielsweise gezielte Leistungsanforderungen Spitzenleistungen verhindern können oder dass Training und Übungen Neugierverhalten reduzieren. In unserer Gesellschaft geht es aber um Leistung und Wettbewerb; macht unser Bildungssystem das Gegenteil von dem, was es tun müsste, um wirklich zu Leistungen zu verhelfen?

Mendizza: Um das zu beantworten, müssen wir sehr genau hinsehen: Was meinen wir z. B., wenn wir »Kindheit« sagen? Dies scheint mehr ein geschlossener Interpretationsraum von begrenzenden Vorstellungen, begrenzt durch Curricula, Schulräume und Programme, also ein System von Begrenzungen, von angepasstem Verhalten zu sein.

Wenn ich allerdings ein Verständnis von Intelligenz habe, das unbegrenzt ist, habe ich eine andere Sichtweise. Wir leben in einer Kultur, die von sich glaubt, sie sei leistungsbezogen. Untergründig wollen wir aber Kinder, die so wie wir sind. Damit begrenzen wir instinktiv die Lernmöglichkeiten der Kinder mit »bester« Absicht. In unserem Projekt »Touch the Future« haben wir untersucht, wie sich diese Sichtweise bezogen auf »Kindheit« vor allem seit dem Zweiten Weltkrieg herausgebildet hat. Sie wird bestimmt von »Vergleich«, »Differenzierung«, »Unterschied«, »Test«, »Prüfung«, »Zertifikat« und »Zugangsberechtigung«.

Dies wird verstärkt durch andere Formen der subtilen Vergleiche, die unsere Kultur bereits untergründig vermittelt. Wer ist der Beste in der Klasse? Wer ist der/die Größte, Attraktivste, Schnellste? Was auch immer Sie wollen, es wird gemessen, und was das Problem dabei ist: Dadurch wird ständig ein Gefühl von Angst, Unsicherheit, Bewertung, Fehlerhaftigkeit entwickelt, vor dem man sich schützen muss.

Und je größer das Risiko ist, etwas falsch zu machen oder lächerlich gemacht zu werden, desto größer ist die Energie, die wir in unsere Selbstschutzmechanismen stecken müssen, um unser »Ego« zu stärken. Genau diese Mechanismen halten aber vom offenen Lernen ab, können zu Gewalt führen, aber sicher nicht zu einer wirklich demokratischen lernenden Gesellschaft.

Was genau hält von Spitzenleistungen ab?

Im Flow verschwindet das Ego.

Mendizza: Im »Flow«-Stadium einer Spitzenleistung verschwindet das »Ego«, weil der gesamte Körper und Geist eins ist mit der Aufgabe. Unser »Ego« kommt jedoch immer dann zum Vorschein, wenn wir in eine Verteidigungshaltung rutschen oder bewertet werden. Es scheint ganz natürlich zu sein, dass umso lauter geschrien wird und umso deutlicher Egos und Dominanzstrukturen aufeinander prallen, je unsicherer ein Argument ist. Die entscheidende Frage ist: Wie können wir Bildungsprozesse so gestalten, dass der Ego-Reflex im Prozess des Lernens vermieden wird? Wir nennen unser Modell »die Intelligenz des Spiels«.

Allein ist man selten in der Lage, sich voll zu realisieren.

Unser Ziel ist es, diese permanente Konditionierung durch unsere Kultur des Konsums und der Konkurrenz zu überspringen, um das verborgene Potenzial zu entwickeln. Auch der Wettbewerb hat dann einen anderen Charakter. Der Mitspieler wird dann nicht zur Ursache von Angst, sondern ein Freund, der mir den notwendigen Widerstand bietet, um sich weiterzuentwickeln. Denn allein ist man selten in der Lage, sich voll zu realisieren.

***

Für Michael Mendizza beruhen qualitative Veränderungen auf dem Erlebnis des Flow-Zustands, in dem Spitzenleistungen möglich sind. Er gleicht einer Art Tanz. Dieser Zustand kann auch im Dialogprozess erreicht werden, wenn das Stadium des Vergleichens, Bewertens, Bemühens überwunden ist. Im Flow-Zustand tritt das Ego zurück.

Das in unserer Gesellschaft des »Scheinenwollens« gezüchtete Ego verhindert nach Mendizza nicht nur echte Spitzenleistungen, sondern kann auch als »zerplatzendes Ego« Ursache für Gewaltausbrüche werden (s. das Gespräch mit Jesper Juul, Kap. 4, S. 105). Im Dialog wird so Offenheit verhindert und die Chance genommen, den »Fluss von Bedeutung« (Bohm) wirklich erleben zu können.

Die Frage, wie wir uns dieser Absichtslosigkeit, diesem »Nichts-erreichen-wollen«, nähern können, ist nicht leicht zu beantworten. Die Frage nach Ziel, Methode, Zweck ist unserem leistungsorientierten, fragmentierten Bewusstsein sehr viel näher. Wir haben es mit einer grundlegenden Frage unserer Kultur und mit einem permanenten Missverständnis zu tun. Diese Spannung auszuhalten, dies zu erkunden, darin liegt eines der Erfolgsgeheimnisse des Dialogs.

Im Chinesischen gibt es den Begriff des *wu-wei*, des »Nichttuns«, welches nicht selten bezeichnenderweise (falsch) mit »nichts tun« übersetzt wird. Gemeint aber ist »im Fluss – (mit der Energie) bleiben« und nicht krampfhaft etwas erreichen wollen.

Der Sozialpsychologe *Erich Fromm* charakterisiert diese Gesprächshaltung als eine solche, die sich am »Sein« orientiert. Die »Absichtslosigkeit« solcher Gespräche hat die größte Chance, wirklich Neues in die Welt zu bringen. Diese Form entspricht dem dialogischen Prozess, in dem ein Flow-Gefühl, ein Tanz, entstehen kann (s. auch das Gespräch mit Hans-Peter Dürr, Kap. 9, S. 353 f.).

»... so wird das wahre Tun, das Tun des Vollendeten, ... ›Nichttun‹ genannt. ›Der Vollendete tut das Nicht-tun‹ ... ›Die Ruhe des Weisen ist nicht, was die Welt Ruhe nennt: sie ist das Werk seiner inneren Tat.‹ Dieses Tun, das ›Nichttun‹, ist ein Wirken des ganzen Wesens. In das Leben der Dinge eingreifen heißt sie und sich schädigen. Ruhen aber heißt wirken, die eigne Seele reinigen heißt die Welt reinigen, sich in sich sammeln heißt hilfreich sein, sich Tao ergeben heißt die Schöpfung erneuern ... Der nicht ›tut‹, wirkt. Der in vollkommener Eintracht ist, den umgibt die empfangende Liebe der Welt ... Dieses Tun, das ›Nichttun‹, ist ein Wirken aus gesammelter Einheit.«

Martin Buber,
Die Lehre vom Tao

Zur Gesprächshaltung des »Seins-Menschen«

»Im Gegensatz dazu [zur Haltung des ›Haben-Menschen‹] steht die Haltung des Menschen, der nichts vorbereitet und sich nicht aufplustert, sondern spontan und produktiv reagiert. Ein solcher Mensch vergisst sich selbst, sein Wissen, seine Position; sein Ich steht ihm nicht im Wege; und aus genau diesem Grund kann er sich voll auf den anderen und dessen Ideen einstellen. Er gebiert neue Ideen, weil er nichts festzuhalten trachtet.

Während sich der ›Habenmensch‹ auf das verlässt, was er hat, vertraut der ›Seinsmensch‹ auf die Tatsache, dass er ist, dass er lebendig ist und dass etwas Neues entstehen wird, wenn er nur den Mut hat, loszulassen und zu antworten. Er wirkt im Gespräch lebendig, weil er sich selbst nicht durch ängstliches Pochen auf das, was er hat, erstickt. Seine Lebendigkeit ist ansteckend, und der andere kann dadurch häufig seine Egozentrik überwinden. Die Unterhaltung hört auf, ein Austausch von Waren (Informationen, Wissen, Status) zu sein und wird zu einem Dialog, bei dem es keine Rolle mehr spielt, wer Recht hat. *Die Duellanten beginnen, miteinander zu tanzen, und sie trennen sich nicht im Gefühl des Triumphs oder im Gefühl der Niederlage, was beides gleich fruchtlos ist, sondern voll Freude.«* (Erich Fromm 1989, S. 297)

4 »Den gleichwürdigen, persönlichen Dialog entwickeln« – Dialogische Erziehung als gemeinsame Entwicklung

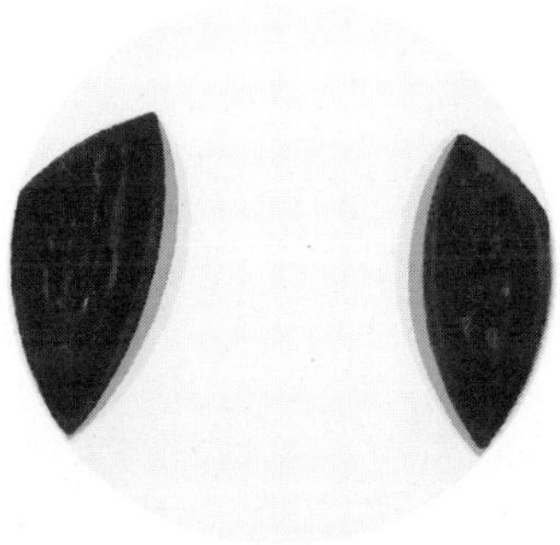

Was können wir aus dem Dialogverständnis, wie wir es beschrieben haben, und den dialogischen Kernfähigkeiten für die Erziehung lernen? Kann eine dialogische Haltung das Abenteuer Erziehung bereichern, oder brauchen Kinder nicht vielmehr straffe Führung, klare Grenzen und exakte Anweisungen?

Oftmals fühlen sich Eltern angesichts der zahlreichen Fragen, denen sie im Erziehungsalltag gegenüberstehen, allein gelassen, wünschen sich konkreten Rat und Hilfestellung. Immer wieder tauchen dabei die gleichen Probleme und »Energiefresser« auf, wie z. B.: morgendliche Hektik, täglicher Stress mit Hausaufgaben, ewige Streitereien um die Erledigung häuslicher Pflichten, Geschwisterzank, Zu-Bett-geh-Zeiten, Wochenendgestaltung.

Der dänische Familientherapeut *Jesper Juul* hat zu solchen Fragen eine überzeugende Antwort, die den Geist des Dialogs sichtbar macht. Sein Erziehungskonzept beruht auf gemeinsamem Lernen, gegenseitiger Offenheit und respektvollem Umgang miteinander. Und dieser Ansatz ist zutiefst »dialogisch«, wobei Juul die Bohm'sche Dialogidee gar nicht kannte. Sein Konzept erwuchs aus der lebendigen Auseinandersetzung mit dem Erziehungsalltag, wie er nicht nur unter »Normalbedingungen« abläuft.

»Kinder sind von Geburt an richtige Menschen!«

Gespräch mit Jesper Juul

Jesper Juul, *geboren 1948 in Dänemark, schloss zunächst sein Lehrerstudium ab und arbeitete eine Zeit lang als Heimerzieher, bevor er sich in Holland und den USA bei Walter Kempler zum Familientherapeuten weiterbildete. Kempler gehörte zu den Mitarbeitern von* Fritz Perls, *dem Begründer der Gestalttherapie, die diesen Ansatz in den 70er Jahren nach Europa brachten und weiterentwickelten. 1979 gründete Juul mit Kempler zusammen* The Kempler Institute of Scandinavia. *An diesem Institut wird für Interessenten, die beruflich mit Familien arbeiten, eine dreijährige Ausbildung in Familientherapie und -beratung angeboten. Seit der Rückkehr Kemplers in die USA leitet Juul das Institut, das mittlerweile 45 Mitarbeiter und Mitarbeiterinnen hat, die als Aktionäre auch Mitbesitzer ihrer Firma sind und die Zeitschrift* Familien *herausgeben. Seit 1991 arbeitete Juul in Flüchtlingslagern auf dem Balkan und ist in Kroatien und Bosnien Ausbilder für Familientherapie; er ist Gastprofessor für Psychologie an der Universität Zagreb.*

Hartkemeyer: *Warum hat aus Ihrer Sicht unsere heutige Generation die Chance, die Beziehungen zwischen Erwachsenen und Kindern besser zu gestalten?*

Juul: Ich glaube, es liegt daran, dass wir historisch zum ersten Mal in der Lage sind, konkret umsetzbare Möglichkeiten zu sehen und zu entwickeln. Qualitativ neue Beziehungen auf der Basis von »Gleichwürdigkeit« zwischen Erwachsenen und Kindern, aber auch zwischen Männern und Frauen setzen eine neue Sicht, einen wirklichen Dialog voraus. Dieses Möglichkeitsfeld wurde in der Geschichte der Menschheit bislang kaum gesehen, und sowohl wir selbst, aber auch unsere Kinder und Enkelkinder sind dabei, dieses Neuland zu betreten.

Glauben Sie, dass wir damit auch das, was wir unter »Erziehung« verstehen, neu denken müssen?

Juul: Ja. Wir machen einen entscheidenden Fehler, wenn wir nicht davon ausgehen, dass Kinder von Geburt an richtige Menschen sind. Leider sind wir gewohnt, Kinder als eine Art »asoziale Halbmenschen« anzusehen, die zunächst einmal durch massive Einwirkung und Manipulation von Erwachsenen zu »richtigen Menschen« erzogen werden müssen.

Kinder sind von Geburt an richtige Menschen.

Wenn es so ist, dass die Art und Weise, in der wir mit unseren Kindern umgehen, für die Zukunft unserer Welt ausschlaggebend sein wird, wie muss dann die Basis einer zukunftsfähigen Erziehung aussehen?

Juul: Heutzutage sind immer mehr Menschen bereit, die Unantastbarkeit des einzelnen Menschen und sein Recht auf persönliches Wachstum von einem undogmatischen und nichtautoritären Ausgangspunkt aus zu sehen. Zum ersten Mal beginnen wir zu glauben, dass die existenzielle Freiheit des Einzelnen nicht eine Bedrohung der Gemeinschaft darstellt. Aus meiner Sicht ist sie die beste Basis für eine gesunde und kreative Zukunft der Gesellschaft.

Sie sagen, Kinder seien von Natur aus kompetent. Was heißt das konkret für den Umgang mit Kindern?

Juul: Kinder sind in der Lage, uns Rückmeldungen zu geben, die es uns ermöglichen können, unsere eigene verloren gegangene Kompetenz wiederzugewinnen, und das kann uns helfen, unsere unfruchtbaren Handlungsmuster abzulegen. Das erfordert mehr, als nur den Dialog zwischen Kindern und Erwachsenen zu demokratisieren. Es beinhaltet, dass wir eine Form des Dialogs entwickeln müssen, die vielen Erwachsenen nicht gelingt: den gleichwürdigen, persönlichen Dialog.

Dialog bedeutet, eine existenzielle Wahl zu treffen. Ist etwas gut für die Beziehung, ist es gut für beide Seiten. Mir geht es um die Entwicklung von »Beziehungskompetenz« für Profis. Im Dänischen haben wir für Dialog den Begriff »Samtale«, das bedeutet so viel wie »zusammen sein« und »offen miteinander reden«. Er erfordert die Gleichwürdigkeit.

»Samtale« – »zusammen sein« – »offen miteinander reden«.

Ist dieser Dialog eine neue »Methode« im Umgang mit Kindern?

Juul: Bis in die 70er Jahre haben wir auch in Skandinavien wie selbstverständlich über Erziehungs*methoden* gesprochen. Ich halte heute jede Art von Methode nicht nur für überflüssig, sondern sogar für schädlich. Methoden würdigen Kinder zum Objekt herab.

Lehnen Sie jede Art von systematischem Herangehen an Erziehungsprobleme ab? Nehmen Sie z. B. das Trotzalter!

Juul: Der Begriff »Trotzalter« ist eine typische Beschreibung derjenigen, die Macht haben, für »schwierige« Untergebene. Dass kleine Kinder immer selbstständiger werden, ist ein notwendiger Teil ihrer Entwicklung, und nur ein totalitäres System kann daran interessiert sein, diese kontinuierliche Entwicklung einer einzigartigen, sich entfaltenden Persönlichkeit zum Problem zu machen.

Oder die Pubertät?

Juul: Dass diese Entwicklung an sich Ursache für interpersonelle Konflikte mit Erwachsenen sein soll, ist schlicht Unsinn. Die Art der Konflikte und deren Heftigkeit hängen u. a. von der Fähigkeit der Erwachsenen ab, ihre veränderte Rolle ins Auge zu fassen, und dann davon, wie es ihnen gelungen ist, die Integrität der Kinder während der ersten drei bis vier Lebensjahre zu unterstützen.

Pubertätskonflikte – abhängig von der Fähigkeit der Erwachsenen, ihre veränderte Rolle ins Auge zu fassen.

Aber das Thema »Grenzen setzen« ist nach wie vor zentral.

Juul: Grundsätzlich ist es sinnvoll, dass sowohl Erwachsene wie Kinder sich selbst Grenzen setzen. Anderen Grenzen zu setzen ist hingegen in erster Linie ein Ausdruck von Macht. Sobald die Erwachsenen begonnen hatten, über Kindererziehung öffentlich zu diskutieren, stand die Frage nach den Grenzen auf der Tagesordnung. Wir glauben mitunter, es sei etwas Neues, dass Eltern es so schwer haben, Grenzen zu setzen. Aber das ist immer so gewesen. Eltern haben immer Experten um Rat gefragt, wie sie die Kinder dazu bekommen können, »zu gehorchen« oder »zu folgen«, wie es heißt. Solange die Machtstruktur das Ideal war, erhielten Eltern eine Anweisung, die aus vier Elementen bestand: Einigkeit, Festigkeit, Konsequenz und Gerechtigkeit.

Bestreiten Sie denn, dass es sinnvoll ist, dass sich Eltern und Erzieher einig sein sollen hinsichtlich der Erziehung?

Juul: Für eine gesunde Entwicklung ist es überhaupt nicht wichtig, dass Eltern sich in der Kindererziehung einig sind. Prinzipiell brauchen sie sich nur in einer Sache einig zu sein, dass es nämlich in Ordnung ist, uneinig zu sein. Nur wenn sie ihre Verschiedenheit als verkehrt empfinden, werden die Kinder unsicher.

Sich einig sein, uneinig sein zu dürfen.

Das Setzen von Grenzen und Konsequenz in der Erziehung sollen nach konventioneller Ansicht verhindern, dass Kinder egozentrisch werden.

Juul: Wir haben tatsächlich in den letzten 10 bis 15 Jahren eine steigende Zahl von Familien, in denen sogar die nächsten Angehörigen von kleinen und größeren Kindern tyrannisiert werden, die offensichtlich vollkommen egozentrisch und unsozial sind. Das sind Kinder, die zu viel von dem bekommen, wozu sie »Lust« haben, und zu wenig von dem, was sie, existenziell gesehen, brauchten. Das Neue ist, dass als Folge größerer Liberalität Kindern gegenüber und aufgrund eines größeren ökonomischen Wohlstandes mehr Kinder zu viel von dem bekommen, wozu sie Lust haben. Dieses Phänomen wird in einigen der ehemals sozialistischen Länder besonders deutlich, wo eine relativ kleine Gruppe von Menschen plötzlich ökonomischen Reichtum erlebt, den sie natürlich auch mit ihren Kindern teilen will – oft in Form von Sachen, die ganz ausgeprägt sozialen Status demonstrieren.

Weder übergroße Liberalität noch autoritäre Strukturen sind nach Ihrer Meinung in der Lage, eine neue Qualität in der Erziehung zu entwickeln. Was ist der Kern Ihrer Position?

Juul: Zu meinem Paradigma gehört, dass das Verhalten der Kinder, sei es harmonisch oder disharmonisch, genauso wichtig ist für die menschliche Entwicklung und Gesundheit der Eltern, wie das Verhalten der Eltern wichtig ist für die Entwicklung der Kinder. Die Interaktion zwischen Erwachsenen und Kindern ist ein gegenseitiger Lernprozess, wobei der Grad der gleichen Würde direkt proportional zu dem Gewinn beider Partner ist.

Haben Sie ein Beispiel? Wie kann ich dafür die Verantwortung übernehmen, wenn ich ein Kind ungerecht behandelt habe?

Juul: »Es tut mir Leid, dass ich dich ungerecht behandelt habe. Als ich es tat, glaubte ich, dass es deine Schuld war. Das war es aber nicht. Es war meine Schuld, und ich möchte mich gern dafür entschuldigen.«

Sie sprechen von Gewalt gegen Kinder. Die körperliche Züchtigung ist doch zumindest in weiten Kreisen stark zurückgegangen.

Versprechen und Bestechung – moderne Formen von Gewalt.

Juul: Für mich sind moderne Formen von Gewalt auch Versprechen und Bestechung. Nicht nur die Ohrfeige, wenn das Kind den Nachtisch nicht isst. Es ist das gleiche System. Es geht um Macht und Kontrolle. Das verhindert die Entwicklung von Selbstgefühl und kann zu folgender Reaktion führen: Entweder sie hassen ihre Eltern, oder sie werden abhängig von ihren Eltern, das ist eine Form der Neurose. Der beste Schlüssel, um jemanden zu verändern, ist – es nicht zu versuchen.

Sollen die Kinder schon früh Verantwortung für sich übernehmen?

Juul: Natürlich. Soweit es geht. Nur ich allein kann mich kennen. Jeder wird allein geboren und wird letztlich allein sterben. Verantwortung ist die Basis jeder gesunden Beziehung. Denn wenn ich nicht für mich verantwortlich bin, müssen es ja die anderen sein. Überall in der Wirtschaft, wo in Teams praktiziert wird, ist der Schlüssel dazu die eigene Verantwortlichkeit der Beteiligten.

Die Ereignisse wie »Erfurt« sind Symbol für eine Gewaltexplosion, die scheinbar nicht vorhersehbar war?*

Juul: Die Medien und die Politiker bis zum Bundeskanzler reagieren so, als wenn die Gewalt das Problem wäre, das zu lösen sei. Sie ist das Symptom. Aber es ist leichter, über Symptome zu sprechen. Das Problem scheint mir zu sein, dass eine Verwechslung zwischen dem Aufbau von Selbstgefühl und von Selbstbewusstsein stattfindet. Wenn die »Performance« der Kinder gut ist, pumpen wir Komplimente in sie hinein. In »normalen« Mittelklassefamilien entstanden, so ein Forschungsteam in Boston, große aufgeblasene Egos. Es brauchte wenig, und sie zerplatzen bereits beim Verlust der Freundin oder nach einem verlorenen Basketballspiel. Selbstbewusstsein und Selbstgefühl sind zwei verschiedene Muster. Kinder haben bei unehrlichem Lob das Gefühl, dass sie getäuscht worden sind. Ein Patient sagte mir einmal, das Problem sei, dass seine Eltern immer wieder gesagt haben, wie toll er sei – aber ohne jede Substanz.

Brauchen Kinder nicht Bestätigung und Anerkennung?

Kinder brauchen bedingungslose Liebe.

Juul: Ja. Kinder brauchen bedingungslose Liebe. Und sie sind für die Eltern am wertvollsten, wenn sie schwierig sind. Auch dann sollten wir sie bestätigen. Denn sie finden sich dann ja selbst auch schwierig. Aber Eltern sollten – im

* Am 26. April 2002 erschoss ein junger Mann an einer Erfurter Schule, von der er sieben Monate zuvor verwiesen worden war, 16 Menschen – Schüler und Lehrer – und schließlich sich selbst.

Gegensatz zu den Lehrern – vorsichtig mit Lob sein. Auch sollten Eltern nicht vorschnell einspringen und helfen. Dann fühlen sich zwar die Eltern gut, aber die Kinder schlechter. Gut ist immer ein ehrliches, direktes, von Herzen kommendes Feedback.

Gleichwürdigkeit von Eltern und Kindern

Juul beschreibt also den Dialog als Weg, *Beziehungskompetenz* bei Kindern *und* Erwachsenen zu entwickeln. Die Beziehungsqualität, die sich aus einer dialogischen Haltung ergibt, ist für Juul die Basis einer gesunden Erziehung. Sie beruht, zusammengefasst, auf der Anerkennung der Gleichwürdigkeit von Eltern und Kindern und verzichtet auf erhobene Zeigefinger und abstrakte Grenzziehungen. Vielmehr geht es darum, die positiven Potenziale – und seien sie auch noch so verschüttet – zu stärken. Wird eine solche »positive« Bestätigung der Kinder von einer wertschätzenden Grundhaltung getragen, vermeidet sie die Falle, »aufgeblasene Egos« hervorzubringen, die etwa bei Enttäuschungen ihre Zuflucht sofort in Aggression und Gewalt suchen. Vielmehr ist die Chance gegeben, dass diese ehrliche, persönliche Wertschätzung die Basis für ein gesund entwickeltes Selbstgefühl der Heranwachsenden bilden wird. Die Anerkennung der existenziellen Freiheit, von der Juul spricht, führt dann nicht zu Ängsten, sondern zu mehr Offenheit. Auch dadurch, dass es nicht als Problem angesehen wird, wenn Eltern unterschiedliche Vorstellungen von Erziehung haben. Solange der Aushandlungsprozess darüber, wie Entscheidungen getroffen werden, offen und fair gestaltet wird – also von den Beteiligten nicht taktisch eingesetzt wird –, kann er als dialogorientierter Entwicklungsprozess dazu führen, dass Eltern und Kinder gemeinsam über sich, ihre Beziehung und ihre Bedürfnisse etwas erfahren. Der Dialog erfordert keine gleichrangige Position. Aber er braucht, wie *Gadamer* und auch *Habermas* betonen, »Reziprozität« und »Symmetrie« – in den Worten von *Juul:* »gleiche Würde«.

> »Und dennoch glaube ich, dass tief im Herzen die Menschen gut sind.«
> Anne Frank

Ein solches Erziehungskonzept lässt sich nicht in einer Art »Methodentraining« vermitteln. Auch Freunden und Partnern würden wir wohl kaum mit Methoden begegnen wollen: »Stellen Sie sich einen Erwachsenen vor, der sagt: ›Ich bin verliebt in eine große, dunkelhaarige Frau aus Portugal, aber ich habe viele Probleme mit ihr. Können Sie mir nicht eine Methode an die Hand geben, wie ich weniger anstrengend mit ihr zusammenleben kann?‹« (Vgl. Juul 1997, S. 23) Natürlich käme uns eine solche Frage lächerlich vor – und auch für die Erziehung von Kindern gibt es keine Methoden und Verhaltensregeln, die uns von allen Sorgen und »anstrengenden« Überlegungen entlasten. Es widerspricht einer dialogischen Haltung »gleicher Würde«, Kinder zu Objekten einer Methode herabzusetzen; eine solche Haltung erfordert es vielmehr, sie als *gleichwertige Menschen* zu behandeln.

Der Dialog ist nicht als Methode zu betrachten, deren Einsatz rasch zu dem gewünschten Erfolg führt. In einem dialogisch orientierten Erziehungskonzept geht es in erster Linie darum, dass wir uns – nicht nur angesichts eines akuten Problems – unsere *Haltung* immer wieder bewusst machen. Es erleichtert unsere Aufgabe, wenn wir in der Lage sind, sie in Frage zu stellen, und wir uns zutrauen, auszuprobieren, ob eine andere innere Einstellung das Problem in einem neuen Licht erscheinen lässt. Wir ärgern uns beispielsweise über eine unordentlich hinterlassene Küche, von der unser Sohn aber behauptet, er habe sie gerade aufgeräumt. Im Sinne eines dialogischen Vorgehens könnten wir diese Situation zum Anlass nehmen, gemeinsam unser beider Einstellungen zur Ordnung anzuschauen und zu überprüfen. Zumindest für den Augenblick würden wir dann nicht mit Schuldzuweisungen reagieren.

»Man braucht ja in der Erziehung immer nur Anstöße, das andere läuft von selbst. Dieses ständige Einwirken auf Kinder, wie das heute geschieht … ist ganz schrecklich und gefährlich.«
Walter Kempowski

Ein dialogischer Umgang mit Kindern und Jugendlichen bedeutet keineswegs, die Verantwortung zu leugnen, die den Erwachsenen zufällt. Es geht nicht darum, Verantwortung auf Kinder und Jugendliche abzuschieben, wo Eltern verantwortlich sind und bleiben. Dem »dialogischen Blick« auf die Erziehung geht es vielmehr darum, das Bewusstsein für das eigene Verhalten zu schärfen – eine andere *Wahrnehmung* für die Kinder und sich selbst zu entwickeln. Nicht zuletzt geht es darum, die Freude am Zusammenleben mit Kindern zu stärken.

Eine achtsame Auseinandersetzung mit den Kindern kann eine Chance zur Klärung des eigenen Standpunktes sein und ein Beitrag zur eigenen Entwicklung sowie ein Schritt zu liebevollem Miteinander. Die Unsicherheiten, die dabei auftreten, können auch einfach als Zeichen von Lebendigkeit verstanden werden.

Aus-einander-setzen, Mit-einander-leben

Radikaler Respekt: Gleicher Wert und gleiche Würde

Wenn Eltern ihre Kinder als eigenständige Wesen ernst nehmen, so setzt dieses »Ernstnehmen« des Kindes zunächst ein »Ernstnehmen« der elterlichen Bedürfnisse voraus. Dies bedeutet, sich selbst *und* das Kind ernst zu nehmen. Diesen »radikalen Respekt« voreinander, den wir als eine der zehn dialogischen Kernfähigkeiten beschrieben haben (s. Kap. 2), bezeichnet Juul als *Gleichwürdig-*

keit. Respektvollen Umgang, gleiche Würde kann es auch zwischen Menschen geben, die von ihrer Lebenssituation her nicht gleichrangig sind. Eltern gestalten die Atmosphäre der Beziehung, Kinder reagieren darauf, entsprechend ihren altersgemäßen Möglichkeiten. Auch Eltern sind in dieser Beziehung Lernende!

Keine »perfekten« Eltern

Kinder bringen alle notwendigen Voraussetzungen für ihre Entwicklung mit. Für ihr menschliches und soziales Wachstum brauchen sie allerdings Menschen, die sie annehmen und akzeptieren und ihnen Liebe und Verständnis entgegenbringen. Kinder wollen und brauchen keine »perfekten« Eltern. Sie brauchen Eltern, die sich und ihnen erlauben, Fehler zu machen, und die eigenen Bedürfnisse genauso ernst nehmen wie die der Kinder. So wird ein gemeinsamer Entwicklungsprozess möglich. Das Gefühl des Kindes für seine eigenen Möglichkeiten, Fähigkeiten und Grenzen entwickelt sich umso eher, je mehr es Gelegenheit erhält, sich praktisch übend damit auseinander zu setzen. Das schließt ein, auch negative Konsequenzen zu erleben, sie auszuhalten und für die Folgen einzustehen.

»Ich liebe dich – dafür habe ich dir dankbar zu sein, nicht du mir. Aber das darf nur ich sagen, du darfst es nicht sagen.«
Moritz Heimann

Eine dialogische Erziehung möchte Räume zur Entwicklung schaffen, in denen (Selbst-)Erkenntnis entstehen kann. Beispielsweise ist es etwas völlig anderes, Dankbarkeit *zu erfahren*, als dazu aufgefordert zu werden. Mahnungen wie »Du könntest mir wirklich dankbar sein!«, »Sei doch mal kreativer!« ersticken im Kind das gerade Geforderte bereits vor seiner Entstehung.

Wir wurden als Kinder von unseren Eltern noch dazu angehalten, uns als Mädchen mit »Knicks« und als Junge mit »Diener«, einer tiefen Verbeugung, zu bedanken. – In der Situation, in der ich mein Kind ebenfalls zum Danken auffordern möchte, kann ich diesen Impuls zur Aufforderung in der Schwebe halten, ihn wie in einem Spiegel betrachten. Möglicherweise wird mir durch diese Verzögerung bewusst, wenn ich lediglich eine Verhaltensweise meiner eigenen Eltern reproduziere, die ich früher immer als lästige Mahnung empfand. Als dialogisch Erziehende versuche ich, mich aus dieser elterlichen Fessel zu befreien und bei den Äußerungen meines Kindes näher hinzuschauen. Meinem Kind ermögliche ich es so, andere, *eigene* Äußerungen zu entwickeln – statt bloß eine »gesagte Dankbarkeit« – und darin kreativ zu sein. Was bedeuten kann, andere ebenfalls zu beschenken, eine »gute Tat« zu tun, oder auch nur, gute Laune zu zeigen.

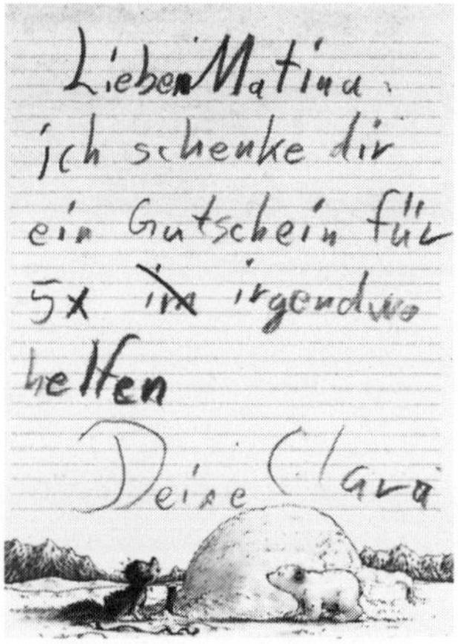

Claras Gutschein

Wenn Kinder sich angenommen und »gehört« fühlen, werden sie auch anderen zuhören. Diese Erfahrung ermutigt auch Lehrerinnen nach Dialogen im Klassenzimmer, wie es *Margret Schütte* weiter unten zeigt (s. Kap. 5, S. 151 ff.).

Vertrauen in die Kompetenz des Kindes...

Der Psychotherapeut *Arno Gruen* beschreibt eine Situation zwischen einer Eingeborenen-Mutter in West-Neuguinea und ihren beiden Kindern, einem Jungen und einem Mädchen: »Der Junge isst ein Tarostück, das Mädchen greift danach, beide beginnen zu schreien. Die Mutter kommt herbei, und beide Kinder lächeln sie an. Der Junge reicht ihr von sich aus das Tarostück, sie bricht es in zwei Teile und gibt beide dem Jungen zurück. Er bemerkt erstaunt, dass er jetzt zwei Stücke hat, und nachdem er beide einen Moment lang betrachtet hat, gibt er eines seiner Schwester.« (Gruen 1999, S. 91)

Taro: essbare Wurzelknolle

Gruen stellt uns die Frage: Wie hätten wir in einer solchen Situation gehandelt? Hätten wir auch das Vertrauen in unser Kind gehabt, dass es von sich aus die Möglichkeit des Teilens wählen und nicht alles für sich beanspruchen würde? Oder wären wir lieber ein »gutes Vorbild« gewesen und hätten jedem Kind ein Stück gereicht, um ihnen auf diese Weise das Teilen beizubringen?

Was ist ein »gutes Vorbild«?

Gerade in unserem westlichen Kulturkreis trauen wir den Kindern allzu oft nicht zu, dass sie selbst all die Eigenschaften bereits in sich tragen, die wir meinen, ihnen beibringen zu müssen. Etwa dadurch, dass wir ihnen Predigten halten, Belohnung in Aussicht stellen oder mit Bestrafung drohen. Dem Kind die Freiheit der Entscheidung zu überlassen, dies setzt Vertrauen in seine Kompetenz voraus und ermöglicht zugleich, dass beim Kind selber Vertrauen wächst. Es macht so die Erfahrung, dass es selbst Einfluss hat und damit die Möglichkeit, seine Umwelt zu gestalten und zu verändern. Wenn wir ständig Vorgaben machen, Befehle geben, unsere Autorität ausspielen, erreichen wir damit vielleicht, dass sich das Kind unterordnet, aber wahrscheinlich gleichzeitig eine latente, umso aggressivere Abwehr gegen die Bevormundung entwickelt – ein trauriges Missverständnis der Richtlinie »Grenzen setzen« in der Erziehung. Ähnlich kann ein Dialogprozess nur gelingen, wenn die Teilnehmenden einander nicht bevormunden und die Facilitatoren »Begleitende« und nicht »Leitende« sind.

»Erkläre mir etwas auf die beste Weise, und ich werde es vergessen. Zeige mir etwas, und ich werde mich daran erinnern. Lass mich etwas selbst versuchen, und ich werde es verstehen.«
Konfuzius

Welche Bedeutung Voraussagen oder bloß häufig geäußerte Meinungen für die Entwicklung des Kindes haben können, zeigt ein Zitat von Max Frisch:

»Irgendeine fixe Meinung unsrer Freunde, unsrer Eltern, unsrer Erzieher, auch sie lastet auf manchem wie ein altes Orakel. Ein halbes Leben steht unter der heimlichen Frage: Erfüllt es sich oder erfüllt es sich nicht. Mindestens die Frage ist uns auf die Stirne gebrannt, und man wird ein Orakel nicht los, bis man es zur Erfüllung bringt. Dabei muss es sich durchaus nicht im geraden Sinn erfüllen; auch im Widerspruch zeigt sich der Einfluss, darin, dass man so nicht sein will, wie der andere uns einschätzt. Man wird das Gegenteil, aber man wird es durch den andern.
Eine Lehrerin sagte einmal zu meiner Mutter, niemals in ihrem Leben werde sie stricken lernen. Meine Mutter erzählte uns jenen Ausspruch sehr oft; sie hat ihn nie vergessen, nie verziehen; sie ist eine leidenschaftliche und ungewöhnliche Strickerin geworden, und alle die Strümpfe und Mützen, die Handschuhe, die Pullover, die ich jemals bekommen habe, am Ende verdanke ich sie allein jenem ärgerlichen Orakel!« (Max Frisch 1998, S. 370 f.)

... und in die Kompetenz der Eltern

Respekt vor dem Kind und Vertrauen in dessen Fähigkeiten ermöglichen ihm, diese Fähigkeiten zu entdecken und zu entwickeln. Aber auch Eltern, die sich in problematischen Phasen des Erziehungsprozesses hilflos fühlen, benötigen

einen Raum des gegenseitigen Vertrauens. Eine Begleitung kann sie in solchen Situationen dazu ermutigen, die eigenen verschütteten Ressourcen freizusetzen und zu erleben, was ihnen gut tut und im Umgang mit ihren Kindern hilft: damit sie sich nicht als Opfer empfinden, sondern ihren eigenen Kompetenzen vertrauen.

Wir hatten schon gesagt, dass sich weder Dialog noch Erziehung als rein methodische Konzepte begreifen lassen und dass sie nicht als schnell erlernbare Rezepte vermittelt werden können. Dialog und Erziehung *entwickeln sich in der Praxis* und können schließlich zu dem führen, was wir als »dialogische Haltung« oder, im Fall des Umgangs mit Kindern und Jugendlichen, als »dialogische Erziehungshaltung« bezeichnen.

Nun ist der Hinweis auf die Praxis nicht mehr als eine Binsenweisheit. Jeder Fahrlehrer wird etwa sagen: »Das eigentliche Fahren lernen Sie nicht in der Fahrschule, sondern in der Fahrpraxis nach bestandener Prüfung. Und dazu brauchen Sie ein paar Jahre, wahrscheinlich länger.« Lassen Sie sich also in Ihren Übungen nicht entmutigen, wenn sich »Erfolge« nicht so rasch einstellen!

***

Mit den folgenden Beispielen möchten wir Ihnen einige Anregungen geben, wie Sie konkret dialogische Qualitäten in die Erziehung Ihrer Kinder einbringen können; die Beispiele stammen aus Elternkursen, die unter dem Motto *Macht euch stark für starke Kinder* mit *Maria Korte-Rüther* und *Gerda Wesseln-Borgelt* von der *Lernenden Region Osnabrück* entwickelt wurden.

Selbsterziehung einüben. Ein Praxisbericht aus Eltern-Seminaren

Sämtliche Ratschläge zur Erziehung der Kinder verraten mehr oder weniger deutlich zahlreiche, sehr verschieden geartete Bedürfnisse der Erwachsenen, deren Befriedigung dem lebendigen Wachstum des Kindes nicht nur nicht förderlich ist, sondern es geradezu verhindert.

Alice Miller

An den über zwölf Abende laufenden Kursen nahmen Eltern teil, die sich in einem geschützten Raum über die Erziehung ihrer Kinder austauschen wollten und Hilfestellungen zur besseren Bewältigung der vielfältigen Anforderungen im Alltag mit Kindern verschiedener Altersgruppen erwarteten. Als Alltagsprobleme wurden immer wieder genannt:

- Bearbeitung verschiedenster Konflikte,
- Interessenklärung zwischen Kindern oder Kindern und Eltern,
- Schwierigkeiten, Grenzen zu setzen,
- konträre Bedürfnisse in der Familie,
- unterschiedliche Wertvorstellungen,
- Erschöpfung und Überforderung.

Wir stellen Ihnen im Folgenden praxisbezogene Überlegungen und Übungen vor: zur Wahrnehmung der eigenen Bedürfnisse und der damit zusammenhängenden Körperbotschaften, ferner zum dialogischen Sprechen und Hören, zum Respektieren anderer Ansichten und zum Suspendieren von Bewertungen.

In der Kurspraxis hat es sich als sinnvoll erwiesen, den Teilnehmenden die Selbstwahrnehmung und diese Kernkompetenzen des Dialogs durch Übungen in Kleingruppen bewusst zu machen.

Wahrnehmung meiner eigenen Bedürfnisse

In den Einführungsrunden (»Check-in«) zu unseren Dialogseminaren bitten wir die Teilnehmenden häufig, sich zu Fragen zu äußern wie: »Wie fühle ich mich?« »Was erwarte ich?« Diese auf meine eigenen Gefühle und Bedürfnisse abzielende Frage an mich selbst ist auch ein erster Schritt zu bewusster Kommunikation mit dem anderen, um diese auch im Alltag anzuwenden: Bin ich mir darüber im Klaren, was ich will? Weiß ich, was ich vom anderen möchte? Ob ich wirklich etwas brauche oder etwa »nur« Dampf ablassen will, weil ich genervt bin? Wenn ich mir meiner eigenen Bedürfnisse bewusst bin, kann ich mein Anliegen an das Kind klarer formulieren. Hinter genervtem Schimpfen: »Häng doch nicht so schief auf dem Stuhl rum!«, kann sich auch verstecken: »Ich bin müde und würde mich freuen, wenn du mir eben für eine Weile helfen könntest!« Oder: »Lass nicht immer deine dreckigen Schuhe im Flur rumstehen!« heißt vielleicht »übersetzt«: »Der Einkauf ist noch im Auto. Ich brauche Hilfe dabei, alles ins Haus zu bringen!«

Heute treffen wir vermehrt auf Familien, in denen Eltern ihren Kindern gegenüber keine klaren Signale für eigene Bedürfnisse und Grenzen zeigen.

Eine solche Situation wird auf Dauer eher nicht zu einem ausgeglichenen Familienleben führen, in dem sich alle wohl fühlen. Die Klärung der Beziehung zu den Kindern setzt zunächst einen *inneren Klärungsprozess der Eltern* voraus: Wie fühle ich mich? Was brauche ich jetzt? Welche Werte sind mir wichtig? Welche Bedürfnisse habe ich? Im zweiten Schritt geht es darum, mein Anliegen in einer persönlichen, von Herzen kommenden Sprache zum Ausdruck zu bringen (wie wir weiter unten zeigen).

Wenn die Eltern ihre Bedürfnisse eindeutig formulieren und für sich klare Grenzen setzen – etwa: »Ich brauche abends noch etwas Zeit und Ruhe für mich und möchte deshalb, dass du spätestens um acht Uhr ins Bett gehst« –, bekommen auch Kinder eine Chance zu lernen, ihre eigenen Bedürfnisse und Grenzen zu sehen und sie zu beachten.

Überlegungen zur Übung: In Kleingruppen experimentieren die Teilnehmenden mit verschiedenen vorgegebenen Situationen. Wie reagiere ich normalerweise? Werden meinen Kindern dabei meine Bedürfnisse deutlich? Reagiere ich mich bloß ab, oder äußere ich eine klare Bitte? Anhand derartiger situationsbezogener Fragen können die Eltern lernen, sich ihre eigenen Kommunikationsmuster und dahinter liegende Bedürfnisse bewusst zu machen.

Botschaften des Körpers

Kommunikation findet nicht nur mit Worten statt, sondern auch nonverbal drücken wir Zuwendung oder Ablehnung, Zustimmung oder Missfallen aus. Wie weit ist mir selbst meine eigene Haltung klar, und wie drückt sich meine innere Haltung in der äußeren Haltung aus, die sichtbar wird?

Ein Schritt zu mehr Klarheit über die innere Haltung liegt darin, sich die Botschaften bewusst zu machen, die wir *ohne Worte* aussenden, durch Körperhaltung, Mimik und Gestik. Es ist meist ein nur geringes Problem für Kinder, wenn Mutter oder Vater sagen: »Ich habe jetzt gerade keine Zeit, dir bei deiner Geschichte zuzuhören. Kannst du mir das bitte in einer halben Stunde erzählen, wenn ich meine Zeitung zu Ende gelesen habe?« Wenn sie dabei allerdings durch ihre Haltung zeigen – etwa indem der Rücken dem Kind zugekehrt ist und die Aufmerksamkeit weiter bei der Zeitung bleibt –, dass sie nicht wirklich zuhören, und ein solches Verhalten die Regel ist, ist die Entwicklung von Aggression »vorprogrammiert«, falls das Kind nicht gelernt hat, mit solchen Frustrationserfahrungen produktiv umzugehen. Häufig entsteht Frustration gerade in solchen Situationen, in denen niemand sein eigentliches Anliegen ausspricht und die Stimmung sich stetig durch diffuse Unlust und gegenseitige Schuldzuweisungen verschlechtert.

Überlegungen zur Übung: Teilnehmende erhalten in Kleingruppen die Aufgabe, verschiedene Gefühle und Signale nonverbal auszudrücken, während andere Personen, aus der Gruppe, dies interpretieren sollen. Diese Übung führt – häufig unter großem Gelächter – vor Augen, wie aussagekräftig viele Körpersignale auch ohne Worte sind.

Wie spreche ich?

Wie werde ich in der Erziehung dem dialogischen Anspruch gerecht, »von Herzen zu sprechen«? Welche Hilfestellungen können wir Eltern geben, um die eigene Sprache so zu gestalten, dass sie nicht mehr vor allem aus Schimpfen, Verbieten, Nörgeln, Sich-Beschweren oder Jammern besteht, sondern zu wertschätzender Beziehung führt?

Wie eben erwähnt, ist es zunächst wichtig, sich die eigenen *Gefühle und Bedürfnisse* klarzumachen. »Wie geht es mir eigentlich, während ich jetzt mit dir rede?« »Was möchte ich von dir?« »Was brauche ich?« Erst danach geht es darum, diffuse Wünsche in *erfüllbare Bitten* umzuwandeln, damit mein Kind oder mein Partner weiß, was ich von ihm möchte (s. auch Kap. 8, S. 323 f., und Dialog-Werkstatt, Abschnitte 2.11 »Feedback-Modell« und 5.1 »Das Modell der Gewaltfreien Kommunikation«).

Ein weiteres zentrales Anliegen ist es, dem Gegenüber mit *Empathie* zu begegnen anstatt durch Bewertungen, Ratschläge, Kritik oder bohrende Fragen. Um diese Empathie für mein Kind oder meinen Partner aufzubringen, benötige ich zuvor Aufmerksamkeit für meine eigenen Bedürfnisse sowie einen Raum, mich mit meinen eigenen Wertvorstellungen auseinander zu setzen.

Überlegungen zur Übung: In Kleingruppen erhalten die Teilnehmenden die Aufgabe, Werte oder Bedürfnisse, die ihnen wichtig sind, aufzuschreiben und zu besprechen.
Die Gespräche darüber ergaben, dass teilweise traditionelle, kulturell verankerte Wertvorstellungen von den eigenen Eltern übernommen und andere Ansprüche vom Umfeld an die Familien herangetragen wurden. Die Frage »Was brauche ich denn für mein Wohlbefinden?« wird häufig neu angestoßen.

Hören – mit welcher Absicht, mit »welchem Ohr«?

Wie höre ich Botschaften, die an mich gerichtet sind? Wie kommt es bei mir an, wenn Kinder sich an mich wenden? Höre ich nur Beschwerden, Jammern, Klagen und Forderungen? Höre ich, was hinter dem Gesagten stehen könnte?

Die Auseinandersetzung mit Kommunikationsmodellen kann das Erkennen von typischen Abläufen erleichtern, die vorbehaltloses Zuhören blockieren. Wir stellen den Eltern den Ansatz der »Gewaltfreien Kommunikation« von *Marshall Rosenberg* vor (s. auch Kap. 8, S. 317 ff.), der zwei Arten des Hörens unterscheidet: mit »Wolfs-« oder mit »Giraffenohren«. Während der Wolf hinter jeder Äußerung einen Angriff oder eine Forderung vermutet (Schulz von Thun [1993a, S. 58 ff.] spricht dann vom Hören mit *Appellohren*), kann die Giraffe die Bedürftigkeit der anderen erkennen (was Schulz von Thun als Erkennen der *Selbstoffenbarung* des anderen bezeichnet).

»Wolfsohren« hören Angriff oder Forderung – »Giraffenohren« erkennen Bedürftigkeit.

Bei der Beschäftigung mit diesen Modellen lassen sich schnell die »Ohren« identifizieren, mit denen wir vorrangig hören. Eltern haben fast durchgängig gut ausgeprägte wölfische »Appellohren«, die mit dem Alter der Kinder häufig noch »wachsen«, d. h. sie hören häufig eine Aufforderung, etwas zu tun. Wenn Kinder sich über die »bösen Jungs« im Kindergarten beschweren, wird der Impuls, den Eltern dieser Übeltäter gehörig die Meinung zu sagen, vielleicht noch unterdrückt. Geht es aber um schulische Leistungen – die unmögliche Lehrerin hat meiner lieben Tochter mal wieder zu Unrecht eine Strafarbeit verpasst –, so folgen Mutter oder Vater schnell dem Affekt, rettend einzugreifen.

»Du sollst mir jetzt nur mal zuhören!«

Ein Vater berichtete von seinem »Aha-Erlebnis«: »Als meine Tochter neulich nach acht Stunden Unterricht in der Oberstufe nach Hause kam und mir empört und lautstark von der absoluten Unfähigkeit ihres Lehrers berichtete, bemerkte ich sogleich den Impuls, diesem Lehrer mal meine Meinung sagen! Ich fragte meine Tochter, ob ich denn diesen Lehrer anrufen sollte, und sie schaute mich ganz empört an: ›Bloß nicht, das regele ich schon selbst! Du sollst mir jetzt nur mal zuhören und deine Zeitung weglegen, damit ich meinen Frust über diesen ewig langen und nervigen Schultag loswerde, sonst platze ich noch!‹«

Überlegungen zur Übung: In Kleingruppen kann spielerisch mit Signalsätzen experimentiert werden. Welche Sätze bringen mich schnell »auf die Palme«? Durch abwechselndes Aufsetzen verschiedener Ohren erkunden die Teilnehmenden, wie unterschiedlich und nach welchem Modell sie hören können. Wolfs- und Giraffenohren repräsentieren hierbei verschiedene Kategorien wie wölfisches Abwehren und »Zurückbeißen« oder Empathie mit mir und dem Kind: Kann ich das Bedürfnis des Kindes erkennen oder reagiere ich genervt? Beiße ich wie ein Wolf zurück oder empfinde ich mit einfühlsamem Giraffenherzen? Kenne ich meine Gefühle und Bedürfnisse, verstehe ich mich selbst und so auch den anderen?

Respektieren anderer Ansichten

In Konfliktsituationen sind die Betroffenen meist sehr stark gefühlsmäßig beteiligt und können ihre Gefühle nicht ruhig und gelassen analysieren; die »emotionalen Wellen« schlagen hoch. Sobald sich jemand angegriffen fühlt, begibt er sich in Verteidigungsposition und hört umso schlechter zu, je mehr oder lauter der andere redet. Was nützt es, ausführlich und differenziert Argumente auf jemanden niederprasseln zu lassen, der seine Ohren längst »zugeklappt« hat? Die Frage ist also: Wie erhalte ich mir einen »Zuhörer«? Ein erster Schritt in einer Konfliktsituation ist, deutlich zu machen, dass ich die konträre Position respektiere und sie nicht »niedermachen« will. Es gilt, dem Gegenüber offen entgegenzugehen, bevor der andere innerlich gleichsam die Zugbrücke hochgezogen hat. Wichtig ist dabei, dass ich die andere Position gelten lasse und mir wirklich daran liegt, sie besser zu verstehen, etwa mit Fragen wie: »Verstehe ich dich richtig, wenn ...«, oder: »Ich verstehe das noch nicht, möchte es aber gerne. Kannst du es mir noch mal erklären?« Entscheidend ist dabei nicht, welche Redewendungen ich benutze. Wesentlich ist, dass ich *echtes Interesse* für den anderen aufbringe.

Bitte versteh mich nicht so schnell!

Überlegungen zur Übung. Wir experimentieren mit verschiedenen Formen des Umgangs mit solchen kritischen Stimmen, um konstruktiver mit ihnen umgehen zu können. Häufig gibt es in den Eltern selbst solche kritischen Stimmen, wie z. B.: *Ich bin ein schlechter Vater – eine schlechte Mutter.* Die Gruppe versucht, auf diese Kritik zu antworten, sozusagen »eine Brücke zum inneren Kritiker« zu bauen, und die betroffene Person achtet darauf, wie die unterschiedlichen Bemerkungen und Anknüpfungsversuche auf sie wirken (ausführlich beschrieben in der Dialog-Werkstatt, Abschnitt 2.10: »Brücken bauen«, S. 388).

Suspendieren automatischer Reaktionen

Manchmal reagieren wir besonders heftig auf Situationen, in denen sich ein anderer so verhält, wie wir es uns einstmals als Kind oder Jugendlicher niemals gestattet hätten: eine Situation, die mit heranwachsenden Jugendlichen, die sich von ihren Eltern ablösen und eigene Lebenswege suchen wollen, leicht entstehen kann. Eine Aussage wie »Das hätte ich mir in meiner Jugend mal erlauben sollen!« ist der beste Weg, um die Brücke zum anderen einstürzen zu lassen.

Überlegungen zur Übung. Ein spielerisches Hineinversetzen in die andere Position ermöglicht den Beteiligten einen Perspektivwechsel: In Kleingruppen werden Varianten der *Dilemma-Übung* (s. Dialog-Werkstatt, Abschnitt 2.2, S. 379) durchgeführt und Erfahrungen darüber ausgetauscht: Eine Mutter berichtet von der Auto-

fahrt mit ihrer 16-jährigen Tochter. Sie machte ihr das Angebot: »Soll ich mal kurz in deine Rolle schlüpfen und dir sagen, warum du an diesem Wochenende unbedingt bis 3 Uhr zu der Fete musst?«, was bei der Tochter zunächst ein verdutztes Gesicht hervorrief. Sehr schnell aber hörte sie schweigend zu, als die Mutter sich im Fahrersitz entspannt zurücklehnte und in Erinnerung an ihre eigene Jugend tatsächlich eine Reihe von überzeugenden Argumenten für ein solches Wochenenderlebnis vorbrachte. Der nur gedanklich vollzogene Rollenwechsel wurde umso spannender, als die Tochter danach in der Rolle der Mutter für kurze Zeit nach Argumenten für das rechtzeitige Nach-Hause-Kommen suchte. Voraussetzung war allerdings, dass es beiden zumindest für die Dauer dieses Rollenspiels gelang, ihre eigene Meinung hintanzustellen, sie für eine Weile »in der Schwebe« zu halten, und dass sie die innere Bereitschaft hatten, abzuwarten, ob sich ihre Meinung durch den spielerischen Kontakt mit der Gegenposition verändert.
Die Qualität des Gesprächs und die Suche nach akzeptablen Lösungen werden nach einem solchen Intermezzo anders sein als zuvor. Erst wenn sich beide des gegenseitigen Verständnisses sicher sind, macht es Sinn, die eigenen Argumente, Befürchtungen oder Annahmen vorzubringen.

Rückmeldungen der Eltern über den Kurs

»Wo Kinder sind, da ist ein goldenes Zeitalter.«
Novalis

In Rückmeldungen zu einem solchen Kurs betonen die Eltern häufig, dass ihnen die Erlebnisse der Übungssequenzen und Rollenspiele besonders gut in Erinnerung geblieben sind. Die Idee, dass es nicht darum geht, die Erziehung »richtig« zu machen, sondern meinen eigenen Weg zu finden, der mir gemäß ist, wirkt entlastend und motivierend. Eine Mutter formulierte erleichtert: »Der Umgang mit den Kindern wird ruhiger, und Stress-Situationen werden schneller entschärft.«

Gleichzeitig wird das eigene Lernpotenzial erkannt: »Bei vielen Dingen im Alltag bemerkt man erst, nachdem es schon passiert ist, dass man nach dem falschen Muster gehandelt hat oder wieder in ›alte‹ Muster zurückgefallen ist.« Eltern erkennen die eigene Verantwortlichkeit für die Atmosphäre in der Familie neu und beginnen, selbstbewusster an der Gestaltung der Beziehung zu arbeiten: »Ich bin in der Kommunikation mit meinem Kind bewusster geworden, z. B. wenn es darum geht, bestimmte Forderungen zu formulieren.« – »Zumindest rückt das eigene Verhalten jetzt öfter ins Bewusstsein, und ich nehme mir dann vor: üben, üben, üben!«

***

Ein solcher Entwicklungsprozess braucht Zeit, er bleibt lebenslange Aufgabe. Er profitiert von der Fähigkeit zur Selbstreflexion und Wahrnehmung meiner Gefühlsreaktionen. Die Fähigkeit zum Innehalten und zum Erkennen von Mustern, die in mir reflexartig »anspringen« und ihr vorbereitetes Programm abspielen wollen, ermöglicht mir erst die Entscheidung, wie ich etwas bewerten möchte – ob ich vielleicht einmal anders als gewohnt reagieren, neu fühlen, sprechen, handeln möchte. Die dialogischen Kernfähigkeiten der Selbstreflexion (»Beobachte die Beobachterin«) und des Suspendierens sind hier gefragt.

Dadurch, dass wir unser eigenes *Selbstgefühl* – im Sinne von Jesper Juul – und damit auch *unsere Selbstwahrnehmung* entwickeln, unterstützen wir auch unsere Kinder darin, ein gesundes Selbstgefühl zu entwickeln. Gehen wir wirklich davon aus, dass wir mit 18 oder 21 Jahren oder dann, wenn wir eigene Kinder haben, erwachsen sind und unser innerer Wachstumsprozess damit abgeschlossen ist? Ist es nicht vielmehr so, dass *viele* für den Prozess des Erwachsenwerdens ein ganzes Leben benötigen und dass wir *alle* lebenslang, tagtäglich, an unserer eigenen Entwicklung zu mehr Bewusstheit und innerer Ausgeglichenheit arbeiten können?

Wir haben betont, wie wichtig für den dialogischen Erziehungsprozess das Vertrauen in die Fähigkeiten der Kinder ist. Eltern brauchen ein solches Vertrauen auch in ihre eigenen Fähigkeiten, ebenso wie Helferinnen, die Eltern in schwierigen Phasen unterstützen. Darum geht es in dem folgenden Praxisbericht, der von Erfahrungen handelt, die das Jugendamt der Stadt Dortmund mit der dialogischen Begleitung seiner Klienten gemacht hat.

Wenn radikaler Respekt zum Leitsatz wird

Der überraschende und innovative Ansatz von *Johannes Schopp,* engagierter Mitarbeiter des Dortmunder Jugendamtes, besteht darin, Eltern *und* professionelle Helfer mit dem Dialogprozess vertraut zu machen. Hierzu hat der ausgebildete Dialogprozess-Begleiter das Konzept »Eltern stärken – Ermutigung zum Dialog« entwickelt. Bei den Eltern, mit denen er arbeitet, handelt es sich um einen Personenkreis, der als »bildungsfern« gilt und dem gemeinhin wenig erzieherische Kompetenz zugetraut wird. Die professionellen Helfer sind die mit der Elternbetreuung beauftragten Sozialarbeiter und Sozialarbeiterinnen des Jugendhilfe-Dienstes. Johannes Schopp berichtet:

Lernen praktisch erfahrbar machen – Eltern im Dialog

Dem Konzept »Eltern stärken« liegt die Haltung zugrunde, dass es gelingen kann, Eltern durch den Dialog Mut zu machen und ihnen zu helfen, gegen alle Schuld- und Versagensgefühle das Vertrauen in die eigene Urteilsfähigkeit und damit das Gespür für den eigenen »richtigen« Weg wieder zu finden. Das macht sie langfristig unabhängiger vom Urteil so genannter Experten und von deren Wissen. Das Konzept beschreibt eine Grundhaltung, welche die Eltern aktiv einbezieht und sie zum Lernen einlädt, anstatt sie zu passiven Empfängern von pädagogischen Verhaltensbotschaften zu machen.

Zentral für den Dialog sind der *radikale Respekt* und der Blick auf die *Ressourcen und Fähigkeiten der Eltern*, die in irgendeiner Form in jedem stecken. Es geht darum, durch einen immer wieder neuen Blick auf die Eltern mit diesen gemeinsam neue Strategien zu entwickeln, um das Leben mit all seinen Höhen und Tiefen zu bewältigen. Jeder noch so vordergründige oder scheinbar unbedeutende Ansatzpunkt wird dabei aufgegriffen.

Die Frage bei einem so verstandenen Dialog ist nicht, was ich den Eltern vermittle oder was ich ihnen beibringe, sondern wie ich mit ihnen in Beziehung trete und einen Raum schaffe, in dem Begegnung möglich wird. Themen wie »Streiten dürfen«, »Grenzen setzen«, »Mut machen«, »Freiraum geben« oder »Zuhören und sich Zeit nehmen« werden in diesem Sinne konsequent dialogisch bearbeitet. Zu den sichtbaren Requisiten gehören die »Goldene Brille der Empathie«, eine Kugel als Redestein zur Erinnerung an die dialogischen Vereinbarungen, Wandtafeln mit Fragen und Dialogregeln.

Ziel der Elternseminare ist es, dass die Eltern sich auf ihre eigenen Kraftquellen besinnen, also die lebendigen Erfahrungsschätze ausfindig machen, sie neu beleben und für die Bewältigung des Lebensalltags mit Kindern nutzbar machen. Die Eltern sollen in der Überzeugung gestärkt werden, selbst wirksame und eigenverantwortliche Lebensgestalter zu sein. Richtlinien unserer Dialogbegleitung für Eltern sind:

- Es gibt es keine allgemeingültigen »Rezepte«, die in jeder Familie wirken.
- Eltern sind für uns Fachleute und Verantwortliche in eigener Sache. Sie werden nicht länger als »Klienten« behandelt, als »clientes« (lat.) im Sinne von Unmündigen. Sie sind den Helfern gleichwertig und ergänzen deren Erfahrungen.

- Wir suchen mit den Eltern im Dialog Stärken statt Fehler. Denn wir sind überzeugt davon, dass jeder Mensch unter der »beschädigten« und »verletzten« Oberfläche mindestens einen Funken Lebenskraft in sich finden kann.
- Wir lassen Eltern die Würde, indem wir sie nicht belehren oder zu manipulieren versuchen. Wir unterstützen sie darin, eigene Antworten auf ihre eigenen Erziehungsfragen zu finden.

»Es ist gut, mal von sich selbst zu reden« – Professionelle Helfer im Dialog

Wenn die Eltern im Dialog schrittweise lernen, ihre Verantwortung für die Erziehung stärker wahrzunehmen, also schließlich bewusste und klar handelnde Begleiter ihrer Kinder werden, können ihnen die professionellen Helfer nicht mehr so entgegentreten wie bisher. Dies bedeutet, dass auch die Familienhelferinnen und Sozialarbeiter sich einem Lernprozess unterziehen müssen, in dem sie ihre bisherige Haltung gegenüber den Eltern überprüfen, ihre oft von übertriebener Fürsorge geprägte Einstellung ändern und ihnen als den für ihren Lebensentwurf »Eigenverantwortlichen« gegenübertreten.

In Kooperation zwischen dem Fachreferat Elternbildung, der Leitung des Jugendhilfe-Dienstes und den anderen Beteiligten haben wir ein Personalentwicklungs-Konzept für die »Professionellen« vereinbart, das in dieser Form sicher einmalig ist: eine Maßnahme, in der die professionellen Helfer *und* die Eltern nach dem gleichen Lernkonzept neue Lernerfahrungen machen.

Der Dialog als Weg und Ziel

Freiwillig und trotz hoher Arbeitsbelastung trafen sich 14 Frauen und ein Mann, um ausschließlich ihre innere Haltung gegenüber den Eltern zu hinterfragen und neu zu justieren. Hauptfrage war, ob es gelingen könnte, die Eltern, die wir alle schon so lange zu kennen glauben, mit anderen, mit neuen Augen zu sehen.

An fünf Seminartagen innerhalb von sechs Wochen übten wir uns – die Teilnehmenden und der Dialogbegleiter – im Dialog. Für uns bedeutete dies, einen mit vordefinierten Lernschritten geplanten durch einen offenen Lernprozess zu ersetzen. Immer wenn hitzige Debatten zu beginnen schienen, griffen wir zur Kugel als »Redestein«, um den Gedankenfluss zu entschleunigen. Vor dem Reden einmal durchatmen und vor allem nicht losplappern! Erstaunlicherweise empfanden gerade diejenigen, die sich ansonsten gerne reden hören, die Verlangsamung zunehmend als wohltuend und entlastend.

Die anfangs miteinander vereinbarten Dialogregeln (s. Kasten), die sich an den zehn Kernfähigkeiten orientieren, waren jedoch nicht immer leicht einzuhalten. So war es für die meisten Teilnehmenden sehr gewöhnungsbedürftig, dass plötzlich alle widersprechenden Meinungen gleichberechtigt im Raum stehen bleiben sollten, ohne sie als »fachlich korrekt« oder weniger »korrekt« zu bewerten.

Regeln für unseren Dialog

- Jede geäußerte Meinung genießt den gleichen Respekt.
- Ich vertraue mich neuen Sichtweisen an.
- Meine »Wirklichkeit« ist nur ein Teil der ganzen »Wahrheit«.
- Ich genieße das Zuhören.
- Ich brauche niemanden von meiner Sichtweise zu überzeugen.
- Wir verzichten auf eine einvernehmliche Lösung.
- Bevor ich rede, nehme ich mir einen Atemzug Pause.
- Ich rede von Herzen und fasse mich kurz.
- Ich nehme Unterschiedlichkeit als Reichtum wahr.

Zu einer angespannten Situation kam es in der Gruppe, als sich eine Seminarteilnehmerin durch den Begriff »Paselacken« – als abwertende Beschreibung für bestimmte »lernunwillige Familien« –, den eine andere Teilnehmerin gebrauchte, verletzt fühlte. Zur Verwunderung aller kam es daraufhin nicht zu einem hitzigen Wortgefecht mit Schuldzuweisungen und Verteidigungsreden. Dank des Gebrauchs der Kugel trat schnell Entspannung ein. Die »gescholtene« Kollegin brauchte sich nicht zu verteidigen. Sie konnte ihre abwertende Bemerkung kritisch und ohne Gesichtsverlust reflektieren. Alle blieben entsprechend den Dialogregeln bei sich und sprachen von eigenen Vorurteilen.

Die Atmosphäre des Seminars wurde dank des praktizierten Dialogs dicht wie selten in dienstlichen Arbeitszusammenhängen. Eigene Ängste und Befürchtungen, Stärken und Schwächen, eigene Wertmaßstäbe und Lebensentwürfe spielten eine größere Rolle als die gemeinhin üblichen Diskussionen über Verhaltensauffälligkeiten von Eltern. »Wir erfahren im Laufe unserer Betreuung stets so viel an persönlichen und intimen Einzelheiten der Eltern, dass es ganz gut ist, auch mal von sich selbst reden zu müssen«, so eine Teilnehmerin im Anschluss an das erste Treffen.

Die »goldene Brille der Empathie«

Eine Herausforderung stellte auch eine Aufgabe dar, die zwischen den Treffen zu erfüllen war, nämlich mit der »goldenen Brille« nach den »Perlen« gerade derjenigen zu suchen, die wir am wenigsten leiden können oder die uns am meisten herausfordern. »Gebe ich einen Teil meiner Sicherheit auf, wenn ich zu empathisch bin?«, fragten Teilnehmerinnen skeptisch. Eine Teilnehmerin fürchtete: »Und was ist, wenn ich gar nichts mehr an einem anderen mag, wenn ich überhaupt nichts Positives bei ihm entdecke?«

Eine Kollegin hatte sich bei der Übung im Seminar, Stärken bei einer bestimmten Person zu sehen und diese aufzuschreiben, ihren pubertierenden Pflegesohn ausgewählt. Sie erschrak und ging anschließend betroffen und mit feuchten Augen nach Hause. Ihr Zettel war leer geblieben.

Vielfach erlebten Teilnehmende dank solcher dialogischen Übungen Änderungen in ihren Einstellungen gegenüber anderen. Und damit war ein wichtiges Ziel des Seminars erreicht! »Ich habe mir die Mutter aus Mazedonien, die ich bisher innerlich total abgelehnt habe, weil sie bei jeder Gelegenheit unerträglich kindlich weint, vorgenommen. Ich habe in der letzten Woche versucht, sie einmal anders mit ihren pubertierenden Kindern wahrzunehmen. Das hat sie offenbar gespürt. Jetzt habe ich den Eindruck, dass sie plötzlich nicht mehr so viel weinen muss. Das hat auch mich und unser Verhältnis zueinander entlastet«, so eine Teilnehmerin. Eine andere bestätigt, dass das Ziel des Seminars, den Eltern ihre eigene Verantwortung zuzugestehen, durchaus nicht utopisch ist: »Durch die Erfahrung im Dialog wurde ich entlastet, da ich erkannt habe, dass ich die Verantwortung an die Eltern weitergeben kann und muss.«

Sowohl Grenzen als auch individuelle Unterschiede wurden bei dem Versuch, seine innere Einstellung zu ändern, deutlich: »Bei uns hat sich eine neue Mitarbeiterin vorgestellt. Ich wäre davon in besonderer Weise betroffen, weil sie in meinem Zimmer sitzen soll. Mir ist es überhaupt nicht gelungen, irgendetwas Gutes an ihr zu entdecken, ich habe meine ›goldene Brille‹ nicht gefunden. Ich fand die ›Neue‹ einfach nur unmöglich.« – »Ich sehe unsere zukünftige Kollegin ganz anderes. Ich habe aufgrund unserer Hausaufgabe versucht, sie

Was schätzen Sie an Ihrem Kind, Partner, Ihrer Freundin, Frau, Ihren Eltern, Nachbarn, Kollegen, Ihrer Chefin ...?

In einer Gruppe von 20 Personen wurden in einem Dialog-Ausbildungsseminar in Osnabrück positive Eigenschaften gesammelt, die bei jeweils anderen Gruppenmitgliedern gesehen und geschätzt wurden. Ein Blick auf diese Liste zeigt, wie vielfältig und unterschiedlich die Qualitäten sind, die beim anderen gesehen werden. Wenn wir uns die Zeit nehmen, genau hinzuschauen – und eigene Erwartungen, wie Menschen sein sollten, fallen lassen –, können wir zahlreiche »goldene Qualitäten« bei anderen Menschen wahrnehmen.

Folgende Eigenschaften wurden gesammelt (»Ich empfinde dich als ...«; »Ich schätze an dir ...«)

ausstrahlend
achtsam
akzeptierend
annehmend
anteilnehmend
aufmerksam
aufnehmbereit
aufrichtig
ausbalanciert
authentisch
Begeisterungsfähigkeit
beglückend
behutsam
be-leuchtend
berührbar
beseelt
bezaubernd
Blick für Wesentliches
bodenständig
chaotisch genug
dankbar
differenziert
dynamisch
ehrlich
eigenständig
einfach/klar
einfühlsam
einladend
energiegeladen
engagiert
Entdecker-Geist
entdeckungsfreudig
enthusiastisch friedvoll
erkundend
ernsthaft-humorig
fähig, Perspektiven zu wechseln
fähig, sich einzulassen
feinfühlig
fotogen

freiheitsliebend
Freude schenkend
freundlich
friedlich
fröhlich
ganzheitlich
Geborgenheit gebend
gefühlsreich
gefühlvoll
gelassen
geradlinig
gesammelt
gesegnet
glaubhaft
glücklich
großherzig
gut balanciert
gut verwurzelt
gütig
heiter
hell
hell und sprühend
herzlich
humorvoll
interessiert
jugendlich
klar
kongruent
konservierend
konzentriert
mit Kopf und Herz
Kraft ausstrahlend
kraftvoll
kraftvolle Herzlichkeit
kreativ
krisenfest
lebendig
lebensbejahend
lebhaft
leicht und sachlich

lernbereit
liebenswert
liebesfähig
liebevoll
loyal
lustig-begeistert
mitmachend
mutig
nachsichtig
nah und eigenständig
nah dran
natürlich
neugierig
nicht abwertend
nicht bedrohlich
nicht belehrend
offen
unvoreingenommen
phantasievoll
präsent
professionell
punktgenau
raumgebend
reflektiert
reif
risikobereit
ruhig
sanft
scharfsinnig
schauspielerisch talentiert
schelmisch
selbstironisch
Selbstvertrauen
sensibel
souverän
standfest
stark
stärkend
strahlend
suchend

teilhaben-lassend
tief-sinnig
tolerant
trockener Humor
über sich lachen können
unbeschwert
Unterschiedlichkeit
unterstützend
unvoreingenommen
ursprünglich
verbindlich
verlässlich
verschmitzt
versöhnlich
verständnisvoll
vertrauensvoll
voller Herzblut
vollständig
wach
wagemutig
wandlungsfähig
warm
warmherzig
weise
weit-denkend
weit-herzig
wertschätzend
witzig
wohlwollend
wunderbare Erzählerin
würdevoll
würdig
zentriert
zugewandt
zupackend
zurückhaltend
zuversichtlich

nach dem ersten Eindruck, der für mich auch nicht besonders positiv war, mit anderen Augen zu sehen. Ich finde jetzt durchaus Positives und Liebenswürdiges an ihr. Ich werde ihr erst mal ganz offen begegnen.« Auch von Entwicklungen im privaten Bereich wurde berichtet: »Ich habe diese Woche zusammen mit meinem Mann versucht, gemeinsam den ›goldenen Kern‹ bei meinem Pflegesohn wieder zu finden, und es ist uns sogar teilweise gelungen.«

Pädagogen mit einer neuen Haltung

Wer sich auf den Dialog einlässt, spürt sehr bald, dass in ihm selbst weit mehr steckt, als er sich gewöhnlich selbst zutraut. Pädagogen, die die heilenden Kräfte, die im Dialog stecken, selbst gespürt haben, werden eher in der Lage sein, sie an Eltern weiterzugeben.

Das Ziel des begonnenen Dialogprozesses ist, dass sich Pädagogen und Eltern ihrer Stärke bewusst werden und aus diesem Bewusstsein heraus in der Lage sind, sich selbst und ihren eigenen Antworten genauso zu vertrauen wie dem Wissen möglicher Experten.

Dialog als gemeinsamer Raum

So weit Johannes Schopp. Sein Bericht zeigt, wie es mit Hilfe des Dialogs gelingen kann, oftmals nur unterschwellig negative Einstellungen gegenüber anderen Menschen positiv zu verändern. Johannes Schopp hat zahlreiche Erfahrungen in der dialogischen Beratung von Eltern gesammelt, die weitgehend aus der Arbeit mit so genannten »bildungsfernen« Schichten stammen. Er konnte vielfach erleben, wie es diesen Eltern gelingt, sich selbst und ihre Kinder neu zu sehen, einen »neuen Blick« zu bekommen.

Der gemeinsame Dialog wird zu einem Raum, zu dem Eltern ihre Fragen mitbringen, wo sie versuchen, die eigene Rolle als Mutter oder Vater besser zu verstehen, wo sie gemeinsam an Lösungen arbeiten können, mehr Vertrauen in ihre eigene Erziehungs-Kompetenz entwickeln, um mit mehr Freude an der Entwicklung der Kinder teilzunehmen.

Kindliche Entwicklung und elterliche Selbsterziehung

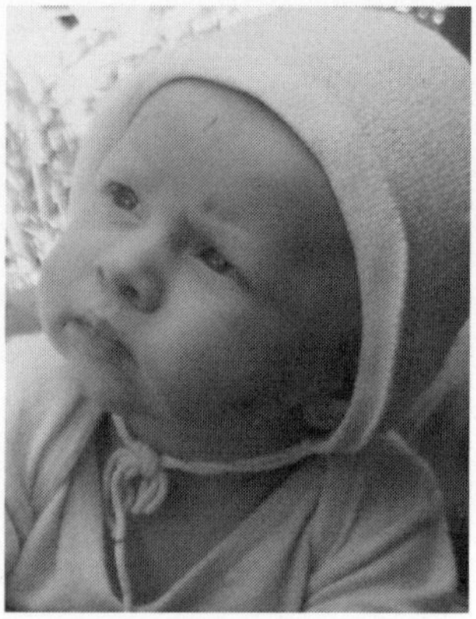

Kinder begegnen der Welt mit einem offenen, neugierigen Blick – alles ist neu und aufregend, die Möglichkeiten, auf Entdeckungsreise zu gehen, sind unerschöpflich. Sehr schnell aber lernen sie im Kontakt mit der Welt, dass sie für manche Verhaltensweisen gelobt, für andere aber getadelt oder sogar bestraft werden. Das soziale Umfeld belohnt gewünschte Verhaltensweisen und reagiert negativ auf unerwünschtes Verhalten. Zerbrechen Kinder etwas, ernten sie enttäuschte oder auch böse Blicke, streiten sie sich mit Geschwistern oder Nachbarskindern, reagieren die Eltern genervt. Schon für kleine Kinder wird schnell unbewusst deutlich: *»Es gibt Verhaltensweisen von mir, die gefallen meinem Umfeld, die bringen mir positive Rückmeldungen, Zuwendung, Lob, Unterstützung und sorgen für gute Laune, für angenehme Atmosphäre in meinem Umfeld.«*

In diesen Wechselwirkungen sehen die amerikanischen Psychologen *Cliff Barry* und *Mary Ellen Blandford* eine wichtige Ursache für die Entstehung von inneren Mustern und Rollen, Verhaltensweisen und Fähigkeiten, die ein Kind – neben den genetischen Dispositionen – in Abhängigkeit von seinem sozialen Umfeld entwickelt. Der bestimmende Faktor für diesen weitgehend unterschwelligen, unbewussten Prozess ist die Resonanz, die das Kind auf sein Verhalten erfährt. Hinzu treten andere Faktoren wie die kulturellen Werte des Landes, in dem Kinder aufwachsen, aber auch familiäre Umstände wie beispielsweise die Zahl der Geschwister und die Geschwisterreihe.

Schattenarbeit basiert auf dem 4-Emotionen-Modell – Freude, Wut, Angst, Liebe. Diese grundlegenden Emotionen bilden die Pforten, durch die die dahinter liegenden Energien erschlossen und produktiv genutzt werden können.

Verschiedene Familien entwickeln ganz unterschiedliche Muster. In einigen Familien ist ein eher lautstarker Umgangston während einer Unterhaltung im Kreis der Familien ein Zeichen von Engagement, Beteiligung und Interesse aneinander und deutet noch lange nicht auf eine Auseinandersetzung oder Aggressivität hin. Andere Familien bleiben im Gegensatz dazu selbst in Konfliktsituationen ruhig und leise, Lautstärke ist eher verpönt. Barry und Blandford (vgl. www.shadowwork.com) beschreiben, wie Eigenschaften abhängig von der Position innerhalb der Familie entwickelt werden:

Ältere Geschwister, die früh Verantwortung für jüngere übernehmen, können beispielsweise eine stark verantwortliche Seite entwickeln und sich schwer damit tun, ihre rebellische Seite zuzulassen und zu entwickeln. So tendiert nach ihrer Beobachtung das erstgeborene Kind dazu, die Rolle des Friedensstifters oder der kleinen Heldin einzunehmen, während das zweite Kind häufig zum Rebellen oder gar Sündenbock in der Familie werden kann, weil die Rolle des »Primus« bereits besetzt ist. Eine Umgebung, in der rebellisches Verhalten sinnvoll war, kann wiederum dazu führen, dass Anpassung als Verhaltensmuster weniger stark entwickelt wird und das Handeln hauptsächlich rebellisch, nicht angepasst ist.

Meine verantwortliche und meine rebellische Seite kennen lernen.

Barry und Blandford sind davon überzeugt, dass solche in der Kindheit angelegten Muster lange wirksam sind und dass es auch aus diesem Grund bei jedem Menschen Aspekte gibt, die stärker entwickelt und gelebt werden als andere (vgl. auch die mentalen Modelle, S. 43, 75). Spannend ist es, im Dialogprozess auf diese eher unbekannten Aspekte neugierig zu werden, die vielleicht eine andere Person völlig anders auslebt als ich und die – wie *Verena Kast* es weiter unten formuliert – bei mir »im Schatten« liegen.

Was bedeutet (Selbst-)Erziehung?

Grundsätzlich geht es bei der Beobachtung solcher Entwicklungstendenzen und unterschiedlichen Verhaltensweisen nicht darum, sie als gut oder schlecht zu bewerten. Vielmehr geht es zunächst lediglich darum, genauer hinzuschauen, welche *mentalen Modelle* sich daraus entwickeln können, die – wenn bewusste Reflexion fehlt – unser Leben unbemerkt steuern. »[...] etwas zu lernen über diese Prägung und deren Überwindung, die Befreiung von dieser Bürde«, hält *Krishnamurti* (1988, S. 123) – indischer Weisheitslehrer und Philosoph, der nicht nur Gesprächspartner, sondern so etwas wie ein spiritueller Mentor von David Bohm war – für ein wesentliches Ziel, eine Vision der Erziehung und der Selbsterziehung. Die innere »Befreiung« kann durch die dialogische Begegnung mit anderen unterstützt, ja überhaupt erst möglich werden. Denn ohne ein Gegenüber sind wir nur schwer in der Lage, die notwendigen Entwicklungsschritte zu tun. *Martin Buber* hält die Erfahrung des Andersseins für ebenso zentral wie das Gefühl der Verbundenheit: »Der Erzieher, der die Erfahrung der Gegenseite übt und ihr standhält, erfährt in einem beides: seine Grenze an der Anderheit und seine Gnade in der Verbundenheit mit dem andern.« (Buber 1986, S. 45)

Verhaltensweisen nicht als gut oder schlecht bewerten.

Obwohl es bei der Erweiterung des eigenen Blickwinkels aus unserer Sicht darum geht, den Blick nach innen zu richten, sich selbst zu »erziehen«, kann dies nur in der Öffnung und im Kontakt zur Welt geschehen. Buber bezeichnet diese »Charaktererziehung« (vg. ebd., S. 65 ff.) als notwendige und größte Aufgabe, die den Erziehenden gestellt ist, die, indem sie ihre Kinder erziehen, sich selbst erziehen. »Selbsterziehung [...] kann hier, wie überall, nicht dadurch ge-

Charaktererziehung, Selbsterziehung – in Kontakt mit der Welt.

schehen, dass einer sich mit sich selber, sondern dadurch allein, dass er, wissend um was es geht, sich mit der Welt befasst.« (Ebd., S. 45)

Eltern wird durch ihr Elternsein eine besondere, eine neue Chance geboten. Sie können ihr eigenes Selbstgefühl gemeinsam mit ihren Kindern weiter entwickeln, sie können sich selbst entdecken, während sie die Stärken ihrer Kinder entdecken und deren Entwicklung unterstützen. Und in der Tat benötigen Eltern ein gutes Selbstgefühl, um ihren Kindern ein für deren Entwicklung so notwendiges Gefühl zu vermitteln: das Gefühl, bedingungslos – mit allen Fehlern und Schwächen – geliebt zu werden. Denn Kinder sind in ihrem Entwicklungsprozess stark abhängig und angewiesen auf die Liebe und Akzeptanz der Eltern oder Bezugspersonen. Sie können von sich selbst nur gut denken, wenn sie merken, dass ihre Bezugspersonen gut von ihnen denken. Kinder, die diese bedingungslose Liebe erfahren haben, können nicht nur sich selbst, sondern später auch andere Menschen – mit Fehlern und Schwächen – einfacher annehmen.

Lieben und akzeptieren lernen.

Im Dialogprozess ist diese Haltung nicht-bewertender Akzeptanz die Grundlage dafür, dass verschiedene Meinungen nebeneinander stehen bleiben können. Manchmal werden dadurch viele mögliche unterschiedliche Sichtweisen deutlich, manchmal verändern sich Bewertungen von einzelnen Teilnehmerinnen dadurch, dass andere Annahmen und Bewertungen daneben gestellt werden. Zumindest wird dadurch ein anderes Verständnis des Begriffs oder der Situation möglich (vgl. z. B. in Kap. 3 den Bericht von Erika Meier, S. 68 ff.).

Vielleicht habe ich bei mir selbst schon Reaktionen erlebt, die mich überrascht haben: etwa, wenn ich ungewohnt heftig auf eine Frage reagiert habe und selbst nicht genau wusste, warum. Oder wenn mich dabei erwische, wie neidisch ich einem Freund zuhöre, der von seinen neuesten Abenteuern und Erfolgen erzählt. Verurteile ich mich selbst für solche Ausbrüche oder kann ich dafür Interesse und Neugier aufbringen? Habe ich Verständnis für meine eigenen Wünsche und Bedürfnisse – selbst wenn sie »eigentlich nicht sein sollten«, nicht vertraut, angepasst und erwünscht sind? Wenn ich mir erlaube, solchen inneren Stimmen Raum zu geben, ihnen nachzugehen, darüber nachzudenken, und mich mit anderen im Gespräch austausche, dann kann aus dem Verständnis für mich ein Verständnis für den anderen werden, der vielleicht Aspekte dessen lebt, was ich mir selbst nicht erlaubt habe, gestatten will oder kann.

Sich selbst im anderen verstehen.

In der Begegnung mit dem Gegenüber bedeutet das, zunächst den Versuch zu machen, weniger zu bewerten oder abzuwerten – vielmehr mir meiner Bewertungen bewusst zu sein, sie in der Schwebe zu halten und wahrzunehmen, wie ich von meinen – bereits selektiven – Beobachtungen zu Bewertungen komme. Das Bild von der »Leiter der Schlussfolgerungen«, die in unserem Kopf entsteht, kann helfen, sich diesen inneren Prozess deutlich zu machen (vgl. *Miteinander denken*, S. 86 f.).

Modellvorstellungen

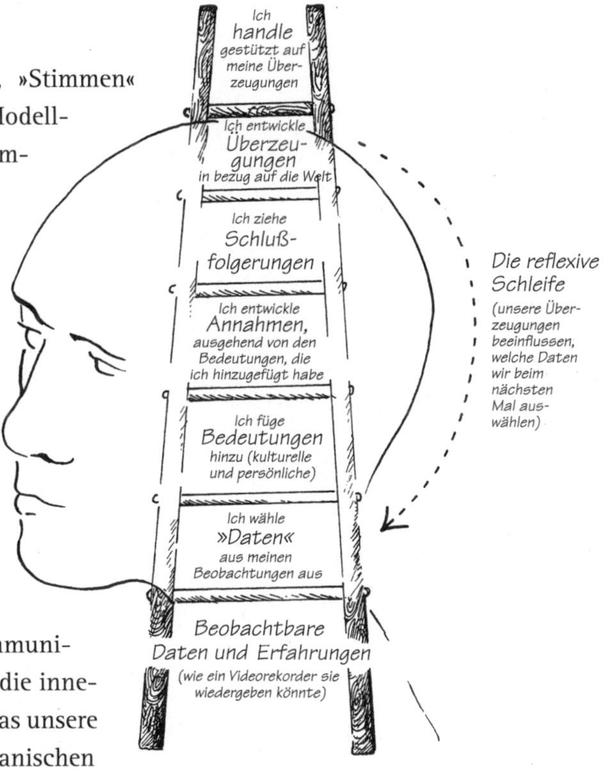

Begriffe wie »Teilpersönlichkeiten«, »Energiemuster«, »Stimmen« oder »Teammitglieder« stehen für die verschiedenen Modellvorstellungen zur Persönlichkeitsentwicklung. Vornehmlich im Rahmen der Ausbildung zum Dialogprozess-Begleiter und zur Arbeit im Dialogprozess sind diese Modelle hilfreich.

Der italienische Psychologe *Roberto Assagioli*, Zeitgenosse von *Freud* und *C. G. Jung*, beschreibt in seinem Buch *Die Schulung des Willens* die Differenzierung der Persönlichkeit als Entwicklung von »Teilpersönlichkeiten«. Sein Schüler *Pierro Ferrucci* stellt in *Werde, was du bist* zahlreiche praktische Überlegungen und Übungen vor, wie die verborgenen Energien dieser Persönlichkeitsaspekte in unser Bewusstsein geholt und uns zugänglich gemacht werden können. Der oben schon erwähnte Hamburger Kommunikationswissenschaftler *Schulz von Thun* (1993a) stellt die inneren Aspekte als Mitglieder eines »inneren Teams« vor, das unsere Persönlichkeit individuell strukturiert. Die amerikanischen Psychologen *Hal und Sidra Stone* (1994) sprechen von »inneren Stimmen« und haben ein Verfahren, den »Voice-Dialogue«, entwickelt, worin diese verschiedenen Persönlichkeitsanteile wie eigenständige Personen behandelt und angesprochen werden, die es ernst zu nehmen gilt und denen Anerkennung und Aufmerksamkeit geschenkt werden soll.

Das »Voice-Dialogue«-Modell ermöglicht es uns, die Haltung des interessierten Lernenden intensiv zu üben und dabei zugleich möglichst viel über die verschiedenen Aspekte unserer eigenen Person zu erfahren. Bereits während des Dialogprojekts des MIT (s. S. 32) wurde dieser Ansatz für die Ausbildung der Dialogprozess-Begleiter genutzt. Auch wir setzen ihn in unseren Seminaren erfolgreich ein. Die Erkundung und Erforschung der eigenen »Teammitglieder«

oder »Teilpersonen«, die unter Umständen harte Kontroversen in meinem Inneren führen, kann auch mit einfacheren Übungen, wie z. B. der Dilemma-Übung, vorgenommen werden (s. »Dialog-Werkstatt«, Abschnitt 2.2, S. 379).

Artho Wittemann (2000) hat diesen Ansatz weiterentwickelt. Er ordnet die inneren Stimmen fünf »Kontinenten« der Psyche zu und zeigt dadurch weitere Möglichkeiten zum Verständnis psychischer Dynamiken auf.

Sich selbst im anderen verstehen

Die Quelle des Nichtverstehens von anderen liegt in der Leugnung, dem Nichtwahrhaben-Wollen eigener schwieriger Charakterzüge. Ich gestehe mir meine Fehler und Schwächen nicht ein, möchte sie nicht wahrhaben und werde unbarmherzig gegenüber den Fehlern und Schwächen anderer. Wenn ich mir meiner inneren Komplexität, der Komplexität jeder menschlichen Persönlichkeit bewusst bin, erkenne ich mich in anderen leichter wieder. Und es fällt leichter, Verständnis in der Begegnung mit anderen zu entwickeln, wenn ich den ungeliebten Schatten in mir kenne, ihn bereits angeschaut habe, anstatt ihn auf den anderen zu projizieren.

Im Gespräch mit der Psychologin *Verena Kast* geht es um die Frage, wie die »inneren Schatten« – also verleugnete, nicht erwünschte Aspekte unserer Persönlichkeit – erkundet werden können. Konstruktive Arbeit mit dem »inneren Schatten« ist auch eine wesentliche Fähigkeit bei der Begleitung eines Dialogprozess-Seminars. Denn nicht selten habe ich in einer Gruppe Teilnehmende, auf die ich stark reagiere, die mir unsympathisch erscheinen oder die ich mit ihren ausufernden Beiträgen, mit ihrem ständigen Aufmerksamkeitheischen als provozierend empfinde. Oft kenne ich solche Verhaltensweisen auch bei mir, lasse aber nicht zu, dass ich mich so verhalte. Wenn ich mich mit diesen eigenen Anteilen auseinander gesetzt habe, weiß ich zumindest, was sich hinter ihnen versteckt, wie ich ihnen begegnen, wie ich sie integrieren kann.

»Der innere Schatten – Ein fremdes Feld unserer Persönlichkeit«.

Gespräch mit Verena Kast

Frau Dr. Verena Kast *ist Professorin für Psychologie an der Universität Zürich sowie Dozentin und Lehranalytikerin am C. G. Jung-Institut in Zürich. Sie ist als Autorin zahlreicher Bücher bekannt und international engagiert, u. a. als Vorsitzende der* Internationalen Gesellschaft für Tiefenpsychologie.

Hartkemeyer: *Frau Kast, was ist eigentlich an unseren Schattenseiten so interessant?*

Kast: Es ist uns allen geläufig, dass wir für die Schattenseiten anderer Menschen großes Interesse zeigen, die eigenen dagegen in der Regel nicht wahrhaben wollen. Das ist ein Zeichen für uns, denn darin liegen ungelebte Lebenspotenziale. Und je mehr wir uns anderen gegenüber ins gute Licht rücken, desto mehr unserer Seiten unterdrücken wir.

Wie entdecke ich meinen inneren Schatten?

Kast: Jeder von uns weiß, was er hasst. Das Hassenswerte verweist uns auf unseren Schatten, etwas, das wir nicht annehmen können. Auch für sehr friedliebende Menschen kann sich etwas Unfriedliches im Schatten befinden. Das wird deutlich, wenn sie uns auf aggressive Weise beibringen wollen, dass wir friedlich sein sollen. Die Regenbogenpresse zeigt uns ja lustvoll die Persona, die Maske und die Schatten der Schönen, Reichen und Berühmten. Spannend wird es auch, bei Moralträgern, Bischöfen, Priestern und Nonnen, Affären zu finden. Ja, je mehr ein Mensch unter einem gesellschaftlichen Druck steht, eine perfekte Persona zu zeigen, desto interessanter ist es, seinen Schatten zu entdecken. Vor allem bei Menschen in Machtpositionen. Es gibt aber auch Menschen, die so konventionell sind, dass sie wenig gesellschaftlich Inakzeptables zu leben wagen. Und sie genießen dann diese Seiten heimlich an anderen Menschen, um sie anschließend zu verurteilen. »Diese königliche Familie, es ist ja zum ...« Über ihre Phantasie kommen sie in den Genuss von Schatten, ohne die Konsequenzen tragen zu müssen, und haben überdies noch das Gefühl moralischer Überlegenheit. Man kann so herrlich folgenlos empört sein.

»Wer nicht weiß, dass er eine Maske trägt, trägt sie am vollkommensten.«
Theodor Fontane

Welche Rolle spielt der Schatten im Zwischenmenschlichen?

Kast: Gelegentlich erregen Menschen, die kaum etwas gesagt oder getan haben, unseren Widerwillen, und es entsteht dadurch eine Feindseligkeit, die eine Konsequenz der Verkörperung unserer projizierten Schatten sein kann.

Sind Erscheinungen wie Fremdenfeindlichkeit Phänomene, die auf den Schattenaspekt zurückgeführt werden können?

Kast: Unbedingt. Da der eigene unbekannte Schatten uns immer auch unheimlich ist, verwandelt die Projektion des Schattens die Umwelt in unser eigenes unbekanntes, unheimliches Gesicht. Aber auch die Art der Bedrohung, die wir empfinden, hängt vom jeweiligen Schattenaspekt ab, den wir projizieren. Handelt es sich um unseren aggressiven Schatten, empfinden wir uns plötzlich von einer aggressiven Welt umgeben. Ist unsere Faulheit im Schatten, haben wir es mit angeblich faulen Menschen zu tun. Verlagern wir unseren Egoismus in den Schatten, empfinden wir andere Menschen als egoistisch.

Aber, so könnte man doch einwenden, es gibt doch aggressive, faule, egoistische Menschen?

Kast: Schon das »es gibt« ist ein Problem, das darauf hinweist, »warum« wir etwas »wie« wahrnehmen. Und eine zweite Frage ist, wie viel Energie, welchen Wert wir hineinlegen. Diese Energie weist darauf hin, dass das Problem etwas mit uns zu tun hat. Eine schwerwiegende Folge der Schattenprojektion ist, dass wir uns nicht mehr konstruktiv mit unseren Problemen auseinander setzen können. Wir haben sie ja als bei anderen liegend identifiziert. Da brauchen wir uns nicht mehr mit uns zu befassen. Dann beginnt der Kreislauf von Angst und Aggressivität und die Opfer-Täter-Dynamik. Durch die Projektion erfahren wir uns als Opfer des Schattenträgers oder der Schattenträgerin und können unser Leben nicht mehr selbstverantwortlich gestalten. Dies kann auch soziale Folgen haben. Indem wir unseren Schatten delegieren, bringen wir andere Menschen in unserer Umgebung dazu, diesen Schattenteil für uns zu leben. In Familien finden wir manchmal ein Mitglied, das für Wutanfälle zuständig ist. In seiner Anwesenheit können sich die anderen als kontrolliert und friedlich einstufen. Das Problem taucht erst dann auf, wenn diese Person plötzlich nicht mehr da ist. Diese Dynamik trifft sicher auch auf andere soziale Gruppen zu, am Arbeitsplatz, in den Betrieben, in Schulklassen.

Das scheint eine universelle soziale Dynamik zu sein. Wann auch immer ein Mensch deutlich unseren Schatten verkörpert, stellt sich eine eigentümliche Beziehungsdynamik ein. Denn wir entwickeln ja nicht einfach Desinteresse, sondern Ablehnung. Und das gibt es auch als Gruppendynamik. In Dialogprozessen ist unsere Erfahrung, dass es notwendig ist, diese Schattenaspekte nicht nur wahrzunehmen, sondern auch zu fragen, was wir aus ihnen über unsere eigenen Persönlichkeitsstrukturen lernen können, wenn wir unsere Handlungsmöglichkeiten erweitern und verändern wollen.

Kast: Das genau ist eine sinnvolle Herangehensweise. Dann ergeben sich auch differenziertere Wahrnehmungen. Vielleicht können wir dann sehen, dass der Projektionsträger uns einen kleinen Haken für unsere Projektion anbietet. Und wir erkennen auch, dass es prinzipiell keine Erkenntnisse gibt, ohne dass wir eine innere Erfahrung auf die Umwelt übertragen.

Nach dem Motto: Wir sehen nur, was wir wissen?

Kast: Genau. Ohne unsere innere Erfahrung gibt es keine Kenntnisse. Ohne dass wir z. B. die Erfahrung unseres Egoismus haben, können wir keinen Egoismus erkennen. Es gibt ja auch die kollektiven Schatten, die zu der Zeit, in der eine bestimmte Kultur dominiert, nicht von allen als solche erkannt werden. Manchmal können diese erst rückwirkend in vollem Umfang erkannt werden. Denken Sie beispielsweise an die NS-Zeit oder an das sonderbare Verhalten der Menschen angesichts der globalen Klimakatastrophe – von Bush bis zum Durchschnittsurlauber auf den Malediven.

Welche positiven Seiten können wir dem Schatten abgewinnen?

Kast: Schattenseiten sind oft sehr starke Seiten, Aspekte unserer Persönlichkeit, die mit viel Energie verbunden sind. Deshalb können uns ihre Aspekte stark machen. Kämpfen wir aber unversöhnlich dagegen, dann können uns diese starken Energien, die hier schlummern, auch zerstören. Was unser Leben mit Sinn erfüllt, ist die Arbeit mit uns selbst. Dabei ist der Schatten etwas, das sich unserem Ich-Ideal entzieht, etwas, das wir nicht zu leben wagen.

Lernen, die eigenen Schatten wahrzunehmen

Man besitzt nicht nur die Fähigkeit, die Welt wahrzunehmen, sondern auch die Fähigkeit, seine Wahrnehmung davon zu verändern; einfacher gesagt, man kann die Dinge verändern durch die Art, wie man sie betrachtet.

Tom Robbins

Der Dialog bietet uns die Chance, durch die Verlangsamung des Prozesses zu bemerken, wie eigene Reaktionen auf Wortbeiträge entstehen: »Warum bin ich bei manchen Beiträgen hellwach, warum und wann werde ich müde, wo steigt Ärger in mir hoch – wie fühlt er sich an –, an welchen Stellen möchte ich unbedingt etwas sagen?« Solche Reaktionen, die uns im Alltag nicht selten »regieren«, können im Dialog eher bemerkt werden und können konkretes Lernmaterial für unsere persönliche Weiterentwicklung und Selbstbestimmung werden.

Wie beurteile ich mich, wie beurteile ich andere? Welche meiner Schattenseiten verdamme ich bei anderen, welche »vergolde« ich, um was beneide ich andere? Wie viel Einfühlungsvermögen und Verständnis kann ich entwickeln? »Es gibt kaum eine Persönlichkeit, von der ich nicht sagen würde: Das könnte auch ich sein. Selbst wenn diese Figur Dinge tut, die ich nie tun würde, ist es dennoch meine Aufgabe, so tief in mir zu suchen, auch in allen Niederungen meines Charakters, bis ich sagen kann: Na ja, unter gewissen Umständen könnte ich auch so handeln wie die betreffende Figur.« Der Schauspieler *Klaus Maria Brandauer* (2002, S. 70) beschreibt, wie diese Einfühlsamkeit für das Fremde für ihn, den profilierten Charakterdarsteller, die Grundlage zur Darstellung schwieriger Charaktere ist. »Ich bin zutiefst davon überzeugt, dass alle, die gelebt haben, die jetzt leben und leben werden, meine Brüder und Schwestern sind. Das Erstaunliche ist, dass die meisten Menschen immer hoffen, dass sie mit Mutter Teresa verwandt sind. Ich weiß aber, dass ich auch mit Nero, Stalin und mit Hitler verwandt bin. Und nur dadurch bin ich in der Lage, meinen Beruf tatsächlich auszuüben.«

Das Wissen um die Vielschichtigkeit der menschlichen Person wird uns zwar nicht allesamt zu Spitzenschauspielern machen. Vielleicht ermöglicht es uns aber einen anderen Zugang zu verborgenen Potenzialen und ermutigt zumindest zum Ausprobieren anderer Verhaltensweisen.

Häufig entsteht eine innere Bereitschaft zu einer veränderten Sicht- und Handlungsweise durch Unzufriedenheit mit der bestehenden Situation. Wenn Beziehungen, Partnerschaften in einer Sackgasse sind, Alternativen überlegt werden, eine Veränderung herbeigesehnt wird, werden neue Verhaltensmöglichkeiten eher gesucht, bereitwilliger ausprobiert.

Die bewusste Begegnung – auch mit meinen inneren Schatten und mit mir selbst im anderen – können wir bereits mit den eigenen Kindern üben. Der Dialog kann als Prozess im Familienalltag, als Haltung in der Erziehung hilfreich sein, um neu hinzuschauen und auch Vertrautes neu zu bewerten, so dass wir uns mehr dem annähern können, »wie wir wirklich gemeint sind«, und zugleich unseren Kindern ermöglichen, ihre eigenen Stärken zu erleben und Schwächen zu akzeptieren. Die gegenseitige Bestätigung kann Raum schaffen für Authentizität, Fehlerfreundlichkeit und Entwicklung.

Bubers Vorstellung, dass im Kontakt mit den Mitmenschen die reale Quelle zur wirkenden Veränderung liegt, macht Hoffnung für dialogische Prozesse. Es kommt dann nicht nur darauf an, als Mensch etwas über sich und seine persönliche Biographie zu wissen, sondern darauf, zugleich im Kontakt mit dem anderen zu sein und sozusagen »alles Zwischenmenschliche« wirken zu lassen. Buber macht bewusst, wie sehr Menschen einander Bestätigung schuldig sind und dass sie diese Bestätigung ebenso brauchen wie etwa Essen und Kleidung.

5 »Wir brauchen die freie Denkbewegung des Geistes« – Der Dialog als Kernelement einer neuen Lernkultur

Lernen! – Lernen – lernen?

Was Sie in der Abbildung sehen, ist das chinesische Zeichen für das Wort »lernen«. Das erste Doppelzeichen links bedeutet »lernen« im engeren Sinn. Es setzt sich aus dem oberen Zeichen »Wissen ansammeln« und dem Zeichen für ein Kind auf der Schwelle einer Tür zusammen. Es kann den Eintritt in eine »neue Erkenntnis«, eine neue Lebenssituation bedeuten oder auch bloß Neugierde. Der zweite Zeichenkomplex meint »kontinuierlich üben« und zeigt oben einen Vogel, der die Fähigkeit entwickelt, sein Nest zu verlassen, und unten ein sich öffnendes Ei, das Symbol für »Jugend« oder »Entwicklung«. Lernen heißt nach diesem Verständnis, seinen eigenen Lebensweg und die Wissensaneignung durch Neugier, Üben und permanente Entwicklung zu suchen (vgl. auch Senge et al. 2004, S. 56).

Im Deutschen entstammen »lehren«, »lernen« und »leisten« einer gemeinsamen Wurzel: dem germanischen »laisti«, was *Fußspur* bedeutet. Die Rolle eines Lehrenden besteht nach diesem Verständnis nicht darin, jemandem etwas beizubringen, sondern sie entfaltet sich dadurch, dass man gemeinsam einer (interessanten) »Fährte nachspürt«. Insofern ist eine Lehrende eine Gefährtin oder Begleiterin auf dem Lernweg (s. auch Duden, Herkunftswörterbuch 1963, S. 482). Im Zusammenhang des Dialogs übersetzen wir »Facilitator« auch mit Dialogprozess-*Begleiter*.

Aus dialogischer Sicht wird in beiden Fällen das ausgedrückt, was wir unter einer »lernenden Haltung« verstehen. Diese bezieht sich primär auf das Individuum, hängt aber ebenso von dem Kontext ab, also von Beziehungen, die unterstützend oder hindernd sein können.

> »Die Welt ist aber reicher, als dass sie durch eine einzige Sprache ausgedrückt werden könnte.«
> Ilya Prigogine

Wir wollen in diesem Kapitel die Möglichkeiten des Dialogs in dem kaum zu überschauenden Feld des Lernens an Beispielen aus allgemein bildender Schule,

Universität und der Arbeitswelt erkunden. Dabei geht es um einen grundlegenden Perspektivwechsel in Bezug auf das, was wir als organisierte Bildung verstehen – nicht nur um die Institute, die Berechtigungen, Zertifikate und Ansehen vermitteln, sondern um den Prozess des Lernens, die Entfaltung der »kollektiven Intelligenz«. »Form follows function« – die Form folgt dem, was wir inhaltlich wollen.

»Form follows function.«

»Unter-richt« war der Begriff, den der preußische Königs Friedrich der Große für die disziplinierte Ausrichtung seiner Soldaten in den Anstalten gebrauchte. Sie hatten sich »unten« nach ihm zu »richten«. Die Konsequenzen für die Organisation der »Lehr-Anstalten« sind bis heute spürbar. Es ging nicht darum, geistig einer interessanten »Fährte« und einer eigenen »Lernspur« zu folgen.

Die Bewertungen der Leistungsfähigkeit des deutschen Bildungswesens wurden vielfach als ein Schock erlebt. »PISA« überprüfte erstmals nicht nur das angelernte, abfragbare Wissen, sondern die »Literacy«, hier zu verstehen als Kompetenz, Wissen eigenständig zu erschließen, anzuwenden und auf neue Kontexte zu übertragen. Eine solche Kompetenz erfordert eine neue Lernkultur von Schule, Hochschule und Weiterbildung. Die Lernenden selbst werden Experten in Fragen der Erforschung und Entwicklung ihres eigenen Lernweges, und die Lehrenden entwickeln sich weiter zu Lernprozess-Begleitern.

Während in der Schule das Abschreiben bestraft und »Einzelkämpfertum« als individuelle Profilierung belohnt wird, brauchen lernfähige Organisationen und Unternehmen heute teamfähige Mitarbeitende mit kommunikativen Fähigkeiten und der Bereitschaft, Wissen (mit-) zu teilen. Denn die Schnelligkeit, mit der in Unternehmen gelernt wird, scheint zum zentralen Wettbewerbsvorteil unserer Gesellschaft zu werden.

DER DIALOG IN DER SCHULE

Auf einer Veranstaltung der Unternehmensberatung McKinsey berichtete *Jürgen Baumert,* Direktor am Max-Planck-Institut für Bildungsforschung, über das heimliche Skript deutschen Unterrichts: Wenn Lehrende in Stress geraten und ihr Unterrichtsziel nicht auf die ihnen vertraute Weise erreichen, so Baumert, verenge sich durch Ungeduld ihr Horizont. Aus der Perspektive dieser »stressinduzierten Choreografie« seien alternative und eigenständige Lösungswege der Schüler das Schlimmste, was passieren könne. Sie kosteten Zeit. Es störten sowohl intelligente, schnelle Antworten, die dem Lehrerplan vorgreifen, als auch sogenannte »Fehler«. Diese würden selten als Chance begriffen. »Dabei sind die Fähigkeiten zur Entwicklung alternativer Lösungswege das Wichtigste, was die Gesellschaft heute braucht«, wie Baumert dazu feststellte.

Werden Schülerinnen und Schüler darauf trainiert, so zu tun, als ob sie alles verstanden hätten, versuchen sie opportunistisch zu erahnen, was die Lehrerin wohl möchte – ein völlig anderes mentales Modell, als wenn sie selbst vom Lerngegenstand und vom Lernweg fasziniert sind (s. hierzu auch das Gespräch mit Hartmut von Hentig). Eine solche Faszination kann zu überraschenden Möglichkeiten und Lösungen führen, wie die folgende Geschichte zeigt.

»... und dann baute er sich selber ein Boot« – Entfaltung statt Be-schulung

Satish Kumar, heute Herausgeber der Zeitschrift *Resurgence* und fürs Programm verantwortlicher Direktor des *Schumacher College* in Dartington, England (s. Gespräch, S. 193 ff.), stand vor einem Problem: Sein Sohn, damals zehn Jahre alt, sollte auf die Sekundarschule wechseln. Das erforderte täglich zwei Stunden Fahrt vom Wohnort aus ländlicher Idylle in eine Kleinstadt. Und dies für eine quasi »akademische« Unterrichtung in einer Massenschule mit 1500 Kindern und Klassenstärken von mindestens 30 Schülern. Das wollte Kumar seinem Sohn nicht zumuten. Was tun?

Er trommelte Eltern zusammen und führte mit ihnen intensive Gespräche. Schließlich fanden sich neun Kinder zu einem wohl noch nie da gewesenen Projekt zusammen: eine eigene Schule für neun Kinder! Für 20 000 Pfund ersteigerte der rührige Vater eine Methodistenkapelle – und nach sieben Monaten war die »Small School« eröffnet. Das war im Jahr 1982. Und wie sah der Unterricht aus? Zu einem Drittel traditionell akademisch (Mathematik, Englisch, Französisch etc.), zu einem weiteren Drittel eine Art Kunstunterricht (»imaginative themes«: Kunst, Kultur, Musik, Malen) und zum letzten Drittel Praxis und Ökologie.

Eine wichtige Basis des Unterrichts bildeten die menschlichen Grundbedürfnisse: Essen, Kleidung und Wohnung. Also lernten die Kinder z. B. Kochen, Weben und Bauen. Und der ökologische Unterricht spielte sich in der Natur ab, getreu dem Motto: »Nicht *über* die Natur lernen, sondern *in* der Natur *von* der Natur!« »Kinder haben bereits alle Potenziale in sich – wie eine Eichel ›weiß‹, wie sie ein Eichbaum werden kann, und dafür über alle Informationen verfügt«, meint Kumar. »Wir versuchen, ein hilfreiches Umfeld dafür zu schaffen.« Und alles kam – bisher – ohne staatliche Unterstützung aus: Spenden, Eigeninitiative (nachbarliche Hilfe z. B., wenn's um Reparaturen am Schulgebäude ging, Sponsorenessen, Spenden von NGOs etc.). Heute hat die Schule 35 Kinder und fünf Vollzeitlehrer, und an einem Tag in der Woche treten Künstler aus dem Umland als Lehrende in der Schule auf. Bisher durchliefen 300 Kinder die Schule. Inzwischen gibt es sechs Schulen ähnlicher Art. Und was haben die Kinder auf der *Small School* neben den »klassischen« Fächern wirklich gelernt? »Nicht nur Selbstvertrauen«, schmunzelt Kumar, »viele Fertigkeiten für die Praxis, und die Zulassung an den Universitäten ist auch kein Problem.« Und sein Sohn? »Der hat an der Londoner Uni studiert, begab sich dann auf eine Weltreise. Und da er nicht fliegen wollte – aus Umweltgründen –, heuerte er auf einer Yacht an. Und dann baute er sich selber ein Boot« (vgl. Resurgence, Sept./Oct.2004, S. 35 ff.).

Die von Satish Kumar organisierte *Small School,* die auf das Potenzial der »Entfaltung« kindlicher Fähigkeiten vertraut, ist heute noch nicht die Regel. Hierzulande kennzeichnet der Begriff »Beschulung«, der in der Schulverwal-

Einen »Nürnberger Trichter« zum Beschleunigen des Lernens gibt es nicht…

»Nürnberger Trichter«: »scherzhaft für ein auf das rein Gedächtnismäßige gerichtetes Lehrverfahren, mit dem man dem Dümmsten Wissen vermitteln können soll« (Poetischer Trichter, die Teutsche Dicht- und Reimkunst, ohne Behuf der lat. Sprache, in 6 Stunden einzugießen).
In den 1834 erschienenen »Geschichten und Märchen für jung und alt« wird erzählt, dass der Schneidersohn Hans Wurst nach Nürnberg wanderte, um dort den überall so begehrten Wundertrichter zu suchen. Angeblich wäre er in den Werkstätten der Rußigen, wie die Nürnberger Feuerarbeiter genannt wurden, geschmiedet worden. In der Werkstatt des Altmeisters der Rußigen erfuhr er aber von einem Feuersalamander, dass der Himmelskundige des Königs von Utopien vor 20 Jahren den Trichter erworben habe. Hans Wurst wanderte also unverdrossen weiter zum Schloss des Königs von Utopien. Dort sah er zwar den geheimnisvollen Trichter, bekam ihn aber nicht, sondern wurde zu seinem Entsetzen in ein Gefängnis geworfen. Nach seiner Flucht traf er den Zwerg des Hörselberges. Der erzählte ihm freimütig viele wunderliche Dinge. So hatte er am Schluss seiner Wanderung zwar nicht den begehrten Nürnberger Trichter erworben, den er nun gar nicht mehr wollte, aber er hatte viel erfahren und war dadurch klüger geworden, so dass er den Nürnberger Trichter gar nicht mehr brauchte.

(Quelle: Dokument auf der Internetseite der Stadt Nürnberg, Autor nicht mehr zu ermitteln) tung gängig ist, häufig noch das zugrunde liegende mentale Modell: vergleichbar dem Bild eines zu »beschulenden« Kindes, dem der alte »Nürnberger Trichter« aufgesetzt wird: über den Kopf des Kindes gehalten, wird aus ihm das nötige Wissen von Eltern und Lehrenden direkt in das kindliche Gehirn gegossen.

»Virtuelle Pflanzen brauchen keine Pflege« – Beziehungsqualität statt Informationsflut

Was kann Kinder dabei unterstützen, mit Freude zu lernen, sich zu entfalten und soziale Fähigkeiten zu entwickeln? Manchen mögen vor allem beim ersten Teil dieser Frage Computer als das Allheilmittel einfallen. Jedenfalls hat die Initiative »Schulen ans Netz« die Erwartungen der Initiatoren übertroffen – die Schulen waren geradezu blitzartig mit Computern ausgestattet. Und heute dürfte es kaum noch eine Lehranstalt geben, in der Lernende nicht mit dem PC und Computer-Programmen vertraut gemacht werden können. Das ist an sich natürlich nichts Verwerfliches. Doch wenn der »Dialog« mit dem Programm zu Lasten des Dialogs mit Menschen geht oder diesen sogar ersetzt, wird diese Vorgehensweise fragwürdig.

Das vollständige Gespräch auf unserer Homepage www.dialogprojekt.de

So betont der Nestor und spätere Kritiker der PC-Technologie, *Joseph Weizenbaum*, in einem Gespräch mit uns, wie wichtig es ist, die Kommunikation als sozialen Prozess zu begreifen und nicht als rein technisch beschreibbaren Austausch von Daten und Informationen. »Wenn Sie zum Beispiel Begriffe wie ›Liebe‹ und ›Glück‹ auf den Begriff bringen wollen, zerstören Sie das, worum es wirklich geht«, so Weizenbaum. »Oder Sie meinen eine mechanische Liebe oder ein mechanisch operationalisierbares Glück, was sich ausdrücken lässt in bestimmten Einkommensgrößen oder in Zusammenhang gebracht wird mit der Größe Ihres Autos, der Größe Ihrer Wohnung und so weiter.«

Liebe und Glück sind nicht technisch beschreibbar.

Wenn Sie zu Ihrem Mann sagten: »Ich liebe dich«, und Sie bekämen zu hören: »Vielen Dank für die Information!«, dann wären Sie wohl etwas verdutzt.

Weizenbaum hält praktische Lernfelder für notwendig, in denen Kinder lebendige Beziehungen eingehen können und Verantwortung übernehmen: »Wenn Sie den Schulgarten aufgeben oder dem Kind zugunsten des PC den Umgang mit Tieren erschweren, machen Sie das Gegenteil. Sie schaffen kein Bewusstsein. Sie töten das Prinzip Verantwortung. Denn virtuelle Pflanzen brauchen keine Pflege.«

Joseph Weizenbaum

Es gibt auch in Deutschland Schulen, die dies erkannt haben und den Kindern konkrete Erlebnis- und Beziehungsräume anbieten, so z.B. die Bielefelder Laborschule, die *Hartmut von Hentig* begründet und betreut hat. In ihr gehören *morgendliche Gesprächsrunden* zum Schulalltag. Oder die Bodensee-Schule St. Martin in Friedrichshafen und die Helene-Lange-Schule in Wiesbaden, die von dem Bildungsjournalisten *Reinhard Kahl* mehrfach vorgestellt wurde* und in den PISA-Tests überragend gut abschnitt. Oder die Waldorfschulen, die sich wachsender Nachfrage erfreuen – nicht zuletzt, weil es keine Benotung, kein Sitzenbleiben gibt, weil ein differenzierter praktischer Unterricht, mehrwöchige Praktika in den höheren Klassen angeboten werden und weil der mit der gesamten Schulgemeinschaft gestaltete »Montagmorgen« als Beginn jeder Woche das Zusammengehörigkeitsgefühl stärkt und die Chance zu einer anderen Beziehungskultur innerhalb der Schule bietet. Auch die Montessori-Schulen legen besonderen Wert darauf, den Kindern in einer »vorbereiteten Umgebung« eigene Entfaltungsmöglichkeiten anzubieten.

In Gesprächen mit engagierten Bildungsexperten wie *Hartmut von Hentig, Norm Green, Horst Siebert* und *Satish Kumar* werden im Folgenden Denkwege für ein alternatives Institutionsverständnis und einen dialogorientierten Bildungsprozess vorgestellt. Berichte von Praktikerinnen aus dem Bildungsbereich zeigen Erfahrungen und Erfolge von dialogisch transformierten Lernprozessen auf.

---

* z.B. auf der DVD »Treibhäuser der Zukunft. Wie in Deutschland Schulen gelingen«; s. auch: www.reinhardkahl.de

»Unseren Kindern Lebenssicherheit bieten und zuhören lernen«

Gespräch mit Hartmut von Hentig

Hartmut von Hentig, *geboren 1925, emeritierter Professor für Pädagogik der* Universität Bielefeld, *orientiert seinen pädagogischen Ansatz an der Pflege der Kommunikationskultur. Von Hentigs Auftrag für die Schule: »Die Sachen klären und die Menschen stärken«, basiert auf dem klassischen Dialogverständnis. Der Erfolg seines Bielefelder Schulmodells zeigte sich in Spitzenwerten bei der PISA-Studie. Von Hentig hält Aufrichtigkeit, Freundlichkeit und Redlichkeit für zentrale Qualitäten von Lehrenden und ermutigt sie, sich als permanent Lernende zu verstehen. Sein Bildungsbegriff stellt die eigene Vervollkommnung und Übernahme von Verantwortung in den Mittelpunkt.*

Hartkemeyer: *Welche Eigenschaften sollen Lehrende heute haben?*

Von Hentig: Ein Lehrender sollte nichts lehren, was ihm nicht selbst wichtig ist. Dazu gehören unbedingte Aufrichtigkeit, Freundlichkeit und Redlichkeit. Das ist auch der beste Schutz vor Lüge und vor den Tendenzen, die zu einem »1933« geführt haben. Die zu lernenden Dinge sind nur Mittel zur Erkenntnis von Zusammenhängen.

Es darf nicht die Illusion entstehen, wir hätten die Welt im Griff. Deshalb war Tschernobyl auch ein nachhaltig wirksames Ereignis oder auch die jüngste Flutkatastrophe ein Anstoß zu neuem Denken. Die nächsten Gefahren werden ja nicht »Hitler« heißen, sondern u. a. der Konsumismus, der unser schleichendes Curriculum darstellt. Unsere Werbung ist ein Element dieser Obszönität. Durch diese Welt der Medien werden wir lebendig begraben.

Wichtig ist, dass wir unseren Kindern Lebenssicherheit bieten und »zuhören« lernen. In der Laborschule haben wir in der Morgenrunde diese Disziplin geübt und durch Regeln geschützt.

Morgenrunden finden in den jüngeren Klassen täglich statt, ein Redestein und gemeinsam vereinbarte Regeln unterstützen den Ablauf. In den höheren Klassen wird die erste Stunde am Montagmorgen für diese gemeinsame Runde reserviert, es kann – nach Vereinbarung – auch ohne Redeobjekt gesprochen werden, und die Strukturierung oder Leitung übernehmen die Schülerinnen und Schüler selbst. Die Runden dienen der Reflexion der Klassensituation, manchmal auch der Klärung von Konflikten – und werden nach Bedarf auch häufiger durchgeführt.

Wo finden wir Lehrende, welche die neuen Qualitäten im Unterricht verwirklichen können?

Von Hentig: Das ist ja ein Hauptproblem. Wir haben sie nicht. Die Unis bilden dafür nicht aus. Deshalb hilft das Schimpfen auf die Lehrenden nicht. Wir müssen diejenigen ermutigen, die in diesem wichtigen Beruf tätig sind. Sie müssen mit dem Bewusstsein in die Schule gehen, dass sie etwas Wichtiges zu vermitteln haben. Freundlichkeit und Ruhe sind die größte Stärke. Aber die Struktur des Fächerkanons und das Damoklesschwert Zensuren sind unangenehm. Der Schwindel der Benotung sollte mit Hilfe der Kinder unterlaufen werden. Gerechtigkeit ist ein viel zu komplexer Vorgang und kann nicht durch eine Ziffer vermittelt werden. So kann eine Vier für jemanden eine fabelhafte Sache sein.

Unsere Tochter sagte: »Ich überlege, was die Lehrer für eine Antwort wissen wollen. Wenn ich ungefähr weiß, was die Lehrer hören wollen, und genau die Antwort finde, die sie erwartet haben und die sie richtig finden, dann bekomme ich in der Regel eine gute Note. Aber ich habe einen Lehrer, der ist anders. Er freut sich wirklich, wenn ich mir selbst etwas Neues überlege, auch wenn das nicht genau seiner Erwartung entspricht und auch wenn meine Antwort vielleicht nicht richtig ist. Er freut sich aber darüber, dass ich selbst nachgedacht habe. Aber das ist eben eine Ausnahme«, sagt sie. Ich frage mich, ob das typisch ist.

Von Hentig: Das müsste man genauer untersuchen. Aber es gilt ja tatsächlich: wenn man ein sprudelnder Geist ist, kann nicht alles Gesagte die Ordnung eines Tapetenmusters haben. Und wir wissen doch, es wird nicht nur gelernt, *was* geprüft wird, sondern es wird gelernt, *wie* geprüft wird. Diese Mentalität ist nicht geeignet, die freie Denkbewegung des Geistes in Gang zu setzen.

Aber es geht doch gerade darum, dieses freie Denken zu entwickeln, was zur Welterkenntnis und Verantwortlichkeit als gemeinsame Praxis führt. Also um den Dialog.

Von Hentig: Das sehe ich auch so. Sokrates war sogar überzeugt, dass der Mensch nur im Gespräch der Wahrheit näher komme, und aus dem Dialog machte Platon ein erkenntnistheoretisches System, das er »Dialektik« nannte: Man redet über eine Sache, um sie genauer zu erkennen, nimmt sie dabei auseinander = *dihairesis* (»Ich finde die *Absicht* dieses Gesetzes gerecht, die *Folge* aber ungerecht…«) und führt am Ende die Teile wieder zusammen = *synagoge* (»Das ideale Gesetz hat die unbeabsichtigten Folgen mitbedacht«) – »am Ende« heißt, wenn es denn eines gibt. Die frühen Dialoge von Platon-Sokrates münden in Aporien, Widersprüchen. Das war der Anfang eines neuen Gesprächs. Und doch sind alle Beteiligten daran klüger geworden, nicht nur vorsichtiger oder gar zynisch.

Der Wahrheit im Gespräch näher kommen.

Vielleicht werden manche Pädagogen einwenden, dass das Gespräch ja selbstverständlich sei. Und dass man einen Dialog gar nicht einführen müsste.

Von Hentig: Aber nicht jedes Miteinander-Reden ist Gespräch. Und oft sieht es nur so aus, als ob man miteinander redet. Meist redet einer zu vielen, die keine Gelegenheit haben zu antworten. Das nimmt im Zeitalter der gesellschaftlichen Organisiertheit und der Medien zu.

Hat sich heute nicht vieles durch projektorientierten Unterricht, neue Formen von Gruppenarbeit und Freiarbeit geändert?

Von Hentig: Aber ein großer Teil davon ist gar kein Gespräch, sondern, wie die Kinder sagen, Gelaber – ein Ausstreuen von Meinungen, Zustandsbekundungen, zufälligen Kenntnissen; man geht nicht auf den anderen ein, kann es meist nicht, weil die Runde zu groß ist und man nicht dann drankommt, wenn das eigene Argument dran wäre. An professionellen öffentlichen Podiumsdiskussionen hat man gelernt, dass es scheinbar keine Alternative gibt. Nicht ohne sich auf Platon-Sokrates zu berufen, haben die Pädagogen das »Unterrichtsgespräch« eingeführt. Weil es stets auszuufern droht, wurde das »gelenkte Unterrichtsgespräch« erfunden. Dem aber fehlt eine radikale Offenheit, die das Gespräch im kleinen Kreise zum platonischen Bildungsmittel macht. Das kann auch zum Scheitern führen. Weder Irrgänge noch mäandrische Schleifen noch kühne Sprünge lassen sich vermeiden, an denen wir aber mehr lernen als durch fahrplanmäßige Ankunft am Ziel.

Weder Irrgänge noch mäandrische Schleifen noch kühne Sprünge vermeiden.

Wir müssen grundsätzlicher fragen. Wir müssen auch fragen, ob Einrichtungen bilden können, in denen die Mitarbeiter nicht gebildet sind und sich nicht selbst als permanent Lernende verstehen.

Was verbirgt sich hinter dem Begriff Bildung heute?

Von Hentig: »Bildung« bezeichnet heute das, was in Bildungsanstalten gemacht wird, und wird dadurch leider missbraucht. Bildung in einem prägnanten Sinn bedeutet, dass man sich selbst in die Hand nimmt und über die eigene Vervollkommnung, die Weiterentwicklung seiner eigenen Fähigkeiten, nachdenkt. Man bildet sich dadurch, dass man sich Fähigkeit, Wissen, Einstellungen, Möglichkeiten, vielfältiges Denken aneignet. Leider ist das Schulsystem ja zu einer Anstalt zur Vergabe von Berechtigungen und Lebenschancen verkommen. Diese Kopplung ist ein großes Unglück.

Über die eigene Vervollkommnung nachdenken.

Gibt es bei uns zu wenig Ermutigung für den einzelnen Schüler, und führt die starke Orientierung auf Leistungsmessung bei Leistungsschwachen nicht eher zu

Entmutigung und zur Bestätigung ihres Versagens? Das Interesse gilt der Erreichung von Zertifikaten und Berechtigungen. Daher findet in den Bildungseinrichtungen oft kein wirklicher Dialog mehr über das, was dem Einzelnen wichtig ist, statt.

Von Hentig: So ist es. Und die Elternhäuser fördern diese oberflächliche Einstellung zu dem, was »Bildung« genannt wird. Auch führt es nicht dazu, dass wirkliche Verantwortung für das eigene Tun entwickelt wird. Es müssten reale Aufgaben und Verantwortungsmöglichkeiten in das Schulleben integriert werden. Die viel zu stark nach Klingelzeichen und Fächeraufteilung aufgesplitterte Schule müsste durch eine Lebensgemeinschaft ersetzt werden, in der nicht die Reproduktion von Vorgedachtem, sondern das Entdecken von für uns wichtigen Problemen, Kenntnissen und Fähigkeiten im Mittelpunkt steht. Da wird es natürlich Auseinandersetzungen und unterschiedliche Bewertungen geben, aber die Schule wäre damit dem Leben ähnlicher. Man darf nicht zu bange sein, und man muss nicht für alles einen Aufgaben- und Gesprächskatalog haben, wie unsere teilweise öden Lehrpläne nahe legen, die uns vor dem wirklichen Leben schützen sollen.

***

Für Hartmut von Hentig ist Unterricht ein konkreter Dialogprozess, der sich den Herausforderungen des wirklichen Lebens stellt. Radikale Ehrlichkeit ist für ihn die Basisqualifikation eines Lehrenden. Das herkömmliche Klassenzimmer als Disziplinierungsraum soll zugunsten eines offenen Vertrauensraumes, einer Lerngemeinschaft aufgelöst werden, in der es keiner Klingelzeichen und keines Fächerkanons bedarf. Statt des herkömmlichen Unterrichtsgesprächs mit seinen Begrenzungen (s. Jürgen Baumert, S. 138 f.) fordert er die radikale Offenheit eines Dialogprozesses, der das Gespräch zum Bildungsmittel im Sinne Platons macht. Diese neue Gesprächskultur, die zugleich eine neue Kommunikationsdisziplin ist, muss geübt und kultiviert werden. Kinder erlernen und erleben diese Praxis der Morgenrunden in der von Hartmut von Hentig mit initiierten und unterstützten Bielefelder Laborschule täglich.

Konflikte ansprechen und austragen lernen, die Fähigkeit zur Selbsteinschätzung verbessern, lernen, die Haltung des »Wissenden« aufzugeben – das sind einige Gründe, um dialogische Gesprächsrunden in der Schule und anderen Bildungseinrichtungen einzuführen. Die folgenden Erfahrungsberichte zur Anwendung des Dialogs in der Schule zeigen die Möglichkeiten, aber auch die Grenzen des Dialogs.

Erfahrungsberichte

Seit 1991 engagiert sich *Ingeborg Schneider* (s. auch S. 78) in der schulischen Dialogarbeit. Sie sieht im Dialog »die ideale Methode, um Missverständnisse auszuräumen und Gespräche zu führen, wo jeder ein Lernender ist, neugierig ist und alle Menschen gleich wertgeschätzt werden«. Lange Zeit arbeitete sie als Lehrerin und Konrektorin an einer Grundschule und initiierte mehrere dialogische Projekte wie z. B.:

- »Dialog in der Schule« – ein dialogisches Miteinander im Klassenzimmer;
- den Treffpunkt »Lehrerinnen und Eltern im Dialog« – einen Dialogkreis, der über Jahre Eltern und Lehrerinnen miteinander ins Gespräch gebracht hat.

Einige Mitglieder ihrer Erwachsenen-Dialoggruppe berichten in diesem Buch davon, wie sich diese Erfahrungen in ihrer Familie, ihrem Alltag, ihrer Arbeitswelt auswirken (s. die Beiträge von Ingrun Bechen, S. 80 f., Martina Sauerbier,

Eingangsbereich zur Ausstellung im HeLP, Fulda

Dialoggruppe während der Ausstellung im HeLP

S. 81 f., Erika Dietz, S. 78 f., und unten von Gabriele Wolter; vgl. auch *Miteinander denken*, S. 162–169).

Die Eltern und Lehrerinnen trafen sich zunächst in den Räumen der Grundschule, an der Ingeborg Schneider unterrichtet, mittlerweile sind sie in die Stadthalle Kolpinghaus umgezogen, die als öffentlicher Raum auch neuen Interessierten offen steht. Dank der guten Kontakte zum Hessischen Landesinstitut für Pädagogik (HeLP) konnte die Gruppe dort die Ausstellung »Gemeinsam denken im Dialog« organisieren.

Bei ihrer Arbeit mit den Kindern setzte Ingeborg Schneider eine Form des Dialogs ein, wie sie in älteren Kulturen wie der indianischen praktiziert wurde. Man saß im Kreis, verwendete einen Redestein und hielt sich an die Regeln, gut zuzuhören (nicht zu unterbrechen) und von Herzen zu sprechen. »Am schwierigsten war es für die Kinder, andere ausreden zu lassen und trotzdem zuzuhören. Wichtig war mir, dass die Kinder lernten, dass jeder das Recht hat, seine Gedanken zu äußern, und dass alle Kinder gleich wertzuschätzen sind«, betont sie.

Der Dialog erwies sich auch bei Konfliktlösungen als hilfreich: »Die Offenlegung der Denkprozesse und der gesprochenen Aussagen zeigte den Kindern, dass viele Konflikte nur entstanden, weil sie einander nicht zuhörten oder auch nicht klar zum Ausdruck bringen konnten, was sie dachten oder sich wünschten. Nach der Klärung dieser ›Missverständnisse‹ war meist auch schon der

Konflikt beendet«, so Ingeborg Schneider. Und: »Vielleicht war es nur ein kleiner Schritt, vielleicht ist es aber ein typisches Beispiel für mehr gegenseitigen Respekt unter den Kindern, wenn ein Schüler in einer vierten Klasse in einer Dialogrunde zu einer Mitschülerin sagte: ›Im ersten Schuljahr konnte ich dich überhaupt nicht leiden, und jetzt finde ich dich richtig nett!‹«

Gabriele Wolter berichtet im Folgenden von der Lösung eines Konflikts, der sich über längere Zeit zwischen Schülern einer dritten und einer vierten Klasse abgespielt und der bis hin zu tätlichen Auseinandersetzungen geführt hatte. Bemerkenswert ist, dass eine einzige Dialogrunde zwischen den Beteiligten den Konflikt entschärfen konnte und dass dies den Kindern weitgehend selbstständig gelang.

»Vielleicht sind sie ja doch ganz nett« – Der Dialog bei der Lösung von Konflikten in einem 3. und 4. Schuljahr

Seit 1995 unterrichte ich in einer Integrationsklasse im »Gemeinsamen Unterricht«. Mit meinem vierten Schuljahr praktizierte ich einmal wöchentlich eine Dialogrunde. Diese Praxis bewährte sich besonders bei der Lösung folgender Situationen:

Schon seit einiger Zeit baute sich ein massiv aggressiver Konflikt zu einer Nachbarklasse (drittes Schuljahr) auf. Tätliche Auseinandersetzungen auf dem Schulweg und in den Pausen waren an der Tagesordnung. Ich selbst nahm diesen Konflikt lange nicht bewusst wahr, bis den Kindern meines vierten Schuljahrs von der dritten Klasse ein bewusst Beschwerdebrief persönlich überreicht wurde.

Diesen Brief machte ich zum Thema einer Dialogrunde mit meiner Klasse. Dabei stellte sich heraus, dass der Konflikt nicht ohne die dritte Klasse zu lösen war. Nach Rücksprache mit meiner Klasse und der Klassenlehrerin der dritten Klasse luden wir von jeder Klasse zwölf Kinder zu einer gemeinsamen Dialogrunde ein.

Ich erklärte kurz die Gesprächsregeln und benannte den Konflikt. Die anfänglich aggressiven gegenseitigen Vorwürfe machten mich sehr betroffen, so dass ich die Situation zum Anlass nahm, mich bei den Kindern für das lange Nichtbeachten dieses Konflikts zu entschuldigen. Dieser Beitrag brachte eine Wende im Dialog, denn einige Kinder nahmen meine Entschuldigung auf, indem sie ihre eigenen Anteile an dem Konflikt erkannten. Die Kinder konnten ihre Gefühle klar ausdrücken und waren selbst erschrocken über die Eskalation ihres Verhaltens und darüber, wie schwer es ihnen fiel, einen Weg aus dem Streit zu finden. Die Äußerung eines Mädchens machte das besonders deutlich: »Ich mag gar nicht mehr streiten, aber ich weiß nicht, wie ich aufhören soll.«

Dieses Anliegen wurde in der Runde aufgegriffen, und es wurde gemeinsam nach Lösungen gesucht. All diesen Vorschlägen lag die Tendenz zugrunde, die Kinder der jeweils anderen Klasse in einem festen Rahmen besser kennen zu lernen. »Vielleicht sind sie ja doch ganz nett«, waren erste Sympathiekundgebungen zu vernehmen, und wir verabredeten gegenseitige Besuchszeiten während des Schulvormittags und gemeinsame Spiele in der Pause.

»Ich mag gar nicht mehr streiten, aber ich weiß nicht, wie ich aufhören soll.«

Ich selbst habe den Prozess nur mit einigen wenigen Impulsen begleitet. Die Kinder griffen diese Impulse auf und trieben dadurch den Prozess voran. Zu meiner eigenen Überraschung löste sich der Konflikt schon nach wenigen Tagen vollständig auf. Die Kinder waren in der Lage, konfliktfrei miteinander umzugehen, und waren nicht mehr auf die verabredeten festen Formen angewiesen. Im weiteren Verlauf des Schuljahrs ist dieser Konflikt nicht wieder aufgetreten.

***

Das Beispiel von Gabriele Wolter zeigt, dass es im Dialog um das persönliche Kennenlernen der anderen Person geht, hier: der Kinder aus der anderen Klasse. Habe ich nur *meine* Idee, *mein* Bild des anderen vor Augen, so kann ich ein Feindbild leichter aufrechterhalten, als wenn ich die konkreten Personen mit ihren Ängsten und Gefühlen *kennen lerne*. In der persönlichen Begegnung lösen sich erfahrungsgemäß Feindbilder schneller auf.

Die persönliche Begegnung löst Feindbilder schneller auf.

»Ich warte in Ruhe ab, bis ich drankomme« – Erfahrungen mit dem Dialog in einer 2. Klasse

Für *Margret Schütte* ist eine gelungene Kommunikation eine wesentliche Voraussetzung dafür, Lernvoraussetzungen zu optimieren und Lernen zu ermöglichen. So hat sie sich im Verlauf ihrer 20-jährigen Tätigkeit an einer Grundschule mit zwei prinzipiellen Fragen dazu beschäftigt: »Wie kann mir ein guter Kontakt zu meinen Schülern gelingen? Was kann ich als Lehrerin tun, um den Kontakt der Schüler untereinander zu verbessern?« Hierbei stieß sie auf die Idee des Dialogs und nahm an der Ausbildung zur Dialogprozess-Begleiterin teil. Margret Schütte:

Zur Situation der Klasse

Meine ersten »Dialogerfahrungen« machte ich mit den Schülerinnen und Schülern des zweiten Schuljahrs (15 Jungen und 9 Mädchen). Es bestand ein recht großes Leistungsgefälle. Dies bedeutete auch, dass einige leistungsstarke Kinder den Unterricht dominierten, während andere seltener oder fast nie zu Wort kamen. Diese Problematik hatten wir in Unterrichtsgesprächen, in denen wir übrigens im Kreis saßen, schon häufiger thematisiert. Sie trat selbst dann auf, wenn die Kinder sich gegenseitig aufrufen durften. Erschwerend kam hinzu, dass es deutliche soziale Unterschiede gab und dass zumindest drei Kinder aufgrund ihrer familiären Situation – z. B. beide Eltern arbeitslos, Scheidungsprozesse und beengte Wohnverhältnisse – schon sehr belastet waren.

Den Anfang machen

Meinen Schülern berichtete ich in einem der morgendlichen Erzählkreise, in dem die Kinder von ihren Erlebnissen erzählen, von einigen Erfahrungen aus meiner Ausbildung zur Dialogprozess-Begleiterin, die ich damals gerade begonnen hatte. Dabei hob ich meine Erfahrungen mit dem Redestein und der Klangschale hervor. Beide Utensilien waren den Schülern nicht neu, doch hatten die Schüler sich daran gewöhnt, den Redestein nach dem Sprechen reihum weiterzugeben. Nun bat ich sie, den Redestein nach dem Beitrag jeweils wieder in die Mitte zu legen. Die Schüler folgten dieser Bitte weitaus disziplinierter, als ich vermutet hatte. Sie achteten darauf, dass jeder mindestens einmal zu Wort kam, und hörten gut zu.

In der Folgezeit übten wir die Verwendung des Redesteins in allen Gesprächssituationen des Unterrichts so, dass der Stein nach jedem Beitrag in die Mitte zurückgelegt wurde. Danach durfte sich ein anderes Kind den Stein nehmen. So entschied jedes Kind für sich, wann es reden wollte. Zudem durfte es nur dann ein zweites Mal den Stein nehmen, wenn es lange genug gewartet hatte, ob noch jemand etwas sagen wollte, der bisher noch nicht gesprochen hatte.

So lernten die Kinder, sich zurückzunehmen, um anderen die Möglichkeit zu geben, sich einzubringen. Mit der Zeit waren die Redeanteile während des Unterrichts in der Klasse deutlich besser verteilt. Entscheidend war auch, dass durch diese Art der Verwendung des Redesteins Pausen entstanden, die den Prozess verlangsamten. Sie bewirkten eine ruhigere Atmosphäre, die auf die Kinder wohltuend und entspannend wirkte.

Erste Dialogregeln

Nach einigen positiven Erfahrungen mit dieser Art von Dialog setzte sich die Klasse nach und nach mit drei der für den Dialog wichtigen Kernfähigkeiten auseinander: *Radikaler Respekt, Von Herzen sprechen* und *Zuhören.* Die Kinder übersetzten die Kernfähigkeit *Radikaler Respekt* wie folgt: »Keiner darf mehr sagen, ›Das stimmt gar nicht, was du sagst‹.« »Keiner darf mich unterbrechen.«

»Keiner darf mehr sagen: ›Das stimmt gar nicht, was du sagst‹.«

Zu der Kernfähigkeit *Von Herzen sprechen* gab es Äußerungen wie: »›Von Herzen sprechen‹ bedeutet, zu sagen, was man fühlt.« »... was einem wirklich wichtig ist.« »Ich darf sagen, was ich will.« Die Bedeutung des *Zuhörens* wurde in folgenden Beiträgen deutlich: »Zuhören heißt ganz gut hören auf das, was der andere sagen will.« »... dem anderen Zeit lassen zum Ausreden.« Die Klasse einigte sich so auf die ersten beiden Dialogregeln:

- Ich spreche von Herzen.
- Ich höre gut auf das, was der andere sagen will.

»Ich spreche von Herzen«

Zum Thema »Familie« zeigte ich den Kindern Bilder mit den unterschiedlichsten Familienkonstellationen. In der darauf folgenden Dialogrunde wurden die Unterschiede der Familienformen zunächst einmal herausgearbeitet. Im weiteren Verlauf des Gesprächs durften die Kinder alle aufkommenden Gedanken zu dem Thema frei äußern. Es entwickelte sich ein Austausch über die Bedeutung der Familie, insbesondere über die Bedeutung der Großeltern für die Kinder:

Martin: »Wenn ich mit Katrin Streit habe, kann ich immer zu Oma und Opa gehen, die Tür ist immer offen, da brauch' ich nur die Türklinke herunterzudrücken, nur wenn Oma und Opa schlafen, schließen sie ab.« – David: »Oma schält mir immer einen Apfel, wenn ich komme, und Opa hat mir das Angeln beigebracht.«

Durch einen Beitrag von Paul kam ein anderer Gedanke auf: »Mein Opa ist schon gestorben, als ich noch gar nicht geboren war, darüber bin ich traurig.« – Niklas: »Mein Opa ist genau an dem Tag gestorben, an dem ich geboren bin.« – Tom: »Ich habe meinen einen Opa auch nicht kennen gelernt.« – David: »Da bin ich aber froh, dass ich noch beide Omas und Opas habe.«

Andere Kinder erzählten daraufhin, was ihnen ihre Geschwister oder Eltern bedeuteten. Die offene Form des Dialogs bot den Kindern die Möglichkeit, von dem zu sprechen, was sie auf dem Herzen hatten, was sie zutiefst bewegte.

Gehört werden stärkt das Selbstvertrauen

Der Dialog zu dem oben genannten Thema veranlasste einige Kinder auch, ihre persönliche Situation anzusprechen.

Carola war eines der Mädchen in der Klasse, die durch ihre familiäre Situation stark belastet waren. Sie fand kaum Kontakt. Die Kinder sagten, sie rieche, sie wolle immerzu alles ausleihen und habe ihre Sachen selbst nie dabei. Durch die Atmosphäre, die während der Dialogrunde entstand, fand Carola den Mut, offen über ihre familiäre Situation zu sprechen: »Mein Vater war immer sehr streng. Ich musste immer viel helfen und durfte fast nie das machen, was ich wollte. Dann ist er ausgezogen. Das war für uns alle sehr schwer, und wir haben auch kein Geld. Trotzdem fühle ich mich jetzt freier.«

In diesem Beitrag nahmen die Mitschüler zum einen Carolas Mut wahr, zum anderen wurde ihnen bewusst, dass ihre Mitschülerin ein ganz anderes Leben führte als sie selber. Sie entwickelten Verständnis für die Situation von Carola. Von diesem Zeitpunkt ab konnte ich feststellen, dass die Schüler Carola mit mehr Respekt begegneten. Sie hänselten sie nicht mehr und trafen Verabredungen mit ihr. Carolas Selbstvertrauen wurde dadurch gestärkt, so dass sie sich auch in den Unterricht einbringen konnte.

Reflexion einer Dialogrunde: »Mir hat noch nie einer so gut zugehört«

Häufig wurden die Dialogrunden im Anschluss gemeinsam mit den Schülern reflektiert. Dabei wurden Unterschiede zu Unterrichtsgesprächen deutlich, die vorher stattgefunden hatten. Einige Äußerungen: »Mir hat noch nie einer so gut zugehört« »Ich finde gut, dass keiner dazwischengeredet hat.« »Ich konnte gut warten, bis ich drankomme, weil ich wusste, dass ich dann alles in Ruhe sagen kann.«

»Mir hat noch nie einer so gut zugehört.«

Es folgten ähnliche Beiträge, bevor ein Schüler sagte: »Wir könnten doch noch die Regel dazuschreiben, dass man sich nicht so auf den Stein stürzen soll.« Daraus formulierten wir gemeinsam die dritte Dialogregel: »Ich warte in Ruhe ab, bis ich drankommen kann.«

»Ich warte in Ruhe ab, bis ich drankommen kann.«

Bewertung

Dialogisch miteinander umzugehen bewirkte eine ruhigere Atmosphäre, in der die Kinder meiner Klasse die Möglichkeit wahrnahmen, sich persönlich einzubringen, »von Herzen zu sprechen«. Die schweigsamen Kinder spürten ihre Stärken selber, die anderen spürten, dass sich etwas verändert hatte. Dies war für beide Gruppen eine wichtige Lernerfahrung. Der Kontakt der Kinder untereinander

ander verbesserte sich. Sie entwickelten mehr Verständnis und Empathie füreinander. Konfliktsituationen lösten die Kinder ruhiger und gelassener untereinander, was mich als Lehrerin wiederum entlastete. Dass die Lernatmosphäre dadurch entspannter wurde, wirkte sich positiv auf die Lernmotivation und Lernfähigkeit aus.

Die drei genannten Regeln sowie der Sitzkreis waren bis zum Ende der Grundschulzeit der Klasse die Grundlage für unsere Unterrichtsgespräche, die damit wirkliche Dialogrunden wurden.

***

Diese Beispiele aus dem Klassenraum mögen unspektakulär wirken. Nach Einschätzung der Lehrerinnen stellten sich jedoch in beiden Fällen langfristige Veränderungen im Verhalten der Kinder untereinander ein. Carola, das Mädchen, das ausgegrenzt wurde, ist in dieser Klasse nie wieder von ihren Klassenkameraden gehänselt worden.

Der Dialog schafft nicht nur Änderungen im Verhalten, in Beziehungen der Schüler untereinander – das wäre nur die »halbe Miete« und ginge an der Idee des Dialogs vorbei. Vielmehr bezieht er auch und gerade die Lehrenden ein – letztlich die gesamte Schule. So berichtet *Annette Niederhellmann-Mogk* von einem pädagogischen Tag an ihrer Kollegschule, zu dem sie eingeladen hatte:

»In diesem Rahmen wurden den Kolleginnen und Kollegen einige Besonderheiten der dialogischen Sichtweise deutlich. Dies allein schon durch die kreisförmige Anordnung der Stühle, wie sie sonst nicht üblich ist. Die Kreisform eröffnet neue Perspektiven jenseits aller hierarchischen Ordnungen. Im Kreis ist jeder gleichberechtigt und hat die Möglichkeit, den anderen im wahrsten Sinne des Wortes zu sehen und das Geschehen durch seine eigene Stimme zu beeinflussen. Anders als in üblichen Kommunikationsformen werden unterschiedliche Meinungen sichtbar und sind als Bereicherung erkennbar. Sichtbare und unsichtbare Rangfolgen und Konkurrenzkämpfe, die eine wirkliche Entwicklung häufig blockieren, spielen keine oder zumindest eine geringere Rolle.

So äußerte einer der Kollegen, dass er zum ersten Mal das Kollegium in seiner *Gesamtheit* wahrgenommen und entgegen seiner üblichen Haltung in Konferenzen zum ersten Mal das Wort ergriffen hätte. Ein anderer Kollege, der an diesem Tag nicht dabei war, stellte fest: ›Es hat sich in der Schule was verändert.‹ Es ist wesentlich, dass unsere Schule sich ändert, und einer der Schlüssel zu wirklichen Entwicklungsprozessen ist der Aufbau von Vertrauen zwischen den Beteiligten, und ein wirklicher Dialog schafft Vertrauen. – Gerade eine Schule wie die unsere, in der die Beteiligten in Teams arbeiten, braucht Vertrauen, wodurch sich die Mitglieder des Teams öffnen können und Stärken zur Entfaltung kommen sowie Schwächen wechselseitig kompensiert werden.«

Kreative Lernräume schaffen

Weltweit bemühen sich Schulen um die Schaffung kreativer Lernräume und einen bewussteren Umgang mit Kindern. Eine Reihe außergewöhnlicher Projekte wurde durch die Bertelsmann-Stiftung ausgezeichnet.

Schule wird zum regionalen Projekt.

Darunter war auch der Distrikt Durham in der Region Toronto, der sich innerhalb von acht Jahren vom Schlusslicht in Bezug auf Bildung zum Spitzenreiter in Kanada entwickelte. Der *Durham Board of Education* (Durham-Bildungskommission) erhielt den Bertelsmann-Preis als weltweit innovativste Bildungsorganisation. Durham versucht, das Konzept der »Fünf Disziplinen« der »Lernenden Organisation« zu verwirklichen. Dieses Konzept lebt von einer lebendigen Dialogkultur und der Einbeziehung der Lernumwelt, der Kommune und der lokalen Unternehmen – Schule wird zum regionalen Projekt.

Fünf Disziplinen einer lernenden Organisation nach Peter Senge von der Society for Organizational Learning (SOL) am MIT (s. auch Kap. 6, S. 198) nach Senge 2003

- *Personal Mastery*
  Persönliche Fähigkeiten erweitern und Organisationskultur entwickeln
- *Mentale Modelle*
  Tief verwurzelte Annahmen, unbewusste Einstellungen zu erkennen lernen
- *Gemeinsame Visionen*
  Prinzipien, Leitlinien und Wege zur Umsetzung gemeinsam getragener Visionen entwickeln
- *Teamlernen*
  Sowohl eine qualifizierte Diskussion als auch Dialoge führen können
- *Systemdenken*
  Erkennen von Beziehungen, Blockaden und Mustern, den »Blick für das Ganze« erweitern

Mentales Modell gegen Gewalt?

Die Veränderung der Lehrer-Rolle – von der reinen Wissensvermittlung zur Hilfestellung und Begleitung beim Prozess des Lernens – setzt eine deutliche Änderung des Selbstbildes der Lehrer, ihres Rollenverständnisses und ihrer inneren Einstellung voraus, ebenso – wie wir es im Dialog nennen – das Suspendieren ihrer Annahmen.

Vom Lehrer zum Lernprozess-Begleiter – Schulen als »lernende Organisationen«

Gespräch mit Norm Green

Norm Green *wurde als Leiter der Personalentwicklung des* Durham Board of Education *mehrfach ausgezeichnet. In seinem bewegten Leben hat er zahlreiche praktische Erfahrungen außerhalb seines Lehrerberufs gesammelt. Wir sprachen mit ihm bei seinem Besuch in Deutschland anlässlich der Preisverleihung durch die Bertelsmann-Stiftung.*

Hartkemeyer: *Norm Green, was ist das Geheimnis Ihres Erfolgs? Wodurch zeichnet sich Ihr Reformprojekt aus?*

Green: Für uns ist der konkrete Prozess des Lernens und Lehrens von ganz entscheidender Bedeutung. Und nahezu ebenso wichtig ist für uns die Frage, was wir tun können, um die Schulen demokratischer zu gestalten. Das trifft sowohl für die Schülerinnen und Schüler, für Lehrende als auch für die Eltern und nicht zuletzt für die Verwaltung zu. Die Mitarbeiterinnen und Mitarbeiter einer Schule sollen sich verantwortlich fühlen und sollen auch die Möglichkeit haben, entscheidenden Einfluss zu nehmen auf die Bereiche, in denen sie arbeiten – damit der Prozess der Erziehung junger Menschen tatsächlich den Möglichkeiten und den Potenzialen entspricht, die sie mitbringen, und dabei hilft, die bereits vorhandenen Anlagen zu entdecken und zu entwickeln.

Die Lehrenden haben also eine neue Rolle und arbeiten anders zusammen?

Green: Ja. Für uns ist das Konzept des Teamlernens ein ganz entscheidender Ansatz, der zur Veränderung des Lehrerbildes führt. Lehrerinnen und Lehrer bereiten sich gemeinsam vor, entwickeln gemeinsam neue Curricula, und teilweise unterrichten sie auch gemeinsam. Wir haben dabei festgestellt, dass auch die Schülerinnen und Schüler aufgrund dieser anderen Vorbereitung und dieses neuen Begriffs von Teamarbeit in der Lage sind, besser und schneller zu arbeiten. Schneller in dem Sinne, dass sie neuen Stoff besser be- und verarbeiten können.

Konzept des Teamlernens führt zu Veränderung des Lehrerbildes.

Gibt es denn keine zentralen Curriculumvorgaben mehr?

Green: So ist es. Aber es werden schulspezifische Ergebnisse präsentiert, die eine große Bedeutung für die Auszubildenden haben. Ein Lernziel ist z. B., dass

Studierende in der Lage sein müssen, effektiv miteinander zu kommunizieren – und zwar sowohl in großen wie in kleinen Gruppen. Also müssen die Lehrenden sie dazu in die Lage versetzen.

Wie erfahren Sie, wann die Studierenden den entsprechenden Kenntnisstand erreicht haben, um sie für die nächste Stufe vorzubereiten? Wie lehren Sie effektiver, dass sowohl das Wissen als auch die Fähigkeit entwickelt wird, sich neue Wissensbestände und Fertigkeiten anzueignen?

Green: Im Durham Board of Education haben wir ein großes Vertrauen in unsere Lehrkräfte. Sie bieten den Lernenden vielfältige Testverfahren, damit diese ihr Wissen und ihre Fähigkeiten unter Beweis stellen können. Dadurch ist es dem Lehrenden möglich zu beurteilen, auf welchem Wissensstand der Schüler sich befindet. Gemeinsam mit dem Lernenden wird ganz klar und für ihn verständlich erarbeitet, was, wie und warum evaluiert wird.

Die Frage ist: Welches Wissen sollen unsere Schüler sich erarbeiten und wie? Wie sollen die Lernenden Entscheidungen darüber treffen, welches Wissen sie für ihr Leben brauchen?

Green: Ich denke, es ist besonders wichtig, dass Schüler heutzutage wissen, wie sie effektiv – sowohl alleine als auch in Gruppen – mit Informationen umgehen können. Sie müssen lernen, die Prozesse zu verstehen, die das Lernen ermöglichen. Es ist ja heutzutage für einen Einzelnen völlig unmöglich, all die Informationen zu verarbeiten, die für ihn zugänglich sind, mit denen er sich auseinander setzen muss. Wichtig ist zu lernen, Entscheidungen darüber zu treffen, warum wir etwas lernen wollen, und dann, im nächsten Schritt, wie wir es lernen können. Dauerhaftes, lebenslanges Lernen ist ja kein abstraktes Konzept mehr. Es ist heute unsere Realität. Schülerinnen werden die Schule mit irgendeinem Abschluss verlassen, aber sie werden auch weiterhin dem Prozess des Lernens gegenüberstehen. Sie werden in Weiterbildung oder in konkreten Arbeiten am Arbeitsplatz mit lebenslangem Lernen konfrontiert sein.

Müssen wir denn nicht mit der Frage des Lernens noch auf einer tieferen Stufe, weiter an der Basis, ansetzen? Es gibt so viele Menschen, die »lernstrategisch« Analphabeten sind, denen daher sehr viele Lernchancen verbaut sind. Wo können wir da ansetzen?

Green: Der Lehrer, so wie wir ihn in Durham verstehen, ist ein ausgebildeter Experte, der seinen Schülern Möglichkeiten anbietet, ihre Fähigkeiten in unterschiedlichen Bereichen zu entwickeln – auch im kooperativen Lernen in Teams, in Kleingruppen. Hier haben wir einen zentralen Unterschied zu dem bisherigen Bild eines passiven Schülers, der darauf wartet, was ihm der Lehrer vorn anzubieten hat. Wir versuchen, den Schüler als Lernenden zu aktivieren, d.h. aus seiner bislang überwiegend passiven Lernhaltung herauszuholen.

Wenn ein Lehrer vor der Klasse steht und redet und redet und redet, dann wird das sehr schnell langweilig. Heute haben wir die Situation, dass manche Schülerinnen und Schüler sich bereits recht versiert im Internet bewegen, und sie verfügen dadurch über Informationen, die der Lehrer, der vor ihnen steht, überhaupt nicht kennt. Dann kommt es zu Situationen, wo die Schülerin sich im Grunde denkt: »Was will mir dieser Lehrer da vorn eigentlich erzählen, wo er doch längst nicht über so viele Informationen verfügt wie ich?« Was der Lehrer also tun muss, ist, den Schülerinnen und Schülern eine Möglichkeit zu geben, sich aktiv in den Lernprozess einzuschalten. Schüler müssen also auch selbst Fragen, Ziele, Richtungen entwickeln und bestimmen können und überlegen, wie sie diese erreichen wollen. Für die Anleitung haben sie einen gut ausgebildeten und methodisch versierten Lehrer.

Was meint hier der Begriff »Anleitung«?

Green: Ich verstehe die Anleitung, die ein Lehrer geben kann, stärker im Sinne einer helfenden Begleitung. Er sollte jemand sein, der sich in einen tatsächlichen Dialog mit den Schülern begeben kann, so dass die Schüler in der Lage sind, darüber nachzudenken, was sie lernen, und zu erfassen, welche Bedeutung es hat, dass sie es lernen. Die wichtigste Aufgabe des Lehrenden ist, in diesem Dialogprozess zuzuhören, welche Schritte sich Schüler überlegt haben, um die Ziele zu erreichen, die für sie wichtig sind.

Gegebenenfalls können Schüler fragend so eingreifen, dass Schwierigkeiten deutlich werden oder dass sie auch in der Lage sind, über alternative Strategien und mentale Modelle nachzudenken. Für Lehrende bedeutet das, dass sich ihr Rollenverständnis von der Situation der belehrenden Expertin hin zu der einer Prozessbegleiterin verändert hat. Lehrende beschäftigen sich nach diesem Verständnis mehr mit der kritischen Begleitung und Hinterfragung von Prozessen, ähnlich der Rolle des Facilitators im Dialogprozess.

Von der Belehrung zur Begleitung.

»Gemeinsame Übereinkunft, wie wir Lernen bewerten wollen!« – »Rubrics« statt abstrakte Zensuren

Im Dialog – wie auch in der Konfliktbearbeitung und in der Mediation – ist die Unterscheidung von *Beobachtungen* und *Bewertungen* zentral. Was aber können wir tun, um zu vermeiden, dass sich Schule darauf reduziert, eine staatlich verfügte Bewertungsinstitution für Lernende zu werden?

In Deutschland bilden *Zensuren und Punkte* zur Leistungsmessung von Schülern noch immer den Kern unseres Bewertungs- und Belohnungssystems. Sie sind unabhängig vom Inhalt des Gelernten und sind nicht ernsthaft Gegenstand einer Verhandlung zwischen Eltern, Lehrenden und Lernenden. Sie teilen die Klasse in Einser, Zweier…, bis Sechser. Die erste Frage der Eltern nach einer Klassenarbeit bezieht dementsprechend meist auf die Zensur und weniger auf den Inhalt der Aufgabe oder darauf, was daraus gelernt werden konnte.

Ganz anders die »Rubrics«, die vor allem in Kanada mittlerweile verbreitet sind. Sie stärken bei Schülerinnen und Schülern die Fähigkeit zu Selbstreflexion und Selbsteinschätzung. Sie sind Gegenstand eines dialogorientierten Verfahrens, in dem Schülerinnen und Lehrende gemeinsam eine Kriterienliste für die Wahl des Leistungsniveaus festlegen. Das bedeutet auch, dass Lernende zur Reflexion ihres Verhaltens und ihrer Leistungen, zur Selbsteinschätzung angehalten werden und ein gemeinsamer Erwartungshorizont abgesteckt wird.

> »Es ist die Aufgabe eines wahren Lehrers, ohne den verderbenden Einfluss der Autorität zu lehren, hinzuweisen, zu informieren. Die Autorität des Vergleichens zerstört. Wenn ein Schüler mit einem anderen verglichen wird, werden beide verletzt. Ohne Vergleich zu leben heißt, Integrität zu haben.«
>
> Jiddu Krishnamurti

Schüler können aufgrund der ausformulierten Skala nachvollziehen, wo sie stehen und wie sie ihre Arbeitsergebnisse durch welche Arbeitsschritte konkret verbessern können. Sie können – wie aus der Beispiel-Rubric »Gruppenarbeit« in der folgenden Tabelle hervorgeht – selbst erkennen, dass besonders gutes Zuhören nicht nur bedeutet, den anderen ausreden zu lassen, sondern auch, aus dem Inhalt abgeleitete weiterführende Fragen zu stellen. Derartig nachvollziehbare Bewertungen werden stärker zu Selbsteinschätzungs-Kategorien, erhöhen die Transparenz des Lernprozesses und unterstützen die individuelle Beteiligung und Motivation.

Beispiel-Rubric: Gruppenarbeit

Kriterium	Niveau 1	Niveau 2	Niveau 3	Niveau 4
Aktives Zuhören	Der Schüler hört den Ideen der anderen zu, hat aber Schwierigkeiten, verschiedene Standpunkte zu verstehen.	Der Schüler hört respektvoll zu und stellt Fragen, um andere einzubeziehen.	Der Schüler hört respektvoll zu und stellt Fragen, die für weiteren Austausch sorgen.	Der Schüler ermutigt andere, ihren Standpunkt einzubringen, und stellt Fragen, die andere zu neuen Ideen inspirieren.
Beteiligung	Der Schüler beteiligt sich unregelmäßig und neigt gelegentlich zu Konkurrenzverhalten.	Der Schüler bringt sich positiv ein, wenn er von anderen unterstützt wird.	Der Schüler bringt sich selbstständig und zielgerichtet in die Gruppenarbeit ein.	Der Schüler trägt kontinuierlich zur Gruppenarbeit bei, teilt seine Gedanken und Gefühle mit und ermuntert andere.
Übernahme von Rollen und Aufgaben (kooperativ lernen)	Der Schüler braucht Unterstützung dabei, eine Rolle oder Aufgabe zu erkennen und anzunehmen.	Der Schüler kann einige Aufgaben sicher übernehmen und respektiert die Aufgaben und Rollen anderer.	Der Schüler kann viele Rollen und Aufgaben sicher und kooperativ ausführen.	Der Schüler fördert die Teilnahme anderer und kann sich je nach Situation leitend einbringen oder zurückhalten.
Engagement	Der Schüler zeigt sehr wenig Engagement für die Gruppenarbeit und die Erfüllung der Aufgabe.	Der Schüler zeigt begrenztes Engagement für die Gruppenprozesse und die Erfüllung der Aufgabe.	Der Schüler zeigt Engagement für die Gruppenprozesse als Weg zur Erfüllung der Aufgabe.	Der Schüler zeigt starkes Engagement und übernimmt in der Gruppe eine herausragende Rolle, um die Aufgabe zu erfüllen.

Ergebnis eines solchen partnerschaftlichen Prozesses sind Selbstreflexion und Übernahme von Verantwortung: eine wesentliche Grundlage für dialogische Lernprozesse – ich lerne, nicht andere verantwortlich zu machen für meine Gefühle, meine Bewertungen, meinen Lernfortschritt, sondern ich erlebe mich vielmehr als die Instanz, die überlegt, interpretiert, abwägt und handelt. Und ich kann meinen eigenen Lernprozess nachvollziehen und kontrollieren. Die obige Beispiel-Rubric bezieht sich auf *Gruppenarbeit.* Es gibt andere Rubrics für andere Fachgebiete. Sie wurden zunächst als Kategorien schulspezifisch entwickelt und dann in einem Abstimmungsprozess mit der Schulbehörde (Board of Education) festgelegt.

Ein derartig durchschaubares und nachvollziehbares System zur Bewertung von Leistungen hat in erheblicher Weise zur Erhöhung des Reflexionsniveaus *(Beobachte die Beobachterin)* im Unterricht und zur Verbesserung der sozialen und fachlichen Fähigkeiten der Schüler beigetragen. Denn Rubrics beinhalten ein *produktives Plädieren* (s. auch Kap. 2, S. 44) für Bewertungen und sorgen für Transparenz des zugrunde liegenden Denkwegs. Auch die Eltern sind begeistert, weil sie endlich die Leistungen und Lernfortschritte ihrer Kinder verstehen und sich auf hohem Niveau mit den Lehrenden austauschen können.

Lernen als mein persönlicher Entwicklungsweg.

Schülerinnen und Schüler lernen bei diesem Ansatz, ihre Rolle als Lernende neu zu verstehen und sich nicht nur im Vergleich mit anderen zu überprüfen, sondern sich auch an den eigenen Möglichkeiten zu messen. Wenn ich Lernen als meinen persönlichen Entwicklungsweg – im Sinne von *Personal Mastery* – betrachte, liegt dem ein mentales Bild zugrunde, das auf Selbstverantwortung basiert und diese weiter fördert. Ich kann durch meine Entscheidung, durch mehr oder weniger Engagement, meinen Lernfortschritt – weitgehend – *selbst* bestimmen.

Olaf-Axel Burow, Hochschullehrer für Allgemeine Pädagogik an der Universität Kassel, erlebte, wie wichtig es langfristig sein kann, das zu lernen, was einen wirklich interessiert:

»Nach dem zweiten Staatsexamen war ich mit einem Einstellungsstopp konfrontiert, der mich erneut eine Einsicht lehrte, die ich auch heute meinen Studierenden zu vermitteln suche: Zentral für den beruflichen und privaten Erfolg ist, dass man diejenigen Themen herausfindet, die einen wirklich interessieren.

Als – in meiner Schulzeit – meine Versetzung in der siebenten Klasse gefährdet war und mir als letzte Chance das Wiederholen einer Chemiearbeit angeboten

worden war, hatte ich kurzerhand den Multiple-Choice-Bogen zerknüllt und meiner Lehrerin mit folgenden Worten vor die Füße geworfen: ›Ich muss jetzt Gitarre üben. Das ist wichtiger!‹ Ich wurde nicht versetzt.
Doch 18 Jahre später bekam ich genau aus diesem Grund eine Stelle als Musiklehrer. Musiklehrer waren, wie ich wusste, vom Einstellungsstopp ausgenommen. Also ging ich zur Schulrätin und erklärte ihr, dass ich seit 18 Jahren Gitarre spiele und in der Lage wäre, fachfremd Musik zu unterrichten. Ich wurde sofort eingestellt.« (www.uni-kassel.de/fb1/burow/burow/main/html)

Klassenräume verändern sich bereits an vielen Stellen zugunsten aufgabenbezogener Arbeitsgruppen. Dialogische Prinzipien werden eine zentrale Ressource für interdisziplinäre, gemeinsame Aufgabenlösungen.

Eine dialogorientierte Lernkultur sollte sich auch in den so genannten »strukturellen Lernzielen« widerspiegeln. Diese könnten sich an den dialogischen Kernkompetenzen orientieren (wie z. B. Respekt zeigen, eine lernende Haltung einnehmen, Annahmen suspendieren, den inneren Beobachter beobachten). Lehrerinnen sind dann weniger Unterrichtende als Lernprozess-Begleiter (mit den Aufgaben):

Unterrichten, mittelhochdeutsch: »underrihten« = »einrichten, anweisen, zurechtweisen«.

- forschendes entdeckendes Lernen stärken,
- Mitbestimmung und Mitbeteiligung ermöglichen,
- Kultur gegenseitiger Wertschätzung entwickeln,
- Ermutigung statt Beschämung pflegen,
- verschiedene Lernzugänge statt Notendruck fördern,
- Selbstbewusstheit, Selbstständigkeit und Selbstgefühl stärken,
- altersübergreifende Gruppen statt Selektion in den Vordergrund stellen,
- Förderung sozialer Kompetenz und Kooperationskultur in den Mittelpunkt stellen,
- Persönlichkeitsbildung statt kurzsichtiger Fachausbildung stärken,
- Lehrende zu Kommunikationsfachleuten und Lernprozess-Begleiter(inne)n ausbilden.

Der Praxisbezug auf die »wirkliche Welt« wird zum zentralen Orientierungspunkt werden müssen, wenn man die »Ecological Literacy«, die ökologische Verständnisfähigkeit, die zunehmend umgesetzt werden soll, wirklich erreichen will. Bildung kann dann eine neue Qualität bekommen und bleibt nicht ein Mythos zur Beschleunigung des Irrwegs in eine nicht zukunftsfähige Konsum-»Kultur«. Vielleicht könnte sogar die folgende Vision von *Manfred Zimmer*, wie eine Schule zum dialogischen Zentrum wird, tatsächlich Gestalt annehmen und sich eines Tages als Bericht in einer Zeitung wiederfinden lassen:

So könnte es kommen...

Durch »Nichttun« zum Erfolg

Wie aus dem Friedrich-Wilhelm-Gymnasium die David-Bohm-Schule wurde

Seit sechs Jahren unterrichte ich Deutsch und Physik an einem Gymnasium. Schon im Ausbildungsseminar und bei meinen ersten begleiteten Unterrichtsversuchen war ich ziemlich verstört wegen der Art und Weise der Kommunikation zwischen Lehrern, zwischen Lehrern und Schülern und nicht zuletzt zwischen den Schülern. Dieser Eindruck verstärkte sich, seit ich selbstständig unterrichtete. Wirkliches Miteinander-Sprechen fand nicht statt. Es war überwiegend ein Belehren, Bequatschen, verbales Aufeinander-Eindreschen, atem- und humorlos. Und das durch die Bank, von den Unterrichtsgesprächen über den Small-Talk mit Kollegen im Lehrerzimmer oder Schülern bis hin zu den unsäglichen Konferenzen oder den Elternsprechtagen. Kurz: Die Atmosphäre war grau, das Lernklima grauslich, alles lief auseinander.
In dieser für mich fast verzweifelten Situation erinnerte ich mich an ein Buch von David Bohm, das ich während meines Physikstudiums gelesen hatte – *Changing Consciousness* hieß das –, und an eine Schrift mit dem Titel *Dialogue – A Proposal* (von Bohm, Factor und Garrett). Da fiel es mir wie Schuppen von den Augen, ich forschte weiter nach und stieß auf eine Menge Dialogliteratur und -initiativen ... Langer Rede kurzer Sinn: Ich begann, mich mit den Schülerinnen im Dialog zu üben. Im einfachsten Rahmen (im Kreis sitzen, Redestein, zuhören, von Herzen sprechen, Gefühle, Annahmen, Bewertungen in der Schwebe halten, Respekt voreinander). Der erste Anlass war ein Konflikt – in einer 45-minütigen Dialogrunde hatten wir ihn gelöst! In einer ähnlichen Situation, fast zwei Monate später, kam eine Schülerin zu mir und fragte: »Können wir nicht mal wieder Dialog machen?« Mit meiner Klasse »dialogisierte« ich bald regelmäßig, ein Mal monatlich 45 Minuten bis 1,5 Stunden, bald thematisch, bald generativ. Nach etwa einem halben Jahr – ich war gerade mal ein Jahr an der Schule – ein weiterer »Glückstreffer«: Ein Kollege rückte im Lehrerzimmer vertraulich nahe zu mir heran und fragte

mich mit Verschwörermiene: »Sagen Sie mal, da hat mir ein Schüler etwas von so einem Dialog erzählt, was machen Sie denn da eigentlich ...?« Und jetzt kam der Stein ins Rollen: Anschlag am Schwarzen Brett, erste Einführungsrunde in den Dialog mit acht Kollegen, nach etwa einem Jahr kurze Vorstellung im Rahmen einer Konferenz (auf Wunsch des Schulleiters!). Ob Sie es glauben oder nicht: Nach zwei Jahren »Vorbereitung«, man könnte auch sagen: Sensibilisierung, wird der Dialog eineinhalb Stunden monatlich in sämtlichen Klassen praktiziert und darüber hinaus bei besonderen Gelegenheiten (meist auf Wunsch der Schüler) eingesetzt. Dazu haben wir die offizielle Genehmigung seitens der Schulleitung! Und nicht nur das: Vor nahezu jeder Konferenz führen wir über 45 Minuten einen Dialog, selbst wenn Entscheidungen anstehen. Zu dieser Zeit wurde auch der Elternbeirat hellhörig, ich hielt einen Einführungsvortrag (vor etwa 300 Leuten), und dialogerfahrene Kollegen sorgten als Dialogbegleiter für die dialogische Kleingruppenarbeit. Auf einem Elternsprechtag ein halbes Jahr später sprach mich eine Mutter an ... na, Sie wissen schon.

Wieder einige Zeit später ein weiteres Schlüsselerlebnis unter so vielen, dank des Dialogs: Die Dezernentin (das ist eine Bezirksbeauftragte der Schulbehörde) tauchte mehr oder weniger unangemeldet in einer Lehrerkonferenz auf und fand sich plötzlich in einer Dialogrunde im Kreis von 45 Kollegen wieder, warf anfänglich indignierte Blicke in die Runde – und machte dann tapfer mit! Folge wahrscheinlich davon war, dass ein Kollege gebeten wurde, die Mitarbeiter der Schulbehörde mit dem Dialog vertraut zu machen. Und seit zwei Jahren wird der Dialog im Rahmen der Lehrerfortbildung regelmäßig angeboten. Ebenso in unserer Uni, und das nicht nur für Lehramtsstudentinnen oder im Rahmen von Kommunikationswissenschaft.

Tja, und was hat das alles unserer Schule denn nun gebracht? Darüber könnte ich ein Buch schreiben. Zusammengefasst: mehr Teamgeist, besseres Lern- und Unterrichtsklima und – bessere Leistungen! Innerhalb von vier Jahren wurde unsere Schule, die zuvor nur Mittelmaß war, Spitze in unserer Stadt, und der Schulbezirk Spitze in unserem Bundesland. Und das alles, seitdem wir uns dank des Dialogs weniger als Lehrer denn als Lernbegleiter fühlen und so zusammen mit unseren Schülern den Unterricht gestalten.

Fast hätte ich es vergessen: Vor genau einem Jahr bewilligte man uns den Antrag des Schulleiters zur Umbenennung der Schule. So wurde aus dem altehrwürdigen Friedrich-Wilhelm-Gymnasium die David-Bohm-Schule.

Übrigens: Fiel Ihnen überhaupt auf, dass ich praktisch nichts getan habe?

»Lebe jeden Tag, als wenn es dein letzter wäre.«
Angelus Silesius

»Ach, ...
wenn man das könnte,
dann würde ich aber nicht
mehr zur Schule gehen.«
Lena, 16 Jahre

DER DIALOG IM UNIVERSITÄREN DISKURS

Ich habe begriffen, dass es gar nicht darum geht, wer Recht hat und wer nicht. Es geht darum, unsere eigenen Gedanken und Ideen zu erkunden, ebenso wie die Gedanken und Ideen von anderen. Es geht darum, größeres Verständnis für andere Positionen zu haben. Für einen Dialog ist es notwendig, die eigenen wahrgenommenen Annahmen als Wirklichkeits-Konstruktionen zu erkennen und nicht als Wahrheit oder als Tatsache zu sehen.

Studentin, 6. Semester

»Die Universität müsste also auch der Ort sein, an dem nichts außer Frage steht.«
Jacques Derrida

Im Vergleich zur Schule bietet die Universität größere Freiräume für Lehrende und Lernende und sollte deshalb aufgeschlossener dafür sein, gemeinsam zu denken und die Voraussetzungen und Blockaden des Denkens zu reflektieren. Es mag auch zutreffen, dass dort etwa im Rahmen sozialwissenschaftlicher Fächer auch dialogische Prozesse stattfinden. Dies dürfte aber nicht der Normalfall sein. »Ich kannte bisher zumindest an der Universität nur die klassische Form der Diskussion, in der man in erster Linie seinen Standpunkt vertreten und bei den anderen Überzeugungsarbeit leisten will« (Student im 7. Sem.) – eine Aussage, die viele Studierende bestätigen.

David Bohm betrachtet eine starre, fragmentierende Experten-Kommunikation als eines der größten Probleme für eine globalisierte Welt. Ohne Bereitschaft, unsere Annahmen über die Welt im Dialog mit anderen zu überprüfen – in den Wissenschaften, in Wirtschaft, Politik oder in Fragen der Religion –, werden die ökologischen und ökonomischen Herausforderungen der Zukunft kaum zu bewältigen sein (Bohm 2002, S. 83 ff.).

Peter Senge betont auf dem Feld der Lernkultur die notwendige Komplementarität von Diskussion und Dialog. Gemeinsames Lernen als »kollektive Disziplin« erfordere von den Beteiligten die – allerdings wenig verbreitete – Fähigkeit, zwischen Diskussion und Dialog unterscheiden und bewusst wechseln zu können (Senge 2003, S. 288). Studierende als zukünftige Multiplikator(inn)en in (Hoch-)Schule, Wissenschaft, Kirche, Wirtschaft und Politik sollten sich deshalb mit Dialogkonzepten vertraut machen und Dialogkompetenzen erwerben können – über die Formen von Diskussion und Debatte, die für demokratische Systeme kennzeichnend sind, hinaus.

»Es geht nicht darum, wer Recht hat« – Der Dialog als Teil des sozialwissenschaftlichen Studiums

Unter dem Titel »Der offene Dialog – ein Weg zu kommunikativem Lernen« führt *Christine Findeis-Dorn* an den Universitäten von Oldenburg und Bremen Dialogseminare durch. Sie finden in der Form von drei- bis viertägigen Blockseminaren statt, an denen unter der Begleitung eines Facilitators jeweils 12–20 Studierende teilnehmen.

Neben der kontinuierlichen Teilnahme wird für das Erreichen eines Pflicht- oder Wahlpflichtscheins auch ein Erfahrungsbericht vorausgesetzt, aus denen im folgenden Praxisbericht (kursiv gesetzte Passagen) zitiert wird.

Phasen beim Dialoglernen

> *Ich brauchte Zeit, um mich an diese Art von Kommunikationssituation zu gewöhnen. Keine Tische, hinter denen man sich verschanzen kann; ich habe mich anfangs sehr ungeschützt und beobachtet gefühlt.*
>
> *Student im 9. Semester*

Grundsätzlich schätzen die Studierenden, die an diesen Dialogseminaren teilnehmen, zunächst einmal die *»außerordentlich angenehme und ungewöhnliche Lernatmosphäre«* und betrachten sie als *»sehr positive Ausnahme vom sonstigen Veranstaltungsangebot«*. Skepsis oder gar Widerstand gegenüber Formen (Stuhlkreis, Redestein), der Offenheit der Themen, der ungewohnten Zurückhaltung des Facilitators u. a. weichen dabei im Lauf der Zeit zumeist Verständnis oder gar Begeisterung, die Fähigkeit zur Beobachtung wächst. Einige wenige Studierende konnten mit dieser Art von Dialog (oder meiner Weise, ihn einzuführen) zunächst jedoch wenig anfangen.

Die Berichte beschreiben Phänomene bzw. Phasen, die als typisch für Dialogprozesse in Gruppen gelten können – vom *»anfänglichen Widerstand gegen die mir künstlich erscheinende Form des Councils, als ›spontane Abwehrreak-*

tion‹« über die allmähliche *»Schärfung der Wahrnehmung«* als Folge der Beobachtungen im Gespräch bis zur zunehmend *»entspannteren Beteiligung bei wachsendem Vertrauen«* (vgl. die »Prozessphasen im Dialog«, die in *Miteinander denken*, S. 99 ff., beschrieben sind). Unterschieden werden persönliche Lernprozesse, bei denen *»aus dem ›Pflichtgefühl‹, etwas sagen zu müssen, ein Teilhabenwollen am Gespräch wurde«*, und gruppendynamische Prozesse wie der gemeinsame Aufbau von Vertrauen.

Rolle und Glaubwürdigkeit des Facilitators

Anfänglich sind die Studierenden, die von der Universität eher stark geleitete Gespräche gewohnt sind, in der Regel erstaunt bis irritiert über die Zurückhaltung des Facilitators. Im Lauf des Dialogprozesses erfahren die Teilnehmenden jedoch das Paradoxon, wie die scheinbar »passive Aktivität« des Facilitators sie anregt, eigeninitiativ zu werden und zu bleiben. Gleichzeitig vermuten sie, dass es *»ohne den Facilitator in der Gruppe nie zu einem normalen Dialog gekommen wäre, sondern zu einer hitzigen Diskussion«*. Lehramtsstudierende sehen in der Rolle des Facilitators ein *»Modell für den Lehrer als Moderator«*.

Konkret achten die Studierenden sehr genau auf Kongruenz zwischen der erlebten Begleitung durch mich als Facilitator und den im Seminar thematisierten Dialogkompetenzen: *»Ihnen ist es nicht nur gelungen, Theorie und Praxis in gewinnbringender Weise zu verknüpfen, sondern auch, die vom Konzept geforderte Basis an Vertrautheit und gegenseitigem Respekt vorzuleben und in die Gruppe zu tragen.«*

Veränderungen im Selbstkonzept

Dialogprozesse verändern Konzepte über den eigenen Kommunikationstypus und -stil bereits während des Seminars oder in den Wochen der Selbstreflexion danach: *»Ich bin von Natur aus ein sehr scheuer, nicht kommunikativer Mensch, und ich freue mich jedes Mal, neu zu entdecken, dass das Ganze eigentlich nicht so richtig stimmt«*. In Frage gestellt werden durch den Dialogprozess Selbstannahmen, z. B. über Toleranz oder Geduld anderen gegenüber: Ich *»dachte eigentlich auch immer, ich sei sehr vorurteilsfrei. Nachdem ich aber verstärkt darauf geachtet habe, ist mir selber aufgefallen, wie sehr ich schon im Vorfeld bestimmte Annahmen im Kopf hatte und diese auch das Gespräch beeinflusst haben.«* Auch die eigene Motivation beim Sprechen wird überprüft:

»Ich habe nie damit Probleme gehabt, über alles von Herzen zu sprechen, aber ich habe mich nach dem Seminar gefragt, ob ich das bisher gemacht habe, um mich zu zeigen oder zu scheinen, und bin zu dem Schluss gekommen, dass ich in den meisten Gesprächen scheinen wollte.«

Dialogkompetenzen: Herausforderung und Chance

Wenn die Kernkompetenzen in Dialogseminaren reflektiert und geübt werden, wirken sie in der Regel als langfristige Herausforderungen. Viele Studierende benennen konkret ein oder zwei Kernkompetenzen, die sie nachhaltig beschäftigen; manche beobachten *»deren fließendes Ineinandergreifen«:* Dialogische Kompetenzen helfen ihrer Beobachtung nach, *»den Teufelskreis Diskussion zu durchbrechen«,* und sie sehen darin *»Lösungspotenziale für viele Kommunikationsprobleme gerade in Beziehungen«.*

Zentral fühlen sich Teilnehmende angesprochen vom Konzept des »Radikalen Respekts« im Sinn einer ›wurzelhaften‹ Achtung vor anderen, unabhängig von deren Meinungen sowie den eigenen, vielleicht vorschnellen Annahmen über diese Personen. Sie lassen sich im Dialogseminar anders als in vergleichbaren Situationen nicht nur von ihren ersten Eindrücken leiten : *»Vorurteile, die ich am ersten Tag noch hatte, habe ich vor allem durch die Beschäftigung mit den Prinzipien (radikaler Respekt) reflektiert und konnte sie abbauen. Das hat begeistert!«*

»Verlangsamung« und »Suspendieren«, also die Fähigkeit, Annahmen und Bewertungen in der Schwebe zu halten, werden immer wieder als die am meisten beeindruckenden wie herausfordernden Dialogerfahrungen beschrieben – gerade im Kontrast zum universitären Alltag, der nach Meinung der Studierenden die *»Angewohnheit des Blitz-Urteilens«* fördere.

Anfragen und Praxistransfer

Kritische Anfragen beziehen sich häufig auf die dem Dialog impliziten Normen und Werte oder auf die Gegenüber im Dialog: Wie mit Personen umgehen, die solche dialogischen Haltungen nicht kennen, nicht beherzigen oder einem sogar als »argumentative Schwäche« auslegen? Sind Dialogprozesse mit ihrem zeitlichen Aufwand in jetzigen Lebens- und späteren Arbeitsfeldern überhaupt praktizierbar?

Bei manchen Teilnehmenden lösten die Erfahrungen der Dialogprozesse auch *»zwiespältige Gefühle«* aus. *»Ich hatte das Gefühl, dass mir eine pseudo-*

religiöse Variante von Herrschaftswissen aufgetischt werden sollte«, lautet eine der kritischsten Rückmeldungen. Nur zwei Monate später berichtet derselbe Student allerdings, er habe die Grundprinzipien des Dialogs im zerstrittenen Vorstand der Juso-Hochschulgruppe vorgestellt: *»Wir haben zum ersten Mal in diesem Semester einen einstimmigen Beschluss gefasst, nämlich dass wir unsere Vorstandssitzung einmal im Monat als strategischen Dialog führen werden.«*

Dialog für die Schule

Lehramtsstudierende halten *»viele Elemente des Dialogs auch in der Schule für einsetzbar«;* hier reichen die Ideen vom Einsatz einzelner Übungen und Formen (wie Check-in/Check-out) bis zu Dialog-Projekttagen. Dialogkompetenzen werden außerdem als Anregung verstanden, die eigene pädagogische Haltung immer wieder zu überprüfen:

»Geprägt durch meine an der Universität und im Berufsleben gemachten Erfahrungen habe ich es als sehr anstrengend empfunden, mich gerade in der Schule von meinen gewohnten Verhaltensmustern, Einstellungen und ›Rezepten‹ im Umgang mit schwierigen Schülern zu lösen und mir die angesprochenen Kernkompetenzen immer wieder vor Augen zu führen: zu versuchen, einen wirklichen Perspektivenwechsel vorzunehmen, mit Offenheit auch schwierigen Schülern zu begegnen und die Haltung eines Lernenden auch als Lehrende anzunehmen.« (Studentin im 9. Semester)

»Da ist ein weites Feld zu beackern«

Die vielfältigen konstruktiven Anregungen von Teilnehmenden an Dialogprozessen an Universitäten, aber auch anderswo geben Anlass zu der Hoffnung, dass Dialogerfahrungen in verschiedensten persönlichen wie professionellen Kontexten weitergeführt werden: *»Der Dialog ist für mich eine geistige Übung in Sackgassen-Situationen im zwischenmenschlichen Bereich. Und eine Form, festgefahrene Situationen neu zu beleben«* (Student im 12. Semester).

Dialogprozesse zu kultivieren, mit Studierenden *und* Lehrenden, fachspezifisch und interdisziplinär, mit akademischen und nichtakademischen Expert(inn)en, im Rahmen des *Studium generale* an der Universität, als gesellschaftliche und als persönliche Praxis – *»da ist ein weites Feld zu beackern«,* wie eine Teilnehmerin treffend formuliert.

***

In dem vorstehenden Bericht ging es um Dialogrunden, die gezielt als Teil des Studiums im sozialwissenschaftlichen Bereich eingeführt werden, um den Kommunikationshorizont der Studentinnen und Studenten zu erweitern. Das folgende Beispiel greift eine Problematik auf, mit der zahlreiche, wenn nicht gar die meisten Fachbereiche konfrontiert sind: die Problematik ihrer Fachspezifität und die Vermittlung der Erkenntnisse über die Fachgrenzen hinaus. Vielfach, etwa im Bereich der Umweltforschung, werden Projekte in Forschungsverbünden bearbeitet, an denen zahlreiche Fachdisziplinen beteiligt sind, wie z. B. Fächer wie Physik, Chemie, Ökologie, Geologie an einem Verbund zur Klimaforschung. Die Wissenschaftler bringen mit ihren spezifischen Fachkulturen ihre eigenen Fachsprachen, Methoden, Normen, Denkgewohnheiten und mentalen Modelle sowie besondere Perspektiven und Kompetenzen in die Zusammenarbeit ein. Das unterschiedliche Wissen der Disziplinen muss aber auf einen gemeinsamen Nenner gebracht, durch sprachliche Kommunikation mitgeteilt und verstanden werden, andernfalls kommt es nicht zu einer produktiven Zusammenarbeit.

Wenn sich die Fachkulturen im universitären Bereich in interdisziplinären Projekten nicht nur oberflächlich begegnen wollen, bedeutet das auch, dass scheinbar sicheres Fachwissen durch fachfremde Perspektiven in Frage gestellt wird. Das Hinterfragen der eigenen fachlichen Wissensbasis ist besonders dann irritierend, wenn die Beteiligten in der Haltung von Wissenden handeln.

Das produktive Plädieren, die Urteilsvorsicht des Dialogs, erfordert eine nicht apodiktische Sprache. Der »Wissende« dagegen identifiziert sich mit dem Objekt seines vermeintlichen Wissens (s. Galileis Irrtum).

Galileis Irrtum
Ein alternativer Blick auf den Fall Galilei

Dieser Fall scheint nicht nur, wie allgemein angenommen, ein Beispiel für die Wissenschaftsfeindlichkeit der mittelalterlichen katholischen Kirche zu sein. Wieso konnte Nikolaus Kopernikus 50 Jahre vor Galilei in *De revolutionibus orbium coelestium* (1543; Über die Kreisbewegungen der Himmelskörper) sein heliozentrisches Weltbild ohne Zensur publizieren? Osiander, Herausgeber des Werkes von Kopernikus, wusste, dass es im Widerspruch zum christlich-religiösen Dogma stand. Daher schrieb er in seinem (anonymen) Vorwort sinngemäß, dass es sich um eine wissenschaftliche Hypothese handle, die ein nützliches Mo-

dell liefere, mit dem man relativ präzise Aussagen über das Verhalten der Himmelskörper machen könne. Kopernikus gehe aber nicht davon aus, dass dies die »Wirklichkeit« korrekt wiedergebe.
Galilei knüpfte an die These des Kopernikus an, dass die Erde nur ein Planet und die Sonne Mittelpunkt des Weltalls sei.
Kardinal Bellarmino, Ermittler des Vatikans, war möglicherweise ein hochintelligenter und interessierter Mann, dem es Leid tat, dass so intelligente Menschen wie Galilei dafür verurteilt werden sollten, dass ihre Meinung nicht ganz der herrschenden Lehre entsprach. Er schrieb einem Freund Galileis einen Brief mit der Empfehlung, doch die Aussagen als »Hypothesen« und nicht als »Beschreibung der göttlichen Realität« zu formulieren. Galilei ließ sich darauf jedoch nicht ein, sondern hielt daran fest, dass er die Realität beschreibe. Mit dem Kompromiss hätte sein Werk gedruckt und der Prozess vermieden werden können. Und nicht nur das: Galilei hätte bis heute Recht behalten, denn die Sonne ist im Gegensatz zu seiner Auffassung keineswegs der Mittelpunkt des Weltalls – auch wenn es uns so scheint. (Dieses Beispiel verdanken wir Ernst von Glasersfeld.)

»Letztlich wurde weniger geredet, aber mehr voneinander verstanden«. Der Dialog zur interdisziplinären Verständigung in einem Sonderforschungsbereich (SFB)

Seit mehreren Jahren nutzt *Dirk Scheffler* als Psychologe den Dialog für die interdisziplinäre Verständigung unter Wissenschaftlerinnen und Wissenschaftlern. Für ihn ist der Dialog ein Weg, der die »klassische« Kommunikation sinnvoll ergänzt: »Zum einen, weil er prüfende (Selbst-)Reflexion mit persönlichem Respekt verbindet und so einen geschützten Freiraum für das Entwickeln kommunikativer Kompetenzen schafft. Zum anderen, weil er einen klaren Rahmen bietet für bewusste, kollektive Verständigung, in der Fachwissen eher hinterfragt und gemeinsam geteiltes Wissen erzeugt werden kann.«

Dirk Scheffler sammelte Erfahrungen mit dem Dialog im Rahmen eines Sonderforschungsbereichs und im Rahmen der Lehre, wo er den Dialog als Ansatz zur Entwicklung kommunikativer Kompetenzen einsetzt. Hier berichtet er über ein Dialogseminar mit wissenschaftlichen Mitarbeiterinnen und Mitarbeitern in einem Sonderforschungsbereich.

Kontext und Situation

Sonderforschungsbereiche sind ein Instrument der Deutschen Forschungsgemeinschaft (DFG) zur Förderung langfristiger, innovativer Forschungsvorhaben. Hierfür müssen sich mindestens zehn Teilprojekte aus unterschiedlichen Fachbereichen einer Universität freiwillig zusammenschließen, um eine disziplinübergreifende Fragestellung in zwölf Jahren gemeinsam zu bearbeiten.

In diesem Fall waren viele wissenschaftliche Mitarbeiter eines SFBs angesichts hochgesteckter Erwartungen mit ihren Möglichkeiten, tatsächlich integrativ zusammenzuarbeiten, unzufrieden. Sie wollten eigene Ideen für mehr fachübergreifende Zusammenarbeit entwickeln, um so die Weiterförderung des SFBs und damit den Bestand ihrer Arbeitsplätze zu sichern. Die Mitarbeiterinnen und Mitarbeiter hatten von meinem Angebot, Dialoge durchzuführen, gehört und baten mich, ihre Ideenentwicklung als Dialog zu gestalten. Nach einem Vorgespräch waren wir uns einig, einen Nachmittag für das vor allem praktische Kennenlernen des Dialogansatzes zu verwenden. Der Nachmittag sollte einen kreativen und ungewöhnlichen Startpunkt für die Entwicklung eigener Ideen setzen. Als Thema wählten wir »Interdisziplinäre Zusammenarbeit im SFB – heute und morgen«.

Vorgehen

Zum Dialog-Workshop kamen zwölf von ca. 26 Mitarbeitenden des SFBs mit vorwiegend geowissenschaftlichem Hintergrund. Der Workshop dauerte von 14.30 bis 19 Uhr und fand in einem Seminarraum-Container der Universität statt. Der Nachmittag war in die Phasen »Einstieg«, »praktische Vertiefung« und »Dialog« strukturiert:

In der Einstiegsphase präsentierte ich kurz die Ziele, Wurzeln und Kernkompetenzen des Dialogansatzes. Am Beispiel der *Leiter der Schlussfolgerungen* begann darauf der praktische Einstieg mit einer Übung zur Unterscheidung von Beobachten und Bewerten. Neben dieser grundsätzlichen Unterscheidung sollte das Bewusstsein dafür geschärft werden, wie wichtig und einflussreich Vorannahmen für unsere Verständigung und den Verlauf von Gesprächen sind. Hierfür wählte ich die *Linke-Spalte-Übung* (s. auch *Miteinander denken*, S. 259 ff.). Die Mitarbeiterinnen des SFBs bildeten Zweiergruppen und analysierten entsprechend der Übung eine unbefriedigend verlaufene, möglichst interdisziplinäre Ge-

Leiter der Schlussfolgerungen

Linke-Spalte-Übung

sprächssituation. Die gemeinsame Auswertung fand in der Gesamtgruppe statt und thematisierte den Einfluss eigener Annahmen für die fachübergreifende Verständigung im SFB.

Die praktische Vertiefungsphase bestand in der Übung *Gemeinsam Geschichten spinnen* (s. Dialog-Werkstatt, S. 381). Die Mitarbeitenden sollten in Vorbereitung auf die eigentliche Dialogrunde erfahren, wie sie es erleben, miteinander ein Gespräch entstehen zu lassen, konzentriert zuzuhören sowie eigene Ergebnisvorstellungen und Sichtweisen loszulassen. Reflektiert wurde, wann bei dieser Übung ein »roter Faden« entsteht, wie es ist, eigene Erzählideen nicht verwirklichen zu können, und wie sich das Zuhören bei der Übung von anderen Gesprächen unterscheidet.

Gemeinsam Geschichten spinnen

Nach einer Pause folgte die Dialogrunde. Den Ablauf der Dialogrunde und die Bedeutung des Redesteins, der Kerze und der Blumen als Mitte des Stuhlkreises hatte ich zu Beginn erläutert. Als Redestein verwende ich gerne eingefilzte Steine und als Blume die Iris, die nach der Götterbotin aus der griechischen Mythologie benannt ist, die über den Regenbogen geht, um Botschaften zwischen den Welten zu vermitteln.

Der Dialog begann mit einer Check-in-Runde, in der alle zunächst eine Frage stellen konnten, die ihnen in Bezug auf das Thema *Interdisziplinäre Zusammenarbeit im SFB – heute und morgen* wichtig war. Anschließend wurde der Redestein frei in die Mitte gelegt. Für das Üben der Kernkompetenzen erhielten alle Handzettel mit Anregungsfragen, die besonders das Üben der Kompetenzen »Meinungen in der Schwebe halten« und »Lernende Haltung einnehmen« unterstützen sollten. Der Dialog endete mit einer Check-out-Runde nach ca. 90 Minuten.

Beobachtungen

Bei der *Linke-Spalte-Übung* wurde allen – zum Teil erneut – klar, dass es vielfältige Gründe für Missverständnisse gibt, die nicht nur in der fachlichen Sicht liegen, sondern oft auch mit der Person und ihrer augenblicklichen Situation zu tun haben. Interessanterweise wurde der Einfluss der eigenen Annahmen auf die Verständigung meist unterschätzt.

Auffällig bei der Übung *Gemeinsam Geschichten spinnen* war, dass einige Gruppen mit viel Freude eine gemeinsame Geschichte mit rotem Faden erzählten, während es bei anderen Kämpfe um Schauplätze, Ereignisse und Akteure gab. Ein Teilnehmer berichtete, dass ihm sehr bewusst geworden sei, wie schwer es war, eigene Ideen loszulassen. Das Erzählen war dadurch für ihn geradezu zu einem sportlichen Ringen um den Verlauf der Erzählung geworden. Besonders einprägsam war vielen Mitarbeitern die Intensität ihres Zuhörens, weil sie ständig erwarteten, dass – durch In-die-Hände-Klatschen – der Wechsel zu einem anderen Erzähler angezeigt würde. Dies führte bei einigen dazu, dass eigene Assoziationen beim Zuhören nur registriert, aber nicht festgehalten oder weiterverfolgt wurden, denn je nach Verlauf der Erzählungen passten sie im Moment des Wechsels nicht mehr. An ihnen lange festzuhalten machte also wenig Sinn und behinderte eher die eigene Kreativität. Für eine interdisziplinäre Verständigung bedeutet dies aus meiner Sicht, dass bereits achtsames Zuhören den einen dazu verhelfen kann, sich von fachlichen und persönlichen »Scheuklappen« zu befreien, bei anderen dagegen das unvoreingenommene Äußern von Ideen fördert. Obwohl die Übung relativ dynamisch (durch den raschen Erzählwechsel nach ca. 1 Min.) und kurz ist, kann sie ein »Mini-Dialog« werden, in dem viele Schwierigkeiten und Qualitäten des Dialogs erfahrbar sind.

In der eigentlichen Dialogrunde trug das Formulieren von Fragen beim Check-in offensichtlich dazu bei, eine *erkundende Haltung* einzunehmen und weniger für bestimmte Meinungen zu plädieren. Die Beiträge drehten sich um zwei bis drei Themen. Der Prozess strukturierte sich in »hitzige« Phasen mit schnellerem Wechsel des Redesteins zwischen drei bis vier Beteiligten und in Phasen, in denen der Redestein längere Zeit frei liegen blieb und offenbar intensive innere Dialoge stattfanden. In den verlangsamten Phasen ergriffen eher diejenigen den Redestein, die sich bislang zurückgehalten hatten.

Nach einer guten Stunde entstand – wie in solchen Dialogrunden fast immer zu beobachten ist – ein ausgedehnteres Schweigen, die Blicke der Teilnehmenden waren offen fragend oder ließen erkennen, dass sie in Gedanken versunken waren. Für mich als Begleiter ist dies immer eine markante Phase im Prozess, an der sehr häufig über das Bisherige hinausführende Fragen geäußert werden, wie z. B.: »Wenn es so ist, wie wir gerade festgestellt haben, dann müssten wir doch ...« oder »... dann frage ich mich ...« In diesem Fall wurde der kollektive Dialog mit der Frage weitergeführt, was man denn jetzt gemeinsam unternehmen könne. Dies führte zu sehr konkreten Beiträgen, denen viele zustimmen konnten.

Beim Check-out zeigten sich die meisten Mitarbeiterinnen und Mitarbeiter beeindruckt von der Ruhe des Gesprächs und der Konzentration auf die Beiträge. Ein Mitarbeiter sagte: »Ich habe das so noch nicht erlebt, so ganz in Ruhe in einer großen Gruppe konzentriert miteinander zu sprechen. Letztlich wurde weniger geredet, aber mehr von sich gesagt und mehr voneinander verstanden als sonst.«

Ein Mitarbeiter war zunächst irritiert von den Symbolen Kerze und Blume, die ihn stark an vergangene Zeiten regelmäßigen Kirchgangs erinnerten und Abwehrgefühle auslösten. Es sei fast wie bei den Andachten gewesen. Im Verlauf des Dialogs konnte er sich aber von seinen abwehrenden Gefühlen lösen und entdeckte für sich die beruhigende und Orientierung gebende Kraft der in der Mitte stehenden Symbole. Sie hätten ihm geholfen, sich zu konzentrieren und seine Gedanken zu sammeln, so dass die Symbole für ihn nicht mehr negativ besetzt seien.

Zwischen Skepsis und Optimismus

In dieser Art habe ich den Dialog, mit leichten Abwandlungen, im wissenschaftlichen Bereich mehrmals angewendet. Die Auswertungen ergeben immer wieder, dass insbesondere die Dialogrunde ungewohnte Eindrücke ermöglicht, die bei vielen die Vorstellungen darüber erweitern, wie Verständigung in Gruppen möglich sein kann. Meist können die Teilnehmenden selbst recht gut einschätzen, wann solche Dialogrunden für ihre Arbeit hilfreich sein können: etwa wenn der Dialog als Mittel zur Vorbereitung von Entscheidungen oder zur kreativen Öffnung zu Beginn von konzeptionellen Phasen in der Forschung dient (wie z. B. dann, wenn die Einrichtung von SFBs beantragt werden soll). Auch arbeitsbegleitend können Dialoge sinnvoll sein, etwa zur Vertiefung des gegenseitigen Verständnisses in Forschungsprogrammen und zur Förderung der kommunikativen Kompetenzen.

Dennoch sind die wissenschaftlichen Mitarbeiterinnen und Mitarbeiter skeptisch, wenn es darum geht, sich Dialoge gemeinsam mit ihren Professorinnen bzw. Professoren im SFB oder in den eher »feudalen« Strukturen vieler universitären Abteilungen konkret vorzustellen. Dies sei mit einzelnen Lehrenden denkbar, so meinen viele, aber in größeren Forschungsprogrammen wie SFBs oder in Graduiertenkollegs mit mehreren Professoren gehe es nur auf einer Hierarchiestufe. Aus meiner Erfahrung gibt es aber sehr wohl eine Chance – nämlich dann, wenn angemessener Druck und viel Offenheit oder Neugier vorhanden sind, um sich auf neue Wege der Verständigung einzulassen, und der richtige Zeitpunkt dafür gewählt wird, also etwa wenn die Anträge zur Einrichtung oder Weiterförderung eines SFBs entwickelt werden.

Dialogfähigkeit als Kompetenz und Haltung einer neuen Lernkultur

Gespräch mit Horst Siebert

Nach diesen Praxisbeispielen der Dialogarbeit im universitären Raum wenden wir uns im Gespräch mit Horst Siebert *den Voraussetzungen zu, die eine grundsätzlich dialogische Haltung ermöglichen, den Voraussetzungen für Dialogfähigkeit. Horst Siebert ist Lehrstuhlinhaber und Leiter des Instituts für Erwachsenenbildung an der Universität Hannover. Er gilt als einer der einflussreichsten Vordenker seines Fachgebiets und hat zahlreiche Publikationen zu aktuellen Entwicklungen im Weiterbildungssektor veröffentlicht. In diesem Gesprächsauszug geht Siebert auf die Bedeutung des Dialogs als Element eines Paradigmenwechsels ein.*

Hartkemeyer: *Herr Siebert, welche Bedeutung hat für Sie der Dialog?*

Dialoge sind gleichsam existenzielle Schlüsselsituationen.

Siebert: Der Dialog ist ein zentrales Thema der abendländischen Philosophie von Sokrates bis Martin Buber, von Gadamer bis Habermas. Der Dialog ist nicht nur eine Kommunikationsform, sondern ein Modus menschlicher Identität und des gesellschaftlichen Miteinander. Im Gespräch mit anderen kommen wir zu uns selbst, entwickeln unser Selbstbewusstsein, erleben unsere Zugehörigkeit zu einer Verständigungsgemeinschaft, erzeugen eine Welt, die wir mit anderen teilen und die sich dadurch als viabel, als vernünftig erweist. Der Dialog hat somit eine persönliche, eine soziale und eine politische Dimension. Dialoge sind bislang eher seltene, intensive, ganzheitliche Phasen, in denen wir uns neue Wirklichkeiten erschließen. Dialoge sind gleichsam existenzielle Schlüsselsituationen.

Im universitären Bereich scheint der Dialog eine nicht sehr häufig praktizierte Gesprächs- und Denkform zu sein!

Siebert: In den kritischen 70er Jahren wurde »kritisches Bewusstsein« an Universitäten häufig als Kunst des gewollten Missverstehens praktiziert. Dialogfähigkeit und -bereitschaft sind nicht nur eine kommunikative Kompetenz, sondern eine Haltung, und zwar:

a) sich selbst gegenüber als Bewusstsein der eigenen Konstruktivität des Erkennens,
b) anderen gegenüber als wechselseitige Anerkennung, aber auch als ernsthaftes Interesse am anderen und auch am Andersdenkenden, und
c) als Weltoffenheit, auch als Mitverantwortung für die Umwelt.

Damit rückt der Dialogbegriff in die Nähe des Bildungsbegriffs im Sinne Hartmut von Hentigs: die Menschen stärken und die Sachen klären.

Angesichts wachsender Individualisierungs- und Pluralisierungsprozesse sowie damit verbundener Sprachbarrieren und Milieuunterschiede kommt dem Dialog zwischen den Generationen, zwischen den Geschlechtern, zwischen den Kulturen eine große gesellschaftspolitische Bedeutung zu. Die Sozialforschung hat deutlich gemacht, dass Ängste, Aggressionen, Vorurteile gegenüber anderen Gruppen zunehmen, je weniger Gespräche zwischen älteren und jüngeren Generationen, zwischen Menschen unterschiedlicher Kulturen stattfinden – und dass sich so desto mehr Konflikte und sozialer Sprengstoff entwickeln.

Je weniger Gespräche desto mehr Konflikte.

Insbesondere die Politik scheint den Dialog nicht als Mittel der Wahl entdeckt zu haben.

Siebert: Obwohl der Dialogbegriff auch politisch in aller Munde ist – als Bürgerdialog, ökologischer Dialog, Dialog mit der Jugend, Dialog zwischen den Kulturen und Religionen –, unterliegt Politik anderen Regeln und Rationalitäten. Dabei stelle ich nicht die Dialogbereitschaft einzelner Politiker und Politikerinnen in Frage, sondern ich denke an Politik als System, an die politischen Strukturen.

Anderseits steht es auch um die politische Kultur der Öffentlichkeit nicht zum Besten. Die vorherrschende Mentalität scheint die der permanenten Besserwisser, der »terribles simplificateurs« zu sein. Der Soziologe *Ulrich Beck* stellte für die 90er Jahre fest: »An die Stelle des Gleichgewicht des Schreckens tritt das Gleichgewicht der Nörgler – alle sind uneins mit allem und allen.«

Gerade aufgrund der großen gesellschaftlichen Herausforderungen wäre ein tieferer gesellschaftlicher Dialog doch eine soziale Basis für Reformschritte, die heute für viele in nicht nachvollziehbarer Form hereinbrechen. Ist gesellschaftliche Entwicklung demokratischen Charakters nicht auf diese Weise gefährdet?

Siebert: Ja, haben wir in der politischen Bildung der 70er Jahre mehr Kritikfähigkeit eingeklagt, so müssen wir heute angesichts der Komplexität der politischen Probleme für mehr Urteilsvorsicht plädieren, für mehr Nachdenklichkeit anstelle der radikalen Lösungen ohne Rücksicht auf unkalkulierbare Folgen und Nebenwirkungen.

Mehr Urteilsvorsicht, mehr Nachdenklichkeit

Wo gibt es aus Ihrer Sicht Beispiele, die zeigen können, dass es auch anders geht?

Siebert: In der Tat lässt sich das Dialogprojekt als Bestandteil eines weltweiten Paradigmenwechsels betrachten. So zeichnet sich im Bildungssektor, aber auch in der Managementwissenschaft, Organisationsentwicklung und Psychotherapie sowie in Ansätzen auch in der Politik eine Akzentverschiebung von einem normativen zu einem interpretativen Weltbild (Paradigma) ab. Stichworte für diese Wende der Wahrnehmung sind:

- Abschied von einem technologischen Machbarkeitswahn und Aufwertung von Selbstorganisation;
- Abschied von linearen Steuerungsmodellen und Aufwertung zirkulärer Wirkungsnetze (Deregulierung);
- Abschied von dogmatischen Wahrheitsansprüchen und Anerkennung einer Pluralität von Wirklichkeitskonstruktion;
- weg von der Informationsgesellschaft (mit ihrer entmündigenden Informationsfülle) und hin zu einer Kommunikations- und Lerngesellschaft;
- Verzicht auf permanente Belehrungsversuche und Ermöglichung von selbstständigen (autopoietischen) Erkenntnisprozessen;
- Verzicht auf zu viele Antworten – Verständigung auf relevante Fragen;
- nicht nur Reden lernen, sondern Zuhören lernen (auch sich selbst und die Natur »vernehmen«);
- statt permanenter Beschleunigung die Unterstützung von Entschleunigung – auch in der Bildungsarbeit.

DER DIALOG IN DER ARBEITSWELT

Vielfach haben die Menschen heute den Eindruck, dass ihre Arbeitswelt sowohl in der privaten Wirtschaft als auch in der öffentlichen Verwaltung komplizierter geworden ist. Sie klagen, dass die Aufgabenfelder immer größer werden und die Anforderungen steigen, dass sie Arbeiten immer schneller und immer genauer erledigen sollen. Zugleich wachsen die Ansprüche an die soziale Kompetenz im Umgang mit den Kundinnen und Kunden. Insofern ist der Bedarf einer veränderten »Betriebskultur« in Organisationen und Institutionen offenkundig.

Dialog in Kommunen und Genderdialog

Heike Gumpert, Pädagogin, Dialogprozess-Begleiterin und Gendertrainerin, hat Dialogprozesse in der Weiterbildung und bei Gendertrainings mit Verwaltung und Gewerkschaft sowie als kürzere Einheiten im Rahmen von Fachveranstaltungen eingesetzt. Sie berichtet im Bezug auf diese drei »Einsatzfelder« des Dialogs von Erwartungen, Chancen für die Entwicklung einer anderen Gesprächskultur und Grenzen, die sie erlebt hat.

Stadtverwaltungen: Enttäuschungen und konkreter Leidensdruck

Adressaten für meine Dialogseminare sind mittlere Führungskräfte, Sachbearbeiterinnen und Sachbearbeiter aus dem kommunalen Bereich. Entsprechend orientiere ich mein Seminarkonzept auf die Gestaltungsmöglichkeiten der aktuellen Arbeits- und Kommunikationssituation hin. Im Folgenden stelle ich den Einsatz des Dialogs in einer Stadtverwaltung, in Gender-Diskursen sowie im Verlauf von Fachtagungen vor.

Nach den Erfahrungen, die ich bei der Einführung des Dialogs in Stadtverwaltungen gemacht habe, wollen die Teilnehmenden weniger wissen, was der Dialogprozess im Detail ist, sondern sie erhoffen sich eher Hilfe für die Praxis, sie kommen mit Enttäuschungserfahrungen und einem konkreten Leidensdruck in die Dialogveranstaltungen. Das hat seine Ursache wohl darin, dass die Arbeits- und Kommunikationssituation in den krisengeschüttelten Kommunalverwaltungen häufig zu wünschen übrig lässt. Mein Angebot an die am Seminar Teilnehmenden lautet deshalb, mit dem Praktizieren des Dialogs an der Verbesserung der Gesprächskultur in ihrer Institution zu arbeiten.

Inhaltlich binde ich meine Einführungen in die Erfordernisse des Dialoglernens möglichst nah an konkrete Erfahrungen und Konflikte des Arbeitsalltags an. So fokussiere ich z. B. die *Linke-Spalte-Übung* bewusst auf Gesprächssituationen im betrieblichen Alltag.

Die Erfahrungen damit waren durchweg gut. In einem Fall führte dies im Verlauf der Dialogeinführung zur Offenlegung von sehr persönlichen Mobbing-Erfahrungen eines Teilnehmers. Das wurde von den Kolleginnen und Kollegen aus derselben Verwaltung mit großer Betroffenheit, sehr empathisch und unterstützend aufgenommen, auch noch nach dem Dialogseminar.

Eine andere Seminargruppe aus einer Stadtverwaltung organisierte – beflügelt durch die Dialogerfahrung – nach dem Seminar über ein Jahr lang regelmäßige Dialogrunden außerhalb der Dienstzeiten und in eigener Regie. Bisher nicht verwirklichen ließ sich allerdings mein Wunsch – in Anknüpfung an Fortbildungsveranstaltungen dieser Art – durch die Verwaltung veranstaltete, länger dauernde Dialogprozesse zu initiieren und zu begleiten.

Genderdialog

»Gender Mainstreaming« ist eine geschlechterpolitische Strategie, die, von den internationalen Frauenkonferenzen erarbeitet, schon geraume Zeit in der Entwicklungspolitik Anwendung findet. Von dort ist sie Ende der 90er Jahre in die Programmatik und Politik der EU und ihrer Mitgliedsländer übernommen worden. Die Definition des Europarates von 1998 lautet: »Gender Mainstreaming besteht in der (Re-)Organisation, Verbesserung, Entwicklung und Evaluierung von Entscheidungsprozessen mit dem Ziel, dass die an politischer Gestaltung beteiligten Akteure und Akteurinnen den Blickwinkel der Gleichstellung in allen Bereichen und auf allen Ebenen einnehmen.«

Ein breites gesellschaftliches Problemfeld ist die Durchsetzung der Gleichberechtigung von Mann und Frau. Dieses »Gender Mainstreaming« gewinnt zunehmend als Politikziel und Methode zur Realisierung der Chancengleichheit von Männern und Frauen in allen gesellschaftlichen, politischen und wirtschaftlichen Prozessen Bedeutung. Auch so genannte »Gendertrainings« für Fach- und Führungskräfte in der Öffentlichen Verwaltung und in zivilgesellschaftlichen Organisationen suchen diesem Ziel Rechnung zu tragen.

Ich habe mit dem »Genderdialog« einen Seminartyp entwickelt, der die Vermittlung von Gender-Wissen, die Sensibilisierung für Geschlechterfragen und den Dialog zu verbinden sucht. Der Impuls hierzu entstand aus der kritischen Reflexion meiner Erfahrungen in der Frauen- und Gleichstellungspolitik. Dabei hat mich die Erfahrung geleitet, dass die Behandlung von Geschlechterfragen im öffentlichen Raum von Verwaltung und Politik vielfältige Widerstände, Ängste, Ärger und Enttäuschungen aktiviert, die sachgerechten Entscheidungen im Wege stehen. Eigentlich geht es bei Gender-Mainstreaming vorrangig um Veränderungen in der Facharbeit, in der Politik und in der Personalentwicklung. Aber die Thematik berührt bei jedem und jeder auch sehr persönliche Erfahrungen und Gefühle. Dieser Umstand ruft förmlich nach sicheren »Räumen« für Selbstreflexion und das verlangsamte, vertrauensvolle Gespräch zwischen den Geschlechtern.

Meine ersten Erfahrungen sammelte ich in gewerkschaftlichen Seminaren, in denen mein Partner und ich Elemente von Gendertrainings, des Dialogs und von *Open Space* (s. auch Kap. 8, S. 313 ff.) miteinander verbanden. Den Dialog als eine erlernbare Form vertiefter Kommunikation erprobten wir gemeinsam mit den Teilnehmenden im offenen Rahmen von Elementen der Konferenzmethode *Open Space*. Fragen in diesen Seminaren waren beispielsweise: Wie kommen Männer und Frauen besser und nachhaltiger ins Gespräch? Sind unsere Bilder von Männlichkeit und Weiblichkeit immer förderlich für die gemeinsamen gewerkschaftlichen Vorhaben? Wie kann es (geschlechter-)demokratischer werden im Betriebs- und Personalrat, in Betrieben und Verwaltungen und in der Gewerkschaft? Gibt es überhaupt geschlechtsneutrale Entscheidungen in Verwaltungen und Institutionen?

Für einige Teilnehmende aus dem gewerkschaftlichen Umfeld waren dies eher ungewöhnliche Seminare, und sie behielten bis zum Schluss eine skeptische Distanz, andere waren sehr froh über diese neue Form intensiver und ruhiger Begegnung zwischen Frauen und Männern.

Dialogische Gesprächsrunden im Rahmen von Fachveranstaltungen

Eine weitere Anwendungsform des Dialogs hat sich aus praktischen Anforderungen in größeren Fachtagungen entwickelt. Hier habe ich gute Erfahrungen mit dem Einbau von dialogischen Gesprächsrunden gemacht. Diese dauern, zusammen mit einer kurzen Einführung in wichtige Regeln und Vereinbarungen für einen guten Dialog, nicht länger als zwei bis zweieinhalb Stunden.

Durch dialogische Gesprächsrunden gelang es z.B. in einem mehrtägigen Workshop über »Gender Mainstreaming«, das befürchtete »Hick-Hack« und ein Energie raubendes Sich-Abarbeiten an Hierarchien und Konkurrenzen zwischen Wissenschaftlerinnen, Beratern und Gender-Expertinnen zu vermeiden. Im Workshop wurden diese Dialogrunden gezielt im Wechsel mit ergebnisorientierter Diskussion eingesetzt. Dies war auch den Teilnehmerinnen angekündigt worden, was sicher dazu beitrug, dass sie sich leichter auf das Experiment »Dialog« einlassen konnten.

»Es gelang, das befürchtete Hick-Hack zu vermeiden.«

Die räumlichen Verhältnisse unterstützten den Wechsel der Arbeits-Settings: In einem recht großen Raum befand sich ein Stuhlkreis mit einem Zentrum aus Blumen, Klangschalen, Kerze und Redestein, darum herum einige Plakate mit Bildern und Texten zum Nachdenken. Daneben gab es im gleichen Raum den üblichen Konferenztisch mit Frontseite für die jeweils Vortragenden sowie einen Overhead-Projektor und Flipchart.

Wir Veranstalterinnen hatten zunächst befürchtet, die Dialogrunden würden nicht angenommen werden. Tatsächlich entwickelte sich der Workshop aber so, dass es nach den Dialogerfahrungen gar nicht mehr so viel Bedarf gab, in die »Konferenz-Ecke« zu gehen. Aber auch dort bekam die »weichere«, dialogische Form der Auseinandersetzung – Verlangsamung, ausreden lassen, nachfragen etc. – jetzt mehr Raum. Der erste Dialogprozess hatte offensichtlich zu der Erkenntnis geführt, dass das Gemeinsame und Verbindende zwischen den Teilnehmerinnen, nämlich ihr Engagement für eine fortschrittliche Geschlechterpolitik in Gesellschaft und Politik, doch stärker als das Trennende war. Gegen Ende des Seminars entstanden aus diesem Klima heraus eine Reihe von kreativen Ideen für die Weiterarbeit der Gruppe.

***

Diese positive Wirkung, die kurze Dialogeinheiten in herkömmlichen Tagungszusammenhängen haben können, ist kein Einzelfall. Mehrfach haben auch wir Ähnliches erlebt und es wurde uns von anderen Prozessbegleiterinnen berichtet. Vielleicht ein Ansporn, bewusster und mutiger auch kleine Schritte zur Veränderung einer unbefriedigenden Gesprächskultur auszuprobieren?

Personalentwicklung und Qualitativer Entwicklungs-Dialog (QED)

Andrea Raulinat, Leiterin des Hamburger Personal- und Organisationsentwicklungs-Instituts *alsterdialog*, berichtet aus einem anderen Umfeld, wo Menschen mit und ohne Behinderung im Dialog miteinander lernen und arbeiten. Sie bildet im Institut *alsterdialog* der *Evangelischen Stiftung Alsterdorf* Gruppenleiter und -leiterinnen fort, die Menschen mit geistiger Behinderung und psychischer Erkrankung über Arbeit rehabilitieren. Für diesen Rehabilitationsauftrag entwickelte sie ein dialogisches Instrumentarium, das keine defizitorientierte Funktionsdiagnostik beinhaltet, sondern die Potenziale und Entfaltungsmöglichkeiten der zu begleitenden Menschen – mit unterschiedlichsten Behinderungen – besonders im Blick hat und somit ressourcenorientiert ist. Entstanden ist daraus das komplexe System des *Qualitativen Entwicklungs-Dialogs*. Dieses Instrumentarium ist im *QED PraxisBuch* in Theorie und Anwendung beschrieben (Raulinat 2003). 30 Autorinnen und Autoren haben daran mitgeschrieben. QED wird als Instrumentarium inzwischen in vier Werkstätten für behinderte Menschen umfassend angewendet. In diesem Verfahren basieren die Haltung, die verbindliche Struktur und das Handeln auf den dialogischen Kernfähigkeiten, die somit zum Fundament der Arbeit des Instituts und der Rehabilitationsarbeit dieser Werkstätten geworden sind. Andrea Raulinat gibt einen Einblick in die Multiplikatoren-Ausbildung und in den Nutzen der Anwendung für die Menschen mit Behinderung.

»Fish bowl«-Dialog

In der Einführung und Anwendung des QED-Konzepts gab es verblüffende und nicht planbare Effekte, die Entwicklungsmöglichkeiten im Sinne der Dialogkompetenzen deutlich werden ließen. Hier einige beispielhafte Szenen:

Alle Leitungskräfte sind verpflichtet, an den Qualifizierungen zur Einführung von QED teilzunehmen. Das bedeutet eine besondere Herausforderung und Lernchance. Während sich Arbeitsgruppen zu einem speziellen Thema bilden sollten, signalisierte eine Gruppenleiterin, dass sie gern in der Arbeitsgruppe der fünf anwesenden Vorgesetzten mitarbeiten würde. Dies wurde von einem der Vorgesetzten spontan und deutlich abgelehnt, woraufhin sich die Gruppenleiterin in eine Gruppe von Kollegen einbrachte. Die durch die Ablehnung erlebte Verletzung war aber dadurch nicht ungeschehen geworden. Nach der Arbeitsgruppenarbeit thematisierte der anwesende Betriebsrat den Vorfall, der Geschäftführer rechtfertigte die Entscheidung. Ein guter Anlass für einen Dialog. Die Kernkompetenzen waren bereits eingeführt worden.

Alle waren bereit, den Konflikt mit Hilfe des Dialogs in der Form des *fish bowl* zu bearbeiten. Geschäftsführer, Betriebsrat, Gruppenleiterin und Vorgesetzter waren Betroffene und saßen somit im innere Kreis. Jeder schilderte zunächst aus seiner Perspektive die Situation, die Gründe für sein Handeln und seine Gefühle aufgrund der Reaktionen.

Fish bowl: die Betroffenen sitzen im inneren Kreis, alle anderen Kursteilnehmerinnen und -teilnehmer sitzen ohne aktive Beteiligung im äußeren Kreis.

Deutlich wurde, dass die Gruppenleiterin, die die Ablehnung erfahren hatte, daran interessiert war zu erleben, wie Leitungskräfte in Arbeitsgruppen mit dem gestellten Thema umgehen. Der Betriebsrat sah in der Ablehnung eine typische Reaktion nach dem Motto »Ihr da unten, wir da oben«. Der Geschäftsführer wollte sich nicht vorschreiben lassen, mit wem er zusammenarbeiten sollte, und wollte die Schulung einfach nutzen, um in Ruhe mit Hilfe der eingeübten Denkmodelle Führungsthemen mit seinen Leitungskollegen zu bearbeiten. Gefühle von Verletztheit, Verärgerung, aber auch Fassungslosigkeit (»So ein kleines Nein wird so ein großes Thema ...«) kamen auf.

Dadurch, dass die eigentlichen Anliegen herausgefunden und die Betroffenheit der anderen wahrgenommen wurden, wurde es möglich, eine »weiche« Atmosphäre zu schaffen, in der dann eine Vorgehensweise für ähnliche Situationen entwickelt werden konnte. In diesem beispielhaften Lernprozess wurden allen Anwesenden Einblicke in das Erleben der anderen Beteiligten ermöglicht, ohne dass es zu den üblichen Schuldzuweisungen kam.

Zuhören praktizieren

»Sokratischer Spaziergang«: Zwei Personen gehen eine halbe Stunde miteinander; zehn Minuten spricht der eine über ein verabredetes Thema, der andere darf nur zuhören. Danach fasst der Hörende in etwa fünf Minuten zusammen, was er verstanden hat – ohne dass der Sprecher dies ergänzt. Dann wechseln die Rollen.
Im Anschluss wird im Plenum der Prozess reflektiert.

In einer anderen Schulung hatten alle die Aufgabe, nach einer sehr dichten Präsentation von Arbeitsgruppenergebnissen einen »Sokratischen Spaziergang« zu unternehmen. Nach dieser Übung war ein Leiter einer Werkstatt für behinderte Menschen so beeindruckt, dass er beschloss, künftig seine Personalgespräche so zu führen. Diesen Beschluss verkündete er auch öffentlich vor ca. 160 Mitarbeitern seines Bereichs auf einer Großgruppenveranstaltung zum Thema »Dialog«.

Dialogkarten als Erinnerung und Aufforderung

In diesen Schulungen und auch bei Einzelcoachings benutze ich sehr häufig die Karten mit den zwölf Aspekten des Dialogs. Daraus sind beeindruckende Werkzeuge für Führungskräfte geworden. Die zwölf Aspekte des Dialogs erweisen sich beispielsweise für den Gesprächsstil einer Dienstbesprechung als sinnvoll und konstruktiv.

In einer Einrichtung, die QED anwendet, werden die Karten in Konferenzen der Leitenden auf dem Tisch verteilt. Jeder wird für diese Konferenz zum »Hüter« der Dialogkompetenz, die auf der vor ihm liegenden Karte dargestellt ist. Auf diese Weise sind die Aspekte immer präsent, und jeder Hüter einer Karte achtet auf der Handlungsebene darauf, was es bedeutet, sie anzuwenden, oder darauf, wo die ihm anvertraute Qualität noch vermisst wird.

Werner Ratering hat eine Postkarten-Mappe mit den dialogischen Kernfähigkeiten herausgegeben und dabei auch die Aspekte »Empathie« und »Verbundenheit« aufgenommen. Die Original-Bilder hängen im Institut »alsterdialog«.

Kleine Schritte mit kleinen Karten – dialogische Elemente als Erinnerung im Alltag – so können dialogische Kompetenzen als Idee präsent und als Qualitäten spürbar werden und können vielleicht tatsächlich die Gesprächskultur nachhaltig verändern.

QED und der Nutzen für die Menschen mit Behinderung

In der verbindlichen, dialogischen Struktur von QED wird im Team und mit dem Beschäftigten (so werden die Menschen mit Behinderungen und psychischer Erkrankung in Werkstätten genannt) herausgefunden, wie ein Mensch sich zeigt, warum er sich so zeigt und welches die Rahmenbedingungen sind, in denen er seinen individuellen nächsten Entwicklungsschritt gestalten und umsetzen kann. Auf diese Weise sind scheinbar ganz kleine, aber subjektiv sehr bedeutende und auch sehr umfangreiche Entwicklungsmaßnahmen entstanden.

- So wurde für einen Beschäftigten, der in seiner Gruppe von seinen Mitbeschäftigten kaum wahrgenommen wurde, eine Maßnahme entwickelt, die ein Begrüßungsritual mit Patenschaften beinhaltete: Jede Woche übernahmen zwei Mitbeschäftigte die Aufgabe, ihn morgens namentlich zu begrüßen und sich selbst auch namentlich vorzustellen und ihm während der Woche zur Seite zu stehen. Nach einem halben Jahr kannte der Beschäftigte jeden in der Gruppe, und jeder kannte ihn. So war die Basis geschaffen, dass er sich als Mitglied dort wohl und zugehörig fühlen und den nächsten Schritt einer beruflichen Tätigkeit lernen konnte.
- Eine andere Beschäftigte war sehr kommunikativ und hatte einen sehr guten Orientierungssinn. Ein Mitbeschäftigter konnte gut mit Geld bis zu 100 € umgehen. Beide wollten eine neue, wichtige Aufgabe erlernen. So haben wir einen Brötchenservice entwickelt. Morgens machen beide zusammen in der Küche belegte Brötchen fertig, die sie dann auf dem Flur, wo sich die Verwaltung der Werkstatt befindet, verkaufen. So lernen sie beide die vielen Bestimmungen beim Belegen und Fertigmachen von Brötchen, und sie lernen den Verkauf und die Kundenorientierung bei einem solchen Verkauf. Diese Maßnahme gibt sehr viel Selbstbewusstsein.
- Für einen Beschäftigten, der davon träumte, Schriftsteller zu werden und damit Ruhm zu erlangen, wurde der erste kleine Schritt hin zur Verwirklichung dieses Traums entwickelt: Er schreibt jetzt auf der Schreibmaschine kleine Mitteilungen nach kurzen Stichworten, die ihm von seinem Gruppenleiter vorgegeben werden, und bringt diese Mitteilungen den Angestellten in der Werkstatt, für die sie gedacht sind. So wird er zunächst in der Werkstatt als Nachrichtenbote »berühmt«, übt die Orientierung in den Räumen der Werkstatt und kann mit der Schreibmaschine kleine Texte selbst gestalten. Der nächste Schritt wird dann die Tätigkeit im Büroservice und die Teilnahme an einer Textwerkstatt in der Werkstatt für behinderte Menschen sein.

Vor der Entwicklung der Maßnahme werden die Beschäftigten immer in einem »VorDialog« befragt, anschließend wird ihnen die Maßnahme zur Zustimmung in einem »NachDialog« erklärt (vgl. auch Raulinat, *QED-PraxisBuch*). Nach Umsetzung der Entwicklungsmaßnahme wird ein »Zufriedenheitsinterview« geführt, um so herauszufinden, was die Begleiter noch verbessern können und was die nächsten Wünsche zur Entwicklung des Beschäftigten sind.

QED entwickelt sich selbst auch weiter: Ab 2005 wird der *Qualitative Ent-*

wicklungs-Dialog in einer Werkstatt für hörgeschädigte Menschen eingeführt. Ein solcher Dialog mit Menschen, die wenig bis gar nichts hören können und sich entsprechend auf eine ganz individuelle Weise ausdrücken, wird eine ganz andere Form des wertschätzenden Dialogs erforderlich machen. Für den Dialog müssen wir immer eine gemeinsame Form des Verstehens finden. Dies ist unsere Aufgabe in der Personalentwicklung, für Menschen mit oder ohne Behinderung.

Soziale Kompetenz durch den Dialog im Logistik-Lager

Nehmen wir einen Szenenwechsel vor, in einen anderen Betrieb und zu einer Berufsgruppe, die aus oftmals lernfernen und rhetorisch nicht geschulten Menschen besteht. *Herbert Tepe* ist als Trainer in einem Unternehmen für Lager-Logistik tätig und qualifiziert Lagerarbeiter und Lagerarbeiterinnen zu Teamleiterinnen. Bei den Teilnehmenden handelt es sich vorwiegend um Frauen mit Hauptschulabschluss und Berufsschulabschlüssen. Rund 40 % davon sind nicht in Deutschland geboren.

Neben der Vermittlung von Kenntnissen über Prozessabläufe, Fachwissen und Führungsaufgaben setzt Herbert Tepe in den insgesamt sechs Schulungstagen auch den Dialog ein. Er versteht dies auch als einen Versuch, den Dialog in einem Unternehmen »von unten« nach oben, also »bottom-top« einzuführen.

Warum Dialog?

Nach den ersten Qualifizierungsmaßnahmen ohne den Dialog hatte ich das Gefühl, die Teilnehmenden nicht wirklich zu erreichen. Das von mir zu vermittelnde Wissen wurde nicht aus eigenem Interesse angenommen, sondern eher, um den Erwartungen zu entsprechen. Die Teilnehmenden hatten scheinbar kein Interesse daran, sich das Thema zu erschließen und einen eigenen Standpunkt dazu einzunehmen. Offensichtlich war es mir nicht gelungen, sie zur Artikulation ihrer eigenen Gedanken und Wahrnehmungen zu ermuntern, geschweige denn diese untereinander zu kommunizieren.

Mir wurde klar, dass ein dauerhafter Erfolg dieser Maßnahme – also beispielsweise die Vermittlung sozialer Kompetenz – auf dem konventionellen Lehr-Weg nicht zu erreichen war. Daher beschloss ich, den Dialog in einer für diese Zielgruppe geeigneten Weise in meine Trainingsmaßnahmen zu integrieren.

Aus einem Seminar

Ich sitze mit Ilona, Monika, Sören und zehn weiteren Teilnehmenden in der Runde. Der erste Schulungstag war nach konventionellem Muster, d.h. ohne Dialogelemente abgelaufen. Nun frage ich in die Runde, ob Lust und Bereitschaft zu einem Experiment vorhanden seien. Als dies bejaht wird, erkläre ich die grundlegenden Spielregeln einer Dialogrunde, ohne auf nähere Abläufe und Unterscheidungen einzugehen. Ich bemühe mich dabei um einfache, zuweilen bildhafte Formulierungen und verlangsame das Tempo, lasse die Worte quasi im Raum stehen. Aufmerksam versuche ich Botschaften wahrzunehmen, die mir signalisieren, dass ich vielleicht doch nicht verstanden wurde.

Als Thema unserer ersten Praxisrunde schlage ich nach der Einführung des Redesteins die Frage vor: »Was bewegt dich jetzt?« Die Teilnehmenden sollten versuchen, die anderen zunächst zu vergessen und ihre Gedanken so zu erzählen, als wären sie nur für sie selber bestimmt.

Ich lasse die Runde links neben mir anfangen. Steven, der bisher kaum etwas gesagt hat, findet seine ersten persönlichen Sätze. Ähnlich positiv geht es weiter. Kaum jemand benutzt allgemeine Formulierungen und Floskeln wie »Das Thema hat mich einfach interessiert« oder »Ich habe schon viel gelernt.« Stattdessen geben einige zu: »Ich bin wirklich müde«, »Es fällt mir schwer zu folgen« oder »Ich brauche noch Zeit, um das zu sagen, was ich gerne sagen möchte«. Die Runde endet mit dem vielfachen Wunsch, weiter mit dem Dialog arbeiten zu wollen, ohne dass dies jedoch genau begründet würde.

Das Interesse ist jedenfalls geweckt. In fragmentarisch-»abgespeckter« Form setzte ich den Dialog weiter ein, so mit einer Check-out-Runde am nächsten Tag.

Vorläufiges Fazit

Mittlerweile liegen rund ein Dutzend Dialogrunden mit Lagerarbeiterinnen und Lagerarbeitern hinter mir, die es bisher kaum gewohnt waren, ihre eigenen Gefühle und Gedanken zu artikulieren.

In der Arbeit mit ihnen wurde mir klar, dass die üblichen Dialogübungen für diese Zielgruppen nicht sinnvoll sind. Ansatzweise Versuche mit der *Linke-Spalte-* (*Miteinander denken*, S. 259–262) oder der *Dilemma-Übung* (s. Dialog-Werkstatt, Abschnitt 2.2, S. 379) haben gezeigt, dass diese Übungen seltsam sperrig blieben und allzu konstruiert wirkten, mithin viel zu wenig mit den konkreten Lebensgewohnheiten und -umständen meiner Teilnehmerinnen zu tun hatten und deren Lernzugängen und Lernwegen nicht entsprachen. Dies bedeutet, dass neue Übungen zu entwickeln sind, die mehr Verbindung zum Erfahrungsbereich der Teilnehmer haben und in einfachen Worten zu erklären sind. Das Sprechen über Kommunikation erschließt sich diesem Personenkreis nur schwer von einer Theorie-Ebene aus, sondern eher im direkten Erlebnis.

Insgesamt äußerten sich die Teilnehmerinnen mir gegenüber positiv, auch ich selbst habe in ihrem Verhalten positive Veränderungen festgestellt. So sprachen sie bei einem Rundgang leitender Mitarbeiter ihren Schulungsleiter ohne Scheu mit freundlichen Worten an. Wenn sie diesen Umgangsstil auch in ihrem Team pflegten, wäre das ein wichtiger Schritt. Eine geringere Fluktuation, gute Abteilungsergebnisse und positive Äußerungen von Abteilungsleitern deuten darauf hin, dass ein Anfang gemacht ist!

Lernen für einen neuen Lebensstil

Gespräch mit Satish Kumar

Können diese dialogischen Impulse, wie sie in Schule, Universität und Arbeitswelt gesetzt werden, zu Veränderungen in Richtung eines dialogisch orientierten Bildungsbegriffs führen? Welche Konsequenzen hätte das für unseren Lebensstil?

Einige Gedanken dazu geben wir im Gespräch mit Satish Kumar *wieder, dessen Schulprojekt* Small School *wir schon kennen gelernt haben (vgl. S. 139ff.). Kumar ist in Indien geboren und lebte zeitweise in einem der Ashrams von Mahatma Gandhi. Er wurde weltweit bekannt, als er aus Anlass der Inhaftierung des englischen Philosophen* Bertrand Russell, *der gegen die Atomrüstung protestiert hatte, einen Pilgergang, ausgehend vom Grabmal Gandhis, in die vier Hauptstädte der Atommächte unternahm. Heute ist er Programm-Direktor des internationalen* Schumacher College *in Dartington, England, und Herausgeber der Zeitschrift* Resurgence. *Das Schumacher College ist weltweit führend in der Entwicklung eines ökologisch orientierten Bildungsverständnisses. Satish Kumar wurde von der Universität Plymouth mit der Ehrendoktorwürde ausgezeichnet.*

Hartkemeyer: *Satish Kumar, was ist für Sie der Grund, sich neu mit Fragen der Bildung und Bewusstseinsentwicklung auseinander zu setzen?*

Kumar: Mein Gefühl ist, dass Schulen, Hochschulen und Erwachsenenbildung sich immer stärker akademisch ausrichten und auf Spezialisierung und Fragmentierung von Wissen orientieren. Für mich bedeutet Bildung die Verbindung der Entwicklung von Intelligenz, spiritueller Dimension und praktischer Arbeit. Universitäten teilen sich aber in spezifische Bereiche wie Biologie, Psychologie, Kunst, Religion, mit immer weiter sich ausdifferenzierenden Sparten. Eine Integration findet kaum statt. Die »University« wurde zu einer »Diversity«.

Warum ist für Sie die Integration so wichtig?

Kumar: Für mich besteht der Mensch aus Herz, Verstand, Körper, Seele. Wenn nur ein Teil trainiert wird, hat das Auswirkung auf andere. Wir müssen unsere persönliche Entwicklung ausbalancieren, damit wir nicht zu intelligenten Monstern werden. Wir verlernen sonst das Gefühl für tiefere Fragen. Es ist ja unglaublich, wie viel Detailwissen angehäuft und in einer leblosen, distanzierten Sprache zum Ausdruck gebracht wird, als hätte dieses Wissen überhaupt nichts mit uns zu tun. Am Wochenende dürfen wir Menschen sein, uns in der Natur bewegen und Haustiere halten. In der Woche dagegen lassen wir uns auf Reiz-Reaktions-Maschinen reduzieren.

Im Prinzip erkennen wir ja diese zur Entfremdung der lebendigen Natur neigenden Tendenzen. Und wir wissen auch, dass abstrakte Ethikkurse wenig bewirken.

Macht nicht das exponentielle Wachstum von Wissen einen hohen Grad von Spezialisierung notwendig, um in die Tiefe gehen zu können?

Kumar: Der Ozean ist tief *und* breit. Beides gehört zusammen, sonst landet man in einem Bohrloch, statt wirklich schwimmen zu lernen. Bildungseinrichtungen sollten als Ozeane des Wissens gelten, Lernen ist aber mehr als ein Ansammeln von Wissen im Vorbeigehen. Information und Transformation, also Persönlichkeitsentwicklung, müssen integraler Bestandteil des Lernprozesses sein. Wir können in verschiedenen Bereichen der Gesellschaft erkennen, wohin fehlende Verantwortlichkeit und fragmentiertes Wissen führen – im Umweltbereich wird das sehr deutlich. Wenn Bildung nur der Aufblähung des persönlichen Egos dient, reduzieren sich die Motivationsaspekte eher auf Karriere und Geld.

Was verstehen Sie unter Wissen und Bildung?

Kumar: Für mich sind drei Aspekte wichtig: Erstens: Natürlich ist es klar, dass ich mein Fachwissen beherrschen muss. Zweitens muss ich mich mit der Frage auseinander setzen, wie mich das Wissen persönlich angeht. Drittens muss ich mich mit dem Aspekt auseinander setzen, wie ich mich als Person mit diesem Wissen gegenüber der Gesellschaft verhalte. Ansonsten bin ich weder als Persönlichkeit integriert, noch weiß ich, warum ich was tue.

Drei Aspekte: Fachwissen – Persönlichkeit – Gesellschaft.

In bestimmten Bereichen der Organisationsentwicklung scheinen sich Tendenzen hinsichtlich einer ganzheitlichen Sichtweise anzubahnen, die der Entwicklung sozialer Kompetenzen und systemischen Denkens hohe Priorität einräumen.

Kumar: Ich glaube, wenn sich auch die Wirtschaftswelt wirklich mit systemischem Denken und tiefgehenden dialogorientierten Kommunikationsformen befasst, dann ergibt sich eine Dynamik in Richtung Transformation. Wenn man sie nur verordnet oder aber als Werbebotschaft benutzt, bewirken sie eher das Gegenteil. Man sollte Menschen nicht unterschätzen. Wirklich systemisches

Denken führt dazu, dass ich die Umwelt, Wasser, Boden, Luft, Lebewesen praktisch als Mitwelt sehe und erkenne, dass ich mich durch ihre Vergiftung selbst zerstöre.

Woher nehmen Sie Ihre Hoffnung? Der Umweltverbrauch nimmt weiter zu. Die Geschwindigkeit, in der Wälder abgeholzt werden, steigt. Das wäre eine Kulturrevolution in Richtung radikaler Lifestyleveränderungen.

Kumar: Kurz vor dem Fall der Berliner Mauer war die Friedensbewegung der DDR in einer Krise und deprimiert vor Hoffnungslosigkeit. Auch in Südafrika sah die Apartheidspolitik fast unüberwindlich aus. Das ist nicht untypisch für Wandlungsprozesse.

Kultur im Alltag beginnt mit einfachen Dingen – Kochen und Wohnen als Kunst.

Was die Kultur betrifft, so muss sie ein realer Bestandteil unseres Lebens werden. Wenn Sie aber über begradigte Asphaltwüsten rasen, in öden Tankstellen konservierungsstoffgesättigte so genannte Lebensmittel kaufen, gezuckertes Farbstoffwasser trinken und anschließend ein Museum besuchen, dann ist das für mich ein kultureller Bankrott. Meine Kultur im Alltag beginnt mit einfachen Dingen, die das wirkliche Leben ausmachen. Dann kann Kochen eine Kunst sein und Wohnen ebenfalls.

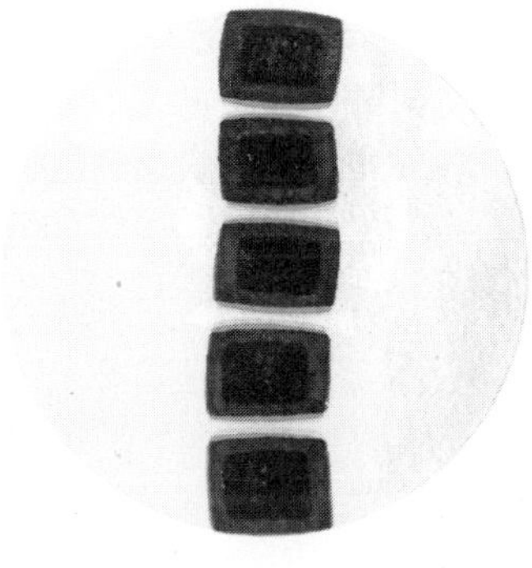

6 Der Dialog als kreativer Denkraum lernender Organisationen

Die »lernende Organisation« ist für Führungskräfte weltweit das Strategie- und Organisationskonzept der Zukunft, wie eine Umfrage der *PA Consulting Group, London,* ergeben hat. Ergebnis der Umfrage war, dass das von *Peter M. Senge* vom *Massachusetts Institute of Technology* (MIT) maßgeblich mitentwickelte Modell als die am besten geeignete Methode angesehen wurde, um die Qualität der Mitarbeitenden und die Organisationskultur so zu verbessern, dass sie zukunftsfähig werden.

Dee W. Hock, neben Senge im Vorstand der *Society for Organizational Learning* (SOL) und Gründer der VISA-Card-Organisation, hat aus seiner Sicht die Anforderungen an Leitungskräfte von Organisationen, die sich selbst als lernend verstehen möchten, formuliert:

> »Die erste und wichtigste Verantwortung eines jeden, der zu managen vorgibt, besteht darin, sich selbst zu managen: die eigene Integrität und den eigenen Charakter, Ethik, Wissen, Weisheit, Temperament, Worte und Taten. Dies ist eine komplexe, unendliche, unglaublich schwierige Aufgabe, vor der man sich gern drückt. Das Management des Selbst ist etwas, worauf wir wenig Zeit verwenden und bei dem wir uns selten auszeichnen, denn es ist viel schwieriger, als das Verhalten anderer zu bestimmen oder zu kontrollieren. Ohne Selbstmanagement ist niemand geeignet, Autorität auszuüben, soviel er davon auch erwerben mag. Je mehr Autorität man erworben hat, desto gefährlicher ist man. Dem Selbstmanagement sollten wir die Hälfte unserer Zeit und unserer Fähigkeiten widmen. Wenn wir das tun, stellen sich die ethischen, moralischen und spirituellen Elemente des Selbstmanagements von selbst ein.« (Dee W. Hock 2001, S. 70)

Diese Form von »Selbstmanagement« sieht Senge als eine der fünf Disziplinen an, als die *Personal Mastery*, die sich insbesondere Führungskräfte lernender Organisationen erarbeiten sollen (vgl. auch Kap. 5, Kasten auf S. 156). Eine weitere Disziplin ist für ihn das *Teamlernen*, und dazu rechnet er die Fähigkeit, den Dialog führen zu können:

Personal Mastery, Teamlernen

> »Der Zweck des Dialogs besteht darin, über die Grenzen des individuellen Verstehens hinauszukommen…
>
> Beim Dialog erforscht eine Gruppe schwierige, komplexe Fragen unter vielen verschiedenen Blickwinkeln. Der einzelne legt sich nicht auf seine Meinung fest, aber er teilt seine Annahmen offen mit. Das führt dazu, dass die Beteiligten die ganze Fülle der Erfahrung und des Denkens ungehindert erforschen und an die Oberfläche bringen können, aber weit über individuelle Meinungen hinausgelangen.« (Senge 2003, S. 293)
>
> »Der Dialog trägt dazu bei, dass wir [so David Bohm] ›das repräsentative und partizipative Wesen des Denkens wahrnehmen… sensibler auf die Inkohärenz unseres Denkens reagieren und sie gefahrlos anerkennen können.‹ *Beim Dialog werden die Beteiligten zu Beobachtern ihres eigenen Denkens.*
>
> So nehmen sie zum Beispiel wahr, dass ihr Denken aktiv ist. Wenn bei einem Dialog ein Konflikt an die Oberfläche kommt, erkennen die Teilnehmer, dass eine Spannung da ist, aber sie führen diese Spannung buchstäblich auf ihre Gedanken zurück und erklären: ›Es sind unsere Gedanken und die Art, wie wir an ihnen festhalten, die sich im Konflikt befinden, nicht wir.‹ Wenn man die partizipative Natur des Denkens einmal erkannt hat, kann man seine eigenen Gedanken aus der Distanz betrachten. Man entwickelt eine kreativere, weniger reaktive Haltung gegenüber seinem eigenen Denken.« (Ebd., S. 294)

Peter Garrett, den wir aus dem »Gefängnis-Dialog« (s. Kap. 2, S. 29 ff. und 55 ff.) bereits kennen, lässt seinen Erfahrungsschatz in seine Dialogarbeit mit Managern und Großorganisationen einfließen. In seinem Ansatz »The Art of Thinking Together« führt er Manager in die Kunst des Dialogs ein, die für ihn die wichtigste Kompetenz ist, um die »geheimen Kommunikationsgesetze« von Organisationen zur entschlüsseln. Denn die Schwierigkeit, wirklich lernfähige Organisationen zu schaffen, liegt für Garrett darin, dass die Menschen sich nicht über die Dynamiken in Kommunikationsprozessen im Klaren sind und daher selten erreichen, was sie wollen. Es geht in der Fähigkeit zum Dialog darum

»Die Kunst, gemeinsam zu denken«

zu erkennen, welche Muster, mentalen Modelle und Weltbilder eine Konversation beherrschen. Es führt immer wieder zu Blockaden und Widerständen, wenn eigene Annahmen und Bewertungen für Wahrheiten gehalten oder als solche dargestellt, »verkauft«, werden. Sie aufzudecken oder zu erkunden kann das Gesprächsklima drastisch verändern und manchmal einer kreativen, »kollektiven Intelligenz« zum Durchbruch verhelfen, wie sie sich Teams zur Lösung anstehender Probleme erhoffen. »Ich arbeite beispielsweise mit Personalentwicklern eines internationalen Automobilkonzerns zusammen«, so Garrett. »Im Kern haben wir in Kommunikationsprozessen die gleichen Probleme. Die Strukturen in den Gefängnissen sind scheinbar rigider. Aber Sie glauben gar nicht, wie viel man im Gefängnis für konkrete Prozesse im Management lernen kann. Es ist, als ob man eine neue Brille bekommt, mit der man Gewohntes neu sieht.«

Gewohntes neu sehen

Wie wird der Dialog in Unternehmen eingeführt? Wie wird er praktiziert? Welche Probleme treten auf? Was bewirkt und verändert diese neue Gesprächsform? Um diese und ähnliche Fragen geht es in den folgenden vier Praxisberichten.

Peter Pächnatz, der schon früh eine Ausbildung zum Dialogprozess-Begleiter absolvierte, schildert in dem folgenden Beitrag, wie es ihm als Leiter der Personalentwicklung bei der *Deutschen Leasing AG* – der größten deutschen herstellerunabhängigen Mobilien-Leasinggesellschaft – gelang, den Dialog in seinem Unternehmen einzuführen, vor welche Probleme und Herausforderungen er sich bei der konsequenten Umsetzung einer dialogorientierten Entwicklungsstrategie gestellt sah, aber auch welche Erfolge er dabei erleben konnte. Aufgrund seiner Leistungen wurde er mit dem renommierten Kienbaum-Unternehmens-Preis ausgezeichnet.

Die Einführung und Verankerung dialogischer Haltungen und Fähigkeiten in der Unternehmenskultur eines wettbewerbsorientierten Unternehmens hat Pächnatz in mehreren Schritten vorgenommen: Zunächst stellte er einen »Arbeitskreis lernende Organisation« aus interessierten Mitarbeitern und Führungskräften des Unternehmens zusammen, in dem der Dialog in Zusammenhang mit zentralen Vorstellungen von *Peter Senge* und *Chris Argyris*, dem »Nestor der lernenden Organisation«, diskutiert wurde. Nach diesen bilden Lernen und Arbeiten im Team eine Einheit, und die Erkundung der eigenen mentalen Modelle gehört ebenso dazu wie die Einbeziehung des Systemdenkens.

In einem zweiten Schritt musste der Vorstand für den Dialog gewonnen werden. Dies gelang auch dadurch, dass sich die Mitglieder des Arbeitskreises sämtlich einer Ausbildung zum Dialogprozess-Begleiter unterzogen. Der Vorstand erklärte schließlich das Dialogprojekt zu einem von sieben strategischen Projekten für das Geschäftsjahr und verpflichtete alle Führungskräfte zur Teilnahme an einer Einführung in den Dialog. Im dritten und letzten Schritt sollten die im Unternehmen auf breiter Basis eingeführten Grundkenntnisse und -fähigkeiten des Dialogs in verschiedenen Kontexten genutzt werden, wie z.B. im Rahmen der Führungskräftebeurteilung oder zur Konfliktklärung.

»Wir fühlten uns ein bisschen wie Columbus« – Erfahrungen bei der Einführung des Dialogs in einem marktführenden Unternehmen

In der Deutschen Leasing AG haben wir den Dialog direkt mit unserem – der *Fünften Disziplin* von Peter Senge folgenden – strategischen Leitsatz verknüpft: »Wir wollen eine lernende Organisation werden«. Erarbeitet haben wir das Konzept in einem »Arbeitskreis lernende Organisation«, der sich aus interessierten Mitarbeitern und Führungskräften des Unternehmens zusammensetzte.

Zunächst dachten wir auf unserem Weg zur lernenden Organisation gar nicht an den Dialog, denn wir waren vollauf mit der Frage beschäftigt, wie wir Lernen und Arbeiten zu einer Einheit werden lassen könnten. Eine herausragende Bedeutung auf dem Weg zu einer Einheit von Lernen und Arbeiten kam nach unserer Ansicht Alltagsgesprächen mit Kollegen, Teams, Kunden, Lieferanten, Führungskräften und Wettbewerbern zu. Durch einen Vortrag von *Freeman Dhority* entdeckten wir schließlich den Dialog als erfolgversprechenden Ansatz, um das Lernen im Gespräch zu fördern.

Teamlernen und echte Teamarbeit

Stück für Stück entwickelte sich nun unsere Konzeption der lernenden Organisation. Das Teamlernen schien uns dabei für viele, abteilungsübergreifende Projektarbeiten von besonderer Bedeutung zu sein. Wir gingen davon aus, dass Lernformen im Team intelligenter und effektiver als individuelle Lernformen sein können, insbesondere wenn es um die Lösung komplexer Fragestellungen geht.

Durch die intensive Beschäftigung mit gruppendynamischen Ansätzen der Teamentwicklung kamen wir zu fünf wichtigen Voraussetzungen für echte Teamarbeit:

- ein echtes Teamziel, das nur alle gemeinsam erreichen können;
- eine darauf abgestimmte Arbeitsweise;
- der richtige Mix von Fähigkeiten der Teammitglieder zur Erreichung des Teamziels;
- verbindliche Spielregeln;
- gute Beziehungen zwischen den Teammitgliedern.

Echte Teamarbeit erwies sich in diesem Sinne als ein komplexes soziales Phänomen, das u. a. bedeutet, fragmentarisches Denken, Fühlen und Handeln der bisherigen Arbeitsweise in eine gemeinsame Ausrichtung zu bringen. Im Dialog sahen wir die Möglichkeit, die Teams bei dieser Herausforderung entscheidend zu unterstützen.

Umgang mit mentalen Modellen und das Systemdenken

Die Projekt- und Teamarbeit in unserem Unternehmen sollte dabei helfen, komplexe und dynamische Fragestellungen zu lösen. Hierzu hatten wir uns von tief verwurzelten linearen Denk- und Handlungsweisen zu verabschieden. Durch unsere Facilitator-Ausbildung und durch die Ansätze von Chris Argyris entdeckten wir das Phänomen der unhinterfragten mentalen Modelle (Argyris 1997).

In Dialogen mit Führungskräften begannen wir also die wesentlichen Momente und Wirkungsweisen unserer mentalen Modelle zu erkunden, die sich quasi als »heimliche Spielregeln« im Alltag verankert hatten und das Handeln maßgeblich bestimmten. Ein tief sitzendes mentales Modell der Orientierung auf den Umsatz zeigte sich bei uns ganz plastisch durch ironische Sätze wie: »Der wichtigste Satz ist der ›Um-Satz‹ und der wichtigste Sender ist der ›Tau-Sender‹.« Um den monetären Erfolg rankten sich Legenden, und erfolgreichen Verkäufern wurde offene Verehrung entgegengebracht. Eng verbunden damit war der zentrale Unternehmenszweck, nämlich eine Finanzierung von Objekten für Kunden zu ermöglichen und dabei mögliche Insolvenzrisiken richtig einzuschätzen. Kalkulierbare Risiken einzugehen war der zweite wichtige Leitsatz des mentalen Modells. Dies führte zu eigenartigen Paradoxien: Es kursierten heimliche Botschaften und unerfüllbare Forderungen an die Bereiche, die für die Produktentwicklung verantwortlich waren: »Entwickelt neue Produkte, die sich bewährt haben!« Oder der Vertrieb forderte: »Gib mir Innovation ohne Risiko!«

Im Dialogprozess waren für uns drei Merkmale und mögliche Ergebnisse des Dialogs von Bedeutung: Erstens eignet sich der Dialog sehr gut, um mentale Modelle zu erkunden, ihre Wirkungsweise zu verstehen und somit dem »blinden« Wirken des Modells Einhalt zu gebieten. Zweitens kann der Dialog der Wegbereiter sein, um eine Organisation sanft und nachhaltig für neues Denken zu gewinnen. Drittens kann der Dialog als ein wichtiger Bestandteil des Systemdenkens auch aporetische Konflikte lösen. Solche Konflikte zeichnen sich dadurch aus, dass es zwei berechtigte, aber entgegengesetzte Standpunkte gibt. Beide Standpunkte sind für sich genommen richtig. Eine Lösung muss von der Prämisse ausgehen, dass es keinen »Schuldigen« gibt und die Lösung auf der Systemebene zu suchen ist. Zentral ist in diesem Zusammenhang der Begriff *Metanoia* (griech. für »Sinnesänderung«), der auf ein radikales Neudenken, auf ein Ändern der Grundlagen des Denkens hinweist, ohne das ein Systemdenken nicht wirklich funktionieren kann – denn jedes Systemdenken ist selbst wieder ein mentales Modell, das in seiner Güte und Wirksamkeit durch Verlangsamung des Denkens und die Anwendung der Abstraktionsleiter (»Leiter der Schlussfolgerungen«; s. auch S. 129) überprüfbar wird.

Systemdenken – Erkennen von Beziehungen, Blockaden und Mustern, den »Blick für das Ganze« erweitern.

»Wenn nicht bald eine Weiche kommt, sind wir verloren.«

Den Vorstand für den Dialog gewinnen

Im Unternehmen fühlten wir uns ein bisschen wie Columbus, der die spanische Königin von dem Risiko überzeugen musste, einen unbekannten Weg zu beschreiten, an dessen Ende ein reichhaltiger Gewinn stehen sollte, der aber keineswegs garantiert war. Wäre die spanische Königin vom festen mentalen Modell der alten Kosmologie ausgegangen, die Erde sei flach und eine Scheibe, hätte Columbus keine Chance gehabt.

Hätte unser Vorstand die Überzeugung vertreten, dass autoritäre Führung und ein damit zusammenhängendes Wissens- und Entscheidungsmonopol Einzelner die zukunftsweisende Art von Führung sei, so hätte unser Dialogkonzept keine Erfolgsaussichten gehabt. Doch als ich es in unserem Unternehmen vorstellte und wir darüber diskutierten, erzählte der Vorstandsvorsitzende am Ende der Sitzung eine Geschichte aus seinem Berufsleben: Als junger Mann habe er ein Praktikum bei einem bedeutenden Kaufmann gemacht. Eines Tages wünschte ein externer Verkäufer ein Gespräch mit dem Inhaber. Und obwohl der Kaufmann viel zu tun hatte, nahm er sich eine ganze Stunde Zeit. Als der damalige Praktikant den Kaufmann vorlaut fragte, warum er dem Verkäufer – ohne dass er die Absicht gehabt hatte, etwas zu kaufen – soviel Zeit gewidmet habe, zählte dieser drei Gründe auf: Erstens sei der Verkäufer ein Mensch, der Respekt verdiene. Zweitens könne er nun mit diesem Erfolgsgefühl andere gewinnen, und drittens – das sei der wichtigste Grund – habe er etwas von ihm lernen wollen.

> »Man verliert die meiste Zeit damit, dass man Zeit gewinnen will.«
> John Steinbeck

Unser Konzept hatte also offensichtlich die zentrale Botschaft unseres Ansatzes »Lernen im Gespräch« vermitteln können, und ein erstes Ziel war erreicht. In einem zweiten Schritt konnten wir den Vorstand für eine Einführung in den Dialog mit *Freeman Dhority* gewinnen, um so den Dialog tatsächlich zu erleben. Die Wirkung war so positiv, dass der Vorstand den Dialog begeistert für alle Führungskräfte einführte und ihn für das Geschäftsjahr als strategisches Projekt ausrief!

Gleichgesinnte und Fürsprecher gewinnen

In der anschließenden Einführung des Dialogs bei den *Führungskräften* hatten wir zahlreiche Widerstände zu überwinden. Es galt deshalb Gleichgesinnte und Fürsprecher für unsere Idee zu finden. Ich hielt in den Arbeitszimmern unserer Führungskräfte nach dem blauen Buch *Die fünfte Disziplin* von Peter Senge Ausschau und fand so sieben Mitarbeiter, die am Aufbau einer lernenden Organisation aktiv mitwirken wollten. Darunter waren auch der Betriebsratsvorsitzende und die Qualitätsmanagerin des Unternehmens. Gemeinsam absolvierten wir in der Folge die Ausbildung zur Dialogprozess-Begleitung und bereiteten uns danach gewissenhaft auf die Dialoge mit den Führungskräften vor – und doch kam es, wie so oft, anders, als wir planten.

So überlegten wir uns beispielsweise sehr genau, wie wir die 60 Führungskräfte in die zehn Kernfähigkeiten (vgl. Kap. 2) des Dialogs einführen könnten, doch stießen wir bei dem Versuch, dies zu realisieren, nur auf Ablehnung; die allgemeine Haltung dazu war: »Das ist zu anspruchsvoll, das schaffen wir nie. Also lassen wir es lieber gleich bleiben.« Wir waren zunächst konsterniert. Doch dann fassten wir den Entschluss, die dialogischen Fähigkeiten dadurch, dass wir sie selbst vorzuleben versuchten, für die Teilnehmenden erlebbar zu machen. So begannen wir Gruppenarbeiten mit Fragen wie: »Wo haben Sie schon einmal ein gutes Gespräch erlebt? Was waren die wichtigsten Merkmale dieses

Gesprächs?« Durch das Einbringen der Erfahrungen und Merkmale eines guten Gesprächs wurden sehr viele Kernfähigkeiten des Dialogs genannt, und der Einwand, der Dialog sei ja viel zu anspruchsvoll, war vom Tisch!

Den Dialog in der Alltagspraxis festigen

Es dauerte etwa ein Jahr, um Führungskräfte und Mitarbeiter in den Dialog einzuführen. Nun hieß es, den Dialog im Alltag zu verankern. Dafür wählten wir vier Einsatzfelder: Führungskräftebefragungen, Konfliktklärung, Bereichstagungen und Strategiesitzungen.

Führungskräftebefragungen

Führungskräftebefragungen durch die Mitarbeiter eigneten sich sehr gut als Einsetzfeld für den Dialog, weil der Dialog Bewertungen und Beurteilungen über andere und die dabei zugrunde liegenden Annahmen konstruktiv in der Schwebe halten kann. Ein Problem bei Beurteilungen ist stets, dass implizite Beurteilungsmaßstäbe nicht offen gelegt werden und Menschen so keine Verantwortung für ihre Beurteilungen übernehmen. Weiterhin kann eine Beurteilung offenen oder versteckten Widerstand beim Beurteilten erzeugen. Jede Beurteilung entstammt einer Hierarchie-Beziehung. Die Beurteilung hat meist mehr mit dem Beurteiler zu tun als mit dem Beurteilten. Das wichtigste Argument für den Einsatz des Dialogs bei der Führungskräftebeurteilung war die Erkundung der Frage: »Warum soll sich jemand ändern? Weil ich oder eine Gruppe von Mitarbeitern das so wollen?«

Konfliktklärung

Am meisten hat uns die Wirkung des Dialogs in Konfliktgesprächen überrascht. So bat mich eine Mitarbeiterin um die Durchführung eines Dialogs anlässlich eines Konflikts zwischen ihr und einer Kollegin über ihre jeweilige unterschiedliche Arbeitsweise. Sie war der Meinung, die Arbeitsweise der Kollegin gehe zu ihren Lasten, insbesondere wenn sie die Kollegin im Urlaub vertreten musste. Im Verlauf des Dialogs in Gegenwart einer erfahrenen Begleiterin wurde das eigentliche Problem deutlich: Es ging um Fragen der Wertschätzung und darum, dass mit der Übergabe der Arbeit die Arbeitsabläufe so verändert wurden, dass die betroffene Mitarbeiterin damit nicht zurechtkam. Wir beendeten den Dialog in entspannter Atmosphäre ohne verbindliche Vereinbarungen.

Siehe hierzu auch: Dialog-Werkstatt, Abschnitt 1, S. 377

Zu meiner Überraschung teilten mir beide Mitarbeiterinnen eine Woche später mit, dass sie sich zwei Tage nach dem Dialog zusammengesetzt und gemeinsam eine einvernehmliche Lösung gefunden hätten, um künftig die Zusammenarbeit zu verbessern. Auf meine Frage, was sie dazu bewogen hätte, antworteten mir die Mitarbeiterinnen, es sei die Freiheit gewesen, selbst entscheiden zu dürfen, wann und wie sie das Problem lösten. Des Weiteren habe ihnen der Dialog gefallen, weil alle Beteiligten keine Verurteilungen und Beurteilungen vorgenommen hätten. Beide hätten sich nach dem Dialog bei aller Klarheit und Deutlichkeit der Aussprache gut gefühlt, weil keine Verlierersituation entstanden sei.

Bereichstagungen

Sehr positive Erfahrungen machten wir damit, Dialoge für Bereichsmeetings einzusetzen; durch die Methode des Dialogs wurde den einzelnen Mitarbeitern ermöglicht, aus der »Tretmühle« des Alltags auszusteigen, und jeder bekam die Gelegenheit, einen »Gang herunterzuschalten« und sich auf das Thema des Meetings einzustimmen. In der Regel übernahm ein Dialogbegleiter die Aufgabe, eine Check-in-Runde zu initiieren, um anschließend einen thematischen Dialog über das Bereichsthema zu begleiten.

Bei einer anderen Variante wurde der thematische Dialog erst nach einem Impulsreferat eingesetzt. Auch dabei wurde mit Check-in- und Check-out-Runden gearbeitet. So konnte jeder Mitarbeiter in Ruhe entscheiden, was er zum Thema beitragen wollte. Damit wurde die ansonsten übliche Dominanz von Viel- und Schnellrednern durchbrochen.

Insbesondere neue Mitarbeiter fanden diese Form des Gesprächs angenehm. Andere hatten zum ersten Mal in ihrer zehnjährigen Betriebszugehörigkeit das Gefühl, dass sie in einer Gruppe in aller Ruhe ihre Gedanken vortragen konnten und dass die Gesprächsteilnehmer sie ausreden ließen.

Strategiesitzungen

Als wir die Einführung des Dialogs abgeschlossen hatten, stand die Frage im Raum, wie es mit unserem »Arbeitskreis lernende Organisation« weitergehen solle. Wir baten Freeman Dhority, mit uns zur Frage unserer weiteren Strategie einen dynamischen Dialog zu führen. Wir versprachen uns davon eine Vertiefung unserer dialogischen Fähigkeiten.

Der dynamische Dialog gliedert sich in zwei Phasen: die Aufnahme des Themas aus unterschiedlichen Sichtweisen und die dynamische Reflexion der so neu gewonnenen Themen aus verschiedenen Perspektiven, die mit Hilfe von vier »Quadranten« und durch vertiefende Fragen unterstützt wird (s. Dialog-Werkstatt, Abschnitt 3.5, S. 398).

Die »Themenlandschaft«, die sichtbar durch Moderationskarten gestaltet wird, lädt zur spielerischen Einnahme von verschiedenen Positionen ein. Es findet keine persönliche Fixierung eines Standpunktes statt. Alle Themenkarten und gegebenenfalls ihre Unterthemen werden in der Gruppe mit Hilfe der vorgegebenen Leitfragen betrachtet und gemeinsam reflektiert.

Die spielerische Dynamik im Umgang mit verschiedenen Standpunkten und das Aufnehmen neuer Unterthemen bzw. deren Verzweigung bewirkt einen leichteren Umgang mit Komplexität und kann zu verblüffenden neuen Erkenntnissen führen.

Resümee

Der Dialog ermöglicht einen ersten Schritt hin zur lernenden Organisation. Vorstand oder Geschäftsführung müssen sich den Dialoganforderungen stellen, müssen mithin selbst das tun, was sie von ihren Mitarbeitern verlangen. Damit ist das »Spiel« quasi nur »angepfiffen« und noch lange nicht gewonnen. Nun beginnt der lange und mühsame Weg, auf dem Widerstände und Hindernisse zu überwinden sind. Entscheidend ist dabei, dass der Dialog und seine Haltungen vorgelebt werden. Ist eine gemeinsame Dialogerfahrung vorhanden, sollte der Dialog möglichst umfassend bei jeder sich bietenden Gelegenheit im Alltag eingesetzt werden, so dass er sich dort verankern kann.

***

Vor andere Herausforderungen sehen sich Non-Profit-Unternehmen aus dem Bildungsbereich gestellt; *Daniel Schmid Holz*, Zentrumsleiter und Programmverantwortlicher, schildert die Implementierung des Dialogs beim *Evangelischen Tagungs- und Studienzentrum* (Schweiz). Das Zentrum befand sich in einer Umbruchphase, in der es darum ging, ein neues Team aufzubauen und ein neues Programmangebot in neu gestalteten Ressorts zu entwickeln. Hierbei wurde der Dialog als eine Fähigkeit angesehen, mit deren Hilfe die anstehenden Aufgaben im Gespräch bewältigt werden sollten. Nachdem alle Belegschaftsmitglieder Gelegenheit hatten, an einem dreitägigen Einführungsseminar in den Dialog teilzunehmen, wurde das Dialogverfahren in vier Organisationsbereichen (Bildungskommission, Studienleitungsteam, Studienbereichsteam, Belegschaft) eingeführt. Schmid Holz beschreibt im Folgenden detailliert die Einführung des Dialogs als Methode der Programmentwicklung in der Bildungskommission im Verlauf von drei Dialogrunden.

Während die erste Runde trotz anfänglicher Skepsis einen positiven Verlauf nahm, trat in der zweiten Ernüchterung ein: »Der Dialog taugt nicht, um Entscheidungen zu treffen.« Die dritte Dialogrunde, die mehrere Monate nach der ersten stattfand, suchte die in den ersten beiden Treffen gewonnenen Erkenntnisse aufzuarbeiten und im Hinblick auf die Weiterarbeit bei der Programmentwicklung zu bewerten.

Zwischen Höhen und Tiefen. Zur Institutionalisierung des Dialogs in einem Tagungs- und Studienzentrum

Studienzentrum Boldern am Zürichsee

Wir sind ein tradiertes evangelisches Tagungs- und Studienzentrum mit etwa 30 fest angestellten Mitarbeiterinnen und Mitarbeitern. Infolge personeller und organisatorischer Änderungen stellte sich die Aufgabe, innerhalb Jahresfrist ein neues Team aufzubauen und ein neues Programmangebot in neu gestalteten Ressorts zu entwickeln: dies in einem Umfeld mit hohen Erwartungen und entschiedenen Grundhaltungen eigenständiger Persönlichkeiten.

Allen fest angestellten Mitarbeiterinnen und Mitarbeitern wurde zwischen März und August 2003 die Möglichkeit geboten, thematische Dialoge zu führen. Da der Dialog auch eine stark teambildende Wirkung hat, besuchte ich mit dem gesamten erneuerten Team des Studienbereichs ein dreitägiges Einführungsseminar, das von Martina Hartkemeyer und Werner Ratering im Zentrum durchgeführt wurde.

Im Folgenden geht es um die Einführung des Dialogs als Methode zur Programmentwicklung in unserer Bildungskommission, die sich aus einem Ausschuss des Vorstands (strategische Leitung) und den Studienleiter(inne)n (operative Leitung) zusammensetzt. Der Vorschlag, den Dialog zur Programmentwicklung zu nutzen, entstand aus dem Bedürfnis, sich endlich Zeit für die inhaltlichen Programmdiskussionen zu nehmen. Für das neu besetzte Ressort »Alters- und Generationenfragen« gab es noch kein Programmkonzept. Gefragt war eine erste Sammlung von Ideen, Wünschen, Meinungen und dergleichen.

Vier Dialogregeln

Von Herzen sprechen, eine erkundende Haltung einnehmen, vorbehaltloses Respektieren, Annahmen und Bewertungen suspendieren.

Für den Dialog wurde kein eigener Raum gewählt, sondern ein Wechsel der »Sozialform« vorgezogen. Vom *runden Tisch*, an dem die Tagesordnungspunkte, die administrative Fragen betrafen, besprochen wurden, wechselten wir in den *Stuhlkreis*. Als weiteres Hilfsmittel wählten wir einen *Redestab*, später einen *Redestein*. Um eine Überforderung der Teilnehmenden mit den zehn Dialogregeln zu verhindern, wurden nur vier Stichworte eingeführt, die auf verschiedene Regeln verweisen: von Herzen sprechen, eine erkundende Haltung einnehmen, vorbehaltloses Respektieren sowie Annahmen und Bewertungen suspendieren.

Die erste Dialogrunde – positive Überraschung

Für die erste Gesprächsrunde stand uns eine Stunde Zeit zur Verfügung. Thema war ein »Konzept für das Ressort Alters- und Generationenfragen«. Im Hintergrund stand die Erfahrung, dass es bei der Ausschreibung von drei Studienleitungsstellen in der Bildungskommission sehr schwierige Gespräche gegeben hatte.

Bei den vergangenen Gesprächen ging es zwar nicht um das Thema »Alter«, insofern waren nicht unbedingt die gleichen Probleme zu erwarten; aber solche Gespräche prägen erfahrungsgemäß das *Klima* der Bildungskommission. Nun ging es also um die Umsetzung von Ideen und Wünschen, Vorstellungen und Meinungen zum neu geschaffenen Ressort: ein zunächst anscheinend offener Prozess, der ganz von kreativen Entwicklungen bestimmt werden kann, weil das neue Ressort nicht an große Traditionen des Zentrums anknüpfen muss. Doch dies war nur die eine Seite der Medaille. Die Offenheit war auch mit Unsicherheiten verbunden: sachliche Unsicherheiten im Hinblick auf die auf dem Bildungsmarkt erfolgreichen Angebote, aber auch persönliche Unsicherheiten hinsichtlich der Positionen der einzelnen Mitglieder der Bildungskommission.

Die Sitzung begann wie gewohnt am runden Tisch mit administrativen Fragen wie dem Besuch von Tagungen, Terminen, Unerledigtem aus dem Vorstand etc. Darauf gab ich eine kurze Einführung in den Dialog und bat die Teilnehmenden, im Stuhlkreis Platz zu nehmen. Manche Kommissionsmitglieder ließen sich mit Vorbehalten und auch mit einem leichten Schmunzeln auf das Experiment ein. »Vornehme Zurückhaltung« war angesagt. Nun sollten sie mit einem

Redestab »als Hilfsmittel« sprechen, wo doch sonst Stöcke oder Krücken fürs Vorwärtskommen erst im Zustand des geistigen und körperlichen Verfalls als notwendig erachtet werden. Das Gespräch begann etwas zögerlich, und jeder Beitrag wurde sorgsam abgewogen. Doch allmählich löste sich die Zurückhaltung und man wurde mit der Gesprächsform vertraut.

Die Ergebnisse des Gesprächs waren überraschend. Alle Gesprächsteilnehmer hatten nach der ersten kurzen Runde ihre Vorstellungen über das neu aufzubauende Ressort »Alters- und Generationenfragen« offen gelegt. Spannend dabei war, dass überall auch die Hintergründe der Positionen erkennbar geworden waren. Thema war nicht nur ein neues Ressort, sondern zur Sprache kamen auch Leitfragen wie die Tradition des Zentrums, die gesellschaftliche Aufgabe der Kirche, die Beziehung des Zentrums zu den Kirchengemeinden, die Frage nach dem Politischen in der Studienarbeit etc.

Das thematische Gespräch konnte jedenfalls als gelungen gelten, und der Ressortleiter verließ die Sitzung nicht nur mit vielen Ideen, sondern er hatte auch viel von den Kommissionsmitgliedern erfahren.

Die zweite Dialogrunde – Ernüchterung und Zeitdruck

In der zweiten Dialogrunde zur Programmentwicklung, die etwa zwei Monate nach der ersten folgte, war vorgesehen, mit dem Ressort »Theologie im gesellschaftlichen Dialog« einen Prozess durchzuführen, der ähnlich offen war wie bei der ersten Dialogrunde. Zusätzlich sollten die ersten Fassungen der Rahmenarbeitsprogramme (RAP) aus den Ressorts »Sozialethik« sowie »Alters- und Generationenfragen« besprochen werden. Bei der Besprechung der RAPs strebten wir eine Fokussierung der Thematik auf konkrete Programmpunkte des kommenden Jahres an.

Die Sitzung blieb allen Beteiligten als sehr unangenehm in Erinnerung: »Das war aber gar nicht dialogisch«, »Wir fielen wieder in alte Muster zurück«, »Der Dialog taugt nicht, um Entscheidungen zu treffen« und ähnlich lauteten die Kommentare. Was war geschehen? Es gab eine Anzahl unglücklicher äußerer Umstände und inhaltlicher Gesichtspunkte, die den Dialog mehr oder weniger scheitern ließen.

Strukturell oder äußerlich erschwerend war, dass sich zwei Mitglieder der Kommission kurzfristig entschuldigen mussten und schriftliche Kommentare zu den Themen einreichten oder ihre Meinung durch die Präsidentin (Vorsitzende) einbringen ließen. Dieses Vorgehen, das in einer klassischen Sitzung üblich ist,

Es kann kein Dialog in Vertretung geführt werden.

widerspricht der Gesprächskultur des Dialogs völlig. Das Gegenüber, das »Du«, ist bei einem solchen Vorgehen abwesend. Es kann kein Dialog in Vertretung geführt werden.

Ferner war das Zeitbudget von 45 Minuten für drei Dialogfelder viel zu knapp bemessen. Die Dialogregel der Verlangsamung widersprach dem Ziel der Gesprächsleitung, »durchzukommen« respektive das RAP und die Besprechung des Ressorts »durchzubringen«.

Erschwerend war weiterhin, dass die Fragestellung, die dialogisch besprochen werden sollte, schon auf eine Entscheidung hin formuliert war, die unter Zeitdruck gefällt werden sollte. Schließlich konzentrierte sich die Besprechung ganz auf die Frage, ob eine große Veranstaltung, die das Ressort alle zwei Jahre durchführte, sofort weitergeführt oder ob eine Pause von einem Jahr eingelegt werden sollte. Dieses Thema war sehr komplex, da gleichzeitig theologische und konzeptionelle Fragen zu beantworten waren. Zeitlicher Druck wurde letztlich durch den Vorstand aufgebaut, der in dieser Sache eine Antwort erwartete, und durch das Reservierungsbüro des Zentrums, das auf eine verbindliche Buchung am Tagungszentrum wartete.

Entscheidungen brauchen ihre Zeit.

Letztlich »schafften« wir sämtliche Tagesordnungspunkte, doch die Stimmung nach der Sitzung war derart schlecht, dass verschiedene Nachgespräche geführt werden mussten. Diese nahmen ein Mehrfaches der Zeit in Anspruch, die für eine gute Dialogsitzung erforderlich ist! Entscheidungen oder Gesprächsergebnisse brauchen, auch wenn sie schnell erzielt werden, eben doch ihre Zeit, bis sie von allen Betroffenen mit getragen werden können.

Ein positiver Aspekt der zweiten Sitzung lag darin, dass sehr schnell offene Fragen im Raum standen, die weitere Dialogrunden nach sich ziehen würden: so etwa die Frage nach der Kompetenz einer Dialoggruppe – deren Mitglieder zu verschiedenen Hierarchiestufen gehörten –, um eine bestimmte Entscheidung zu treffen. Oder die Frage nach verschiedenen mentalen Modellen, an denen die Mitglieder der Bildungskommission ihre persönlichen Aussagen orientierten und denen sie in der gedrängten Entscheidungsphase sämtlich wieder folgten.

Auf die anfängliche Offenheit folgte sehr schnell wieder eine Verhärtung und der Rückfall in angestammte Positionen – denn nun ging es ja »um die Wurst«. In der Folge kamen die Studienleitungsgruppe und die Vertreter des Vorstandes in der Bildungskommission überein, ein weiteres Gespräch zu den offenen Fragen zu führen, die bei dieser missglückten Dialogrunde und in Pausengesprächen verschiedentlich aufgebrochen waren.

Die dritte Dialogrunde – Klärung von mentalen Modellen und von Freiheiten

Im Mittelpunkt der dritten Dialogrunde, die drei Monate nach der zweiten stattfand, stand die Frage nach der Programmentwicklung des Zentrums im Rahmen der Vorgaben der Bildungskommission, die Rolle der Teilnehmenden, aber auch die Frage nach der Form des Dialogs, die zur Lösung der anstehenden Probleme gewählt werden sollte.

Die Vorbereitung dieser Runde lag in den Händen der Leitung des Studienbereichs und wurde mit dem Studienleitungsteam besprochen. Insgesamt standen drei Stunden Zeit zur Verfügung. Erwartet wurde, dass brennende Fragen besprochen werden sollten, aber auch, dass nach der dreistündigen Sitzung Entscheidungen gereift sein sollten, die die Programmentwicklung und persönliche Freiheiten klären konnten. Deshalb schlug ich eine Struktur des Dialogs mit drei Themenblöcken vor: Standortbestimmung/offene Fragen, Rollenverteilung/Entscheidungsstrukturen, Ergebnissicherung/Planung. Dialogisch organisiert war nur der mittlere Block. Neben der Sitzung gab es die Möglichkeit informeller, freundlicher Begegnung bei Kaffeetrinken und gemeinsamem Essen. Dies sollte einen lockeren Einstieg in die Gespräche und ein informelles Abtasten vor den offiziellen Gesprächen ermöglichen.

Gleichwohl war die Atmosphäre zunächst gespannt. Wohl aufgrund des langen Zeitraums, der nach der letzten Sitzung verstrichen war, verhielten sich alle Teilnehmer zunächst zurückhaltend. Die Fragestellungen wurden jedoch schnell bestätigt. Rolle und Kompetenzen der Kommissionsmitglieder sollten geklärt werden, insbesondere für den Fall, dass die Programmvorschläge der Studienleitung und die Vorstellungen der Vorstandsmitglieder in der Bildungskommission differierten.

Die Dialogrunde wurde durch einen »historischen Rückblick« auf die Rolle der Bildungskommission eingeleitet. Sodann äußerten sich die Teilnehmenden zu ihren vergangenen und zu den aktuellen Erfahrungen bei der Zusammenarbeit in der Kommission. Sie formulierten Wünsche und Erwartungen in Bezug auf die zukünftige Arbeit. Der Konflikt wurde dann auch ausgesprochen: das politische Selbstverständnis der Studienleitung, die damit verbundenen Formen der Veranstaltungen und die gesellschaftlichen Netzwerke, in denen man sich dazu bewegen muss. Es zeigte sich, dass der thematische Konflikt zu tief lag, um dialogisch in einer Gesprächsrunde bewältigt zu werden.

Dennoch ging es um die Bewältigung des Akademie-Alltags. Dies hieß konkret: Arbeitsprogramme für das kommende Jahr mussten formuliert, Budgets verabschiedet und die nächsten Veranstaltungen mussten geplant werden. Der Druck zur pragmatischen Arbeit im Alltag verlangt nach einer Arbeitsform, die es erlaubt, das kurzfristig Notwendige zu tun, ohne das Langfristige und Grundsätzliche zu verdrängen.

Als Ergebnis der Dialogrunde einigten wir uns schließlich auf zwei Punkte: zunächst auf eine Jahresplanung, die der Bildungskommission Raum für grundsätzliche Gespräche im Vorfeld der Realisierung von Kursangeboten bieten sollte; sodann auf ein Konfliktverhalten, das dem Studienleitungsteam Freiheit von der Funktionalisierung für Interessen einzelner Vorstandsmitglieder einräumen sollte, indem die letzte Entscheidung über die Realisierung von Veranstaltungen dem Studienleitungsteam übertragen wurde. Dies war ein kleiner Schritt zur Unterscheidung zwischen strategischer Verantwortung der Vorstandsvertreter(innen) und operativer Verantwortung der Studienleiter(innen).

Den Dialog regelmäßig praktizieren.

Die Nützlichkeit und Anwendbarkeit der Gesprächsform des Dialogs wurde ausgewertet. Nach drei Dialogsitzungen entschieden wir, den Dialog in der ersten kreativen Phase der Programmentwicklung regelmäßig zu praktizieren. In der Konkretisierungsphase, in der über ein schriftlich vorliegendes Programm befunden werden muss, sollte jedoch ein entscheidungsorientierter Seminarstil gepflegt werden.

***

Nach Schmid Holz' Fazit in seinem Bericht sollte der Dialog in der »kreativen Phase der Programmentwicklung« regelmäßig praktiziert werden, für die Konkretisierungsphase sei jedoch ein entscheidungsorientierter Seminarstil zu befürworten. Diese Einschätzung deckt sich mit allgemeinen Erfahrungen aus anderen Dialogberichten, und nicht nur aus Unternehmen. Der Dialog führt nicht unmittelbar »entscheidungsreife« Situationen herbei, ebenso wenig werden im Dialog Entscheidungen getroffen. Vielmehr bereitet der Dialog lediglich den Boden dazu.

Mit dem folgenden Bericht wechseln wir die Perspektive und betrachten ein Unternehmen aus dem Blickwinkel externer Beraterinnen und Berater, die das Unternehmen zur Problemklärung herangezogen hat. Die in Dialogbegleitung ausgebildeten Organisationsberater *Katja Wengel* und *Joachim Hipp* haben in mehreren Veränderungsprojekten erfahren, wie durch die Entschleunigung und

Tiefe des Dialogs Effektivität und Kreativität entstehen können. Eine Kultur der Wertschätzung und Kooperation, die als Basis der Entfaltung »kollektiver Intelligenz« gilt, ist aus ihrer Sicht Grundlage für einen nachhaltigen Veränderungsprozess. Sie berichten über einen konkreten Strategieprozess in einem Non-Profit-Unternehmen, den sie begleitet haben. Zielsetzung ihres Beratungsauftrags war es, die Kommunikationsqualität in der Organisation zu verbessern und hierzu den Dialog als Kommunikationsform für die laufende Strategieentwicklung und zur Überwindung von Konflikten einzusetzen.

Über ein halbes Jahr trafen sich alle vier Wochen zwei Dialoggruppen, die Gruppe der Führungskräfte sowie die Gruppe der Leiter der Strategieteams, jeweils ca. 20 Personen. Beide Gruppen führten zur Vernetzung alle zwei bis drei Monate einen gemeinsamen Dialog durch. Nach jeweils sechs Dialogrunden wurden die Ergebnisse in einem Workshop konzentriert. Vor besondere Pro bleme wurden die Berater beispielsweise hinsichtlich des Umgangs mit skeptischen Teilnehmerinnen und Teilnehmern und bei der Einbindung des Dialogs in die herrschende Kommunikationsstruktur der Organisation gestellt. Auch die Offenheit des Dialogprozesses schien der Zielorientierung bei anstehenden Entscheidungen der Organisation entgegenzustehen.

»Genau so müsste unsere Abteilungsbesprechung einmal stattfinden« – Die Begleitung von Veränderungen in einer Organisation mit dem Dialog

Die Einführung des Dialogs in Profit- und Non-Profit Organisationen löst nach unserer Erfahrung oft große Hoffnungen aus – »Genau so müsste unsere Abteilungsbesprechung einmal stattfinden« –, aber auch große Bedenken, was die Anschlussfähigkeit des Dialogs an die Wirklichkeit in Organisationen anbelangt: »Wäre toll, aber mit den Leuten leider unmöglich.«

Ausgangslage

Im Kontext eines Strategieprozesses traten zwischen den Hierarchieebenen bzw. zwischen den Funktionseinheiten einer Organisation Konflikte auf, und es gab gegenseitige Schuldzuweisungen. Die Kooperation der Mitarbeiter, die im Strategieprozess für wichtige Informationen sorgten, war durch Unsicherheiten und

Desorientierung gefährdet bzw. schon blockiert. Ganze Bereiche der Organisation waren im Hinblick auf ihre Ausrichtung und die Bedingungen ihrer weiteren Existenz verunsichert. Zudem gab es Spekulationen über *hidden agendas:* geheime Vorhaben (wie Abbau von Personal, dramatische Änderungen der Strategie) des Managements für den Strategieprozess.

Zielsetzung des Beratungsauftrags war es, die Kommunikationsqualität in der Organisation zu verbessern, Strukturelemente zu implementieren, die den Austausch zu bestimmten Themen ermöglichen sowie die verhärteten Dynamiken zwischen den Hierarchieebenen bzw. zwischen den Bereichen aufweichen würden. Zusammen mit dem Geschäftsführer und der Personalleitung wurde von uns die Architektur für den Prozess entworfen. Außerdem wurden Ziel und Auftrag und die komplementären Rollen, verbunden mit den entsprechenden Verantwortungen, geklärt.

In einer Start-Veranstaltung mit allen am Prozess Beteiligten wurden Ziel und Vorgehen des Dialogprozesses geklärt sowie grundlegende Elemente und Übungen zum Dialog eingeführt. Das Management bezog eindeutig Position dafür, den Dialog als Kommunikationsform für die laufende Strategieentwicklung und zur Überwindung von Konflikten einzuführen.

Dialoggruppen

Über ein halbes Jahr trafen sich alle vier Wochen zwei Dialoggruppen. Die »Dialoggruppe Führungskräfte« setzt sich (wie der Name schon sagt) aus den Führungskräften der Organisation (ca. 20 Personen) zusammen. Für den thematischen Dialog wurden in dieser Gruppe folgende Themenbereiche gewählt: die Auseinandersetzung zu verschiedenen Fragen der Führungskultur wie Verständnis von Transparenz, Verbindlichkeit, Macht- und Verantwortungskultur sowie zum Strategieprozess.

Zur Sprache kam beispielsweise das Dilemma der Führungskräfte zwischen den Ansprüchen der Mitarbeiter auf Transparenz – wie sie sich in dem Satz »Jeder darf bei allem mitreden« zeigen –, denen man gerecht werden wollte, und dem Bedürfnis, als Führungskraft Entscheidungen treffen zu können, ohne alles immer wieder »in alle Richtungen« diskutieren zu müssen. Dabei war es möglich, die Handlungsblockierung der unteren Führungsebene in den Kontext der Organisation zu stellen und im Rahmen von deren Geschichte zu sehen und zu erkennen, dass sich die Organisation in einem großen Veränderungsprozess hinsichtlich ihrer Führungskultur befand. Es wurde deutlich, wie besonders die unteren Führungskräfte den genannten Ansprüchen und Bedürfnissen gerecht werden mussten und auf Unterstützung vom oberen Management angewiesen waren.

Die Dialoggruppe »Leiter Strategieteams« ist aus den Leitern der Strategieteams zusammengesetzt, aus Mitgliedern des Betriebsrats und informellen Schlüsselpersonen aus dem Unternehmen (ca. 20 Personen), die in keiner Linienfunktion sind. Hier wählten wir den generativen Dialog, um die konkreten Themen, die im engen wie weiteren Kontext des Strategieprozesses relevant waren, besprechbar zu machen.

Thematisiert wurden z. B. die gegenseitigen, nicht immer schmeichelhaften Zuschreibungen und die Erkenntnis, dass das, was als Fakten angesehen wurde, überhaupt nicht geprüft war. Bisherige »Wahrheiten« – wie etwa im Marketing das magere Ergebnis in Relation zum Budget oder die scheinbaren Lügen und absichtlich zurückgehaltenen Informationen auf Seiten der Produktion – fielen dem Dialog »zum Opfer«. Hier trat oft eine längere Phase der Stille ein, mit der Erkenntnis, dass viele Probleme durch fehlende Kommunikation zu erklären waren und dass selbst bei zutreffenden Fakten das Wissen über den Kontext von Verhaltensweisen einen guten Grund für diese sichtbar werden ließ, wodurch Anschuldigungen entkräftet wurden. Insgesamt verstärkte der Dialog das Gefühl der Beteiligten, dass sie alle »im selben Boot saßen«, mit denselben Ängsten und Herausforderungen zu kämpfen hatten, dabei lediglich aus einer anderen Perspektive schauten.

> »Nur in der Stille kann die Wahrheit eines jeden Früchte tragen und Wurzeln schlagen.«
> Antoine de Saint-Exupéry

Zwei Beispiele: In einer Dialogsitzung wurde ein Brief von der Produktion an das Marketing thematisiert, der, unterschrieben von allen Mitarbeitern der Produktion, starke Anschuldigungen bezüglich der Ethik und der Relevanz der Ziele des Marketings enthielt. Der Brief hatte zu heftigsten Konfrontationen und verhärteten Fronten geführt. In der Dialogsitzung stellte sich heraus, in welchem Spannungsfeld sich das Marketing befand und an welchen Zielen sich die Mitarbeiter orientierten. Die Ziele und Kontexte der Entscheidungen des Marketings wurden transparent und nachvollziehbar. Es entstanden Stille und tiefe Betroffenheit auf Seiten der anwesenden Mitarbeiter der Produktion. So etwas dürfe nicht mehr vorkommen, und ein Dialog im Sinne von Erkunden und Plädieren müsse in Zukunft Pflicht sein, bevor eine solche Konflikteskalation eintrete, so die einhellige Meinung aller Anwesenden.

Es gab massive Verdächtigungen, die Geschäftsführung wolle den Organisationszweck verändern und versuche diese Änderung über den Strategieprozess gleichsam hinterrücks einzuführen. In einer Dialogsitzung wurde durch das

Plädieren des Geschäftsführers und die erkundenden Nachfragen deutlich, vor welchem Hintergrund die Entscheidungen der Geschäftsführung zu sehen waren, in welchen Handlungsnotwendigkeiten sie stand und wie sie den Organisationszweck mit neuen Vorgehensweisen aufrechtzuerhalten versuchte. Auch hier trat eine Phase der Betroffenheit und Stille ein. Ein Mitglied des Betriebsrats, das sich davor eher dadurch hervorgetan hatte, dass es der Geschäftsführung negative Motive unterstellte, ließ sich sogar zu der Äußerung hinreißen: »Mensch, der Rudolf will ja auch was Gutes, der ist ja eigentlich ganz nett.«

Vernetzung der Dialoggruppen

Alle zwei bis drei Monate fanden gemeinsame Dialoge zur Vernetzung der beiden Gruppen statt. Ziel war der Austausch zu Themen und Erfordernissen des Strategieprozesses. In generativen Dialogen wurde die Motivation von Mitarbeitern und Führungskräften im Strategieprozess thematisiert. Auch hier erwies sich die Möglichkeit, die eigenen mentalen Modelle zu bestimmten Verhaltensweisen anderer zu hinterfragen, als sehr aufschlussreich und weiterführend. Sehr wichtig war das Plädieren der Geschäftsführung für die Notwendigkeit des Strategieprozesses, wobei dessen Hintergründe und Zielsetzungen dargelegt wurden. Den Mitarbeitern wurde einsichtig, dass auch die Geschäftsführung verständliche Gründe für ihr Vorgehen hatte und aus ihrer Rolle heraus Antworten zum Besten der Organisation finden musste.

Die Trennung der Dialoggruppen hatte die Funktion, einen »Container« für die Themen in den entsprechenden Gruppen aufzubauen; gerade in der »Dialoggruppe Führungskräfte« war ein geschützter Raum essentiell, um die Konflikte besprechbar zu machen und ein Miteinander-Reden und -Denken zu ermöglichen. Die Vernetzung der Dialoggruppen sollte ein Feedback ermöglichen und dazu führen, dass die Teilnehmenden sich über Inhalte und Dynamiken der beiden Dialoggruppen austauschten.

Abschluss des Workshops und Fortgang

Nach jeweils sechs Dialogrunden wurden die Ergebnisse in einem Workshop verdichtet. Geschäftsführer, Führungskreis und Strategieteams erhielten Empfehlungen, und ihnen wurden noch offene Diskussionspunkte genannt. Zudem wurden konkrete Vorschläge zur weiteren Bearbeitung in den jeweiligen Foren festgehalten.

Um die Dialogkultur in der Organisation weiterzutragen, war als weiterer Schritt angedacht, Interessierte aus den beiden Dialoggruppen zu Dialogprozess-Begleitern weiterzubilden. Aus organisationsinternen Gründen wurde der Dialogprozess an dieser Stelle nicht weitergeführt und konnte der angedachte Integrations- und Überführungsprozess in die Organisation nicht weiterverfolgt werden.

Zwischen Anspruch und Wirklichkeit – Theorie und Praxis

Im Folgenden gehen wir auf Herausforderungen ein, mit denen wir während des Prozesses umgehen mussten, und auf die Interventionen, die unsere Antwortversuche darauf widerspiegeln.

Zielorientierung und Ergebnissicherung im Dialog

Mit dieser Perspektive sind für uns folgende Fragestellungen verbunden:

- Wie können wir an eine Kultur ankoppeln, in der es üblich ist, Ergebnisse immer *sofort* festzuhalten?
- Wie kann man gleichzeitig einen offenen Raum wahren und das verständliche Bedürfnis befriedigen, Ergebnisse zu *sichern*?
- Wie kann den Dialogteilnehmern das Gefühl vermittelt werden, dass die Erkenntnisse aus dem Dialog *nicht verloren* gehen?

Unsere Intervention: Anfänglich luden wir Mitglieder der Dialoggruppen dazu ein, die ersten fünf Sitzungen »ergebnisoffen« zu halten und den Denkprozess mit der Vielfalt der unterschiedlichen Sichtweisen in den Vordergrund zu stellen. Die Ergebnissicherung wurde für eine spätere Sitzung angekündigt. Das führte zu Beruhigung und Offenheit, weil für Ergebnisorientierung im Prozess gesorgt war.

Zunächst ergebnisoffene Sitzungen, später Ergebnissicherung.

Für die Ergebnissicherung war es wichtig, den zuständigen Entscheidungsgremien Empfehlungen und Denkanstöße zu geben und auf Ergebnisrückmeldung zu achten, so dass ein Rückfluss von Informationen möglich war, der zu weiterem Mitdenken ermutigte.

Zwischen Begeisterung und Ernüchterung

In Dialogprozessen – und so war es auch in diesem Fall – beobachten wir häufig, dass die Beteiligten ein Dilemma erleben zwischen persönlicher Betroffenheit und Verheißung einerseits und Aussichtslosigkeit bezüglich der Umsetzbarkeit andererseits. Die Beteiligten spüren das Potenzial dialogischer Prozesse – bis hin zu völliger Begeisterung und der Hoffnung auf eine bessere Welt – und erleben gleichzeitig, dass es aussichtslos erscheint, das Unternehmen in diese Richtung zu beeinflussen.

Unsere Intervention:

- Immer wieder auf den aktuellen Dialogprozess und seine Qualität fokussieren.
- Transparenz herstellen bezüglich der Architektur des Prozesses, der Zielsetzung des Dialogs und der Überführung der Dialogkultur in die Organisation. Hilfreich ist hier aus unserer Sicht, die verschiedene Interventionsebenen zu unterscheiden: Auf der Ebene der Person geht es um den Erwerb von dialogischer Kompetenz.

Skeptische Teilnehmer

Wie ist mit der Skepsis Einzelner gegenüber dem Dialogprozess, seinen Möglichkeiten und seiner Philosophie umzugehen? Die Grundannahmen und Vorgehensweisen scheinen für viele eine starke Konfrontation mit ihren üblichen Kommunikationsgewohnheiten bzw. ihrem jeweiligen Selbstverständnis zu bedeuten.

Unsere Intervention:

Mindestens fünf Sitzungen

- In der Phase der Auftragsklärung muss sich die Organisation auf mindestens fünf Sitzungen einlassen. Damit wird möglich, dass die Teilnehmer sich leichter auf einen Prozess einlassen. Gleichzeitig verhindern wir, dass eine Bewertung nach der ersten Sitzung notwendig wird.
- Das Management muss klar hinter der Idee des Dialogs stehen und Beispiele geben, dass es sich selbst auf den Prozess einlässt.
- Wir bitten um Freiwilligkeit in Bezug auf die Teilnahme am Prozess. Dadurch entsteht für die Teilnehmer eher das Gefühl, dass sie hingehen wollen, um nichts zu verpassen oder die eigene Perspektive einbringen zu können.

Arbeit mit »kritischer Masse«

- Als Facilitator geben wir die Hoffnung auf, dass *alle* Beteiligten begeistert sein werden; vielmehr arbeiten wir mit einer »kritischen Masse«, die Kulturveränderung möglich macht.
- Als Facilitator geben wir insbesondere denen Schutz, denen es schwer fällt, mit ihren Kommunikations- und Interaktionsgewohnheiten an die Dialogkultur anzuschließen.
- Als Facilitator lassen wir Skepsis zu.

Ankoppelung des Dialogs an die Kommunikationskultur der Organisation
Wie kann an die Kultur der Organisation und des Teams angeschlossen werden, wie können Treffen strukturiert, gestaltet und moderiert werden?

Unser Fazit: Für uns hat es sich als nützlich erwiesen, unser Rollenverständnis als Facilitator an die Rollenerwartungen der Organisation anzupassen: Am Anfang des Prozesses intervenieren wir oft deutlich; wir greifen etwa die Beiträge erneut auf, nehmen eine erkundende Position ein, fordern zum Erkunden und produktiven Plädieren auf, geben theoretische Einordnungen. Dadurch versuchen wir, an die üblichen Erfahrungen »anzukoppeln« und beispielhaft die Perspektiven und Kompetenzen des Dialogs einzuführen. Unser Ziel ist es, nach und nach einen »Container« aufzubauen, in dem die Teilnehmenden diese Funktionen selbst übernehmen können. Durch unser aktives Auftreten zu Anfang erleben sie mehr Schutz, die Toleranz für Unsicherheit wächst.

***

Profitorientierte und dazu noch global agierende Großunternehmen sind darauf angewiesen, dass der Informationsaustausch auch zwischen Mitarbeitern aus den einzelnen Konzernteilen verschiedener Länder oder Kontinente funktioniert. Zwischen diesen sind die Kulturunterschiede aber oft so groß, dass in der Zusammenarbeit Schwierigkeiten auftreten, die das gegenseitige Verstehen erheblich behindern. Um solche Verständigungsschwierigkeiten abzubauen, setzen viele Unternehmen auf interkulturelle Trainingsmaßnahmen für ihre Führungskräfte.

Daniel Scheible, Lehrbeauftragter am Institut für Kulturvergleichende Wirtschaftsforschung (ICCE) an der Universität Witten/Herdecke, hält den dialogischen Ansatz für besonders geeignet, um im interkulturellen Training unterschiedliche mentale Modelle, Annahmen und kulturelle Sichtbegrenzungen deutlich zu machen. Während eines mehrtägigen Workshops mit Mitarbeitenden von *DaimlerChrysler* begleitete er als Mitglied eines dreiköpfigen Trainingsteams zusammen mit dem Wittener Kommunikationswissenschaftler *Kazuma Matoba* und dem Heidelberger Dozenten für interkulturelle Kommunikation *Steve Holmes* den Prozess. Im Folgenden berichtet er über den Verlauf eines Trainings, bei dem mit dem Dialog gearbeitet wurde.

»›Interkulturelles Training‹ und Dialogidee miteinander verbinden« – Eindrücke aus dem Dialogprozess bei DaimlerChrysler

DaimlerChrysler trainiert seine internationalen Führungskräfte aus dem Bereich der Mercedes-Benz-PKW-Fertigung. Im Rahmen des »International Training Program« (ITP) entsenden die in aller Welt angesiedelten Produktionsstandorte leitende Mitarbeiter als Trainees nach Deutschland. Dort leben und arbeiten sie dann für sechs bis 18 Monate.

Trainingseffekte werden auf drei Ebenen erzielt: Zunächst müssen sich die Trainees und ihre Familien in ihrer neuen, für sie fremdkulturellen Umgebung zurechtfinden. Danach lernen sie bei *DaimlerChrysler Deutschland* mehrere Abteilungen kennen, die mit ihrem Aufgabengebiet im Heimatland in Zusammenhang stehen, um anschließend eigenverantwortlich an Projekten mitzuarbeiten. Darüber hinaus findet regelmäßig ein so genannter »International Round Table« statt, bei dem die fremdkulturellen Erfahrungen in einer Runde mit den Trainees aus den anderen Ländern reflektiert werden. Unser dreiköpfiges Trainerteam hatte die Gelegenheit, mit dieser kulturell gemischten Gruppe von Trainees in einem mehrtägigen Workshop verschiedene Dialogprozesse und vertiefende – verbale und nonverbale – Übungen durchzuführen.

Team-building durch den Dialog

Dialog als Element des Teamlernens.

Zwar sind alle, die sich im ITP treffen, bei *DaimlerChrysler* beschäftigt, doch kommt jeder von ihnen aus einer »anderen Welt«. Durch ihren Trainingsaufenthalt sollen ihnen die Gemeinsamkeiten mit den anderen Trainees bewusst werden, und sie sollen ein Team bilden. *David Bohm* beschreibt den Dialog ähnlich: »Im Dialog kommen Menschen zusammen, die in der Regel einen anderen individuellen Hintergrund haben und so unterschiedliche Grundannahmen und Meinungen besitzen.« (Bohm, Der Dialog, S. 40) Und: »... ein Dialog hat... etwas von gemeinschaftlichem Teilhaben, bei dem wir nicht gegeneinander spielen, sondern miteinander.« (Ebd., S. 34)

Wenn sich aber die Idee des interkulturellen Trainings und die Idee des Dialogs so sehr ähneln, warum dann nicht beides miteinander verbinden? So starteten wir im Rahmen des ITP bei *DaimlerChrysler* einen Dialogprozess, bei dem zehn Trainees, drei ITP-Mitarbeiter und drei Trainer sich für drei Tage in ein Seminarhaus zurückzogen, um sich gemeinsam auf den Dialogprozess einzulassen.

Zum Ablauf des Workshops

Während des gesamten dreitägigen Workshops wechselten sich Übungen, Dialogrunden und Feedback-Einheiten ab. Bei den Dialogrunden saßen wir im Kreis, in dessen Zentrum sich Blumen, der Redestein und eine Klangschale befanden. Wir wählten bewusst diese ritualisierten Rahmenbedingungen, um die Andersartigkeit dieser Kommunikation im Vergleich zur sonst bei *DaimlerChrysler* üblichen hervorzuheben. Als Training der Dialogkompetenzen, wie sie sich in den eingeführten Kernfähigkeiten widerspiegeln, führten wir im Laufe des Workshops mehrere Übungen durch. Zu Beginn des Workshops wurden folgende Ziele vorgestellt. Wir möchten:

- einen »Container«, also einen gedachten Raum, bilden, in dem alle, die teilnehmen, frei sprechen können und in dem Hierarchien keine Rolle spielen;
- eine »dritte Kultur« entstehen lassen, also eine gemeinsame Kultur, in der sich jeder Teilnehmer wiederfindet, unabhängig vom persönlichen Hintergrund;
- einen Beitrag zum Aufbau der Unternehmenskultur leisten;
- Vertrauen aufbauen, um die produktive Zusammenarbeit der Trainees zu verbessern;
- Synergien erzielen und die Teamarbeit dadurch effizienter gestalten;
- dauerhafte Werte schaffen, um die »dritte Kultur« und Vertrauen nachhaltig im Unternehmen zu implementieren.

Der erste Tag

Nach der Präsentation der Zielsetzungen des Workshops und der Vorstellungsrunde folgte mit *Gemeinsames Malen* eine erste Übung (vgl. auch Abschnitt 2.5 in der Dialog-Werkstatt, S. 383). Dadurch sollte erprobt werden, ob es möglich ist, etwas Gemeinsames zu schaffen, ohne verbal zu kommunizieren. Hierbei wird die eigentliche Zielsetzung des Dialogs berührt: das gemeinsame Denken. Ein solches Denken scheint uns im Hinblick auf das internationale Team-building bei *DaimlerChrysler* besonders hilfreich zu sein.

Gemeinsames Malen: Für diese Übung bildeten die Teilnehmenden drei Gruppen. Die Aufgabe bestand darin, ein gemeinsames Bild zu malen, ohne miteinander zu sprechen. Ein Thema war nicht vorgegeben. Alle drei Gruppen schufen etwas Gemeinsames. So wurde im Bild der ersten Gruppe ein Sommertag dargestellt, die zweite Gruppe thematisierte das Nebeneinander von Arbeit und Freizeit, und die dritte Gruppe veranschaulichte, wo neue Ideen herkommen.

Zuhör-Übung: Dem Sprecher bewusst zuzuhören und dabei eine lernende Haltung einzunehmen ist ebenfalls eine wichtige Dialogkompetenz. Die Teilnehmenden fanden sich zu zweit zusammen. Sie sollten den jeweiligen Partnern von einem Wendepunkt in ihrem Leben erzählen, wobei die Partner schweigend zuhörten. Anschließend tauschten sie für die gleiche Zeit die Rollen.

Die anschließende *Zuhör-Übung* (vgl. Dialog-Werkstatt, Abschnitt 2.4, S. 382) diente dem vertieften Zuhören. In der Feedback-Runde zu dieser Übung äußerten die meisten Teilnehmer, dass die Situation ungewohnt war – sowohl beim Zuhören, ohne etwas einzuwenden, als auch beim Erzählen, ohne eine Reaktion zu bekommen.

Die erste Runde des Dialogprozesses fand als *thematischer Dialog* statt. Das Thema lautete: »Was hat in deinem Leben Bedeutung?« Der Facilitator führte zwei von uns folgendermaßen formulierte Kernkompetenzen ein: »Sprich ernsthaft und fasse dich kurz« und »Übe den anderen gegenüber radikalen Respekt«. Inhaltlich kam es zu einem Austausch darüber, was Werte im Leben des Einzelnen sind.

Nur wenige Teilnehmer ergriffen das Wort; für sie standen ein erfülltes Arbeitsleben und das Wohl ihrer Familien im Vordergrund sowie Ehrlichkeit und Respekt von anderen.

Der erste Tag des Workshops wurde mit einem Gedankenaustausch zum Dialog und mit Übungen beschlossen.

Der zweite Tag

Die Musik-Übung wird in Dialog-Einführungen zur praktischen Erfahrung von Empathie eingesetzt.*

An eine Check-in-Runde schloss sich eine weitere Übung an. Während der *Musikübung* erkundeten die Teilnehmenden, was Empathie ist und welche Eindrücke dieses Gefühl auslösen. Empathie ist eine wichtige Voraussetzung für gemeinsames Denken und Team-building. Wer seinem Interaktionspartner nicht mit Empathie begegnet, wird sich schwer tun, sich mit ihm zu verständigen.

Dieser Übung folgte ein weiterer *thematischer Dialog* zu dem Leitgedanken: »Werte, die für die Gruppe wichtig sind, sind auch für mich wichtig – Werte die für mich wichtig sind, sind auch für die Gruppe wichtig.« Neben den bereits eingeführten Kernkompetenzen stellten wir als dritte »Halte Annahmen und Wertungen in der Schwebe« vor. Als diese Dialogrunde nach eineinhalb Stunden endete, hatten die meisten Teilnehmenden zumindest einmal das Wort ergriffen.

Post-merger-Situation = Situation nach einer Unternehmensfusion.

Die anschließende Variante der *Dilemma-Übung* (s. auch Dialog-Werkstatt, Abschnitt 2.2, S. 379) sollte veranschaulichen, wie eine Situation, die von den Betroffenen als Dilemma wahrgenommen wird, auf unterschiedliche Weise und mit unterschiedlichem Ergebnis besprochen werden kann. Das der Übung zu-

* Termine und Orte für Einführungen in den Dialog entnehmen Sie unserer Homepage: http:// www.dialogprojekt.de

grunde liegende Dilemma war die Post-merger-Situation bei *DaimlerChrysler*. Die Situation wurde so beschrieben, dass es nicht klar sei, in welche Richtung sich das Unternehmen bewege – ob es sich zu einem amerikanischen oder einem deutschen Unternehmen entwickeln werde – und inwieweit die kulturellen Hintergründe der Mitarbeiter aus aller Welt Niederschlag in der zukünftigen Unternehmenskultur finden werden. Dieses Dilemma sollte in drei Gruppen behandelt werden.

Dilemma-Übung: die eigenen Ansichten unter Respekt vor den anderen dialogisch reflektieren – das Dilemma in Form einer Debatte behandeln – erkunden, welchen Verlauf das Gespräch je nach Kommunikationsform nimmt und welche Ergebnisse dabei zustande kommen – reflektieren, wie ein dialogischer Standpunkt in einer Debatte aussehen kann.

Die anschließende dritte Dialogrunde fand erstmals als *generativer Dialog* statt – ein Thema war also nicht vorgegeben. Als vierte Kernfähigkeit führte der Facilitator »Beobachte den Beobachter« ein. Zunächst ging es um das Thema »Lernen«. So kam die Frage auf, wie in einer Organisation eine Kultur des Lernens etabliert werden könne. Die Bedeutung von Traditionen war das nächste Thema.

Dieser Dialogtag wurde mit der Übung *Eigenes Trainingsprogramm entwerfen* beschlossen. Hierbei wurden die Teilnehmenden gebeten, darüber nachzudenken, welche Fähigkeiten ihnen bei der interkulturellen Zusammenarbeit im Unternehmen als wichtig erschienen. Dazu sollten sie ein eigenes Trainingsprogramm entwerfen; die Reflexion der eigenen Trainingssituation steht bei dieser Übung im Vordergrund.

Eigenes Trainingsprogramm entwerfen: Die Teilnehmenden wurden in drei Gruppen eingeteilt. Aufgabe: sich überlegen, welche Ziele in einem fiktiven, internationalen Unternehmen ein Trainingsprogramm haben solle, das für die neuen, deutschen Mitarbeiter angeboten wird. Anschließend ein solches Trainingsprogramm skizzieren und vorstellen.

Die Konzepte waren durchaus unterschiedlich. Während die eine Gruppe mit einem Set von Übungen und Unterrichtseinheiten die kulturellen Unterschiede überbrücken wollte, stand bei der anderen Gruppe die Freude an der gemeinsamen Arbeit im Vordergrund. Bei der dritten Gruppe bildete der direkte Kontakt mit der fremden Kultur durch das Leben in einer ortsansässigen Familie den Kern des Trainings. Auf Techniken, die auf die Verbesserung kulturübergreifender Zusammenarbeit zielen, konzentrierte sich am ehesten die zweite Gruppe.

Der dritte Tag

Am letzten Tag folgte auf die Check-in-Runde die *Synergie-Übung*. Hierbei sollen die Teilnehmenden erkunden, wie sie ihre persönlichen Fähigkeiten und Eigenschaften so in die Gruppe einbringen, dass das Gruppenergebnis das vorhandene Potenzial möglichst umfassend ausschöpft.

Bei der Präsentation der Gruppenarbeit wurden folgende Organisationen vorgestellt: Die erste Gruppe stellte ein Berater-Netzwerk vor, mit Büros in Deutschland, China, Vietnam und Südafrika. Ihre Dienstleistung bestand aus

Synergie-Übung: Die Teilnehmenden kommen in den drei Gruppen zusammen, in denen sie am ersten Tag bereits gemeinsam gemalt hatten. Zunächst charakterisiert sich jeder selbst und stellt dann seine Merkmale den anderen Gruppenmitgliedern vor. Darauf gründet jede Gruppe eine fiktive Organisation, die eine Dienstleistung anbietet, in der die Fähigkeiten der Mitglieder bestmöglich zum Einsatz kommen.

der Beratung gestresster Manager. Die zweite Gruppe gründete eine Erlebnis- und Reiseagentur, die sich auf Partyorganisation und Abenteuersport spezialisierte. Auch sie war international aufgestellt (USA, Europa, Japan). Als dritte Organisation wurde die »Community Developers Ltd.« vorgestellt, deren Dienstleistung in der Forschung, Planung, Durchführung und langfristigen Begleitung von Projekten in der Entwicklungszusammenarbeit bestand. Als Zielgruppe wurden Gesellschaften mit hoher AIDS-Rate oder mit traumatischen Belastungen vieler Menschen durch Erdbeben genannt.

Auch der anschließende vierte Dialog fand als *generativer Dialog* statt. Doch war gleich zu Beginn ein Thema gefunden, das bis zum Schluss beibehalten wurde: Vertrauen. Die Kernfähigkeiten wurden diesmal von den Teilnehmenden ausgewählt; sie entschieden sich für »Übe den anderen gegenüber radikalen Respekt«, »Sprich ernsthaft und fasse dich kurz« und »Höre den anderen sorgfältig zu«. Die Frage, die sich durch den gesamten Dialog hindurchzog, war, ob man einem Fremden zuerst Vertrauen entgegenbringen oder ob man zuerst misstrauisch sein solle.

Bewertung des Workshops

Der Workshop endete mit einer Feedback-Runde, bei der die Teilnehmenden gebeten wurden, die gesamten drei Tage zu bewerten. Diese Beurteilung fiel überwiegend positiv aus. Die meisten sahen den Workshop als bereichernd an, bei drei Teilnehmenden überwog aber die Skepsis, ob ihnen das Gelernte im Alltag dienlich sein werde.

Aus der Perspektive der Veranstalter des Workshops wurden die Ziele nur teilweise erreicht. Das »Container-building«, die Etablierung einer »dritten Kultur« und der Aufbau von Vertrauen sind bis zu einem gewissen Grad gelungen. Als Indizien dafür erschien uns, dass fast alle Teilnehmenden zumindest gelegentlich persönliche Fragen oder Erfahrungen einbrachten, dass die Gruppe im vierten, generativen Dialog sofort ein Thema fand, das sie gemeinsam erkundete, und dass die Zusammenarbeit in den Kleingruppen stets zu kreativen Ergebnissen führte.

Als erschwerend für den Dialog erwiesen sich – durchaus nicht verwunderlich – die ausgeprägten Hierarchien bei *DaimlerChrysler,* die im Seminar beispielsweise an dem Problem des »Duzens«oder »Siezens« sichtbar wurden.

Die Frage »Duzen wir uns oder siezen wir uns hier?« taucht immer wieder bei Dialogprozessen auf, wenn sich einige Teilnehmerinnen und Teilnehmer gut kennen und duzen, andere nicht, oder wenn die Teilnehmenden verschiedenen Hierarchieebenen angehören. Wir haben gute Erfahrungen damit gemacht, ein solches Thema mit der Gruppe gemeinsam zu erkunden, indem es beispielsweise zum Fokus der Dilemma-Übung gemacht wird. Auf einem Seminar, wo wir diese Frage als »Dilemma« erkundet haben, entschieden sich die anwesenden Eltern und Lehrerinnen, bei dem etwas komplizierteren Verfahren zu bleiben, dass sich diejenigen duzen, die es sonst auch tun, und diejenigen beim »Sie« bleiben, die das möchten. Durch das Plädieren von Teilnehmenden, die die Position für die »Beibehaltung des Sie« einnahmen, war auch den Befürwortern des »Du« klar geworden, dass ein verpflichtendes »Seminar-Duzen« für diejenigen eine unangenehme Grenzüberschreitung bedeutete, die nach dem Seminar wieder in ihren gewohnten Rollen miteinander arbeiten würden.

Insgesamt können mit dem Dialog wichtige Ziele interkulturellen Trainings erreicht werden. Die Erfahrung, im fremdkulturellen Umfeld zu leben und sich dort zurechtzufinden, kann der Dialogprozess jedoch nicht ersetzen. Die notwendigen Verstehensprozesse können jedoch wirkungsvoll unterstützt werden.

Das Dialogverfahren in Unternehmen – Möglichkeiten und Grenzen

Lassen sich die Ergebnisse dieser sehr heterogenen Berichte verallgemeinern? Im Großen und Ganzen ja, wie ein Vergleich mit den Resultaten einer empirischen Studie von *Susanne Ehmer* (Ehmer 2004) ergibt. Im Rahmen ihrer Dissertation an der Universität Kassel hat Susanne Ehmer zwei Unternehmen befragt, in denen der Dialog seit zwei Jahren praktiziert wurde. Ihre Fragen betrafen den ersten Kontakt mit dem Dialog und reichten bis hin zur Praxis und Bewertung der Möglichkeiten und Grenzen dieser Gesprächsform:

Initiative zur Einführung des Dialogs

Nach dem ersten Kontakt, etwa in der Begegnung eines führenden Mitarbeiters mit einem Dialogausbilder im Rahmen einer externen Veranstaltung, folgten in den beiden befragten Unternehmen Schritte zur Implementierung des Dialogs im Unternehmen. Dabei gilt: Je weiter oben in der Hierarchie die Personen angesiedelt sind, die den Dialog unterstützen, desto leichter ist es, den Dialog als Instrument und Haltung zu etablieren.

Wirkung und Einsetzbarkeit des Dialogs

Im Hinblick auf die Umsetzung wird das Dialogverfahren teilweise einfach als Kommunikatons*instrument* genutzt, teilweise wird der Dialog eher als eine *Haltung* verstanden, die die Kommunikationskultur verändert.

»Der Dialog hat die Gesprächskultur in unserem Unternehmen nachhaltig verbessert.«

»Der Dialog hat die Gesprächskultur in unserem Unternehmen nachhaltig verbessert«, so eine Personalleiterin, in deren Unternehmen die Gesprächskultur von extremem Zeitdruck geprägt war. Die Mitarbeiterinnen und Mitarbeiter waren nicht gewohnt, in Ruhe und nacheinander zu sprechen, und empfanden die Entschleunigung durchaus als wohltuend. Im Dialog entdeckten sie anschaulich und praxisnah, wie viele Informationen, Ideen und Gedanken ihnen im ruhigeren Gespräch zur Verfügung stehen, sich neu entwickeln und vor allem auch vernetzen können.

»Für alles, was sehr viel Kreativität erfordert, eignet sich der Dialog perfekt.«

Das Dialogverfahren lässt sich in Unternehmen kreativ einsetzen und entwickeln. So lädt etwa ein Leiter der Technologieentwicklung unternehmensweit alle Interessierten zu regelmäßigen Innovationsdialogen ein: »Für alles, was sehr viel Kreativität erfordert, eignet sich der Dialog perfekt.« Mitarbeiterinnen und Mitarbeiter aus Technik, Vertrieb, Marketing, Personalwesen und Strategieentwicklung tragen ihre Gedanken zu einem neu zu entwickelnden Produkt zusammen. Hier werden vielschichtig Ideen generiert, die in den anschließenden Entwicklungs- und Entscheidungsprozess einfließen.

Ein weiteres Beispiel sind Dialogrunden, die anlässlich einer Abteilungsfusion geführt wurden. Der zusammengeführten Belegschaft eröffnet sich so ein gemeinsamer Denkraum, in dem die jeweiligen Denkmuster, die abteilungsspezifischen Kulturen, die neuen Anforderungen und die möglichen Widerstände erkundet und beobachtet werden.

Anlässe für den Dialog sind beispielsweise zu lösende Konflikte, Kommunikations- und Teamentwicklung, die Weiterbildung von Führungskräften sowie der Einstieg neuer Mitarbeiter. Ein primär an der Unternehmenspolitik orientiertes und machtpolitisches Verhalten beteiligter Führungskräfte oder auch von Facilitatoren kann die Entwicklung des Dialogs behindern. So nutzen wenig kompetente Führungskräfte den Dialog, um sich Gehör zu verschaffen. Jedoch darf und kann aus dialogischer Sicht solch taktisches, strategisches oder politisches Verhalten nicht unterbunden werden. Vielmehr können diese Gedankengänge entsprechend der Idee des Dialogs zur Verfügung gestellt werden und damit einem Erkenntnisprozess dienen. Eine Führungskraft im Dialog muss realisieren, dass sie hier als gleichwertiger Gesprächs- und Denkpartner im Kreis sitzt. Das bedeutet nicht, dass sie ihre Rolle negiert oder ausblendet. Vielmehr kann sie ihre Rolle auch im Dialog als Modell leben, indem sie der Situation und dem Anliegen angemessen ihre Integrität, Verantwortlichkeit, ihre Fairness, ihren Mut und ihre Ängste authentisch lebt. Die Erkundung der in der Gruppe existierenden und wirkenden Grundannahmen zu Führung, Hierarchie, Abhängigkeit und Macht kann für Vorgesetzte und Mitarbeiter gleichermaßen interessant und aufschlussreich sein.

Im Hinblick auf das *Setting* hielten sich beide Unternehmen zunächst an die von mir als Dialogbegleiterin vorgegebenen Bedingungen: Die Teilnehmenden sitzen im Kreis und benutzen zum Sprechen ein Redeobjekt (Stein, Stab oder schnurloses Mikrofon). Dabei wurde es als vorteilhaft erlebt, wenn die Dialogrunden nicht in den Räumlichkeiten, in denen man dem Alltagsgeschäft nachging, stattfanden.

Fazit

Folgende »Essentials« zu den Möglichkeiten und Grenzen des Dialogs haben sich aufgrund meiner Befragungen herauskristallisiert:

Möglichkeiten

- Der Dialog eröffnet vielseitige Möglichkeiten. Er schafft Zugang zu verborgenen Ressourcen.
- Der Dialog führt zu einer Entschleunigung, zu größerer Bewusstheit und Reflexionsfähigkeit. Hierbei ist die Stabilität des Containers von großer Bedeutung.
- Führungskräfte erfahren Entlastung und Unterstützung im Dialog mit Führungskollegen.

- Der Dialog initiiert und unterstützt Entwicklungsprozesse.
- Die Arbeit im Dialog fördert Reflexion, Selbstreflexion und Kreativität und führt zu einer Bewusstseinserweiterung.
- Intensive Kommunikation ermöglicht, dass Erkenntnisse gewonnen und bessere Entscheidungen getroffen werden.
- Im Spielraum von Begegnung, Selbstorganisation und Mitverantwortung im Dialog entstehen Kreativität und Innovation.

Grenzen

- Mangelnde aktive Unterstützung durch das Management begrenzt die Umsetzung und den Nutzen des Dialogs im Unternehmen.
- Die Arbeit mit dem Dialog wird in ökonomisch kritischen Phasen eingeschränkt.
- Der Dialog eignet sich nicht, um Entscheidungen zu treffen, wohl aber, um Entscheidungsprozesse einzuleiten, Transparenz herzustellen und neue Perspektiven zu eröffnen.

Siehe hierzu auch Dialog-Werkstatt, Abschnitt 1, S. 374

- Druck, Anspannung, Eile und festgelegte Ziele behindern die Entfaltung eines Dialogs ebenso wie unreflektierte Abhängigkeiten und Hierarchiestrukturen.
- Die Angst vor Neuem und Fremdem begrenzt den Dialog, solange diese Dynamik nicht Gegenstand der Erkundung werden kann.

***

Die Ergebnisse von Susanne Ehmers Studie geben nicht nur Einblick in die praktische Anwendung und den Nutzen einer Arbeit mit dem Dialog selbst, sondern sie lassen auch ein weiteres Potenzial erkennen: Lernen und Entwicklung werden in das Alltagsgeschehen des Unternehmens direkt eingebunden. Die Mitarbeiterinnen und Mitarbeiter müssen keine externen Schulungen und Seminare besuchen, um eine neue Gesprächsform zu erlernen, sondern lernen und üben dies im Unternehmen. Dies offenbart, wie bedeutend die Verankerung der Arbeit mit dem Dialog in einem Unternehmenskonzept ist. Denn die Kommunikations- und Reflexionsfähigkeit, die innere Haltung von Aufmerksamkeit und Respekt und die Beweglichkeit im Denken, die im Dialog erlernt werden, tragen bei entsprechender Unterstützung und Verankerung ihre verändernde Wirkung über die einzelnen Dialogrunden hinaus in das ganze Unternehmen hinein.

In den folgenden beiden Beiträgen werden zwei Problembereiche angesprochen, denen in Organisationen in der Regel keine besondere Aufmerksamkeit geschenkt wird. Es handelt sich dabei um den Umgang mit Nichtwissen und mit Intuition. Welche Chancen zur Umgangsweise mit diesen Phänomenen in Unternehmen bieten sich durch den Dialog?

Der Zugang zum Wissen wird heute als eine der wichtigsten Ressourcen zukünftiger unternehmerischer und organisationaler Arbeit verstanden. Die Kehrseite hingegen – Nichtwissen – wird keineswegs so selbstverständlich diskutiert, und das, obwohl unser Nichtwissen, relativ gesehen, nicht ab-, sondern zunimmt. Organisationen werden durch ihre globale Ausweitung immer komplexer und weniger überblickbar. Dem Siemens-Chef von Pierer wird der Satz zugeschrieben: »Wer weiß, was Siemens weiß?« Viele Disziplinen erzeugen exponentiell neues Wissen und sind nur noch durch extreme Fachspezifizierung eingrenzbar (z. B. Medizin, Informationstechnologie); neue technologische Entwicklungen führen zu neuen Fragen und (noch) unberechenbaren Risiken (z. B. Bio- und Nanotechnologie). *Andreas Zeuch*, Dialogprozess-Begleiter und Organisationsberater, arbeitet an einer Studie und einem Buch zur Bedeutung des Nichtwissens in Organisationen und beleuchtet einige für den Dialogprozess wichtige Aspekte.

Das kreative Feld des Nichtwissens im Dialog

Nichtwissen in Organisationen, zwei Fallbeispiele

Vielleicht erinnern Sie sich: 1984 nahm in Sussex die BSE-Krise ihren Anfang, in der das *Nichtwissen* zu Entstehen und Übertragbarkeit eine zentrale Rolle spielte. Mit den sich daraus ergebenden Fragen waren diverse europäische Regierungs- und Forschungseinrichtungen befasst. Auf deutscher Seite waren dies z. B. das *Robert-Koch-Institut* und, als Reaktion auf die Krise, das 2001 in dieser Form neu gegründete *Bundesministerium für Verbraucherschutz, Ernährung und Landwirtschaft* (BMVEL). Nichtwissen war hier verursacht durch bislang unbekannte Phänomene.

Ein Problem der Opel-Misere im Herbst 2004 bestand in der Nichtkenntnis des europäischen Markts durch die außereuropäische Führungsspitze. Viel zu spät reagierte der Vorstand des amerikanischen Mutterkonzerns General Motors und machte den Deutschen *Carl-Peter Forster* zum Opel-Chef, der einige, aber nicht alle zuvor verursachten Probleme lösen konnte. Nichtwissen, verursacht durch mikropolitische Entscheidungen.

Ein anderes Beispiel aus meiner eigenen Erfahrung: Bei einem großen Dienstleister aus der Branche der Informations- und Kommunikationstechnologie kam es immer wieder zu Schwierigkeiten, weil Projektverantwortliche nicht den tatsächlichen Stand des Projekts an ihre Führungskräfte weitergeleitet hatten. Die Führungskräfte konnten also aufgrund ihres Nichtwissens um die wirkliche Projektentwicklung keine entsprechenden (Gegen-)Maßnahmen ergreifen, was zu Verlusten durch fehlgeschlagene Projekte führte. Das war Nichtwissen, verursacht durch die Angst vor der Übermittlung schlechter Nachrichten.

Aus dem Nichtwissen entsteht eine Handlungsdynamik, die nicht immer konstruktiv ist: Wissen wird vorgetäuscht und Nichtwissen vertuscht, Vermutungen werden angestellt und nicht ausgesprochen. In solchen Fällen wird Nichtwissen subjektiv als Defizit erlebt, und es gilt, diese Lücke aufzufüllen, am besten mit Wissen. Das setzt aber voraus, dass Nichtwissen überhaupt in Wissen transformiert werden kann, was leider nicht immer möglich ist. Außerdem entsteht durch jedes neue Wissen automatisch neues Nichtwissen. Wir schieben also das ultimative Wissen vor uns her wie einen unerreichbaren Horizont.

Nichtwissen wird aber auch aktiv als Machtinstrument genutzt: zum Missbrauch, um beispielsweise zu erwünschten Risikobewertungen zu kommen, indem mögliche Gefahren als noch nicht bewiesen abgetan werden. Diese Art des Umgangs ist ebenfalls kontraproduktiv. Somit behindern wir uns in der organisationalen und gesellschaftlichen Weiterentwicklung und nähren die bisherige Kultur, nach der Nichtwissen als Problem oder als Machtinstrument gesehen wird. Nötig ist ein gemeinsamer dauerhafter Lernprozess in Organisationen, in dem wir Nichtwissen zu einer verantwortungsvollen Ressource unserer täglichen Arbeit machen. Wie kann das mit Hilfe des Dialogs gelingen?

Der Dialog zur Entwicklung einer konstruktiven Kultur von Nichtwissen

Für die dringende und wesentliche Veränderung im Umgang mit Nichtwissen bieten sich Dialogrunden an, weil sie ein hervorragendes Instrument sind, um diesen Wandel zu gestalten. Dies liegt daran, dass die grundsätzliche Haltung der am Dialog Teilnehmenden eine lernende und nichtwissende sein möchte und jede Dialogrunde die Teilnehmenden dieser Haltung näher bringt. Dialogrunden *sind bereits* eine lebendige und konstruktive Kultur des Nichtwissens.

Der Dialog lebt in der Suspendierung von Gewissheiten und der Kultur des Nicht-Scheinenwollens (vgl. Buber, s. S. 34f.). Über die direkte Bearbeitung wichtiger Fragen zum Nichtwissen dienen Dialoge als » Kristallisationspunkte« einer aufgeklärten Nichtwissens-Kultur. In thematischen Dialogen zum Nichtwissen könnten z.B. folgende Themen in den Mittelpunkt gestellt werden:

Dialogrunden – lebendige und konstruktive Kultur des Nichtwissens.

Annahmen und Meinungen zum Nichtwissen

Wir alle haben bewusste und sicherlich auch unbewusste Annahmen und Meinungen zum Nichtwissen, die unseren Umgang damit prägen. Diesen Annahmen und Meinungen nachzugehen und sie gemeinsam mit denen anderer in der Schwebe zu halten, um sie zusammen zu erkunden und nicht vorschnell zu urteilen, wäre hilfreich.

Emotionen, die mit Nichtwissen verbunden sind

Etwas nicht zu wissen kann schnell dazu führen, als inkompetent zu gelten. Somit spielt Angst eine wichtige Rolle. Wir brauchen einen Raum, in dem wir uns diesen Emotionen vorurteilsfrei annähern können.

Wie der Dialog zum Umgang mit Nichtwissen letztlich im Unternehmen eingesetzt wird, hängt von dem Entwicklungszustand der jeweiligen Organisation ab.

***

Kennen Sie diese Situation? Im Rahmen eines Gesprächs vor einer anstehenden Entscheidung in Ihrem Unternehmen kommt in Ihnen ein Gefühl auf, das zunehmend unangenehmer wird. Zunächst schenken Sie ihm keine Bedeutung, doch dieses Gefühl lässt nicht locker, vielmehr verstärkt es sich noch. Es irritiert Sie mehr und mehr, bis Ihnen schließlich bewusst wird, dass es offensichtlich mit der anstehenden Entscheidung zu tun hat. Sie überlegen jetzt, ob Sie sich im Sinne Ihres Gefühls äußern sollen oder nicht ...

Um dieses Phänomen, das Ihnen sicherlich auch aus Alltagserlebnissen bekannt ist, geht es in dem folgenden Beitrag von *Markus Hänsel*. Der Autor, der seine Dissertation über *Intuition als Beratungskompetenz* (Hänsel 2001) geschrieben hat, widmet sich als systemischer Berater seit vielen Jahren dem Einsatz intuitiver Kompetenz im professionellen Arbeitsalltag von Beratung und Führung. Wie kann der Dialog die intuitiven Potenziale, die jeder Einzelne sicherlich hat und mit denen er manchmal vielleicht nicht so recht umzugehen weiß, im Unternehmen und in Lernprozessen fördern?

»Zur Vision des Dialogs gehört das Bild vom ›größeren Bedeutungsreservoir‹, das man nur gemeinsam, nicht allein erschließen kann. Diese auf den ersten Blick vielleicht radikal erscheinende Vorstellung übt eine große Anziehungskraft auf viele Manager aus, die die subtileren Aspekte eines kollektiven Erkundens und Konsensbildens seit langem intuitiv pflegen.«
Peter M. Senge

Intuition als Kompetenz im Dialog

Viele Menschen machen in einem guten Dialog die Erfahrung, dass wesentliche Ideen und Erkenntnisse scheinbar aus dem Nichts, aus einem unwillkürlichen Impuls oder vagen »Bauchgefühl« entstehen. Wenn unser Unbewusstes uns mit dem fertigen Ergebnis einer Erkenntnis oder eines Handlungsimpulses konfrontiert, sprechen wir von *Intuition.*

In der Intuition verdichten sich verschiedene unbewusste Prozesse der Kognition, wie subliminale (unterschwellige) Wahrnehmung, implizites Gedächtnis, Antizipation (Vorwegnahme) und insbesondere auch körperliche Signale. Der amerikanische Neurologe *Antonio Damasio* (1999) spricht hier von sogenannten »somatischen Markern«, Körperempfindungen im allgemeinsten Sinne, deren Bedeutung wir oft nicht sofort inhaltlich zuordnen könnten. Intuitiv-emotionale Prozesse mit ihren Start- und Stopp-Signalen können uns als wertvolle Navigationshilfe im Dialog dienen, die unser Interesse und unsere Aufmerksamkeit auf relevante Ebenen lenkt.

Mit dem Dialog Problemfelder erspüren

In der Dialogpraxis stellen uns diese Prozesse, die rational nicht fassbar und höchst subjektiv sind, allerdings auch vor eine große Herausforderung. Wie teilen wir im Gespräch den anderen diese relevanten Informationen mit? Der Dialog bietet durch seine offene Struktur sehr intuitionsfreundliche Rahmenbedingungen und schafft Raum, die Achtsamkeit gegenüber solchen emotional-körperlichen Prozessen zu trainieren: Anstatt unsere Wahrnehmungen sofort argumentativ legitimieren zu müssen, können wir sie geschützt einbringen und gemeinsam in der Schwebe halten. Dazu müssen wir auch die Konfusion aushalten, die entsteht, wenn ein kontinuierlicher Gesprächsverlauf durch die Intuition unterbrochen wird.

Wie eine Traumsequenz bleibt die intuitive Wahrnehmung ohne weitere Entwicklung und ohne weiteren Kontext fragmentarisch. Oft helfen Metaphern und Analogien im Dialog, diese vagen Eindrücke in Worte zu fassen: »Das Gespräch war wie eine Bergwanderung; lange war das Wesentliche im Nebel, und wir haben nur etwas darin herumgestochert. Dann sind wir immer höher gestiegen und hatten schließlich über dem Nebel freie Sicht auf das ganze Szenario.« – »Wenn Menschen im Dialog auf intensive Weise in Kontakt kommen, entstehen

Verbindungen auf einer unbewusst-emotionalen Ebene, durch die eine Gruppe einen Raum gemeinsamer Intuition öffnet. Gerade in dieser Synergie auf intuitiver Ebene besteht die ›transformatorische Kraft des Dialogs‹« (Ellinor und Gerard 2000).

Intuition im Unternehmensdialog

Indem intuitive Prozesse in den Blick genommen werden, kann der Dialog in Unternehmen und Organisationen deutlich bereichert werden. Lineare Ursache-Wirkungskonzepte können leichter verlassen und Mitarbeiterinnen und Mitarbeiter dazu ermuntert werden, vernetzt zu denken, feste Wahrnehmungsgewohnheiten zu ändern und neue Handlungsoptionen zu erproben. Die Intuition steht dabei für ein Bündel verschiedener Kompetenzen wie z. B. der Umgang mit Komplexität und mit Veränderungsprozessen im Unternehmen.

Umgang mit Komplexität

Intuition reduziert die Komplexität von Problemstellungen, indem sie uns relevante Muster zeigt und so hilft, im Chaos hoher Vernetzung und Veränderungsdynamik der Arbeitswelt handlungsfähig zu bleiben. Wenn eine Organisation etwa in der komplexen Vorbereitung und Durchführung einer Fusion navigiert, geht es nicht nur um die Bilanzen, sondern auch um die Erfassung der psychologischen und sozialen Anforderungen. In Dialogrunden haben Führungskräfte die Möglichkeit, auch die intuitive Einschätzung schwer fassbarer Rahmenbedingungen auszutauschen und zu verdichten: Dabei kann es um die Integrations- und Veränderungsbereitschaft im Unternehmen gehen, um die Konfliktfelder im Zusammentreffen der unterschiedlichen Unternehmenskulturen oder um wesentliche Kommunikationsengpässe.

Changemanagement

In der dialogischen Begleitung komplexer Veränderungsprozesse können wir häufig die Bruchstellen in geplanten Veränderungsprozessen einschätzen und Zusammenhänge der Organisation erkennen, die im Organigramm verborgen bleiben. Besonders wenn die Datengrundlage zu knapp, ausufernd oder einfach widersprüchlich ist, verarbeiten wir im Dialog solche rational schwer fassbaren Informationen auf der intuitiven Ebene. Bei der Durchführung von Verändeκαιρός (kairos), griechisch: der rechte Zeitpunkt.

rungsmaßnahmen liefert uns die Intuition schließlich ein Gespür für den »Kairos«, das »richtige« Timing und den »stimmigen« Zeitpunkt von Aktionen, die sich nicht rational kalkulieren lassen.

Strategieentwicklung – Ein Praxisbeispiel

Die besondere Rolle der Intuition im Dialog zeige ich am Beispiel der Strategieentwicklung eines mittelständischen Beratungsunternehmens im Bereich *Human Ressource* während der Gründungsphase. Mit der strategischen Ausrichtung wollten die vier Gesellschafter eine gemeinsame geschäftsleitende Unternehmensvision entwickeln und diese in Ziele und Maßnahmen übertragen. Der hier zugrunde liegende strategische Visionsansatz, konzipiert von Pero Micic (Micic 2001), versucht insbesondere das implizite Wissen der Führungskräfte um zukünftige Markt- und Unternehmensentwicklungen zu nutzen.

Entwerfen von Zukunftsannahmen

In der ersten Phase der Strategieentwicklung entwarfen die Geschäftsführer in einem gemeinsamen Workshop Zukunftsannahmen über allgemeine Entwicklungen in den Bereichen Markt, Technik, Politik und Kultur. Aus solchen Zukunftsannahmen werden mögliche Chancen und Bedrohungen abgeleitet. Der Intuition kommt eine besondere Bedeutung zu, da sie den Schlüssel zur *Antizipation zukünftiger Tendenzen* darstellt.

Der Prozess verlief methodisch in einem Dreischritt: In einer *Phantasiereise* (vgl. Dialog-Werkstatt, Abschnitt 2.12, S. 390) wurden die Teilnehmer in »die Zukunft geführt«, wo sie ihre Zukunftsannahmen in Form von Bildern und Szenarien erleben konnten. In *Dialogrunden* wurden dann die so gewonnenen Ergebnisse inhaltlich von dieser Gruppe weitergeführt. Das so entschleunigte Gespräch ließ Raum dafür, die Mosaiksteine der individuellen Erfahrungen zu einem gemeinsamen Bild zusammenzusetzen. Die Teilnehmer berichteten, dass im Dialog eine Art positiver Gruppen»trance« entstanden sei, die es ermöglichte, gemeinsam relevante Zukunftsszenarien zu vertiefen. Schließlich wurden die Erkenntnisse in einer gemeinsamen Begriffs- und Kategorienbildung verarbeitet. Das Dialogverfahren hatte in diesem Prozess die Funktion, die Brücke von der introspektiven Einzelarbeit zur strukturierten Gruppenarbeit zu schlagen.

Bilden von strategischen Metaphern

In der zweiten Phase der Strategieentwicklung sollten die Zukunftsannahmen in einzelnen Arbeitsbereichen des Unternehmens durch kreative Impulse angereichert werden. Dazu wurden in den Dialog sogenannte »Strategeme« (Micic 2001) eingeführt: Fragen, die als Kristallisationspunkte für neue Ideen dienten und feste Denkgewohnheiten aufbrachen. Um zu dem Dienstleistungsangebot »Konfliktberatung und Krisenintervention« kreative Ideen zu entwickeln, wählte die Gruppe das Strategem »Strategische Verwandtschaft«, mit der Frage: Wie hat man die Aufgabe in anderen Arbeitsbereichen gelöst, und was lässt sich daraus lernen? Ein Gesellschafter hatte dazu intuitiv das Bild: »Krisenberatung ist, wie einen Brand zu löschen«. Im Dialog entwickelten sich anhand dieser strategischen Metapher weitere Ideen: Berater müssen bereit sein, für ihre Kunden »ins Feuer zu gehen« (d. h. sich heiklen Situationen stellen), müssen schnell und effektiv intervenieren und die Gefahren abschätzen können. Sie müssen aber auch wirkungsvollen »Brandschutz« leisten (Konfliktprophylaxe) und nach einer Krise beim »Wiederaufbau« helfen. Darüber hinaus konnten die Teilnehmenden im Dialog auch eigene Erfahrungen mit Krisensituationen und deren Lösung vertiefen und in die Strategieentwicklung einfließen lassen.

Aufdecken von Konfliktfeldern bei der Implementierung

In der dritten Phase der Strategieentwicklung wurden die Anforderungen und Aufgaben, die sich aus der Strategievision für das Unternehmen ergeben, konkretisiert. Die Dialogrunden boten Raum, mögliche Konfliktfelder in der Umsetzungsphase der Strategie oder Kommunikationsengpässe auch intuitiv abzuschätzen.

Irritierende Phänomene bewusst wahrnehmen

Ein eindrucksvolles Beispiel für einen intuitiven Prozess ergab sich in einem strategischen Dialog der Gesellschafter über das weitere Vorgehen bei der Implementierung. Der Dialog kam plötzlich ins Stocken; einer der Beteiligten spürte einen zunehmend unangenehmen Druck im Kopf, ein anderer klagte über Konzentrationsschwäche und ein Dritter reagierte mit einer für ihn unerklärlichen Unruhe und Aggression. Zunächst ließen sich diese Phänomene nicht erklären und sorgten für Irritation. Die Gruppe beschloss jedoch, die Symptome nicht einfach zu ignorieren, sondern sie »in der Schwebe zu halten« und als intuitive Information im Dialog zu bewerten. Nach einiger Zeit wurde deutlich, dass ein nicht geklärter Konflikt mit einem fehlenden Gruppenmitglied entscheidend auf die weitere Planung Einfluss nehmen würde. Als dies offiziell in die weitere Planung einbezogen wurde, änderte sich die Stimmung schlagartig, die Körpersymptome verschwanden und die Gruppe konnte mit Energie an den weiteren Umsetzungsschritten arbeiten.

In diesem Fall äußerte sich die Intuition stark körperlich und deutete auf einen übersehenen Konflikt hin, der die weitere Kooperation in der Umsetzung der Strategie deutlich behindert hätte. Die Dialogteilnehmer äußerten danach, dass der Dialog sich besonders dazu eignete, Problemfelder zu »erspüren«, die an dieser Stelle nicht bewusst sind oder zum Teil verdrängt wurden. Im Dialog war es dann möglich, eine Brücke zur bewussten Wahrnehmung zu schlagen und damit die Möglichkeit zur Reflexion und zur Problemlösung zu eröffnen.

Vertiefen der strategischen Vision

Die Entschleunigung in den Dialogrunden eröffnete während des gesamten Prozesses der Strategieentwicklung immer wieder den Zugang zu intuitiven und kreativen Ressourcen. Darüber hinaus konnten die Teilnehmenden die unterschiedlichen mentalen Modelle, die sie der strategischen Ausrichtung zugrunde legten, reflektieren und ein gemeinsames Verständnis von der Mission des Unternehmens, das die Einzelinteressen bündeln kann, entwickeln. Im weiteren Prozess verdichtete sich so eine unternehmerische Vision mit kraftvollen, symbolischen Leitbildern, die sich nicht nur in Hochglanzpapieren niederschlug, sondern die beteiligten Gesellschafter auf einer sinngebenden, intuitiven Ebene ansprechen konnte.

»Wir müssen mit der Zukunft in Kontakt kommen«

Gespräch mit Joseph Jaworski

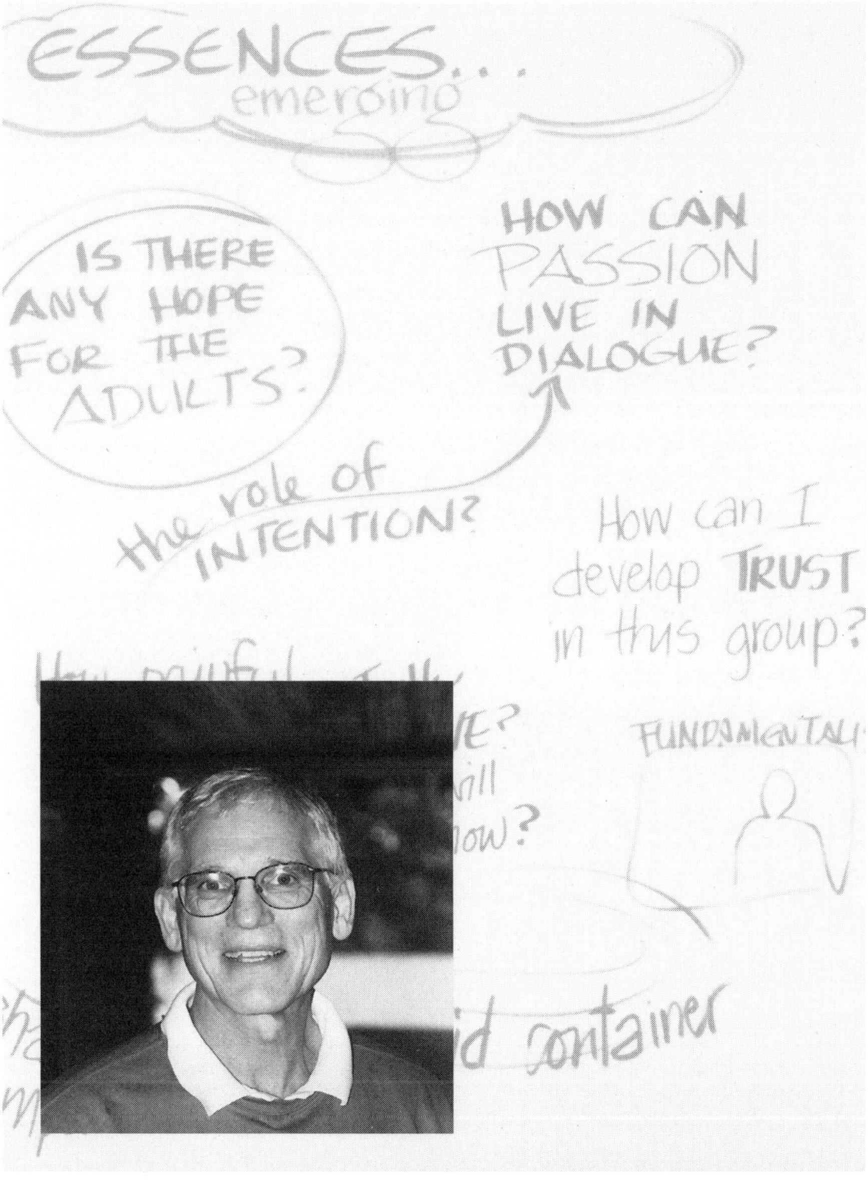

Wie ist es möglich, über dialogisches Denken und über die fünf Disziplinen hinaus kreativ mit der Zukunft in Kontakt zu sein und sich aktiv mit dem Potenzial einer humanen Zukunft zu verbinden? Im folgenden Gespräch mit Joseph Jaworski *versuchen wir diese Frage zu beantworten.*

Joseph Jaworski *entwickelte das American Leadership Forum, eine Nichtregierungsorganisation, die sich der Entwicklung von neuen Führungsqualitäten für das amerikanische Management widmet. Ende 1980 wurde er von* Royal Dutch Shell *mit der Leitung des* Scenario planning team *beauftragt, das er konzeptionell neu entwickelte. Seit 1994 arbeitete er im Führungsgremium des* Center for Organizational Learning *des* MIT *in Boston mit. In jüngster Zeit gründete er das* Centre for Generative Leadership, *ein Beratungsunternehmen, das sich auf Wandlungsprozesse von Großorganisationen, auf die Entwicklung von Führungsqualitäten und strategische Entwicklung spezialisiert.*

»Scenario planning teams« haben die Aufgabe, Entwicklungstrends zu erspüren und mit eigenen Visionen und Strategien für eine erwünschte Zukunft zu verbinden.

Hartkemeyer: *Joseph Jaworski, Sie haben sich in Ihrer Lebenszeit überwiegend mit der Frage der Entwicklung, Leitung und dem Wandel von großen Organisationen befasst. Was ist Ihr Hauptmotiv dafür gewesen?*

Jaworski: Ein entscheidendes Ereignis war für mich die »Watergate«-Affäre. Mein Vater wurde als Ankläger im Oktober 1972 mit der Aufklärung beauftragt. In den folgenden Monaten entdeckte er die erschütternden Ausmaße dieser »Watergate«-Verschwörung und zog mich ins Vertrauen. Wir waren von dem, was dort geschehen war, tief bewegt. Der Verrat an der Verfassung und dieser atemberaubende Machtmissbrauch machten mich förmlich krank.

Was ist nach Ihrer Meinung falsch an der herrschenden Sicht von Führung?

Jaworski: Sie basiert auf dem Glauben, dass die Welt unabhängig von uns existiert und durch uns kontrolliert werden kann. David Bohm hat mein Denken stark beeinflusst. Er sah das gesamte Universum als eine verbundene Ganzheit. Bohm sah den Raum nicht als leer, sondern als ein Möglichkeitsfeld von machtvollen, wirksamen, wenn auch unsichtbaren Strukturen. Er glaubte, dass wir alle durch diese unsichtbaren Verbindungen in Beziehung stehen und dass diese Felder durch unsere Intentionen beeinflusst werden, durch unsere Art des Seins. Aber wir tendieren dazu, uns als abgetrennt von anderen zu definieren – als

Felder werden durch unsere Intentionen beeinflusst.

Individuen, als Institutionen oder als Nationen. Durch diese Art der Fragmentierung der Welt schaffen wir Barrieren zwischen uns und können das mögliche Potenzial dieser umfassenden Einheit unterhalb dessen, was wir als »Probleme« definieren, nicht erschließen.

Steht dieses Weltbild nicht in einem scharfen Konflikt zu dem herrschenden Prinzip der Maximierung des »shareholder value«?

Jaworski: Natürlich ist die wirtschaftliche Situation eines Unternehmens von zentraler Bedeutung. Der Profit ist für die Gesundheit einer Firma so wichtig wie die Atemluft für das menschliche Leben. Doch wir sollten nicht diese Grundanforderung mit dem Unternehmenszweck verwechseln. Wir atmen, um zu leben, wir leben nicht, um zu atmen.

Wir atmen, um zu leben, wir leben nicht, um zu atmen.

Wie können Leiter den wirklichen Zweck ihrer Organisation, für die sie verantwortlich sind, entdecken? Ähnlich wie sie sich selbst entdecken – sie müssen auf eine Entdeckungsreise gehen. Sie fragen sich: »Warum existiert dieses Unternehmen? Was ist der wirkliche Zweck dieses Daseins?« Wenn eine Organisation wirklich außerordentliche Leistungen will, die zu ungewöhnlichen Ergebnissen führen, dann geht es nicht, ohne dass die Führungskräfte wirklich bereit sind, sich selbst und ihre Organisationen diesen Fragen auszusetzen, und zwar von diesem tieferen Zweck aus.

In Deutschland wird in Frage gestellt, ob Organisationen überhaupt in der Lage sind zu lernen. Was denken Sie?

Jaworski: Organisationslernen, welches ich definieren würde als die *Fähigkeit der Organisation, mit der Zukunft in Kontakt zu sein,* erfordert von uns die Fähigkeit, unsere Sichtweise von dem, was wir »Realität« nennen, neu zu denken.

Meine Aufmerksamkeit geht nicht so sehr in Richtung »Veränderungen kreieren«, sondern dahin, den Blick auf das zu richten, was darauf wartet, sich zu ereignen. Ich glaube nicht, dass es sinnvoll ist, eine Zukunft zu schaffen, indem wir ihr unseren Willen aufzwingen, sondern wir sollten eine Zukunft dadurch schaffen, dass wir unser gemeinsames Verständnis von dem, was darauf wartet, sich zu entfalten, vertiefen, um dann »im Konzert« mit dieser Möglichkeit zu handeln.

Was wartet darauf, sich zu entfalten?

David Bohm sagte einmal: »Gedanken erschaffen die Welt und sagen dann: Ich war's nicht!« Wenn wir Menschen darin unterstützen, dass sie erkennen, wie sie gerade ihre eigene Realität schaffen, haben wir eine entscheidende Voraussetzung für den qualifizierten Wandel geschaffen.

Zukunft ist etwas, was wir in jedem Moment er-schaffen.

Ich interessiere mich besonders für die praktischen Anwendungen von David Bohms *impliziter Ordnung*. Die Zukunft ist nicht etwas außerhalb von uns Befindliches, sondern etwas, was wir in jedem Moment schaffen.

Wir alle sind Bestandteile dieser unteilbaren Ganzheit des Universums, welche sich permanent aus dem Impliziten entfaltet und sich in der expliziten Welt darstellt. Wir können unsere Kapazität entwickeln, sensibel für das zu werden, was sich entfalten möchte, und diesen Prozess durch die Entscheidungen, die ich treffe, zu leiten. »Szenario planning« ist beispielsweise ein Weg für Gruppen, um klarer die Wahlmöglichkeiten, die vor ihnen liegen, zu erkennen. Anstatt der traditionellen Form des »Szenario planning«, bei dem es darum geht, angepasste Szenarien zu entwickeln, arbeiten wir jetzt mit »generativen Szenarien«.

Diese aktive statt reaktive Orientierung schafft eine tiefere Verbindung zu den Quellen der Kreativität in uns selbst und ein Gefühl der Verbundenheit der Beteiligten untereinander und hat eine außerordentliche Wirkung auf die Richtung, in der sich eine Organisation oder gar eine ganze Gesellschaft entwickelt. Und das geht nur durch einen wirklichen offenen Dialog.

»Presencing« in »generativen Szenarios« als »6. Disziplin«?

Joseph Jaworski sieht im Sinne von David Bohm das Universum als eine durch ein gemeinsames Feld verbundene Ganzheit. Und aufgrund der darauf aufbauenden Annahme, dass unsere Intentionen das Feld beeinflussen, macht es für ihn Sinn, sich auf das, was sich zur Entfaltung bringen möchte, so einzustellen, dass man die Zukunft rechtzeitig so mitgestaltet, wie man sie selbst will.

Aufgrund dieser Interpretation der »Scenario-Technik« spricht Jaworski von »generativen« Szenarien, die sehr stark mit Intuition und Zeitqualitäten, wie »Koinzidenzien«, zusammenhängen. *Claus-Otto Scharmer* von der SOL möchte in diesem Sinne das Konzept um die »6. Disziplin«, das »Presencing« (»presense« = vorausahnen), erweitern (vgl. Senge, Scharmer, Jaworski und Flowers 2004).

Es geht darum, sich die Fähigkeit des kreativen Umgangs mit der Zeitqualität zu erarbeiten. Jaworskis generative Szenarios führten u. a. dazu, dass Shell in Südafrika bereits vor dem Ende des Apartheidregimes aktiv an gesellschaftlichen Veränderungen mitarbeitete.

Die Arbeit mit Dialogprozessen steht in bundesdeutschen Unternehmen und Organisationen noch am Anfang – im Widerspruch zu dem mittlerweile weitverbreiteten Anspruch, sich selbst als »lernendes Unternehmen« oder als »lernende Organisation« zu verstehen. Eine Umfrage der Bad Harzburger Akademie für Führungskräfte ergab, dass mehr als zwei Drittel aller Restrukturierungs- und Organisationsentwicklungsprozesse in Bezug auf ihren eigenen Anspruch gescheitert sind. Das Scheitern war aber in erster Linie nicht durch mangelnde materielle Ressourcen verursacht, sondern zu über 80 % durch Kommunikationsprobleme.

Vor diesem Hintergrund sollte der Dialogprozess das Mittel der Wahl sein; denn er führt dazu, dass sich der Wahrnehmungshorizont der Beteiligten erweitert, dass neuer Spielraum für Verstehensprozesse, Begegnungen, Selbstorganisation und Mitverantwortung entsteht. Eine Studie der Unternehmensberatung Hammerbacher (www. hammerbacher.de) kommt zu dem Ergebnis, dass der Dialog als Ressource von Unternehmen sehr hoch eingeschätzt wird.

Der Dialog produziert aber auch Eigendynamiken, Paradoxien und Tiefenwirkungen, die mit einer enggeführten Designkultur nicht in Übereinstimmung zu bringen sind, und zwar in folgenden Bereichen bzw. Feldern:

Hierarchie: Der Dialog rührt immer wieder auch an das Problem der Hierarchie. Diese Form der Unternehmensordnung wird zumindest für den Dialogprozess selbst suspendiert. Denn ohne die Gleichwertigkeit der Meinungen, Beobachtungen und Standpunkte sowie die »Gleichwürdigkeit« der Beteiligten funktioniert der Prozess nicht. Macht, Angst, Drohungen lassen das kreative Feld des Dialogs sofort kollabieren. Das Denken im Dialog kann die kollektive Intelligenz fördern, indem es sowohl die kreativen Denkprozesse des Einzelnen fordert als auch den gemeinsamen Fluss von Ideen stützt und alle Beteiligten mitverantwortlich macht.

Zeit: Dialogprozesse erfordern ihre Eigenzeit. Das dem Dialog innewohnende Prinzip der Verlangsamung führt in unserem zunehmend von Beschleunigungsprozessen gesteuerten Wirtschaftsleben zu Missverständnissen; denn: »Zeit ist Geld«. Selten wird aber bilanziert, wie viel Zeit unverstandene Entscheidungen, missverstandene Diskussionsergebnisse oder Verweigerungshaltungen und »innere Kündigungen« durch Nicht-Beteiligung kosten können. Und bei Konflikten mit ihren Eskalationsdynamiken ist es den Beteiligten am Ende völlig egal, wie viel Zeit und Energie sie kosten. Erst der Blick eines »unbeteiligten Beobachters« kann erkennen, wie viel vermeidbarer Schaden und Leerlauf für die gesamte Organisation entstanden ist. Dialogprozesse können aus dieser Perspektive aufgrund ihrer »Langsamkeit« von größerer Effizienz sein als Anweisungsprozesse und dazu eine hohe Effektivität haben, indem sie dialogische Intelligenz wecken.

Tiefenstruktur: Der Dialog bleibt nicht nur an der Oberfläche. Er arbeitet an der Tiefenstruktur von Organisationen, an den mentalen Modellen der Beteiligten und an dem grundlegenden Curriculum, den »heimlichen Lehrplänen«, der »latenten Funktionsgrammatik«. So tief soll der Prozess aus Sicht mancher Leitungsverantwortlicher dann manchmal doch nicht gehen. Obwohl gerade die Aufdeckung der Tiefenstruktur von Problemen die eigentliche Voraussetzung für die Lösung immer wiederkehrender Probleme und Konfliktmuster sein kann.

Nichtintendierte Wirkungen: Solche Tiefenerkundungen, das Arbeiten an den mentalen Modellen und mit mehrschleifigem Lernen, dies alles ist in Bezug aufs Ergebnis nicht beherrschbar. Mitarbeitende könnten zur Erkenntnis kommen, dass das jeweilige Unternehmen für sie letztendlich im Hinblick auf das Unternehmensziel oder den Umgang mit den Beschäftigten untragbar ist; oder sie könnten erkennen, welche enormen Potenziale auf eine Realisierung warten. Diese Eigendynamik kann risikoscheuen Führungskräften unangenehm sein.

Insgesamt zeigt dieses Kapitel diese unterschiedlichen Muster, Erfahrungen und Wirkungsweisen des Dialogprozesses in Unternehmen und Organisationen auf. *David Bohm* war einerseits skeptisch, was den Einsatz des Dialogs in profitorientierten Unternehmen betrifft, und gleichzeitig sah er darin eine Chance:

> »Also bringt es gar nichts, Dialoge im Unternehmensbereich abzutun. Die Aufgabe der Führungskräfte ist es, dafür zu sorgen, dass das Unternehmen richtig arbeitet. Und wenn all diese Unternehmen effizienter arbeiten würden, wären wir alle viel besser dran. Das heillose Chaos in den Unternehmen ist mit ein Grund für die Schwierigkeiten unserer Gesellschaft, für ihre Ineffizienz, für das Auseinanderfallen des Ganzen …
>
> Eine Voraussetzung für das richtige Funktionieren der Gesellschaft ist, dass all diese Institutionen und Unternehmen effizient und kohärent arbeiten.« (Bohm 2002, S. 96 f.)

Es scheint alles dafür zu sprechen, dass die Qualität der Zukunftsfähigkeit im Sinne der »generativen Szenarios« von Jaworski nur dann erreicht werden kann, wenn möglichst viele Mitarbeitende sich an der kreativen Umsetzung dessen beteiligen, »was in die Welt kommen will«.

7 »Vom Gegeneinander-Reden zum Miteinander-Denken« – Der Dialog in politisch-gesellschaftlichen Konfliktfeldern

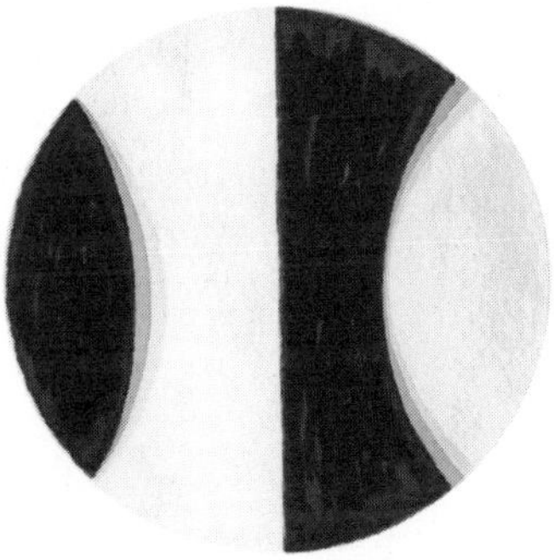

In menschlichen Gesellschaften wird es immer verschiedene Sichtweisen und Interessen geben. Aber die Realität zeigt heute auch, dass wir alle von einander abhängig sind und auf diesem kleinen Planeten zusammenleben müssen. Deshalb liegt die einzige vernünftige und intelligente Art, Meinungsverschiedenheiten und Interessenkonflikte zu lösen – ob nun zwischen Individuen oder Nationen –, im Dialog. Die Unterstützung einer Kultur des Dialogs und der Gewaltfreiheit ist daher eine wichtige Aufgabe der internationalen Gemeinschaft für die Zukunft der Menschheit.

Der Dalai Lama

Können Sie sich vorstellen, dass sich unsere Spitzenpolitiker von Regierung und Opposition zum Dialog an einen Tisch setzen und dass sie unter Zuhilfenahme eines Redesteins ihre Annahmen, Überzeugungen, Glaubenssätze nicht nur in der Schwebe halten, sondern diese auch kritisch hinterfragen lassen? Dass sie ernsthaft und empathisch zuhören, von Herzen sprechen und eine interessierte, erkundende Haltung einnehmen?

»Ich meine überhaupt, Politiker sollten Zuhörerseminare besuchen statt Rednerschulungen. Dann wäre vieles besser.«
Johannes Rau

Warum erscheint das so abwegig?

Vielleicht liegt es zum Teil daran, dass auch heute noch viele Menschen von Politikern erwarten, dass ihre Antworten ohne Zögern kommen, ihre Fachkompetenz keine Zweifel und kein langes Überlegen erforderlich macht und dass sie schnelle Lösungen anbieten können. In öffentlichen Veranstaltungen bekommen nicht selten diejenigen tosenden Beifall, die mit rednerischer Raffinesse den politischen Gegner angreifen und abqualifizieren.

Politicians don't listen – they reload.
Politiker hören nicht zu, sie laden nach.
Amerikanisches Sprichwort

Auch David Bohm scheint skeptisch: »Staatsoberhäupter werden sehr wahrscheinlich nicht die Art Dialog führen, über die wir hier reden. Aber wenn sie überhaupt irgendeinen Dialog führten, wenn sie anfingen, dieses Prinzip zu akzeptieren, wäre dies ein großer Fortschritt.« Er schließt aber die Möglichkeit nicht aus und meint an anderer Stelle, dass die »Vorstellung von etwas, das dem Dialog ein klein wenig ähnelt, schon bis zu dieser Ebene [der Präsidenten, Regierungschefs, Regierungen] vorgedrungen« sei (Der Dialog, S. 97 f.). So gab es in der Folge des Dialogprojekts am *Massachusetts Institute of Technology* in den USA auch Dialogprozesse zwischen Mitgliedern des US-amerikanischen Kongresses. (Wir haben in unserem ersten Buch darüber berichtet; vgl. *Miteinander denken*, S. 209–215.)

Dass die Politik immer unglaubwürdiger geworden ist und der Beruf des Politikers in Umfragen an den unteren Rand der Ansehensskala rutscht, ist für den Soziologen *Ralf Dahrendorf*, ehemals selbst Politiker, ein ernsthaftes Problem in einer Demokratie. »Daher muss das erste Anliegen aller, denen die Verfassung der Freiheit am Herzen liegt, sein, neu nachzudenken über die Demokratie und ihre Institutionen.« (*Süddeutsche Zeitung*, 24./25. Mai 2003, S. 2) Hierfür böte der Dialogprozess eine wirkliche Chance, selbst wenn er für Politiker eine große Herausforderung darstellt und äußerst ungewohnt ist. Es geht ja nicht lediglich darum, Schwächen des politischen Systems aufzuzeigen, sondern vor allem darum, nach Verbesserungen Ausschau zu halten. Im Folgenden wollen wir deshalb von Initiativen berichten und Menschen vorstellen, die Alternativen erprobt haben.

Wir meinen, dass es auch Anlässe zur Hoffnung auf ein Gesprächsverhalten gibt, das neue Denkhorizonte erschließt. So kann der dominierende Politikstil angesichts beklemmender Vorfälle, die parteiübergreifende Betroffenheit auslösen, außer Kraft gesetzt werden – wenn auch nur für kurze Zeit.

Die folgende Zeitungsmeldung (*Süddeutsche Zeitung*, 25./26. Mai 2002) ist aus zwei Gründen bemerkenswert: Zum einen zeigt sie die Betroffenheit und Ratlosigkeit der Politiker. Dass sie eine mit der persönlichen Erklärung des PDS-Abgeordneten eher wenig spektakuläre Begebenheit im Landtag *überhaupt* aufgreift, spricht für ein Bedürfnis nach einer anderen Gesprächskultur, sowohl seitens der Medien als auch seitens der Leserinnen und Leser.

Eine neue Kultur des Zuhörens: Nur für kurze Zeit hat der Amoklauf im Gutenberg-Gymnasium die Landespolitik wirklich verändert

Bodo Ramelow wollte sich nicht als Fraktionsvorsitzender der PDS verstanden wissen. Dies sei eine sehr persönliche Erklärung, sagte er dem Thüringer Landtag. Ausgelöst werde sie durch einen kurzen Satz von Ministerpräsident Bernhard Vogel (CDU) in dessen Regierungserklärung zum Amoklauf im Gutenberg-Gymnasium.

Er könne nicht verstehen, hatte Vogel gesagt, dass das kriegerische und auch vom Erfurter Todesschützen Robert Steinhäuser praktizierte Computerspiel »Counter-Strike« nicht verboten werde. Nun bekannte Ramelow: »Meine Söhne spielen Counter-Strike.« Er erzählte, wie er sich mit seinen Söhnen lange darüber unterhalten hat und es ihnen doch nicht ausreden konnte. »Du verstehst das nicht«, habe sein Sohn gesagt, der zum IT-Fachmann ausgebildet werde. Das Spiel habe für ihn nichts mit realer Gewalt zu tun. Der Vater habe doch früher auch Räuber und Gendarm gespielt oder andere Spiele, bei denen es um Leben und Tod ging.

»Wir müssen genauer hinsehen«, sagte Ramelow und hinterließ doch nicht den Eindruck, dass er vollends versteht, warum seinem Sohn, im Gegensatz zu ihm, »Counter-Strike« gefällt: »Aber ich liebe meinen Sohn, und mein Sohn liebt mich.« Als der PDS-Spitzenmann so seine »Not als Elternteil« schilderte, war noch einmal zu spüren, wie sehr der Amoklauf am Gutenberg-Gymnasium auch die Landespolitik kurzzeitig verändert hat. …

Neue Denkhorizonte sind möglich, wenn Rollenerwartungen in der Schwebe gehalten und hinterfragt werden und das konventionelle Sprach-, Denk- und Debattenschema verlassen wird. Wenn die Ebene des Zwischenmenschlichen unerwartet aufscheint, ist die Übergangszone zum Berührt-Sein sehr schmal – was manchen »peinlich« ist. Zugleich können andere, ungewohnte Sichtweisen und Begegnungen gerade in solchen Momenten entstehen.

»Zeige mir deine Wunde.«
Joseph Beuys

Diese Hoffnung – diesen Hoffnungsschimmer – greifen wir in den folgenden Abschnitten auf. An Dialogbeispielen aus den Bereichen *Ökologie* und *Interkulturalität* versuchen wir zu zeigen, wie und mit welchem Erfolg das Dialogverfahren eingesetzt werden kann.

In den Bereichen *politische Gewalt* und in Bezug auf die *Täter-Opfer-Problematik* berichten wir von Ansätzen, deren Grundhaltung und Umsetzung unserem dialogischen Anspruch nahe kommen. In den genannten Kontexten fragen wir deshalb nach Ähnlichkeiten zwischen den skizzierten Prozessen und dem Dialogverfahren. Uns interessiert dabei, was der Dialog aus Verständigungsversuchen zwischen Tätern und Opfern sowie mit politischen Gewalttätern lernen bzw. ob der Dialogprozess aus seiner Erfahrung derartige Prozesse fördern kann.

DER DIALOG IM SPANNUNGSFELD VON GENTECHNOLOGIE UND ÖKOLOGIE

Die Betriebswirte *Christoph Schwarzer* und *Roland Hergert* haben in betrieblichen Zusammenhängen positive Erfahrungen mit dem Dialogprozess gemacht. »Es war für uns ein eindrückliches Erlebnis mitzuerleben, wie der Dialog eine neue Qualität und Lebendigkeit in betriebliche Kommunikation bringen konnte. Unternehmen als Lebensraum, in dem und mit dem wir den größten Teil unserer wachen Zeit verbringen, sind hierauf angewiesen. Einerseits wegen der persönlichen Bedürfnisse der Akteure, die sonst Lebenszeit verschwenden, und andererseits wegen der Komplexität der notwendigen Lösungen; um sie zu finden, brauchen wir angemessene Wege des betrieblichen Sprechens und Beratens.«

So war es folgerichtig, dass Schwarzer und Hergert als Mitarbeiter einer Unternehmensberatung die Anfrage einer Erwachsenenbildungsstätte aufgriffen, um einen Dialogprozess in einem besonderen Spannungsfeld zu organisieren: mit Kontrahenten der »Grünen Gentechnik«.

Der Bericht kann in ganzer Länge angefordert werden bei der Hanns-Lilje-Stiftung, Hannover (s. Anhang).

Im Folgenden stellen wir wesentliche Aspekte aus dem Bericht von Hergert und Schwarzer dar.

Kann der Dialog frischen Wind in festgefahrene Debatten bringen?

Zum Beispiel Gentechnik in der Landwirtschaft

»Die rationalen Argumente sind ausgetauscht, die Lager sind befestigt, es reicht, einander die jeweiligen Referatstexte in die Hand zu drücken, die Gespräche und Diskussionen bringen nichts mehr«, so ein Teilnehmer an der langjährigen

Debatte zum Einsatz der Gentechnologie in der Landwirtschaft. Beide Seiten, Befürworter und Gegner, diffamieren die Argumente der Gegenseite als emotional und deshalb irrational. Es kommt zu persönlichen Entwertungen und Verletzungen. Die Debatte ist festgefahren.

Dies war die Situation, als wir versuchten, Beteiligte beider Seiten in einem Dialogprozess unter Begleitung von *Martina Hartkemeyer* über mehrere Wochenenden zusammenzuführen. Ein wesentlicher Grund für das Scheitern in der Vergangenheit lag für uns im Ausblenden der emotionalen und mit Unsicherheit behafteten Seiten der Thematik. Schon die Art und Weise, wie das Thema besprochen wird, verschließt bestimmte Denkwege.

Daher war und ist es für uns Zeit gewesen für neue Experimente, für einen »Versuch zu einer neuen Gesprächskultur im genpolitischen Konfliktfeld«. Wir sehen im Dialog für alle Beteiligten die Möglichkeit, ihre (unternehmens-)politischen Arenen und rein professionellen Rollen zu verlassen und Vertrauensräume zu schaffen, in denen relevante Themen authentisch und vieldimensional betrachtet werden dürfen. Dies schließt Aspekte und Artikulationen von emotionaler Qualität und Intelligenz ausdrücklich ein. Deshalb hatte unser Dialogprojekt auch die Aufgabe, neben dem inhaltlichen Austausch die emotionale Seite des Konflikts ernst zu nehmen. Trotz erheblicher Skepsis und Vorbehalten sowohl den Veranstaltern als auch der jeweiligen Gegenseite gegenüber kamen schließlich bis zu zwölf Personen aus Landwirtschaft, Umweltverbänden, Kirchen, Wissenschaft und Unternehmen an drei Wochenenden zum Dialog zusammen.

Der Seminaraufbau

Die Seminare fanden an drei Wochenenden in der Evangelischen Akademie Loccum statt. Die Entwicklung der drei Treffen stand im Zeichen der drei Pole »Ich« – »Wir« – »Thema« (s. Abb.). Im Mittelpunkt des ersten Treffens sollten die individuellen Annahmen und Bewertungen der einzelnen Teilnehmenden stehen. Als mögliche Entwicklung für die geplanten Treffen wollten wir versuchen, vom »Ich« – den Annahmen und Bewertungen – ausgehend durch die stärkere Fokussierung auf die Qualität des »Zuhörens« und »Sprechens« dahin zu gelangen, dass wir das »Wir« der Gruppe stärker in den Blick zu nehmen. Das dritte Treffen sollte dementsprechend stärker dem »Thema« zugewandt sein.

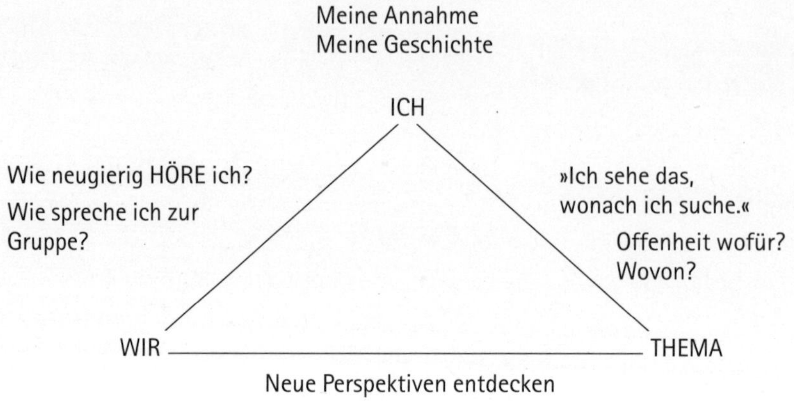

Der Aufbau der Treffen

Das erste Treffen

Anstelle der üblichen Vorstellungsrunde begannen wir freitags mit der Frage nach dem persönlichen Dialogverständnis. Hierfür wurden die Teilnehmenden gebeten, sich an sehr gelungene Gesprächssituationen zu erinnern und diese mit jeweils zwei Partnern aus dem Kreis zu erörtern. Im Gespräch über die »Dialoggeschichte« sollten sie versuchen, die Situation mit zwei Worten zu charakterisieren. Diese wurden auf eine Moderationskarte geschrieben und bildeten die Grundlage für das Gespräch in der großen Runde (s. Abb.).

Charakterisierungen der »Dialoggeschichten«

Daran schloss sich ein kurzer Vortrag von Martina Hartkemeyer zum Dialoggedanken an. Darauf erst folgte am Abend eine ausgedehntere Vorstellungsrunde, bei der die Anwesenden beschrieben, aus welchen beruflichen oder gesellschaftlichen Bereichen sie kamen, inwiefern sie sich für das Seminar interessierten und welche Erwartungen sie hatten.

Linke-Spalte-Übung (s. Miteinander denken, S. 259 ff.)

Am Samstag stand die so genannten Linke-Spalte-Übung im Mittelpunkt, die in verschiedenen Schritten behandelt wurde. Thema der abendlichen Dialogrunde war: »Der Dialog – Zwischen Befürchtungen und Hoffnungen«.

Schon am ersten Abend kristallisierte sich während der Vorstellungsrunde, in der die Teilnehmer auch ihre Erwartungen an das Seminar mitteilen sollten, ein wesentlicher Schwerpunkt der kommenden Arbeit heraus: die Beschäftigung mit früheren Auseinandersetzungen.

Einige Annahmen, die zur Sprache kamen, bezogen sich auf vergangene Diskurse und Diskussionen. So hatten die Kritiker die Befürchtung, sie sollten durch die Teilnahme an den geplanten Wochenenden letztlich zur »Rechtfertigung« der Gentechnik, d. h. zur Akzeptanzerhöhung, beitragen. Viele Enttäuschungen, die sich angesammelt hatten, mussten sich Raum schaffen. Neugier und Interesse an den Menschen, die gekommen waren, waren aber auch spürbar und wurden benannt. Ebenso wurde die Veranstaltung als Chance gesehen, eigene Verhaltensweisen und die Wirkung auf andere besser wahrnehmen zu können.

Eine wichtige Erkenntnis des Wochenendes nach dem ersten Dialogversuch der Gruppe war, dass es sinnvoll erschien, über die Erfahrungen mit bisherigen Diskursverfahren zu sprechen.

Das zweite Treffen

Die Gruppe hatte sich für das zweite Treffen erweitert. Nach der Vorstellungsrunde begannen wir zur Einstimmung und zum Anschluss an das letzte Seminar mit der Frage nach den Hoffnungen und Befürchtungen der Teilnehmer in Bezug auf das Treffen.

Die persönlichen Hoffnungen, Befürchtungen und Erfahrungen mit Diskursen zur Gentechnologie hatten schon das vergangene Seminar geprägt, so dass sich nun eine gute Möglichkeit ergab, daran anzuschließen. Wie zu Beginn des ersten Treffens wurde die Frage zunächst in Kleingruppen bearbeitet und anschließend der Gruppe auf Metaplankarten vorgestellt. Die Karten waren Grundlage für ein Gespräch in der großen Runde.

Am Abend widmete sich die Gruppe der Themenfindung fürs Wochenende.

Für diesen Prozess wurden die Dialoginstrumente (Gestaltung der Mitte mit Blumen und Kerzen, Redestein, Klangschale) als Hilfsmittel vorgestellt und die Benutzung wurde gemeinsam vereinbart. Die Gruppe einigte sich auf das Thema »Nachhaltigkeit und Zukunft von Landwirtschaft und Ernährung«.

Der Samstag diente der inhaltlichen Auseinandersetzung mit dem am Vorabend gewählten Thema. Die Gruppe führte bis zum Mittag einen reichhaltigen Dialog zum vereinbarten Thema, der von den Teilnehmenden als sehr fruchtbar und intensiv bewertet wurde. Nach dem Mittag wurde eine Übung zum Zuhören, *Gemeinsam Geschichten spinnen*, durchgeführt, die den »Wir«-Aspekt fördern sollte.

Anschließend wurden Zweiergruppen gebildet, die sich mit der persönlichen Vergangenheit der Personen im Konflikt um die Gentechnik beschäftigten. Die Dialogbegleiterin gab die Leitfragen für die Reflexion vor: Was waren für mich die wichtigen Momente in der Auseinandersetzung der letzten Jahre? Wie interpretiere ich diese Momente? Welche Erkenntnisse glaube ich daraus gewonnen zu haben? Welche Fragen habe ich daraus entwickelt?

Wesentliche Elemente der Gruppenarbeit wurden anschließend in der großen Runde mit erstaunlicher Offenheit und Ausführlichkeit dargestellt. Nach der Kaffeepause begann die Gruppe einen zweiten Dialog, der sich nochmals mit dem verabredeten Thema befasste. Zum Schluss wurden Themen für die Veranstaltung des letzten Treffens gesammelt.

Die Teilnehmenden ließen erkennen, dass sie des üblichen Schlagabtauschs in Diskussionen überdrüssig waren und sich durch den Dialog eine Veränderung erhofften. Andererseits befürchteten sie einen Missbrauch der Ergebnisse.

Der Aufbau von Vertrauen in der Gruppe erscheint somit als zentrales Thema. Daran lässt sich unseres Erachtens erkennen, dass die Zielsetzung des Dialogprojekts mit der Betonung des »Wir«-Aspektes sinnvoll war. Die vielen Enttäuschungen aus der Vergangenheit müssen ernst genommen werden.

Die Besprechung der Arbeit in den Zweiergruppen machte deutlich, in welch starkem Maße Gespräche von den Erfahrungen der Vergangenheit beeinflusst sind. Wenn es zu neuen Ergebnissen in Gesprächen über die Gentechnik kommen soll, müssen nach unserer Auffassung die Erlebnisse der an der Debatte beteiligten Personen ernst genommen und reflektiert werden.

Das dritte Treffen

In den bisherigen Treffen hatte sich gezeigt, dass die vielen negativen Erfahrungen mit vergangenen – zumeist öffentlichen – Auseinandersetzungen, in denen die Teilnehmenden als Akteure aufgetreten waren, in der Gruppe präsent waren und das Klima der Seminare beeinflussten.

Das dritte Treffen sollte der Beschäftigung mit dem gemeinsamen »Thema« dienen, wobei auch dem »Wir-Aspekt« wieder Raum gegeben werden sollte. Die Gruppe sollte sich stärker dem Konflikt als solchem nähern und das Konfliktfeld »Gentechnologie« thematisch in den Mittelpunkt rücken. Zur Einstimmung und zur Hinführung auf den stärker thematischen Schwerpunkt des Seminars begannen wir mit Kleingruppenarbeit. In Gruppen zu je drei Personen setzten sich die Teilnehmer mit folgenden Fragen auseinander: Was möchte ich bei diesem Treffen erfahren? Welche Fragen könnte ich hier stellen, um die Position »der anderen« besser zu verstehen? Was möchte ich »den anderen« unbedingt mitteilen? Was will ich zu einer dialogischen Haltung und Atmosphäre beitragen?

Was will ich zu einer dialogischen Haltung und Atmosphäre beitragen?

Die Ergebnisse der Kleingruppenarbeit schrieben die Teilnehmenden wie zuvor auf Moderationskarten, die sie anschließend in einer ersten gemeinsamen Runde, bei der einige Punkte erläutert wurden, in die Mitte der Gruppe legten. Am Ende des Gesprächs kristallisierte sich ein Bündel von Themen heraus (s. Abb.).

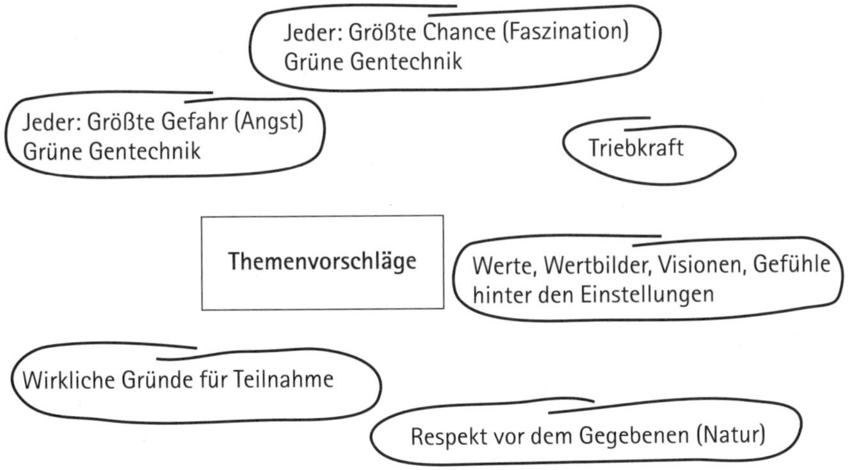

Zentrale Themen

Die Entscheidung darüber, was bearbeitet werden sollte, wurde mit Hilfe einer »Themenskulptur« (s. Dialog-Werkstatt, Abschnitt 2.9, S. 387) getroffen. Mit diesem Verfahren entschied sich die Gruppe, zunächst auf das Thema »Wirkliche Gründe für meine Teilnahme – Werte, Visionen, Gefühle hinter den Einstellungen« einzugehen und dabei auch Fragen zum »Respekt vor dem Gegebenen« zu berühren. Die Teilnehmenden kamen auch überein, dass Überlegungen zur Frage »Wie geht's weiter?« dem zweiten Teil des Samstagnachmittags vorbehalten sein sollten.

Der zweite Tag begann mit einem Dialog zu dem oben genannten Thema. Die Gruppe begrüßte die stärker inhaltliche Auseinandersetzung im Dialog und schätzte sie als sehr intensiv ein. Nach der Mittagspause wurde die *Dilemma-Übung* (s. Dialog-Werkstatt, Abschnitt 2.2, S. 379) durchgeführt. Diese hat einerseits das Einüben von Kernfähigkeiten zur Dialogführung (produktives Plädieren, Erkunden, Suspendieren) zum Ziel, andererseits soll sie den Teilnehmenden die Möglichkeit eines Perspektivwechsels eröffnen. Anschließend wurden die Erfahrungen mit dieser Übung in der großen Runde besprochen.

Welche Annahmen könnten Ihrer Reaktion zugrunde liegen?

Für die Reflexion gab die Dialogprozess-Begleiterin mehrere Leitfragen vor, wie z.B.: Achten Sie auf die Reaktion, die Sie bei sich beobachten. Welche Annahmen könnten Ihrer Reaktion zugrunde liegen? Welche mentalen Modelle beeinflussen Ihr Verständnis oder Ihre Sicherheit?

Nach dem Kaffeetrinken begann die Gruppe einen zweiten Dialog, der sich mit den Erfahrungen aus dem Gesamtprojekt, der möglichen Verwendung des vorgestellten Instrumentariums in anderen Bereichen und dem weiteren Vorgehen beschäftigte. Folgende Fragestellungen waren Inhalt dieser Abschlussrunde: Wie geht es weiter? Was hat sich für mich geändert? Mit welchen Ergebnissen, Botschaften, Vereinbarungen zur Vertraulichkeit gehen wir nach Hause?

Erfahrungen und Ergebnisse

Einige Teilnehmerinnen und Teilnehmer schätzten den Dialog, der sich direkt auf das Thema *Gentechnologie* bezog, als den fruchtbarsten der ganzen Reihe ein. Zwar war die Gruppe im Dialogprozess nicht dagegen gefeit gewesen, wieder in »bewährte Argumentationsmuster« abzurutschen, doch wurde dies relativ schnell bemerkt und »korrigiert«. Gerade der Dialog zum Thema *Gentechnologie* stimmt uns optimistisch, dass das Verfahren für den Umgang mit sehr konkreten und konfliktträchtigen Themen taugt.

Dieser Dialog unterschied sich aber nicht ausschließlich durch den thematischen Schwerpunkt von den vorhergehenden. In einigen Momenten wurde das erreicht, was als Ziel des Dialogprozesses und des Projekts bezeichnet werden kann: das Herantasten an die »Hintergründe« bzw. das Erkennen der verschiedenen Werte, Weltbilder, Gefühle und mentalen Modelle, die hinter den Einstellungen und Meinungen stehen.

Beim zweiten Dialog des Samstags wurde insbesondere der vorherrschende Stil des »fragenden Argumentierens« begrüßt und als auch für andere Gelegenheiten sinnvoll erachtet. So wurde festgestellt, dass die Artikulation von Unwissenheit und Zweifel in manchen Bereichen vorteilhaft sein kann. Die Zuschauer der öffentlichen Debatte und die Konsumenten sollten nicht für dumm verkauft werden. Die Teilnehmenden waren sich einig, die Dialogerfahrungen, die sie gesammelt hatten, im »Tagesgeschäft« zu erproben.

Mit fortschreitendem Seminarverlauf konnte gegen alle Vorbehalte und Skepsis ein Vertrauensraum geschaffen werden, der es ermöglichte, zu einem besseren Verständnis der eigenen Position und der des Gegenübers beizutragen. Gleichwohl birgt die Offenheit, die eigenen Werte, Weltbilder, Gefühle mitzuteilen und erkennbar werden zu lassen, auch immer das Risiko von persönlichen Verletzungen, das aber – wie eine Teilnehmerin formulierte – »durch die Geschlossenheit der Gruppe, gegenseitigen Respekt und durch das Gefühl der Vertrautheit« verringert wurde.

Könnten Menschen mit solchen Dialogerfahrungen das nicht nur verbal umkämpfte Feld der gentechnischen Auseinandersetzung spürbar verändern? Reichen wenige Dialogseminare mit wenigen Teilnehmenden aus? Eine Seminarteilnehmerin äußerte sich enttäuscht: »Bei einer öffentlichen Veranstaltung, unmittelbar nach dem Dialogprojekt, mit einem der Teilnehmer – er kam aus einem Gentechnik-Unternehmen – war von einem neuen Ansatz nichts zu spüren. Scharf wurde die sachliche Ebene dargestellt. Das Gewissen wurde auf der emotionalen Ebene angesprochen, wobei die Kritiker für den Nichteinsatz der Gentechnik und den Hunger in der Landwirtschaft verantwortlich gemacht wurden. Auf die Ängste der Veranstaltungsteilnehmerinnen wurde nicht eingegangen.« Sie hält es aber für möglich, dass der Dialog »kleine Ansätze zu einer gemeinsamen Arbeit und dadurch Anregungen für gesellschaftliche Lösungen« ermöglicht. Bei vorhandenem politischen Willen hält sie eine Institutionalisierung solcher Dialoge vor neuen gesellschaftlichen Entscheidungen etwa in Denkfabriken für wünschenswert und vorstellbar.

Zum Beispiel Umwelt- und Naturschutz

Im Umwelt- und Naturschutz gibt es vielfältige unterschiedliche Perspektiven, und es prallt eine Vielzahl von Interessen oft hart aufeinander, denn schnell geht es um Grundsätzliches, um Fragen von Lebensgewohnheiten, von Grundwerten, von Ökonomie und von politischen Überzeugungen. Darin, dass Men-

Betroffenheit als Chance

schen von diesen Fragen grundsätzlich und tief betroffen sind, liegt aber auch eine Chance, sich näher zu kommen und bei aller Komplexität überraschende und zukunftsweisende Lösungen zu finden.

So kam es beim Ringen darum, dass ein großes zusammenhängendes Streuobstwiesengebiet – eine Obstbauform, bei der verschiedene Obstbaumsorten »verstreut« auf einer Wiese stehen –, die »Biosphäre Bliesgau«, durch die UNESCO als »Weltnaturerbe« anerkannt werden sollte, zu heftigen Auseinandersetzungen zwischen Gegnern und Befürwortern dieser Idee. In einem zweitägigen Dialogprozess wurden auf Wunsch des Ministeriums für Umwelt des Saarlandes zunächst Mitarbeiterinnen und Mitarbeiter dieses Ministeriums mit dem Dialog vertraut gemacht. In einem weiteren zweitägigen Dialogseminar kamen die Mitarbeitenden mit den verschiedensten Interessengruppen – z. B. aus Landwirtschaft, Kommunalpolitik, Tourismus und Naturschutzverbänden – miteinander dialogisch ins Gespräch. Beide Dialogprozesse, in deren Rahmen auch »Open-Space« (s. Kap. 8) eingesetzt wurde, haben die Organisationsberaterinnen *Wiebke von Bergen* und *Margitta Holler* begleitet. Wie sie aufgrund von Rückmeldungen der Teilnehmerinnen und Teilnehmer berichten, wurden die Gespräche zwischen den Teilnehmenden als weniger aggressiv und als entspannt empfunden. »Wir können konstruktiv zusammenarbeiten, auch wenn wir unterschiedliche Sichtweisen haben«, so ein Teilnehmer. Auch der Auftraggeber schätzte die Erfahrungen so positiv ein, dass er der »Machbarkeit eines konstruktiven Prozesses« wieder Vertrauen entgegenbringen konnte.

Zu Seminarstruktur und -verlauf s. Dialog-Werkstatt, Abschnitt 4.2.

DER DIALOG ZWISCHEN MENSCHEN VERSCHIEDENER KULTUREN

Die Ereignisse der letzten Jahre scheinen die These *Samuel Huntingtons* vom »Kampf der Kulturen« zu bestätigen – von der Ermordung von 3000 Menschen bei der Zerstörung der Twin-Towers (World Trade Center) in New York über die Kriege gegen Afghanistan und den Irak bis hin zum Mord an einem Filmemacher in den Niederlanden. Angesichts dieser spektakulären Botschaften über Verbrechen, wie sie uns durch die Massenmedien unablässig vermittelt werden, wird übersehen, dass das Zusammenleben zwischen Menschen verschiedener Kulturen in vielen Bereichen auch gut funktioniert.

Gleichwohl sind Probleme auf der gesellschaftlichen Mikroebene nicht zu leugnen. Gewiss ist die Art und Weise des Zusammenlebens etwa zwischen Moslems und der Mehrheitsbevölkerung hierzulande nicht befriedigend. Die verschiedensten Initiativen, sei es von öffentlicher, sei es von privater Seite, suchen dieser Problematik zu begegnen. Hierzu gehören auch zahlreiche Dialogprojekte. Auch der von uns beschriebene Dialogprozess wird in einer Reihe interkultureller Verständigungsprojekte angewandt. Um drei solche Projekte, die sich in unterschiedlichem Umfang am »Dialogverfahren« orientierten, geht es im Folgenden.

In ihrem Bericht über das *European Project for Interreligious Learning* (EPIL) für Frauen zeigt *Reinhild Traitler*, wie ein interreligiöser Dialog zwischen Frauen in fünf Städten verschiedener Staaten erfolgreich umgesetzt wurde und welche Rolle das Dialogverfahren dabei spielte.

Um die Chancen eines offenen Dialogs in Namibia für den »Nation Building«-Prozess und den verzweifelten Kampf des Landes gegen die Ausbreitung der AIDS-Seuche geht es in dem anschließenden Bericht von *Christoph Jungermann, Ursula Rubenbauer* und *Frank Morawski*.

Schien es vorstellbar, dass unser von der westlichen Denkweise geprägtes Dialogverfahren auf Interesse in einem islamischen Land stoßen würde? Es ist wohl einem besonderen Glücksfall zu verdanken, dass die Iranerin *Fatemeh Sadr-Tabatabai* bei einem Deutschlandbesuch – sie hatte in Bochum studiert – das Dialogprojekt kennen lernte. Es hat sie so sehr beeindruckt, dass sie seitdem um die Einführung des Dialogs in ihrer Heimat bemüht ist. Ihr Bericht – wie auch das anschließend hier wiedergegebene Gespräch mit dem Staatspräsidenten des Iran, *Mohammad Khatami* – macht deutlich, dass für einen Dialog zwischen verschiedenen Kulturen und Religionen ein abstrakt-theoretischer Diskurs nicht ausreicht, dass es vielmehr der Initiativkraft und des permanenten Einsatzes engagierter Menschen bedarf.

***

Reinhild Traitler, lange Jahre Studienleiterin am Evangelischen Tagungs- und Studienzentrum Boldern am Zürichsee, initiierte zusammen mit *Elisabeth Raiser*, der evangelischen Präsidentin des Ökumenischen Kirchentages Berlin 2003, das *European Project for Interreligious Learning* (EPIL). Es ging darum, das Klima gegenseitiger Akzeptanz zwischen Christinnen und Muslimas in Europa zu fördern. Dieses zweijährige Lernprojekt griff Impulse der Pädagogik von *Paulo Freire* auf und verknüpfte sie mit der Methodik des »Learning in Community« und dem Dialog.

»Kiste kalter Wörter« / Grenz mich ab und eng mich ein, und du hungerst dich selber aus. / Nagle mich in eine Kiste kalter Wörter, und die Kiste wird dir zum Sarg. / Ich weiß nicht, wer ich bin. / Ich bin in erstaunlich klarer Verwirrung. / Ich bin kein Christ, ich bin kein Jude, / Ich bin kein Anhänger Zarathustras, / Ich bin nicht einmal Mohammedaner. / Ich gehöre nicht dem Land an, noch einer bekannten oder unbekannten See, / Weder kann die Natur Anspruch auf mich erheben noch der Himmel, / Noch Indien, China, Bulgarien, / Mein Geburtsort ist die Ortslosigkeit, / Mein Zeichen ist, weder Zeichen zu haben noch zu geben. / Du sagst, du siehst meinen Mund, meine Ohren, Augen, meine Nase – / Sie gehören mir nicht. / Ich bin das Leben des Lebens. / Ich bin die Katze dort, der Stein hier, nicht eins. / Ich habe die Zweiheit weggeworfen wie einen alten Spüllappen. / Ich sehe und kenne alle Zeiten und Welten / Als eins, eins, immer eins. / Was also muß ich tun, damit du zugibst, wer spricht? / Gib's zu und verändere alles! / Dies ist deine Stimme, die an Wänden Gottes widerhallt. / Rumi (Dt. von Helga Pfetsch)

In der *Vorbereitungsphase* lud Reinhild Traitler das gesamte wissenschaftliche Begleitungsteam dazu ein, sich einen Tag lang mit dem Dialogprozess vertraut zu machen. Da in der Bildungsstätte Boldern seit mehreren Jahren Einführungen in das Dialogverfahren stattfinden (s. auch Kap. 6, S. 207), war ihr dieser Ansatz vertraut. Mehrere Teilnehmerinnen und Teilnehmer – Theologieprofessoren aus verschiedenen Erdteilen und Mitarbeiterinnen des Weltkirchenrates in Genf – berichteten davon, dass es sie zunächst verwundert habe, dass sie nicht nur theoretisch informiert werden sollten, sondern auch aufgefordert wurden, sich praktisch auf Übungen zum Perspektivwechsel und eine andere Form der Gesprächsführung einzulassen. Sie gewannen von dieser Art des Dialogs einen positiven Eindruck und sahen deshalb auch für die EPIL-Teilnehmerinnen aus fünf Ländern einen Tag »Dialogprozess« im Rahmen des ersten Seminars in Boldern vor. Beide Seminare wurden von Martina Hartkemeyer begleitet; Seminarsprache war jeweils Englisch.

EPIL-Teilnehmerinnen berichteten am Ende des Einführungstages, der zugleich der erste Tag ihres 1. Seminarblocks war, dass sie es als besonders herausfordernd erlebt hätten, bei der »Dilemma-Übung« die Perspektive der anderen Position einzunehmen. Gleichzeitig sei dies auch ihre größte Lernchance gewesen. Als der Erfahrungsprozess beim zweiten achttägigen Abschnitt in Barcelona, der nicht wie vorgesehen dialogisch organisiert war, zu scheitern drohte, wurde die gleiche Übung durchgeführt. Wie Reinhild Traitler in dem folgenden Beitrag ausführt, trug dieser Perspektivwechsel dazu bei, den Teilnehmerinnen aus einer Phase von konfrontativer Verhärtung heraus wieder zu dialogischem Umgang zu verhelfen.

»Der Container drohte zu zerbrechen« – Der Dialog im European Project for Interreligious Learning

Organisation

An dem *European Project for Interreligious Learning*, das im Februar 2004 zu Ende gegangen ist, hatten 24 Frauen aus fünf Ländern, 15 Christinnen und 9 Muslimas, teilgenommen und in einem intensiven Prozess dialogisches Lernen geübt und weiterentwickelt.

Organisiert nach dem Vorbild eines »Roaming College« hatten die fünf achttägigen Abschnitte des Projekts in fünf verschiedenen Städten Europas und des

Nahen Ostens (Zürich, Barcelona, Sarajewo, Berlin und Beirut) stattgefunden, aus denen auch die Teilnehmerinnen stammten. Jeder Abschnitt nahm ein Thema mit Problemen des christlich-muslimischen Zusammenlebens auf, an deren Lösung Menschen intensiv arbeiteten.

»Roaming College«: ein wanderndes Kolleg, das an verschiedenen Orten Lehr- und Lernveranstaltungen anbietet.

In der Zeit zwischen den fünf Abschnitten lief der Prozess in nationalen Gruppen weiter. Dabei übernahmen die Mitglieder des internationalen Leitungsteams die Rolle von Moderatorinnen, die den Prozess begleiteten, bündelten, die Aufgaben herausfilterten und die organisatorische Betreuung innehatten. Zwischen den Teilnehmenden entstand ferner ein Austausch über das Internet. Die Projektsprache war Englisch. Alle nutzten zur Kommunikation eine fremde Sprache, was den Prozess der Verlangsamung unterstützte.

Getragen wurde das zum Teil dialogisch organisierte Projekt von Organisationen aus dem kirchlichen und religiösen, zivilgesellschaftlichen, universitären sowie administrativen Bereich, die eine zeitlich begrenzte und klar definierte Partnerschaft eingegangen waren.

Die Lernaufgabe

Das Projekt hatte sich eine ebenso einfache wie anspruchsvolle Aufgabe gestellt: Es wollte das Klima gegenseitiger Akzeptanz zwischen Christinnen und Muslimas in Europa fördern und verbessern und damit die Grundlage von »convivencia« (»Zusammenleben«) – einer kooperativen, vertrauensbereiten und problemlösungsorientierten Haltung im interkulturellen und interreligiösen Alltag – herstellen helfen. Das Besondere an dieser Aufgabe war, dass Widerstände, mit denen zu rechnen war, in das Lernvorhaben einbezogen werden mussten. Diese Widerstände hatten zum Teil historische – etwa die jahrhundertelange Geschichte von immer wiederkehrender Feindschaft zwischen Islam und Christentum in Europa –, aber auch aktuelle Gründe, etwa die befrachteten Beziehungen zwischen Mehrheits- und Minderheitskultur oder religiös aufgeladene Konflikte.

Dabei haben die Ereignisse vom 11. September 2001 wie ein Sammelbecken gewirkt: Die bereits bestehenden, aus Gründen der »political correctness« oft unausgesprochenen Ressentiments, Vorurteile und Rassismen, bezogen auf diese Ereignisse, konnten sichtbar werden und wurden, quasi salonfähig gemacht, dabei zugleich radikalisiert.

Lernen in Gemeinschaft – Pädagogik des Dialogs

EPIL war ein Lernprojekt, das Impulse der Pädagogik des Brasilianers *Paulo Freire* (s. auch *Miteinander denken*, S. 142 ff.) aufnahm und sie mit der Methodik des »Learning in Community« sowie dem Dialogverfahren verknüpfte. All diesen Verfahren liegen ähnliche Annahmen zugrunde, die auch für EPIL grundlegend waren:

- Menschen lernen in Gemeinschaft und an einer herausfordernden Aufgabe.
- In einer Gruppe sind alle Lehrende und Lernende mit unterschiedlichen Kompetenzen, die aber nicht hierarchisch organisiert sind.
- Die Gruppe entwickelt ihre eigene Intelligenz und Kreativität.
- Die Gruppe generiert ihre eigenen Themen oder bearbeitet vorgegebene Themen in neuer Weise. Das Neue ergibt sich meist nicht aus einer Änderung oder Vermischung der »Fakten«, sondern aus einer Verschiebung der Standpunkte: dies muss vor allem im interreligiösen Dialog, der immer mit Ängsten vor einem möglichen Synkretismus, also einer Verschmelzung, zu rechnen hat, betont werden. Hervorgehoben werden muss aber auch, dass im Dialog Veränderungen geschehen.
- Im Konzept des »Lernens« geht es um ganzheitliches, verschiedene Persönlichkeitsschichten aktivierendes, »systemisches« Lernen, ein Lernen zusammen mit und von anderen.
- Der Lernprozess zielt auf eine Befreiung – diese wird aber nicht einfach als individualpsychologisches Geschehen verstanden, sondern als ein gemeinsamer Prozess, in dem sich der Inhalt der Befreiung erst herauskristallisiert.

Eine weiterführende Lernerfahrung im interreligiösen Dialog

Der zweite Abschnitt des EPIL-Projekts fand in Barcelona zum Thema »Historisches Gedächtnis – historisches Schweigen« statt. Er stützte sich auf die Annahme, dass es in Spanien, als Land mit einer fast 700-jährigen muslimischen Geschichte, eine Auseinandersetzung mit dem Begriff eines europäischen Islam geben müsse. Diese Annahme war in Bezug auf die neueren Forschungsarbeiten einer Reihe spanischer Historikerinnen korrekt, aber sie war in Bezug auf das allgemeine Geschichtsbild der breiten Bevölkerung falsch.

»Im Allgemeinen betrachten Spanierinnen und Spanier die Gegenwart des

Islam in der mittelalterlichen Kultur Spaniens als eine historische Episode. Wir haben noch nicht begriffen, dass Spanien Jahrhunderte lang eine muslimische Gesellschaft war und dass der Islam Teil unserer historischen Identität ist. Wir sehen uns unbewusst oder bewusst auf der Seite der Christen als Erbinnen der christlichen Könige, die gegen die muslimischen Invasoren kämpften und in der ›Reconquista‹ (Zurückeroberung) das Land wiedergewonnen haben. Diese Sicht hat man uns in der Schule eingetrichtert, das war auch die Sicht unter Franco«, so *Mercè Sala-Vilardaga* in ihrem Bericht über das EPIL-Projekt (Mercè Sala-Vilardaga 2004, S. 54 ff.). – Eine solche Sicht der Dinge entspricht auch dem in anderen Ländern Europas vermittelten Geschichtsbild eines durchgehend christlichen Europa, das von Historikern erst langsam aufgebrochen wird.

Die katalanischen Organisatoren dieses Treffens – die Stadtverwaltung Barcelona in Zusammenarbeit mit der Autonomen Universität – bemühten sich, diesen historischen Aufbruch darzustellen: Geschichts- und Sozialwissenschaftlerinnen kamen zu Wort, die sich neu mit der Geschichte des Islam in Spanien auseinander setzen und nachforschen, wie das gängige Geschichtsbild des Vergessens, präziser: des Verschweigens oder der Verunglimpfung des Islam zustande gekommen ist. Das Problem war, dass bei dieser Aufarbeitung der Geschichte nur spanische/christliche Historikerinnen zu Wort kamen. Das historische Schweigen wurde – symbolisch gesprochen – von denen gebrochen, die in der Tradition der Verursacher des Schweigens standen. Faktisch wurde es somit reproduziert.

Auch methodisch fiel der Teilabschnitt aus dem Rahmen, weil er nicht wie vorgesehen dialogisch organisiert war. Es wurde traditionell-universitär und frontal doziert, und das »Schweigen« wurde als ein geschichtliches Problem dargestellt, das nichts mit der Frage der asymmetrischen Verteilung von Macht zwischen Mehrheiten und Minderheiten in der aktuellen spanischen Gesellschaft zu tun hat.

Wer spricht für wen?

Die Stimmung in der Gruppe wurde mit der Zeit immer explosiver, mit Begriffen des dialogischen Verfahrens gesprochen: der »Container« drohte zu zerbrechen. Gleichzeitig hatte diese Woche ein zentrales Thema hervorgebracht: die Frage, wer für wen spricht und ob es möglich ist, im Namen einer anderen Religion zu sprechen.

Diese Frage stellte das Leitungsteam in das Zentrum einer *Dilemma-Übung*, die wir den Erfordernissen des interreligiösen Dialogs anzupassen suchten. Es war uns als Team aufgefallen, dass das Dialogverfahren eine Entscheidungssouveränität des Individuums voraussetzt. Gleichzeitig ließ sich jedoch beob-

Religiöse Identität wird als sozial erfahren.

achten, dass religiöse Identität vor allem als sozial erfahren wird. In den im Projekt geübten Dialogsituationen war die Zugehörigkeit zur religiösen Gruppe, die ein komplexes Gebilde aus Wahrheitssätzen, Lebenspraxen und Gemeinschaftsriten darstellt, im Entscheidungskonflikt meistens wichtiger als persönliche Bedürfnisse oder spontane Einsichten. In der explosiven Situation in Barcelona wollten wir deswegen eine Form finden, die es »den« Muslimas und »den« Christinnen ermöglichte, sich als Individuen zu erfahren, aber gleichzeitig als Gruppe wahrzunehmen.

Wir beschlossen, die *Dilemma-Übung* mit drei größeren Gruppen zu versuchen: Die Aufgabe, *für* eine Sache und anschließend im Perspektivwechsel *dagegen* zu plädieren sowie schließlich eine beobachtende Position einzunehmen, wurde jeweils einer Gruppe von acht bis zehn Personen übertragen, die nicht nach der Zugehörigkeit zu einer Religion zusammengestellt, sondern gemischt war.

Wie allen nach Auswertung dieses Experiments klar wurde, hatte die Verschiebung von der Perspektive einer Einzelperson zur Perspektive einer Person in der Gruppe nicht nur einen unerwarteten Reichtum an Gesichtspunkten hervorgebracht, die zum Teil in beiden Religionen identisch, zum Teil innerhalb der Religionen aber verschieden geprägt waren. Vielmehr hatte sie gleichzeitig einen Dialog innerhalb der Gruppen in Gang gesetzt, der es jeder Person ermöglicht hatte, sich einzubringen. Der Prozess differenzierte die Ausgangsfrage und lieferte dafür Argumente: Ja – es ist möglich, über eine andere Religion zu reden. Nein, es ist nicht möglich, in ihrem Namen zu sprechen. Damit nahm die Gruppe eine Unterscheidung zwischen einer theologisch-wissenschaftlichen Auseinandersetzung mit den Vermittlungen von Religion, etwa über Schriften, Gesetze, Bauwerke und Kunst, und ihrer persönlichen Aneignung im Glauben vor. Es wurde aber auch das – oft unbewusste – Hin- und Herwechseln zwischen beiden sichtbar.

Den Konflikt auszusprechen wurde erleichtert, indem die Teilnehmerinnen aus ihrer jeweiligen Position, aber als Teil einer Gruppe argumentierten; zugleich wurde so die im Konflikt enthaltene Fragestellung vertieft und ein wichtiger Schritt zur Klärung getan. Nach diesem Schritt formulierte die Gruppe gemeinsam eine Forderung an das Gesamtprojekt: Basis für den Umgang miteinander sollte der Respekt vor der Selbstdefinition, dem Selbstverständnis, der jeweils anderen sein – die Betroffenen müssen für sich selbst sprechen können.

***

Auch andere Mitglieder des Projekts berichteten, dass sich diese Erfahrung auch auf die folgenden Projektschritte und die Zusammenarbeit der Gruppe ausgewirkt habe. Die Frauen, die in Berlin mit dem EPIL-Projekt verbunden sind, organisierten unabhängig vom Projekt in ihrem Umfeld ein weiteres Seminar, das der Vertiefung dialogischer Kompetenzen gewidmet war.

Es bleibt eine Herausforderung, sich beim Formulieren eigener Positionen der mögliche Sichtweise der anderen Seite bewusst zu sein. Dies sollte zugleich eine zentrale Kompetenz für Begegnungen im interkulturellen und interreligiösen Bereich sein.

Gruppe »Dialog zwischen Kulturen und Generationen«

Menschen zwischen 20 und Mitte 60 aus Lateinamerika, Asien, Deutschland und Osteuropa gönnen sich seit Januar 2004 einmal im Monat den Luxus, fern vom alltäglichen Problemlösungsdruck die Facetten von Diversität im Gespräch zu erforschen und verstehen zu lernen. Sie setzen sich mit den vielfältigen Denkweisen und Lebenswelten auseinander, die entstehen, weil Menschen unterschiedliche Hintergründe und Erfahrungen haben. Weil sie geprägt sind durch ihre ethnische oder nationale Herkunft, durch ihre Religionszugehörigkeit, ihr Alter und Geschlecht, durch Behinderung, Bildung, sexuelle Orientierung und andere Einflussfaktoren.

Die Gruppe hat sich als Form der Auseinandersetzung für die Kommunikationsmethode des Dialogs nach David Bohm (Bohm 2002) und Martin Buber (Buber 1994) entschieden… Es geht nicht um einen Schlagabtausch von Meinungen, sondern um Lernen, Erweitern der Wahrnehmung und Verstehen. So ist eine persönliche und vor allem fruchtbare Auseinandersetzung möglich, das Verständnis für anderes kann wachsen, die Fähigkeit, mit anderen zu kommunizieren, »ganz nebenbei« auch. Idealerweise soll dieser Dialog dazu führen, die Verschiedenheit in der Gruppe als Potenzial dafür zu nutzen, gemeinsam Neues zu denken – und zu tun. (Quelle: Internet: http://www.ikib.org/Dialoggruppe.html; Zugriff: Frühjahr 2005)

Dialogerfahrungen in Namibia

Ein zweiter interkultureller Dialog führt uns mit einer Gruppe von Studierenden auf den afrikanischen Kontinent – nach Namibia. In den Jahren 2001, 2002 und 2004 arbeiteten junge Wissenschaftler (aus den Bereichen Ökonomie, Sprache, Kommunikation, Medizin) aus dem gesamten Bundesgebiet – über jeweils etwa eineinhalb Jahre Projektdauer – zum Thema: *Wie ist interkulturelles Lernen möglich?*

Dabei entstand auch der interkulturelle Dialog, den die Projektteilnehmer in Namibia (sowie in Albanien, China, Deutschland und Japan) durchführten. Innerhalb des Projekts, so die Erfahrungen aus unterschiedlichen Organisationsformen, erschien der Dialogprozess als das adäquate Mittel, um in interkulturellen Teams nachhaltig zu lernen.

Die Arbeit rund um das Thema Dialog setzt sich auch anschließend in immer wechselnder Besetzung fort, mit dem Institut für kulturvergleichende Wirtschaftsforschung (ICCE, Universität Witten/Herdecke, s. Anhang, S. 452) als wissenschaftliche Plattform.

Der Ökonom *Christoph Daniel Jungermann* sowie *Frank Morawski* und *Ursula Rubenbauer* aus dem Bereich Kommunikationswissenschaft achteten in dem multikulturellen Dialogprojekt – wie sie im Folgenden berichten – auf die Tragfähigkeit eines gemeinsamen Vertrauensraums und scheuten sich nicht, auch »heiße Eisen« anzupacken.

»Niemand fühlt sich übergangen« – Von der Einheitsbeschwörung zur Verbundenheit

Namibia ist jung. Am 21. März 1990 wurde das afrikanische Land unabhängig. Mit einer über hundertjährigen Koloniallast und dem Trauma der südafrikanischen Apartheid im Rücken ist es nun auf der Suche nach einer nationalen namibischen Identität. Die Menschen erfahren einen tief greifenden Transformationsprozess: die Bildung einer Nation – dies in einem Land mit fast zwei Millionen Einwohnern und etwa vierzehn verschiedenen Ethnien und Sprachen. Wie gehen die Menschen dort mit dieser Vielfalt um, wie halten sie derartige Unterschiede aus?

Gerade die junge Generation ist teilweise verunsichert, wo sie in diesem Transformationsprozess identitäts- und sinnstiftenden Halt finden kann. So kommt eine Studie an der University of Namibia (UNAM), der einzigen Universität des Landes, zu dem Ergebnis, »dass die Studenten normalerweise über Politik mit jenen diskutierten, mit denen sie übereinstimmten, oder mit Studenten, die der gleichen sozialen, sprachlichen oder ethnischen Gruppe angehörten. Anders ausgedrückt, sie sind tolerant gegenüber jenen, die denken wie sie, und tolerieren [bei anderen], was sie [bei sich] selbst tolerieren.«

Derartige Gepflogenheiten des Umgangs miteinander in der namibischen Gesellschaft verhindern, dass die drängenden Probleme, etwa die hohe AIDS-Quote oder der Umgang der Geschlechter miteinander, kontrovers diskutiert werden. Gleichwohl ist das Bedürfnis, über die brisanten Themen offen miteinander zu kommunizieren, voneinander zu lernen und einander besser zu verstehen, bei namibischen Studierenden deutlich zu spüren. Die Resonanz auf ein Dialogprojekt, das im April 2004 an der UNAM durchgeführt wurde, bestätigte dies.

Teilnehmende, Initiatoren und Leitfragen

Das Dialogprojekt wurde als Workshop gestaltet: Zwei Wochen lang trafen sich 20 bis 30 Studierende aus Namibia, Angola, Botswana, Lesotho, Sambia, Südafrika und Deutschland jeden Nachmittag zu einem dreistündigen Dialog – freiwillig und ohne vorgegebenes Thema.

Initiator des Workshops war eine neunköpfige Gruppe neugieriger Studierender und Wissenschaftler unterschiedlicher Fachdisziplinen aus Deutschland. Die Gruppe fragte sich, ob Dialogprozesse zu interkulturellem Lernen führen können. Und weiter: Kann der Dialog dazu beitragen, dass Menschen Unterschiedlichkeiten zwischen sich wahrnehmen und aushalten lernen (können und wollen)? Ermöglicht diese Erfahrung einen respektvollen Umgang gleichwertiger, aber nicht gleichgemachter Menschen miteinander, um die drängenden Probleme gemeinsam anzugehen?

Die afrikanischen und europäischen Teilnehmerinnen und Teilnehmer der Dialog-Workshops an der UNAM bejahten dies, nachdem sie miteinander dialogischen Austausch erlebt hatten.

Zum Verlauf der Dialogseminare

Die Dialogrunden fanden in einem Seminarraum der UNAM statt, in dem zuvor Stühle kreisförmig platziert worden waren. Um die Bedingungen zur Entwicklung von Vertrauen innerhalb der Gruppe möglichst positiv zu gestalten, war eine freundliche und respektvolle Atmosphäre von besonderer Bedeutung. Zum ersten Termin trafen die Teilnehmenden nach und nach einzeln, teils auch in kleinen Gruppen ein. Jeder konnte so zunächst individuell begrüßt werden. In vielen Kulturen Namibias stellt die Begrüßung einen besonders wichtigen Bestandteil des zwischenmenschlichen Umgangs dar.

Der Beginn des Workshops – moderiert von einem Mitglied der Initiatorengruppe – trug der Bedeutung des Rituals der Begrüßung ebenfalls Rechnung: Jeder Teilnehmer erhielt die Gelegenheit, sich der Gruppe in seiner Muttersprache vorzustellen. Hierin zeigte sich auch die Vielfalt innerhalb der Initiatorengruppe, deren Mitglieder sich auf Arabisch, Japanisch und Deutsch vorstellten. Im Dialog wurde Englisch gesprochen, eine der offiziellen Sprachen Namibias. Keiner der Teilnehmenden hatte einen Sprachvorteil, da niemand Englisch als Muttersprache sprach. Dadurch wurde allen schnell klar, dass ein gelingender

Dialogrunde an der University of Namibia

Umgang mit Verschiedenartigkeit nicht primär mit vertiefter Sprachkenntnis verknüpft ist.

Anschließend wurde nach den Erwartungen der Teilnehmer an den Workshop gefragt, die darauf ein allgemeines Interesse an Kommunikation und interkulturellem Austausch zum Ausdruck brachten. In einem nächsten Schritt stellte der Moderator zehn Maximen (= Kernfähigkeiten) für die spätere Dialogrunde vor und fragte die Teilnehmenden, was ihrer Ansicht nach noch zu ergänzen sei. Jeden Aspekt hielt er auf einem Papierschild fest, das er in die Gruppenmitte legte. Neu aufgenommen wurden unter anderem die Maximen *»Be patient«*, *»Have trust«*, *»Watch the body language«* und *»Be critical.«*

»Sei geduldig«, »Habe Vertrauen«, »Beachte die Körpersprache«, »Sei kritisch«.

Nun folgte die Auswahl von drei Maximen, auf die die Teilnehmenden ihre Aufmerksamkeit während des Dialogs richten sollten. Für diese Abstimmung erhielt jeder einen Kieselstein, der auf das Schild mit der bevorzugten Maxime gelegt werden konnte. Für die erste Dialogrunde entschied sich die Gruppe für die Maximen *»Have trust«*, *»Listen carefully«* und *»Have radical respect for your partner«*.

»Habe Vertrauen«, »Höre sorgsam zu« und »Habe radikalen Respekt vor deinem Partner«.

Interessant zu beobachten war, dass in den ersten drei Dialogen die letzte Maxime so aufgefasst wurde, dass der radikale Respekt sich im engeren Sinne auf den *Partner der eigenen Meinung* bzw. *der eigenen Gruppe* bezog, weniger auf alle am Dialog teilnehmenden Menschen. Dieser Drang zum Ausschluss von Minderheitsmeinungen verlor sich im Laufe der weiteren Dialogrunden immer mehr. In den Dialogrunden der folgenden Tage wurden auch andere Maximen ausgewählt.

Als zusätzliche Instrumente des Dialogs führte der Moderator einen Redestein und eine Klangschale ein, die beide in der Mitte der Gruppe auf dem Boden platziert waren. Es fiel auf, dass die namibischen Studierenden zum Abschluss der eigenen Rede manchmal von der Klangschale Gebrauch machten; ebenso – quasi zum Abschied –, wenn jemand vor dem gemeinsamen Ende der Dialogrunde gehen musste. Beim Abschlussdialog brachte die Dialogbegleiterin, eine namibische Studentin, auf den Punkt, wie sie die Symbolik des Redesteins verstand: »The stone ball: it is a power stone. It gives the right to speak when you have it. Otherwise, just respect the person who has it and listen.«

»Die Steinkugel ist ein Machtstein. Wenn du sie hast, darfst du sprechen. Sonst respektiere die Person, die ihn hat, und höre zu.«

Jede Dialogrunde wurde von einem Facilitator eingeleitet, der den zeitlichen Rahmen im Blick behielt und gegebenenfalls auf die Einhaltung der von der Gruppe ausgewählten Maximen achtete. Der Dialog begann jeweils mit einer Check-in-Runde und mit dem Vorlesen eines ausgewählten Gedichts, das in Zusammenhang mit einer der Maximen stand. In der letzten Dialogrunde übernahm eine namibische Studentin die Aufgabe des Facilitators.

Als Vorbereitung auf die ersten Dialogrunden dienten mehrere Übungen wie *Gemeinsames Malen* und *Intensiv Zuhören* (s. auch Dialog-Werkstatt, Abschnitt 2.4 und 2.5, S. 382 f.).

Während des Dialogs …

Beobachtungen und Bewertung

»Bitte mach es als persönlichen Standpunkt deutlich … Zeig, dass es deine Meinung ist.«

Es dauerte vier bis fünf Tage, bis die an der UNAM gepflegte angelsächsische Debattenkultur einem persönlichen, dialogischen Gespräch wich. Die üblichen Dominanzen, der rhetorische Schlagabtausch und die Rollenverteilungen verschwanden allmählich. Schließlich fanden wir uns in einem neuen »Raum« wieder, in dem jeder sich selbst und anderen zuhören, sich und andere kennen und achten lernen konnte.

»Ich habe die Kraft des Gesprächs kennen gelernt, auch die Kraft des Zuhörens. Es hilft manchmal wirklich sehr. Ich lernte, anderen Leuten aufmerksam zuzuhören.«

In der letzten Check-in-Runde betonte die namibische Dialogprozess-Begleiterin noch einmal, worauf es ankommt: »Please make it a personal point. If you make it a point, make it a personal point. Let it be from your opinion« – eine Erfahrung, die im Alltag der Studierenden selten zu sein scheint und deshalb einen wesentlichen Lerneffekt ermöglichte. Eine Teilnehmerin beschrieb ihre Erfahrungen in einem auf den Workshop folgenden Tiefeninterview folgendermaßen: »I have learned the power of speech, also the power of listening. It really helps a lot sometimes. I learned to listen to other people attentively.«

Besonders anschaulich zeigten sich die Veränderungen in der Art, miteinander zu sprechen, gegen Ende der zweiten (und letzten) Woche des Workshops: Der vorletzte Dialog wurde – als einziger – nach Geschlechtern getrennt abgehalten, der letzte Dialog fand wieder mit der gesamten Gruppe statt. Eine namibische Teilnehmerin reflektierte im Nachhinein, wie die namibischen Männer in den gemischten Dialogen kommunizierten: »Basically, here in Namibia we grow up in societies where men are very dominant. So sometimes even when a man thinks different, even when he thinks that something is really morally wrong, something that they do as man is morally wrong just for him to be part of the society he is just going to object it. I am sorry to say it, but I think that guys are careless. They just say things and they don't say things from their point of view. They talk as typical African man.« Wie Frauen miteinander reden, fasste dieselbe Teilnehmerin so zusammen: »For us as females we talked more about ourselves. It was all about expressing who you are, expressing how you feel about something.«

Der Dialog bot hier einerseits die Möglichkeit zu erkennen, dass es Unterschiede in den Kommunikationsstilen der männlichen und weiblichen Teilnehmer gab. Andererseits beobachteten einige Frauen im Verlauf des letzten Dialogs eine Verhaltensänderung der männlichen Teilnehmer, die eine Teilnehmerin so auf den Punkt brachte: »They gave the women time to express themselves and gave themselves time to listen. They were not so aggressive anymore, more considerate, less aggressive, very subtle.«

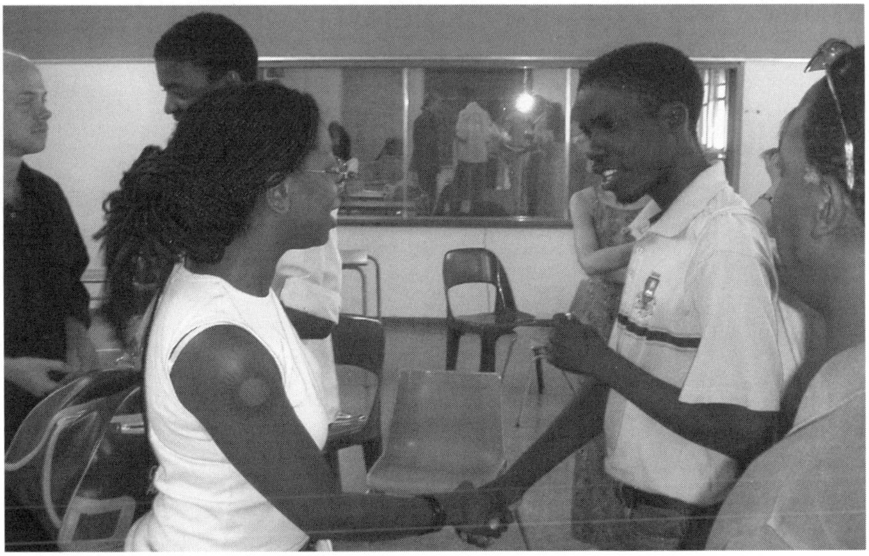

»... Hier in Namibia ... sind die Männer sehr dominant ... Selbst wenn ein Mann anders denkt, selbst wenn er denkt, dass etwas moralisch falsch ist, ... ist er einfach dagegen ... leider muss ich einfach sagen, dass die Männer sich wenig Gedanken machen ... Sie reden wie typische afrikanische Männer ...«

»Wir Frauen redeten mehr über uns selbst. Es ging darum, auszudrücken, wer du bist, auszudrücken, wie du etwas empfindest.«

»Sie gaben den Frauen die Zeit, sich auszudrücken, und nahmen sich selbst die Zeit zuzuhören. Sie waren nicht mehr so aggressiv, waren rücksichtsvoller und aufmerksamer, weniger aggressiv, sehr taktvoll.«

Als zum Ende der Dialogrunden einmal eine Teilnehmerin das Thema »Abtreibung« anschnitt und von sehr persönlichen Erfahrungen berichtete, wurde in der Runde zunächst gekichert und »gekaspert«, was wohl Befangenheit, ein Gefühl des Unbehagens und der Unsicherheit zum Ausdruck brachte. Anders als in anderen Situationen war es nun – untypischerweise – ein Mann, der die anderen aufforderte, der Teilnehmerin auch weiterhin sorgfältig zuzuhören und nicht sofort zu urteilen.

»Dass wir zusammenkamen und darüber diskutierten und jeder den Blick darauf richtete, wie wir diese Herausforderung in Angriff nehmen können, hat mir Mut gemacht. Ich finde das ermutigend.«

Die im Dialog erlernten Fähigkeiten erleichtern, so zeigte sich, den Umgang mit Themen, die von den namibischen Studierenden als für das ganze Land relevant eingeschätzt werden. Solche Themen sind nach Aussage eines Studenten Teenager-Schwangerschaft, Vergewaltigung, Abtreibung, AIDS und Landreform: »Coming together, discussing it and each one giving his view on how we can tackle the issue, for me this was quite empowering. I call that empowering.« Gerade den im Dialog angewandten Maximen spricht die namibische Dialogbegleiterin diese Wirkung zu: »These rules help us to speak in a better way.«

»Diese Regeln helfen uns, besser miteinander zu sprechen.«

»Gefährliche Wahrheiten« – im Sinne von gegensätzlichen, ja widersprüchlich erscheinenden, aber gleichermaßen legitimen Standpunkten – in einer Gesellschaft zu meiden kann sich zu einer Gefahr entwickeln. Sie werden sich anders und vehementer ihren Weg bahnen. Die Tragfähigkeit einer nach Einigkeit strebenden Nation erweist sich deshalb nicht nur im Bemühen um Verbundenheit, sondern auch in der Kompetenz, die Unterschiede zwischen Menschen auszuhalten – also Konfliktfähigkeit statt Konfliktlosigkeit.

Die Differenzen sind im Übrigen nicht verschwunden. Doch am Ende wurde aus dem Gegeneinander der konträren Standpunkte unterschiedlicher Menschen ein komplementäres Spektrum an Möglichkeiten des Menschseins. Dieses Spektrum im Dialog bewusst wahrgenommen zu haben hat nicht nur unser Wissen um die Vielfalt des Menschseins erweitert, sondern trug auch zur Entwicklung unserer Flexibilität, Empathie, Offenheit und der Fähigkeit bei, Widersprüchliches auszuhalten.

Was wir Teilnehmer zwei Wochen lang im Dialog (hier: Dialog als »safe place« for »dangerous truths«) erfahren haben, könnte also exemplarisch sein für das Erlernen eines gelingenden Zusammenlebens in einer multikulturellen Gesellschaft im Wandel. Ein Teilnehmer beschrieb sein Dialogerlebnis mit den Worten: »You don't get left behind. You go with the flow. Everybody contributes a bit. Nobody feels left out.«

»Du wirst nicht zurückgelassen. Du gehst mit dem Fluss. Jeder leistet seinen kleinen Beitrag. Niemand fühlt sich ausgeschlossen.«

Überwindung der kommunikativen Kluft zwischen den Geschlechtern – Dialog in der AIDS-Prävention

Die Bedeutung dieses Dialogprojekts wurde auch andernorts wahrgenommen. *Ursula Rubenbauer* von der FU Berlin wurde dafür von der *Gesellschaft für technische Zusammenarbeit* (GTZ) ausgezeichnet, die diesem Projektansatz eine hohe Akzeptanz und besondere Bedeutung im Rahmen der AIDS-Vorsorge bescheinigt. Den bisherigen AIDS-Präventionskampagnen blieb bislang der Erfolg versagt, da sie auf westlichen Rezeptionsgewohnheiten und damit stark auf einer Schriftkultur basieren. In der namibischen Gesellschaft beruht die Kommunikation bis heute stark auf einer Gesprächskultur; der traditionelle Rahmen für Problemlösungen im afrikanischen Stamm ist immer noch das »Palaver«. Dadurch hat das gesprochene Wort eine stärkere Wirkung als das gedruckte – hier entspricht das, zwar ebenfalls westlich geprägte, Dialogprojekt dennoch in besonderer Weise den Erfordernisse der afrikanischen Kultur.

»Im Herbst letzten Jahres besuchte sie (Ursula Rubenbauer) mit einer studentischen Reisegruppe der Universität Witten/Herdecke eine Berufsschule in Baumgartsbrunn, das etwa 40 Kilometer von Windhoek, der Hauptstadt Namibias, entfernt liegt. Die Schule … ermöglicht jungen Frauen, eine zweijährige Ausbildung zu absolvieren, zu der Kochen, Hotelservice, Gartenbau, Buchführung und Schneidern gehört. Alle Absolventinnen konnten bislang einen ihrer Ausbildung entsprechenden Arbeitsplatz finden. Eine Berufsausbildung ist ein erster Schritt, um dem Teufelskreis aus Armut, weiblicher Abhängigkeit und AIDS zu entfliehen. So wie diese Faktoren in Namibia zusammenhängen, müssen sie auch zusammen gelöst werden, ist sich Ursula Rubenbauer sicher: ›Wenn eine Frau zu Hause nichts zu essen hat und ein Mann ihr 20 Dollar für Sex mit Kondom und 40 ohne bietet, dann stellt sie sich die Frage nach AIDS-Prävention eigentlich nicht.‹ In Dialogrunden von 15 bis 20 Personen hatten die Studierenden die Möglichkeit, intensiv mit den Frauen über ihre Erlebnisse und Gefühle zu sprechen. Das Konzept wurde gut angenommen, die Frauen sprachen sehr bereitwillig vor der Gruppe.« (FU-Nachrichten, Zeitung der Freien Universität Berlin, Ausgabe 3-4/2003, www.fu-berlin.de/fun/2003/3-4-2003/studierende4.html)

Ursula Rubenbauer berichtet, dass auch reine Frauen-Dialogrunden zustande kamen – dichte und offene Gespräche über sexuelle Gewalt ebenso wie über die AIDS-Gefahr und die verschiedenen Lebens- und Erfahrungswelten der Teilnehmerinnen, vereint in der gemeinsamen Perspektive des Frauseins und damit potentiellem Betroffensein. Den Dialog empfanden die Frauen als geeignet, tabuisierte, sehr persönliche und auch traumatische Themen zu besprechen. »Deutlich wurde, dass die Frauen ein starkes Bedürfnis hatten, auch über ihre Erfahrungen mit sexueller Gewalt zu sprechen. Sie wollten dies jedoch nicht in Anwesenheit von Männern tun.«

Die positiven Erfahrungen des Gesprächskreises geben Anlass zu der Hoffnung, dass Dialogrunden dieser Art auch andere namibische Frauen ermutigen könnten, Erfahrungen über AIDS auszutauschen. Vernetzte Foren für Frauen könnten den notwendigen Emanzipationsprozess fördern und zur Solidarisierung der gefährdeten Frauen beitragen. Entscheidend wird sein, dass ein Weg gefunden wird, wie auch Männer in die Gespräche einbezogen werden. Angesichts der dramatischen Zunahme der HIV-Infektionen (inzwischen gilt jeder fünfte Erwachsene als HIV-positiv) bleibt Namibia nicht mehr viel Zeit zur Überwindung der kommunikativen Kluft zwischen den Geschlechtern, die zusammen mit der Armut die epidemische Ausbreitung der Krankheit fördert. Für das Land ist das eine Frage von Sein oder Nicht-Sein.

»Der Dialog ist zu meinem Lebenselixier geworden«. Die Einführung des Dialogprojekts im Iran

Fatemeh Sadr-Tabatabai hat in verschiedenen Phasen ihres Lebens erfahren, »was es heißt, den Fortschritt einer Gesellschaft und die friedliche Begegnung zwischen den Kulturen blockiert zu sehen«. So wurde es zu einem Schwerpunkt ihrer Arbeit, die Verständigungsbereitschaft zwischen den Kulturen zu fördern – in Deutschland während ihres Pädagogik-Studiums in Bochum und nach ihrer Rückkehr in ihrer iranischen Heimat. Dort ermutigte der Aufruf des iranischen Staatspräsidenten zum Dialog der Kulturen (s. Kasten, S. 275) sie bei ihrem Einsatz für das Dialogprojekt. Sie hat unser erstes Dialogbuch *Miteinander denken* übersetzt und nutzt es für ihre Arbeit. »Der Dialog ist zu meinem Lebenselixier geworden«, sagt sie, »und es ist mein Bestreben, durch meine Arbeit zu einem friedlichen Zusammenleben zwischen islamischer und westlicher Welt beizutragen.« In dem folgenden Bericht zieht sie eine erste Zwischenbilanz.

Ausgangssituation

Die Erfahrungen der letzten Jahrzehnte haben gezeigt, dass die Missverständnisse zwischen islamischer und westlicher Welt zu vielen Problemen für beide Seiten geführt haben. Dies gilt nicht nur für Probleme *zwischen* diesen beiden Welten, sondern auch *innerhalb* eines Kulturkreises zwischen den Vertretern der jeweiligen Richtungen. Beispielsweise blockierte im Iran die Kluft zwischen einer konservativ ausgerichteten und einer eher auf Reformen bedachten Seite den angemessenen geistigen Fortschritt. Diejenigen, die sich ausschließlich an der westlichen Zivilisation orientierten, sahen die Ursachen des gesellschaftlichen Rückstands in der eigenen Tradition und im Islam. Ihr leitender Gedanke war: »Von Kopf bis Fuß europäisch werden«. Eine solche Einstellung empfand der vom Islam überzeugte Teil der Bevölkerung als beleidigend. Dieser versuchte andererseits, alles Überlieferte unkritisch beizubehalten. Die *Politisierung* dieser Auseinandersetzung zwischen Traditionalisten und Modernisten erschwerte zusätzlich eine Annäherung.

Zwar werden Studenten an unseren Universitäten mit vielen wissenschaftlichen Theorien des Westens bekannt gemacht, und selbst fortschrittlichste Management-Theorien liegen in Übersetzungen vor und werden in Hochschulen unterrichtet; doch können diese Thesen erst dann zur gesellschaftlichen Entwicklung beitragen, wenn sie in den Dialog mit den kulturellen Gegebenheiten des Landes eintreten. Neue Wege, neuer Sinn und neue Methoden können aber im Prozess der *Begegnung* und des Dialogs zwischen dem abendländischen und dem islamisch-morgenländischen Gedankengut gefunden werden und nicht in der *Nachahmung.*

Schritte zur Einführung des Dialogs

Die Einführung in den Dialog darf sich nicht auf reine Informationsvermittlung beschränken, sondern es müssen auch praktische Übungen zur Verinnerlichung der Dialogfähigkeiten entwickelt und durchgeführt werden. Diese Einführung in die Dialogpraxis bildet einen Schwerpunkt meiner Arbeit.

Mit dem *Imam-Musa-Sadr-Institut* gelang es mir, einen ersten Kooperationspartner zu gewinnen. Das Institut ist nach dem Religions- und Sozialreformer *Musa Sadr* benannt und ist eine gemeinnützige Stiftung. Es unterstützt u. a. Projekte im Bildungsbereich. Unser im Folgenden beschriebenes Dialog-

Halima Krausen ist seit vielen Jahren als islamische Theologin im interkulturellen Bereich tätig; s. auch http://www.geocities.com/Athens/Thebes/8206/hkrausen/bgd.htm

projekt gehört organisatorisch zu einem der Institutsprojekte. Unser Vorhaben wurde durch die engagierte Arbeit von *Halima Krausen* unterstützt, die sich in Europa für den interreligiösen Dialog einsetzt. Ebenso hilfreich sind das übersetzte Dialogbuch *Miteinander denken* sowie weitere Schriften und Übungsmaterialien aus dem Dialogprojekt.

Im theoretischen Teil des Projekts versuchten wir, den Begriff »Dialog« aus der Sicht von phänomenologischer Philosophie, Wissenschaft und Islam zu erklären und zu legitimieren. Da es in der persischen Sprache den Begriff »Dialog« nicht gibt und man in diesem Zusammenhang das Wort »Reden« verwendet, war es erforderlich, den Unterschied zwischen *normalem Reden* und *Dialog* zu erklären und zur Verdeutlichung des Sachverhalts andere Begriffe zu Hilfe zu nehmen, die der iranisch-islamischen Kultur vertraut sind. Insgesamt haben wir für unser Projekt folgende Zielsetzungen für Theorie und Praxis formuliert:

- den Begriff Dialog erklären;
- die wesentlichen Forschungsergebnisse und Erfahrungen in Bezug auf Dialog-Training vorstellen;
- sozialpsychologische Ursachen mangelnder Dialogbereitschaft in der iranischen Kultur und Tradition aufdecken;
- die bestehende Kluft zwischen Traditionalisten und Modernisten darstellen und versuchen, eine Annäherung durch den Dialog herbeizuführen;
- regelmäßige Workshops zur Entwicklung der Dialogfähigkeit anbieten;
- regelmäßige Kurse zur Ausbildung von Dialogprozess-Begleitern einrichten.

Der Einsatz des Dialogs in der Praxis

Inzwischen haben wir versuchsweise mehrere Dialoggruppen mit etwa je zehn Teilnehmenden gebildet, in deren Rahmen wir auch Übungen zur Vertiefung der Kernfähigkeiten durchführten, z.B. die *Dilemma-* und die *Linke-Spalte-Übung* sowie die Übung *Gemeinsam Geschichten spinnen*. Die meisten Teilnehmenden äußerten sich positiv, manche waren begeistert und wünschten dieses Erlebnis zu wiederholen. Sie sagten, sie hätten gelernt, auf andere Weise zuzuhören, und machten sich Gedanken über die Faktoren, die ihre Wahrnehmung beeinflussten.

Ferner stellten wir das Dialogprojekt in einem Seminar für Lehrer vor, an dem 70 Lehrkräfte aus dem ganzen Land teilnahmen. Probeweise führten wir mit den Teilnehmenden eine etwas modifizierte Form der *Linke-Spalte-Übung* durch. Wie das anschließende Gespräch zeigte, erkannten die Teilnehmenden, dass sie meist die Schuld für das Misslingen eines Dialogs nicht bei sich, sondern beim anderen suchten.

Künftige Projekte

Nach Ende der Vorbereitungsphase unseres Dialogprojekts und Klärung der Finanzierung werden wir regelmäßig Workshops für die Entwicklung der Dialogfähigkeit anbieten. Geplant ist ferner die Entwicklung und Herausgabe von Materialien zu tradierten Formen des Dialogs und zu neuen Forschungsergebnissen. Schließlich planen wir die Erstellung einer Dialog-Website, die Errichtung einer Dokumentationsstelle mit Literaturbestand sowie die Gründung eines Vereins für Dialog-Interessierte und Dialogförderer.

Der Dialog ist der Weg der Vernunft

Gespräch mit Sejjed Mohammad Khatami*

* Das Interview erschien auf Persisch in der September-Ausgabe (2004) der Zeitschrift *Report on Dialogue*, herausgegeben vom Dialoginstitut (ICDAC) in Teheran, und in der Tageszeitung *Ettela'at*.

Der iranische Staatspräsident Sejjed Mohammad Khatami *schlug in der* Generalversammlung der Vereinten Nationen *am 21. September 1998 der UNO vor, das Jahr 2001 zum »Jahr des Dialogs der Kulturen« zu bestimmen. Er verband damit die »Hoffnung, dass durch solch einen Dialog die Verwirklichung von universeller Gerechtigkeit und Freiheit angestoßen werden möge« (Brücken in die Zukunft, 2001, S. 16).*

In dem folgenden Gespräch stellt er seine Auffassung von einem wirklichen Dialog dar, die in einer Reihe von Aspekten dem Dialogprozess ähnelt. So betont er die Fähigkeit des »generativen Zuhörens«. Für ihn ist dies ein »neuer Schöpfungsakt«, »in dem die Welt des Sprechenden neu kreiert, entdeckt und erfahren wird«. In einem interkulturellen Dialog geht es seiner Ansicht nach zunächst darum, darüber zu sprechen, welche persönlichen Dimensionen wir miteinander teilen.

Die Aufforderung zum Dialog

Ich möchte im Namen der Islamischen Republik Iran als ersten Schritt vorschlagen, dass die Vereinten Nationen das Jahr 2001 zum »Jahr des Dialogs der Kulturen« bestimmen, in der ernsthaften Hoffnung, dass durch solch einen Dialog die Verwirklichung von universeller Gerechtigkeit und Freiheit angestoßen werden möge.
Zu den kostbarsten Errungenschaften dieses Jahrhunderts zählt, dass der Dialog und die Ablehnung von Gewalt, die Förderung des Verstehens auf den Feldern Kultur, Wirtschaft und Politik, die Festigung der Grundlagen von Freiheit, Gerechtigkeit und Menschenrechten als notwendig und bedeutend akzeptiert werden. Die Durchsetzung und Verbreitung von zivilisierten Verhaltensformen, sei es auf nationaler oder internationaler Ebene, hängen vom Dialog zwischen Gesellschaften und Kulturen ab, die unterschiedliche Ansichten, Neigungen und Herangehensweisen vertreten. Wenn die Menschheit an der Schwelle zu einem neuen Jahrhundert und einem neuen Jahrtausend all ihre Anstrengungen auf die Institutionalisierung des Dialogs richtet, wenn sie Feindseligkeit und Konfrontation durch Diskurs und gegenseitiges Verstehen ersetzt, dann wird sie künftigen Generationen ein unschätzbares Erbe hinterlassen. (Sejjed Mohammad Khatami, Präsident der Islamischen Republik Iran, aus der Rede vor der Generalversammlung dcr Vereinten Nationen, UN-Dokument A1531PV.8, 21. September 1998)

Sejjed Mohammad Khatami *wurde am 23. Mai 1997 mit einer Zweidrittel-Mehrheit zum Präsidenten der Islamischen Republik Iran gewählt. Er wurde 1942 in Ardakan, Provinz Yazd, Zentraliran, in einer Mittelschichtfamilie geboren. Sein Vater* Ayatollah Ruholla Khatami *war als Geistlicher für seine fortschrittliche Haltung bekannt.*

Er studierte bis 1965 Religion in Qom und anschließend Philosophie an der Universität Isfahan. 1969 studierte er Erziehungswissenschaften in Teheran. 1978 wurde er zum Leiter des Hamburger Islam-Instituts berufen. 1982 bis 1992 war er Minister für Kultur und Islam. Von 1992 bis zu seiner Wahl zum Präsidenten der Republik leitete er die iranische Nationalbibliothek. Er ist verheiratet und hat drei Kinder.

Hartkemeyer: *Herr Präsident, Sie gelten als Mann des Dialogs. Sie haben 1998 den Vereinten Nationen vorgeschlagen, das Jahr 2001 zum Jahr des »Dialogs der Kulturen« zu erklären. Nun haben die Anschläge vom 11. September 2001 und seine politischen Folgen scheinbar die internationale Stimmungslage für den Dialog, gerade zwischen den islamischen Staaten und dem Westen, verschlechtert. Ist der Dialogprozess aus Ihrer Sicht am Ende?*

Khatami: Mich hat es schwer erschüttert, dass im Jahr des Dialogs zwischen den Zivilisationen ein derartig brutaler Terroranschlag stattgefunden hat. Ich denke, dass diese Katastrophe auch ein Ergebnis eines fehlenden Dialogs zwischen den Kulturen und Religionen ist. Es wäre daher kurzsichtig und völlig falsch, von einem Ende des Dialogs zu sprechen. Er muss aus meiner Sicht auf allen Ebenen verstärkt werden und möglichst viele Menschen erfassen.

»International Centre for Dialogue among Civilizations« (ICDAC Teheran), www.dialoguecentre.org

Sie haben 1999 in Teheran das Internationale Zentrum für den Dialog zwischen den Zivilisationen eingerichtet. Welches Verständnis vom Dialog haben Sie?

Khatami: Der Dialog ist einerseits so alt wie die menschliche Kultur und andererseits etwas Neues. Heute verkörpert er für mich eine Haltung, die angesichts der großen Gegensätze und Konflikte notwendig ist. Für mich ist es zwar sinnvoll, die Ergebnisse der großen Denker in der Philosophiegeschichte heranzuziehen. Aber »Dialog« ist für mich kein rhetorischer Begriff, der nur gut klingt, sondern eine Frage der Einstellung zu den wichtigsten Herausforderungen unserer Zeit. Er ist von der Erkenntnis getragen, dass wir in dieser Welt alle aufeinander angewiesen sind. Wir stehen vor der großen Herausforderung, die gegenseitige Kommunikation zu verbessern. Ich glaube, die Bedeutung der Kommunikation können wir erst dann ganz erschließen, wenn wir »Reden« und »Zuhören« in eine neue Balance bringen. Wirkliches Zuhören ist eine große Kunst und wird von wenigen Menschen wirklich verstanden. Es zu lernen erfordert ein ständiges Training, welches aber als Ergebnis eine große moralische und intellektuelle Bereicherung bringt. Echtes Zuhören ist überhaupt nicht passiv, es erfordert ein wirkliches Engagement. Aber dadurch entsteht ein neuer Schöpfungsakt, in dem die Welt des Sprechenden neu kreiert, entdeckt und erfahren wird. Ohne diese Form des aktiven Zuhörens ist ein Dialog zum Scheitern verurteilt.

Echtes Zuhören als Schöpfungsakt.

Unter welchen Bedingungen kann sich ein solcher Dialog ereignen? Sind diese nicht entscheidend?

Khatami: Ja. Es geht um die äußeren und um die inneren Bedingungen. Ein Dialog geht von der Gleichheit der Beteiligten aus, ob es sich nun um Menschen oder Nationen handelt. Er findet nur dann statt, wenn ich der anderen Seite den gleichen Respekt entgegenbringe, den ich selbst erwarte. Dann ist es auch wichtig, unter welchen Bedingungen ich eine andere Person anspreche. In welchem Bereich ihrer Welt spreche ich gerade mit ihr? Die Welt der Wissenschaft ist nicht die Welt des Gesprächs. Wissenschaft ist ein Versuch des Bewusstseins, die Beziehung zwischen Objekten zu verstehen, und daher verändert ein wissenschaftlicher Diskurs in der Regel nicht das Selbstbewusstsein. Aber die Welt der Kunst oder der Religion sind Bereiche, die uns als Person angehen.

Sie gehen davon aus, dass der Koran und die Bibel Zugangsbereiche zum Menschlichen sind, die durch den Dialog auch für die Angehörigen der jeweils anderen Religion erschlossen werden können.

Khatami: Ja, ich glaube, dass der Mensch durch den Ruf der heiligen Schriften erst zu einer Person erhoben wird. Etymologisch ist das Wort mit *persona* verwandt, das ist die Maske, mit dem der Schauspieler auf die Bühne tritt. Aber das Wichtigste ist, dass der Mensch durch die Religion in einem generellen und universellen Niveau angesprochen wird, nicht mit speziellen theologischen oder abstrakten Lehren. Was wirklich im religiösen Dialog angesprochen werden kann, ist die wirkliche, zeitliche, individuelle Natur des Menschen. Daher sind diese Inhalte von Religionen in der Quintessenz nicht grundsätzlich verschieden. Die Unterschiede und Differenzen entstehen erst durch religiöse Gebote und Gesetze, welche die sozialen und juristischen Bereiche des menschlichen Lebens beherrschen.

Wir müssen es uns also selbst fragen: wer ist diese Person, mit der ich gerade spreche?

Erforschendes Reden und generatives Zuhören sind wesentliche Aspekte im Dialog. Welche Rolle spielt die Anwesenheit des konkreten Gegenüber im Dialogprozess?

Khatami: Das Sehen des anderen ergänzt das Bild des Menschen. Auf einer anderen Ebene sehen wir auch, wo der andere steht. Es ist der Ausgangspunkt, den man »Ich« nennt. Und die Welt, der er angehört und von der aus er spricht, ist wieder etwas, das ich sehen lernen muss.

Der Dialog – eine gemeinsame Entdeckungsreise

Aus diesem Verstehensprozess im dialogischen Reden und Zuhören entsteht eine zweiseitige oder vielseitige Perspektive dessen, was wir vielleicht »Wahrheit« nennen können, zumindest aber ein größeres Verständnis. Das heißt für mich auch, dass Dialog nichts mit Skeptizismus zu tun hat, und er ist auch kein Eigentum von Menschen, die glauben, die Wahrheit nur für sich gepachtet zu haben. Der Dialog zeigt seine Schätze nur denen, die sich miteinander auf eine gemeinsame Entdeckungsreise einlassen.

Welche Rolle spielt die Wissenschaft, insbesondere die Islamwissenschaft, um das gegenseitige Verständnis zu verbessern?

Khatami: In der Orientalistik wird der islamische Osten eher als ein Studienobjekt gesehen, nicht als Partner im Dialog. Ich möchte aber die europäische Kultur ermutigen, neue Erfahrungen und wirkliches Wissen im Umgang miteinander zu gewinnen. Die europäische Kultur hat eine kritische Haltung gegenüber fast allem, sich selbst eingeschlossen. Aber ich glaube, die Zeit ist für Europa gekommen, einen weiteren Schritt zu tun und sich anders wahrzunehmen, sich von einer anderen Perspektive aus zu beobachten.

Das ist natürlich keine einseitige Einladung. Ich weiß, dass auch wir als Perser, als Muslime und Asiaten, selbst einen großen Schritt in die Richtung tun müssen, zuverlässiges Wissen über die westliche Welt zu bekommen, wie sie wirklich ist.

Nicht selten wird der islamischen Welt vom Westen ein Hang zur Expansion oder zur Gewalt unterstellt. Diese Vorurteile haben sich möglicherweise durch die Terroranschläge verstärkt und könnten einen Dialog schwieriger gestalten.

Khatami: Hinter uns liegt ein Jahrhundert der Gewalt, der Kriege, des Terrors und der Zerstörung. In diesen Kriegen hat der Islam überhaupt keine aktive Rolle gespielt. Er war selbst das Opfer von Krieg und Aggressionen. Der Zweite Weltkrieg war der blutigste der Geschichte, und seine Hauptakteure waren westliche Staaten.

Die Eroberung von Asien, Afrika und Südamerika zur Zeit des Kolonialismus ging von westlichen Staaten aus und geschah nicht selten im Namen der Religion. Der Gewaltaspekt dieser Herrschaftskultur war ja nicht nur begrenzt auf die Natur, die ausgebeutet werden sollte, sondern bedeutete auch die Teilung der Welt in Herrschende und Beherrschte. Die soziopolitische Geschichte Europas als Kolonialismus ist gekennzeichnet durch die Ausbreitung der Herrschaftsattitüden des Menschen über die Natur und der Naturwissenschaften über den Menschen.

Welche handlungsleitenden Ideen können wir aus der Geschichte für den realen Dialog ableiten?

Khatami: Die Geschichte zeigt uns bei genauerer Betrachtung die Entwicklung von Glaubenssätzen und Annahmen, aus denen heraus die Menschen handeln. Die Vielfalt der unterschiedlichen Traditionen, Sichtweisen und Religionen, bis hin zu den Sekten der Hauptreligionen, zeigt uns außerdem, dass niemand allein aus einer Ecke das, was wir Realität nennen, verstehen kann. Zum Beispiel wenn wir über den Islam sprechen – welchen meinen wir? Abuzars Islam, Avicennas Islam, Quazalis Islam, Ibn Arabis Islam, den Islam der Poeten oder den der Sufis? Alle diese Aspekte zeigen sehr deutlich die Begrenztheit menschlichen Verständnisses auch in der Religion. Und wie unterscheiden wir uns von der Gedankenwelt der Eltern?

Die religiösen Lehren können, so ist eine Annahme, gerade dann, wenn sie zu Dogmen erstarren, einen Dialog behindern. Andererseits, sagen Sie, kann die Religion auch die Herzen für tiefere Fragen erschließen.

Khatami: Nach meiner Meinung ist der einzige zuverlässige Weg, um Gott zu verstehen, der des Herzens. Nicht durch das Denken, nicht über den Intellekt, nur durch reine Erfahrung ist dieser Weg zu gehen. Wenn wir die Begrenzung unseres Intellekts, die wir eben beschrieben haben, sehen – wie soll er in der Lage sein, Gott zu verstehen? Die Wahrheit des Glaubens ist kein Gedanke, er ist eine Erfahrung, die auf eigener Entwicklung beruht. Verstehen ist ein intellektueller Versuch, wo durch bekannte Konzepte versucht wird, das Unbekannte zu verstehen, und das hängt davon ab, wo diese Person in Raum und Zeit steht. Er ist relativ.

Der entscheidende Punkt im Glauben ist, dass wir den Weg des Herzens gehen müssen, um Gott zu erfahren, und dieser Weg kann von jedem von uns nur allein gegangen werden.

Welche Rolle spielt der Dogmatismus im Konzept des Dialogs?

Dogmen sind das größte Hindernis auf dem Weg zu einer gemeinsamen menschlichen Zukunft.

Khatami: Dogmen sind das größte Hindernis auf dem Weg zu einer gemeinsamen menschlichen Zukunft. Sie können eine verheerendere Logik entwickeln als konkurrierende Ideen und Auffassungen. Das Negative liegt darin begründet, dass sie sich oft eine Aura der religiösen Legitimität umlegen. Imam Khomeini, der im Westen manchmal als Dogmatiker entstellt wird, hat selbst immer wieder vor den Gefahren des Dogmatismus gewarnt.

Die fehlende Aufklärungsphase im Islam, die mangelnde Trennung von Staat und Religion, die Errungenschaften der bürgerlichen Religion werden häufiger als Hindernis für den Fortschritt im Islam gesehen.

Khatami: Freiheit, Gerechtigkeit und Brüderlichkeit sind die zentralen Versprechen der Französischen Revolution. Aber sie werden schnell Waffen in der Hand der neuen Bourgeoisie gegen die Aristokratie, um die grenzenlosen Herrschaftsansprüche der Neureichen zu kaschieren. Es ist auch möglich, dass die modernen Wissenschaftler und Intellektuellen die rationale und intellektuelle Rechtfertigung der grenzenlosen Ansprüche und Ambitionen für eine neue Klasse liefern. Wenn wir auch immer wieder darauf hinweisen, welche Erfolge die westliche Zivilisation gebracht hat, etwa die moderne Wissenschaft, Technologie, Gedankenfreiheit und Demokratie, können wir nicht übersehen, was der Kolonialismus an tödlichen Folgen bis heute angerichtet hat. Die Ausbeutung von Rohstoffen und die Umweltzerstörung bis hin zu den Halbwahrheiten,

Lügen und dem Opportunismus, der ebenfalls den Westen kennzeichnet, gehen auf sein Konto. Manchmal scheint es so, dass der Westen keine Gesellschaftsform, die von seiner abweicht, toleriert. Es sei denn, sie ist nützlich für seine eigenen Interessen. Wir wissen, dass die wirtschaftliche, politische und militärische Macht des Westens komplexer ist als alles, was wir aus der Vergangenheit kennen.

Gibt es in der Geschichte Brücken des Verständnisses, wo aus Ihrer Sicht das gegenseitige Verständnis und die Toleranzidee bestärkt wird?

Khatami: Die arabische Kultur hat die westliche Kultur mehrfach befruchtet, z. B. als Mittler der griechischen Idee. Oder nehmen sie als Beispiel Dante, der von Ibn al-Arabi beeinflusst worden ist. Italien und Byzanz wurden von der islamischen Welt beeinflusst. Die Idee der Toleranz ist nach der Zeit der Kreuzzüge durch den Kontakt mit dem Islam nach Italien vorgedrungen.

Es ist schon eine Ironie der Geschichte, dass dieses Konzept der Toleranz jetzt von den Europäern dem Islam vorgehalten wird. Auch der deutsche Dramatiker Lessing hat seinen »Nathan der Weise« aus italienischen Quellen entwickelt. Ist heute der Westen der Spiegel des Osten, war der Islam in einer nicht so fernen Vergangenheit Spiegel des Westens. Heute sind wir Nachbarn. Und die kann man sich nicht aussuchen. Deshalb müssen wir, unabhängig von kulturellen und moralischen Überlegungen, einen gemeinsamen Weg in die Zukunft suchen. Unsere Zukunft verläuft genauso wenig unabhängig wie unsere Vergangenheit. Der Dialog ist für mich nicht eine zufällige Wahl, sondern eine Notwendigkeit.

Der Dialog ist notwendig.

Was kann heute praktisch getan werden, um die Voraussetzungen für einen fruchtbaren Dialog zu verbessern?

Khatami: Wir Muslime müssen selbst Fortschritte auf verschiedenen Gebieten machen, um unsere Differenzen zu verringern, so z. B. im Hinblick auf die religiöse Rechtsprechung, die Kultur und die Bedeutung von Worten. Menschen sind unterschiedlich, Interpretationen erst recht, daher müssen wir dafür sorgen, dass wir größere Übereinkünfte herstellen. Es ist ja nicht das Hauptproblem, dass wir unterschiedliche Wege des Denkens nebeneinander stellen. Wichtig ist, dass sie nicht zu Gegensätzen, Streit, Aggressionen und Krieg führen. Auch darf die Religion nicht als Gegensatz zu Rationalität und Freiheit verstanden werden. Ich glaube, dass der islamische Mystizismus mit seinem Konzept der Person und seinem Verständnis von Einheit eine geistige Quelle für den Dialog sein kann. Wenn wir eine gute Zusammenarbeit auch im wirtschaftlichen und politischen Sektor wollen, müssen wir überlegen, was die Herzen der Menschen besser zusammenbringt. Das bedeutet auch, dass wir zwischen den Denkwelten der Menschen Brücken schlagen müssen. Wir müssen darüber reden, was uns gemeinsam angeht. Was ist der Sinn des Lebens? Was heißt Glück? Was bedeutet der Tod? Das wird nicht sofortige Resultate bringen. Aber denken Sie nur an die Brüchigkeit von wirtschaftlichen und politischen Vereinbarungen, wenn die kulturelle Basis fehlt.

Für unsere Dialogarbeit wollen wir wichtige Grundlagen und Standards festlegen. Der Dialog soll in der Kultur und im Bildungswesen eine große Rolle spielen. Wir wollen eine Zivilgesellschaft auf breiter demokratischer Basis. Der Begriff »Dialog« in seiner praktischen Reichweite soll erforscht werden. Es ist Aufgabe einer Weltorganisation wie der UNESCO, solche Forschungen anzuregen und ihre Ergebnisse weltweit zu verbreiten, für eine friedliche Zusammenarbeit auf unserem gemeinsamen Planeten.

Transkulturelle Kompetenz durch die zehn Kernfähigkeiten?

In seinem Aufsatz »Dialogkompetenz für transkulturelle Kommunikation« (Matoba 2000) stellt der an der Universität Witten/Herdecke lehrende Kommunikationswissenschaftler *Kazuma Matoba*, den wir schon als Begleiter des interkulturellen Trainings bei DaimlerChrysler kennen gelernt haben (s. S. 219 ff.), die Frage: »Benötigt man in der Kommunikation mit aus einer anderen Kultur kommenden Menschen, den sogenannten ›Fremden‹, Wissen darüber, wie der ›Fremde‹ kommuniziert?«

Nach der Hypothese des japanischen Gelehrten ist dies nicht unbedingt erforderlich: »Man kann auch mit ›Fremden‹ kommunizieren, indem man ihre kulturspezifische kommunikative Kompetenz zu einer universellen transkulturellen dialogischen Kompetenz erweitert.« Und er fährt fort: »Der Prozess, transkulturelle Kompetenz zu erwerben ist, wie einen Berg zu erklimmen. Erreicht man den Gipfel des Berges, sieht man all die Pfade, die von unten herauf zum selben Gipfel führen, und [sieht,] dass jeder Pfad unterschiedlich ist. Das ist in gewisser Weise ein Prozess der Selbstbefreiung von einer begrenzten Sichtweise von Kommunikation.« Im weiteren Verlauf seiner Arbeit sucht Matoba unser

Transkulturelle Kompetenz zu erwerben ist, wie einen Berg zu erklimmen.

Modell der zehn Kernfähigkeiten auf transkulturelle Kommunikation anzuwenden. Dabei können einige dieser Kernfähigkeiten aufgrund kultureller Unterschiede verschieden stark ausgeprägt sein. Matoba: »Bei der individualistischen Kommunikation westlicher Kulturen ist es schwer für die Menschen, sich von Vorannahmen und Urteilen frei zu halten (Annahmen und Bewertungen suspendieren), während es Menschen mit kollektivistischen kommunikativen Fertigkeiten wie die Japaner in der Tendenz oft und leicht tun. In den europäischen Kulturen erwartet man, dass man sich konstruktiv einbringt (produktives Plädieren), was für Asiaten, die erst konstruktiv und logisch zu argumentieren lernen müssen, sehr schwierig ist. Weder Europäer noch Asiaten sind willig, ihre Überzeugungen aufzugeben (Offenheit).«

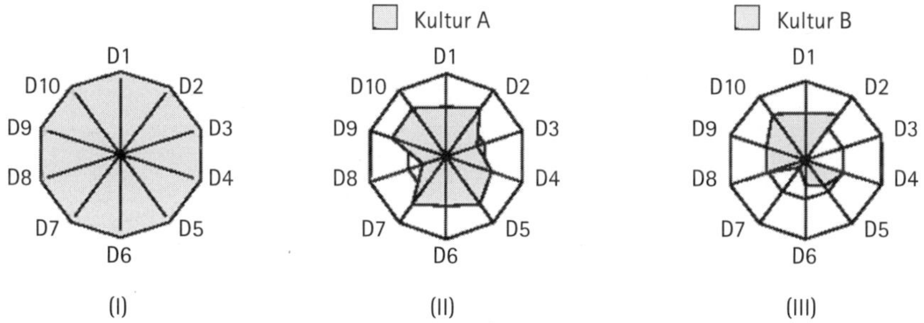

Profil einer idealen Dialogkompetenz (I) und zweier fiktiver kultur-spezifischer kommunikativer Kompetenzen (II, III) (Matoba 2000)

Universelle Dialogkompetenz ist also unter unterschiedlichen Bedingungen verschieden stark ausgeprägt. In der obigen Abbildung stellt Matoba das Profil von Dialogkompetenz dar, wenn alle zehn Kernfähigkeiten vollständig entwickelt sind (I); daneben zeigt er zwei Profile kulturspezifischer kommunikativer Kompetenz (die Kulturen A und B), in denen einige dieser Kernfähigkeiten weniger als andere entwickelt sind (II, III).

Nach Matoba liegt »in einem Dialog im Sinne von Bohm mehr Dynamik, um *kollektives Denken* zu erzeugen und zu neuen Ideen zu kommen« (Hervorhebung, M. u. J. Hartkemeyer).

DER DIALOG MIT POLITISCHEN REBELLEN

»Die Spirale der Gewalt beginnt mit einer Spirale der gestörten Kommunikation, die über die Spirale des unbeherrschten reziproken Misstrauens zum Abbruch der Kommunikation führt.«
Jürgen Habermas

Kolumbien ist ein Land im Bürgerkrieg. Er dauert bereits 50 Jahre und wird von der Weltöffentlichkeit nur gelegentlich wahrgenommen. Jedes Jahr werden über 3000 Menschen gewaltsam entführt. Kolumbien erprobte aber auch nach jahrzehntelangem Bürgerkrieg Verhandlungen als landesweiten Dialog. Dieser wurde von Präsident Andrés Pastrana Arango *– von 1998 bis 2002 kolumbianischer Staatspräsident – politisch getragen. Er war Bürgermeister von Bogotá und selbst Entführungsopfer. Sein Schwiegervater war von Entführern erschossen worden. Der Dialogansatz Pastranas wurde in Kolumbien von zahlreichen bekannten Persönlichkeiten wie* Gabriel García Márquez *unterstützt. Das folgende Gespräch mit Pastrana wurde auf dem Höhepunkt des konfliktreichen Dialogs am 2. Juli 1999 im Präsidentenpalast von Bogotá geführt.*

»Der Dialog ist unsere einzige Chance«

Gespräch mit Andrés Pastrana Arango

Hartkemeyer: *Herr Präsident, das öffentliche Bild von Kolumbien wird geprägt durch die Entführungen. Es gilt als ein Land, das von Gewalt, Unsicherheit und politisch-wirtschaftlicher Instabilität beherrscht wird.*

Pastrana: Tatsächlich stehen wir einer enormen Aufgabe gegenüber, um die jahrzehntelange Gewalt zu beenden, die enorme wirtschaftliche Belastungen mit sich bringt, Arbeitslosigkeit hervorruft und grundlegende Menschenrechte verletzt. Und wir sind derzeit in einem außerordentlich komplizierten, aber chancenreichen Prozess. Mein Ziel ist es, durch einen konsequenten Dialog mit den Guerillas die Phase der Gewalt zu beenden.

Gesprächsrunde mit Präsident Andrés Pastrana Arango

Wie die Zeitung El Espectador schrieb, ist ein Großteil der Bevölkerung skeptisch. Über 80 % lehnen angeblich eine Verhandlungslösung ab und wollen nicht mit der Guerilla reden, die sie als Attentäter und Entführer wahrnehmen.

Pastrana: Wenn Sie fragen würden, ob ein Ende der Gewalt erreicht werden soll, würden Sie wahrscheinlich 100 % Zustimmung bekommen. Erstmalig sind hier in Bogotá Zehntausende auf die Straße gegangen, um gegen die Gewalttätigkeit zu demonstrieren. Darunter sind auch Opfer von Entführung und Erpressung.

Wenn wir konkrete Ergebnisse erreichen – und ich bin optimistisch, dass es möglich ist –, wird die Unterstützung für den Dialogprozess wachsen.

Das war auch im Nordirlandkrieg so. Aber wie sieht Ihr Dialogprojekt konkret aus? Wie bringen Sie Bürgerkriegsparteien an einen Tisch?

Pastrana: Zunächst einmal kommt es auf die grundlegende Haltung an, diesen Dialog zu wollen. Bereits bei meinem Amtsantritt im August letzten Jahres war mir klar, dass es die entscheidendste Aufgabe meiner Amtszeit sein wird, die zersplitterte Gesellschaft zusammenzuführen. Da muss ich konkret auch mit meinen Feinden reden. Ich muss den Standpunkt des anderen erst einmal respektieren, mich in ihn hineinversetzen.

Die Haltung zum Dialog ist entscheidend.

Respekt für den Standpunkt des anderen.

Das ist nicht einfach und birgt ein Risiko, aber es gab keine Alternative. Ich bin allein, ohne Leibwache, in den Dschungel gegangen und habe mich mit Manuel Marulanda, dem Chef FARC-EP, der größten Guerillaorganisation, getroffen, um seine Meinung zu erfahren und festzustellen, an welchen Punkten wir Gemeinsamkeiten finden können. Und wir haben in stundenlangen Gesprächen tatsächlich Gemeinsamkeiten gefunden. Diese Menschen leben ja teilweise bereits jahrzehntelang im Dschungel. Sie müssen aus der Isolation herausfinden und brauchen ein realistisches Bild der Situation. Es geht zunächst auch darum, eine gemeinsame Sprache zu finden. Marulanda sagte auch, dass der Prozess für ihn ein großes Risiko birgt: »Wir beide haben uns kennen gelernt und respektieren uns, was aber passiert, wenn wir uns auf einen Friedensprozess einlassen und dann ein neuer Präsident gewählt wird, der in dieser fragilen Situation unsere Positionen untergräbt?« Ich kann nur sagen: Wir brauchen dringend internationale Unterstützung.

Fuerzas Armadas Revolucionarias de Colombia – Ejército del Pueblo, Revolutionäre Streitkräfte Kolumbiens – Volksarmee

Risikobereitschaft

Wie sieht Ihr Friedensprozess aus? Beteiligen Sie alle Gruppen in allen Landesteilen?

Andrés Pastrana Arango und Manuel Marulanda, FARC-EP

Pastrana: Grundsätzlich wollen wir alle beteiligen. Aber es ist schwer, mit Gruppen zu verhandeln, die keine einheitliche Führung besitzen und eine bandenartige Struktur haben. Daher ist die FARC-EP als größte und am besten organisierte Gruppe derzeit unser wichtigster Gesprächspartner. Zunächst haben wir uns auf eine 42 000 km² große Zone im Süden Kolumbiens geeinigt, wo wir beiderseitig die militärischen Operationen in den derzeitigen Randgebieten einstellen. Wir haben uns teilweise ohne Verhandlungstische in Runden in den

Bergen Kolumbiens getroffen. Als Ergebnis ist ein konkreter Aufgabenkatalog entstanden. Dieser Katalog umfasst beispielsweise die Respektierung der Menschenrechte, die Erneuerung der Agrarpolitik, die Unterbindung des Handels mit Drogen, die ländliche Entwicklung, den Schutz der natürlichen Ressourcen, eine demokratische Staatsform, die Bildung, das Militär und die internationalen Beziehungen. Ich denke, Frieden ist ohne soziale Gerechtigkeit nicht möglich, und auf dieser Basis können wir uns einigen. In der zweiten Phase, in den ersten Monaten, haben wir uns auf den politischen Prozess geeinigt. Beide Seiten haben jeweils fünf Prozessbeauftragte ernannt, die den Dialog führen sollen. Sie werden unterstützt von jeweils zehn technischen Sachverständigen, die aus dem öffentlichen Leben stammen und jeweils das Vertrauen ihrer Seite besitzen.

1. Phase: Schaffung eines Vertrauensraums

2. Phase: konkreter Dialogprozess

Dann beginnt die dritte Phase, in der an konkreten Bereichen gearbeitet wird, z. B.: »Wie schaffen wir gemeinsame zuverlässige Ordnungsorgane?«

3. Phase: Zusammenarbeit

Wie reagieren Sie auf die neuen Entführungen?

Pastrana: Wirkliche Verhandlungen können nur dann beginnen, wenn die Entführten ohne jede Bedingungen freigelassen werden. Daher sehe ich auch Einmischungen in diesen Prozess als wenig hilfreich an. Allerdings ist es immer problematisch, Deadlines zu setzen. Das könnte beide Seiten in eine gefährliche Eskalation treiben.

Rückschläge dürfen uns vor dem Hintergrund der enormen Aufgabe, die vor uns liegt, nicht entmutigen.

Kolumbianische Dialogrunde in den Bergen

Welche Bedeutung hat für Sie die Rolle des Auslands für Ihren Friedensprozess? Welche konkrete Unterstützung gibt es bereits?

Pastrana: Die Rolle des Auslands ist ganz entscheidend. Ich habe diesen Weg des nationalen Dialogs so unterschiedlichen Partnern wie Fidel Castro oder auch dem US-Kongress vorgestellt und dafür offene Ohren gefunden. Wir brauchen aber darüber hinaus einen veritablen Marshallplan für die soziale und wirtschaftliche Entwicklung der Regionen, die am meisten unter der Gewalt leiden. Wir laden alle Staaten, insbesondere auch Deutschland, ein, unseren Dialogprozess zu begleiten und uns zu helfen.

Der Dialogprozess in Kolumbien hatte eine reale Chance

Der ehemalige Staatspräsident Kolumbiens vertraute in seinen Verhandlungen mit den Guerilleros auf Aspekte des Dialogs, die wir zu den Kernfähigkeiten zählen: so den radikalen Respekt, die Geduld, das Einander-Zuhören. Pastranas Vorgehen bereichert den Dialog um eine weitere Grundbedingung: den Mut, der von allen Teilnehmern im Dialog gefordert wird.

Eine weitere Grundbedingung: Mut

Das Scheitern des Friedensdialogs in Kolumbien hat einen komplexen Hintergrund. Es ist nicht den Dialogbemühungen des Präsidenten Pastrana oder der Rebellenorganisation FARC-EP anzulasten.

Staatspräsident Andrés Pastrana machte bereits während des Gesprächs in Bogotá auf dem Höhepunkt des von ihm geführten Dialogprozesses andere Gefährdungsmomente für den Friedensprozess aus, die in der öffentlichen Diskussion bislang nicht auftauchten: Seine Militärs hätten überwiegend keine Sympathie für Verhandlungslösungen und stünden dem Dialog mit der FARC-EP skeptisch gegenüber. Aber er sei nicht in der Lage, alle kritischen Militärkommandanten abzulösen, wenn er nicht einen Putsch provozieren wolle.

Eine weitere Gefahr bedeuteten die massiven Waffenlieferungen an die Militärs, die während des Dialogprozesses im Rahmen des »Plan Colombia« von den USA angeboten wurden. Sie schüfen Illusionen bei den Militärs, den langjährigen Krieg doch noch zu gewinnen. Auf der Seite der Rebellen führten diese Ankündigungen während der Verhandlungen zu Irritationen und zum Verlust der Glaubwürdigkeit der Regierung. Diese massiven Verunsicherungen des Dialogprozesses böten die Gefahr zum Rückzug auf taktische Positionen.

Während unseres Gesprächs sicherten wir dem Präsidenten zu, bis zum Ende seiner Präsidentschaft diese Einschätzungen nicht für Veröffentlichungen zu verwenden, um den Friedensprozess nicht zusätzlich zu belasten. Nun scheint die Zeit gekommen, den Prozess in all seinen Dimensionen auszuwerten und damit für andere Konfliktkonstellationen zu lernen.

Andrés Pastranas Nachfolger Uribe versuchte durch Krieg zu erreichen, wozu der angeblich gescheiterte Dialogversuch nicht so schnell in der Lage war.

DER DIALOG ZWISCHEN TÄTERN UND OPFERN

Weltweit werden große Bevölkerungsgruppen durch Gewalt traumatisiert. Wenn diese tief gehenden Verletzungen und Traumatisierungen nicht aufgearbeitet oder wenn sie gar instrumentalisiert werden, können die verdrängten Potenziale noch nach Jahrhunderten aufgewühlt und wieder aktiviert werden und explosive Gewalt entfalten. Die Folgen sind z. B. auf dem Balkan oder in Afrika zu sehen.

Die These der »zweiten Schuld«

Auch in Deutschland hat direkt nach der NS-Diktatur kein »offener, ehrlicher und wahrhaftiger Dialog« über die Nazizeit stattgefunden. Dies nennt *Ralph Giordano* die »zweite Schuld«. Sie habe hierzulande zu kollektiven Illusionen und Verdrängungen geführt.*

Giordano hält es für »selbstverständlich, zur Versöhnung bereit zu sein. Aber dazu gehören Ehrlichkeit, Wahrhaftigkeit, Aufrichtigkeit. Dieses vorausgesetzt, gebe ich jedem ehemaligen Nazi die Hand.« Er nennt ein Beispiel: »1958/59 habe ich im Gericht dem Aufseher des KZ Oranienburg gegenübergesessen. Er war nicht nur geständig, sondern er hat sich sogar mehr belastet, als es die Zeugen taten. Er konnte sich nicht verstellen. Eine absolute Ausnahme. Das Urteil lautete ›lebenslänglich‹. Ich habe ihn später im Zuchthaus Rheinbach besucht. Er sprach mit mir über das Führerprinzip, über die Verantwortung des Einzelnen. Er hatte

* Ralph Giordano wurde am 20. März 1923 in Hamburg geboren. Er fiel unter die Verfolgung durch die Nürnberger Rassegesetze. Mit seiner Familie entging er knapp dem Hungertod in einem Versteck. Giordano wurde Journalist und Schriftsteller und drehte zahlreiche Dokumentarfilme, die internationale Auszeichnungen erhielten. Bekannt wurde er durch seinen Familienroman »Die Bertinis«. Als Überlebender des Holocaust ist sein Lebensthema die Auseinandersetzung mit den Ursachen und Folgen von Rassismus, Faschismus und Antisemitismus.

sich im Gefängnis mit dem Nationalsozialismus und mit sich selbst auseinander gesetzt. Zum Schluss streckte er mir seine Hand – die Mörderhand – entgegen, mir, dem Überlebenden des Holocaust. Ich nahm sie an. Er war ein anderer geworden. Ich sah seine Wandlung und wusste, in einem ›vierten Reich‹ würde er mir nichts tun.« (Aus einem Gespräch, das wir mit Giordano führten)

Wortlaut des Gesprächs mit Ralph Giordano auf unserer Homepage, www.dialogprojekt.de

Wir möchten Ihnen an zwei Beispielen vorstellen, wie die Aufarbeitung einer derartig belastenden Täter-Opfer-Problematik gestaltet werden kann, wie Versöhnung und Begegnung verfeindeter Parteien gelingen oder zumindest eine neue Perspektive geschaffen werden kann. In beiden Berichten lassen sich grundlegende dialogische Elemente wiederfinden: radikaler Respekt vor allen Beteiligten, Schaffung eines tragfähigen Rahmens (Vertrauensraums), Zuhören, das Neues ermöglicht, Offenheit anstatt Verteidigung.

Der israelische Psychologe *Dan Bar-On* hat seit 1992 die Nachfahren von Tätern und Opfern der Nazidiktatur in einem Dialogprozess zusammengebracht, der sich TRT nennt: In einem geschützten Vertrauensraum – so die Idee dieser Dialogrunden – sollten die Teilnehmer sich ihre Lebensgeschichten erzählen. Die Wirkung des Zuhörens sollte auch dazu verhelfen, die Gefühle der anderen Seite zu verstehen, sich selbst anders zu sehen und sich auf einen Dialog einzulassen. Seit 1998 wurde diese Idee mit neuen Dialogpartnern aus Südafrika, Nordirland, Palästina und Israel weiterentwickelt.

To reflect and trust = nachdenken und vertrauen.

Das zweite Beispiel führt uns auf einen anderen Kontinent: Südafrika hat gleich zu Beginn seiner Transformation einen nationalen Wahrheits- und Versöhnungsprozess eingeleitet, der dort nach dem Ende der Apartheid einen Bürgerkrieg verhindert hat. Der Versöhnungsprozess in Südafrika basierte auf dem Prinzip, die Täter nicht durch Anklage zur Verteidigung und zur Abwehr von Vorwürfen zu motivieren, sondern deren Mut zum Bekenntnis zu unterstützen, indem Amnestie nur gewährt wurde, wenn die Täter sich öffentlich zu ihren Taten bekannten.

Die im folgenden Gespräch vorgestellte Arbeit von *Dan Bar-On* zeigt, wie sehr sich ein Aufarbeitungsprozess bei den Kindern der Täter-Opfer-Generation, die oftmals noch unter den Belastungen der Vergangenheit leiden, als fruchtbar erweisen kann.

Der Dialog zwischen Tätern und Opfern als Modell zur Konfliktbearbeitung

Gespräch mit Dan Bar-On

Dan Bar-On *wurde 1938 in Haifa geboren. Sein jüdischer Vater* Hans Bruno, *der aus Heidelberg stammte, hatte in Hamburg als Arzt gearbeitet. Er war bereits 1933, als die ersten diskriminierenden Nazigesetze seine Existenz bedrohten, nach Palästina ausgewandert. Anfang 1950 hebräisierte Dan Bar-On (geb. Bruno) seinen Namen im zwei Jahre zuvor gegründeten Staat Israel. Er studierte Psychologie und befasste sich mit der Therapie von Holocaust-Opfern. Nach seiner Promotion untersuchte er in einer Feldstudie die moralischen und psychologischen Nachwirkungen der NS-Diktatur bei Kindern von Nazi-Tätern.*

Heute arbeitet Dan Bar-On als Professor für Sozialpsychologie an der Ben-Gurion-Universität in Beer-Sheva. *Wegen seines Engagements für Frieden und Verständigung erhielt er im Jahr 2001 den Alexander-Langer-Preis und das Bundesverdienstkreuz, zwei Jahre später den Erich-Maria-Remarque-Friedenspreis der Stadt Osnabrück.*

Hartkemeyer: *Herr Dan Bar-On, die »Last des Schweigens« ist einer Ihrer Buchtitel. Sie setzen sich intensiv mit der engen Verstrickung von Täter und Opfer auseinander.*

Bar-On: Ich selbst wuchs ja gewissermaßen in einem Haifa der deutschen Kultur auf. In meiner Jugend habe ich meine eigene Herkunft verdrängt. Meine deutschen Wurzeln als Aspekt meiner Identität hatte ich als Teil meines Nazifeindbildes lange Zeit aus meinem Bewusstsein ausgeblendet. Erst 1973 habe ich mich im Rahmen einer Psychotherapie damit auseinandergesetzt. 1983 stieß ich während eines Forschungsaufenthaltes in den USA auf die Frage der psychischen Verfassung der Täter-Kinder. 1985 kam ich nach Deutschland und führte mehr als 90 qualitative Interviews mit den mittlerweile erwachsenen Kindern von Nazitätern, um Erkenntnisse über die psychischen Folgen des Holocaust für diese Gruppe zu gewinnen. Für mich als Opferkind war meine persönliche Erfahrung in der Begegnung mit Täterkindern heilsam – unter Ihnen war auch Martin Bormann, der Sohn von Hitlers Stellvertreter. Ich übertrug meine Erfahrung 1992 in Wuppertal erstmals auf eine Dialogrunde mit Täter- und Opferkindern.

Verstehen Sie den TRT-Prozess als eine neue Therapieform?

Bar-On: Nein, er ist ein Dialogprozess, aber er kann natürlich therapeutische Wirkungen haben. Die Überlebenden des Holocaust waren in der Regel schwer traumatisiert. Das Verschweigen ihrer Verletzungen und Erniedrigungen war eine Strategie des Überlebens. Im Israel der 50er und 60er Jahre, in dem man sich stark fühlte, war außerhalb der offiziellen Gedenkrituale kein Platz für das Durcharbeiten des erfahrenen Leids. Auch im Land der Nazitäter war aus völlig anderen Gründen das Verschweigen eine Überlebensstrategie. Das Verleugnen der Verantwortung für den Massenmord war eine wesentliche Grundlage für die Maske der bürgerlichen Normalität. Verdrängung war im Land der Täter ein Element der offiziellen Kultur.

Dialogprozess mit therapeutischer Wirkung

Das ist das, was Giordano als »zweite Schuld« betrachtet. Aus der Verleugnung wuchs die Unkenntnis über die vergangene Wirklichkeit.

Bar-On: Das ist ein erstaunlicher Prozess. Es gibt eine Befragung, nach der die Annahmen über das Verhalten der Eltern und Großeltern umso irrealer sind, je höher der Bildungsstand der Jugendlichen ist. Die Befragten geben an, dass aus ihrer Sicht die Vorfahren entweder nichts über die Verbrechen gewusst hatten (49 %), während etwa 16 % davon ausgingen, dass sie Widerstand geleistet hätten, und nur 11 % der Befragten nehmen an, dass ihre Vorfahren mit dem Naziregime paktiert hatten. Eine völlige Fehlwahrnehmung der Verhältnisse.

Eine besondere Rolle spielen doch auch diejenigen, die nur zugeschaut haben?

Bar-On: Hinter jedem Täter stehen neun »Bystander« (Zuschauer). Jeder spielt eine Rolle, die es erlaubt, dass der Täter die Tat vollbringen kann. Das war ja auch Goldhagens Hauptproblem. In den Interviews wurde mehr Indifferenz als Hass gefunden. Aber die Nazis wussten diese Indifferenz zu instrumentalisieren.

Jeder spielt eine Rolle.

Wie verlief der Prozess der Begegnung zwischen den Täter- und Opferkindern?

Bar-On: Die Kinder von Tätern und Opfern haben ja Phantasien übereinander. Die meisten sind voller Ängste zum ersten Seminar nach Düsseldorf gefahren. Denn ist es ja nicht leicht, sich mit einer solchen Erblast in einem Raum gegenüberzusitzen und mehrere Tage miteinander zu sprechen. Aber sie hatten die gemeinsame Hoffnung, dass es auch eine Chance oder gar Erlösung sein könnte, aus dem selbstgestalteten Gefängnis des Schweigens und der Sprachlosigkeit auszubrechen. Es war erleichternd, dass es trotz der unterschiedlichen Ausgangsbedingungen auch Gemeinsamkeit gab. Dass auch Opferkinder Schuldgefühle hatten, nach dem Motto: »Warum habe gerade ich überlebt?« Oder Täterkinder, die nicht wissen wollten, was die Eltern getan haben.

Aber es gab auch Grenzsituationen. So sagte eine Jüdin: »Wenn jemand versucht hätte zu rationalisieren oder die Taten der Eltern zu relativieren, hätte ich das nicht ausgehalten.«

Sie haben die Gruppe später mit Palästinensern erweitert.

Bar-On: Ja, z.B. im Hamburger Seminar. Es war ein schmerzhafter Prozess für die Opferkinder im Zusammensein mit den Palästinensern. Sie mussten die Erfahrung machen, dass Juden auch Täter sein können. Es ist außerordentlich verunsichernd, die stabile Struktur von Hass und Projektion plötzlich in Frage gestellt zu sehen. Es geht ja auch um den inneren Dialog. Mitglieder verschiedener Gruppen konnten relativ leicht einen Dialog mit dem Opfer in sich führen. Aber es war viel schwieriger, in einen offenen Dialog mit sich selbst zu treten und diese beiden »Teilpersönlichkeiten« miteinander sprechen zu lassen. Ein solcher innerer Dialog mit dem potentiellen Täter in uns könnte uns in unerwarteten Situationen verantwortlich handeln lassen.

Innerer Dialog zwischen Täter und Opfer

Inwieweit lassen sich Erkenntnisse eines Gruppendialogprozesses auf gesellschaftliche Konfliktfelder übertragen?

Bar-On: Das ist zwar nicht ohne weitere möglich, aber wir wissen, dass in manchen Konfliktherden der psychische Sprengstoff gewissermaßen in den Köpfen und Herzen liegt. Und das nicht selten seit Generationen. Das Feuer solcher Konflikte wird durch Mythen, Ängste, Misstrauen und tradierte Demütigungen in Gang gehalten. Deshalb muss die Durcharbeitung auch auf individueller Ebene erfolgen.

Psychischer Sprengstoff in den Köpfen und Herzen.

Das erstaunlich Wirkungsvolle der Dialogprozesse war die Idee des »storytelling«, das gegenseitige Erzählen der Lebensgeschichten. Zuhören half, die eigenen Gefühle, aber auch die der anderen besser zu verstehen. Das Wissen und Mitfühlen mit dem Leid des anderen schafft die Basis für einen Dialog. Im Hamburger Seminar, wo wir mit Menschen aus den verschiedenen Konfliktfeldern zusammen im Dialogprozess saßen und die schrecklichsten Geschichten

Wissen und Mitfühlen mit dem Leid des anderen – Basis für einen Dialog.

von Erniedrigung und Verfolgung anhörten, brachen schließlich Mauern. Das gemeinsame Zuhören, Weinen und Trösten ließ neue Brücken entstehen.

Führt der Dialogprozess zur Persönlichkeitsveränderung?

Bar-On: Mittlerweile schreibe ich »Persönlichkeit« mit Anführungszeichen, weil ich mir nicht sicher bin, ob es sich nicht um eine schöne Illusion handelt. Wir beschreiben damit eine innere Struktur, die vielleicht gar nicht existiert, es uns aber ermöglicht, uns als integrativ kohärent und kontinuierlich zu begreifen. Deshalb könnte man das Konzept der Identität zugunsten des Konzepts der Biografie aufgeben. Statt einer angeblich objektiven Struktur, die konsistent und dauerhaft im Individuum existiert, kann ein subjektiver Prozess beschrieben werden. Und dieser Prozess muss im Hinblick auf Vergangenheit und Zukunft immer wieder neu beschrieben werden. Reale Erlebnisse und Erfahrungen verändern immer wieder die Interpretation dessen, was ist.

Sie haben von der monolithischen Identität gesprochen und dabei auch die kollektive Identität der Israelis hinterfragt.

Bar-On: Ja, das führt gewissermaßen zum monolithischen »Allerheiligsten«. Denn wenn es ein Thema gibt, dass die israelische Identität auch in den 90er Jahren und darüber hinaus noch prägt, ist es die absolut negative Einstellung zu den Nazis, die ja die europäischen Juden weitgehend vernichtet haben. Sie liegen gewissermaßen außerhalb des menschlichen Spektrums. Und es erlaubt dem israelischen Kollektiv, sich weiterhin als »absolut gut« zu definieren, im Gegensatz zum »absolut Bösen«, das sich durch Raub und Mord gegenüber den Juden auszeichnete. Aber in meiner eigenen Biografie hatte ich Erlebnisse, die dazu führten, dieses »absolut Gute« als etwas Böses wahrzunehmen.

Ein solcher Transformationsprozess zur differenzierten Wahrnehmung braucht Zeit.

Bar-On: Wenn alles so optimal verliefe, dass man den monolithischen Aspekt abstreifen könnte wie eine Schlange die Haut, wenn sie ihre Funktion nicht erfüllt, wäre es einfach. Aber ein Transformationsprozess braucht Zeit und einen geschützten Raum.

Wie einen Kokon. Im Dialogverfahren sprechen wir von einem Vertrauensraum oder »Container«.

Bar-On: Und es braucht den richtigen Zeitpunkt. Wir sind in der Regel nicht fähig, die Auflösung des Monolithischen zu ertragen, wenn unser inneres Sicherheitsgefühl noch nicht etabliert ist. Aber hier liegt noch viel praktischer Forschungsbedarf über Dialogprozesse sowohl in Individuen als auch in Gruppen und Gesellschaften.

Dem Dialog wird häufig unterstellt, er sei weich und brauche unendlich viel Zeit.

Bar-On: Manche Menschen suchen nach Autoritäten und wollen Dinge beschleunigen. Die angebliche »Weichheit« und »Langsamkeit« des Dialogs ist eine völlige Unterschätzung von tiefen Prozessen. Wenn wirklich Veränderungen erreicht werden sollen, erlebt man immer wieder, dass im Hintergrund ein Antreiber aktiv ist, der den »Andern« als »absolut böse« diffamiert. Die monolithische Aggression ist immer laut und unüberhörbar. Man darf Rigidität nicht mit Stärke verwechseln und Weichheit nicht mit Schwäche. Ich habe erfahren, dass das persönliche Gespräch oder ein Interview die Einleitung eines Dialogs über die Konstruktion der eigenen Identität sein kann. Auch über die identitätsbildenden Elemente, die verschwiegen werden. Wirkliche Veränderungen haben ihre eigene Zeit.

Siehe hierzu Dialog-Werkstatt, Abschnitt 1, S. 374

Inwieweit kann der Dialogprozess zu einer Versöhnung führen?

Bar-On: Den Begriff »Versöhnung« halte ich grundsätzlich für ein emotional gefärbtes religiöses Konzept. Es wurde in die Sozialwissenschaft eingebracht, um Schlüsselfragen zu klären, die bislang die rein akademischen Konfliktlösungsstrategien nicht klären konnten. Man kann aber diese vielleicht etwas idealisierten Vorstellungen auf eine praktische Ebene bringen. Für mich sind z. B. die Elemente wichtig wie: Vertrauen, Reflexionsvermögen, subjektive Sprache, das richtige Zeitmaß.

Die Entwicklung des Friedensprozesses in Israel ist nach dem hoffnungsvollen Auftakt durch den Oslo-Prozess ins Stocken geraten (vgl. Miteinander denken, S. 222–226). Was sind die Ursachen?

Der Versöhnungsprozess erfordert Zeit.

Bar-On: Es wurden zwar Top-down-Vereinbarungen getroffen, aber es fehlte der Bottom-up-Versöhnungsprozess zwischen den Menschen, der Zeit erfordert. Vertrauen und Reflexion auf basisdemokratischer Ebene waren von den Politikern nicht eingeplant. Es waren nicht, wie die Oslo-Architekten angenommen hatten, die friedenswilligen Kräfte, die sich gegenseitig stärkten, sondern die Extremisten. Aus meiner Sicht waren beide Seiten noch nicht reif, in eine dialogische Phase der kollektiven Identitätskonstruktion einzutreten.

Auch in Deutschland gibt es nach dem Fall der Mauer Probleme mit dieser Identitätskonstruktion.

Bar-On: Die Ostdeutschen stellten fest, dass sie nicht nur keine alternative Identitätskonstruktion hatten, sondern auch arbeitslos waren. Es ist deshalb kein Wunder, dass viele junge Leute in Ostdeutschland die verlorene »Stärke«, die monolithische Konstruktion ihrer Identität, bei den Neonazis suchen. Denn diese extremistischen Gruppen bieten ihnen »Andere« an, die sie hassen können und im Gegensatz zu denen sie ihre Identität konstruieren können.

Wie können aus Ihrer Sicht die unterschiedlichen Dialogprozesse und Ansätze voneinander lernen?

Bar-On: Man darf nicht nur die Ergebnisse von Gruppenprozessen betrachten, sondern muss auch die Qualität des Prozesses sehen, wie und was gelernt wird. So ist es nicht leicht, Mikroprozesse auf die Makroebene zu übertragen. Die Wahrheitskommissionen in Südafrika aber sind ein ausgezeichnetes Beispiel, wie sich die Vergangenheit durch eine Transformation in eine neue gemeinsame Zukunft integrieren lässt. In Deutschland wurde die Vergangenheit 30 bis 40 Jahre lang verdrängt, aber sie ist noch ganz präsent.

Vielleicht ist aber auch die afrikanische Tradition des Geschichtenerzählers ein Element des Erfolgs. Es ging ja auch dort darum, die Leidensgeschichte der anderen Seite anzuhören. Zugehört haben aber nicht nur die Wahrheitskommissionen, sondern das ganze Land. Inwieweit können Auflösungsprozesse eines – wie Sie sagen – monolithischen Bewusstseins, eines stabilen Feindbildes, auf Dauer wirksam sein?

Bar-On: Das ist eine schwierige Frage. Denn es gibt immer wieder die Rückfallgefährdung, die alte monolithische Identität wiederherzustellen. Ein stabiles

Feindbild ist bequem. Der Schuldige, der Andere, ist sehr angenehm, um eigene ungelebte Energien abzuleiten. Ich war Ende der 80er Jahre in New York und erlebte nach dem Zusammenbruch des Ostblocks, dass der plötzliche Verlust des eingeschworenen kommunistischen Feindes ein Stressfaktor für die US-amerikanische Identität war. Man versuchte, überall Anzeichen für ein Fortbestehen des Kommunismus zu finden. Man suchte nach einem neuen »Anderen«, auf den sich die Muster übertragen ließen, die man zur Bewahrung der monolithischen Phase des kalten Krieges gepflegt hatte. Das Fernsehen zeigte, wie japanische Autos als Feinde der amerikanischen Autoindustrie zerschlagen wurden. Aber die Japaner eignen sich nicht mehr so sehr dazu, diese Rolle zu erfüllen. Anders wurde es nach dem schrecklichen Attentat vom 11. September 2001. Die islamischen »Gotteskrieger«, die man als nützliche Verbündete, gegen den ehemaligen »bösen Anderen«, die Sowjetunion, betrachtet hatte, eigneten sich jetzt sehr gut, die Rolle des »bösen Anderen« einzunehmen und dadurch das alte dichotome Weltbild zu stabilisieren.

Ein stabiles Feindbild ist bequem.

Wieso halten viele Menschen an festgefahrenen Weltbildern und an der Teilung in Gut und Böse fest?

Bar-On: Für viele Menschen ist die mangelnde Klarheit mehrdeutiger Situationen kaum zu ertragen. Deshalb kehren manche Menschen wieder zu fundamentalistischen Religionen zurück, schließen sich Sektierern an, melden sich bei Sicherheitskräften, damit die Spaltung Gut (wir) und Böse (die Anderen) aufrechterhalten werden kann. Da hat es ein Dialog schwer. Aber es gibt zunehmend Menschen, die sich aus einer als aufgezwungen empfundenen monolithischen Phase befreien wollen, um sich und die Umwelt besser zu verstehen. Zwar leiden auch sie wahrscheinlich unter der Mehrdeutigkeit. Aber sie suchen den Dialog als neue Denkform. Dort können sie neue Fragen stellen. Wer bin ich? Wo komme ich her? Wo gehe ich hin? In welcher Wirklichkeit lebe ich, wenn ich nicht mehr nur nach schwarz und weiß einteile? Nach welchen Regeln funktioniert die Welt, wenn nicht nach der schlichten Regel Gut gegen Böse?

Neue Fragen stellen

***

Vor allem im Hinblick auf die verändernde Kraft des Zuhörens etwa beim gemeinsamen Erzählen der Lebensgeschichten weist der von Dan Bar-On entwickelte Prozess des TRT (To Reflect and Trust) Ähnlichkeiten mit dem Dialogverfahren auf. Zwischen Menschen, die etwa durch die Barrieren des traumatisierenden Holocaust-Erbes in unterschiedlicher Weise – z. B. als Opfer- und Täter-Kinder – gezeichnet sind, kann es so zum Bewusstwerden und Aufbrechen der »monolithischen« Identitäten (»Ich bin absolut gut – du bist absolut böse«) kommen. Die Lebensgeschichte des anderen zu hören, sich ihm damit vorbehaltlos zuzuwenden kann zur Basis werden für ein Verständnis des Andersseins und kann den Blick dafür weiten, die Unterschiedlichkeit als Bereicherung zu erleben und nicht als Bedrohung, neugierig zu werden auf Fremdes, sich für die »anderen« zu interessieren.

Durch den Dialog zur Wahrheitsfindung – Der Versöhnungsprozess in Südafrika

Nahezu alle Beobachter des Apartheidregimes in Südafrika befürchteten bei der Transformation des Landes einen Bürgerkrieg. Zu groß seien die massiven Ungerechtigkeiten gegenüber der schwarzen Mehrheitsbevölkerung gewesen. Aber es gab eine Chance zur Versöhnung über einen landesweiten Versöhnungsprozess. Das südafrikanische Parlament hat im Jahr 1995 das Gesetz zur »Förderung der nationalen Einheit und Versöhnung« verabschiedet. Es sah die Einrichtung einer Kommission für Wahrheit und Versöhnung vor (Truth and Reconciliation Committee), die noch im gleichen Jahr ihre Arbeit aufnahm (s. Kasten).

Truth and Reconciliation Committee – TRC

Die Wahrheits- und Versöhnungskommission (Truth and Reconciliation Committee, TRC) hat im März des Jahres 2003 ihren Bericht abgeschlossen. Ihre Arbeit hat internationale Beachtung gefunden. Sie gilt als erfolgreiche Alternative zur chilenischen Kommission für Wahrheit und Versöhnung oder gar zum Nürnberger Tribunal gegen die Hauptkriegsverbrecher. Die Arbeit der Kommission wird als ein wesentlicher Schritt zur Aufarbeitung der politischen Vergangenheit gesehen und als Dialogform, die einen Bürgerkrieg in Südafrika verhindert hat.
Sie wurde unter dem Vorsitz des Friedens-Nobelpreisträgers Erzbischof *Desmond Tutu* durchgeführt. Ihr Ziel war es, die schweren Menschenrechtsverletzungen in Südafrika unter dem Apartheidsregime aufzuklären, die in über 30 Jahren be-

gangen worden sind. Es ging nicht um eine Generalamnestie, sondern um ein möglichst vollständiges öffentliches Bild von konkreten Unterdrückungsmechanismen und Menschenrechtsverletzungen.

Die Arbeit des *Truth and Reconciliation Committee* (TRC) in Südafrika fordert unser mentales Modell von Bestrafung, Anklage und Sühne heraus. Die Energie wurde in diesem landesweiten Prozess konstruktiv darauf gerichtet, eine gemeinsame Zukunft zu ermöglichen – in Erinnerung an das Grauen der Vergangenheit, ohne es zu verdrängen und auch, was ebenso schwierig sein mag, ohne sich in die negative Dynamik von Rache und Vergeltung zu begeben.

Als mentale Modelle werden die tiefer liegenden Einstellungen, Weltanschauungen und Gefühle bezeichnet, die unterschwellig unsere Interaktionen beherrschen.

Die Integrationskraft von Personen wie *Nelson Mandela* und *Desmond Tutu* hat in Südafrika sicherlich dazu beigetragen, dass dieser Prozess derartige Unterstützung erfuhr. Denn insbesondere wenn der Wunsch nach Vergeltung die Versöhnung behindert, hängt der Umsetzungsprozess von konkreten Menschen ab, von deren Mut, Glaubwürdigkeit und Engagement.

Die Tätigkeit des TRC folgte dialogischen Grundprinzipien: so dem Bemühen, die Gedankenwelt der Täter zu verstehen und zuhören zu lernen. Eine Amnestie für die Täter von Apartheids-Verbrechen war nur unter der Voraussetzung der wahrheitsgemäßen Offenlegung der eigenen Taten möglich. Bemerkenswert ist, dass sich aus vorbereitenden »Informations-Workshops« der angestrebte breite gesellschaftliche Dialog ergeben hat und damit der Transfer vom Gruppendialog in die Gesellschaft geglückt ist.

»Die Wahrheit schmerzt, aber Schweigen tötet«

Gespräch mit dem Generalsekretär des TRC, Martin Coetzee

Hartkemeyer: *Inwieweit hat die Arbeit des TRC tatsächlich eine nationale Versöhnung erleichtert? Wurden nicht eher neue Wunden aufgerissen?*

Coetzee: Unser Leitmotiv war stets »Die Wahrheit schmerzt, aber Schweigen tötet«. Wir waren der Auffassung, nur das Bekenntnis zur Wahrheit öffne den Weg zur Versöhnung. Wir wollten keinen kollektiven Verdrängungsprozess.

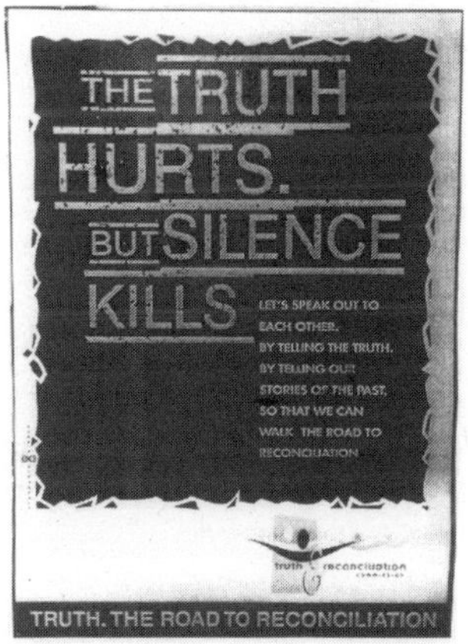

Haben Sie damit beispielsweise die chilenischen Erfahrungen mit der Versöhnung und Bewältigung von Vergangenheit weiterentwickelt?

Coetzee: Mehr als das. Wir glauben, dass die Opfer schwerer Menschenrechtsverletzungen ein Anrecht auf die volle Wahrheit haben. Wir wollten nicht verschweigen, wer wem was angetan hat – darum waren die Anhörungen auch öffentlich. Die Medien berichteten darüber. Gesicht und Name der Täter wurden gezeigt und genannt. Dieses Verfahren war eine sinnvolle Alternative zu Generalamnestie und Verdrängung. Die Demokratie in Südafrika sollte nicht auf einer kollektiven Lüge aufbauen.

Hatte die Arbeit des TRC in dieser Hinsicht den gewünschten Erfolg?

Coetzee: Zumindest haben die Regierungen unter Mandela und jetzt unter Mbeki ihre Zusage strikt eingehalten und den Versöhnungsprozess zu einer Hauptaufgabe erklärt. Es gab keinen Tag der Rache. Wir haben im ganzen Land Workshops abgehalten, um möglichst viele Menschen sehr schnell mit dem Geist und der Arbeit der Wahrheitskommission vertraut zu machen. Vor allem in ländlichen Gebieten, wo viele Verbrechen kaum registriert oder aufgedeckt wurden, war es wichtig, die Menschen zur Aufklärung zu ermutigen.

Diese Höhle auf der Gefangeneninsel Robben Island war für Nelson Mandela und andere Gefangene so etwas wie ihre erste »Universität«.

Gab es nicht auch Gegenstimmen, die sagten: Das ist zu einfach. Die Leute bekennen ihre Verbrechen und bleiben dann straffrei. Wo bleibt die Gerechtigkeit?

Coetzee: Der Sinn des Prozesses liegt ja tiefer. Wenn Sie einen möglichen Täter anklagen, verteidigt er sich, versucht, sich zu rechtfertigen, bekennt nur, was offensichtlich ist, streitet anderes ab, verkleinert seine Schuld und übernimmt keine volle Verantwortung für seine Taten. Wir haben die Menschen eingeladen, die Möglichkeit einer Amnestie im Austausch für die volle Wahrheit zu nutzen. So hörten die Täter, was die Opfer zu sagen hatten, soweit sie noch lebten. Und die Gewalttäter mussten erklären, warum sie Verbrechen verübt hatten.

Wachturm auf Robben Island

Nach diesem Prinzip haben wir in über 7000 Fällen gearbeitet. Dabei war klar, dass wir weder den chilenischen Weg noch den des Nürnberger Kriegsverbrechertribunals gehen wollten. Es ging ja auch um einen historischen Kompromiss zwischen alter und neuer Regierung. Denn die alte Elite sagte klar: Wir haben Verantwortung für diejenigen, die für uns gearbeitet haben. Und viele, die die Amnestie beantragten, sagten uns: Wir haben nur getan, was unser Job war. Die Mission des TRC bestand also darin herauszufinden, ob sich etwa ein Polizist an die damaligen Gesetze gehalten hat. Er konnte ja als Ausführender die Gesetze nicht ändern. Es gab viele, die in den Anhörungen sagten: »Wäre uns die ganze Wahrheit bekannt gewesen, hätten wir uns nicht dazu hergegeben, zu tun, was wir getan haben.« Das einstige System hatte die Definitionsmacht und erklärte die ANC-Kämpfer eben zu Terroristen, die ausgerottet gehörten. Das Resultat jahrzehntelanger Indoktrination.

Um es noch einmal auf den Punkt zu bringen: Weshalb halten Sie Ihr Modell für sinnvoller als das Nürnberger Kriegsverbrechertribunal, das chilenische Modell oder den Haager Gerichtshof?

ANC = African National Congress (Afrikanischer Nationalkongress, ehemalige Anti-Apartheidsbewegung, jetzige Regierungspartei Südafrikas)

Coetzee: Ich glaube, das Erfolgsgeheimnis liegt darin, dass beim TRC die Politik nicht vertreten war und wir versucht haben, das ganze Volk einzubeziehen. Die Politik hat zwar beschlossen, die Wahrheitskommission zu installieren, hat sich dann aber völlig herausgehalten. Opfer wurden als Opfer gesehen, unabhängig von ihrem politischen Hintergrund. Die Ausschaltung des Einflusses der Politik erhöhte die Glaubwürdigkeit der Entscheidungen.

Welche Rolle spielt Desmond Tutu in diesem Prozess? Ist er als nationales Symbol der Versöhnung entscheidend, oder hätte das Ergebnis auch ohne ihn erreicht werden können?

Coetzee: Ich glaube, es wäre ohne ihn unmöglich gewesen. Genauso wie die konkrete Rolle Mandelas von manchen in Südafrika noch unterschätzt wird. Wenn eine Person wie er 27 Jahre auf Robben Island gefangen gehalten wird und anschließend für Versöhnung plädiert und öffentlich seinem Gefängniswärter die Hand gibt, dann hat das eine große Wirkung. Dann fragen sich viele: Wenn er das macht, sollten wir nicht auch dazu in der Lage sein?

Auch Tutus Eigenschaft, auf jeden Menschen mit der Geste der Versöhnung zuzugehen – gleich, was er verbrochen hat –, löst manche Verhärtungen auf. Ihm hilft sein religiöser Hintergrund. Es ist natürlich schwierig zu sagen, was ohne solche Persönlichkeiten gewesen wäre. Es kann sein, dass wir erst in zehn bis zwanzig Jahren einigermaßen einschätzen können, was dieser Versöhnungsprozess wirklich bedeutet. Für mich ist Tutus Energie die Kraft, die hinter dem Erfolg des TRC steckt. Seine Person steht in der Öffentlichkeit für Vergebung, nicht im Sinne von Vergessen, sondern als Erinnerung und Begeisterung für das Gute. Er verkörpert diese Idee, die vielleicht andere auch haben, aber nicht in der Lage sind, in dieser Form mitreißend zu leben. Insofern war es richtig, keinen Juristen für den Vorsitz zu nehmen, der mehr fallbezogen und strategisch denkt. Tutu steht für den realen Dialogprozess. Er öffnet den Blick für die konkrete Möglichkeit des Menschen. Als Repräsentant brauchen wir weniger jemanden mit den intellektuellen Eigenschaften eines Managers, sondern einen Menschen, der in der Öffentlichkeit für Humanität und Offenheit steht wie Tutu und dadurch als Integrationsfigur wirkt.

Desmond Tutu

Rassismus als kollektives mentales Modell?

Bischof *Desmond Tutu*, der Schirmherr des TRC in Südafrika, illustriert die Forderung nach Verständnis beim Umgang mit Menschenrechtsverletzern am Beispiel eines bei sich selbst entdeckten mentalen Modells über Rassismus:

»Der Rassismus war in Südafrika schon tief verankert, bevor die Apartheid formell eingeführt wurde. Mit der Machtübernahme der Nationalisten 1948 wurde er nur perfektioniert. Alle Institutionen, alle Bereiche des Lebens wurden von dieser Ideologie durchdrungen. Wie nach einem geheimen Lehrplan konditionierte sie die Weißen, in einer spezifischen Art zu denken und zu handeln. Man könnte sagen, sie waren perfekt programmiert.
Bei meinem ersten Besuch in Nigeria saß ich bei einem Flug in den Norden des Landes zufällig in einem Flugzeug, das von nigerianischen Piloten geflogen wurde. Da ich in Südafrika nie erlebt hatte, dass Schwarze so etwas machten, wuchs ich gleichsam vor Stolz gleich um einige Zentimeter. Die Maschine startete sanft, doch plötzlich gerieten wir in Turbulenzen. Das Flugzeug stürzte von einem Luftloch ins nächste, und unsere Mägen spielten verrückt.

Ich war schockiert von dem, was ich nun entdeckte – ich hörte mich zu mir selbst sagen: »Ich mache mir doch Sorgen, dass kein Weißer im Cockpit sitzt. Ob uns diese Schwarzen aus so einer schwierigen Situation wohl heil rausbringen können?« Das geschah ganz unwillkürlich und spontan. Ich hätte nie geglaubt, dass ich tatsächlich schon eine derartige Gehirnwäsche durchgemacht hatte. Ich hätte natürlich vehement bestritten, so etwas zu denken, weil ich stolz darauf war, mich als Vertreter des schwarzen Selbstbewusstseins zu verstehen. Aber in dieser Krisensituation war mir etwas Tieferes deutlich geworden:
Ich hatte eine grundlegende weiße Annahme verinnerlicht: dass Weiße doch irgendwie überlegen und kompetenter sind als Schwarze. Natürlich waren die schwarzen Piloten in der Lage, das Flugzeug kompetent zu landen.
Wir sollten die Macht von Konditionierungen nicht unterschätzen. Deshalb bin ich auch der Meinung, dass wir bei der Beurteilung von Menschenrechtsverletzern ein bisschen großzügiger, ein bisschen verständnisvoller sein sollten. Was aber keineswegs bedeutet, über die Verbrechen hinwegzusehen, die sie begangen haben oder die im Namen der weißen Gesellschaft in Südafrika erlaubt waren.« (Desmond Tutu 1999, S. 252; Übersetzung von den Autoren)

Welche konkreten Erfahrungen haben Sie am meisten beeindruckt?

Coetzee: Beispielsweise wurde der Anschlag auf unseren ehemaligen Justizminister verhandelt. Der Täter war ein Mitglied des damaligen Geheimdienstes. Er hatte Amnestie beantragt. Später aber hatte er sich entschlossen, dem Amnestiekomitee nichts über die Hintergründe seiner Tat mitzuteilen. So kam es zu dem Verfahren, bei dem die Frau des Ministers dem Attentäter gegenübersaß. Die Frau sprach freundlich mit dem Mann, fragte nach seinem Befinden. Er sähe doch so bleich aus, ob er im Gefängnis auch gut behandelt würde, und sie legte ihm eine Jacke um die Schultern. In diesem Moment brach er sein Schweigen und berichtete über den gesamten Hintergrund seiner Verwicklung in das Attentat. Was diesen abgehärteten Kriminellen bewegte, war eine menschliche Geste der Frau des Opfers, einfach indem sie den Täter freundlich fragte, ob es auch warm genug im Gefängnis sei und ob er auch ausreichend zu essen habe. Die Art, wie sie mit ihm sprach, verwandelte sein Verhalten.

Solche Erfahrungen, die Sie nicht künstlich herbeiführen können, machen wir immer wieder in der praktischen Arbeit. In unseren Berichten konzentrieren wir uns allerdings nicht so sehr auf diese Qualitäten der Arbeit, es geht um

Inhalt und Verlauf der Verfahren. Aber solche konkreten menschlichen Begegnungen machen einen öffentlichen Versöhnungsprozess möglich.

Ich will Ihnen ein anderes Beispiel erzählen. In Heidelberg, südlich von Johannesburg, war eine Kirche überfallen worden. Bei diesem Massaker stürmten die schwarzen Täter in einen Gottesdienst und feuerten wahllos in die Menge.

Ein Mann, dessen schwangere Frau bei diesem Attentat getötet wurde, saß nun einem der Attentäter gegenüber. Er fragte ihn: »Wenn Sie gewusst hätten, dass meine Frau schwanger war, würden Sie das dann auch gemacht haben?« Der Täter sagte, er würde prinzipiell genauso gehandelt haben, denn es sei ihre Politik gewesen, dass die Weißen als ihre Unterdrücker galten und entsprechend vernichtet werden müssten. Doch dann richtete er den Blick auf den Mann, der um seine Frau trauerte, und sagte, dass es ihm Leid täte und ihn doch innerlich bewege, was er getan habe.

Auch diese verhärtete Person, die über Jahre unter außerordentlichen emotionalen Belastungen gelitten hatte, brauchte die Vergebung. Die emotionalen Lasten auf beiden Seiten konnten in diesem konkreten Prozess gemindert werden. All diese Beispiele zeigen die Bedeutung der konkreten Arbeit. Versöhnung ist auch nach Jahren noch möglich. Vergebung kann aber nur konkret gewährt werden und hat nichts mit Vergessen zu tun.

***

Warum war der Versöhnungsprozess weitestgehend erfolgreich? Hinweise zur Beantwortung dieser Frage bieten das »Ubuntu«-Konzept einer allseitigen Verbundenheit und Verantwortlichkeit sowie das in Guguletu praktizierte Verfahren einer wiedergutmachenden Justiz.

Warum einfach, wenn es auch »umständlich« geht! – Ubuntu

Der Erfolg des südafrikanischen Versöhnungsprozesses hat sicher auch mit den kulturellen Traditionen des Landes zu tun. Das mündliche Erzählen ist fest verwurzeltes Kulturelement, woran sich die ganze Sippe lebhaft beteiligt. Das »Palaver« als afrikanisches Beratungsritual hat aber für die westliche Kultur bisweilen den Beigeschmack von »Zeit vertrödeln« oder »Ohne Sinn und Zweck miteinander reden«. Ähnlich wie der Begriff »Umstände« – der auch für die alten

Mündliches Erzählen als verwurzeltes Kulturelement.

germanischen Stammesrunden steht – heute gern mit dem negativen Akzent von »umständlich« versehen wird. Es wird hingegen häufig positiv bewertet, wenn jemand »ohne Umstände« zur Sache kommt.

Ein afrikanisches Spezifikum verbirgt sich hinter dem Begriff »Ubuntu«. Er drückt die Fähigkeit zum Mitgefühl sowie Gerechtigkeit, Gleichberechtigung, Würde, Harmonie und Mitmenschlichkeit aus und steht für die Stärkung und Aufrechterhaltung der Gemeinschaft. »Ubuntu« bedeutet die allseitige Verbundenheit und Verantwortlichkeit jedes Einzelnen für das ganze soziale Feld der Gemeinschaft. Es bedeutet auch, dass ich als Einzelne(r) so in dieser Gemeinschaft verwurzelt bin, dass die persönliche Identität und das Selbstwertgefühl davon abhängt, wie viel ich für diese Gemeinschaft zu geben bereit bin.

»Ich bin, weil wir sind!«

Ein Sprichwort in Zulu heißt: »Ich bin, weil wir sind«, ein anderes: »Es geschieht durch andere, dass jemand sich selbst findet.« Eine interessante Alternative zum westlichen »Cogito ergo sum« (»Ich denke, also bin ich«) von Descartes.

»Ubuntu« ist nicht so einfach durch ein methodisch definiertes Verfahren zu erreichen. Es ist eher ein Konzept, das den gemeinsamen Rahmen eines Lebensstils bezeichnet und welches der Wertschätzung und Pflege der persönlichen Beziehungen in gesellschaftlichen, aber auch in organisatorischen Feldern eine hohe Priorität beimisst. Ein Morgengruß der Shona in Zimbabwe drückt dies so aus:

»Ich habe gut geschlafen, wenn du gut geschlafen hast.«

> »Mangwani. Marana sei?« (Guten Morgen, hast du gut geschlafen?) – »Maswera sei, kana mararawo.« (Ich habe gut geschlafen, wenn du gut geschlafen hast.)

Mitgefühl ist die entscheidende Qualität von »Ubuntu«. Das Wort »ukwenana« drückt das freiwillige Geben aus, ohne irgendetwas als Gegenleistung zu erwarten. Und »ukusira« bedeutet: eine Gabe für eine bedürftige Person, ohne eine Nebenabsicht damit zu verbinden (nach Nussbaum 2003).

»Ubuntu« beeinflusst auch das afrikanische Denken über Verbrechen, Recht und Strafe – und spätestens hier wird die Nähe zum Versöhnungsprozess offenkundig. Dieses Denken, in dem die Begriffe »Gerechtigkeit« und »Versöhnung« zusammengehören, schließt Wiedergutmachung ein.

Das Gefühl einer umfassenden Verbundenheit ist eine zentrale Qualität des Dialogprozesses und unverzichtbar für eine globale Weltkultur. Vielleicht ist es diese Verbundenheit, die etwa in einem Gruppendialog als »kollektive Intelligenz« aufscheint? Vielleicht suchen wir im Dialog einen Prozess zu entwickeln und zu praktizieren, den es eigentlich nur *wiederzuentdecken* gilt, da er schon lange Bestandteil der Tradition von »Naturvölkern« ist und sich über jahrhundertelange Entwicklung herausgebildet hat.

Alternative Gerichtsbarkeit in Guguletu

Guguletu und andere *Townships* schaffen mit ihrer Praxis einer um Wiedergutmachung bemühten Justiz eine Chance für die junge Generation und für ganz Südafrika. Einen Fall der afrikanischen Rechtsprechung nach dem Prinzip »Ubuntu« hat *H. V. Findeisen* beschrieben:

Guguletu

»Guguletu kennen Besucher aus Übersee nur vom Vorbeifahren. Das *township*, fünf mal fünf Kilometer Grundfläche, liegt direkt neben der Autobahn, die aus dem Zentrum Kapstadts zum Airport führt… Eine halbe Million Menschen lebt in Gugletu, durchschnittlich 16 in einer Behausung. Eine Familie, die über dreißig, vierzig Quadratmeter Wohnfläche verfügt, gehört bereits zur *upperclass*.
Wer gute Verbindungen besitzt, wird die Telefonnummer von *leader* Wilson Sidina, dem ungekrönten Oberhaupt von Guguletu, schnell herausbekommen… Guguletu heißt in der Sprache der Xhosa »Unser Stolz«. Und der Stolz ist tatsächlich die andere Seite des Ghettos. Denn wenn Wilson die Seinen im Versamm-

lungshaus zusammenruft, die unter den Kolonnaden im Hof herumstehenden Parteien hereinbittet, ... geschieht etwas Außergewöhnliches. Guguletus *community court*, eine Art Gemeindegericht, tagt dann, und die Elendssiedlung schreibt moderne Rechtsgeschichte. Darauf ist man hier zu Recht stolz und darauf, dass jetzt immer mehr Fremde aus Europa und Amerika kommen, um das, was hier passiert, zu studieren.

Das Gemeindegericht von Guguletu arbeitet mit dem am angelsächsischen Recht angelehnten Justizapparat in der City eng zusammen. Als Koordinator zwischen den beiden Welten fungiert der junge Sipho Grabatwa, ein enger Vertrauter des Ältesten. Die gegenseitige Zusammenarbeit basiert und funktioniert auf der stillschweigenden pragmatischen Übereinkunft, dass keines der Rechtssysteme das bessere ist. Mal erbringt das traditionelle europäische Strafrecht das bessere Resultat, mal die wiedergutmachende afrikanische Justiz. Immer mehr Fälle verweist der Gerichtshof in der City nach Guguletu zurück.

... Ein Jugendlicher ist als Tatverdächtiger eines Autoeinbruchs im Zentrum ermittelt worden. Das Radio wurde unsanft herausgenommen. Am Fahrzeug entstand ein größerer Schaden. Ein schlaksiger junger Mann mit Nike-Mütze betritt, den Blick reumütig zu Boden gesenkt, den Raum. Er räumt die Tat ein und sagt, dass er das Radio zu Hause versteckt habe. Wilson und die andern fordern ihn auf, das Diebesgut herbeizuschaffen, damit es dem rechtmäßigen Besitzer zurückgegeben werden kann. Als er wiederkommt, steht die Entscheidung des Gerichts fest. Sie ist kein Urteil, sondern ein Friedensangebot. Das Gericht will beim Steinbruch für den jungen Mann eine Arbeit finden, die er so lange ausüben soll, bis er genug beisammen hat, um den beim Autoaufbruch entstandenen Schaden auszugleichen. Noch viel dringender freilich brauchte der Jugendliche eine vernünftige Schulausbildung und einen dauerhaften Arbeitsplatz. Doch dies können ihm Wilson und die Seinen beim besten Willen nicht verschaffen. Aber immerhin ist dem jungen Autoknacker die Verhandlung vor einem normalen Gericht und womöglich eine Gefängnisstrafe erspart geblieben. Die Lektionen, die er im Knast gelernt hätte, hätten die Aussicht auf ein anständiges Leben erst gar nicht aufkommen lassen. Dagegen bietet die in Guguletu und anderen *townships* praktizierte wiedergutmachende Justiz eine Chance für die junge Generation und für ganz Südafrika.« (Findeisen 1999, S. 174 ff.)

Der Tod von Amy Biehl

Vielen ist bekannt, dass Nelson Mandela seinen Wärtern nach 27 Jahren Haft die Hand reichte und mit den Witwen der Männer Tee trank, die ihn hinter Gitter brachten. Wie würden Sie sich – falls Sie sich in eine ähnliche Situation versetzen können – Ihren Gefängniswärtern gegenüber verhalten? Und: wenn wir noch einen – noch schwerer vorstellbaren – Schritt weitergehen: Wie würden Sie den Mördern Ihrer Tochter gegenübertreten?

Linda Biehls Tochter Amy war am 23. August 1993 in den letzten Tagen der Apartheid in einem der Townships von Kapstadt mit dem Auto unterwegs. Es war der Abend vor ihrem Heimflug, nach 10 Monaten Arbeit in Südafrika, sie wollte Freunde in Guguletu absetzen. Sie war zur falschen Zeit am falschen Ort. Sie wurde von einer Horde aufgebrachter schwarzer Jugendlicher aus dem Auto gezerrt, gesteinigt und erstochen.

Amys Eltern flogen aus den Vereinigten Staaten nach Südafrika, an den Ort des Verbrechens. Sie saßen bei der Verhandlung im Gerichtssaal und sahen den Mördern ins Gesicht. Es waren jugendliche Gesichter. Die Biehls reisten auch zu den Amnestie-Hearings wieder ein, als zwei der Täter, Tobeko und Easy, die zu 18 Jahren Freiheitsstrafe verurteilt worden waren, nach viereinhalb Jahren freigelassen wurden. Und sie gingen noch einen Schritt weiter. Sie vergaben den Tätern, die selbst ihre Tat schon lange verzweifelt bereuten, und verhalfen ihnen zu einem neuen Leben. Bei der neu gegründeten Amy-Biehl-Stiftung, die sich in den Townships mit verschiedenen sozialen Projekten engagiert, wurden Tobeko und Easy angestellt. Sie nehmen dort Telefonate entgegen und melden sich mit dem Namen ihres Opfers, »Amy-Biehl-Stiftung« (http://www.amybiehl.org).

Amy-Biehl-Stiftung: http://www.amybiehl.org

Was bedeutet in einem solchen Fall Vergebung? Liegt es, wie Bischof Tutu sagt, im eigenen Interesse zu vergeben, weil dann das Opfer nicht Opfer bleibt, sondern wieder Handelnder wird? Für die Eltern von Amy Biehl scheint das zuzutreffen. Dieser Fall ist für uns ein beeindruckendes Beispiel, wie »Radikalität« im Verstehen zwischenmenschliche Beziehungen verändern kann, wirksame neue Zeichen setzt – hoffnungsvoll und zukunftsweisend.

Liegt es im eigenen Interesse zu vergeben?

***

Den hier wiedergegebenen Beispielen ist gemeinsam, dass sie Arbeitsfelder, Konzepte und Menschen zeigen, denen es gelungen ist, ihre festen Rollenzuweisungen aufzubrechen. Damit wurden Chancen eröffnet, aus festgefahrenen Bahnen, Argumentationsmustern und Konfliktkonstellationen zu entkommen. Ob und wie diese Chancen langfristig und nachhaltig genutzt werden können, ist eine offene Frage, die nicht zuletzt von unser aller Dialogwilligkeit abhängt.

Anhand dieser Fälle werden einige Bedingungen für erfolgreiche gesellschaftliche Dialogprozesse deutlich. Bereits in der Vorbereitung ist es wichtig, alle relevanten gesellschaftlichen Kräfte einzubeziehen, den Prozess anschließend kontinuierlich zu begleiten und die beabsichtigte Umsetzung durch rechtliche Grundlagen zu garantieren. In Südafrika war das Verfahren zusätzlich terminiert, um einer Verschleppung vorzubeugen.

Während des Prozesses wurde die sichere Vertrauensbasis immer wieder durch Öffentlichkeit und politische Repräsentanten bestärkt. Die radikale Wahrheitssuche darf niemanden aussparen – so wurden in Südafrika auch die Verbrechen des ANC (African National Congress), der größten Befreiungsbewegung, bei den Untersuchungen nicht ausgespart.

8 Welche anderen Kommunikationsverfahren können den Dialogprozess bereichern?

Die Fülle verschiedener Kommunikationsverfahren verweist auf ein offensichtliches Bedürfnis, mehr darüber zu lernen, wie wir erfolgreicher und zufriedenstellender kommunizieren können. In der Dialogarbeit begegnen uns immer wieder Elemente des *Open Space*, der *Gewaltfreien Kommunikation* (GFK), der *Mediation* und der *Themenzentrierten Interaktion* (TZI). Viele, die an Dialogarbeit bzw. Seminaren zum Dialog teilnehmen, haben sich in solchen Verfahren weitergebildet und bringen entsprechende Erfahrungen ein. In einigen Erfahrungsberichten (z. B. S. 115, 184, 332, 412) wird darauf auch explizit Bezug genommen.

Wir skizzieren im Folgenden, wo wir die Schwerpunkte dieser Ansätze sehen, in Bezug auf welche Situationen sie ihre Stärken entfalten und wie sie den Dialogprozess bereichern können. Schließlich versuchen wir die Frage zu beantworten, wie sich der Dialog von therapeutischen Verfahren unterscheidet. (Vielleicht verfügen Sie über eigene Erfahrungen, wie sich diese Ansätze fruchtbar verbinden lassen? Wir würden uns über Erfahrungsberichte freuen.)

Open Space

Harrison Owen

Harrison Owen erlebte 1983 eine von ihm besonders intensiv vorbereitete internationale Konferenz. Bitter enttäuscht musste er feststellen, dass sich für ihn einzig die Kaffeepausen als fruchtbar erwiesen. Er beschloss, Konferenzen nie wieder so zu organisieren. Bei der Suche nach Alternativen erinnerte er sich an das afrikanische Dorf, das er einige Jahre zuvor besucht hatte. Im Kreis des Dorfplatzes, von Hütten umringt, beging die Dorfgemeinschaft mit über 500 Dorfbewohnern eine feierliche Zeremonie: vier Tage lang, selbstorganisiert, ohne Festkomitee – und mit viel Vergnügen. Der Kreis wurde für Owen die fundamentale Form einer offenen Kommunikation. Und für seine Konferenzmethode, das Großgruppenverfahren *Open Space,* stellt er Stuhlkreise nach Bedarf auch in zwei oder drei Doppelreihen auf.

Weltweit organisieren Menschen mittlerweile Konferenzen nach diesem Konzept, das die Selbstverantwortlichkeit der Teilnehmenden fördert, mit vielen hundert oder auch über tausend Teilnehmerinnen und Teilnehmern. Jeder kann ein Thema einbringen, wenn es ihn interessiert, der gemeinsame Raum kann wie ein »Marktplatz der Möglichkeiten« genutzt werden, wobei die Aufgabe der Einladenden ist, *Raum und Zeit zu schaffen* und *zu sichern.*

Owens Verständnis der Prozess-Begleitung ähnelt unserem Verständnis: Die Facilitatoren leiten den Prozess nicht, sondern begleiten ihn. Je weniger sie in Erscheinung treten, desto besser für den Prozess (vgl. Kap. 2, S. 54, nach Bohm: »Aufgabe des Dialogbegleiters ist es, sich selbst überflüssig zu machen«).

Owen spricht vom »Gesetz der zwei Füße«: »Wer im Laufe der Veranstaltung feststellt, dass er sich in einer Gruppe befindet, in der er nichts lernt und zu der er nichts beiträgt, soll seine Füße benutzen und sich an einen Ort begeben, wo er produktiver sein kann.« (Owen 2001b, S. 114; auch *Ruth Cohn* betont diese Eigenverantwortung in der Themenzentrierten Interaktion [TZI] und spricht von der Notwendigkeit, seine eigene »Chair-person« zu werden.) Owen will mit *Open Space* weniger eine Verfahrensweise als vielmehr eine bestimmte *Qualität im Miteinander* vermitteln und die Haltung beeinflussen, mit der ich anderen Menschen begegne.

Vier Grundsätze schlägt Owen für den Open-Space-Prozess vor:

- Wer immer kommt, es sind die richtigen Leute.
- Was immer geschieht, ist das einzige, was geschehen kann.
- Es fängt an, wenn die Zeit reif ist.
- Vorbei ist vorbei.

Diese Regeln erweisen sich auch im Dialogprozess als hilfreich. Sie könnten übersetzt und zusammengefasst werden in dem Satz: »Sich mit dem anfreunden, was ist.«

Aus ihrer Praxis berichten viele Dialogprozess-Begleiter und -Begleiterinnen, dass eine Kombination von Open Space und Dialog sich als fruchtbar erweisen kann (vgl. S. 254, 407 f.). Beispielsweise können in sehr großen Gruppen, die nicht immer als Großgruppe einen Dialog führen wollen, verschiedene Teilnehmende Fragestellungen und Themen vorstellen. Sie werben für »ihr« Thema in der Gesamtgruppe, dann bilden sich Gruppen mit Leuten, die sich mit dem Thema identifizieren können, und diese kleineren Gruppen arbeiten dann dialogisch miteinander.

Wichtig ist dabei, den für den Dialogprozess vereinbarten Zeitraum als einen geschützten Raum zu betrachten. Das »Gesetz der zwei Füße« lädt dazu ein, die gewählte Gruppe zu verlassen, wenn jemand z. B. an seiner nachlassenden Aufmerksamkeit merkt, dass ihn das Thema nicht mehr so packt. Ein solches Hin und Her von *Hummeln* – wie Owen die Menschen nennt, die während einer Konferenz von Gruppe zu Gruppe schwirren – erscheint uns für den Dialog nicht als sinnvoll. Denn im Dialogprozess geht es gerade darum, auch zunächst anstrengende Phasen des Prozesses, in denen scheinbar wenig Sicht- oder Hörbares geschieht, in der Gruppe gemeinsam zu *erkunden*. Manchmal wird erst in der Reflexion deutlich, wie sich solche Klippen als fruchtbar erweisen können.

Anstrengende Phasen gemeinsam erkunden.

Henriette Lingg, erfahren in der Anwendung von Open Space und Dialogprozess, berichtet davon, dass sie Teilnehmerinnen, die im Open Space eine besondere Kommunikationsqualität erlebt haben und weiter pflegen wollen, den Dialogprozess empfiehlt, um solche Räume im beruflichen Alltag zu schaffen. Sie hat gute Erfahrungen damit gemacht, Team-Treffen mit einem Dialogprozess zu beginnen und dann klar abgegrenzt zu Sachthemen überzuleiten, die gemeinsam diskutiert werden (vgl. auch den Dialogprozess zur »Biosphäre Bliesgau« als »Weltnaturerbe«, Kap. 7.1, S. 254; s. Dialog-Werkstatt, Abschnitt 4.2, S. 407).

»Gewaltfreie Kommunikation« oder: Die Sprache der Giraffen

Wenn *Marshall Rosenberg* von Schülern gefragt wird, was seine Arbeit sei, antwortet er: »Ich zähme Wölfe!«, und fährt dann fort: »Damit meine ich keine richtigen Wölfe, sondern Menschen, mit denen es schwer ist zu reden, Menschen, die Probleme in der Kommunikation haben – und die nenne ich Wölfe.« Mit solchen Menschen hat jedes Kind schon zu tun gehabt – in der eigenen Familie oder in der Schule. Und jeder möchte solche »Wölfe« gerne zähmen können (vgl. Kap. 4, S. 115 f.).

Wie nicht nur Kinder und Jugendliche lernen können, mit solchen Wölfen umzugehen, vermittelt Rosenberg in seinen Workshops, Seminaren und Vorträgen.

»Jeder tut aus seiner Sicht das Beste, was er tun kann«

Gespräch mit Marshall Rosenberg

Marshall Rosenberg *arbeitete lange Jahre als klinischer Psychologe – bevor er als Konfliktmediator in Krisengebieten zu arbeiten begann. Er gründete das internationale* Center for Nonviolent Communication *in den USA. Die von ihm entwickelte Methode der* Gewaltfreien Kommunikation (GFK) *verbreitete er in den letzten drei Jahrzehnten weltweit. In zahlreichen Konflikten, aber auch bei Verhandlungsprozessen in Organisationen, z. B. Unternehmen und Bildungseinrichtungen, hat sich dieser Ansatz als sehr praxisnah erwiesen. Derzeit lebt er in der Nähe von Basel in der Schweiz.*

Hartkemeyer: *Marshall Rosenberg, worum geht es in der »Gewaltfreien Kommunikation«?*

Rosenberg: Ich habe immer wieder beobachtet, dass Menschen verschiedener Kulturen sich in Streitgesprächen in erster Linie gegenseitig analysieren und bewerten. Das führt in der Regel zu Missverständnissen und Konflikten. In der *Gewaltfreien Kommunikation* arbeiten wir daran, die Wünsche und Bedürfnisse genauer zu klären, die hinter den oftmals erregten Ausbrüchen stecken und die die Konflikte weiter verschärfen. Wir versuchen, unsere sprachliche Ausdrucksfähigkeit und unser Zuhören zu entwickeln.

Haben Sie ein Beispiel dafür, wie diese Art der Kommunikation wirkt? Wie können Widerstände oder gegenseitige Angriffe so genutzt werden, dass die Beteiligten voneinander lernen, anstatt einander zu bekämpfen?

Rosenberg: Vor einiger Zeit habe ich mit einer Gruppe von Israelis und Palästinensern im Gebiet der West Bank zusammengearbeitet. Das Ziel war, einen Dialog zu beginnen und dadurch den Friedensprozess zu unterstützen. Aber zunächst ging es darum, dass die Gruppe überhaupt lernte, einander zuzuhören. Beide Seiten baten mich um Hilfe. Meine Einstiegsfrage an beide Gruppen war: »Was wollt ihr wirklich voneinander? Was würde es einfacher für euch machen, miteinander zu arbeiten?«

Der palästinensische Mukhtar (Bürgermeister) des Ortes ging zwar auf meine Worte ein, war aber nicht in der Lage, sprachlich auszudrücken, was er wirklich wollte. Es fiel ihm allerdings leicht, die Israelis zu kritisieren, und er sagte zu ihnen: »Ihr benehmt euch hier wie die Nazis.« Sie können sich vielleicht vorstellen, dass dies für die Israelis nicht gerade wie eine Einladung klang, um sie für eine Zusammenarbeit zu gewinnen.

Unmittelbar darauf reagierte eine Israeli in ähnlicher Weise. Sie machte im Prinzip dasselbe wie der Bürgermeister; anstatt zu sagen, was sie wollte, etwa: »Mukhtar, mir wäre es lieber, wenn Sie andere Worte wählen würden, wenn Sie mit uns sprechen«, sagte sie: »Mukhtar, welche Taktlosigkeit, das zu sagen« – also wieder eine Bewertung statt eines klaren Wunsches. Feindseligkeit breitete sich aus, statt dass man einer Übereinkunft, geschweige denn einer Zusammenarbeit näher gekommen wäre. Mit Hilfe der klaren Prinzipien der GFK gelang es aber in dem folgenden Prozess, von den Urteilen und Bewertungen, die beide Gruppen über die andere hatten, zu Erwartungen und klaren Wünschen an die anderen zu kommen.

Wie kann es gelingen, in einer völlig verhärteten oder gar aussichtslosen Situation handlungsfähig zu bleiben?

Rosenberg: Es gibt aus meiner Sicht keine aussichtslose Situation. Wir haben immer eine Wahl. In Hebron traf ich einen jungen Palästinenser, der sehr aufgebracht reagierte, als er dies von mir hörte, und sagte: »Das glaube ich nicht!« Er erzählte, dass ihm ein Soldat eine Pistole an den Kopf gehalten habe und ihm dabei befahl, sich auszuziehen. Ich fragte: »Was hast du getan?« Nachdenklich sagte er: »Ich habe mich entschieden, meine Ehre zu behalten, und habe mich nicht ausgezogen«. »Also«, sagte ich, »hat sich der Soldat entschieden, dich nicht zu erschießen – oder er war ganz offensichtlich ein schlechter Schütze.«

Sie sagen, es gehe bei Ihrer Methode um die Kultivierung der »Sprache des Herzens«. Was meinen Sie damit konkret?

Rosenberg: Ich nenne diese Sprache auch die »Sprache der Giraffe«. Die Giraffe hat das größte Herz aller Landtiere, ihr langer Hals ermöglicht ihr einen enormen Weitblick und sie gilt in vielen Kulturen als starkes und edles Geschöpf. Wenn wir im Training mit der Giraffe als Metapher arbeiten, können wir eher zu einer anderen Intention kommen. Wir können aufhören, andere Menschen zu analysieren und zu bewerten, und stattdessen von dem sprechen, was in uns vorgeht. Das bedeutet, wir verzichten als Erstes auf Be- oder Verurteilungen des anderen. In dem GFK-Modell versuchen wir, uns zunächst auf die reine Beobachtung des Geschehenen zu konzentrieren, dann sprechen wir die Gefühle aus, die dadurch in uns entstanden, als Drittes folgt das Erkennen und Benennen der dahinter liegenden Bedürfnisse, und der vierte Schritt ist, das zu sagen, was wir ganz konkret wollen.

Diese Kommunikation setzt anscheinend eine besondere Form der Bewusstheit und der Einfühlung, der Empathie, voraus. Aber gibt es nicht Dinge, die uns so stören oder gar verletzen, dass wir sie kaum aushalten und dieses Einfühlungsvermögen nicht mehr aufbringen können?

Rosenberg: Die GFK basiert auf dem, was wir »empathetic connection« (»einfühlsame Verbindung«) nennen. Ich nehme zunächst einmal an, dass jeder versucht, seine Bedürfnisse so weit wie möglich zu erfüllen. Wenn z.B. jemand raucht, ist das aus dieser Sicht das Beste, was er für sich tun kann. Auch wenn es mir definitiv nicht gefällt. Ich hatte mal einen Fall, wo es ständig Streit zwischen der rauchenden Tochter und ihrer Mutter gab. Während eines Seminars rief die Mutter in der Pause ihre Tochter an und sagte ganz ernsthaft zu ihr: »Ich verstehe jetzt, das Rauchen ist das Beste, was du für dich tun kannst.« Nach einer Schrecksekunde und irritiert darüber, ob es nicht doch ironisch gemeint sei, sagte die Tochter: »Da bin ich mir gar nicht so sicher.« Nach einer langen Pause der Sprachlosigkeit und Abwehr kamen sie dadurch wieder ins Gespräch.

Wo sind denn die Grenzen dieser Art von Empathie? Wie ist es beispielsweise in Situationen, in denen Menschen böse oder gewalttätig handeln ?

Rosenberg: Um in einen wirklichen Dialog zu kommen, ist Empathie grundsätzlich überall notwendig. Ich arbeite auch mit Vergewaltigungstätern. Ich will sie wirklich verstehen lernen, und so fragte ich einmal: »Was geht in dir vor, wenn du so etwas tust?« Niemand hatte diesen Mann je zuvor in dieser Form gefragt. Nach einer Weile antwortete er: »Ich tue das, weil ich Dreck bin.« Ihm war sein Bedürfnis überhaupt nicht klar. Unser Dialog eröffnete ihm erstmals den Weg dahin zu erkennen, welche Bedürfnisse er hatte und was in ihm selbst lebte. Erst durch den Kontakt mit seinen wirklichen Bedürfnissen konnte ich anschließend die Bitte äußern: »Wärst du bereit, einen Weg zu suchen, wo deine Bedürfnisse erfüllt werden, ohne dass du dabei andere verletzt?«

Unser Training führt dazu, die Bedürfnisse der Menschen hinter einer Aussage zu hören, ganz gleich, wie aggressiv die Aussage vordergründig ist. Wir müssen das fatale Spiel durchbrechen, bei dem es immer wieder um recht oder unrecht, falsch oder richtig geht. Erst dann kann es uns auch gelingen, die Gewaltkreisläufe zu durchbrechen, die sich daraus ergeben.

Gerade nach den Anschlägen auf das World Trade Center und das Pentagon ist doch ein starkes Bedürfnis noch Sicherheit und damit auch nach Bestrafung entstanden.

Rosenberg: Die USA haben sich dafür entschieden, militärisch zu handeln, andere Staaten haben sich angeschlossen. Einige hatten das Ziel »Frieden und Sicherheit« im Auge, andere wollten sich auf »Bestrafung und Vergeltung« konzentrieren. Ich glaube jedoch nicht, dass das Ziel »Frieden und Sicherheit« mit dem Mittel »Bestrafung und Vergeltung« zu erreichen ist.

Was ist Ihre wichtigste Erfahrung von den unterschiedlichen Konfliktherden auf der Welt?

Rosenberg: Immer wieder habe ich beobachtet, dass Handlungen, die aus dem Wunsch nach Bestrafung resultieren, auf der Gegenseite den Wunsch nach Vergeltung hervorrufen und dass Handlungen, die auf einem Bedürfnis nach Frieden beruhen, auf der Gegenseite zu friedlichen Handlungen führen.

Aber es ist doch manchmal auch notwendig, kurzfristig eine Bedrohungssituation zu beenden und für Sicherheit zu sorgen.

Rosenberg: Natürlich können Maßnahmen des »protective use of force« (»schützende Anwendung von Macht«), wie ich es nenne, ergriffen werden: zunächst also die Gewalttäter dingfest machen, um weitere Verbrechen zu verhindern. Letztendlich ist es aber wichtig, die Langzeitperspektive zu beachten und so zu handeln, dass wir Frieden und Sicherheit dauerhaft auf eine intelligentere Art als durch Drohungen und Waffen erhalten. Daher ist es notwendig, endlich damit zu beginnen, die Umstände zu verändern, die gewalttätigem Verhalten Vorschub leisten.

Was sagen Sie zum Begriff »Terrorismus«?

Rosenberg: Das Wort ist kein »Giraffenwort«. Es bringt das zum Ausdruck, was ich ein »Wolfs«-Konzept nenne. Hinter seiner Anwendung steckt eine Strategie:

Es wird bewusst eine Distanz geschaffen zwischen »normalen Menschen« und »Terroristen«. So wird verdeckt, dass auch diese Menschen, die als »Terroristen« bezeichnet werden, ein Bedürfnis nach Sinn haben. Hitler hat beispielsweise selten das Wort »Juden« benutzt. Er sprach lieber von Ungeziefer. Es legt nahe, dass Sauberkeit etwas Gutes ist und Ungeziefer dementsprechend etwas Schmutziges und damit Schlechtes. Der Begriff »Terrorist« wird ebenfalls in »antiseptischer« Absicht gebraucht. Er entmenscht die andere Seite. Die amerikanischen Bomberpiloten haben die Vietnamesen im Vietnamkrieg als Ziele nur »Blibs« genannt, die auf den Radarschirmen erschienen, sie wurden damit verdinglicht und waren dann entsprechend leichter technisch zu eliminieren.

Erziehungssache: Rauchen

Trainieren nicht auch gewalttätige Videospiele eine frühe Einübung in diese Entfremdung – wie können wir im Erziehungsprozess damit umgehen?

Rosenberg: Um solche Mechanismen zu vermeiden, müssen wir bereits in der Schule beginnen, Bewusstheit und Freiheit der Schüler zu entwickeln. Während meiner Schulzeit bin ich nie gefragt worden, was ich fühle oder brauche, sondern ich bin darauf trainiert worden herauszufinden, was der Lehrer denkt und von mir erwartet. Wir sollten heute in unseren Schulen solche Taktiken und methodischen Spielchen vermeiden. Machtkonzepte wie Belohnung und Bestrafung sind einfach überholt.

Als ich einmal in einer Schule in das Rektorzimmer gebeten wurde, habe ich folgendes erlebt: Ein großes Kind hatte auf dem Schulhof ein kleines geschlagen. Der Rektor ging hinaus und ohrfeigte das große Kind mit den Worten: »Ich werde dir beibringen, dass man Kleinere nicht schlägt!« Ich sagte: »Ich glaube nicht, dass Sie ihm dadurch das beigebracht haben, was Sie gesagt haben. Außerdem möchte ich auf dem Nachhauseweg nicht das kleine Kind sein.«

Es ist eine entscheidende Frage, ob ich mich für die Beweggründe desjenigen, der das tut, was er tut, interessiere. Will ich meine Macht durchsetzen oder kann ich vielleicht sogar dem anderen helfen, seine eigenen Motive zu erkennen – über die er sich vielleicht noch nicht einmal im Klaren ist?

Das Modell der Gewaltfreien Kommunikation im Vergleich zum Dialog

Die »Sprache der Giraffen« zu sprechen bedeutet im Modell der »Gewaltfreien Kommunikation«, klare Unterscheidungen zwischen *Beobachtungen* und selbst hinzugefügten *Bewertungen* zu treffen, eigene *Gefühle* zu erkennen und zu benennen, sich über erfüllte oder nicht erfüllte *Bedürfnisse* klar zu werden und im Prozess einen konkreten nächsten Schritt vorzuschlagen, der als eine *Bitte* formuliert wird, die in einem überschaubaren zeitlichen Rahmen zu erfüllen ist (Vier-Schritte-Modell der Gewaltfreien Kommunikation):

1. Beobachtungen klar benennen (von Bewertungen unterscheiden),
2. Gefühle äußern,
3. Bedürfnisse formulieren,
4. Klare, erfüllbare Bitten äußern (s. Dialog-Werkstatt, Abschnitt 5.1, S. 420).

Auch im Dialog arbeiten wir mit einem vergleichbaren mehrstufigen Modell, einem 5-stufigen Feedbackmodell (s. Dialog-Werkstatt, Abschnitt 2.11, S. 389):

Feedback-Modell
1. Daten nennen,
2. Gefühle beschreiben,
3. Annahmen und Interpretationen erläutern,
4. Wünsche und Visionen formulieren,
5. konkrete Bitte aussprechen.

In unserem Modell haben wir – im Vergleich zu den vier Schritten der GFK – einen Schritt eingefügt, der dazu beiträgt, den *Denkprozess* bewusst zu machen, der in unserem Kopf abgelaufen ist: Der Blick auf eigene »Annahmen und Bewertungen«, die den Gefühlen zugrunde liegen, die gleichsam den Boden bilden, auf dem sie wachsen. Auch *David Bohm* hatte die Vorstellung, dass Gefühle nicht das Abbild einer äußeren Wirklichkeit zeigen, sondern aufgrund von inneren Annahmen, Glaubenssätzen, Interpretationen und Schlussfolgerungen zustande kommen. Zum Beispiel: *Du benimmst dich unmöglich – das zeigt sich bei mir als Ärger.* Oder: *Du gehst schon so früh, nun bin ich ärgerlich, weil ich von dir Hilfe erwartet hatte.*

Wir versuchen, mit solchen Bildern *(Leiter der Schlussfolgerungen)* und Übungen *(Feedback, Linke-Spalte-Übung)* deutlich zu machen, dass wir einen Anteil an der Entstehung unserer Gefühle haben. *Humberto Maturana* (s. Kap. 9, S. 337 ff.) formuliert ähnlich, dass ich immer wieder die Wahl habe und mich entscheiden kann.

Was können wir von Rosenbergs Modell für den Dialogprozess lernen?

Die Klarheit, mit der im Modell der *Gewaltfreien Kommunikation* die Unterscheidung von Beobachtungen und Bewertungen betont wird, ist auch für Dialogsituationen hilfreich.

Die verschiedenen Projekte und Trainings, die Marshall Rosenberg in den letzten Jahren weltweit durchgeführt hat, haben dazu geführt, dass es zahlreiche Materialien für die Arbeit mit Kindern und Jugendlichen, Lehrern und Schulen gibt; Giraffenfiguren, Wolfspuppen und Ohren, die sich die Mitspieler während der Rollenspiele aufsetzen können, unterstützen den spielerischen Aspekt beim Erlernen dieser neuen »Giraffen-Sprache« und nehmen die Angst vor dem Umgang mit »Wölfen«, denen wir ja immer wieder begegnen. Und nicht nur Jugendlichen macht der Umgang mit diesen Figuren Spaß … (vgl. den Praxisbericht aus Eltern-Seminaren in Kap. 4, S. 115 f.).

Das Modell und die klar formulierten Fragen zu den einzelnen Schritten der GFK können Begleitern und Begleiterinnen in Dialogprozessen eine hilfreiche Orientierung geben, insbesondere in Situationen, in denen Beteiligte wieder in alte Muster von Positionierung, Angriff und Verteidigung zurückfallen. Es fällt leichter, humorvoll über uns selbst zu lächeln, wenn wir feststellen, dass wir schon wieder in die Sprache der »Wölfe« zurückgefallen sind und uns in der neuen »Giraffensprache« noch nicht so flüssig und versiert verständlich machen können. Bei der Dialogarbeit mit Kindern und Jugendlichen waren bereits ähnliche Metaphern entstanden, als Kinder Bilder gemalt hatten, auf denen Elefanten, die besonders große Ohren haben, als Vertreter für gutes Zuhören dargestellt waren (vgl. Dialog in der Schule, *Miteinander denken*, S. 164, 169).

Ein theoretischer Unterschied zum Modell der Gewaltfreien Kommunikation liegt in der Frage der Bewertung von Bedürfnissen. Ob unsere Bedürfnisse unser Denken bestimmen und dadurch zu Annahmen und Bewertungen führen (Rosenberg) oder das Denken unsere Bedürfnisse prägt, weil ihm Annahmen zugrunde liegen (Bohm), könnte allerdings der Frage nach der Henne und dem

Ei ähneln – vielleicht ist die Lösung der Herkunftsfrage weniger wichtig als die Frage danach, wie schmackhaft das Ei ist: also wie praktisch und hilfreich die Haltung ist, die den Denkmodellen zugrunde liegt.

Obgleich der Dialog auch zur Konfliktlösung eingesetzt wird, geht es im Dialogprozess weniger um die Lösung von Konflikten als um die Erweiterung unseres Verständnisses von konfliktträchtigen Themen. (Beispiele finden sich in verschiedenen Kapiteln dieses Buches: in Kap. 3 zum »Dialog im Alltag«, in den Berichten aus der Schule und Universität in Kap. 5 sowie in Kap. 7 in Bezug auf die politsch-gesellschaftlichen Felder.) Der Vertrauensraum, den der Dialog schafft, versteht sich mehr als ein Raum für gemeinsame Erkundung denn als ein Platz für ergebnisorientierte Verhandlungen. Darin unterscheidet das Dialogverfahren sich auch von der Mediation.

Mediation

Der Westfälische Friedensvertrag von 1648 – geschlossen in Osnabrück und Münster – enthält in seiner Einleitung den Vermerk, welch wichtige Rolle für das Gelingen der Verhandlungen der »Mediator und Gesandte« *Alvise Contarini* aus Venedig gespielt habe (Mehta und Rückert 2003, S. 8).

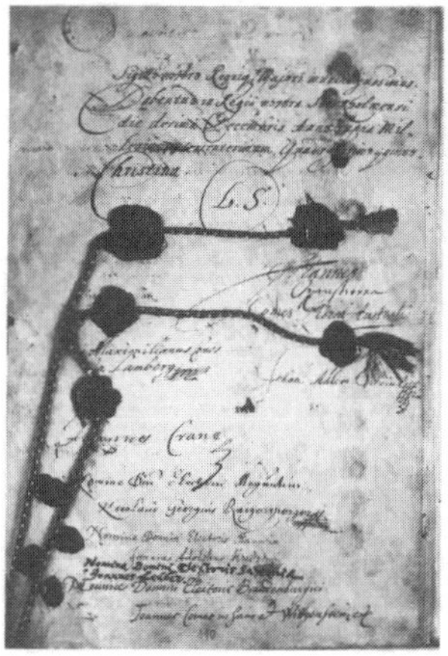

Aus dem Westfälischen Friedensvertrag von 1648 mit den Siegeln der Gesandten (vgl. Hoffmeyer 1985, S. 214)

Unter *Mediation* wird im Allgemeinen eine Form der Konfliktlösung verstanden, bei der die Konfliktparteien einen außenstehenden Vermittler hinzuziehen, um ihren Konflikt zu lösen. Mediation wird heute in vielen gesellschaftlichen Bereichen erfolgreich eingesetzt: in Trennungs- und Scheidungsfällen, bei innerfamiliären Konflikten, bei betrieblichen oder interkulturellen Spannungen.

Grundsätzlich basiert das Mediationsverfahren auf Freiwilligkeit der Teilnahme, die Mediatorin verpflichtet sich zu Allparteilichkeit, Neutralität und Vertraulichkeit. Fairness, Verantwortlichkeit, Bereitschaft, sich der Auseinandersetzung zu stellen, Offenheit und Konsensfindung auf der Basis von Interessen sollten als Prinzipien von allen Beteiligten anerkannt werden. Die Mediatorin zeigt sich für den Ablauf des Verfahrens verantwortlich, hat aber keine Entscheidungsbefugnis.

Explizit als Konfliktlösungsverfahren definiert, ist die Mediation naturgemäß ziel- und ergebnisorientiert, der Mediator hat damit auch eine aktivere Rolle als ein Dialogprozess-Begleiter, weil in der Mediation immer wieder nachgefragt, geklärt, zurückgespiegelt und zusammengefasst wird. Dagegen liegt dem Dialog als gemeinsames Erkunden die Idee zugrunde, viele Meinungen zusammenzutragen, das Gesagte zunächst stehen zu lassen, ohne es zu bewerten, und den gemeinsamen Verstehensprozess in den Mittelpunkt zu stellen. Im Idealfall wäre es wünschenswert, einen Dialogprozess einer Mediation voranzustellen, um das Verständnis zu vertiefen, bevor Entscheidungen und Bewertungen formuliert werden.

Themenzentrierte Interaktion (TZI)

Die Psychologin *Ruth Cohn*, die als eine der bedeutendsten Vertreterinnen der Humanistischen Psychologie und Pädagogik gilt, entwickelte nach ihrer Emigration in die USA (1941) mit der Themenzentrierten Interaktion (TZI; vgl. z. B. Cohn 1993 und Cohn und Terfurth 1997) ein Verfahren für »lebendiges Lernen«, das thematisches Lernen und Persönlichkeitsentwicklung miteinander verbindet. Grundlegend ist in ihrem Ansatz die dynamische Balance zwischen dem Einzelnen (Ich), der Gruppe (Wir) und der Sache (Es) sowie die Beachtung des Umfeldes (Globe), die Eingebundenheit des Menschen in seine Umwelt. (Diese Beziehungsbalance zwischen dem Einzelnen, der Gruppe und dem inhaltlichen Fokus war beispielsweise Anstoß, die Dialogtreffen zwischen Gentechnik-Gegnern und -Befürwortern in Loccum entsprechend auszurichten; s. Kap. 7, S. 246 ff.)

Ruth Cohns Menschenbild basiert auf dem Wunsch, *das zu geben und zu empfangen, was du selbst geben und empfangen möchtest.* Die wichtigsten Postulate der TZI – »Sei dein eigener Chairman«, im Sinne von »Übernimm Verantwortung für dich«, und »Störungen haben Vorrang«, was sowohl auf die Beachtung von Gefühlen beim Einzelnen als auch auf die Bedeutung von Nebengesprächen in der Gruppe hinweist – haben heute Eingang in den allgemeinen Sprachgebrauch gefunden. Kulturell vernachlässigte Körper- und Gefühlswahrnehmungen bewusst einzubeziehen war zu der Zeit, als Ruth Cohn diesen Ansatz entwickelte, noch weniger üblich als heutzutage. *Immanuel Kant* sagte zur Charakterisierung der Aufklärung: »Habe Mut, dich deines eigenen Verstandes zu bedienen«, und Ruth Cohn fügte dem hinzu: »Habe auch den Mut, dich deiner Gefühle zu bedienen«. Auch die weiteren Kommunikationshilfen, auf deren Bedeutung sie hinweist – »Sprich per ich und nicht per man«, »Wenn du eine Frage stellst, sage, warum du fragst«, »Nur einer spricht zur gleichen Zeit«, »Beachte Körpersignale« – sind in der Erwachsenenbildung und Teamarbeit mittlerweile Allgemeingut.

Nur »echte« Fragen, hinter denen ein Informationsbedarf steht, führen für Ruth Cohn zum Dialog. Dagegen entsteht aus »unechten« Fragen, denen kein wirkliches Verlangen nach Information zugrunde liegt, eher ein Interview; sie können das Gegenüber beschämen oder können ausweichende Antworten und Gegenfragen provozieren.

»Ich lebe, wenn ich lerne«

Gespräch mit Ruth C. Cohn

Ruth C. Cohn *wurde 1912 in Berlin geboren. Sie lebt abwechselnd in der Schweiz und in Düsseldorf, wo wir mit ihr über die Bedeutung von Lebendigkeit, ihr Menschenbild und ihre Hoffnungen sprachen. Ruth Cohns herzliche, offene Art wird in ihrer Angewohnheit spürbar, ihre Gesprächspartner mit einem freundlichen »du« zu begrüßen – ganz gleich ob Kinder oder Professorinnen; und von beiden – Kindern und Prominenz – lässt sie selbst sich genauso duzen.*

Hartkemeyer: *Ruth, was heißt für dich Lernen?*

Cohn: Für mich heißt lebendiges Lernen, dass ich mich selbst ernst nehme, dass ich die anderen ernst nehme und dass ich die Sache ernst nehme. Daraus ist dann das Dreieck der themenzentrierten Interaktion entstanden. Das wird häufig verkürzt als »Ich, Wir und das Thema« gesehen. Aber wir befinden uns ja in einer konkreten Welt, einer konkreten Zeit, mit konkreten Beziehungen und konkreten Aufgaben, dem, was wir »Globe« nennen. Wenn ich mich wirklich darauf einlasse, dann heißt für mich lebendiges Lernen, zu leben, während ich lerne.

Mich selbst ernst nehmen, die anderen ernst nehmen und die Sache ernst nehmen.

Wenn Menschen miteinander eine Sache, ein Thema lebhaft und mit innerer Anteilnahme besprechen, befinden sie sich in einem Zustand lebendigen Lernens. Eine aufgezwungene Lernsituation ist totes Lernen, z. B. wenn ein Lehrender versucht, seinen »Stoff« oder seine Meinung auf seine Art einzuflößen, und erwartet, dass seine Schüler die Welt so sehen wie er. Das Einimpfen entfremdeter Motivation oder rivalisierender Methoden nach dem Prinzip »Wer ist besser/schlechter« zerstört echte Lebenswerte.

Was ist für dich deine wichtigste Regel?

Cohn: Was ich sage, soll echt sein, aber nicht alles, was echt ist, soll gesagt werden. Daraus ergibt sich auch: Sprich für dich selbst, vertritt dich selbst in deinen Aussagen. Das heißt, sprich per »Ich«. Durch diese Regel wird verhindert, seine eigene Meinung hinter der anderer Leute zu verstecken. Denn das, was ich fühle, ist mein Gefühl und nicht deines. Und es bedeutet, Verantwortung für mich zu übernehmen und mich zu engagieren, statt mich hinter einem »Wir« oder einer anonymen Masse zu verstecken. Denn so ein »Wir« birgt die Gefahr, dass andere ihr eigenes Urteil aufgeben und gewissenlos mitschwimmen. Die

Was ich sage, soll echt sein, aber nicht alles, was echt ist, soll gesagt werden.

»Ich«-Form der Verantwortung fördert die Autonomie des Einzelnen und hilft, Massensuggestion zu vermeiden. Niemand kann den Kern meiner eigenen Existenz ersetzen.

Inwieweit ist dein Menschenbild von deiner Erfahrung mit dem nationalsozialistischen Deutschland geprägt?

Cohn: Ich wurde 1912 geboren und bin 1932, als ich in Berlin Psychologie studierte, aus Deutschland weg. Zuerst ging ich in die Schweiz und danach 1941 mit einem der letzten Schiffe in die USA. Natürlich war das schwierig und gefährlich. Aber ich habe irgendwie einen Sinn für das mitbekommen, was in der Luft lag. Heute beunruhigt mich, dass viele Menschen nicht spüren, welche Probleme sich zusammenbrauen. Das ist für mich wie 1932, 33, 34, viele verhalten sich wie Mitläufer, bis es zu spät ist. Daher arbeite ich auch an der Übernahme der »Ich«-Verantwortung.

Was ist es genau, das dich beunruhigt?

Cohn: Es ist das goldene Kalb des Konsumismus, das unsere Erde frisst. Wir verarbeiten die Regenwälder zu Luxusmöbeln. Wir verwüsten durch chemiegetriebene Monokulturen den Boden. Wir produzieren Autos ohne Rücksicht auf das Klima. Wir rotten bedenkenlos einmalige Arten aus. Wir verprassen die Zukunft unserer Kinder. Oder es kommt dazu, dass wir uns durch kriegerische Eskalation von primitivem Freund-Feind-Denken mit Massenvernichtungsmitteln vorher schon selber ausrotten.

Aber es gibt mittlerweile die Meinung, man sollte auch militärisch unser westliches Denken durchsetzen.

Feindbilder sind immer ein Bumerang.

Cohn: Mein Motto ist: lieber einen Millimeter in die richtige Richtung als drei Meter in die falsche. Feindbilder sind immer ein Bumerang. Sie wirken auf uns zurück. Es ist ein uraltes Spiel, sich selbst als gut anzusehen und alles »Böse« auf die anderen, die »Feinde« zu projizieren. Es ist leichter, die Feind-»Seligkeit« auszuleben, als sich mit den eigenen Defiziten, den Schattenseiten, den unangenehmen »inneren Feinden« auseinander zu setzen.

Erwartest du nicht ein zu radikales Engagement von anderen Menschen?

Cohn: Was mich betrübt, ist die mangelnde politische Weitsicht. Weil ich es nicht ertrage, dass die Menschen aus Kurzsichtigkeit diesen Planeten zerstören. Andererseits ist es auch ein Problem, wenn Menschen an gar nichts anderes denken können, als sich für Frieden und Ökologie einzusetzen. Denn in einseitigen Menschen stirbt schnell die Ausstrahlung ab, die etwas bewirkt.

Aber wie können wir nach deiner Sicht verändernd wirken?

Cohn: Ich glaube kaum, dass sich andere Menschen überreden lassen. Wir können Situationen herstellen, wo sich Meinungen offen begegnen können. Wichtig ist, authentisch zu sein und den eigenen Werten entsprechend zu leben. Was ein anderer mit meiner Meinung macht, habe ich nicht in der Hand. Wenn ich auch einen anderen nicht überzeugen kann, so kann ich doch so echt sein, dass vielleicht in meinem Gesprächspartner etwas zum Nachdenken angeregt wird. Es ist paradox, aber wenn ich aus dem Gefühl, andere überzeugen zu müssen, spreche, dann rede ich nach dem Siegerprinzip. Aber wir sollten nicht vergessen, dass auch der andere ein konkreter Mensch ist. Ich habe selbst immer wieder erlebt, dass Menschen, wenn sie wüssten, wie sie konkret aus ihren Ängsten und Denkgefängnissen herauskommen können, es sofort tun würden.

Wichtig ist es, authentisch zu sein.

Die »Themenzentrierte Interaktion« soll aus diesen Kommunikationsgefängnissen herausführen?

Cohn: Ich möchte schon Einfluss nehmen auf die Erziehung von Kindern und das Lernen von Erwachsenen. Ob TZI ein guter Name ist für das, was ich meine, weiß ich nicht. Auch die Psychoanalyse müsste eigentlich Psychosynthese heißen. Es gibt kein gültiges Rezeptbuch für Techniken. Der Geist, aus dem etwas geschieht, ist entscheidend. Der Dialog ist wichtig. Denn wenn ich monologisiere, fallen mir immer nur die gleichen Sachen ein. Ich glaube, TZI und Dialog als Methode des Gruppendialogs sind eine wundervolle Ergänzung.

Der Geist, aus dem etwas geschieht, ist entscheidend.

TZI und Dialog

Die TZI-Postulate und Hilfsregeln haben großen Einfluss auf die Entwicklung der Gesprächskultur und Gruppenarbeit gehabt. Auch für den Dialogprozess können sie eine Basis bilden.

TZI-Postulate
»Sei deine eigene Chairperson« – »Störungen haben Vorrang«.
Einige TZI-Hilfsregeln

- »Sprich als ›Ich‹ und nicht als ›Wir‹ oder als ›Man‹.«
- »Sage, warum *du* fragst und was *deine* Frage für *dich* bedeutet. Vermeide das Interview.«
- »Sei authentisch und selektiv in deinen Kommunikationen. Mach dir bewusst, was du denkst und fühlst, und wähle, was du sagst und tust.«
- »Halte dich mit Interpretationen von anderen zurück. Benenne stattdessen deine persönlichen Reaktionen.«
- »Sei zurückhaltend mit Verallgemeinerungen.«
- »Nur einer zur gleichen Zeit bitte.«
- »Beachte die Signale deines Körpers und achte auf solche Signale auch bei den anderen.«

Auf die Frage »Wie gehen wir mit Störungen um?« gehen wir näher ein, da sich hier ein im Vergleich zum Dialogprozess unterschiedlicher Fokus zeigt. Ein Leitgedanke der TZI wird oft mit »Störungen haben Vorrang« benannt. Im Dialogprozess sprechen wir eher davon, der Störung »zu folgen«; denn im Dialog geht es darum, Raum für Reflexion und für Bewusstheit zu schaffen, indem ich mir meine Denk- und Gefühlsmuster bewusst mache, sie anschaue und sie zu suspendieren versuche. Das, was andere sagen, löst immer irgendwelche Reaktionen, Gedanken und Gefühle in mir aus. Manchmal »stören« mich Bemerkungen auch. Diese »Störungen« haben aber keinen »Vorrang«, ihnen kommt keine herausgehobene Bedeutung zu, sie nehmen keinen besonderen Rang ein, sondern ich begegne ihnen ebenfalls mit Interesse und Neugier. Es kann sein, dass ich diese »Störungen« ansprechen möchte. Dann sollte der Sinn darin liegen, meinen Erkenntnisprozess mitzuteilen und dadurch den Gruppenprozess zu unterstützen.

»... Forschen Sie jetzt nicht nach den Antworten, die Ihnen nicht gegeben werden können, weil Sie sie nicht leben könnten. Und es handelt sich darum, alles zu leben. Leben Sie jetzt die Fragen. Vielleicht leben Sie dann allmählich, ohne es zu merken, eines fernen Tages in die Antwort hinein.«
Rainer Maria Rilke

Teilweise kann das mentale Modell eines Kommunikationsverfahrens es erschweren, sich auf einen anderen Prozess einzulassen. *Roland E. Röttgen*, TZI-Gruppenleiter und Dialogprozess-Begleiter, machte die Erfahrung, dass »mitten aus einem intensiven Dialogerlebnis mit 25 Menschen jemand ›lauthals‹ hinausrannte, der – wie in der TZI üblich – nach 1 1/2 Stunden unbedingt eine Pause brauchte ...«, oder dass ein anderer TZI-Gruppenleiter die Gruppengröße kommentiert: »25 sind zu viele!« Röttgen weist darauf hin, dass es den Teilnehmenden, die aus dem Umfeld der TZI kommen, hilft, den anderen Fokus zu akzeptieren, wenn deutlich wird, dass der Dialog sich anders als die TZI nicht als Gruppen*leitungs*-Verfahren versteht, sondern Raum für eine Kommunikationskultur des Miteinander-Denkens bieten möchte.

Unterschiede zwischen dem Dialog und therapeutischen Verfahren

Das Dialogverfahren versteht sich nicht als therapeutischer Ansatz. Intention einer Therapie ist es, psychische Defizite oder Defekte zu behandeln. Die Therapie ist als absichtsvoller Prozess strukturiert und geplant. Es besteht im konventionellen Verständnis ein hierarchisches Gefälle zwischen einer professionell Wissenden – einer Person, die plant und leitet – sowie einem Nicht-Wissenden, der behandelt und geheilt werden möchte und soll.

Dialogverfahren: kein therapeutischer Ansatz

Anders im Dialogprozess: Er versteht sich als offenes Verfahren, das nicht ergebnisorientiert ist und wo auch die Prozess-Begleiterin sich als suchende, erkundende Teilnehmerin versteht. Es geht darum, mein »Bewusstseinsfeld« im Prozess des Miteinanders zu erweitern, indem ich meine Denk- und Gefühlsmuster erkenne und suspendiere. Das, was andere sagen, löst Reaktionen, Gedanken und Gefühle in mir aus. Wenn ich diese thematisiere, geschieht das nicht, um einen anderen herauszufordern oder um mich zu behaupten, sondern um die Entstehung meiner Gedanken oder Gefühle mitzuteilen und dadurch den Gruppenprozess zu unterstützen.

Für die Teilnahme wird eine »normale« psychische Belastbarkeit vorausgesetzt. Wenn sich im Verlauf eines Dialogseminars herausstellt, dass diese nicht gegeben ist und jemand an einen Punkt kommt, zu dessen Bearbeitung er oder sie zusätzliche Hilfe benötigt, raten wir zu einer Therapie durch professionelle Helfer. Eine Frage dabei ist natürlich: Wo hören Probleme auf, »normal« zu sein, wo muss ich therapeutischen Beistand zu Rate ziehen?

Der Dialogprozess kann und will keine Alternative zu einer notwendigen therapeutischen Behandlung sein. Er ist als Verfahren – anders als Themenzentrierte Interaktion und Gewaltfreie Kommunikation, deren Begründer Psychologen sind – ein Ansatz, der aus Naturwissenschaft (Bohm), Philosophie (Buber) und Unternehmensberatung (Senge, Isaacs) stammt. Im Rahmen einer »Psycho«-Therapie kann der Dialog – verstanden als ein erkundendes Gespräch ohne Machtgefälle – andererseits Basis einer demokratisch verstandenen Beziehung zwischen Therapeut und Klientin sein. *Helm Stierlin*, Begründer der Heidelberger Schule der Familientherapie, weist auf die Bedeutung dieser Beziehung hin: »Von einer demokratischen Therapiekultur kann man dementsprechend dann sprechen, wenn sich darin Therapeuten und Klienten als Dialogpartner begegnen können. Im Dialog ist dann auch zu klären, welcher Kontext jeweils relevant und welche Perspektive einzunehmen ist.« (Stierlin 2003, S. 45)

Die »Deutungsmacht« der Therapeuten wird in Stierlins demokratischem Therapieverständnis relativiert. Der Ansatz von Familien- und systemischen Psychotherapeuten ist es dementsprechend, zu klären, »wie ein bestimmtes Geschehen von einzelnen Familienmitgliedern unterschiedlich beschrieben, erklärt und bewertet wurde und wie daraus oft folgenreiche Konflikte um den Besitz der Wahrheit erwuchsen« (ebd., S. 41). In dieser systemischen und relativierenden Perspektive liegt eine Parallele zum Erkunden und Einfühlen, zum Suspendieren und Suchen, zum Respektieren und Reflektieren im Dialogprozess. Wenn wir uns in diesen Kernkompetenzen üben, wenn wir uns dafür Raum und Zeit nehmen – sei es in unserem Familien-, Schul- und Bildungsalltag oder in unserem weiteren sozialen Umfeld, bis hin zum Arbeitsplatz –, können wir vielleicht Probleme vor einer weiteren Zuspitzung und daraus resultierenden Therapiebedürftigkeit erkennen und bearbeiten.

9 Modellvorstellungen zum Verständnis dialogischer Prozesse

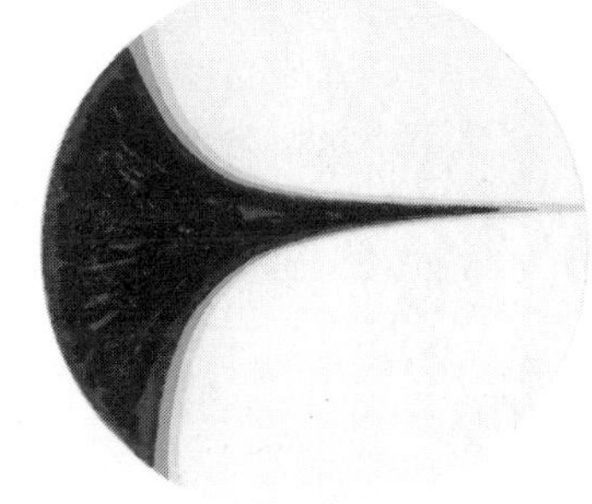

Bemerkenswert ist, dass wir mehr wahrnehmen,
als wir ›erklären‹ können – und dass die Stärke unseres
Erklärungsbedürfnisses in einem Missverhältnis
zu unseren Fähigkeiten steht.

Paul Valéry

In den vorhergehenden Kapiteln tauchten im Zusammenhang mit dem Gruppendialog auch immer wieder Begriffe wie »Denkfelder«, »kollektive Intelligenz« oder »Fragmentierung« auf. Doch welche Ideen, Bilder und Theorieentwürfe verbergen sich dahinter, und wie kommen wir eigentlich dazu, sie für »wahr« oder »wirklich« zu halten?

In den folgenden Beiträgen möchten wir Ansätze und Konzepte vorstellen, welche das »konventionelle« Alltagsdenken verlassen und tradierte Weltbilder in Frage stellen. Es geht dabei nicht um abermals neue Hypothesen und gültige Antworten zu Themenkomplexen wie »Erfahrung«, »Wirklichkeit«, »Denken« oder »Erkenntnis«, sondern um eine quasi spielerische Erweiterung des Denkraums und um eine Veränderung des Denkens im Geiste des Dialogs.

»Die verstehen nur wenig, die nur verstehen, was sich erklären lässt.«
Marie von Ebner-Eschenbach

Bei der Erläuterung und den Interviews zu den Themenkomplexen sollen die folgenden Aspekte im Mittelpunkt stehen:

- *Was ist Erfahrung?* Im Gespräch mit *Humberto Maturana* geht es um die Frage, wie eine Haltung möglich ist, welche die persönliche Verantwortung für das, was wir gedanklich konstruieren, in den Mittelpunkt stellt. Diese als »Konstruktivismus« bezeichnete erkenntnistheoretische Modellvorstellung kann uns in Bezug auf unsere individuelle Erkenntnisfähigkeit bescheidener machen und einen genaueren Blick für das ermöglichen, was wir gemeinhin als »Erfahrung« bezeichnen.

»Ich habe immer geglaubt, dass das, was meine Erfahrungen sind, unumstößlich ist und für mein ganzes Leben Bedeutung hat. Und heute ist diese Selbstverständlichkeit völlig in Frage gestellt. Heute kann ich meine so genannten Erfahrungen völlig neu sehen.«
Seminarteilnehmer, 52 Jahre

»Das, was ich immer ›Wirklichkeit‹ genannt habe, hat sich verändert. Ich denke jetzt eher, es sind verschiedene Wirklichkeiten – je nach Standpunkt – für mich sind viele Bilder mit vielen ›Wirks‹ entstanden.«
Seminarteilnehmerin, 39 Jahre

- *Was ist Wirklichkeit?* Ein weiteres Denkfeld eröffnet uns die Quantenphysik. In einem Gespräch mit dem Physiker *Hans-Peter Dürr* geht es darum, wie wir das, was wir »Wirklichkeit« nennen, aus naturwissenschaftlicher Sicht und insbesondere aus Sicht der Quantenphysik tiefergehend betrachten können. Nicht zufällig scheint auch *David Bohm*, inspiriert von diesem Theorie- und Weltanschauungshintergrund, zur Theorie des Dialogs als Praxis kollektiven Denkens gekommen zu sein. Dürr bezieht auch die Begrenzung der rein sprachlichen Kommunikation ein, die überschritten werden muss, um neue, kreative Intelligenz zu entfalten.
- *Was ist Denken?* Vom dritten Gesprächspartner, *Rupert Sheldrake,* stammt die Aufsehen erregende Theorie, nach der das »Denken« nicht im Kopf zu lokalisieren sei, sondern ein Feldphänomen darstelle. Bereits *Kurt Lewin*, in die USA emigrierter deutscher Psychologe, stellte derartige Feldphänomene in den Mittelpunkt seiner Arbeit, was sich für die Psychologie und den Bereich der Organisationsentwicklung als befruchtend erwies. Rupert Sheldrakes Feldbegriff führt darüber hinaus, da er so genannte »morphische Felder« als *universales Prinzip* versteht, das sowohl Naturgesetze umfasst und Entwicklungsphänomene wie die Evolution aus einem anderen Blickwinkel beschreibt als auch das menschliche Denken in einem neuen Licht erscheinen lässt. Die »dialogische Intelligenz« kann ebenfalls als Feldphänomen in einem »Phasenraum«, den wir als »Container« und Vertrauensraum bezeichnet haben, verstanden werden, weil hier eine kreative Gedankenevolution stattfindet. Diese Betrachtungsweise könnte auch neue Sichtweisen hinsichtlich der Wirkung des Dialogprozesses anregen.

»Ich bin erstaunt darüber, wie ich erleben konnte, dass verschiedene Menschen ausdrückten, was ich eigentlich sagen wollte. Manchmal haben es andere sogar besser getroffen, als ich es hätte sagen können. Vielleicht ist das so etwas wie gemeinsames Denken?«
Seminarteilnehmer, 45 Jahre

- *Was ist Erkenntnis?* Lernprozesse, die nicht nur an der Oberfläche von Erscheinungen bleiben, sondern tiefer gehende Muster und mentale Modelle umfassen, sind typisch für einen gelungenen Dialogprozess. Wie können tiefer gehende Erkenntnisebenen bildhaft beschrieben werden? Welche Metaphern und Bilder bieten sich an, um diese Prozesse kreativer zu beschreiben? Das »Eisbergmodell« und das Prinzip des »mehrschleifigen Lernens« des US-amerikanischen Organisationswissenschaftlers *Chris Argyris* liefern nachvollziehbare Metaphern und Bilder und zeigen, wie das Aufspüren tiefer liegender Muster gemeinsames Denken und nachhaltige Veränderungen ermöglichen kann. Ein solches »vielschleifiges Lernen« ist kennzeichnend für den Dialog als multiperspektivischen Feedback-, Erkundungs- und Lernprozess.

»Anders als in meinem beruflichen Alltag hatte ich jetzt durch die Verlangsamung Zeit, ein Muster zu erkennen, aus dem heraus ich handle, und zu sehen, wie ich immer wieder in alte Gleise zurückfalle.«
Seminarteilnehmer, 48 Jahre

Wie können wir »Verantwortung« für unsere Erfahrungen übernehmen?

Gespräch mit Humberto R. Maturana

»Gerade Tatsachen gibt es nicht, nur Interpretationen. Wir können kein Faktum ›an sich‹ feststellen: vielleicht ist es ein Unsinn, so etwas zu wollen. ›Es ist alles subjektiv‹ sagt ihr: aber schon das ist Auslegung, das ›Subjekt‹ ist nichts Gegebenes, sondern etwas Hinzu-Erdichtetes, Dahinter-Gestecktes. Unsere Bedürfnisse sind es, die die Welt auslegen: unsre Triebe und deren Für und Wider. Jeder Trieb ist eine Art Herrschsucht, jeder hat seine Perspektive, welche er als Norm allen übrigen Trieben aufzwingen möchte.«
Friedrich Nietzsche

Humberto R. Maturana *wurde 1928 geboren, studierte Medizin und Anatomie in Chile und England, promovierte an der Harvard University und arbeitete am* Massachusetts Institute of Technology (MIT). *Nach der Wahl* Allendes *zum Präsidenten der Republik Chile versuchte er, das Kommunikationssystem zu reorganisieren. Er blieb auch nach dem Militärputsch Pinochets in Chile, obwohl er persönlich bedroht wurde.*

An der Universität von Santiago de Chile entwickelte er mit dem Biologen Francisco S. Varela *die Theorie der Autopoiesis. Sie besagt, dass lebende Systeme sich durch ein Netzwerk ineinander verwobener zirkulärer Prozesse beständig selbst erzeugen und dadurch autonom sind.*

Nach Maturana ist unser Gehirn nicht in der Lage, eine »objektive Realität« abzubilden. Das, was wir als Erlebnis-Wirklichkeit verstehen, besteht danach ausschließlich aus kognitiven lernabhängigen Selbstdifferenzierungsprozessen unseres Gehirns. Es konstruiert eine kognitive Welt, die in sich abgeschlossen ist und in der die reale Weit als Idee erscheint, aber keine unmittelbar erfahrbare Wirklichkeit ist. Maturanas Erkenntnistheorie gilt heute weltweit als systemtheoretische Basis verschiedener Bereiche, von der Biologie bis hin zur Kommunikationswissenschaft.

Hartkemeyer: *Mit Ihrer Formulierung »Alles was gesagt wird, wird von jemandem gesagt« haben Sie die persönliche Verantwortung und die Rolle des Beobachters als Ausgangspunkt Ihres Denkens betont.*

»Alles, was gesagt wird, wird von jemandem gesagt.«

Maturana: Genau. Ohne den Beobachter gibt es nichts. Er ist die Basis eines jeden Erkenntnisprozesses und jeder Aussage über sich selbst und über andere, ja bis in kosmische Zusammenhänge. Dieser Beobachter ist für mich das zentrale Forschungsthema, das Forschungsziel, und aufgrund meiner Betrachtungsweise auch das Instrument meiner Forschung.

Nach allgemeiner Konvention steht ja die Frage im Mittelpunkt, was »wahr« ist, was die »Realität« oder das »Wesen des Seins« ist, also etwas, was die Philosophen die »Ontologie« nennen würden.

Maturana: Darum geht es mir nicht, denn dadurch wird »Realität« oder »Wahrheit« zu etwas erklärt, was völlig unabhängig, also »extern« vom Beobachter existiert. Meine Arbeit orientiert sich an der Fragestellung, wie ich das, was wir »Erfahrung« nennen, erklären kann. Wie operiere ich als Beobachter? Wie mache ich das, was ich gerade tue? Nach welchen Kriterien stelle ich eine Behauptung auf? Dadurch wird ein anderer Fragehorizont entwickelt, und ich als Beobachter rücke ins Zentrum der Aufmerksamkeit. Plötzlich sehe ich das, was ich den »Bezug zur ›Realität‹« nenne oder den Verweis eines Menschen auf »die Wahrheit«, als den Erklärungsversuch eines Beobachters, der von seinen persönlichen Erfahrungen berichtet. Denn es sind bestenfalls Erklärungsversuche eines konkreten Menschen, um seine Zweifel zu überwinden. Wenn man glaubt, dass man sich einer Sache ganz sicher ist – oder so tut –, braucht man den anderen als wirklichen Gesprächspartner nicht mehr. Man braucht nicht mehr nachzudenken. Es erübrigen sich wirkliche Fragen.

»Die klassische Physik beruhte auf der Illusion, dass wir die Welt beschreiben können, ohne von uns selbst zu sprechen.«
Werner Heisenberg

Mir fällt auf, dass bei politischen Themen und weltanschaulichen Fragen dieses Muster vorherrscht. Durch polemische Äußerungen werden andere Ansichten häufig zurückgewiesen. Das Zuhören ist nicht selten taktischer Natur. Die Redner fallen einander ins Wort, Zwischenrufe erhitzen die Gemüter. Es geht um die Überlegenheit im Kampf der Argumente. In extrem aufgeheizten Situationen weist man nicht nur das Argument, sondern den anderen als Person zurück. In hitzigen Debatten versucht man ihn als Sympathisanten des Gegners abzustempeln oder bezeichnet ihn gar als Feind.

Maturana: Wenn man in einer Kultur lebt, in der Differenzen höchstens toleriert, aber nicht respektiert werden, anstatt sie als Gewinn zu sehen, dann mag das Unterschiedliche, Andersartige im Kern nicht akzeptabel sein, sondern erscheint leicht als unerträglich. Mit dieser Einstellung begibt man sich auf den Weg, anderen Gewalt anzutun. Dies wird dadurch gerechtfertigt, dass man von sich glaubt, einen besseren Zugang zu dem zu haben, was wir dann »Realität«, »Wahrheit« oder »Vernunft« nennen.

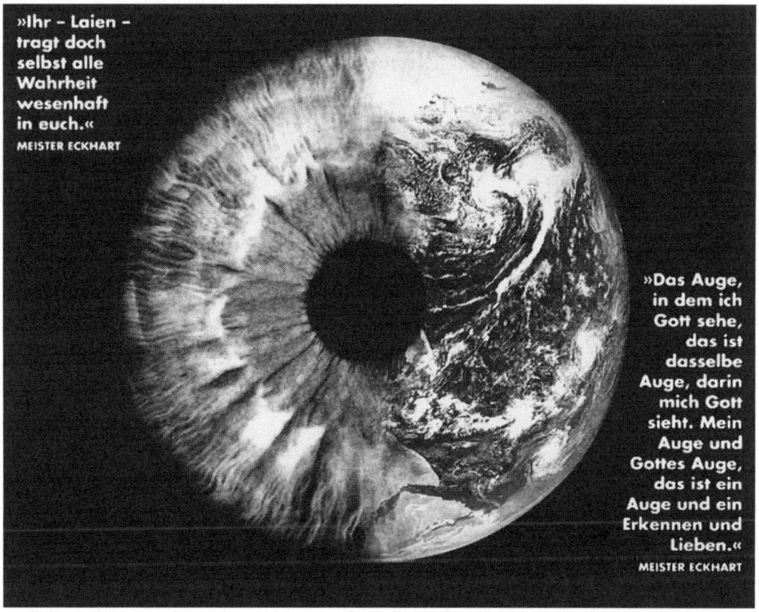

»Was auch immer wir Realität nennen, es erscheint uns nur durch eine aktive Konstruktion, an der wir beteiligt sind.«
Ilja Prigogine

Mein Zugang ist nicht das Unterscheiden von Beobachter und Beobachtetem, sondern ich zeige, wie das Unterschiedene mit der Person, die unterscheidet, verbunden ist. Dadurch wird klarer, welchen Anteil der Beobachter an der jeweiligen Unterscheidung hat. Aus meiner Sicht hat niemand einen privilegierten Zugang zur Realität. Wahrnehmung und Illusion sind im Moment der Erfahrung nicht unterscheidbar. Erst aus einer Metaperspektive können wir uns ein Ereignis und seine Folgen bewusst machen oder das, was wir »Wahl« und »Entscheidung« nennen. Wir gewinnen eine produktive Form der Distanz und verhindern, dass wir uns völlig in eigenen Meinungen und Handlungen verstricken. Ja, man kann es als eine Form von Meditation oder Kontemplation bezeichnen.

Im Dialog sprechen wir von der »metakognitiven Kompetenz«, die wir ausbilden wollen, um gewissermaßen aus der Distanz anzusehen, was wir eigentlich tun. In Zusammenhang mit Verantwortung steht auch das Thema Schuld.

Maturana: Meine These ist, dass jeder Mensch das tut, was er will, auch wenn er behauptet, dass man ihn gegen seinen Willen gezwungen hat. Ich selbst habe unter der Diktatur Pinochets in Chile gelebt und weiß, was ich sage. Macht ist nicht einfach da, sie entsteht durch Gehorsam und Unterwerfung. Durch Unterwerfung gestehe ich einer Diktatur Macht zu, indem ich tue, was sie will. Das spiegelt die Struktur dessen wider, dem man sich unterwirft.

Meine These ist, dass Unterwerfung die Ursache und Macht die Folge ist. Selbst wenn jemand ein Gewehr auf mich anlegt, habe ich die Möglichkeit, Folge zu leisten oder nicht. Ich muss überlegen. Jeder, der nicht gegen Hitler protestierte, hat sich entschieden, nicht zu protestieren. Und natürlich kann man sich auch dafür entscheiden, das eigene Leben zu retten, indem man auf andere schießt. Aber ich finde, die Behauptung, man sei gezwungen worden, ist eine Ausrede, das eigentliche Ziel einer solchen Entscheidung ist, sich zu unterwerfen, um am Leben zu bleiben.

In der neuen Wehrmachtsausstellung gibt es die Abteilung »Handlungsspielräume«. Dort gibt es Beispiele für Verhaltensalternativen gegenüber verbrecherischen Befehlen. Ein Bataillonskommandeur erteilte drei Kompaniechefs den Be-*

---

* Die nach Kritik in einzelnen Punkten überarbeitete Ausstellung »Verbrechen der Wehrmacht. Dimensionen des Vernichtungskrieges 1941–1944«, initiiert vom Hamburger Institut für Sozialforschung (Titel ursprünglich: »Vernichtungskrieg. Verbrechen der Wehrmacht 1941 bis 1944«).

fehl, in ihren jeweiligen Einsatzorten alle Juden zu erschießen. Einer führte den Befehl sofort aus, der zweite ließ ihn sich zuvor schriftlich bestätigen, der dritte weigerte sich, ihn auszuführen – ohne dass dies Konsequenzen für ihn gehabt hätte.

Maturana: Das konnte aber nur erfahrbar werden, indem sich jemand die Freiheit nahm, eine Verhaltensalternative in sich zu entwickeln. 1977 brachte man mich ins Gefängnis, weil ich drei Vorträge gehalten hatte. Einer handelte vom heiligen Franz von Assisi und seiner Art, andere Menschen so wahrzunehmen, dass es nicht möglich wird, sie als Feinde zu sehen. Ich hatte gesagt, dass jede Armee andere Menschen zuerst als Fremde abstempelt, um sie dann in Feinde zu verwandeln, damit sie in der Lage ist, zu misshandeln und zu töten. Das wurde mir vorgeworfen. Im Verhör gelang es mir, die Spielregeln umzudrehen, indem ich die Militärs fragte, inwieweit ich mit einem solchen Gleichnis gegen die Politik der Militärregierung verstoßen hätte. Ich versuchte ihnen zu erklären, dass sie das, was sie als Kommunismus bezeichnen, niemals ausrotten könnten, indem sie Menschen verfolgten, sie müssten die Bedingungen ändern, unter denen solche Phänomene wie soziale Ungerechtigkeit entstehen. Die drei Militärs hörten mit wachsender Ernsthaftigkeit zu und ließen mich dann frei.

Ein solcher Dialog gelingt nicht immer.

Maturana: Auch eine Demokratie funktioniert ja nicht im Selbstlauf, es ist sehr wertvoll, sie lebendig zu erhalten. Eine demokratische Kultur ist immer durch Engstirnigkeit bedroht. Nur durch lebendige Beteiligung, basierend auf Selbstachtung und der Achtung des anderen, kann sie immer wieder neu geschaffen werden. Wir müssen zeigen, dass jeder an der Erzeugung der Welt, in der wir leben, Anteil hat.

Das erste, was eine Diktatur vernichtet, ist die Selbstachtung des Einzelnen. Sie fördert die Verengung des Denkens, verlangt Gehorsam und Unterwerfung und schafft sich die Definitionsmacht über das, was als »richtig« und was als »falsch« gilt – das »Wahrheitsmonopol«. Aber was Menschen sich wirklich wünschen, ist eine Gemeinschaft, getragen von gegenseitigem Respekt und Selbstachtung – das, was wir manchmal verschämt »Liebe« nennen.

»Der Denkprozess denkt, dass er gar nichts tut, sondern einem nur mitteilt, wie die Dinge eben sind.«
David Bohm

***

Maturana verwendet den Begriff »Dialog« in der Regel nicht. Sprache als Phänomen ist für ihn eine Art gemeinsames Fließen in einem Flussbett der »Koordinations-Koordinationen« von »Verhaltens-Koordinationen«.

Sprache entsteht für Maturana nicht im Gehirn, sondern in der wechselseitigen Koordination von Interaktionen im gemeinsamen Lernfluss. Weil Sprache für ihn kein Kommunikationssystem ist, sondern aus Koordinations-Koordinationen von Verhalten besteht, hat er aus dem Wort »Sprache« das Verb *sprachen* gemacht. Lieber als das Wort »Dialog« verwendet er den Begriff »Konversation«. Er betont den lateinischen Wortsinn (»con« = »mit«, »versare« = »herumdrehen«, »hin- und herdrehen«/»-wenden«) und übersetzt es mit »Herumdrehen mit jemand anderem«. Er will damit die enge Verflechtung von *sprachen* und *emotionieren* betonen und auf das Fließen des Beziehungsverhaltens selbst hinweisen.

Auf der Suche nach der »Wirk«-lichkeit?

Heute verwenden wir gern das Wort »ganzheitlich« oder »holistisch«, wenn wir deutlich machen wollen, dass wir im Denken größere Zusammenhänge berücksichtigen müssen. Gerade die Wahrnehmung einer ökologischen Krise hat uns für die Idee empfindsam gemacht, dass unsere Welt, die Natur, der Kosmos ein unteilbares Ganzes ist. Vor allem in den Bereichen Klima und Verkehr, Gesundheitswesen, Management, nachhaltige Landbewirtschaftung und Bildung werden die Probleme einer zu engen Sichtweise offensichtlich.

David Bohm stellte sich als Quantenphysiker die Frage, inwiefern von der Untersuchung subatomarer Vorgänge neue Ideen und Lösungsvorschläge für unsere heutigen gesellschaftlichen Fragen abgeleitet werden können. Er glaubte, bei der Suche nach den grundlegenden physikalischen Strukturen Parallelen zwischen seinen quantenphysikalischen Beobachtungen und spirituellen Weisheiten gefunden zu haben. Bohm und *Einstein* diskutierten die Probleme der grundsätzlich akzeptierten Quantenmechanik, die aber von ihren theoretischen Grundlagen her nicht mit der Relativitätstheorie übereinzustimmen scheint. Vor allem Bohm war nicht bereit, sich mit den unerklärlichen Paradoxien abzufinden, die sich aus der Quantentheorie ergaben. Dies führte bei ihm zu der Idee, dass die Welt auf atomarer Ebene ein untrennbares Netz oder eine Welt miteinander verwobener Zusammenhänge sei (s. Kasten).

> »Die Quantenphysik befasst sich mit Beobachtungen, nicht mit Beobachtbarem.«
> Eugene Wigner

Um welche mysteriösen Beobachtungen geht es?

Es geht darum, dass sich im subatomaren Bereich Vorgänge abspielen, die mit unserem bestehenden Weltbild nicht in Übereinstimmung zu bringen sind:
So verhalten sich Photonen je nach experimenteller Beobachtungsanordnung entweder als Teilchen oder als Welle. Dieses Phänomen ist als »Welle-Teilchen-Dualismus« bekannt geworden. Die Fragestellung des Beobachters scheint einen ausschlaggebenden Einfluss auf das Versuchsergebnis zu haben. Der Beobachter hat danach keine neutrale außenstehende Position, sondern durch die Tatsache seiner Beobachtung und die Art seiner Fragestellung ist er als Teilnehmer in das Ergebnis einbezogen (s. Kap. 2).
Ein anderes Experiment überschreitet ebenfalls die Grenzen unserer Logik. Nach der von *Heisenberg* entdeckten Unschärferelation sind wir offensichtlich nicht in der Lage, gleichzeitig Ort und Impuls eines Elektrons festzustellen. Einstein war überzeugt, dass dies an der Unzulänglichkeit der Messinstrumente liegen müsse, denn er wollte an der vertrauten Welt von Ursache und Wirkung um jeden Preis festhalten. Um dem »Irrenhaus der Quanten« etwas entgegenzuhalten, ersann er ein Gedankenexperiment, welches als *Einstein-Podolsky-Rosen-* (EPR-)Experiment in die Physikgeschichte einging. Es sollte der *Heisenbergschen* Unschärferelation ein Schnippchen schlagen und auch die Merkwürdigkeit der von Bohr gegebenen Deutung der Quantenmechanik aufzeigen.
In einem Zwei-Teilchensystem fliegen zwei Teilchen gleicher Masse entgegengesetzt auseinander, haben also einen entgegengesetzten Dreh-Impuls *(spin)*. Eine Messung des Ortes oder Impulses von A verrät den Ort und den Impuls von B, unabhängig von ihrer Entfernung. Wenn z. B. A den Impuls (Drehrichtung) ändert, muss sich gleichzeitig bei B ebenfalls der Impuls ändern, egal, ob sie Lichtjahre voneinander entfernt sind. Das aber steht im Widerspruch zur Relativitätstheorie, nach der kein Signal schneller als das Licht sein kann.
Ein solcher Gedanke war für *Einstein* unerträglich. Er spottete über eine geisterhafte Fernwirkung. Die objektive Realität, die in jedem Teilchen ihren Ort haben sollte, war für ihn so wichtig, dass er später mit *Niels Bohr* nicht mehr ernsthaft diskutieren konnte. Sie wurden dialogunfähig.
Erst Jahrzehnte später wurde dieses Paradoxon in einem Experiment von *Alain Aspect* experimentell bestätigt.

»Wer über die Quantentheorie nicht entsetzt ist, der hat sie nicht verstanden.«
Niels Bohr

»Es ist absurd anzunehmen, Billardkugeln bestünden aus Atomen und Atome aus Billardkugeln.«
Sir James Jeans

Brockhaus: »Die Kopenhagener Deutung interpretiert das Quadrat der Wellenfunktion eines quantenmechanischen Problems als Wahrscheinlichkeit für sein ›potenziell‹ mögliches Verhalten; erst im Augenblick der Messung wird eine Entscheidung für ein ›aktuelles‹ Verhalten getroffen.«

»In Formation« – Information

Die Welt als eingefaltete Ordnung

Die materielle Welt, wie wir sie zu sehen glauben, existiert nicht. Das Bild unserer Welt, die aus unabhängigen Gegenständen wie Tischen, Stühlen, Häusern, Sternen, Atomen besteht, ist uns so vertraut, dass uns die Annahme von Bohr, dass Beobachtung erst die Realität hervorbringt, unverständlich erscheint. Wir neigen eher Einstein zu, der davon ausging, dass sich die Realität, die bereits existiert, nur offenbart. In der so genannten *Kopenhagener Deutung* der Quantenphysik (von Niels Bohr) ist ein Paradox enthalten, das unser Weltbild als unsicher erscheinen lässt, auch wenn sie als gültige Interpretation angesehen wird.

David Bohm hat eine Deutung gewissermaßen *zwischen* den Kontrahenten Bohr und Einstein entwickelt. Für ihn ist die Wirklichkeit eine »eingefaltete Ordnung«: gleich einem Hologramm, einem Bild, welches auch bei Zerstörung der holografischen Bildplatte in jedem Teil das ganze Bild in seiner dreidimensionalen Form enthält (s. Anhang, Literatur). Oder etwa wie im Samenkorn als Möglichkeit in verschlüsselter Form die ganze Pflanze enthalten ist. Aber zur Realisierung dieser Potenziale werden Energien aus den Reservoirs von Boden, Wasser, Luft und Sonne geschöpft. Die Information des Samenkorns verwandelt sie. Der Samen und das Potenzial gehen gemeinsam über *in* eine neue *Formation.*

Leben, Geist und belebte Materie haben für David Bohm die gleiche Struktur. Danach entsteht die Welt der Erscheinungen gemäß der Quantenmechanik aus einer tiefer liegenden Struktur, in der sie eingefaltet ist: ähnlich wie Geist, Gedanken und Gefühle in anderen Gedanken eingefaltet sind. Bohm vergleicht diese »implizite Ordnung« mit einem Stück Papier, in welches Muster eingefaltet oder geschnitten werden. Beim Auseinanderfalten entstehen wieder neue Muster.

Anders bei *Descartes.* Für ihn hatte Gott der »denkenden Substanz« (»res cogitans«), dem menschlichen Geist, eindeutige Gedanken eingegeben. Davon getrennt war die »ausgedehnte Substanz« (»res extensa«), die der Geist durch die von Gott mitgegebenen Gedanken verstehen konnte. Nach der Herauslösung des Gottesbegriffes aus der Wissenschaft stehen beide Elemente beziehungslos nebeneinander.

Die Welt ist vernetzt und frei

Auch das Postulat des Weltganzen als Maschine, wie es *La Mettrie* als Kind der Aufklärung vertrat, ist nach heutigem Erkenntnisstand nicht mehr vertretbar. Für eine neue Interpretation der Wirklichkeit ist es Bohm wichtig, das überlebte Weltbild eines mechanistischen Universums zu überschreiten und die zugrunde liegenden Weltbilder als Illusionen, zumindest aber Erkenntnisbegrenzungen, und nicht als die wirkliche Wirklichkeit zu nehmen.

Bohm betrachtete das Ganze – ohne die Zerlegung in seine Teile – als Einheit. Ob in der Medizin, im Umweltschutz, in der Entwicklungspolitik – überall sehen wir »Zerlegungsmodelle« und Spezialisten, die mit einer gewaltigen Zunahme an Spezialwissen operieren, aber häufig nicht in der Lage sind, die zergliederten fragmentierten Aspekte so zusammenzubringen, dass eine nachhaltige Perspektive entsteht.

Von Fischernetzen und Erwartungsfeldern

Gespräch mit Hans-Peter Dürr

Dr. Hans-Peter Dürr *wurde 1929 geboren und arbeitet an der Universität München. Er ist Professor für Elementarteilchenphysik und langjähriger Direktor am* Werner-Heisenberg-Institut *(Max-Planck-Institut für Physik und Astrophysik). Er erhielt zahlreiche Auszeichnungen, u. a. ist er Träger des so genannten »Alternativen Nobelpreises«.*

Im Mittelpunkt des Gesprächs mit Hans-Peter Dürr stehen die Idee, dass das dialogische Prinzip eine universelle Basis des Entwicklungsprozesses sein könnte, und die Frage nach der Bedeutung von Weltbildern für unser Wirklichkeitsverständnis. Ein solcher Dialogbegriff ist ähnlich weit gefasst wie bei David Bohm. Dürrs Interpretation der »Quantenphilosophie« gibt Anregungen für unseren Begriff von »Wirk«-lichkeit.

Hartkemeyer: *Herr Dürr, unsere Annahme ist, dass wir uns im Dialog immer mit dem Austausch von Weltbildern befassen. Weltbilder, die wir uns gegenseitig vorstellen und die manchmal unsere Sicht verstellen. Denn diese haben die Eigenschaft, unterschwellig das zu filtern, was wir überhaupt wahrnehmen.*

Was ist Ihre Sichtweise als Physiker?

Dürr: Weltbilder sind uns wichtig, weil sie auch unser Selbstbild bestimmen. Deshalb ist es wichtig, diese Weltbilder genauer anzuschauen – nur dann verstehen wir uns selbst. Nach der neueren quantenphilosophischen Sicht der Welt im Unterschied zur klassischen Sicht ist der Mensch kein unabhängiger objektiver Beobachter, sondern ein Teil der Natur. Er befindet sich innerhalb und nicht außerhalb von ihr.

Natur sollte man übrigens besser mit Schöpfung umschreiben. Sie ist nämlich nichts Statisches, nichts Festes, sondern etwas, was dauernd entsteht und sich weiter entwickelt.

Wir gehen davon aus, dass unser heutiges Weltbild, unsere Vorstellungen sehr von Naturwissenschaft und Technik geprägt sind. Wir haben ein ungeheures Wissen angesammelt über das, was wir Wirklichkeit nennen. Doch was ist die Wirklichkeit?

Dürr: Da fängt es an, interessant zu werden. Für den Physiker ist die Wirklichkeit dasselbe wie die Welt oder die Natur, das, was »wirkt«. Der wesentliche

Punkt ist aber, ob wir in diesen Wirklichkeitsbegriff den Menschen einbeziehen oder ihn außerhalb lassen, weil wir glauben, er sei etwas total Anderes.

Dann ist das alte vorwissenschaftliche Bild der »Mutter Erde«, mit der der Mensch wie ein Embryo im Uterus verbunden ist, so falsch nicht?

Dürr: Es ist sogar sinnvoller als ein abstrakter Naturbegriff, der in seiner Arroganz diesen untrennbaren Zusammenhang ausblendet und zerstörerisch wirkt.

Naturwissen wird heute vor allem deshalb geschätzt, weil wir damit Technik schaffen können. Wissen ist also nicht nur etwas Philosophisches, wobei es darum geht, etwas um seiner selbst willen zu erkennen. Wissen ist Macht. Wer Wissen besitzt, der bringt sich dadurch in die Position, manipulieren zu können und Macht auszuüben. Die heutige Form von Wissen und Wissenschaft ist durch die Trennung von Ich und Welt entstanden. Erst durch diesen Schritt lassen sich Dinge scharf unterscheiden und Regelmäßigkeiten zwischen ihnen konstruieren, deren Formulierungen sich im Laufe der Zeit als richtig oder falsch erweisen können. Wir verwenden dieses Wissen von Regelmäßigkeiten dann dazu, Prognosen zu erstellen. Dass die Wirklichkeit dies überhaupt zulässt, zu »Machenschaften« Anlass gibt, ist eigentlich eine Überraschung!

Was ist nun die Beziehung von »Wissen« zu dem, was wir »Wirklichkeit« nennen, oder anders gefragt: Verstellt aus Ihrer Sicht das herrschende Konzept des naturwissenschaftlichen Wissens den Blick auf die »eigentliche Wirklichkeit«, die dahinter steht?

Dürr: Um das anschaulicher zu erläutern, möchte ich auf ein Gleichnis des englischen Astrophysikers Eddington zurückgreifen, das er in seinem Buch *The Philosophy of Physical Science* 1939 verwendet hat: Eddington vergleicht den Naturwissenschaftler – oder wir können auch sagen: uns selber – mit einem Ichthyologen, einem Fischkundigen. Er ist ein Fischer, der hinausfährt und Fische fängt. Nach jahrelangem Fischen kommt er zu den zwei Grundgesetzen der Ichthyologie:

Gesetz Nr. 1: Alle Fische sind größer als fünf Zentimeter.

Gesetz Nr. 2: Alle Fische haben Kiemen.

Er nennt dies die »Grundgesetze der Ichthylogie«, da er sie bei jedem Fischzug bewahrheitet findet. Auf dem Nachhauseweg trifft er seinen besten Freund – nennen wir ihn den Metaphysiker – und erzählt von seiner großen Entdeckung.

Der Metaphysiker hört sich das an und sagt: »Dein zweites Grundgesetz könnte vielleicht eines sein, aber dein erstes nicht. Wenn du die Maschenweite deines Netzes gemessen hättest, hättest du festgestellt, sie beträgt fünf Zentimeter.«

Unser Ichthyologe ist überhaupt nicht beeindruckt davon; er sagt: »Entschuldige, in der Ichthyologie ist ein Fisch definiert als etwas, das ich mit meinem Netz fangen kann; was ich nicht fangen kann, ist kein Fisch.«

Das ist eine Parabel, wie Sie sehen, die charakterisieren soll, wie wir Wissenschaftler vorgehen. Wir alle brauchen für unseren Fischfang ein Netz. Das Netz ist in unserem Fall nicht einfach nur die verwendete Methode, die in guten Experimentier-Handbüchern steht, sondern vor allem die Art und Weise unseres Denkens. Denn unser wissenschaftliches Denken hat eine bestimmte Struktur. Es zerlegt, analysiert, fragmentiert. Das Netz, das wir bei all unseren Entdeckungen verwenden, fragmentiert die Welt, zerschneidet bestimmte Zusammenhänge. Nur das, was in dieses Denkschema hineinpasst, können wir erfassen.

Besonders verblendet wird es, wenn Wissenschaftler glauben, sie würden kein Netz verwenden, oder tatsächlich glauben: Ich betrachte doch die Natur, wie sie ist. Ich sehe keine »Netze«.

Das ist so ähnlich, wie wenn wir sagen, es gäbe keinen blinden Fleck im Auge.

Dürr: Niemand hat diesen blinden Fleck in seinem Auge je gesehen, obwohl wir ihn natürlich haben. Unser ganzes Leben lang haben wir um diesen Fleck herumgedacht. Unsere Bilder hatten niemals Löcher. Das heißt, unser Netz sehen wir nicht, weil wir es immer benutzen! Was wir ständig benutzen, setzen wir voraus, und wir nehmen dabei an, dass jeder dieselbe ungeschmälerte Wirklichkeit sieht. Um uns zu verstehen, sollten wir stattdessen immer, wenn uns jemand eine Karte der Wirklichkeit vorsetzt, fragen: Welcher Filter wurde dabei verwendet?

Dieser Filter siebt übrigens nicht nur heraus – wie das Netz des Fischers –, sondern verändert auch die Wirklichkeit. Unsere Wahrnehmung der Wirklichkeit, auch die wissenschaftliche Wahrnehmung in ihrer verschärften Form, ähnelt einem Fleischwolf. Oben wird etwas hineingestopft und vorn kommen die Würstchen heraus. Danach ist die ganze Welt also aus »Würstchen« zusammengesetzt. Das hat mit der eigentlichen Wirklichkeit nichts mehr zu tun.

Unser Weltbild scheint doch bislang recht erfolgreich gewesen zu sein, auch wenn es in letzter Konsequenz die Überlebensfähigkeit der Menschheit durch Umweltzerstörung und kriegerische Aggressionen zu untergraben scheint.

»Je willkürlicher das Netz gewebt ist, das der kühne Fischer auswirft, desto glücklicher ist der Fang.«
Novalis

Dürr: Das scheint so zu sein, aber unser Fischergleichnis reicht ja noch weiter. Wenn jemand dem Fischer entgegnen würde, seine Definition eines Fisches – als Objekt, das mit seinem Netz fangbar ist – sei doch ein bisschen willkürlich, dann könnte er antworten: Ich trage den Fisch jeden Morgen auf den Markt, und noch nie hat mich jemand nach einem Fisch gefragt, den ich nicht fangen kann. Die Wirtschaft ist selbstverständlich nur an Fischen interessiert, die man fangen kann. Jetzt verstehen wir auch, warum das, was die Wissenschaft »begreifbar« macht, in der Anwendung so gut umsetzbar ist. Es ist tauschfähig! Und wenn etwas tauschfähig ist, dann haben wir eine einfache Methode, uns zu verständigen.

Die Frage der Berechenbarkeit und Beherrschbarkeit, die Verwandlung der Welt in Waren und Dienstleistungen, die Herrschaft von Shareholder-Value und DAX scheinen das Denken zu beherrschen.

Dürr: Aber dabei vergessen wir, dass dasjenige, was nicht durch unseren fragmentierenden Verstand, durch unsere begriffliche Sprache zu fassen ist, eigentlich wichtiger ist. Denken wir an Liebe oder Treue oder irgendetwas anderes, was in unserem Leben eine große Rolle spielt. Das sind alles Fische, die kleiner sind als fünf Zentimeter! Auch alle Religion ist – in meiner Sprache – etwas, was nie in Konflikt mit Naturwissenschaft gerät, weil es sich auf Fische bezieht, die kleiner als fünf Zentimeter sind.

Goethe sagte einmal sinngemäß: Das Erleben ist größer, wenn wir anerkennen, dass wir mehr erleben können, als wir begreifen.

Dürr: Ja. Dann würden wir wieder eine andere Betrachtungsweise in der Welt haben. So dass wir das, was erlebt wurde, bewusst wahrnehmen und nicht sofort dem sezierenden Verstand unterwerfen und damit alles eliminieren, was nicht in das Verstandesnetz oder die Begriffsschubladen hineinpasst.

Inwieweit können wir nun das, was nicht »begreifbar« ist, dennoch zur Grundlage einer Verständigung machen? Unser Wahrheitsbegriff wurde im 19. Jahrhundert mit Objektivierbarkeit identifiziert. Danach ist das, was objektiv »Tatsache« ist, auch wahr. Und das, was wir nur subjektiv erfassen können, das ist unsere Privatmeinung.

Dürr: Die modere Physik hat gezeigt, dass es diese Objektivierung eigentlich gar nicht gibt, z. B. die so genannte »Tatsache« Elektron. Wenn wir versuchen, das Elektron wissenschaftlich zu erfassen, zu messen, stellen wir fest, dass es einerseits wie ein Teilchen aussieht und andererseits mehr wie eine Welle. Je nachdem, welches Netz wir verwenden, bekommen wir das eine oder andere Bild. Was ist es denn nun »wirklich«? Man hat sich darüber Jahrzehnte lang gestritten. Die Antwort lautet: Es ist sowohl als auch, oder keines von beiden.

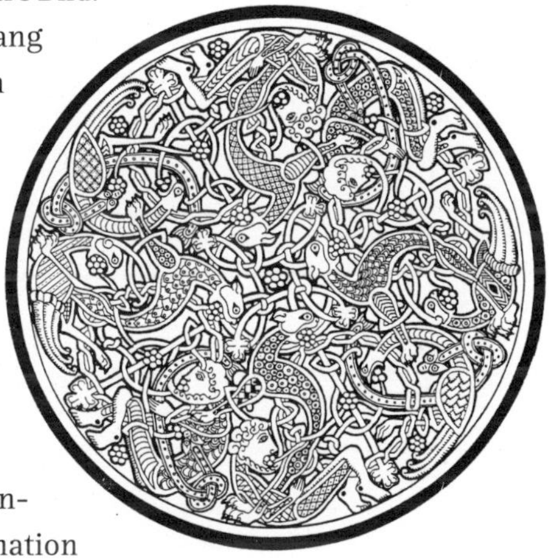

Keltisches Muster

Nach dem Weltbild der Quantenphysik hängt alles mit allem zusammen. Welche praktischen Auswirkungen hat die Fragmentierung der Wirklichkeit?

Dürr: Wenn wir genau überlegen, erkennen wir, dass wir mit unseren Sinnen nur gewisse Dinge wahrnehmen. Stellen Sie sich z. B. das elektromagnetische Feld unmittelbar um sich herum vor. Es ist ein einziges elektromagnetisches Vektorfeld. Darin steckt die ganze Information aus dem Weltall, von den Sternen und Galaxien. Aber auch die Information, die von unten kommt, wie die γ-Radioaktivität, die Wärmestrahlung ist darin. Das Licht, alle Fernseh- und Radioprogramme und das, was man mit den Handys heute so anstellt. Es sind nicht einzelne Pakete von Dingen an bestimmten Orten, sondern es handelt sich um ein einziges universelles Feld, dessen Form die verschiedenen Aspekte dieser Form von Wirklichkeit widerspiegelt.

Um einzelne Teile herauszuholen, z. B. unser Handy zu nutzen, sieben wir aus diesem einen Feld eine ganz bestimmte Form heraus, eine Struktur. Wir nennen das auch »Wellenlänge«. Wir wissen, dass wir mit verschiedenen wissenschaftlich-technischen Geräten diese Form von Auswahl auf ein anderes Fragment erweitern können. Das ist also keine Grenze der wissenschaftlichen Wahrnehmung, sondern eher eine Grenze, die man immer wieder überschreiten kann.

Unsere Grenze der Erkenntnis wird dagegen durch unser Verständnis von Wissenschaft festgelegt, die diese Fragmentierung bestimmt.

Wie kommt aber das Neue in die Welt? Ist die Form Ausdruck der Kreativität?

Dürr: Ja, so schwierig es scheint, sich die Form als das Wesentliche vorzustellen und nicht die Substanz, so wenig erstaunlich ist das andererseits: Betrachten Sie etwa eine Schallplatte, in der eine Fuge von Bach oder eine Symphonie von Beethoven eingepresst ist. Eine einzige lange gewundene Rille enthält alles. Die Form der Rille bestimmt die ganze Symphonie, mit allen Instrumenten und ihren Obertönen. Sie können diese Form auch auf eine CD nehmen, oder Sie können sie als Schwingungsfeld in den Raum senden. Es ist dieselbe Musik, nur der Träger ändert sich. Der Träger ist also nicht wesentlich, wichtig ist die Gestalt.

Wie aber wird aus der Potenzialität, aus dem Möglichkeitsfeld, die Form realisiert?

Dürr: Nehmen Sie als ein Beispiel ein Elektron, ein Elementarteilchen des Atoms. Wir sprechen dabei vorläufig von »Äpfeln« und Planetensystemen, anders geht es auch wohl nicht. Wenn dieser Mikro-Apfel sich in der klassischen Vorstellung von Punkt A nach B bewegt, muss ich das in der Quantenmechanik ganz anders beschreiben. Das, was wie ein Elektron aussieht, erzeugt um sich ein Feld, das nennen wir »Erwartungsfeld«. Dieses Erwartungsfeld entwickelt sich in die Zukunft wie eine Welle, und dann gerinnt gewissermaßen an einem anderen Ort ein neues Elektron. Das messe ich. Zwischen den beiden Orten ist überhaupt nichts gelaufen. Das Elektron ist vielmehr an einem Ort verschwunden und neu an einem zweiten entstanden.

Elektron – geronnenes Erwartungsfeld

Entwicklung der Welt in Zeit heißt also nicht, dass alle Substanz mit sich selbst gleich bleibt. Sondern es wird für jedes Objekt eine Art Wellenfeld aufgebaut, an dem übrigens nicht nur dieses Objekt, z. B. unser Elektron, beteiligt ist, sondern die ganze Welt. Die ganze Welt erzeugt ein Wellenfeld und darin an bestimmter Stelle auch ein Elektron. Das Elektron ist dabei eine Überlagerung von Wellen, wir nennen das ein »Wellenpaket«. Aber das ist ein Wellenpaket, das keine scharfe Umrandung hat, sondern sich bis an das Ende des Universums erstreckt. Natürlich wird es nach außen sehr viel schwächer, aber es erfüllt den ganzen Raum. In der Richtung, in der – klassisch gesprochen – das normale Elektron läuft, prägt sich dieses Feld nur besonders ein.

»Es gibt Dinge, die man nicht sagen kann, weil es keine Worte gibt, um sie zu sagen. Und wenn es sie gäbe, würde niemand ihre Bedeutung verstehen.«
Federico García Lorca

Welche Beziehung hat die Materie zu geistigen Prozessen?

Dürr: Die vielfältige Wirklichkeit ist durchzogen von einfältigen Strukturen, und die nennen wir Materie. Diese Potenzialität können wir auch mit Vorgängen im Geistigen vergleichen. Das Geistige ist auch etwas, was nur ganzheitlich vor sich geht, was nicht fassbar, nicht ausgedehnt ist. Wenn Sie Vorstellungen in Ihrem Geist haben, sind diese unendlich reich, bevor Sie darüber nachdenken. In dem Augenblick, in dem Sie einen konkreten Gedanken fassen, gerinnen alle diese Vorstellungen zu einem einzigen Gedanken. Das ist gewissermaßen ein »Massenmord« an Optionen. Jedes Mal wenn uns etwas einfällt, gehen ungeheuer viele andere Möglichkeiten verloren.

»So wenig wie möglich sitzen; keinem Gedanken Glauben schenken, der nicht im Freien geboren ist und bei freier Bewegung, in dem nicht auch die Muskeln ein Fest feiern. Alle Vorurteile kommen aus den Eingeweiden. Das Sitzfleisch ist die Hauptsünde gegen den Heiligen Geist.«
Friedrich Nietzsche

Wenn ich etwas ausspreche, begrenze ich mich selbst. Die Konsequenz wäre etwa Schweigen im Dialog. Im Dialogprozess kommen wir immer wieder an den Punkt, wo wir feststellen, wie begrenzt die Sprache ist. Das ist die Situation, wo neue Möglichkeiten aufscheinen.

Dürr: Ein Erlebnis in Worte zu fassen ist schwierig. Wenn ich sage, ich habe ein Erlebnis gehabt, dann merkt man, wie man anfängt zu stottern, weil man gar nicht recht weiß, wie man das beschreiben soll. Wir stoßen auf die Schwierigkeit, es dem anderen begreiflich zu machen. Es ist die Frage, wie man das bezeichnen soll. Ich nenne es »Erlebnis«. Den Begriff »Erfahrung« verwende ich für den Versuch, dieses Erlebnis umzusetzen, indem ich es mir bewusst mache und es in Worte fasse. Das Erlebnis ist etwas Spontanes. Aber ich habe nun in meiner Erziehung beigebracht bekommen, wie ich so etwas einordne. Es ist ja wahrscheinlich gar nicht so sehr der Kopf, der hier beteiligt ist, sondern vielmehr das Herz. Jede Ordnung, die wir durch unseren Verstand hineinlegen, manipuliert den eigentlichen Sinn hinaus.

In der Philosophie des Tao und des Zen finden wir die reiche Bedeutung der Meditation oder des Koan.

Koan: Problem ohne logische Lösung, die im Zen-Buddhismus den Schülern als Meditationsaufgabe gestellt wird.

Dürr: Und ein Dialog über das Erleben in der Ahnung kann nur in dieser Art gelingen. Das Erleben in der Ahnung ist ja sehr reich. Und, ich muss es immer wieder sagen: Wenn man wirklich in dem Zustand der Ahnung ist, dann vibriert man einfach an der Grenze. Man versucht sich nicht genau Rechenschaft zu geben von dem, was man erlebt hat, sondern man belässt es bei kurzen Bemerkungen. Deshalb ist ein Dialog so gut, weil der eine spontan aus seiner Ahnung heraus spricht, während der andere besonnen reflektiert. Man redet sozusagen nicht nur »vernünftiges Zeug«, man redet in Fetzen, indem man einfach die Augen zumacht und ausdrückt, was an einem vorbeischweift, ohne dass man genau weiß, was man redet. Und der andere ist derjenige, der das auffängt und bewusst registriert. Jeder sondiert gewissermaßen des anderen Ahnungsdepot.

Des anderen Ahnungsdepot sondieren.

***

Wenn wir auf *David Bohms* quantenphysikalische Deutung der »eingefalteten Ordnung« zurückkommen, ist Bedeutung nicht nur ein immanenter Teil unserer Wirklichkeit. Das Fließen von Sinn im Dialog kann neue Bedeutung schaffen und ist dadurch ein kreativer Akt. Und wenn sich Absichten durch *kollektive Intelligenz* entfalten, wenn sie sich bei uns integrieren, sich umsetzen, haben diese neuen Bedeutungen Anteil an der neuen Wirklichkeit. Damit wird die Situation nicht nur aus der geistigen Sicht, sondern auch auf der physischen Ebene verändert. Das ist vielleicht auch das Geheimnis der aktiven Rolle des Betrachters auf der quantenphysikalischen Ebene.

»Meine Sätze erläutern sich dadurch, dass sie der, welcher mich versteht, am Ende als unsinnig erkennt, wenn er durch sie – auf ihnen – über sie hinausgestiegen ist. (Er muss sozusagen die Leiter wegwerfen, nachdem er auf ihr hinaufgestiegen ist.) Er muss diese Sätze überwinden, dann sieht er die Welt richtig.«

Ludwig Wittgenstein

In der mechanistischen Sichtweise sind Bedeutung und Wirklichkeit streng voneinander getrennt. Es scheint ihr »unwissenschaftlich«, dass die Wirklichkeit durch die Wahrnehmung einer neuen Bedeutung unmittelbar veränderbar ist.

»Es macht einen außerordentlich verlegen … wenn man Russell und Wittgenstein gelesen und am logischen Positivismus geknabbert hat, sich verbale Präzision zum Ziel setzt und eine Abneigung hat gegen klebrige Ergüsse. Aber mystische Erlebnisse, wie wir das unzulänglicherweise nennen, sind nicht nebulös, vage oder rührselig – sie werden allenfalls dazu, wenn wir sie dazu erniedrigen, indem wir sie in Worte kleiden.
Um jedoch auszudrücken, was von Natur nicht ausdrückbar ist, muss man Worte gebrauchen; und so bewegt man sich in einem Circulus vitiosus. Wenn ich sage, ›das Ich hatte aufgehört zu existieren‹, so beziehe ich mich auf ein konkretes Erlebnis, das in Worten so wenig ausdrückbar ist wie die Empfindungen, die durch ein Klavierkonzert ausgelöst werden, das aber genau so wirklich ist – nein, sehr viel wirklicher. Tatsächlich ist sein wichtigstes Kennzeichen der Eindruck, dass dieser Zustand viel realer ist als irgendein je zuvor erlebter – dass zum erstenmal die Schleier gefallen sind und man in Berührung gekommen ist mit der ›wirklichen Wirklichkeit‹, der geheimen Ordnung der Dinge, die im Normalzustand schichtenweise von Unerheblichkeiten überdeckt ist.« (Arthur Koestler 1955; zit. n. Keuffer 1991, S. 410 f.)

Auf der Suche nach einer neuen Sprache für systemisches Denken

Die Grenzen meiner Sprache sind die Grenzen meiner Welt.

Ludwig Wittgenstein

Die Sprache kann als eine Form gesehen werden, die unendliche Möglichkeit persönlicher Erfahrungen in zeitlich geraffter Form einem anderen Menschen mitzuteilen. Bedingt durch die unterschiedliche Erkenntniswelt und die individuellen Bilder kann ein anderer davon jeweils nur bestimmte Elemente begreifen. Außerdem hat die Sprache die Eigentümlichkeit, alles in einem Nacheinander darzustellen.

Der Sprachforscher *Benjamin Lee Whorf* war vor seiner Tätigkeit als Wissenschaftler Mitarbeiter einer Feuerversicherungsgesellschaft und stieß bei der Analyse von vielen hundert Schadensfällen auf die wahrnehmungsleitende Wirkung von Sprache. Wir alle »wissen« intuitiv, dass wir uns in der Umgebung von »Benzinfässern« vorsichtig zu verhalten haben, so Whorf. Aber wie ist es, wenn wir es mit einem Lager »leerer Benzinfässer« zu tun haben? Das Wort »leer« scheint dann die Abwesenheit von Gefahr zu suggerieren; aber leere Benzinfässer können, wenn sie einmal gefüllt gewesen sind, explosive Dämpfe enthalten und damit wesentlich gefährlicher sein als gefüllte.

Gerade für kreatives Denken, für systemische Prozessbeschreibungen, für die Darstellung von Zusammenhängen scheint eine neue Sprache erforderlich zu sein, die nicht die herrschende Tendenz der Einordnung – in Schubladen – fördert, sondern eine neue Sicht von unentdeckten Zusammenhängen eröffnet. *Gregory Bateson* hat dies in seiner *Ökologie des Geistes* deutlich gemacht. Er hat den Beziehungen im Gedankenfeld und der damit verbundenen Kreativität große Aufmerksamkeit gewidmet.

Gedankenfeld wie ein Gespinst im Raum

Das Gedankenfeld lässt sich mit einem dreidimensionalen Gespinst im Raum vergleichen: Wenn ich irgendwo die Spannung verändere oder ein Gewicht hineinwerfe, verändern sich alle Knotenpunkte und Relationen im Raum.

Um deutlich zu machen, worum es geht, versuchen wir einen Perspektivwechsel: Die Himba, ein nomadischer Stamm in Nordwestnamibia, haben einen anderen Zeitbegriff als wir. Die Zeit ist für sie ein Fluss, der vorübergleitet. Die Zukunft liegt unsichtbar hinter ihnen, weil sie sich erst noch ereignen muss. Die

Vergangenheit liegt klar vor ihnen. Sie bedeutet ihnen viel, weil sie ihnen das Wissen gibt, das sie davor bewahrt, grundsätzliche Fehler zu machen. Die westliche Vorstellung einer vor uns liegenden Zukunft und einer hinter uns liegenden abgelaufenen Vergangenheit erscheint ihnen als sinnlos. Wie kann das unbekannte Morgen vor einem liegen? Wenn aber die Vergangenheit hinter einem liegt, kann man sie leicht vergessen und immer wieder die gleichen Fehler machen. Eine verblüffende Logik?

Die Zukunft – vor oder hinter uns?

Ein anderes Modell für Zeit und Raum stammt von den australischen Aborigines. Sie fassen den Raum nicht als *Entfernung*, sondern als *Beziehung*, als Bewusstsein auf. Während die greifbaren Dinge im Raum dem Bewusstsein erfahrbar sind, entsprechen die Beziehungen dem Raum des Unbewussten, im Sinne von Traum und Möglichkeit. Dieser unbewusste Raum ist nicht nur im Traum (im Schlaf), sondern auch in der Gegenwart stets präsent und dem Bewusstsein zugänglich. Solche Beziehungen sind allumfassend und reichen vom Inneren des Atoms bis in die Galaxien. Die Kosmologie der Quantenphysik kommt der Naturphilosophie der Aborigines erstaunlich nahe. Danach sind das erkennende Subjekt und das Erkannte untrennbar miteinander verbunden. Raum, Zeit, Energie gehen auseinander hervor und sind Aspekte des Seins. Bewusstsein bleibt auch in der Welt der Aborigines ein unendliches Potenzial von Bedeutungen, Formen, Analogien, Mustern.

Entschuldigung

Die westliche (Sprach-)Struktur von Subjekt, Prädikat und Objekt begünstigt eine lineare Sichtweise. Daher begünstigt sie auch, im negativen Fall, bei Konflikten eine Eskalationsdynamik. – Die Linearität des Denkens kann in eine Wahrnehmungszyklizität, in ein »Gefangensein« oder gar in eine Destruktionsspirale führen (s. Beispiel des DDT-Einsatzes in Borneo, S. 365). Wie erkennen wir in solchen Situationen die dahinter stehenden Muster, den reziproken Einflussstrom? Wie können wir sehen, dass jeder Einfluss sowohl Ursache als auch Wirkung ist?

In der Sprache der nordamerikanischen Hopi könnte es heißen: Ein Ereignis ist (nach Whorf) eine zu Ende kommende Verursachung im Feld der Möglichkeiten. Die schlummernde Möglichkeit offenbart sich, ein Samenkorn entfaltet sich z. B. durch geistige, kausale, keimtreibende Aktivitäten im Möglichkeitsraum. Der Same ist in diesem Verständnis eher ein Tor, durch das aus dem Kosmos eine neue Qualität in die Welt treten kann.

Die Ponca, ein nordamerikanischer Indianerstamm, haben keine feste Sichtweise von rechts und links. Was meine rechte oder was meine linke Hand ist, kann wechseln, je nachdem, auf welcher Seite des Flusses ich in welche Richtung gehe. Die kalifornischen Wintu kennen keinen Begriff für »ich habe«. Statt »Ich habe eine Schwester« sagen sie, »Ich bin verschwestert«. Die Erde heißt bei den Ponca »I Naha« – Mutter, die dich nährt und alles weiß«. Wir müssen erkennen, dass andere Sprachstrukturen teilweise präzisere und differenziertere Systeme der Beschreibung von Zusammenhängen enthalten können als die westlichen Sprachen.

Altes chinesisches Zeichen für Wandlung

In westlichen Sprachen kann z. B. eine Erkenntnis, die aus Sinneserfahrung gewonnen ist, genauso ausgedrückt werden wie etwas, was Resultat einer Folgerung im Bewusstsein ist. Wenn ich etwa *sehe, dass etwas »rot« ist* oder *sehe, dass etwas »neu« ist*, sind beide »Ergebnisse« oder »Erkenntnisse« in gleicher Weise ausgedrückt, obwohl es sich um völlig verschiedene Wahrnehmungen und Schlüsse handelt. Auf das Ergebnis »rot« kommen wir durch die Frequenzbestimmung, den Farbsinn. Auf »neu« kommen wir durch ein System von Schlussfolgerungen. Diesen entscheidenden Unterschied ebnen wir ein.

Wir benötigen neue Weisen, wie wir das, was wir als »Tatsachen« bezeichnen, erkennen, auffassen, über es (nach-)denken und reden. – Erst die Quantenphysik und die Relativitätstheorie haben deutlich gemacht, dass unsere scheinbar logische Sprachstruktur im Grunde ebenfalls fragwürdige Vorstellungen über die Wirklichkeit suggeriert, wie es das Bild der statischen Räume und einer messbaren, gleichförmig ablaufenden Zeit zeigt.

Denken als Teilnahme an der kollektiven Intelligenz

Gespräch mit Rupert Sheldrake

Dieser Narr will uns glauben machen, die Erde bewege sich um die Sonne, wo jeder von uns doch selbst feststellen kann, dass es umgekehrt ist. Solches Wissen ist gefährlich.

Luther über Kopernikus

Rupert Sheldrake, *Jahrgang 1942, studierte Biologie und Biochemie in Cambridge und Philosophie in Harvard. Dort war er Direktor für Biochemie und Zellbiologie am Clare College. Aufsehen erregte er mit seiner Theorie morphischer Resonanz und morphogenetischer Felder, nach der diese Formbildungs- und Verhaltensprozesse stimulieren. In seinen Werken* Das schöpferische Universum *und* Das Gedächtnis der Natur *entwickelte er eine wissenschaftliche Begründung seiner Thesen, die er mit dem Buch* Die Wiedergeburt der Natur *erweiterte, indem er Aspekte der Chaosforschung, der Ökologie, der Physik, der Psychologie und auch der Theologie integrierte. Seitdem werden seine Thesen weltweit diskutiert.*

Entstehung von Form – in der Biologie: »Morphogenese«

Für Rupert Sheldrake ist Bewusstsein ein Feld, das unendlich weit über das Gehirn hinausgeht und mit allem verbunden ist. Die Theorie von Sheldrake führt die Wirkungsweise der kollektiven Intelligenz auf ein universell wirksames Prinzip zurück.

»Was Logik ist, liegt in der Betrachtung desjenigen, der sie vertritt.«
Gloria Steinem

Hartkemeyer: *Rupert Sheldrake, was hat Sie veranlasst, nach einer neuen Theorie der Formbildung und des Denkens zu suchen?*

Sheldrake: Mich hat es schon während meines Studiums nicht befriedigt, Lebewesen als Maschinen zu betrachten, die ohne Sinn und ohne einen in ihnen selbst liegenden Zweck entstanden. Gewissermaßen als Produkt des blinden Zufalls und der natürlichen Auslese. Die tieferen Fragen wurden und werden von der herrschenden Wissenschaftsdogmatik ausgeblendet oder nicht beantwortet. So ist seit Descartes die Zielstrebigkeit, die an lebendigen Organismen zu erkennen ist, eines der unangenehmsten Probleme der Mechanisten. Wie kommt es dazu, dass einige Organismen in der Lage sind, ganze Körperteile bei Verlust nachzubilden?

»Unser Genom ist wie ein gut konstruiertes Piano. Ob darauf die Appassionata gespielt oder der Flohwalzer geklimpert wird, legt nicht das Piano fest, sondern der, der es spielt.«
Jens Reich

Sie gehen sogar so weit, die akzeptierten Naturgesetze als Gewohnheit zu betrachten – sie sind danach umso stabiler, je häufiger sie Anwendung finden.

Sheldrake: Zunächst reden wir von Annahmen. Und diese Annahmen und Hypothesen bilden das jeweils herrschende Paradigma. Auch die Wissenschaft bleibt im jeweiligen Denkgefängnis und in den Metaphern der Zeit gefangen. Der Mond beispielsweise kreist nicht, wie die Newton'sche Physik annimmt, um die Erde, weil er durch die Gravitation zu ihr hingezogen wird, sondern weil die

Raumzeit, in der er sich bewegt, selbst so gekrümmt ist. Diese Auffassung hat nichts mehr gemein mit dem Materialismus des 19. Jahrhunderts, der die so genannte unbelebte Materie zur primären Wirklichkeit machte und zum Ursprung unsichtbarer Kräfte. Das mechanistische Modell taugt aber heute nicht mehr.

Was stellen Sie sich unter dem Organisationsprinzip des morphischen Feldes vor?

Sheldrake: Der Begriff »Feld« ist für mich zunächst definiert als Region von Einfluss. Meine Hypothese ist, dass es ein organisierendes Feld gibt, das umso wirksamer ist, je länger es wirksam war.

Ist dieses Feld auch verhaltenswirksam?

Sheldrake: Die Beobachtung z.B. von Vogel- oder Fischschwärmen zeigt uns, dass diese in der Lage sind, blitzartig Form und Richtung zu ändern, schneller, als es konventionelle Theorien des Informationsaustauschs zulassen würden. Tiere können nach meiner Theorie ein morphisches Feld aufbauen.

Und diese morphischen Felder sind nach Ihrer Ansicht überall wirksam?

Sheldrake: Ja, wir finden z.B. in der Kristallographie ein interessantes Phänomen. Wenn irgendwo auf der Welt neue Kristallstrukturen entwickelt werden, lassen sie sich anschließend überall auf der Welt leichter wiederholen. Das ist insofern von Bedeutung, als Kristalle nach herrschender Meinung strukturell festgelegt sind und ohne Feedback wachsen. Dieses erstaunliche Lernphänomen gilt auch für Lernprozesse bei Lebewesen. So zeigen Rattenversuche in Labyrinthen, dass es, wenn irgendwo auf der Welt Ratten auf ein bestimmtes Labyrinth trainiert werden, statistisch signifikant nachzuweisen ist, dass irgendwo anders auf der Welt andere Ratten ein gleiches Labyrinth wesentlich schneller erlernen.

Das klingt zunächst unwahrscheinlich, und Sie sind anfangs mit Ihrer Theorie auf erheblichen Widerstand gestoßen.

Sheldrake: Sie passt natürlich nicht in die herrschende Weltsicht der Wissenschaft. Ein Wissenschaftler hat sogar gefordert, dass mein Buch *Das schöpferische Universum* das erste wissenschaftliche Werk sei, das verbrannt werden müsste. Aber ich kenne auf der anderen Seite viele Wissenschaftler, die insgeheim meine Forschung mit großem Interesse verfolgen und unter den Begrenzungen ihrer Forschung leiden.

Auch Wissenschaftler haben ein gespaltenes Leben, gespalten in die Zeit im Labor, in der sie widersprüchliche Erfahrungen und Emotionen verdrängen müssen, und das Wochenende, wo sie vielleicht mit Kindern und Hund aufs Land in die Natur fahren, um sie zu genießen. Diese Gespaltenheit ist es jedoch, die heute unser Überleben in Frage stellt. Mein Bild von Wissenschaft ist weiter gefasst als das der mechanistischen Sicht.

Sie sprechen nicht nur von morphischen Feldern, sondern auch von morphischer Resonanz, d. h. von dem Austausch und der Übertragung von Wissen. Wie stellen Sie sich dies beim Menschen vor?

Sheldrake: Zunächst zum Phänomen. Man hatte z. B. bei einer Überprüfung des Intelligenztestverfahrens in Japan festgestellt, dass der durchschnittliche IQ in Japan in den letzten Jahrzehnten um etliche Punkte angestiegen ist. Das hieße, dass die Japaner erheblich klüger geworden sein müssten. Das hat sogar zu Anfragen im amerikanischen Kongress geführt. Wie kommt es, dass sie klüger geworden sind? Hängt das mit einer verbesserten Ernährung im Vergleich zur Nachkriegszeit zusammen? Ist das eventuell eine wirtschaftliche Herausforderung? Kollegen in Cambridge beschäftigten sich mit der Frage. Auch im Bericht der Überprüfung des IQ in den USA war das gleiche Phänomen festzustellen, obwohl sich die Ernährung kaum verbessert haben dürfte. Meine Hypothese ist: Wenn auf der Welt irgendwo etwas häufiger gelernt, geübt, ausgeführt wird, entsteht ein gemeinsames Lernfeld, das die spätere Ausübung erleichtert.

Wie ist das vorstellbar?

Sheldrake: Wir wurden in der Annahme erzogen, dass sich unser Bewusstsein in unseren Köpfen befindet, dass geistige Aktivität nichts weiter ist als Hirnaktivität. Stattdessen schlage ich vor, dass sich unser Geist weit außerhalb unserer Gehirne erstreckt, er erstreckt sich über Felder, die uns mit unserer Umgebung und untereinander verbindet. Mentale Felder haben ihren Ursprung im Gehirn, wie auch magnetische Felder ihren Ursprung im Magneten selber haben oder auch wie Übertragungsfelder, die Mobiltelefone umgeben, ihren Ursprung im Handy und dessen internen elektrischen Vorgängen haben. Genau wie sich magnetische Felder um einen Magneten herum ausdehnen und wie elektromagnetische Felder Mobiltelefone umgeben, so umgeben mentale Felder unser Gehirn.

Alles, was geschieht, hat ein spezifisches rhythmisches Muster von Aktivität, von den Pulsaren im Kosmos bis hin zu den so genannten Elementarteilchen, die ja eher lokal verdichtete schwingende Energiemuster sind. Das Gehirn ist für mich also eher ein Sender und Empfänger als ein Recorder, in dem Informationen gespeichert sind.

Ist die konventionelle Hirnforschung auf dem Holzweg, wenn sie versucht, den Chemismus und die Physiologie des Gehirns zu erforschen und damit der Funktion des Denkens auf die Spur zu kommen?

Sheldrake: Ich glaube, ja. Man ist ja im Prinzip nicht weitergekommen. Natürlich gibt es Erkenntnisse über synaptische Veränderungen. Aber damit hat man das Phänomen »Denken« überhaupt nicht erfasst. Alle Vermutungen über Erinnerungsspuren haben sich bislang als falsch erwiesen. Das Gehirn ist kein lokalisiertes, sortiertes Speziallager. Das Denken hat eher einen holographischen Charakter, das sehen wir auch manchmal beim erstaunlichen Regenerationsvermögen nach Ausfall ganzer Hirnregionen.

Regiert nicht in dieser Frage noch der alte Geist-Materie-Dualismus?

Sheldrake: In vielen Bereichen der Wissenschaft wird dazu übergegangen, starre Interpretationsmuster aufzugeben. Die Materie ist nicht länger Stoff, sondern Prozess oder, wie David Bohm sagte, »Muster gefrorenen Lichtes«. Der strenge Determinismus ist durch die Quantentheorie aufgehoben. Freiheitsgrade sind durch die Chaosforschung neu entstanden. Feldtheorien beginnen sich verstärkt auszubreiten. Die Erde wird im Gaia-Modell zum lebenden Organismus. Und wir sehen, dass das Prinzip, potenziell alles erklären und erkennen zu können, nicht funktioniert. 99,4 Prozent sind dunkle Materie. Leider herrschen in den Wissenschaften vom Leben und Denken noch Maschinenparadigmen oder Paradigmen der Informationsverarbeitung vor. Organismen aber entwickeln sich von innen heraus nach äußeren Feldern. Auch ein Elefant entwickelt sich aus einer winzigen befruchteten Eizelle. Maschinen aber werden nicht aus Maschineneiern erbrütet, sondern aus Teilen zusammengesetzt. Auch ein Computer entsteht nach dem externen Prinzip und ist nicht in der Lage, sich aus seinen

Brockhaus: Gaia-Hypothese (nach der griechischen Erdgöttin), in den 1970er Jahren aufgestellte Theorie, dass die Natur als eine Vielzahl von Ökosystemen, d. h. vielfältig in sich gegliederten, sich selbst regulierenden Ganzheiten anzusehen ist, vielleicht sogar im Ganzen eine Art Lebewesen darstellt; begründet von dem britischen Biologen James Lovelock.

Teilen von innen heraus zusammenzusetzen, wenn er zerbrochen ist. Deshalb halte ich ihn für eine schlechte Metapher.

Jetzt versuchen Sie, Ihre Theorie unter Beteiligung einer breiten Öffentlichkeit zu evaluieren. Ist das nicht problematisch, weil es viel Spielraum für Projektion lässt?

Sheldrake: Charles Darwin hat seine bahnbrechenden Forschungen nicht an einer Hochschule durchführen können. Seine konkrete Arbeitsgrundlage entwickelte er zunächst in Form von praktischen Erfahrungen mit Beobachtungen von Kaninchenzüchtern, Gärtnern und Bauern. Die wissenschaftlichen Revolutionen sind nicht selten mit Hilfe von Außenseitern zustande gekommen, die sich an keine Konvention zu halten brauchen, die sie einhalten und beweisen müssen, um Karriere zu machen oder Forschungsmittel zu erhalten. Eine der von uns am besten dokumentierten Untersuchungen ist das Vermögen von Tieren, auch über weite Distanzen nach Hause zu finden. Ein anderes Phänomen, das nicht selten vor allem bei Hunden und Katzen auftritt, ist, dass sie nicht selten wahrnehmen, wann sich ihre Bezugsperson auf den Heimweg macht. Das können wir in Blindversuchen und über Kameras dokumentieren.

Tiere sind deshalb für die Resonanz- und Gedankenfeldforschung nützlich, weil sie eben nicht anfällig sind für Projektionen.

Muster und Elemente

Wenn wir von einem solchen unsichtbaren Feld der Kräfte ausgehen, das mit entscheidend ist für das, was sich an Wirkungen hinsichtlich Innovation und Verhalten zeigt, Möglichkeitsräume strukturiert und die Erscheinungen verbindet, kommen wir zu Sichtweisen des Lernens, zu dem »verbindenden Muster« (Gregory Bateson).

Um zu verdeutlichen, was unter »Feldern« und »Relationen« zu verstehen sein könnte, hier ein Bild von Franz Marc (S. 364).

Es kommt dem Künstler nicht so sehr auf die Objekte an, sondern auf das »und«, die Relationen zwischen ihnen, die unsichtbaren Kräfte, die im Raum wirken. Franz Marc sagte: »Die große Umwälzung in Dingen der Kunst... bedeutet nicht mehr und nicht weniger als die kühne Umkehr alles Gewohnten. Man

»Sie denken, weil sie eins verstanden haben, werden sie auch zwei verstehen, weil ja eins und eins zwei ergeben. Aber sie müssen ebenfalls *und* verstehen.«
Donella Meadows

»Ich male keine Dinge. Ich male nur den Unterschied zwischen den Dingen.«
Henri Matisse

Franz Marc, Streit (1915)

»Im Sand zu seinen Füßen erblickte er drei Dinge: ein Kastanienblatt; ein Stück von einem Taschenspiegel; eine Kinderzopfspange. Sie hatten schon die ganze Zeit so dagelegen, doch auf einmal rückten diese Gegenstände zusammen zu Wunderdingen. ›Wer sagt denn, dass die Welt schon entdeckt ist?‹«
Peter Handke

hängt nicht mehr am Naturbilde, sondern vernichtet es, um die mächtigen Gesetze, die hinter dem schönen Schein walten, zu zeigen.« (Franz 1993, S. 282)

Auf den Dialogprozess übertragen, sind die Wahrnehmungsmöglichkeiten durch Ruhe, Reduktion von Druck und von Hektik am größten. Macht, Dirigismus und Angst verengen die Wahrnehmungs»kanäle«. Der gemeinsame Container kann zum Möglichkeitsraum für Phasenübergänge im Dialog werden – von der Instabilität des Containers, zur Instabilität im Container zu Erkundung und Kreativität (vgl. das »Phasen-Modell« von William Isaacs, *Miteinander denken*, S. 99 ff.).

Mehrschleifiges Lernen und das Eisberg-Modell

»Für jede komplexe Frage gibt es eine einfache Antwort. Sie ist meistens falsch.«
Oscar Wilde

Komplexe Probleme könnten nicht mit den gleichen Gedanken gelöst werden, die sie verursacht haben, meinte bereits Albert Einstein. Auch Konflikte haben in der Regel vielschichtige Ursachen. Feindbilder werden nicht selten durch gegenseitige Abspiegelungen (Johan Galtung) verstärkt. Ursachen und Wirkungen können komplexe Muster bilden, die nicht nach dem linearen Ursache-Wirkungs-Modell verstanden werden können.

Das folgende – Ihnen vielleicht bekannte – »klassische« Beispiel verdeutlicht, um was es geht:

Um die Malaria zu bekämpfen, hatten die Experten der Weltgesundheitsorganisation WHO in den 50er Jahren in Borneo kurzerhand flächendeckend DDT gegen die Moskitos gesprüht. Tatsächlich ging die Malariaerkrankung kurzfristig zurück. Dann entdeckte man, dass die Strohdächer der Häuser einstürzten. Es stellte sich heraus, dass DDT eine Wespenart ausrottete, die die Verbreitung strohfressender Raupen verhindert hatte. Ohne die Wespen vermehrten sich die Strohfresser. Die Probleme wurden noch schlimmer: Die ebenfalls mit DDT verseuchten Raupen wurden von Geckos gefressen, diese wiederum von streunenden Katzen. Die Katzen starben, die Ratten vermehrten sich, die WHO wurde mit einem Ausbruch von Beulenpest und Typhus konfrontiert, Seuchen, die sie selbst hervorgerufen hatte. Die WHO war gezwungen, mit Hilfe der britischen Luftwaffe 14 000 lebende Katzen mit dem Fallschirm über Borneo abzuwerfen.

Beobachtbare Ereignisse haben eine *Erscheinungsebene,* die sich an der Oberfläche zeigt. In einem linearen Weltbild werden sie in der Regel als Wirkungen von A auf B auf C interpretiert. A, B und C könnten jedoch auch unterschiedliche »Ursachen« haben oder könnten »Operanten« eines gemeinsamen Attraktormusters sein. Lineare Betrachtungen eines komplexen Problems haben nicht selten unangemessene Problemlösestrategien zur Folge.

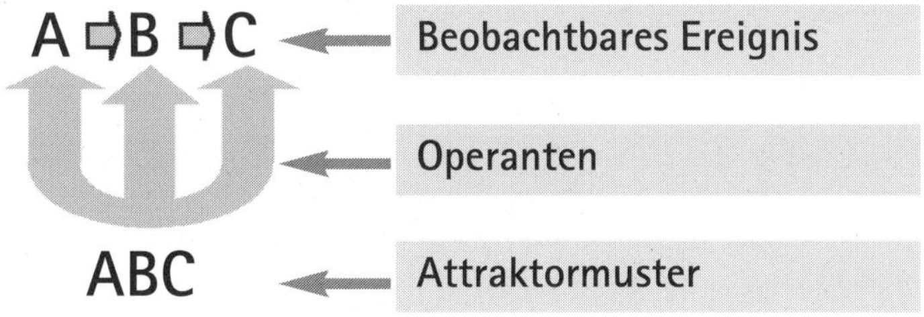

Verdeckte Ursachen

Auf der obersten, der Erscheinungsebene, ist Malaria als Problem definiert. Aus welchen epidemiologischen ökologischen Kontexten sie entstanden ist und welche sozialen Folgen sie hat, ist nicht Gegenstand der Erforschung. A ist das Problem, B ist das Mittel, C ist das erwartete Ergebnis. Es wurde aber mit dem Mittel B ein Attraktormuster gestört, das unterhalb der Erscheinungsebene latent war und nun über seine Operanten neue unerwartete Wirkungen auslöste. Zusätzlich führte es zu einer Verkettung von Wirkungen auf der Erscheinungsebene. Dialogische Intelligenz zielt auf die Erkundung der zugrunde liegenden Muster und operiert auf der Ebene der »Attraktormuster« oder der »mentalen Modelle«, die zu »Operanten« oder auch »Strategien« führen. Daher ist es wirksamer, auf der Ebene der mentalen Modelle zu arbeiten als auf der Ebene der Strategien, die daraus folgen.

Der Dialogprozess als systemischer kollektiver Denkprozess bietet die Chance, unter der Oberfläche von Ereignissen die Muster von »Problemen« zu erkennen oder gar den eigenen Anteil, das eigene mentale Modell. Der Dialog arbeitet weder mit Schuldzuweisungen, noch werden an Fehlern Schuldige gesucht – so ist es im Dialogprozess »ungefährlicher«, sich selbst auf die offene Suche nach dem eigenen mentalen Modell zu machen. Der Dialog bietet die Chance zu erkennen, in welchem kulturellen Kontext das eigene Modell von »Wirklichkeits«-Wahrnehmung steht.

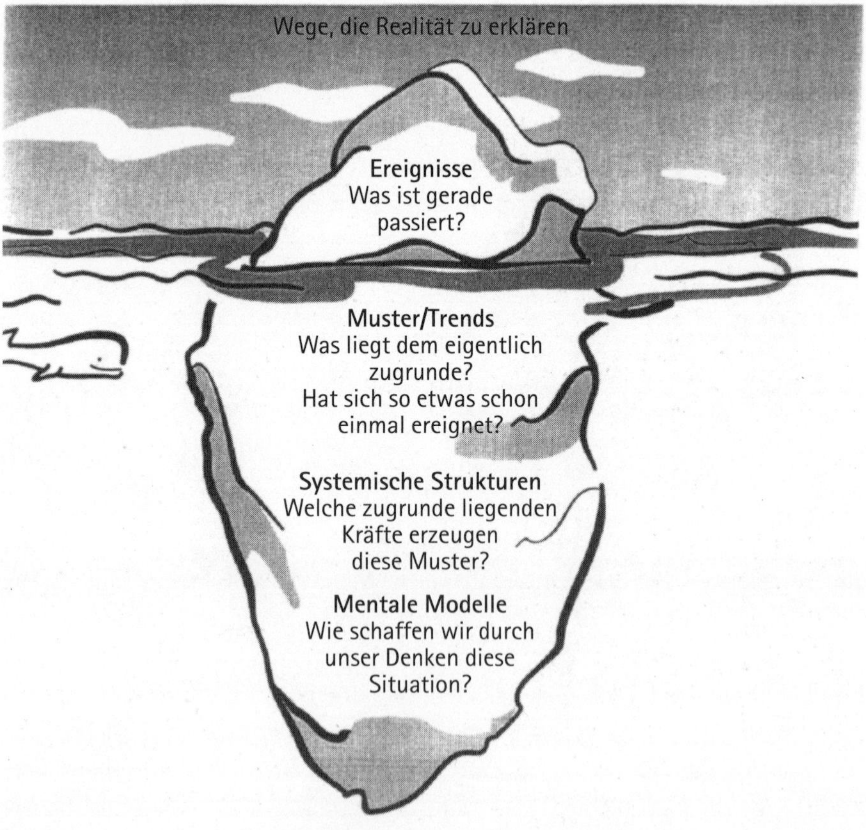

Eisberg-Modell: Wege, die Realität zu erklären

Das Bild des Eisbergs ist eine brauchbare Metapher, um diese größere Fragetiefe zu entwickeln. Dieses Bild führt weg von der Oberfläche zu den Mustern und Kraftfeldern, die dem, was wir »Ereignis« nennen, zugrunde liegen.

Sinn des *generativen Dialogs* ist es, im kreativen Raum des dialogischen Feldes die eigene »Denkspur« zu entdecken. Die Themen sind lediglich das »Spielmaterial«, um diese Ebene gemeinsam zu erreichen. Ist auf dieser Ebene ein kollektives Denkfeld entstanden, begegnen sich die Teilnehmenden im »Netz« der dialogischen Intelligenz.

Beim *thematischen Dialog* betrifft der Erkenntnisprozess die inhaltliche Ebene. Zugleich wird auch untersucht, wie unsere Annahmen generiert werden. Der Fokus liegt aber auf der tieferen Erkundung eines »Themas« oder »Problems«. Im Folgenden stellen wir ein Beispiel vor, das wir in einem thematischen Dialogprozess herausgearbeitet haben: Es ging um das Thema »Internationaler Terrorismus«, bezogen auf den 11. September 2001.

> »Wer unter Druck und mit der Angst vor Versagen ein Problem lösen will, ist zu fixiert. Er springt aus dem Fenster, statt nach der Feuerleiter zu suchen.«
> Klaus Linneweh

Das Modell des Mehrschleifen-Lernens und das Bild des Eisbergs können für strategische bzw. thematische Dialoge eine Hilfe sein. In verschiedenen Dialogprozessen sind unterschiedliche Modelle entstanden, die systematisch deutlich gemacht haben, auf welcher Reflexions- und Handlungsebene jeweils gedacht und gesprochen wird. Unmittelbar nach dem 11. September ist auf einer Veranstaltung das obige Bild (Lernen nach dem Eisberg-Modell) entstanden, das die Ebenen der möglichen Handlung aufzeigt. Es ging nicht darum, Ebenen gegeneinander auszuspielen, sondern darum, die jeweiligen Handlungsmuster, Energien, mentalen Modelle besser zu erkennen, aus denen »Konsequenzen« gezogen werden können. So ist für Akutfälle der Einsatz der »Feuerwehr« oder der »Sicherheitskräfte« notwendig. Für nachhaltige »Prävention« bedarf es jedoch anderer Handlungsebenen und der Veränderung mentaler Modelle, um sich von einem eskalierenden linearen »Reiz-Reaktions-Muster« zu verabschieden. (In der Dialog-Werkstatt, S. 423 f., finden Sie zwei weitere Beispiele, die in Seminaren für Mitarbeitende im Gesundheitswesen und für Studierende entstanden sind. Dabei kann die Differenzierung der Ebenen unterschiedlich sein, denn es handelt sich um ein Modell zur Inspiration und Strukturierung thematischer Dialoge.)

Reaktionsmöglichkeiten, Fragestellungen, involvierte Spezialisten im Zusammenhang mit dem Attentat am 11. September 2001

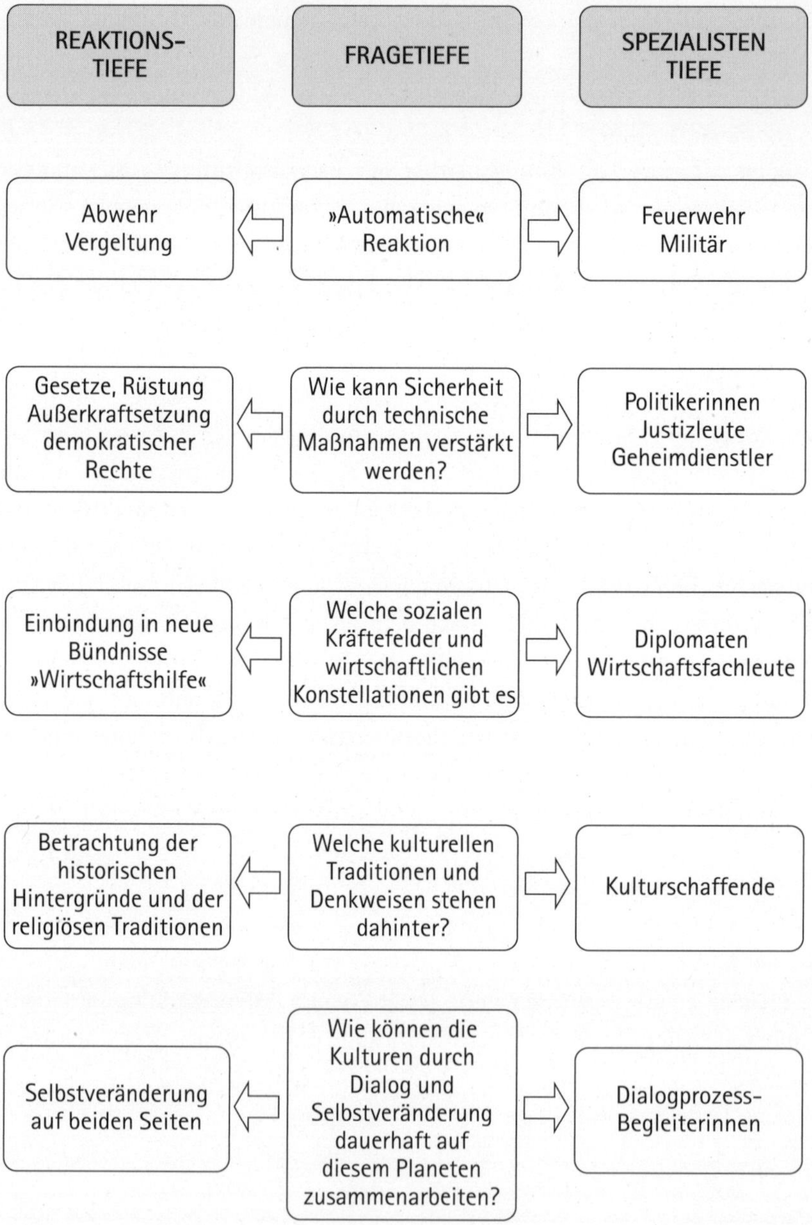

Beispiel zum Lernen nach dem Eisberg-Modell – »Internationaler Terrorismus«

Die Lernschleife

Der Organisationswissenschaftler *Chris Argyris* hat das Eisbergmodell in Lernschleifen übersetzt. Die folgende Abbildung (Mehrschleifen-Lernen; S. 370) zeigt uns ein Modell vom einfachen und doppel- bzw. dreischleifigen Lernen. Wenn wir übereilt reagieren, unsere Handlungen wenig reflektieren, entsteht ein einfacher Rückkopplungskreis: Wir sehen einen Fehler, steigern unsere Aktivität und finden das, was für uns Lösungen sind, nicht selten nach dem Motto »Mehr vom Gleichen« oder »Viel hilft viel«.

Manchmal verstricken wir uns in die unbeabsichtigten Nebenwirkungen dieser kurzfristigen Lösung. Wenn wir einen Schritt zurücktreten und uns das Problem aus einer etwas größeren Distanz anschauen, können wir vielleicht zu einer neuen Sichtweise dieses Problems oder Fehlers, also zu einer vertieften Problemidentifikation kommen: Wir sehen das Problem vor dem Hintergrund unserer eigenen Wertvorstellungen, die wir sichtbar gemacht haben, und ordnen es neu ein. Es geht also nicht um neue Strategien, sondern um neue mentale Zugänge. In dem Modell ist eine größere Anzahl von Feedbackschleifen vorstellbar, wie sie der konkrete Dialogprozess eröffnen kann.

> »Alles deutet darauf hin, dass wir über das Denken hinauszudenken vermögen, dass sich eine neue Wirklichkeit herauskristallisiert, die wir dank eines intensiveren Bewusstseins ›wahrnehmen‹ können.«
>
> Jean Gebser

Das »Einschleifen-Lernen« wird von Chris Argyris und *Donald A. Schön* als »Anpassungslernen« verstanden. Beim »Zweischleifen-Lernen« geht es auch um die Veränderung der Handlungsprämissen bei einer vertieften Problemidentifikation, aber auch um die Überprüfung der mentalen Modelle. Das »Dreischleifen-Lernen« umfasst die Reflexion, Analyse und den Sinnbezug, das Lernen des Lernens, auch Deutero- oder Prozesslernen genannt (Argyris und Schön 1978).

Bei der Betrachtung des konkreten Dialogprozesses geht es nicht so sehr um die Analyse dieser Prozessebenen, sondern um die Eröffnung des Möglichkeitsraumes für Denkalternativen.

Im vorliegenden Modell (Abb. »Tiefe des Dialogprozesses«, S. 371) haben wir die mehrschleifigen Lernprozesse, die sich im Dialogprozess ereignen können, idealtypisch weiter ausdifferenziert. Dem liegen Ideen von Argyris und Schön und Claus-Otto Scharmer zugrunde. Im thematischen Dialog haben wir es mit einer Fragestellung zu tun (»Problem«), die im Dialogprozess als Ergebnis eines Musters erscheinen kann. Bei tiefer gehender Untersuchung kann die

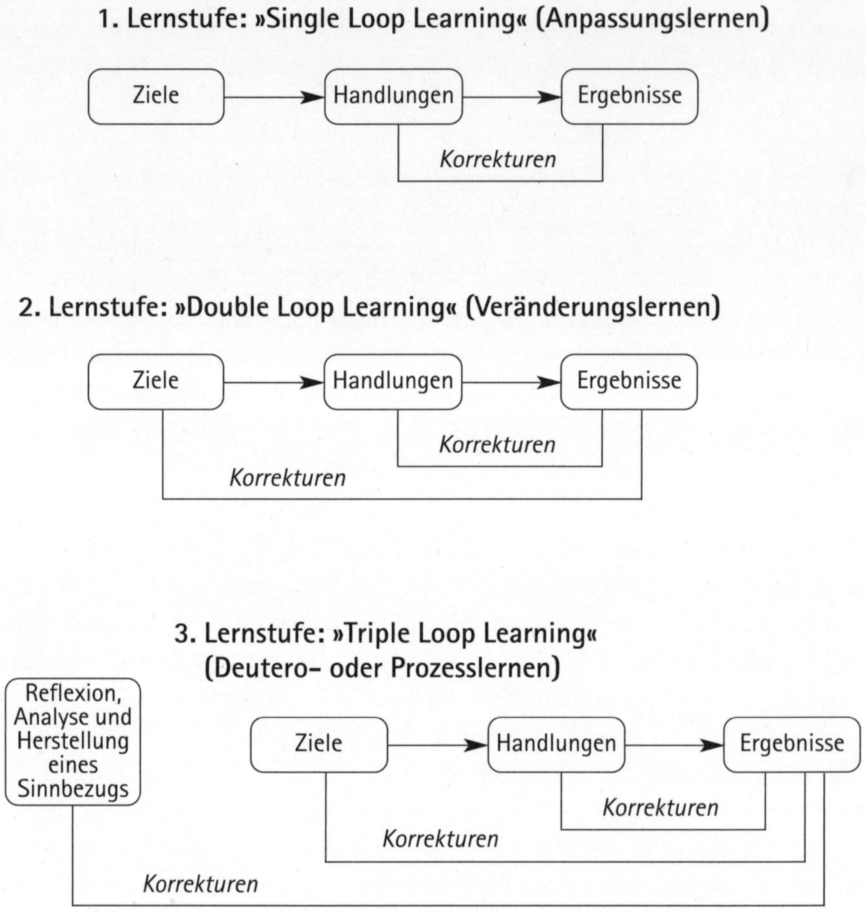

Mehrschleifen-Lernen (verändert, nach Argyris)

»Energie« zum Vorschein kommen, die den Prozess der Musterbildung generiert. Gelingt es dahinter zu schauen, dringen wir in die Bewusstseinsebene ein und können das »mentale Modell« entdecken, das diese Energie produziert oder freisetzt. Von dort gelangen wir zu der Ebene der Fragestellung, die den Sinn und Zweck einer Handlung deutlich machen kann, die wir im Ergebnis vielleicht gar nicht wollen.

Durch die Begegnung neuer Gedanken im Feld der »kollektiven Intelligenz« können erweiterte Freiheitsgrade für alternatives Verhalten entstehen, die zu einem anderen mentalen Modell führen können, aus dem sich ein veränderter Prozess entsprechender Strukturbildungen und auch völlig neue Handlungsoptionen ergeben können.

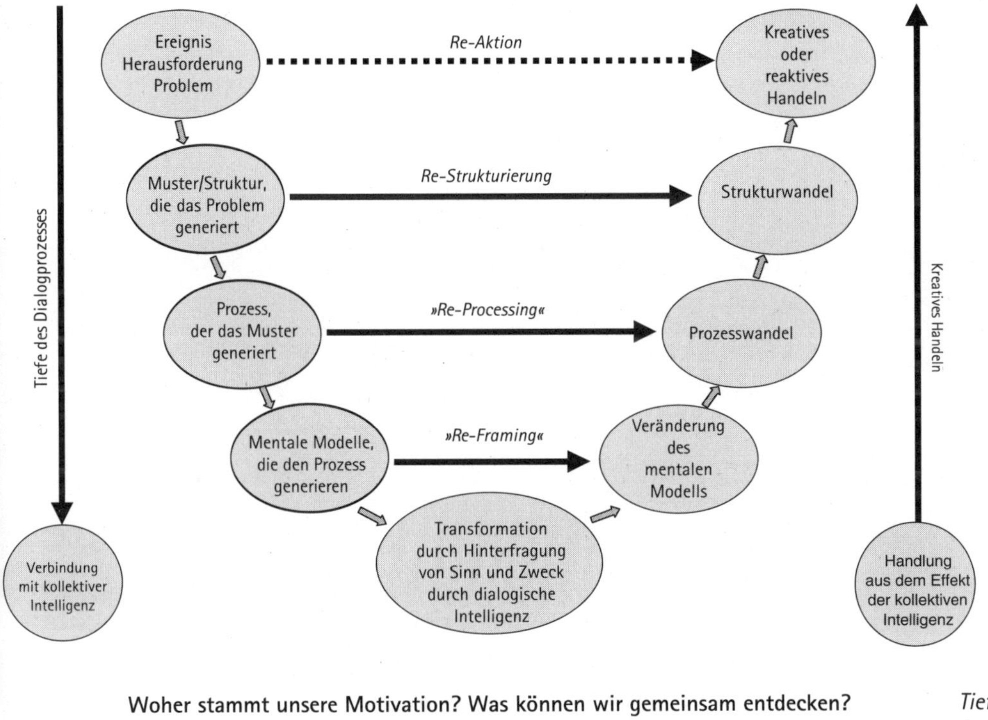

Tiefe des Dialogprozesses (nach Claus-Otto Scharmer)

Dialogische Intelligenz kann als Form der fruchtbaren Gestaltung von Denkbeziehungen verstanden werden, die neue Muster von Kreativität gestalten kann. Vielleicht ist deutlich geworden, dass die Erschließung der »kollektiven Intelligenz« ein Feld ist, an dem wir alle teilhaben. Es liegt an uns, wie wir diese kostenlose Ressource nachhaltig für die gemeinsame Zukunft erschließen.

»Wenn ihr glaubt, ich hätte etwas Tiefsinniges enthüllt, bitte ich um Verzeihung; falls ihr glaubt, dies sei eine Menge Unsinn, erfreut euch daran!« (Drukpa Künleg)

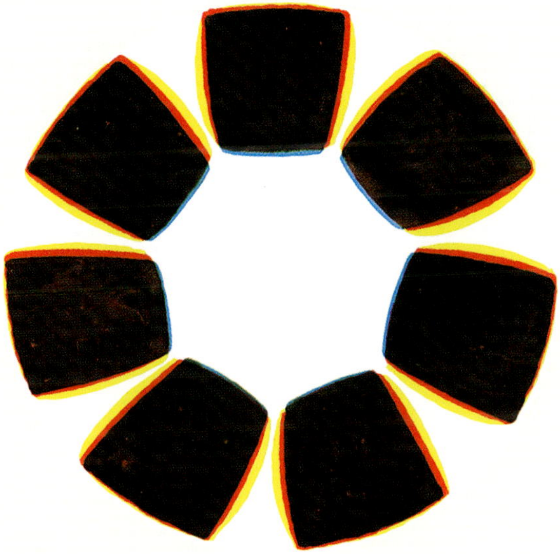

DIALOG

Es gibt keine Methode.
Es gibt nur
Achtsamkeit

Krishnamurti

HALTUNG EINES LERNERS

»Anfänger-Geist« ist unser ursprünglicher Geist, ein wirklich leerer und vollkommener Geist. Wenn unser Geist leer ist, ist er für alles bereit, ist er für alles offen. Im Anfänger-Geist liegen viele Möglichkeiten, in dem des Experten wenige.

Zen-Meister Shunryu Suzuki-roshi

RADIKALER RESPEKT

»Wo aber das Gespräch sich in
seinem Wesen
erfüllt zwischen Partnern,
die sich einander in Wahrheit
zugewandt haben,
sich rückhaltlos äußern
und vom Scheinenwollen frei sind,
vollzieht sich eine denkwürdige,
nirgendwo sonst sich einstellende,
gemeinschaftliche Fruchtbarkeit.
Das Wort ersteht Mal um Mal
substantiell zwischen den
Menschen,
die von der Dynamik eines
elementaren Mitsammenseins
in ihrer Tiefe ergriffen und
erschlossen werden.
Das Zwischenmenschliche
erschließt das sonst
Unerschlossene.«

Martin Buber
Das dialogische Prinzip

OFFENHEIT

199

Zeige ich mich offen, ohne mich darum zu sorgen, wie der andere darauf reagiert, werden einige sich angesprochen fühlen, andere nicht. Aber wer wird mich lieben, wenn keiner mich kennt? Ich muß es wagen oder allein leben.

Sheldon B. Kopp

SPRICH VON HERZEN

Ich weiß nicht,
was ich gesagt habe,
bevor ich die Antwort
meines Gegenüber gehört habe.

Paul Watzlawick

GENERATIVES ZUHÖREN

Manchmal
spricht ein Baum
durch das Fenster
mir Mut zu

Manchmal
leuchtet ein Buch
als Stern
auf meinem Himmel

Manchmal
ein Mensch
den ich nicht kenne
der meine Worte
erkennt

Rose Ausländer

VERLANGSAMUNG

»Wir schlagen vor,
gemeinsam zu erkunden,
was jeder von uns sagt, denkt, fühlt,
darüber hinaus aber auch
die tiefer liegenden Beweggründe,
Annahmen und Glaubenssätze,
die dieses Sagen,
Denken, Fühlen bestimmen.«

David Bohm, Donald Factor, Peter Garrett

SUSPENDIEREN
199
PATERING

Was immer Du zu sagen hast,
lass die Wurzeln dran,
lass sie hängen,
mitsamt der Erde,
um klarzumachen,
woher sie kommen.

Charles Olson

PRODUKTIVES PLÄDIEREN

Dies Menschsein ist ein Gästehaus.
An jedem Morgen eine neue Ankunft,
Eine Freude, eine Melancholie, eine Niedertracht,
Ein kurzes Gewahrsein
Kommen als unerwarteter Besuch.
Heiß sie willkommen und nimm alle auf!

Und seien sie auch eine Horde von Sorgen,
Die mit Gewalt das Haus durchfegen,
Der Einrichtung berauben.
Auch dann, geh redlich mit jedem Gast um.
Vielleicht räumt er dich frei
Für eine neue Wonne.

Den dunklen Gedanken, die Scham, die Tücke,
Begrüße sie an der Türe, lachend,
Und bitte sie herein.
Sei dankbar für jeden, der kommt,
Weil jeder geschickt ist
Als ein Wegweiser von jenseits.

Rumi

ERKUNDEN

199

RATERING

»Wir verstehen nicht
Verstehen.
Es entzieht sich uns,
entschlüpft uns,
denn wir merken nicht
das Unglaubliche,
das Rätselhafte,
das Erstaunliche,
das Wunderbare,
das in alltäglichem Gespräch
und Reflexion vor sich geht.
Erst wenn dieser Strom
von Selbstverständlichkeit
gestört wird,
stehen wir staunend
vor diesem Wunder.«

Heinz von Foerster

DIE BEOBACHTERIN BEOBACHTEN

Ich bin nicht nur überzeugt,
dass das, was ich sage, falsch ist,
sondern auch das,
was man dagegen sagen wird.
Trotzdem muss man anfangen,
davon zu reden.
Die Wahrheit liegt
bei einem solchen Gegenstand
nicht in der Mitte,
sondern rundherum wie ein Sack,
der mit jeder neuen Meinung,
die man hineinstopft,
seine Form ändert,
aber immer fester wird!

Robert Musil

Beziehung der dialogischen Kernfähigkeiten

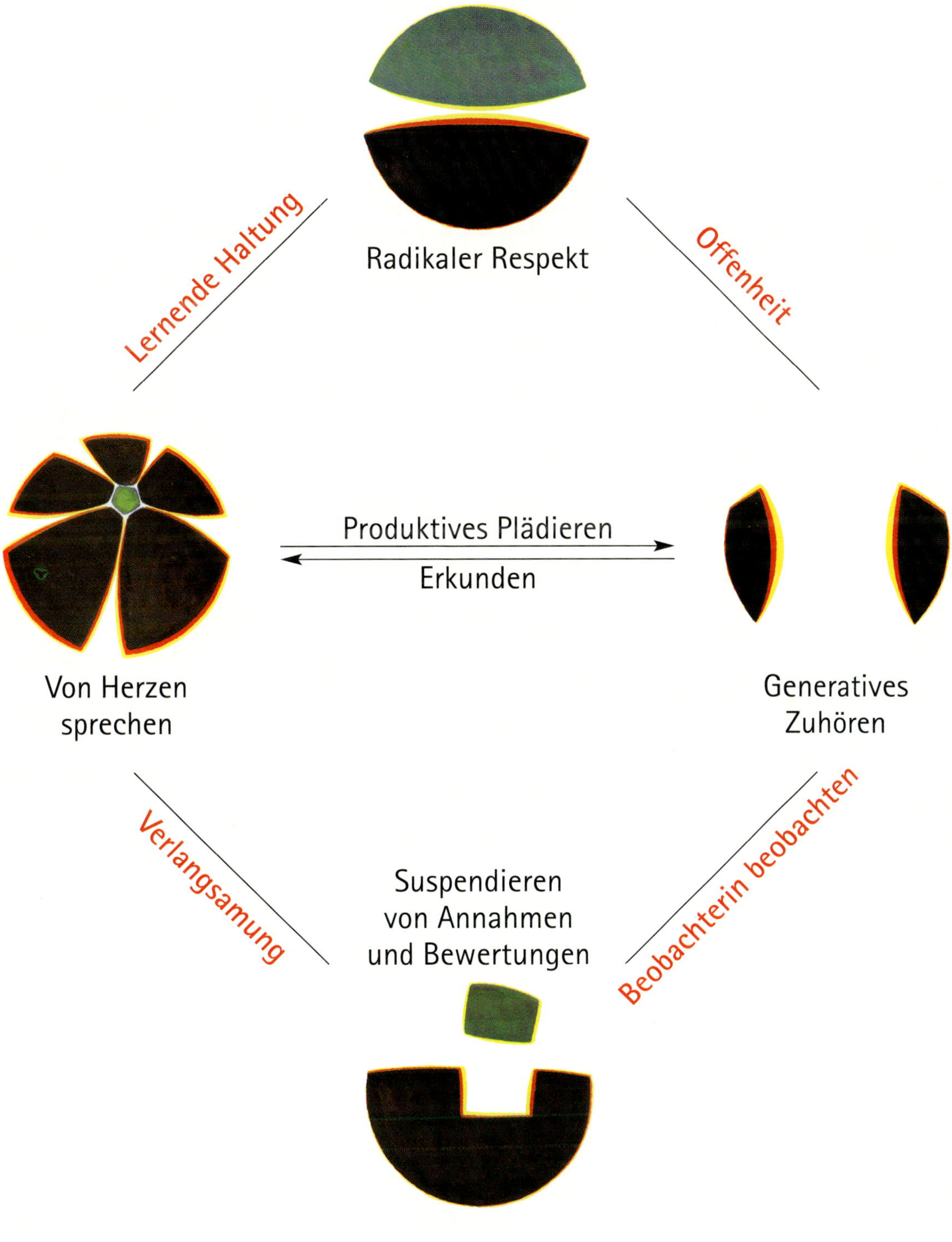

Beziehung der dialogischen Kernfähigkeiten

Wer sich sprechend im Dialog befindet, belehrt nicht, spricht nicht abstrakt und bleibt nicht unpersönlich. Wer sprechend im Dialog bleibt, hat Beziehung zu den eigenen Gefühlen, Anliegen, Erfahrungen. – **»Sprich von Herzen und fasse dich kurz«**.

»Generatives Zuhören« kann Neues entstehen lassen – in uns selbst und in der Gruppe.

Die Beziehung zwischen Sprechen und Hören basiert auf dem **Erkunden** der anderen Position. Es ist ein **Plädieren**, das sich um **Produktivität** bemüht und den Denkprozess stärker betont, anstatt nur das Denkprodukt zu präsentieren.

In einem dialogischen Gespräch versuchen wir, unsere eigene Meinung »in der Schwebe zu halten«, sie zu **»suspendieren«** und anderen Personen **Respekt** entgegenzubringen, für eine Weile ihre Perspektive einzunehmen.

Wenn wir mit einer neugierigen, interessierten, nicht be-lehrenden, sondern **»lernenden Haltung«** anderen gegenübertreten, wird dieser Respekt unser Sprechen beeinflussen.

Wir können unser Zuhören fruchtbarer werden lassen, wenn der Respekt gegenüber anderen auf **Offenheit** basiert, die wir neuen, jedenfalls anderen, vielleicht auch konträren Positionen entgegenbringen.

Das Suspendieren unserer Meinung gelingt am ehesten in einem Prozess, der durch entsprechende Vereinbarungen und Rituale bewusst **verlangsamt** wird.

Können wir unsere Meinung beim Zuhören zurückstellen und suspendieren, so ermöglichen wir uns die **Beobachtung** unserer eigenen Reaktionen. Und eine Veränderung wird bereits durch das Wahrnehmen und Bewusstmachen unserer Bewertungen möglich.

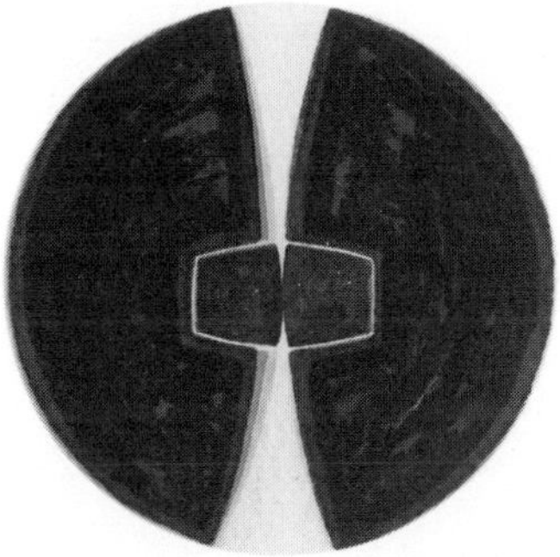

10 Dialog-Werkstatt

1 Gedanken zu häufig gestellten Fragen

2 Übung macht die Meisterin

2.1 Dialoggeschichten erzählen | 2.2 Die Dilemma-Übung; Variante: Von der Debatte zum Dialog | 2.3 Gemeinsam Geschichten spinnen | 2.4 Zuhör-Übung | 2.5 Malen – Nonverbale Kommunikation | 2.6 Die Filterübung | 2.7 Kontrolle oder Beziehung? | 2.8 Führen und sich führen lassen | 2.9 Themenskulptur | 2.10 Brücken bauen | 2.11 Feedback-Modell | 2.12 Phantasiereise | 2.13 »Wachsende Ringe« – Übung zum ökologischen Dialog

3 Ausbildung zur Dialogprozess-Begleitung

3.1 Grundlagen und Prinzipien | 3.2 Überblick über die Ausbildung | 3.3 Strategien und Dynamiken im Dialogprozess | 3.4 Vier-Spieler-Modell | 3.5 Dynamischer Dialog mit Fragen aus vier Quadranten | 3.6 Wie hätten Sie interveniert? | 3.7 Verschiedene Kategorien von Fragen | 3.8 Fragen zur Dialogprozess-Begleitung

4 Seminarbeispiele

4.1 Beispiel für ein Dialogseminar mit »dynamischem Dialog« | 4.2 Beispiel für ein Dialogseminar mit »Open Space« | 4.3 Beispiel für ein Dialogseminar mit Systemaufstellungen | 4.4 Workshop für Moderatoren der Lehrerfortbildung | 4.5 Dialog mit dem eigenen Team | 4.6 Wie gehe ich als Dialogbegleiterin mit einem »misslungenen« Dialogseminar um?

5 Weitere Materialien

5.1 Das Modell der Gewaltfreien Kommunikation nach Marshall Rosenberg | 5.2 Ideengeschichtliche Bezüge des Dialogs | 5.3 Beispiele zum »Eisberg«-Lernmodell

1 Gedanken zu häufig gestellten Fragen

Dialog heißt auch, sich gegenseitig etwas zuzumuten.
Bundestagspräsident Wolfgang Thierse, 2001

In unseren Dialogveranstaltungen – sei es in einführenden oder weiterführenden Seminaren oder auch in der Ausbildung zur Dialogprozess-Begleitung – werden uns vielfältige Fragen rund um den Dialog gestellt. Auf einige Fragen, die sich häufig wiederholen, gehen wir im Folgenden näher ein.

1. *Ist der Dialog nicht zu »soft«, brauchen wir nicht vielmehr eine gut entwickelte Streitkultur?*

Es geht uns im Dialog einerseits darum, die eigenen Bewertungen, Annahmen und Glaubenssätze zu erkennen, die unser Denken und Handeln bestimmen, bzw. die zugrunde liegenden *mentalen Modelle* wahrzunehmen, und andererseits darum, sich wirklich – und nicht nur oberflächlich – für die Beweggründe derjenigen zu interessieren, die anderer Meinung sind. Das bedeutet, dass wir statt der Verteidigungs- oder Angriffshaltung, die typischerweise in Konflikten eingenommen wird, zu einer *interessierten* Haltung kommen, also voneinander etwas über die Hintergründe der Denk- und Handlungsweisen erfahren wollen, um die Perspektive des Gegenüber besser zu verstehen. Wenn solche Hintergründe und Geschichten offengelegt, ausgesprochen und gehört werden, kann es zu ganz neuen Möglichkeiten der Verständigung kommen.

All das ist in der üblichen »Streitkultur« weder gefragt, noch wird es geübt – und bedeutet dementsprechend eine Herausforderung. Die Entwicklung dieser dialogischen Fähigkeiten will erlernt und geübt sein und erfordert besondere Aufmerksamkeit und Disziplin. Mit unserem Eintreten für eine Dialogkultur wollen und können wir die herrschende Diskussions- und Debattenkultur nicht überflüssig machen. Vielmehr geht es uns darum, darauf aufmerksam zu machen, dass dialogische Kernelemente wie »Respektieren« und »Verlangsamen« den Umgang miteinander erleichtern.

Für eine Dialogkultur zu plädieren kann bedeuten, einige Aspekte des Dialogverfahrens – wie das Respektieren des anderen, die Fähigkeit zur metakognitiven Kompetenz (Beobachtung des Beobachters), die Verlangsamung – zur Grundlage des Umgangs miteinander zu machen. Es bedeutet nicht, den Sinn von fairen und qualifizierten Diskussionen und Debatten grundsätzlich zu bezweifeln. Es bedeutet sicher, sich frei entscheiden zu können, wann ein Dialog und wann das Gespräch im Diskussionsstil geführt werden soll, und neben der üblichen Debattier-Kultur Räume für ein anderes – dialogisches – Miteinander anzubieten.

2. *Ist der Dialog nicht zu umständlich und zu zeitintensiv, um zu Lösungen zu kommen?*

Es kommt darauf an, dass ich mir klarmache, an welcher Art von Lösung ich interessiert bin und weshalb. Der Dialog eignet sich nicht für Situationen, die ziel- und ergebnisorientiert rasche und präzise Entscheidungen und Problemlösungen erfordern. Wenn es jedoch um Lösungskonzepte geht, die auch zukünftig tragfähig sind, können wir die Fragen nach den Hintergründen unserer Annahmen und Bewertungen nicht ignorieren und brauchen Zeit für die Wahrnehmung und Artikulation unserer Gefühle. Demgegenüber bleibt eine Diskussions- und Streitkultur häufig vergleichsweise oberflächlich, weil sie zwar vielleicht pointierter geführt werden kann, aber nicht wirklich einlädt, Sachverhalte zu hinterfragen.

3. *Führen wir denn nicht sowieso ständig einen Dialog, wenn wir miteinander vernünftig reden?*

Sicherlich – und hoffentlich – gibt es zahlreiche Gespräche, die im Sinne Martin Bubers keine *Ver*gegungen, sondern echte *Be*gegnungen sind. Wollen wir aber darüber hinaus auch den von Bohm formulierten Aspekt des »Sinn-Flusses« im Dialog berücksichtigen, also im Gespräch unsere eigenen Annahmen und Bewertungen reflektieren, den Horizont der Möglichkeiten erweitern und tatsächlich *neu denken* und nicht nur *Ge*dachtes austauschen, so bedarf das der Entwicklung einer dialogischen Disziplin. Je mehr wir diesen Dialog üben, desto eher spüren wir, wie oft Gesprächspartner auf der Ebene des reinen Meinungsaustauschs stehen bleiben und wie häufig sie diese *Meinungen* für *Wahrheiten* halten.

4. *Inwieweit kann ich im Dialog »offen« sein?*

Grundlegend für die Entwicklung von Offenheit im Dialog ist die Schaffung eines Vertrauensraums in der Gruppe. Dieser sichere »Container« und Zusammen-halt (con-tinēre = zusammenhalten) bildet die Basis für gegenseitigen Austausch und für die »Rückhaltlosigkeit«, von der Buber spricht. Diese bedeutet kein unbedachtes »Ausschütten« meiner Gefühle und Gedanken, was manchmal mit »Offenheit« verwechselt wird.

Es erweist sich für den Dialog als hilfreich, wenn jede(r) Teilnehmende sich bewusst ist, dass sie (oder er) selbst die Instanz ist, die bestimmt, wieweit sie (er) sich auf den Prozess der Erkundung des eigenen Denkens einlässt und dazu auch die eigenen Gefühle, Wünsche, Werte und Bedürfnisse formuliert. Es ist nicht hilfreich für den Dialogprozess, wenn in einer Gruppe der Eindruck entsteht, »man« müsse sich besonders »outen«, um im Dialog auch tief genug zu gehen. Die bewusste Wahrnehmung und Wahrung der eigenen Grenzen ist notwendig, um eine vertrauensvolle, sichere Atmosphäre zu erhalten. – Eine Gruppe kann auch eine explizite Vertraulichkeits-Vereinbarung treffen.

5. *Wertet der Dialog nicht auch unsinnige und engstirnige Standpunkte auf, die sonst einfach ignoriert werden könnten?*

Es ist gut möglich, dass uns einige Standpunkte und Überzeugungen nicht nur als fremd erscheinen, sondern schlichtweg als unsinnig. Dennoch machen sie offenbar für einen anderen durchaus Sinn. Die Frage ist, ob wir genügend Empathie aufbringen können, um uns für den anderen *wirklich* zu interessieren. Wenn wir diesen Schritt tun, kann es sein, dass die scheinbare Unsinnigkeit oder Engstirnigkeit uns in einem völlig anderen Licht erscheint und wir sie – im günstigsten Fall – sogar als Bereicherung unseres Horizonts erleben können, wir zumindest aber eine Vertiefung unseres Verstehens erfahren.

Meinungen, Bewertungen oder Urteile, die jemand entwickelt, sind unserer Auffassung nach für ihn selbst zunächst sinnvoll, sie bedeuten für sein Leben zu diesem Zeitpunkt die für ihn besten möglichen Optionen – und müssen deshalb ernst genommen werden. Eine andere Frage ist, ob diese Wahl für den Betreffenden immer die einzig denkbare Option bleiben muss oder ob er sich durch wachsende Einsicht in eigene Handlungsmuster und Motive andere Möglichkeiten erschließen kann, die langfristig sowohl seinen Bedürfnissen entsprechen als auch beispielsweise im sozialen Kontext leichter akzeptiert werden können.

6. *Was kann die Einführung des Dialogs erschweren?*

Die Frage ist, wer den Dialog warum einsetzen will. Eine wichtige Voraussetzung für den Dialogprozess ist, dass bei allen Beteiligten die Bereitschaft vorhanden ist, sich auf diesen »anderen« Gesprächsprozess einzulassen. Wird der Dialog als Methode von »oben« verordnet, so ist die Gefahr des Scheiterns groß, weil sich die »Verweigerer« beweisen wollen, dass ihre Vorbehalte berechtigt waren. Je klarer die Absprachen über Intention, Zeitrahmen, Häufigkeit, Teilnehmerkreis getroffen werden können, desto mehr Gewinn haben die Beteiligten von dem Prozess.

Machtstrukturen werden im Dialog leichter sichtbar. Diese Transparenz führt schnell dazu, ein Gefühl für die Sicherheit (oder Unsicherheit) des Containers zu entwickeln. Daher führt ein Versuch, durch Macht und Manipulation Einfluss auf den Dialogprozess zu nehmen, in der Regel zum Kollaps des Prozesses.

7. Ist der Dialog das richtige Mittel, um Konflikte zu lösen?

Wenn die an einem Konflikt Beteiligten bereit sind, sich auf einen Dialogprozess einzulassen, kann dieser Prozess helfen, die Wurzeln, Ursachen, Grundzüge des Konflikts zu verstehen. Einige der Kernelemente des Dialogs können in Konfliktsituationen hilfreich sein, so die *Verlangsamung,* verbunden etwa mit diszipliniertem Zuhören, damit, sich gegenseitig nicht zu unterbrechen, beim *Sprechen* von den eigenen Gefühlen und Interpretationen auszugehen und diese nicht mit allgemeinen Wahrheiten oder vermeintlicher Objektivität zu verwechseln. Auch der Versuch, die *Perspektive* des anderen einzunehmen und – je nach der emotionalen Befindlichkeit, den empathischen Fähigkeiten der Beteiligten und den zeitlichen Möglichkeiten – damit auch spielerisch umzugehen (wie es beispielsweise im dynamischen Dialog möglich ist), kann helfen, festgefahrene Situationen zu lösen. In emotional aufgeladenen Situationen ist es besonders wichtig, klare Vereinbarungen und Spielregeln mit allen Beteiligten abzusprechen und als Prozessbegleiter vorweg das Einverständnis der Teilnehmenden für Hinweise und Interventionen zu erlangen. Die Begleiterinnen und Begleiter können in Konfliktsituationen helfen, das Interesse am anderen Standpunkt zu wecken oder aufrechtzuerhalten und eine »erkundende Haltung« zu bewahren, anstatt sich in konfrontative Positionierung zu begeben.

2 Übung macht die Meisterin

2.1 Dialoggeschichten erzählen

Ziel dieser Übung: zu Beginn des Zusammentreffens einer Gruppe das eigene Dialogbild bewusst machen und auf ein neues Dialogverständnis neugierig machen.
Dauer: ca. 30 Min.
Material: Moderationskarten, Stifte, Pinwand, Flipchart.

Die Leitfrage dieser Übung: Was war für mich ein echtes Dialogerlebnis? *Erläuternde Fragen sind beispielsweise:* Welches Bild vom Dialog bringe ich mit? Welche Szene, welche Begegnung, welches Gespräch kommen mir in den Sinn, wenn ich mich daran zu erinnern versuche, was für mich ein echter Dialog war?

a) Teilnehmende erzählen einander in Kleingruppen eigene dialogische Erlebnisse, jeweils maximal fünf Minuten (zu dritt). Bereits beim Erzählen der Geschichten kann auf das eigene *Hören* und die Art des *Sprechens* geachtet werden.

b) Die Teilnehmerinnen/Teilnehmer benennen sodann eine wichtige Qualität, ein Kriterium für ein dialogisches Gespräch, und notieren diesen ihnen wesentlichen Begriff auf einer Karte.

Anschließend werden alle Kärtchen zunächst in die Mitte des Stuhlkreises gelegt. Die Gesamtgruppe wird darum gebeten, einige Geschichten zu erzählen. Die Gruppe versucht, dabei auf die grundlegenden Dialog-Qualitäten zu achten. Wesentliche Aspekte werden auf dem Flipchart gesammelt. Nach dem Ende der Übung werden die Karten auf eine Pinwand geheftet, um das spezifische »Dialogbild« dieser Gruppe deutlich zu machen.

Karten und Flipchart vermitteln ein Bild davon, mit welchen Dialogvorstellungen die Teilnehmenden kommen. Dies Bild soll bewusst wahrgenommen werden, weil es den Dialogbegriff wesentlich geprägt hat; die Übung soll dazu ermutigen, sich dieses eigene Bild und die eigenen Erwartungen an den Dialog und den Dialogprozess bewusst zu machen.

In der Gruppe kann anschließend, z. B. anhand der Bilder und Begriffe zu den zehn Kernfähigkeiten, eine neue Vorstellung vom Dialog entwickelt werden.

2.2 Die Dilemma-Übung; Variante: Von der Debatte zum Dialog

Person A wählt ein Dilemma aus ihrem Leben, bei dem sie zwei gegensätzliche Entscheidungsmöglichkeiten hat, wie beispielsweise: *»Ich habe folgendes Problem: Ich wohne zur Zeit in einer Wohngemeinschaft mit zwei andern Menschen, weil ich eigentlich nicht alleine wohnen will. Mich stört dabei zunehmend, dass ich nicht genügend Rückzugsmöglichkeiten und Freiraum habe, und ich überlege, ob ich mir nicht doch wieder eine Wohnung alleine suchen sollte. Andererseits genieße ich auch oft das Zusammensein mit meinen beiden Freunden und bin mir nicht sicher, was ich wirklich will.«*

Ziel dieser Übung: sich in andere Positionen hineinversetzen und die Wirkung unterschiedlicher Sprechweisen (einseitig-konfrontativ und »produktives Plädieren«) erleben.
Dauer: je Runde ca. 30 Min., für drei Personen einschließlich Pausen 2 Std.
Diese Variante der Dilemma-Übung verdeutlicht die Entwicklung von der Debatte zu einem dialogischen Gespräch. Eine komplexere Variante haben wir in *Miteinander Denken*, S. 263 ff., vorgestellt.

1. Runde: B übernimmt die Position »In der Wohngemeinschaft bleiben«, C die Position »Ausziehen«. Der dritte Stuhl bleibt die Beobachter-Position, dort sitzt A. *B und C bringen ihre Standpunkte mit Intensität und Einseitigkeit vor.* Ein bis zwei Argumente pro Position.

A
Beobachterstuhl
B ⟷ C
PRO-Stuhl »In der WG bleiben« — CONTRA-Stuhl »Ausziehen«

1. Runde

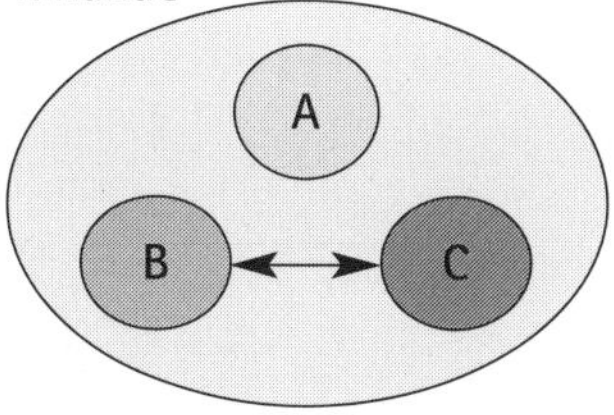

2. Runde: Alle Positionen rotieren in den drei Varianten im Uhrzeigersinn. *Wieder werden die gegensätzlichen Standpunkte ohne Interesse am anderen verteidigt.* Ein bis zwei Argumente pro Position.

B
Beobachterstuhl
C ⟷ A
PRO-Stuhl »In der WG bleiben« — CONTRA-Stuhl »Ausziehen«

2. Runde

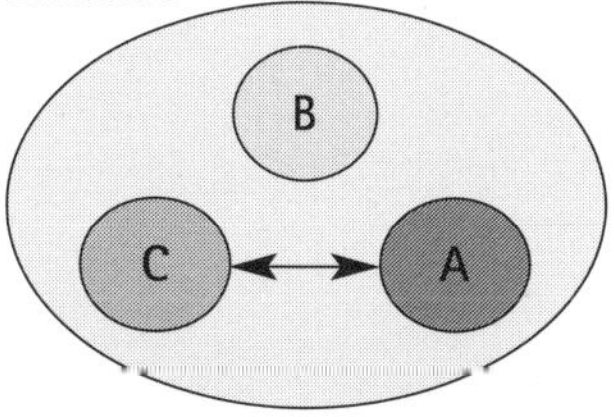

Am besten beginnt derjenige die Runde, der vom Beobachter-Stuhl kommt, da der Wechsel von *contra* zu *pro* oft sehr herausfordernd ist.

3. Runde

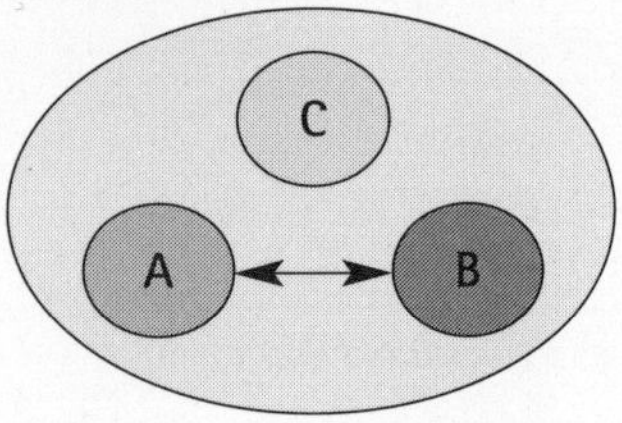

3. Runde: A wechselt auf den PRO-Stuhl, C auf den Beobachter-Stuhl, B auf den CONTRA-Stuhl, *einseitiges Vertreten der Positionen.*

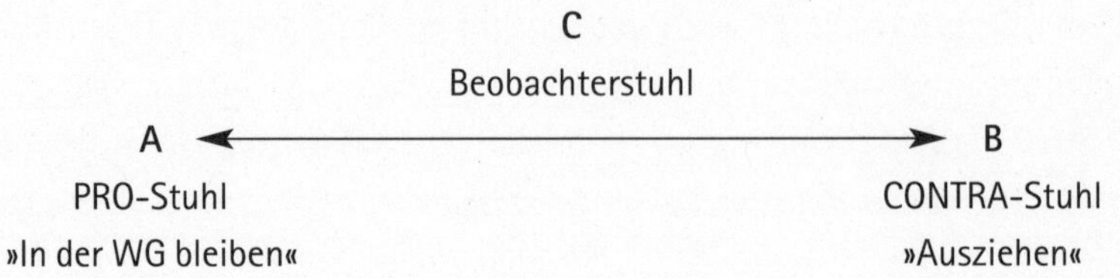

4. Runde

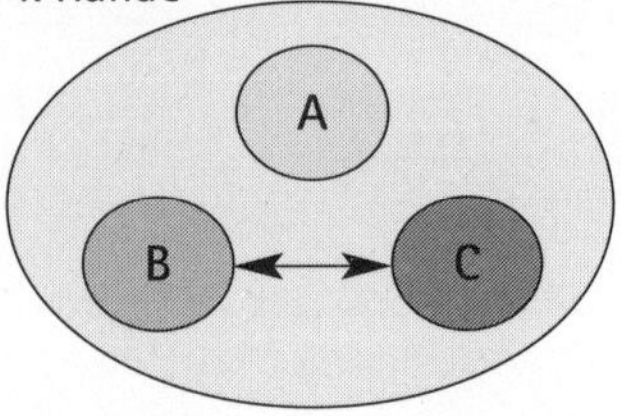

4. Runde: A ist wieder in ihrer Ausgangsposition auf dem Beobachter-Stuhl. *B und C versuchen jetzt in einen Dialog zu kommen:* Sie versuchen, die Balance zwischen *Plädieren* und *Erkunden* herzustellen. Sie reflektieren, warum ihnen ihre Position so wichtig ist, welche ihrer eigenen Bedürfnisse und Werte sie dadurch erfüllt sehen, und fragen das Gegenüber nach seinen Bedürfnissen und Werten.

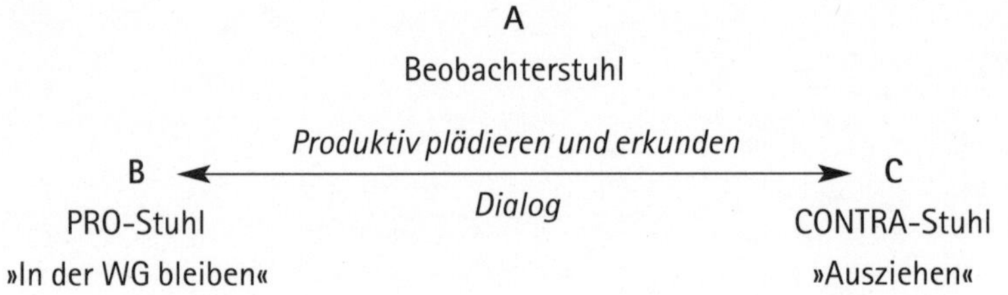

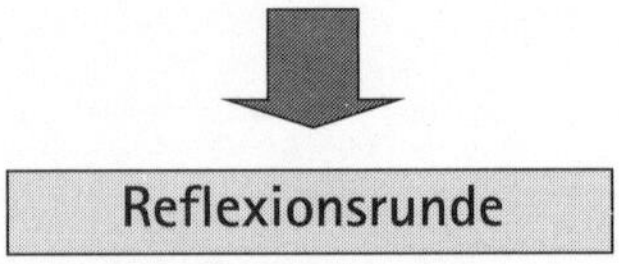

5. Anschließende Reflexion (in der Dreiergruppe); *Auswertungsfragen zu den Lernerfahrungen und Beobachtungen:*

- Was empfinde ich, wenn ich (m)ein Problem – pro und contra – vertrete?
- Wie fühle ich mich als Beobachter? Bekomme ich eine neue Perspektive?
- Wie gut kann ich mich in eine Position hineinversetzen, die ich innerlich nicht vertrete (Empathie)?
- Wie empfinde ich den Wechsel von der einseitigen Verteidigung von Positionen hin zu einem dialogischen Gespräch? Kann ich mich tatsächlich für die »andere« Position interessieren?
- Werden meine Empfindungen – für die Pro- und Contra-Positionen – von meiner Beziehung zu den Personen (z.B.: männlich/weiblich) beeinflusst, die die Positionen vertreten?
- Was erfahre ich über meine eigenen Bedürfnisse und Werte?

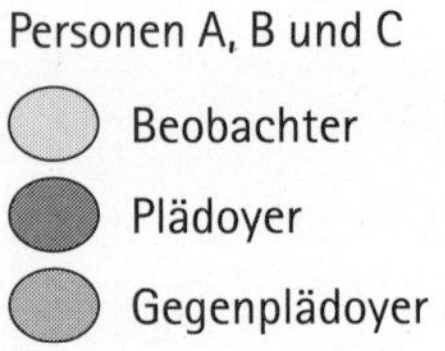

2.3 Gemeinsam Geschichten spinnen

Ziel dieser Übung: die Aufmerksamkeit dafür erhöhen, wie ich anderen zuhöre.
Dauer: ca. 30 Min.
Material: Klangschale zum Angeben des Zeitrhythmus.

Die Übung wird in Vierergruppen durchgeführt. Ein Teilnehmer beginnt, eine völlig phantastische Geschichte zu erzählen, nach einer Minute schlägt die Dialogprozess-Begleiterin kurz die Klangschale an. Darauf nimmt der nächste in der Gruppe den Faden auf und spinnt die Geschichte weiter. (Der Wechsel kann auch durch Händeklatschen oder verbal angezeigt werden.)

Wiederum nach einer Minute folgt das Signal zum nächsten Wechsel.

Es werden zwei Runden in der Vierergruppe durchgeführt. Anschließend folgt ein Austausch über die »Qualität meines Hörens«. Auswertungsfragen sind zum Beispiel:

- Wie habe ich gehört?
- Bin ich in die Geschichte der anderen eingetaucht?
- Hat sich in mir Widerstand geregt gegen das, was erzählt wurde, wollte ich es gerne anders?
- War ich offen für vorgegebene Wege der Geschichte?
- Wie konnte ich mich darauf einlassen, einen eingeschlagenen Weg weiterzugehen oder zu verändern?

(Modifiziert nach: Ellinor und Gerard 2000, S. 282 f.)

2.4 Zuhör-Übung

Ziel dieser Übung:

- beim Erzählen: meine Geschichte bewusst gestalten, wahrnehmen, was ich erzähle und was ich nicht erzähle.
- beim Zuhören: bewusst zuhören, versuchen, sich in die Perspektive des anderen zu begeben und eigene Bewertungen zu suspendieren.

Dauer: ca. 30 Min.

Teil I

Je nachdem, in welcher Umgebung und mit welcher Gruppengröße sie durchgeführt wird, ist diese Übung entweder während einer Pause auf einem Spaziergang möglich oder auch im Raum verteilt in Zweiergruppen.

Eine Person erzählt für eine vereinbarte Zeit (5 oder 10 Min.) etwas (zu einem vorgegebenen Thema oder der Frage: Was ist mir wirklich wichtig?). Die andere Person hört zu, *ohne zu unterbrechen oder zu kommentieren.* Sie gibt das Erzählte mit ihren Worten wieder – wobei die erste Person zuhört.

Teil II

Dasselbe wie in Teil I, aber mit gewechselten Rollen.

Teil III

Austausch darüber, wie ich die verschiedenen Rollen erlebt habe:

- das Erzählen,
- das Zuhören,
- das Wiedergeben des Gehörten und
- das Hören dessen, wie die andere »meine Geschichte« wiedererzählt hat.

Auswertungfragen

Wie gut kann ich das, was eine Erzählung bei mir auslöst, zunächst suspendieren und versuchen, möglichst in der Perspektive des vorbehaltlosen, offenen Zuhörens zu bleiben? – Wie verändert sich meine Wahrnehmung, wenn jemand anders etwas aus meiner Perspektive erzählt? Was verändert sich beim Hören »meiner« Erzählung?

2.5 Malen – Nonverbale Kommunikation

Ziel dieser Übung: die Erhöhung der Aufmerksamkeit für das Geschehen in der Gruppe.
Dauer: ca. 35 bis 45 Min.
Material: nicht liniertes Flipchart-Papier, Wachsmalkreiden oder andere Stifte.

Die Teilnehmenden malen gemeinsam ein Bild, ohne zu sprechen. Es wird abwechselnd gemalt, der Stift ersetzt sozusagen den Redestein; wer malt, wird nicht von den anderen unterbrochen:

- Vierer-Gruppen, je 10 Min.: Je ein Bild zu den Themen malen (Beispiel): »Wir führen eine Debatte« und »Wir führen einen Dialog«.
- Anschließend Austausch in den Kleingruppen.

Oder:

- Dreier- oder Vierer-Gruppe, je 10 Min.: Je ein Bild zu den Themen: »Ich« (Monolog) – »Du« (Diskussion) – »Wir« (Dialog).
- Anschließend Austausch in den Kleingruppen.

Auswertungsfragen

Im nonverbalen Dialog entstehen eigene Metaphern für den Dialog, z. B.:

- Jemand wird im Bild eingekreist, übermalt...
  - passiert so etwas auch verbal – welche Gefühle weckt es dann bei mir?
  - Wie gehe ich damit um?
- Jemand ergänzt, verändert mein Bild, was macht das mit meinem Bild?
  - bzw. im übertragenen Sinn mit meinem Wortbeitrag im Dialog?
  - Wird er trotzdem wirksam, z. B. als Auslöser für nachfolgende Beiträge (Farben, Formen...)?

2.6 Die Filterübung

Ziel der Übung: wahrzunehmen, welche persönlichen und kulturellen Filter unsere Sicht der Welt färben.
Dauer: ca. 15 Min., plus Austausch in der Gruppe.
Material: Moderationskarten, Stifte, durchsichtige farbige Tücher (z. B. Jongliertücher).

Die Dialogprozess-Begleiterin schlägt den Teilnehmenden vor zu überlegen, wie persönliche und kulturelle Erfahrungen und Prägungen gleichsam als Filter wirken können, die die eigene Weltsicht bestimmen. Ähnlich wie ein farbiger Filter, den man auf die Linse eines Fotoapparats setzt, bestimmte Farben aus dem »ankommenden« Bild herausfiltert, könnte beispielsweise das Bewusstsein, eine Frau oder ein Mann zu sein, schwarz oder weiß zu sein, ankommende Daten einfärben. Auch beispielsweise das Wissen, der einzig richtigen Religion anzugehören, könnte eine solche Filterwirkung haben oder das Familiengesetz »Gefühle müssen kontrolliert werden«.

Die Teilnehmerinnen und Teilnehmer werden gebeten, einige solcher Filter, die bei ihnen wirksam sind, zu identifizieren und sie jeweils auf eine Moderationskarte zu schreiben. Als Metapher für die verschiedenen Filter dienen durchsichtige farbige Tücher (z. B. Jongliertücher). Zu jedem Filter suchen sich die Teilnehmer ein farbiges Tuch, heften die Moderationskarte daran, halten das farbige »Filter«-Tuch vor sich hoch und schauen hindurch, um die Vorstellung zu erleben, dass etwas herausgefiltert wird.

Die Dialogprozess-Begleiterin fordert darauf die Teilnehmenden auf, mit ihren Filtern durch den Raum zu gehen, sich einen Gesprächspartner zu suchen und ihm zu einem seiner Filter erkundende Fragen zu stellen. Das kurze Gespräch hilft, die Wahrnehmung für die möglichen Wirkungen des Filters zu schärfen.

Jede Teilnehmerin bzw. jeder Teilnehmer führt zwei oder drei solcher Gespräche. Danach folgt ein Austausch in der Runde.

(Helga Pfetsch nach einer Idee von Rosalind Cochrane)

2.7 Kontrolle oder Beziehung?

Die Übung wird zu zweit durchgeführt. Eine Person streckt ihren Arm aus, die zweite Person fasst das Handgelenk der ersten Person und versucht, den Arm zu bewegen, während die erste Person versucht, ihren Arm ruhig zu halten.

Nach 30 Sekunden gibt die Dialogbegleiterin ein Zeichen (z.B. mit der Klangschale). Es folgt eine kurze Pause, in der nicht gesprochen wird.

Die erste Person streckt wieder ihren Arm aus, die zweite Person nimmt so vorsichtig wie möglich Kontakt auf, legt ihre Finger auf das Handgelenk der ersten Person und versucht, die Bewegungen wahrzunehmen, die sich ergeben, obwohl die erste Person weiterhin versucht, ihren Arm ruhig zu halten. Beide Personen »horchen« auf die sich ergebenden Bewegungen, die zweite Person versucht, diese Bewegungen zu verstärken.

Nach 30 Sekunden gibt die Dialogbegleiterin ein Zeichen (z.B. durch die Klangschale). Es folgt eine kurze Pause, in der nicht gesprochen wird.

Anschließend ein weiterer Durchgang mit gewechselten Rollen.

Ziel dieser Übung: die unterschiedliche Wirkung eines kontrollierenden und beziehungsorientierten Ansatzes nonverbal zu erleben.
Dauer: ca. 15 Min.
Material: Klangschale zum Angeben des Zeitrhythmus.

Auswertungsfragen

- Wie empfinden Sie den Unterschied in der Wirksamkeit der beiden Ansätze?
- Fällt Ihnen zur Beschreibung dieser beiden Ansätze eine Metapher ein?
- Welche unterschiedlichen mentalen Modelle oder Geschichten werden durch die beiden Ansätze deutlich?

(Nach Dawna Markowa, Die lernende Intelligenz, Paderborn: Junfermann 1998, S. 211 ff.)

2.8 Führen und sich führen lassen

Ziel dieser Übung: zum einen, in der Gruppe Vertrauen zu entwickeln, und zum anderen, die unterschiedlichen Bilder und Vorstellungen zum Thema »Führen und geführt werden« bewusst zu machen.
Dauer: ca. 15 Min.

1. Beginn mit »fester Führung«

- Einander zu zweit gegenüberstellen.
- A schließt die Augen, streckt die Arme vor sich leicht aus, B fasst beide Hände von A mit seinen Händen und führt A durch den Raum.

2. Lockere Führung

- A schließt die Augen, streckt die Hände vor sich leicht aus (Handinnenflächen nach unten).
- B nimmt mit beiden Händen Kontakt zu den Fingerspitzen von A auf (Handinnenflächen nach oben), A legt seine Finger locker auf die von B.
- B führt A

3. So wenig Führung wie möglich

- Wie unter 2, dabei nur noch mit einem Finger einer Hand Kontakt halten.

Auswertungsfragen

- Wie empfinde ich:
  - wenn ich führe?
  - wenn ich geführt werde?
  - wenn ich festen Kontakt/lockeren Kontakt habe?
  - wenn ich nur mit einem Finger in Kontakt bin?
- Finde ich in dieser Erfahrung Parallelen oder Metaphern in Bezug auf meine mentalen Modelle im Umgang mit anderen Menschen, meine Fähigkeit, zu vertrauen, mich führen zu lassen oder die Führung zu übernehmen?

2.9 Themenskulptur

Befürworter eines Themas notieren ihren Vorschlag auf einer Karte. Die anderen Teilnehmerinnen bzw. Teilnehmer bekunden ihr Interesse, indem sie sich zu der Person stellen, deren Thema sie interessiert. Sie können eigene Ergänzungen oder Veränderungen des Themas vorschlagen und notieren.

Der Wechsel zu anderen, neuen Themen ist im Prozess genauso möglich, wie dazu eingeladen wird, sich zwischen zwei Themenbereiche zu stellen.

Wenn die »Skulptur« stabil ist, wird räumlich ersichtlich, wie die Präferenzen für die Themen verteilt sind.

Das weitere Vorgehen hängt von der Zielsetzung des Zusammentreffens ab: Etwa kann ein gemeinsamer thematischer Dialog mit dem Thema begonnen werden, das auf das größte Interesse stieß. Die Gruppe kann eine zeitliche Abfolge für die Behandlung verschiedener Themen festlegen oder sich teilen, um mehrere Themen zu besprechen.

Ziel dieser Übung: in einer Gruppe relativ schnell ein Stimmungsbild in Bezug darauf ausdrücken, welche Themen (oder Thesen und Argumenten) vorhanden sind und wie viel Interesse und Widerhall sie finden.
Dauer: je nach Gruppengröße und Themenwünschen 15–30 Min.
Material: Moderationskarten, Stifte.

2.10 Brücken bauen

Ziel dieser Übung: die Erweiterung der Fähigkeit, mit kritischen Stimmen konstruktiv umzugehen. Es wird mit verschiedenen Formen des Umgangs mit kritischen Stimmen experimentiert.
Dauer: pro Person ca. 20 Min.
Material: Schreibzeug, Papier und Stifte.

Die Übung beginnt zu viert: Person A formuliert eine Klage oder Kritik, mit der sie selbst sich häufig konfrontiert sieht, entweder durch innere Stimmen (ihre eigene Kritikerin, der Perfektionist in ihr oder ähnliches) oder durch Kritik von Seiten anderer. *(Ich bin eine schlechte Mutter. Ich bin ein unfähiger Lehrer.)*

Sie erklärt den anderen Personen (B, C, D) in ihrer Gruppe die Situation, in der solche – inneren oder äußeren – Stimmen aufgetaucht sind oder wahrscheinlich auftauchen werden. Nachfragen zum Verständnis sollen Raum haben.

Die Person (A) setzt sich daraufhin auf einen Stuhl, mit dem Rücken zur Gruppe. Aus der Gruppe kommen Versuche, auf diese Kritik einzugehen, sozusagen »eine Brücke zum Kritiker« zu bauen. Person (A) macht sich einige schriftliche Notizen, wie die unterschiedlichen Bemerkungen auf sie wirken. *Sie antwortet nicht auf die Bemerkungen, die an sie gerichtet werden, sondern achtet nur auf ihre eigenen Reaktionen und versucht diese zu notieren.*

Die anderen Teilnehmerinnen bzw. Teilnehmer, B, C, D, nehmen sich Zeit, verschiedene Anknüpfungsmöglichkeiten auszuprobieren. Sie versuchen, eine innere Haltung zu finden, die sie in möglichst guten Kontakt zu der vorgebrachten Kritik bringt.

Orientierungen können sein:

- Einfühlungsvermögen anstatt Ratschläge.
- Was könnte der anderen Person helfen, um sich gehört zu fühlen?
- Kenne ich solche »kritischen Stimmen« – wie gehe ich damit um, was hilft mir?
- Welche Gefühle und Bedürfnisse stehen hinter der Kritik?

Es folgt ein Austausch zwischen Kritiker und Gruppe (B, C, D).

- Wie waren meine Reaktionen auf die unterschiedlichen Äußerungen?
- Was empfand ich als hilfreich?
- Worauf habe ich negativ reagiert? Habe ich eine Idee, weshalb? Welche Assoziationen entstanden in mir?

Anschließend übernehmen B, C, D die Rolle von A.

2.11 Feedback-Modell

Wenn ich jemandem eine Rückmeldung darüber geben möchte, wie ich sein (ihr) Verhalten empfunden habe, besteht die grundsätzliche Frage, warum ich das tun will. Möchte ich der oder dem andern das Gefühl vermitteln, dass sie/er etwas »falsch« gemacht hat, oder bin ich an einer Weiterentwicklung unseres Verhältnisses interessiert? Konstruktiv ist es dann, sie (ihn) wissen zu lassen, was mein Bedürfnis ist und was ich jetzt ganz konkret von ihr (ihm) möchte. Das kann sich immer – wenn ich keine konkrete Handlung erwarte – in der Bitte äußern: »Und jetzt möchte ich gerne wissen, wie das, was ich dir gesagt habe, bei dir ankommt – was du gehört hast und wie du das empfindest.«

Verantwortung übernehme ich für meine Gefühle, wenn ich erläutere, auf welchen Annahmen sie beruhen.

1. Daten
   Als ich hörte ...
   Rekonstruktion der Fakten, Daten

2. Gefühle
   fühlte ich ...

   Gefühle: Angst, Freude, Wut, Trauer

3. Annahme
   weil ich annahm

   Ich bin die Leiter (der Schlussfolgerungen) hinaufgeklettert

4. Bedürfnisse
   Ich möchte ...

   Zum Beispiel:
   Respekt, Distanz, Klärung

5. Konkrete Bitte
   - im Jetzt
   - erfüllbar von einer konkreten Person

   Meine Bitte an dich ist:

Beispiel

Als du sagtest, dass du heute Abend noch Gäste mitbringst (Daten) – war ich *ärgerlich* (Gefühle) – weil ich annahm, dass es für dich selbstverständlich ist, dass ich schnell alles vorbereiten kann (Annahmen). – Ich möchte auch mit meinen Bedürfnissen *respektiert* werden und vorher gefragt werden, ob mir ein Besuch so kurzfristig passt (Bedürfnis) – und möchte dich *bitten*, mir zu sagen, ob du das nachvollziehen kannst (konkrete Bitte).

2.12 Phantasiereise

Wenn Teilnehmerinnen und Teilnehmer sich ein eigenes inneres Bild von Situationen oder beispielsweise von »inneren Personen« (eigene wichtige Eigenschaften, Verhaltensweisen) machen sollen, sind geleitete Phantasiereisen hilfreich, um innere Bilder entstehen zu lassen.

Erkennung von Teilpersönlichkeiten (nach Ferrucci 1999, S. 57 f.)

1. Stellen Sie sich bequem hin, fest auf den Boden, atmen Sie tief und ruhig ein und aus. Schließen Sie die Augen und begeben Sie sich mit auf eine Reise. Diese Reise führt Sie in ein wunderschön gelegenes Tal. Sie kommen nach einer langen Wanderung in dieses Tal, inmitten einer Berglandschaft, und wissen, dass jemand Sie dort erwartet. Sie wissen aber noch nicht genau, wer. Lassen Sie ein Bild im Innern entstehen, das diesen Teil darstellt, der dort auf Sie wartet. Wählen Sie eine Ihnen wichtige Eigenschaft oder Verhaltensweise, mit der Sie sich dort treffen möchten.
   Das kann eine Frau sein, ein Mann, ein Tier, ein Kobold, ein Gegenstand, Sie selbst in einer Maske, irgendein Gegenstand oder eine Person, wer oder was auch immer Ihnen in den Sinn kommt. Versuchen Sie nicht, das Bild absichtlich zu konstruieren. Lassen Sie zu, dass es von alleine aufsteigt und sich formt.
2. Sobald das Bild bzw. die Figur Gestalt angenommen hat, geben Sie ihm/ihr genügend Zeit, damit es/sie sich offenbaren kann. Lassen Sie zu, dass es/sie sich ändert, wenn es/sie sich spontan verändern will. Treten Sie in Kontakt mit der Atmosphäre, die von der Gestalt ausgeht.
3. Nun lassen Sie die Gestalt sprechen und sich selbst ausdrücken. Lassen Sie ihr genügend Raum, über ihre Gewohnheiten und Bedürfnisse zu sprechen. Wenn Sie wollen, können Sie auch mit ihr reden und ihr Fragen stellen. (Selbst wenn es sich um einen Gegenstand handelt, kann dieser doch mit Ihnen einen Dialog führen. Im Reich der Phantasie ist alles möglich.)
   Sie stehen einer inneren Stimme gegenüber, die mit einem eigenen Leben und einer eigenen Intelligenz ausgestattet ist.
4. Geben Sie nun dieser Stimme einen passenden Namen, der Ihnen später helfen wird, sie zu identifizieren: der Nörgler, die Künstlerin, der Wachhund, die Skeptikerin, der Unsichere, die Spinnerin, der Brummbär, die Besserwisserin. Es gibt unendlich viele Möglichkeiten.
5. Beenden Sie in Ihrem Tempo – ganz in Ruhe – die Begegnung. Sie wissen nun um diese Stimme, haben sie kennen gelernt und können wieder mit ihr in Kontakt treten, wenn Sie wollen. Verabschieden Sie sich, verlassen Sie wieder das Tal – und richten Sie Ihr Bewusstsein nach außen, nehmen den

Boden unter Ihren Füßen wahr, die Luft im Raum – und öffnen Sie die Augen, wenn Sie soweit sind.
Notieren sie dann alles, was Ihnen im Zusammenhang mit dieser Stimme in den Sinn kommt: ihre Eigenschaften, ihre Gewohnheiten, ihre Besonderheiten.

Nachdem Sie eine Stimme identifiziert und ausreichend beschrieben haben, können Sie eine andere Stimme ausfindig machen. Dabei genügt es, wenn Sie andere Eigenschaften, Haltungen und Motivationen auswählen, die für Sie wichtig sind, und bei jedem Mal können Sie die oben genannten Punkte wieder durcharbeiten.

Sie können Teilpersönlichkeiten auch entdecken, indem Sie Ihre verschiedenen Lebensanschauungen, Verhaltensmuster, Lebensstile notieren. Durch das Erkennen und die Des-identifikation entsteht mehr Bewusstheit und auch mehr Freiheit.

Mich als Teil der Welt erleben

Ich lebe mein Leben
in wachsenden Ringen,
die sich über die Dinge
ziehn.
Ich werde den letzten
wohl nicht vollbringen,
aber versuchen will ich ihn.

Ich kreise um Gott,
den uralten Turm,
und ich kreise jahr-
tausendelang;
und ich weiß noch nicht:
bin ich ein Falke,
ein Sturm oder ein
großer Gesang.
Rainer Maria Rilke,
Das Stundenbuch

Ziel dieser Übung: sein Bewusstsein in wachsenden Ringen (Rilke) auszudehnen und seine Perspektive zu weiten, um sich als Teil eines Systems, das sich in der Zeit bewegt, zu verstehen und die Umwelt als erweiterten Körper zu erfahren.
Dauer: ca. 1 Std.

2.13 »Wachsende Ringe« – Übung zum ökologischen Dialog

Eine Grundvoraussetzung zur Gestaltung einer zukunftsfähigen Gesellschaft ist die Entwicklung eines bewussten Verhältnisses zur Umwelt. Systemisch betrachtet, ist das Verhältnis zur Umwelt von Geben und Nehmen geprägt, die Gegenseitigkeit ist zentral. Das bedeutet, nicht nur seine Mitmenschen zu verstehen und zu respektieren, sondern auch ein Bewusstsein für seine Umwelt, seine Mitwesen zu entwickeln und das Leben in einer zeitlichen Dimension zu begreifen.
Vorbereitung: In der Vorbereitungsphase sollten im Rahmen eines thematischen Dialogs einige ökologische Probleme und ihre Risiken besprochen werden. Mögliche Problemfelder wären: Landwirtschaft, Gentechnik, Atommüll, Umweltgifte.
Ablauf: Die Teilnehmerinnen und Teilnehmer schließen sich in Gruppen zu je vier Personen zusammen. Der Seminarleiter bittet nun die Teilnehmenden, dass sich jeder für eines der charakterisierten ökologischen Probleme entscheidet, das ihn persönlich besonders bewegt. Nach einem Moment der Ruhe beginnen die Teilnehmenden nacheinander, ihr Problem aus vier unterschiedlichen Sichtweisen zu beschreiben.

1. Aus der eigenen Sicht, mit persönlichen Gedanken und Gefühlen.
2. Aus der Sicht einer Person, die das Problem anders oder gegenteilig sieht.
3. Aus der Sicht eines vom Problem betroffenen nichtmenschlichen Wesens (z. B.: ein Wald, der stark geschädigt ist; ein Organismus, der gentechnisch verändert wurde; ein Fluss, in den viele Abwässer eingeleitet werden; eine Tierart, die vom Aussterben bedroht ist).
4. Aus der Sicht eines Menschen, der in der Zukunft lebt und von den Folgen des Problems, das wir durch unsere heutige Gesellschaft erzeugt haben, betroffen ist.

Die Zeiteinteilung wird durch ein Zeichen (Klangschale) angegeben, und die jeweilige einzunehmende Sichtweise wird angesagt. – Nach jeder Perspektive sollte es einen Moment der Ruhe geben.

Jede Person sollte drei Minuten aus jeder Perspektive sprechen können; es sollte mehr als eine Stunde für die Durchführung zur Verfügung stehen. Es empfiehlt sich, kurz vor Ablauf der drei Minuten auf den nächsten Wechsel hinzuweisen. Außerdem sollte genügend Zeit für eine Nachbesprechung eingeplant werden.

(Nach: Macy/Brown 2003, S. 149 f.; Überarbeitung: Tobias Hartkemeyer)

3 Ausbildung zur Dialogprozess-Begleitung

3.1 Grundlagen und Prinzipien

Dialogpraxis

Eine der Hauptaufgaben der Dialogprozess-Begleitung ist es, für die Teilnehmenden einen sicheren Raum zu schaffen, den »Dialog-Container«, in dem der Dialog praktiziert werden kann und die Kernfähigkeiten geübt werden. Miteinander Dialoge zu führen und über den Prozess zu reflektieren ist ein Hauptelement des Ausbildungsprogramms.

Personal Mastery

Die größte Herausforderung für die meisten Begleiterinnen und Begleiter bleibt die Identifikation mit ihren eigenen mentalen Modellen, Urteilen und Bewertungen. Je mehr die Einsicht in die eigenen Wahrnehmungsmodelle und deren Grenzen wächst, desto höher wird die Qualität der Präsenz, die den Dialogprozess unterstützt.

Ein Schlüssel zum Verständnis dieser Dynamik ist es, als Begleiter die eigene »Personal Mastery« zu entwickeln: die Fähigkeit, nicht nur den Dialogprozess, sondern auch sich selbst besser kennen zu lernen und eine Präsenz zu entwickeln, die der Vertiefung der Kernfähigkeiten dient. Die Weiterentwicklung der »Personal Mastery« in der Dialogprozess-Begleitung ist ein zweites wichtiges Element des Ausbildungsprogramms.

Facilitator-Werkstatt

Sehr unterschiedliche Vorgehensweisen, Konzeptionen und Lernmöglichkeiten ergeben sich durch die Verschiedenheit der Organisationen, Gruppen und die Individualität der Teilnehmenden, mit denen der Dialog praktiziert wird.

In den Phasen der »Facilitator-Werkstatt« – d. h. in dafür vorgesehenen Zeiträumen, in denen über das »Handwerkszeug« der Dialogbegleitung gesprochen wird – werden praktische Fragen geklärt, Übungen durchgeführt sowie Strategien besprochen, die sich durch verschiedene Kontexte der Dialogprozess-Begleitung ergeben.

3.2 Überblick über die Ausbildung

Erster Teil

Dialogpraxis

- Gemeinsame generative oder thematische Dialoge.
- Reflexion der Entwicklung der Kernfähigkeiten.
- Dialogprozess-Begleitung mit anschließender Reflexion und Feedback.

Entwicklung von Personal Mastery

- Radikaler Respekt als Grundlage unseres individuellen und kollektiven Containers.
- Wie gebe ich positives »Feedback« auf der Basis von Empathie und Wertschätzung?

In der Facilitator-Werkstatt

- Einen »Container« für den Dialog schaffen.
- Verschiedenartige Gruppen und Settings benötigen verschiedene Container.
- Die Bedeutung des gemeinsamen Kontexts.
- Den gemeinsamen Vertrauensraum unterstützen.
- Die Kunst, »Feedback« zu geben.

Zweiter Teil

Dialogpraxis (Vertiefung)

- Gemeinsame generative oder thematische Dialoge.
- Reflexion der weiteren Entwicklung der Kernfähigkeiten.
- Dialogprozess-Begleitung mit anschließender Reflexion und Feedback.

Entwicklung von Personal Mastery

- Wie nutzen wir unsere »Teilpersönlichkeiten«, »inneren Stimmen« oder »Selbste« für die Arbeit im Dialog? (Übungen zum »Voice Dialogue«)

In der Facilitator-Werkstatt

- Leitlinien für »Feedback«.
- Unterscheidung von Thema und Prozess.
- Störungen als Lernchancen.

Dritter Teil

Dialogpraxis (Vertiefung)

- Gemeinsame generative oder thematische Dialoge.
- Reflexion der weiteren Entwicklung der Kernfähigkeiten.
- Dialogprozess-Begleitung mit anschließender Reflexion und Feedback.

Entwicklung von Personal Mastery

- Weitere Schritte der Entwicklung von »Personal Mastery«:
  - Das spielerische Aufdecken von festgefahrenen Verhaltensmustern;
  - Brücken bauen zur Welt meines Gegenüber (in Anlehnung an M. Rosenberg);
  - Elemente der Shadow-Work, Arbeit mit den Schatten (nach C. G. Jung).

In der Facilitator-Werkstatt

- Was heißt das für mich: Dialogprozesse zu begleiten anstatt zu leiten?
- Der dynamische Dialog – Fragen aus vier Perspektiven.
- Ergebnisse, Lösungen, Entscheidungen: was erzielen wir im Dialog?

3.3 Strategien und Dynamiken im Dialogprozess

In Gruppen spielen sich häufig Prozesse ab, die als typische Gruppendynamiken interpretiert werden können. Für Begleitende ist es hilfreich, solche Tendenzen zu erkennen, die Gruppen davon abhalten können, in einen Dialog zu treten. Wenn sie benannt werden, können die Teilnehmerinnen und Teilnehmer sie leichter erkennen. Das muss nicht unbedingt heißen, dass die Gruppe ihnen deshalb entgeht, aber sie werden eher bewusst wahrgenommen. *Annette Simmons* (1999) beschreibt vier *Vermeidungsstrategien*, die sie regelmäßig in Dialoggruppen beobachtet hat.

Flüchten

Kämpfen

Sich verbünden

Sich in Abhängigkeit begeben

Die vier Symbole für diese Tendenzen können als Poster im Raum aufgehängt werden, als Erinnerung und Hinweis für die Gruppe, wenn derartige Tendenzen tatsächlich sichtbar werden.

3.4 Vier-Spieler-Modell

In Gesprächen und Gruppensituationen nehmen Menschen verschiedene Rollen ein: Einige wollen etwas voranbringen, andere sorgen für Widerstand und bringen Gegenargumente ein. Einige unterstützen die eine oder andere Position, wieder andere bleiben eher passive Zuschauer.

Dies lässt sich auch in Dialogprozessen beobachten. Die Kenntnis dieser Dynamiken kann es erleichtern, den Prozess gelassen zu begleiten und manche Äußerungen als Teil einer bestehenden Gruppendynamik zu verstehen.

Die Kunst in der Begleitung liegt dann darin, gleichzeitig die »lernende Haltung« und den eigenen »Anfängergeist« zu bewahren, jede Äußerung für sich ernst zu nehmen und nicht durch Einordnung in ein schematisches Modell abzuwerten.

Folgende Rollen, werden häufig von Gruppenteilnehmerinnen und -teilnehmern eingenommen:

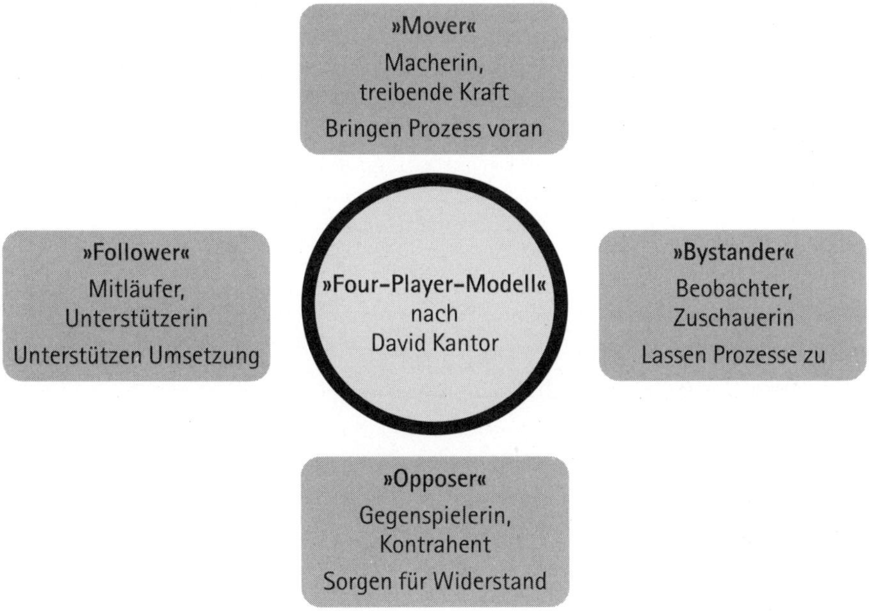

Vier-Spieler-Modell (Four-Player-Model)

3.5 Dynamischer Dialog mit Fragen aus vier Quadranten

Bei der Begleitung von thematischen Dialogprozessen kann es hilfreich sein, die Formulierung von Standpunkten zu unterstützen und zum Perspektivwechsel – auch räumlich sichtbar – einzuladen. Wir bezeichnen diese Arbeit im Dialog als *dynamischen Dialog.*

Die Quadranten sind: *Erkenntnis und Analyse, Vision und Wertschätzung, Beziehung und Verbundenheit, Handlung und Umsetzung.* Sie ermöglichen wechselnde Perspektiven auf das Geschehen und dadurch manchmal neue Einsichten.

(1) Phase der Benennung von Standpunkten

Alle Teilnehmer nehmen im Kreis einen Standpunkt zu einem Thema, einer Situation, einer Fragestellung ein – wobei »Stand-punkt« auch räumlich als Ort zu verstehen ist, wo sie sich hinstellen. Der Standpunkt wird auf eine Karte geschrieben, so dass der Ort des Standpunkts im Kreis ersichtlich ist. Nun werden die Teilnehmer aufgefordert, bewusst und spielerisch auch Gegenpositionen zu diesem Thema einzunehmen, die ebenfalls mit Karten im Kreis fixiert werden. So entsteht nach und nach eine »Themenlandschaft«, und durch die spielerische Einnahme von verschiedenen Positionen findet keine persönliche Fixierung eines Standpunkts statt.

(2) Fragen aus den vier Quadranten der Shadow-Work

Die vier »Quadranten«, mit denen wir in Anlehnung an die Shadow-Work (vgl. Abschnitt 3.3 sowie Kap. 4, S. 126) arbeiten, ermöglichen es, aus vier unterschiedlichen Blickwinkeln Fragen zum Prozess oder auch zu bestimmten Fragestellungen, Themen oder Problemen zu entwickeln.

(3) Phase der Reflexion

Die Themenkarten und ggfs. ihre Unterthemen sollen mit Hilfe der oben genannten vier Quadranten bzw. mit deren Leitfragen betrachtet werden:

- *Perspektive der Erkenntnis und Analyse:*
  - Welche Glaubenssätze und Muster liegen dieser Situation und Dynamik zugrunde?
  - Wie interpretiere ich die Situation?
- *Perspektive der Vision und Wertschätzung:*
  - Für welche Zwecke möchte ich mich einsetzen?
  - Wie kann ich wertschätzende Unterstützung geben?
- *Perspektive der Beziehung und Verbundenheit:*
  - Was sagt mein Herz und Gefühl zu der Situation?
  - Wie könnte Empathie hier helfen, das Verbindende zu stärken?
- *Perspektive des Handelns und der Umsetzung:*
  - Wie muss ich hier handeln?
  - Welche Grenzen müssen hier gezogen werden?

3.6 Wie hätten Sie interveniert?

Wie gehe ich als Begleiterin mit schwierigen Situationen um? Wir stellen im Folgenden einige Szenen vor:

Szene 1: Verärgerung

Nach einer musikalischen – nonverbalen – Dialogübung, an der einige Gruppenmitglieder teilgenommen hatten, legen die Teilnehmer die dafür benutzten Klangstäbe um die in der Mitte des Stuhlkreises stehende Blume. Werner ärgert das offensichtlich. Er äußert sich nach einigen anderen Wortbeiträgen sehr vehement. »Diese Veränderung unserer Mitte stört mich wirklich. Das sieht doch jetzt richtig martialisch aus. Gefällt mir überhaupt nicht mehr.« Für andere ist, ihren Äußerungen zufolge, die »neue Mitte« eher anregend und interessant. Werner bleibt recht ungehalten.

Die Begleiterin spricht ihn direkt an: »Werner, wenn es dich stört, dass diese Metallstäbe da in der Mitte liegen, könntest du doch einfach die Gruppe fragen, ob du sie wegnehmen kannst. Möchtest du das?«

Werner schaut überrascht auf. »Ja – natürlich, warum bin ich nicht gleich darauf gekommen. Natürlich könnte ich euch einfach fragen. Also: Ich möchte gerne diese Stäbe aus der Mitte wegnehmen, ist das in Ordnung?«

Niemand hat etwas dagegen und einige Teilnehmerinnen helfen Werner, die Stäbe an den Rand des Raumes zu legen.

Wie wären Sie als Dialogprozess-Begleiterin mit dieser Situation umgegangen?

Szene 2: Unterschiedliche Bedürfnisse

In der Abschlussrunde sagt Maike ein wenig zögernd: »Also, eigentlich habe ich die Runde sehr genossen, aber was die Idee der Verlangsamung angeht, da hätte es für mich doch ruhig noch etwas langsamer sein dürfen.« Kerstin entfährt spontan ein überraschtes »Aha?!« Gelächter aus der Runde ertönt. Maike ist verunsichert. Als der Stein bei ihr ankommt, betont Kerstin, dass sie wirklich Schwierigkeiten damit gehabt hätte, dass es manchmal »so langsam gegangen« sei. Sie sei doch mehr für etwas Tempo und Engagement, da fühle sie sich viel wohler.

Die Begleiterin greift diese gegensätzlichen Eindrücke und Erwartungen auf und weist darauf hin, dass es im Dialog nicht »richtig« oder »falsch« gebe, dass hier vielmehr eine interessante Spannung deutlich geworden sei, die wir erkunden könnten. »Warum ist für die eine zu schnell, was der anderen nicht langsam genug ist? Und wie können wir in dieser Gruppe so mit den unterschiedlichen Bedürfnissen umgehen, dass sich niemand übergangen fühlt?«

Wie hätten Sie sich aus Ihrem Verständnis von Dialogprozess-Begleitung heraus geäußert?

Szene 3: War das nun gut oder nicht?

In der Check-out-Runde geben einige Teilnehmer auch ihre Eindrücke von einer Übung wieder, die alle mitgemacht haben. Einigen hat diese Übung neue Einsichten ermöglicht, Petra hat jedoch nicht viel damit anfangen können und äußerte sich entsprechend.

Erleichtert erwidert Karl-Otto kurz darauf: »Ich finde, es ist ein guter Ansatz, dass im Dialog auch verschiedene Positionen und Meinungen nebeneinander stehen bleiben können. Das entlastet mich jetzt sehr, denn ich muss Petra nicht davon überzeugen wollen, wie klasse diese Übung war. Das hätte ich sonst ganz bestimmt jetzt versucht.«

Die Facilitatorin greift diese Äußerung auf, um darauf hinzuweisen, dass es im Dialog nicht um eine Konsensbildung geht. »Wir können uns natürlich trotzdem für die Hintergründe interessieren, die jemanden zu einer anderen Meinung bringt. Aber es sollte uns klar sein, aus welcher Motivation heraus wir das tun. Wollen wir wirklich etwas über die Beweggründe, den Denkweg des Gegenübers wissen oder nur insgeheim deutlich machen, dass unsere Position eigentlich die bessere und besser begründete ist?«

Wie wären Sie als Dialogprozess-Begleiterin mit der Situation umgegangen?

Szene 4: Auswertung der Dilemma-Übung

Nach der Dilemma-Übung findet in der Gruppe ein Auswertungsgespräch statt:

Marita: »Also, bei dieser Dilemma-Übung war es für mich wirklich schwierig, nicht sofort vom ›starken Plädieren‹ (vehement ein Denk*produkt* präsentieren; vgl. Kap. 2, S. 44) zum ›produktiven Plädieren‹ überzugehen, das ist doch sowieso ein absolut natürlicher Vorgang! Das ging wohl uns allen so.« Sie schaut sich zustimmungsheischend um.

Gaby, sehr ablehnend: »Na, weißt du, das finde ich aber überhaupt nicht.«

Marita: »Entschuldige – aber es wurde doch sehr deutlich, dass wir immer gleich versuchen, einen Mittelweg zu finden und nicht in Konfrontation zu gehen. Das wurde doch bei dieser Übung ganz klar.«

Gaby: »Nein, absolut nicht. Wenn mir eine Position so richtig zusagt, will ich die Energie darin auch auskosten. Ich fand das überhaupt nicht natürlich, alles zu erklären und zu begründen.«

Marita: »Also für mich ergibt sich das ganz von selbst ...«

Begleiter: »Wenn ihr an dieser Stelle nicht darum kämpft, welche Position nun die richtige ist, die für alle gelten muss, dann könntest du, Marita, Gaby fragen, warum sich für sie kein so ›natürlicher Übergang‹ ergeben hat, und du würdest etwas über ihren Erfahrungshintergrund hören.

Es erscheint uns oft als selbstverständlich, dass andere ähnliche Erfahrungen machen wie wir selbst, und manchmal sind deren Erlebnisse doch den unseren ganz entgegengesetzt. Die Frage ist, ob wir uns gegen diese ›andere Sichtweise‹ wehren und verteidigen müssen oder ob beide Sichtweisen erlaubt und berechtigt sind, ja sogar eine Bereicherung darstellen können.«

Wie wären Sie als Dialogprozess-Begleiter mit der Situation umgegangen?

Szene 5: Den Redestein brauchen wir doch nicht

Nach der Einführung des Redesteines und dem Angebot, den Stein für die nächste Runde zu nutzen, verdrehen einige Teilnehmerinnen die Augen und blicken zur Decke. Die Facilitatorin bittet darum, den Unmut auszusprechen.

Eine Teilnehmerin äußert impulsiv: »Wir sind doch auch in der Lage, eine Vereinbarung so zu treffen, dass wir uns einfach ausreden lassen.« Eine zweite: »Ich will reden, wie ich will, und nicht erst zum Stein laufen müssen und mir mein Rederecht erarbeiten. Das habe ich lange genug ...«

Sie wird von einer anderen Teilnehmenden unterbrochen: »Ja, ich finde auch, dass wir doch alle erwachsene Menschen sind, die sich nicht zum ersten Mal in einer größeren Runde befinden.«

Es fallen noch einige positive und auch kritische Bemerkungen – die Facilitatorin geht anschließend darauf ein: »Ist euch aufgefallen, wie schnell die Beiträge kamen und dass die Umsetzung des Vorsatzes, sich gegenseitig ausreden zu lassen, nicht ganz so einfach zu sein scheint?«

Einigen anderen ist in dieser Szene auch das rasche Unterbrechen aufgefallen, mit erleichtertem Lachen vereinbart die Gruppe, für eine »Experimentierzeit« den Stein auszuprobieren und sich anschließend erneut über die Wirkung auszutauschen.

Wie wären Sie als Dialogprozess-Begleiter mit der Situation umgegangen?

3.7 Verschiedene Kategorien von Fragen

Nicht alle Fragen sind *wirkliche* Fragen, auch wenn sie von der Satzkonstruktion her ein Fragezeichen benötigen. Die Wirkung einer Frage hängt ganz wesentlich von Ihrer Beziehung zu der oder dem Angesprochenen, von dem Kontext, dem Tonfall und von Ihrer Intention ab – davon, aus welchem Grund Sie die Frage stellen und ob Sie etwas damit bezwecken wollen.

Die folgenden Kategorien können hilfreich sein, sich selbst zu überprüfen

- *Warum-Fragen:* Warum-Fragen lassen sich schwer beantworten – oftmals drücken sie Enttäuschung aus, sind »getarnte Seufzer«: »Warum lässt du immer deine Sachen hier rumliegen?«

- *Fragen als getarnte Behauptungen*: »Merkst du wirklich nicht, dass du in letzter Zeit ziemlich unfreundlich bist?« Der Unterton solcher Fragen lässt unschwer erkennen, dass es sich nicht um echte Fragen handelt, sondern um einen »verpackten« Vorwurf.

- *Inquisitions-Fragen*: »Das hat ja unglaublich lange gedauert, bis du den Bericht fertig geschrieben hast! Was hast du eigentlich so lange gemacht?« In Verbindung mit einem »bittersüßen« oder leicht »sauren« Unterton wird am Tonfall deutlich, dass es sich nicht um reines Interesse handelt, sondern dass etwas anderes – wie Enttäuschung oder unausgesprochener Ärger – mitschwingt, und die Reaktion des Angesprochenen ist leicht vorstellbar.

- *Erkundende Fragen:* Wenn ich wirklich daran interessiert bin, wie jemand etwas sieht oder erlebt hat, drückt sich dieses Interesse in meiner Frage aus. »Mich interessiert, wie du das siehst. Erzählst du mir, wie das gestern für dich war?«

3.8 Fragen zur Dialogprozess-Begleitung

Wie gehe ich mit Teilnehmerinnen und Teilnehmern um, die nur stark und häufig plädieren, und mit denen, die in der Runde kaum etwas sagen?
Eigene Positionen zu verteidigen gehört zu den Mustern, die nur schwer verlernt werden. Häufig kann es hilfreich sein, diejenigen, die sich aus dieser Haltung nicht lösen können, zu fragen, ob es ihre Absicht ist, in dieser Position zu verharren. Wenn ein Teilnehmer in einer Gruppe sehr dominierend/dominant auftritt, kommt es fast zwangsläufig über kurz oder lang zu Gegenreaktionen. Grundsätzlich ist es dabei sinnvoll, die Teilnehmer darin zu unterstützen, mit konstruktiven Fragen (z. B.: Was möchtest du für dich? Was wünschst du dir jetzt?) Wünsche und Alternativen zu formulieren, anstatt in destruktiver Kritik (»Das gefällt mir gar nicht, wie du …«) stecken zu bleiben.

Gemeinsame Übungsphasen (wie die Linke-Spalte-Übung) können helfen, die unterschwelligen Gefühle bewusst zu machen und zu artikulieren, Bewertungen und Beobachtungen zu unterscheiden und alternative Bewertungen durchzuspielen. Die Metapher von der »Leiter der Schlussfolgerungen« kann ebenfalls hilfreich sein, um die eigenen Denkkonstrukte aufzuzeigen.

Teilnehmende, die sich im Prozess wenig oder gar nicht einbringen, können in der Reflexionsphase direkt mit der Frage (oder Bitte) angesprochen werden, ob sie ihre Beobachtungen und Empfindungen der Gruppe mitteilen möchten. Häufig haben Teilnehmerinnen und Teilnehmer gerade dann wichtige Beiträge zum Prozess beizusteuern, wenn sie zuvor eher Beobachtende waren.

Wie gehe ich mit Dialogteilnehmern um, die nicht freiwillig gekommen sind?
Wenn Menschen ganz offensichtliche Signale von Unmut in Bezug auf die Situation äußern, in der sie sich befinden, können sie direkt darauf angesprochen werden – etwa mit der Frage, wie sie sich ihre Teilnahme vorstellen und was sie sich wünschen. Bei Einführungsseminaren, in denen Übungen zur Identifikation des eigenen Wahrnehmungsprozesses vorgesehen sind, eignet sich beispielsweise eine solche Situation gut dafür, als Dilemma- oder Linke-Spalte-Übung thematisiert zu werden.

Dies haben wir in einer Gruppe praktiziert, als ein Großteil der Teilnehmenden deutliches Desinteresse signalisierte. Die Dilemma-Übung wurde dann mit der Thematik durchgespielt: *Wenn ich als Trainer zu einer Gruppe eingeladen werde, die von ihrem Chef geschickt wird – nehme ich eine solche Einladung an oder nicht?*

Drei Personen aus der Runde wurden um Mitarbeit bei der Demonstration der Übung gebeten, bevor sie von allen in Dreier-Gruppen mit eigenen Themen durchgeführt wurde. Das Eis war gebrochen, nachdem die offenbar unterschwellig vorhandenen, aber bis dahin nicht ausgesprochenen Argumente in der Übung für alle hörbar in der Gruppe präsent gemacht wurden.

Wann und wie unterbreche ich als Begleiter einen Dialog?
Da wir in einer Debatten- und Diskussionskultur aufgewachsen sind, in der die Rechtfertigung und Verteidigung eigener Positionen sowie der Versuch, sich durchzusetzen, vorherrschend sind, taucht ein solcher tief verankerter Diskussionsstil auch in den Gruppen immer wieder auf, die sich getroffen haben, um einen Dialog zu führen. Die Dialogprozess-Begleiter können in solchen Situationen die Aufmerksamkeit auf die Intention des Erkundens und Suspendierens richten und in den Momenten, wo die Gruppe in alte Diskussions- und Verteidigungsmuster zurückfällt, nachfragen. Oftmals hilft es Teilnehmenden schon, die Dominanz der alten Diskussionsmuster wahrzunehmen, um selbst wieder zu einer interessierten, stärker dialogischen Haltung zu kommen.

Was ist der Unterschied zwischen »leiten« und »begleiten«?
Als *Leiterin* einer Gruppe habe ich eine Vorstellung davon, welches Ziel, welchen Lernschritt, welches Ergebnis ich erreichen möchte. Ich gebe eine Richtung vor, in die wir gemeinsam gehen, und ich versuche, meine Beiträge so zu gestalten, dass die anderen mir in diese Richtung folgen.

Verstehe ich mich eher als Begleiter, so bedeutet das für mich, dass ich meine Aufmerksamkeit darauf richte, was in der Gruppe »lebt«, was an Fragen, an Themen, an Energien vorhanden ist, was sich entfalten könnte – aber auch darauf, wo es Widerstände gibt, wo Fragen nicht gestellt werden, die aber hilfreich wären, welche Fragen ich einbringen könnte, um den Prozess zu vertiefen.

4 Seminarbeispiele

4.1 Beispiel für ein Dialogseminar mit »dynamischem Dialog«*

Dialogprozess-Begleitung: Dorothee Wolfs, Hans-Dieter Eichhorst.
Auftraggeber: Ein süddeutscher Hebammen-Kreisverband.
Teilnehmende: Hebammen aus dem Bereich des Kreisverbandes.
Zielsetzung: An zwei Wochenendtagen sollten Grundlagen dafür gelegt werden, dass die Zusammenarbeit der Verbandsmitglieder untereinander verbessert wird und eine gemeinsame Arbeitsbasis definiert werden kann.

1. Tag

- *Check-in-Runde:* Äußerungen positiver Bereitschaft, aber auch Skepsis im Hinblick auf die Zielsetzung des Seminars.
- *Erläuterung der Rahmenbedingungen*: Stuhlkreis, Redestein, Klangschale.
- *Übung:* Welches sind die wesentlichen Elemente eines guten Gesprächs (siehe in diesem Kapitel Abschnitt 2.1 »Dialoggeschichten erzählen«).
- *1. Dialogrunde* unter der Fragestellung: »Wie erlebe ich bisher unsere Zusammenarbeit (im Kreisverband)? Was bereitet mir Sorgen, was freut mich?«

2. Tag

- *Check-in-Runde*
- *Erläuterung zum dynamischen Dialog:* Um die systemischen Zusammenhänge möglichst aller relevanten Aspekte nachvollziehbar und konkret erlebbar zu machen, wurde der Prozess methodisch mit einem »dynamischen Dialog« unterstützt.
- *Dynamischer Dialog:* Die Namen der handelnden Personen oder Personengruppen wurden auf Moderationskarten fixiert und im Raum verteilt. Im Zentrum befanden sich die Personen, die an einer guten Zusammenarbeit interessiert (und tatsächlich auch im Raum anwesend) waren. Um sie herum gruppierten sich – unter Berücksichtigung ihrer jeweiligen Beziehung zueinander – die Personen und Personengruppen aus dem beruflichen wie privaten Umfeld (z. B. Kolleginnen außerhalb wie innerhalb der Verbandsarbeit, Ärzte, die eigene Familie, die schwangeren Frauen).
  Alle Teilnehmerinnen bewegten sich aus eigenem Impuls immer wieder auf die unterschiedlichsten Positionen, verweilten dort, beobachteten, spürten ihren Empfindungen gegenüber den jeweiligen Standpunkten nach und beteiligten sich am Dialog. Die Aussagen, die übereinstimmend als die wichtigsten angesehen wurden, wurden auf Karten festgehalten und später dokumentiert.

* Siehe dazu auch in diesem Kapitel Abschnitt 3.5 »Dynamischer Dialog mit Fragen aus vier Quadranten«.

- *Bewertung des Ergebnisses des Dynamischen Dialogs durch die Dialogbegleiter:* Erstaunlich war für die meisten die Erfahrung, wie sich die Sichtweise eines Problems oder die Einstellung von einer anderen Position aus verändern. So eröffnete sich den Teilnehmerinnen die Möglichkeit, sich in andere Positionen hineinzuversetzen und diese besser zu verstehen.
- *Sammlung aller anstehenden Aufgaben zur Verbesserung der Zusammenarbeit und Planung der weiteren Zusammenarbeit*: In zwei Arbeitsschritten wurden in Arbeitsgruppen zu den drei Themen mit erster Priorität die »Aspekte zum jeweiligen Thema« und »Ideen zur Umsetzung« gesammelt und auf Plakaten fixiert. Anschließend wurden konkrete Verabredungen getroffen (»Wer? Was? Wann? Mit wem?«).
- *Check-out-Runde:* Die Äußerungen in der Check-out-Runde waren durchweg positiv, wie beispielsweise: »Das hätte ich nicht gedacht, dass wir auch noch zu solch konkreten Ergebnissen und Verabredungen in so kurzer Zeit kommen, erstaunlich!«

4.2 Beispiel für ein Dialogseminar mit »Open Space«

Im Rahmen des Programms »Mensch und Biosphäre« weist die UNESCO weltweit Biosphärenreservate zum Schutz typischer Landschaften mit biologischer Vielfalt aus. Im Saarland bietet der Bliesgau mit Europas größtem zusammenhängenden Streuobstwiesengebiet die Chance, in dieses Programm aufgenommen zu werden. Gegner und Befürworter diskutieren heftig und kontrovers.

Dialogprozess-Begleitung: Margitta Holler, Wiebke von Bergen
Auftraggeber: Ministerium für Umwelt des Saarlandes
Teilnehmende: Mitarbeiter und Mitarbeiterinnen des Ministeriums, Vertreter des Naturschutzes, des Biosphärenvereins, des Büros »Lokale Agenda« (insges. 30 Teilnehmende)
Zielsetzung: den Dialog zwischen den in der geplanten Biosphäre Bliesgau sehr aktiven Verbänden und dem Ministerium zu verbessern; Ideen für die Ausweitung des Dialogs auf eine größere Zahl von Naturnutzern und Naturschützern erarbeiten.

1. Tag

Ankommen und kennen lernen
- Vorstellungsrunde, Orientierung über Ziele und Ablauf
- Marktplatz zum Ankommen und Kennenlernen (alle Teilnehmenden sprechen mit anderen über alle drei Fragen: dreimal drei Kleingruppen in jeweils neuer Besetzung, im Kreis locker in Grüppchen stehend):
  - 1. Kleingruppe: Was lasse ich zurück, was würde ich tun, wenn ich nicht hier wäre?
  - 2. Kleingruppe: Was zieht mich an dem Thema an, wie bin ich hierher gekommen?
  - 3. Kleingruppe: Wenn ich hier morgen zufrieden rausgehe, was ist dann passiert? Wie haben wir zusammen gearbeitet?

Impulsreferat (20 Min.)
- Auftrag von uns an die Teilnehmer, sich selbst beim Zuhören zu beobachten;
- Referat von Kai Schuster, Uni Kassel:
  »Lebensstil und Akzeptanz von Naturschutz – Wege zu einer lebensstilbezogenen Naturschutzkommunikation«.

Einführung in Haltung und Elemente des Dialogs
- Stichworte: dialogische Gesprächshaltung; Struktur durch Redestein, verlangsamen; zuhören, auf sich wirken lassen; sagen, was mir wichtig ist; sich kurz fassen.

Thematischer Dialog zum Referat

Mittagspause

Information
- Entstehungsgeschichte und Sinn des Dialogs

Linke-Spalte-Übung, Teil 1

- Einzelarbeit: ein Gespräch über die geplante Biosphäre, das unbefriedigend verlaufen ist, erinnern, notieren und bearbeiten (s. *Miteinander denken*, S. 259 ff.).

Information

- Die Leiter der Annahmen und Schlussfolgerungen (zur Illustration dessen, wie die »linke Spalte« funktioniert)

Linke-Spalte-Übung, Teil 2

- Partnerarbeit: Coachfragen (s. *Miteinander denken*, S. 262)

Auswertung der Übung im Plenum

Thematischer Dialog

- Auf dem Weg zur Biosphäre Bliesgau: das Feld erforschen, neue Wege öffnen

Schlussrunde zum 1. Tag

- Was war mir wichtig? Was nehme ich mit? Was wünsche ich mir für morgen?

2. Tag

Thema für den gesamten Tag

- »Vom Dialog zum Ergebnis: Ich verknüpfe mit Ihnen die Fäden zu konkreten Ideen, wir eröffnen damit neue Räume«.

Anfangsrunde für den Tag

- Was von dem, was in mir ist an Gedanken und Empfindungen, möchte ich hier heute morgen sagen?

Themenerhebung und Themen-Workshops nach der Open-Space-Methode

- Wem es wichtig ist, ein Thema oder eine Fragestellung des Vortags bzw. einen Aspekt des Seminarthemas hier mit anderen zu besprechen und zu vertiefen, der/die »bietet einen Workshop an«, schreibt also das Thema in großen Buchstaben auf ein Blatt Papier und erläutert es mit zwei Sätzen.
- Empfehlungen:
  - Nicht jedem muss ein Thema einfallen.
  - Jeder ordnet sich einer Gruppe zu – nach eigenem Interesse am Thema.
  - Es gibt »Hummeln« und das »Gesetz der zwei Füße«.
  - Wenn sich zu einem Workshop-Thema niemand dazugesellt: Der Workshopanbieter kann auch allein an dem Thema arbeiten – endlich einmal ist Zeit dafür!

Workshops zu den angebotenen Themen mit den Aufträgen

- Erkunden Sie Ihr Thema nach dem Dialog-Prinzip;
- machen Sie ein Brainstorming (mit Karten);
- bereiten Sie die Ergebnisse für deren Präsentation im Plenum vor

Präsentation der Ergebnisse der Workshops im Plenum, Ergänzungen durch die Plenumsmitglieder

Mittagspause

Prozessreflexion in Gesprächsrunde

- Thema: »Zwischenstopp, Spuren verfolgen«
  - Wir machen uns unsere Wege (und Umwege) von gestern morgen bis hierher bewusst;
  - und wir ziehen Schlüsse für unsere weiteren Dialoge und Prozesse.

Impulsfrage

- Was will ich persönlich tun, um diese nun gewonnene Energie in Veränderungen in meinem Entscheidungsbereich umzusetzen?

Abschlussrunde

- mit Präsentation der Idee jedes Einzelnen (Ideen auf Moderationskarten).

4.3 Beispiel für ein Dialogseminar mit Systemaufstellungen

Dialog wie Systemaufstellungen sind Methoden, die die Klarheit und Authentizität der menschlichen Begegnung in den Mittelpunkt stellen und versuchen, hinderliche Gedankenkonzepte und Verhaltensmuster sichtbar zu machen.

Henriette Lingg, erfahren in beiden Ansätzen, schätzt insbesondere, dass Beteiligte neue Entscheidungsfreiheit im Denken und Handeln erfahren können. Sie stellt beide Verfahren in Kürze einander gegenüber:

Im *Dialog* wie auch in den Systemaufstellungen gibt es den kostbaren Moment, bevor wir zu »benennen« beginnen und unsere Interpretationen und Schlussfolgerungen aus dem ziehen, was wir erfahren oder erleben. Dies ist der Moment des wirklichen Zuhörens, des Suspendierens – der Moment des »Mit-dem-Herzen-Sehens«. In diesem Moment erfassen wir eine besondere Qualität – vielleicht das, was Martin Buber das »Zwischen« nennt: etwas, das nicht von uns »hergestellt« werden kann, weil es nur entdeckt werden kann, etwas, das nur durch die Begegnung und das *Du* entstehen kann.

Systemische Strukturaufstellung: Sie wird hier verstanden als ein »Gruppensimulationsverfahren« – eine eigene Richtung im Feld der Systemaufstellungen, entwickelt von Insa Sparrer und Matthias Varga von Kibéd (vgl. Sparrer und von Kibéd 2001). (»Gruppensimulationsverfahren« meint: die gesamte Gruppe simuliert eine Situation und entwickelt ein Lösungsbild.)

Beispiel: Ein Kunde bringt ein Anliegen ein, das für ihn wichtig ist. Nach einem lösungsfokussierten Vorgespräch werden die einzelnen Elemente der Aufstellung in gemeinsamer Abstimmung ausgewählt. Für jedes Element wählt der Klient eine Repräsentantin/einen Repräsentanten und stellt sie im Raum auf. Die Beziehungen der Stellvertreter zueinander visualisieren das innere Bild des Kunden. Die Repräsentanten werden über ihre Wahrnehmungen befragt. Besonderer Wert wird dabei auf veränderte Körperempfindungen und Unterschiede zwischen diesen im Sinne von besser/schlechter/gleich gelegt. Die Aufstellungsleiterin bildet Arbeitshypothesen und prüft diese durch die Veränderungen der Anordnung und Prozessarbeit. In enger Abstimmung mit dem Kunden werden die Positionen der Stellvertreter so lange verändert, bis ein für ihn im Augenblick hilfreiches Bild entsteht.

Analogien von Dialogprozess und Systemaufstellungen

- Gemeinsames Lernen
  - *Dialogprozess*: Jede Einzelne kann Einsichten gewinnen, und auch die Gruppe als Gruppe lernt und verändert sich dadurch.

   - *Systemische Strukturaufstellung*: In der Gruppe findet eine Veränderung statt, und auch jede(r) Einzelne kann für sich Neues aus einer Aufstellung lernen.
- Verbindungen im Gruppenfeld
   - *Dialogprozess:* Im Verlauf eines *Dialogprozesses* geschieht es immer wieder, dass ein anderer meine Gedanken ausspricht. Dabei sind es nicht nur meine Gedanken, die ausgesprochen werden, sondern es ist die durch uns gemeinsam geschaffene neue Realität.

»Ich werde gesprochen«.

   - *Systemische Strukturaufstellung*: »Repräsentierende Wahrnehmung« wird die menschliche Fähigkeit genannt, als Repräsentant(in) eines Elements eines Systems die Empfindungen dieses Elements wiederzugeben. In jeder Aufstellung wird erlebbar, dass die Teilnehmer(innen) durch die repräsentierende Wahrnehmung in der Lage sind, verblüffend exakt Situationen, die ihnen vollkommen unbekannt sind, widerzuspiegeln. Jeder kann Repräsentant sein, es bedarf keiner besonderen Eigenschaften oder Qualifikationen. Über die Fähigkeit der repräsentierenden Wahrnehmung verfügen wir prinzipiell alle. Sie ist ein Phänomen, für das es viele Erklärungsversuche gibt. Wenn wir davon ausgehen, dass wir verbundene Einzelnen sind, dann wäre jede Aufstellung und auch jeder *Dialog* die natürliche Nutzung dieser uns gemeinsamen Verbindung.
- Umgang mit Bewertungen und Annahmen
   - *Dialogprozess:* Das Suspendieren von Annahmen und Bewertungen steht im Mittelpunkt.
   - *Systemische Strukturaufstellung*: Ist das erste Bild gestellt, so ist dies ein Moment des Innehaltens, des Wahrnehmens und des Zuhörens. Gerade jetzt ist Voraussetzung für eine gute weitere Arbeit, die Gedanken, die sofort interpretieren und beurteilen, zu suspendieren. In einer Aufstellung werden die Annahmen, die zu einer Situation geführt haben, schichtenweise freigelegt, bis eine neue Begegnung möglich ist.

»The moment before thoughts arise«, wie es in einem Zen-Koan heißt, der Moment, bevor die Gedanken auftauchen.

- Umgang mit Andersartigkeit
   - *Dialogprozess:* Der *radikale Respekt* stellt eine Kernfähigkeit dar.
   - *Systemische Strukturaufstellung:* Das, was sich zeigt, gilt es zu respektieren, auch wenn es den eigenen Werten widerspricht, und es gilt, mich einzulassen auf eine andere Sicht- und Betrachtungsweisen, auf eine bereichernde Horizonterweiterung. Repräsentanten, die für schwierige Rollen gewählt werden, bekommen eine Chance, sich in radikalem Respekt zu üben und darin auch Neues für sich persönlich zu entdecken.

Unterschiede zwischen Dialogprozess und Systemaufstellungen

- *Dialogprozess:* Themen entstehen aus der Gruppe heraus und werden von ihr weiterentwickelt. Jede(r) hat die Chance und die Möglichkeit, sich ganz einzubringen und mit ihrem (seinem) Beitrag als Individuum das Ergebnis mit zu gestalten.
- *Systemische Strukturaufstellung:* Einzelne bringen ihre Fragestellungen ein und bitten die Gruppe, sie bei der Lösungsfindung zu unterstützen. Alle Teilnehmenden können auch für sich etwas mitnehmen und lernen. Jedoch ist hier nicht die individuelle persönliche Weise, sondern eher eine Art »kollektiver« Beitrag, eine Ankoppelung der Repräsentanten an »den Moment, bevor die Gedanken auftauchen«, gefragt. In Ausnahmen gibt es auch in der Systemaufstellungspraxis Vorgehensweisen, die es erlauben, mit einer Gruppe zu arbeiten, deren Mitglieder alle an einem Thema beteiligt sind.

Synergetische Anwendungsmöglichkeiten

Aufstellungen können in Verbindung mit dem Dialog auf verschiedene Weise eingesetzt werden:

- Bei der Begleitung von Veränderungsprozessen in Organisationen
  - Prozessbegleitung wird als Dialogprozess angelegt,
  - Systemaufstellungen dienen der Visualisierung und Weiterentwicklung,
  - Reflexion findet in Dialogrunden statt.
- In Workshops und Seminaren
  - Zu Beginn werden die dialogischen Kernfähigkeiten (zumindest Hören, Sprechen, Respektieren, Suspendieren) vorgestellt,
  - das Dialog-Setting ist für teaminterne Arbeit nutzbar sowie als sicherer Rahmen für Aufstellungen und besonders für eine Systemaufstellung im organisationsinternen Kontext.
- In Aufstellungsgruppen
  - für Einzelne, die ihre Fragen und Anliegen klären möchten.
  - Dialogrunden sind nach jeder Aufstellung möglich,
  - Teilnehmende sehen sich als Teil der Gruppe, sie erleben, dass ihre Themen, Fragestellungen und Lösungswege Resonanz hervorrufen.

4.4 Workshop für Moderatoren der Lehrerfortbildung

Moderatoren der Weiterbildung von Lehrkräften haben die Aufgabe, in Zusammenarbeit mit der zuständigen Schulaufsicht das Programm für Lehrerfortbildung zu erstellen, zu begleiten und auszuwerten.

Dialogprozess-Begleitung: Hedwig Eversmann.
Auftraggeber: Einrichtung zur Lehrerfortbildung.
Teilnehmende: Moderatoren aus Schulämtern, Mitarbeiter aus dem Dezernat für Lehrerfortbildung.
Zielsetzungen des eintägigen Workshops: Die Teilnehmenden sollen:
- den Dialogprozess und die ihm zugrunde liegende Haltung kennen lernen;
- über die Qualität des eigenen Sprechens reflektieren;
- die »besondere« Art des Dialogs erleben, miteinander zu sprechen sowie sich selbst und einander zuzuhören;
- zum Nachdenken darüber angeregt werden, wie die Dialog-Idee in der Lehrerfortbildung umgesetzt werden kann.

Struktur des Workshops

- *Einführung in den Dialog:*
  - Einleitender Impuls durch die Abbildung der Umschlagseite von David Bohms Buch *Der Dialog* (s. Kap. 2, S. 33);
  - Kurzvortrag: »Geistige Wurzeln dialogischen Denkens und moderne Väter des Dialogs«, Hinweis auf Forschungsprojekte zum Dialog, das MIT-Projekt in den USA, das Projekt der Adolf-Reichwein-Gesellschaft in Deutschland. Überleitung zum Unterschied zwischen Diskussion/Debatte und Dialog anhand des Untertitels zu Bohms Buch (»Das offene Gespräch am Ende der Diskussionen«);
  - Gespräche: Erschließen der Unterschiede zwischen Diskussion/Debatte und Dialog anhand des Pfeildiagramms (s. Kap. 2, S. 32).

  Zuhören
  - Übung zum empathischen Zuhören (Musikübung);
  - Vorlesen des in *Miteinander denken* (S. 82 f.) zitierten Textausschnitts aus Michael Endes Buch *Momo* zur verändernden Kraft des Zuhörens.
- *Die zehn Kernfähigkeiten des Dialogs*
  - Vortrag anhand einer Folie;
  - dabei Zuordnung von Bildsymbolen (oder eines passenden Gegenstandes), die in die Kreismitte gelegt werden;
  - Experiment zur Verdeutlichung der Kernfähigkeit »Annahmen und Bewertungen suspendieren«: Teilnehmeräußerungen zu dem Scotland Yard-Plakat (ein weißer, uniformierter Polizist rennt einem schwarzen Mann in Zivilkleidung hinterher; man glaubt leicht, einen weißen Polizisten zu sehen, der einen Schwarzen verfolgt; in Wirklichkeit sind aber zwei Beamte von Scotland Yard dargestellt – einer in Uniform, einer in Zivil –, die eine dritte, nicht im Bild zu sehende Person verfolgen; vgl. *Miteinander denken*, S. 88 f.).
  - Gemeinsame Auswertung des Experiments, Hinweis auf die »Leiter der Schlussfolgerungen«, die – durch Wortkarten gebildet – im Raum »stand«.

- Partnerübung zu den zehn Kernfähigkeiten: Von je zwei Teilnehmenden sucht sich die eine eine ihr als bedeutend erscheinende Kernfähigkeit aus, während der andere dazu vertiefende Fragen stellt. Anschließend tauschen sie die Rollen, und am Schluss reflektieren sie gemeinsam ihr Erleben.

- *Der Dialogprozess*
  - Vortrag: Erläuterung der verschiedenen Formen des Dialogs, Hinweise auf Rahmenbedingungen (Check-in, Check-out, Redestein, Klangschale, Rolle des Facilitators).
  - Generativer Dialog (ca. 60 Min.). Impulsfrage: »Was hat Herz und Bedeutung für dich?« (Da im Dialog oft die Rede davon ist, wofür unser Herz sich eigentlich erwärmt, haben wir es auf diese Frage verkürzt.)
- *Check-out-Runde mit Reflexion des Tages.*

4.5 Dialog mit dem eigenen Team

In dem folgenden, leicht gekürzten Bericht geht es um ein Dialogseminar, das die Teamleiterin in einem Finanzdienstleistungsunternehmen als Dialogbegleiterin mit ihrem eigenen Team veranstaltete.

Dialogprozess-Begleiterin: Anna-Brigitte Haars.
Ziel: Durchführung eines Dialogseminars mit dem eigenen Team.
Vorbereitung: Mein Team hatte eine Einführungsveranstaltung in den Dialog in guter Erinnerung, einige Teammitglieder äußerten deshalb den Wunsch nach Wiederholung. Einen Dialog zu diesem Zeitpunkt hielt ich auch deshalb für sinnvoll, weil Klärungsprozesse in Bezug auf unsere künftige Zusammenarbeit anstanden.
Da nicht alle Teammitglieder an der Einführungsveranstaltung teilgenommen hatten, plante ich eine Mischung aus neuen und schon erlebten Elementen; als Zeitrahmen waren etwa sechs Stunden vorgesehen.

Geplante Seminarstruktur

- Erläuterung des Sinns von Redestein und Klangschale;
- Check-in-Runde;
- Übung in Zweier- bzw. Dreiergruppen mit der Aufgabe: »Was waren die Merkmale eines wirklich guten Dialogs, den ich erlebt habe?« Aufschreiben dieser Merkmale gemeinsam in der Gruppe; Ergänzen und Erläutern fehlender Merkmale;
- Erläuterung der Leiter der Schlussfolgerungen;
- Zweierübung zum Zuhören (ca. 15 Min.), anschließender Austausch in der Gruppe;
- thematischer Dialog: Wie verändert sich die Arbeit in unserem Team?
- Check-out-Runde.

Ablauf

Beginn wie geplant. Nicht alle Teammitglieder sind erschienen, aufgrund von Krankmeldung und Urlaub; einzelne äußern Vorbehalte. Wir sitzen in einem Schulungsraum unseres Unternehmens im Kreis und haben eine Check-in-Runde und die erste Übung mit viel Spaß hinter uns gebracht.

Als ich die Zuhör-Übung (s. S. 382) einführe, wird der Sinn der Übung angezweifelt, obwohl sie niemand außer mir kennt: »Was soll das bringen, zehn Minuten nur zuhören, das ist viel zu lang!« Alle dürfen ihre Sicht einbringen. Eine Zeit lang fühle mich ziemlich hilflos. Die Übung erscheint mir wichtig, um es in der relativ kurzen Zeit zu ermöglichen, wenigstens ein Dialogelement zu erfahren. Schließlich frage ich, ob diejenigen, die den Sinn der Übung anzweifeln, sie trotzdem mitmachen würden. Erstaunlicherweise ist die Antwort »ja«! Allerdings reduzieren wir die Übung auf jeweils fünf Minuten Zuhören pro Person. Nachdem alle einen Partner gefunden haben, warte ich gespannt darauf, dass sich die Gruppe wieder trifft, um die Erfahrungen auszutauschen. Alle äußern Zufriedenheit darüber, dass die Übung stattgefunden hat.

Darauf läuft die Veranstaltung wie geplant ab. In der Check-out-Runde reflektieren wir, wie wir das Seminar erlebt haben. Die Stimmung ist positiv und nachdenklich. Es wird deutlich, dass im Team unterschiedliche Sichtweisen zu vielen Themen vorhanden sind, die üblicherweise eher »unter den Teppich gekehrt« werden. Das müssen wir erst mal verdauen.

Bewertung

Hätten alle teilgenommen, wenn ich sie nicht als Teamleiterin eingeladen hätte? Die Antwort ist eindeutig: nein! Einige kamen nur deshalb, weil sie wissen, dass der Dialog für mich ein wichtiges Thema ist. Diese Erkenntnis ist für weitere Dialogveranstaltungen wertvoll. Künftig wollen wir *gemeinsam* entscheiden, bei welchen Themen uns der Dialogprozess weiterbringen soll. Dennoch war die Veranstaltung für das gesamte Team aus meiner Sicht sinnvoll. Unterschiedliche Sichtweisen zu Fragen der Zusammenarbeit treten jetzt deutlicher als vor dem Dialog hervor. Uns wurde bewusst, dass wir an diesen Fragestellungen arbeiten müssen.

Nach der Veranstaltung werde ich mehrmals auf im Dialog Erlebtes angesprochen. Einzelne Teammitglieder berichten, dass sie versuchen, besser zuzuhören, oder dass sie sich selbst in ihren Reaktionen bei Gesprächen beobachten. Auch untereinander findet ein Austausch statt. Die Veranstaltung fand bei den meisten positive Resonanz und weckte den Wunsch nach mehr…

4.6 Wie gehe ich als Dialogbegleiterin mit einem »misslungenen« Dialogseminar um?

Helga Pfetsch ist eine erfahrene Dialogprozess-Begleiterin und ist aktiv an der Entwicklung und Anwendung des Dialogansatzes in Deutschland beteiligt. Wir geben hier ihren – gekürzten – Beitrag wieder, in dem sie in dankenswerter Offenheit schildert, wie ein Dialogprozess auch an unterschiedlichen Erwartungen – scheinbar – scheitert bzw. eine Dynamik entwickelt, die irritieren kann.
Die Lektüre dürfte sich insbesondere für Dialogbegleiter lohnen – und vor allem für solche, die ähnliche Erfahrungen gemacht haben und sie nicht einzuordnen wissen.

Der Auftrag

Ich erhalte den Auftrag, eine Gruppe von 20 Studentinnen und Studenten in den Dialog einzuführen. Dies im Rahmen einer Schulung an zwei Wochenenden, an denen die Teilnehmenden inhaltlich und methodisch mit Aufgaben einer Nichtregierungs-Organisation (NGO) vertraut gemacht werden.

Aufgabe der Student(inn)en wird es sein, Kinder in Schulen in zweistündigen Unterrichtseinheiten für die Projekte dieser NGO zu interessieren und bei ihnen den Wunsch zu wecken, sich für die vorgestellte Form der humanitären Hilfe zu engagieren.

Meine Aufgabe wird es sein, die Student(inn)en in den Dialog einzuführen, damit sie mit den Kindern in der Schule dialogisch arbeiten können. Für jeden Tag ist morgens und abends eine Stunde »Dialogprozess« angesetzt.

Der Seminarverlauf

- *Check-in-Runde:* Die orientierenden Einstiegsfragen lauteten: »Warum bin ich hier?« und »Was bringe ich hierfür mit?« Die Gruppe wirkt konzentriert und achtsam.
- *Wahrnehmungsübungen:* Im weiteren Tagesablauf schalte ich kurze Wahrnehmungsübungen ein, und nach einem letzten Referat leite ich eine weitere Praxis-Übung an: Ich bitte die Teilnehmerinnen, die Aufmerksamkeit nach innen zu richten, den Kontakt zur Erde zu spüren, die durch das Gehörte möglicherweise ausgelösten Gefühle wahrzunehmen und zu spüren, wo sie sich im Körper bemerkbar machen; dann das Zentrum der eigenen Handlungsfähigkeit zu erspüren und die Aufmerksamkeit zwischen den drei Punkten *Erdung, Gefühl* und *Bewusstsein der Handlungsfähigkeit* hin- und herwandern zu lassen.
- *Einführung in den Dialog:* Den Abend, an dem die »Einführung in den Dialog« angesetzt ist, beginne ich mit einem Tanz. Nach dem *Nigun Atik* – einer Melodie, die inzwischen zum Bestand israelischer *folk music* gehört – merke ich, dass die Stimmung der Gruppe seltsam »albern« und »widerspenstig« ist. Das Wort »esoterisch« fällt, es wird gelacht, es herrscht Unruhe.
  Mit dem Mut der Verzweiflung beginne ich die Präsentation meines Dialogbaums, der die Herkunft der Dialogidee deutlich machen soll, und habe da-

bei den Eindruck, nichts oder nur wenig verständlich zu machen. Der Begriff »Anfängergeist« wird kritisiert. Die Namen, die ich erwähne – *Gregory Bateson, Martin Buber, David Bohm, Krishnamurti* –, werden als Angeberei erlebt. Das anschließende Rundgespräch über den Dialog ist von Kritik und Widerstand der Teilnehmerinnen geprägt. Als ich an einer Stelle, an der zwei Teilnehmende sich gegenseitig unterbrechen, den Redestein einsetze, wird er abgelehnt. Die Gruppe wirkt irritiert und verwirrt.

- *Neuplanung:* Ich beschließe den Dialog nach der angekündigten Zeit und beende die Abendsitzung. Ich bin unzufrieden und beschließe, mein Vorgehen zu ändern. Die Teilnehmerinnen scheinen mir sehr zielorientiert, sehr interessiert daran, sich praktisch auf ihre Arbeit in den Schulen vorzubereiten. Deshalb nehme ich mir vor, nicht auf Verlangsamung hinzuarbeiten, sondern den Teilnehmenden ihren Drang zur Aktivität zu lassen und nur peripher dialogische Gedanken einzubauen.
- *Übung in Gruppenarbeit:* So beginne ich diesen Tag mit einer Gruppenarbeit: Die Teilnehmenden haben die Aufgabe, sich in ihren Kleingruppen an positive Lernerfahrungen in ihrem Leben zu erinnern, zu sammeln, was gutes Lernen ausmacht, und ihre Ergebnisse zu präsentieren.
  Im weiteren Verlauf des Wochenendes biete ich die »Filterübung« an (Abschnitt 2.6 dieses Kapitels) und lasse einen geführten Wahrnehmungsspaziergang draußen in der Natur machen.
  Den Redestein setze ich nicht mehr ein. Bei den Gesprächsrunden nach den Referaten schlage ich der Gruppe vor, ohne Moderator zu sprechen und darauf zu achten, sich nicht gegenseitig zu unterbrechen, sich beim Zuhören aufs Hören zu konzentrieren und dann von Herzen zu sprechen.
- *Rückmeldungen:* Den Abschluss des Wochenendes bildet ein ausführliches Feedback. Daran ist die Auftraggeberin sehr interessiert, weil sie das Seminar zum ersten Mal in dieser Form durchführt. Wegen der großen Teilnehmerzahl teilen wir die Gruppe in zwei kleinere Gruppen auf, die in verschiedenen Räumen arbeiten. Die Auftraggeberin nimmt an der einen, ihre Assistentin und ich an der anderen Gruppe teil. Die Rückmeldungen unserer Gruppe sind ausführlich, differenziert und bei einiger Kritik am Dialog grundsätzlich positiv.
  Mein Gefühl nach dem Wochenende ist insgesamt gut. Ich habe viel geleistet, war flexibel, habe das »Beste daraus gemacht«, freue mich auf das nächste Wochenende, für das ich schon viele Ideen zum Vorgehen habe.
  Nach dem Wochenende telefoniere ich mit der Auftraggeberin. Das Gespräch ist angenehm und freundlich, allerdings ist die Auftraggeberin unzu-

frieden: Ich habe ihre Erwartungen nicht erfüllt, da es mir nicht gelungen ist, den Dialog zu vermitteln.

Die Auftraggeberin berichtet, in ihrer Feedbackgruppe sei der Dialogprozess sehr negativ beurteilt worden. Den Redestein zu benützen, aufgefordert zu werden, die Füße auf den Boden zu stellen, dies habe wie »Tage der religiösen Bewegung« gewirkt. Auch sie, die Auftraggeberin, möge den Stein nicht und wolle nicht danach gefragt werden, was in ihrem Körper vor sich gehe. Die Teilnehmerinnen hätten etwas Handfestes, Handlungsorientiertes, eher Rezeptartiges gewollt. Ferner bemängelt die Auftraggeberin, ich hätte nur moderiert; das zweite Wochenende wolle sie nun nicht mit mir zusammen bestreiten.

Meine Zweifel, meine Einsichten

Beim Nachdenken wird mir allmählich klar, was wohl der Grund für meinen Misserfolg war: die Unterschiedlichkeit der Bilder in unseren beiden Köpfen im Hinblick darauf, was »Dialog« ist und was er kann.

Was war schief gegangen? Was hätte ich besser machen können?

- *Ihre Vorstellung*: Die Studentinnen und Studenten sollen in diesem Seminar den Dialog lernen, damit sie an den Schulen mit den Kindern in einen Dialog kommen. Dialogfähigkeit ist die Fähigkeit, mit einer Gruppe ins Gespräch zu kommen, mit ihr eine Beziehung aufzubauen.
- *Meine Vorstellung:* Ich bringe den Teilnehmenden bei, was der Dialog ist. »Dialog«, das heißt in einer Runde zu sitzen und zur Mitte sprechen, sprechend zu denken und denkend zu sprechen, zu verlangsamen, Gesagtes, Gedachtes, Vermutetes wahrzunehmen und sich selbst dabei zu beobachten.
- *Ihre Vorstellung*: »Dialog« heißt Kontakt herstellen. Der Dialog ist die Fähigkeit, andere so anzusprechen, dass sie sich öffnen.
- *Meine Vorstellung, meine Glaubenssätze:* Der Dialog ist eine Möglichkeit, nach kontroversen Diskussionen zum gegenseitigen Zuhören zu kommen. Der Dialog hat Regeln, die ich methodisch erarbeiten möchte. Er braucht Übung. Der Dialog ist meditativ. Er taugt nicht für ein zweistündiges Arbeiten mit Kindern in einer unbekannten Schulklasse. Die dialogische Haltung ist eine großartige Basis für ein einfühlsames Umgehen mit Menschen. Es braucht Zeit, sie zu erwerben.

  Mir bleiben viele offene Fragen: Wie hätte ich an jenem kritischen Abend die Gruppe dort abholen können, wo sie war? Worin besteht der Widerstand gegen den Stein? Wodurch wurde die Assoziation zur »religiösen Erweckung« ausgelöst, und warum kränken mich diese Assoziationen so?

Der Dialog ist eine Vision – die Realität des Weges dorthin ist oft mühsam, und es lohnt sich, diesen mühsamen Weg zu gehen. Der Gewinn ist Achtsamkeit, Konzentration, Bewusstheit.

5 Weitere Materialien

5.1 Das Modell der Gewaltfreien Kommunikation nach Marshall Rosenberg

Nach: Marshall Rosenberg, Gewaltfreie Kommunikation, Paderborn: Junfermann 2001, S. 189

Rosenberg unterscheidet vier Schritte der Gewaltfreien Kommunikation (s. auch Kap. 8, S. 317 ff.). Die linke Seite der folgenden Tabelle enthält Vorschläge, wie ich dir Feedback darüber geben kann, wie ich mich fühle, was ich brauche und von dir möchte; die rechte Seite, wie ich empathisch erfragen kann, wie du dich in einer Situation gefühlt hast und was dein Bedürfnis und Wunsch ist.

Beobachtungen	
Ehrlich sagen, wie es mir geht, ohne Vorwürfe oder Kritik. 1. Die konkreten Handlungen, die ich beobachte (sehe, höre, an die ich mich erinnere, die ich mir vorstelle) und die zu meinem Wohlergehen beitragen: *»Wenn ich (sehe, höre) …«*	Dich empathisch annehmen, wie du gerade bist, ohne Vorwürfe oder Kritik zu hören. 1. Die konkreten Handlungen, die du beobachtest (siehst, hörst, an die du dich erinnerst, die du dir vorstellst) und die zu deinem Wohlergehen beitragen (oder nicht beitragen): *»Als du (gesehen, gehört hast) …«*
Gefühle	
2. Wie ich mich fühle in Verbindung mit diesen Handlungen: *»Ich fühle mich (ich bin) …«*	2. Wie du dich in Verbindung mit diesen Handlungen fühlst: *»Hast du dich … gefühlt …? (Warst du …?)«*
Bedürfnisse	
3. Die Lebensenergie in Form von Bedürfnissen, Werten, Wünschen, Erwartungen und Gedanken, durch die meine Gefühle erzeugt werden. »Weil ich *… (brauche, gerne hätte, möchte, mir wünsche, weil mir wichtig ist, mir am Herzen liegt).«*	3. Die Lebensenergie in Form von Bedürfnissen, Werten, Wünschen, Erwartungen und Gedanken, durch die deine Gefühle erzeugt werden. »Weil du *… (brauchst, gerne hättest, möchtest dir wünschst, weil dir wichtig ist, dir am Herzen liegt).«*
Bitten	
Klar um das bitten, was mein Leben bereichert – ohne zu fordern 4. Die konkreten Handlungen, von denen ich gerne hätte, dass sie ausgeführt werden: *»Und würdest du bitte …?«*	Empathisch annehmen, was dein Leben bereichern würde, ohne eine Forderung zu hören 4. Die konkreten Handlungen, von denen du gerne hättest, dass sie ausgeführt werden: *»Und hättest du gerne, dass ich …?«*

5.2 Ideengeschichtliche Bezüge des Dialogs

Vernetzte Welten – Beispiele für Bezüge des Dialog-Konzepts zu verschiedenen Denkrichtungen und Praxisfeldern

Psychologie: *Ruth Cohn* (z.B. 1993), Vertreterin einer humanistischen Psychologie, wies in der *themenzentrierten Interaktion* auf die Bedeutung der gelenkten *Aufmerksamkeit* in Verstehensprozessen hin. Weitere Erkenntnisse der *Gestaltpsychologie*, aber auch der *Feldtheorie Kurt Lewins* (1982) versuchten, verdeckte Gruppenstrukturen, Interaktionsstile, Erwartungshaltungen erfahrbar zu machen. *Chris Argyris* verwies auf die Differenz zwischen »offizieller« Theorie und tatsächlich handlungsleitenden Modellen hin. Von *David Kantor* stammt das Modell der vier Verhaltenspositionen. In der psychologisch orientierten *Konfliktlösung* bei Entscheidungsdilemmata ist in den letzten Jahren das *Mediationsverfahren* in verschiedenen Varianten erfolgreich erprobt worden. Es beschreibt insbesondere die methodische Vorgehensweise in Entscheidungsprozessen, weniger die Denkstile selbst.

Psychotherapie: Der italienische Psychotherapeut *Roberto Assagioli* (1991) entwickelte mit dem Ansatz der *Psychosynthese* ein differenziertes Modell der Persönlichkeitsentwicklung, das für kommunikative Prozesse eine besondere Bedeutung hat. Die besondere Dynamik von *Großgruppenprozessen* und die Wirkung auf individuelle Erkenntnisprozesse beschrieben in neuerer Zeit die englischen Psychoanalytiker *Siegmund H. Foulkes* (1948) und *Patrick de Maré* (1991), die sich auch mit der Psychologie von Großgruppen auseinander gesetzt haben.

Philosophie, Wissenschaftstheorie: Ein Höhepunkt der griechischen Erkenntnislehre (Mäeutik) waren die sokratischen Dialoge. Für die wissenschaftliche Diskussion prägte *Thomas S. Kuhn* (1962) den Begriff *Paradigmenwechsel*, um die Starrheit der weltbildbegrenzenden Frage- und Denkkapazitäten jeweils herrschender Denktraditionen zu beschreiben. Vor allem *Paul Feyerabend* (z.B. 1986) wies auf das Paradoxe bei der wissenschaftlichen Erkenntnisgewinnung hin, wenn ihr Denkstil verabsolutiert wird. *Hans-Georg Gadamer* verstand den Dialog als die Methode, miteinander neue Horizonte durch Sprache zu erschließen. *Martin Buber* sprach vom spezifisch »Zwischenmenschlichen«, während der Quantenphysiker *David Bohm* sich auf den »Sinnfluss« in größeren Gruppen bezog.

Soziologie: Die *weltbildbegrenzenden sozialen und kulturellen Bedeutungszuweisungen* im Prozess der Zivilisation arbeitete vor allem *Norbert Elias* (1897–1990) heraus. Auf soziologischer Ebene betont *Jürgen Habermas* (1996), dass jede Erkenntnisweise wesentlich mit einer *spezifischen Art von menschlichem Erkenntnisinteresse* verknüpft ist.

Konstruktivismus und Pädagogik: Der Sinn der Nachricht, die Deutung der Botschaft durch den Kommunikationspartner, entwickelt sich im Sinne des Konstruktivismus in Abhängigkeit von dessen *eigener aktiver Konstruktion und selektiver Bedeutungszuschreibung aufgrund des von ihm verinnerlichten Weltbildes* (*Heinz von Foerster, Paul Watzlawick*). *Paulo Freire* verstand den Dialog als Begegnung zwischen Menschen – vermittelt durch die Welt, um diese reflexiv zu benennen. In der Pädagogik hat *Horst Siebert* (1999) versucht, den Ansatz des Konstruktivismus auf die Erwachsenenbildung anzuwenden.

Sprachwissenschaften: Der Sprachforscher *Benjamin Lee Whorf* (1963) wies auf die Begrenztheit der Sprache hin und auf die konkreten Kontextbezüge für verschiedene Formen von Wirklichkeitsbeschreibungen. Interessant ist dabei, dass seine praktischen Erfahrungen, die er als Beauftragter einer Versicherungsgesellschaft gemacht hat, seine Neugier hinsichtlich der Bedeutung von Sprache für das Wirklichkeitsverständnis geweckt haben. *Noam Chomsky* rückte die politische Funktion von Sprache in den Mittelpunkt.

Naturwissenschaften: *Humberto Maturana* und *Francisco Varela* (1987) haben auf *sinnesphysiologische* Voraussetzungen hingewiesen, wonach die menschliche Kommunikation nicht nur über das Wort, sondern auch über die es begleitenden Sinneswahrnehmungen erfolgt. In der modernen *Evolutionstheorie* ist das Modell des *Phasenraumes (Manfred Eigen)* gebräuchlich geworden, um Wahrscheinlichkeiten in einem gestaltbildenden Prozess zu bezeichnen (Hyperzyklus). Die Theorie des Attraktormusters und der Gestaltbildung in instabilen, chaotischen Prozessen wurde von *Ilja Prigogine* experimentell erforscht. Vom morphogenetischen Feld spricht *Rupert Sheldrake*, um Lernprozesse plausibel zu machen, die über den individuellen Rahmen hinausgehen.

5.3 Beispiele zum »Eisberg«-Lernmodell

Es folgen zwei Beispiele zu Lernebenen, die in Seminaren für Mitarbeitende im Gesundheitswesen und für Studierende entstanden sind. Dabei kann die Differenzierung der Ebenen unterschiedlich sein, denn es handelt sich um ein Modell zur Inspiration und Strukturierung thematischer Dialoge. Für nachhaltiges Lernen bedarf es verschiedener Ebenen, um über ein Modell reiner Wissensansammlung hinauszugelangen (vgl. auch in Kap. 9 den Abschnitt »Mehrschleifiges Lernen und das Eisberg-Modell«, S. 364 ff.).

Intentionen, Zielsetzungen, Rollen der »Lehrenden« im Zusammenhang mit »Lernen«

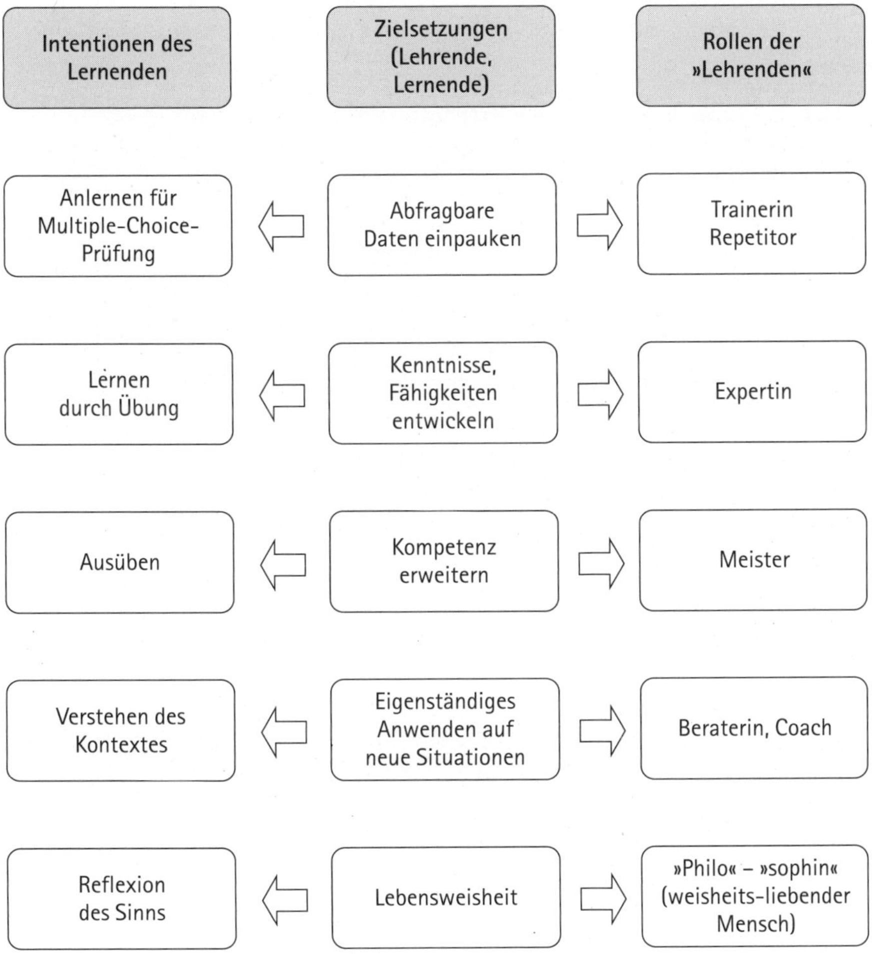

Unterschiedliche Anforderungen und Intentionen erfordern verschiedene Behandlungen, die nicht bewertend verglichen werden sollen, sondern Klarheit in der Fragestellung voraussetzen: »Auf welcher Ebene möchte ich was erreichen und welche Rolle haben die jeweils Behandelnden?«

Intentionen der Behandelten, Ereignis/Änderung, Rollen der »Behandelnden« im Zusammenhang mit »Heilung«

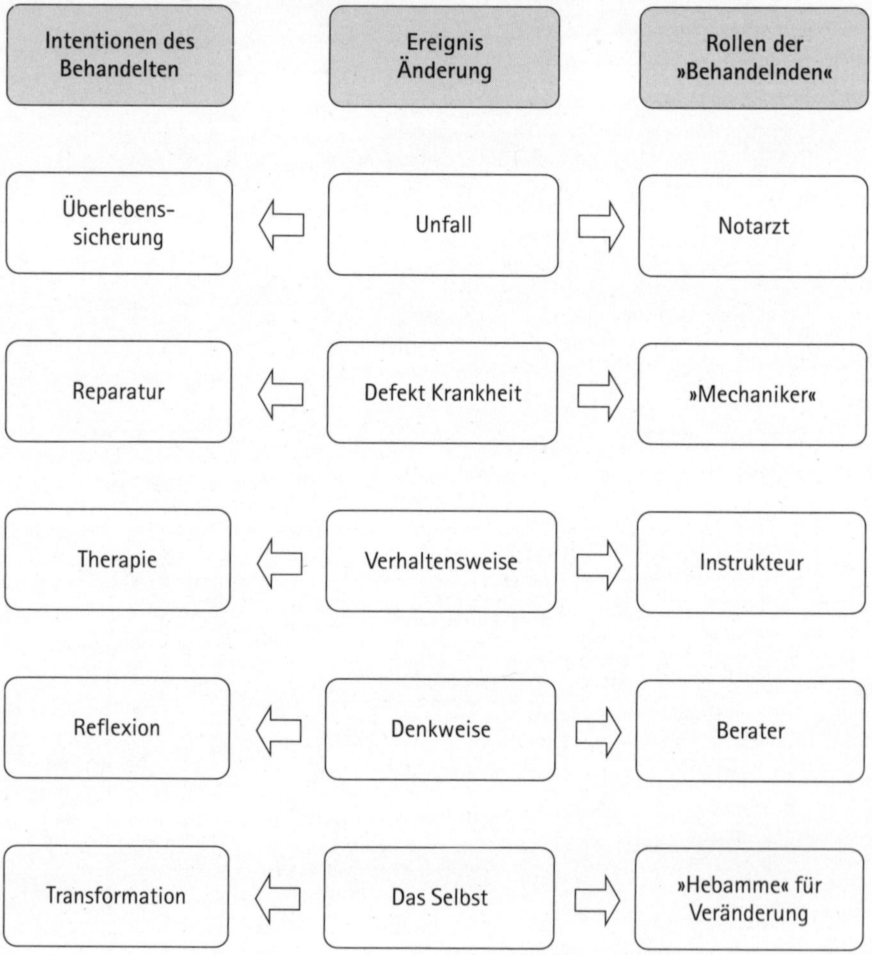

Anhang

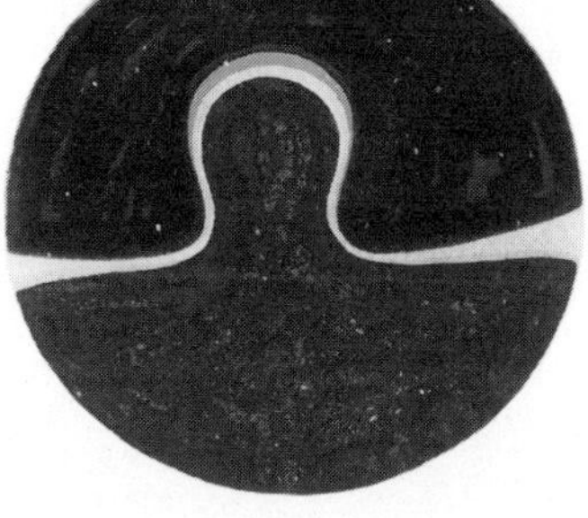

Zitierte Literatur

Argyris, Chris: *Wissen in Aktion. Eine Fallstudie zur Lernenden Organisation.* Klett-Cotta, Stuttgart 1997.

– und Schön, Donald: *Organizational Learning: A Theory of Action Perspectives.* Addison-Wesley, Reading/Mass. 1978.

Assagioli, Roberto: *Die Schulung des Willens.* Junfermann, Paderborn 1991.

Bateson, Gregory: Ökologie des Geistes, Suhrkamp, Frankfurt a. M. 7. Aufl. 1999.

Blau, Evelyne: *Krishnamurti, 100 Jahre.* Aquamarin, Grafing 1995.

Bohm, David: *Der Dialog.* Hrsg. Lee Nichol, Klett-Cotta, Stuttgart, 3. Aufl. 2002.

– und Edwards, Mark: *Changing Consciousness. Exploring the Hidden Source of the Social, Political and Environmental Crises Facing Our World. A Dialogue of Words and Images.* HarperCollins Publishers, New York 1991.

Brandauer, Klaus Maria: »Ich, das sind wir alle«. In: *der blaue reiter, Journal für Philosophie,* Nr. 15, S. 70–75, Stuttgart 2002.

Brücken in die Zukunft. Eine Initiative von Kofi Annan. Hrsg. von der Stiftung Entwicklung und Frieden, S. Fischer, Frankfurt a. M. 2001.

Buber, Martin: Das dialogische Prinzip. Lambert Schneider, Gerlingen 7. Aufl. 1994.

–: »Elemente des Zwischenmenschlichen«. In: Ders.: *Das dialogische Prinzip,* a. a. O., S. 269–298.

–: *Reden über Erziehung.* Verlag Lambert Schneider, Heidelberg 1986.

–: »Zwiesprache«. In: Ders.: *Das dialogische Prinzip,* a. a. O., S. 137–196.

Cohn, Ruth C.: *Es geht ums Anteilnehmen.* Herder, Freiburg i. Br. 1993.

– und Terfurth, Christina (Hrsg.): *Lebendiges Leben und Lernen. TZI macht Schule.* Klett-Cotta, Stuttgart 1997 (4. Aufl. 2001).

Damasio, Antonio: *Descartes' Irrtum. Fühlen, Denken und das menschliche Gehirn.* dtv, München 1999.

de Maré, Patrick, Piper, Robin und Thompson Sheila: *Koinonia. From Hate, through Dialogue, to Culture in the Large Group.* Karnac Books, London 1991.

Doppler, Klaus: *Dialektik der Führung, Opfer und Täter.* Gerling Akademie, München 1999.

Duden, Herkunftswörterbuch. Bibliographisches Institut, Mannheim 1963.

Ehmer, Susanne: *Dialog in Organisationen. Praxis und Nutzen des Dialogs in der Organisationsentwicklung. Eine Untersuchung.* Kassel University Press, Kassel 2004.

Ellinor, Linda und Gerard, Glenna: *Der Dialog im Unternehmen. Inspiration, Kreativität, Verantwortung.* Klett-Cotta, Stuttgart 2000.

Ferrucci, Piero: *Werde was du bist. Selbstverwirklichung durch Psychosynthese.* Rowohlt, Reinbek bei Hamburg 1999.

Feyerabend, Paul: *Wider den Methodenzwang.* Suhrkamp, Frankfurt a. M. 1986.

Findeisen, Hans-Volkmar: *»Der Kick und die Ehre«. Vom Sinn jugendlicher Gewalt.* Antje Kunstmann, München 1999.

Foulkes, Siegmund Heinz: *Introduction to Group-Analytic Psychotherapy.* William Heinemann Medical Books Ltd., London 1948 (Maresfield Reprints, London 1983).

Franz, Erich (Hrsg.): *Franz Marc, Kräfte der Natur.* Werke 1912–1915, Kunsthalle Emden, Verlag Gerd Hatje, Ostfildern 1993.

Frisch, Max: *Gesammelte Werke in zeitlicher Folge.* Zweiter Band II 1944–49, Suhrkamp, Frankfurt a. M. 1998.

Fromm, Erich: *Haben oder Sein. Die seelischen Grundlagen einer neuen Gesellschaft. In:* Erich-Fromm-Gesamtausgabe. Hrsg. Rainer Funk, Bd. II: *Analytische Charaktertheorie.* dtv, München, 1. Aufl. 1989.

Fullan, Michael: *Die Schule als lernendes Unternehmen.* Klett-Cotta, Stuttgart 2002.

Gell-Mann, Murray: *Das Quark und der Jaguar.* Piper, München 1994.

Gruen, Arno: *Der Verlust des Mitgefühls. Über die Politik der Gleichgültigkeit.* dtv, München 1999.

Habermas, Jürgen: *Erkenntnis und Interesse.* Suhrkamp, Frankfurt a. M. 1996.

Hampden-Turner, Charles: *Modelle des Menschen. Ein Handbuch des menschlichen Bewusstseins.* Beltz, Weinheim und Basel 1986.

Hänsel, Markus: *Intuition als Beratungskompetenz in Organisationen.* Dissertation, Medizinische Fakultät, Universität Heidelberg, Heidelberg 2001.

Hartkemeyer, Martina, Hartkemeyer, Johannes F., Dhority, L. Freeman: *Miteinander denken. Das Geheimnis des Dialogs.* Klett-Cotta, Stuttgart 3. Aufl. 2001.

Herrigel, Eugen: *Zen in der Kunst des Bogenschießens.* Otto Wilhelm Barth Verlag, o. O., 13. Aufl. 1994.

Hock, Dee W.: *Die chaordische Organisation.* Klett-Cotta, Stuttgart 2001.

Hoffmeyer, Ludwig: *Chronik der Stadt Osnabrück.* Meinders und Elstermann, Osnabrück, 5. Aufl. 1985.

Huntington, Samuel P.: *Kampf der Kulturen. Die Neugestaltung der Weltpolitik im 21. Jahrhundert.* Goldmann Taschenbuch Verlag, München 1998.

Isaacs, William: *Dialogue and the Art of Thinking Together.* Doubleday Currency, New York 1999 (Dt.: *Dialog, als Kunst gemeinsam zu denken.* EHP Organisation, Bergisch Gladbach 2002).

Juul, Jesper: *Das kompetente Kind.* Rowohlt, Reinbek bei Hamburg 1997.

Keuffer, Josef: *Buddhismus und Erziehung.* Waxmann, Münster, New York 1991.

Koestler, Arthur: *Die Geheimschrift, Bericht eines Lebens.* 1932 bis 1949, Desch, Wien, München, Basel 1955.

Krishnamurti, Jiddu: *Erziehung zur Kunst des Lebens. J. Krishnamurtis Briefe an seine Schulen.* Erster Teil, Heidelberg: Verlag Lambert Schneider 1988.

Kuhn, Thomas S.: *Die Struktur wissenschaftlicher Revolutionen.* Suhrkamp, Frankfurt a. M. 1962.

Kumar, Satish: »Children's Charta«. In: *Resurgence* (Ford House Devon) Nr. 226, Sept./Oct.2004, S. 35–37.

Lewin, Kurt: *Feldtheorie.* Werkausgabe, Bd. 4, hrsg. von Carl-Friedrich Graumann, Hans Huber, Bern; Klett-Cotta, Stuttgart 1982.

Macy, Joanna und Brown, Molly Young: *Die Reise ins lebendige Leben – Strategien zum Aufbau einer zukünftigen Welt.* Junfermann, Paderborn 2003.

Markowa, Dawna: *Die lernende Intelligenz.* Junfermann, Paderborn 1998.

Matoba, Kazuma: »Dialogkompetenz für transkulturelle Kommunikation: Neuer Versuch des Theorieaufbaus für interkulturelles Kommunikationstraining«. In: Shinji Nakagawa, Susanna Slivensky, Masako Sugitani und Japanische Gesellschaft für Germanistik (Hrsg.): *Pädagogische Interaktion und interkulturelles Lernen im Deutschunterricht,* 2000, S. 221–235.

Maturana, Humberto und Varela, Francisco F.: *Der Baum der Erkenntnis. Die biologischen Wurzeln des menschlichen Erkennens.* Scherz, Bern, München, Wien 1987.

Mehta, Gerda und Rückert, Klaus (Hrsg.): *Mediation und Demokratie. Neue Wege des Konfliktmanagements in größeren Systemen.* Carl Auer Systeme, Heidelberg 2003.

Micic, Pero: *Der Zukunftsmanager.* Haufe, Freiburg 2001.

Morin, Edgar: *Die sieben Fundamente des Wissens für eine Erziehung der Zukunft.* R. Krämer, Hamburg 2001.

Nussbaum, Barbara: »Ubuntu«. In: *Resurgence,* Nov./Dez. 2003, No. 221, Hartland, GB.

Owen, Harrison: *Erweiterung des Möglichen – Die Entdeckung von Open Space.* Klett-Cotta, Stuttgart 2001a.

–: *Open Space Technology. Ein Leitfaden für die Praxis.* Klett-Cotta, Stuttgart 2001b.

Presidencia de la República de Colombia, Oficina del Alto Comisionado para la Paz, Hechos De Paz V: *Del Diálogo a la Negociación.* Bogotá 1999.

Ratering, Werner: Postkarten-Mappe mit den dialogischen Kernfähigkeiten, www.werner.ratering.de.

Raulinat, Andrea (Hrsg.): *Das QED PraxisBuch. Qualitativer EntwicklungsDialog für Menschen mit Behinderung.* Winterhuder Werkstätten, Hamburg 2003.

Resurgence, Ford House, Hartland, Bideford, Devon UK, Nr. 226, Sept./Oct. 2004, S. 35–37.

Rilke, Rainer-Maria: *Das Stundenbuch – Vom mönchischen Leben; Von der Pilgerschaft; Von der Armut und vom Tode.* Insel Verlag, Leipzig 1945.

Rosenberg, Marshall. *Gewaltfreie Kommunikation.* Junfermann, Paderborn 2001.

Sala-Vilardaga, Mercè: »History and Memories – A Personal & Partial Vision of the Module«. In: Reinhild Traitler (Hrsg.): *In the Mirror of Your Eyes. Report of the European Project for Interreligious Learning.* EPIL, Zürich und Beirut 2004.

Schulz von Thun, Friedemann: *Miteinander reden 1.* Rowohlt, Reinbek bei Hamburg 1993a.

–: *Miteinander reden 2.* Rowohlt, Reinbek bei Hamburg 1993b.

–: *Miteinander reden 3.* Rowohlt, Reinbek bei Hamburg 1999.

Senge, Peter M.: *Die fünfte Disziplin.* Klett-Cotta, Stuttgart, 9. Aufl. 2003.

–: Kleiner, Art, Smith, Bryan, Roberts, Charlotte und Ross, Richard: *Das Fieldbook zur Fünften Disziplin.* Klett-Cotta, Stuttgart 5. Aufl. 2004.

–: Scharmer, Claus-Otto, Jaworski, Joseph und Flowers, Sue Betty: *Presence – Human Purpose and the Field of the Future.* Society for Organizational Learning, Cambridge, MA 2004.

Sheldrake, Rupert: *Das Gedächtnis der Natur: Das Geheimnis der Entstehung der Formen in der Natur,* Scherz, Bern, München, Wien 1990.

–: *Das schöpferische Universum.* Goldmann, München 1985.

–: *Die Wiedergeburt der Natur.* Wissenschaftliche Grundlagen eines neuen Verständnisses der Lebendigkeit und Heiligkeit der Natur, Scherz, Bern, München, Wien, 2. Aufl. 1992

Siebert, Horst: *Pädagogischer Konstruktivismus. Eine Bilanz der Konstruktivismusdiskussion für die Bildungspraxis.* Kriftel, Neuwied 1999.

Simmons, Annette: *A Safe Place for Dangerous Truths. Using Dialogue to Overcome Fear and Distrust at Work.* American Management Association, New York 1999.

Sparrer, Insa und Varga von Kibéd, Matthias: Systemische Strukturaufstellungen: Die Simulation von Systemen. In: *Lernende Organisation,* Nr. 4 Nov/Dez 2001, S. 6–14.

Stierlin, Helm: *Die Demokratisierung der Psychotherapie.* Klett-Cotta, Stuttgart 2003.

Stone, Hal und Sidra: *Du bist viele.* Heyne, München 1994.

Traven, B.: *Die weiße Rose.* Verlag Volk und Welt, Berlin, 4. Aufl. 1983.

Tutu, Desmond: *No Future without Forgiveness.* Doubleday, New York 1999.

Whorf, Benjamin Lee: *Sprache, Denken, Wirklichkeit. Beiträge zur Metalinguistik und Sprachphilosophie.* Rowohlt Taschenbuch Verlag, Reinbek bei Hamburg 1963.

Wittemann, Artho: *Die Intelligenz der Psyche.* Kösel, München 2000.

Weiterführende Literatur

Zu 1 Einleitung

Figal, Günter, Grondin, Jean und Schmidt, Dennis J. (Hrsg.)
Hermeneutische Wege. Hans-Georg Gadamer zum Hundertsten. Mohr (Siebeck), Tübingen 2000.

In diesem Sammelband sind Beiträge vereint, die die Wirkung Gadamers aus der Perspektive der »Enkelgeneration« untersuchen.

Gadamer, Hans-Georg
Wahrheit und Methode. Handbuch einer philosophischen Hermeneutik. Mohr (Siebeck), Tübingen 1990.

Dieses Buch ist zu einem fast zeitlosen Handbuch der Hermeneutik als Verstehenslehre geworden. Gadamer versucht konkret und gründlich die Grenzen und Möglichkeiten des menschlichen Verstehensprozesses vor dem jeweiligen historischen Hintergrund herauszuarbeiten.

Gadamer, Hans-Georg
Die Lektion des Jahrhunderts. Ein philosophischer Dialog mit Riccardo Dottori. LIT Verlag, Münster 2002.

Ein gutes Beispiel für das suchende Gespräch als Arbeitsweise der Hermeneutik. Gadamer entfaltet seine Philosophie als Denkwerkstatt mit seinem Weggefährten und Übersetzer Riccardo Dottori aus Rom.

Zu 2 Von der Kunst, miteinander zu denken – Einige Grundlagen des Dialogs

Bohm, David
Der Dialog, Das offene Gespräch am Ende der Diskussionen. Klett-Cotta 1998 (3. Aufl. 2002).

Dieses Grundlagenwerk über den Dialog als Gruppenprozess enthält sowohl das verbreitete Einführungsheft »On Dialogue« in deutscher Übersetzung als auch weitere wichtige Texte von David Bohm über den Dialog. Vom Herausgeber der englischen Originalausgabe, Lee Nichol, wurde eine aufschlussreiche Einführung über die Gedankenwelt David Bohms vorangestellt.

Buber, Martin
Das dialogische Prinzip. Verlag Lambert Schneider, Gerlingen, 7. Aufl. 1994.

Dieser in vielen Auflagen (inzwischen im Programm des Gütersloher Verlagshauses) verbreitete Sammelband enthält die für das Verständnis des Dialogischen in Martin Bubers Denken wesentlichen Texte »Ich und Du«, »Zwiesprache«, »Die Frage an den Einzelnen«, »Elemente des Zwischenmenschlichen«, »Zur Geschichte des dialogischen Prinzips«.

Wer Martin Buber mit Gewinn lesen möchte, sollte sich Zeit nehmen, sich auf seinen Sprachstil einzulassen und seine Gedankenwelt auf sich wirken zu lassen. Viele unserer amerikanischen Dialogpartner betonen, dass sie durch David Bohm zur Dialogpraxis inspiriert worden sind, Martin Buber gewinne aber zunehmend an Bedeutung, um ein besseres Verständnis für die Wirkung des Dialogs zu entwickeln.

(Weitere Standardwerke von Bohm und Buber zum Dialog sind in »Miteinander denken« aufgeführt und kommentiert.)

Isaacs, William
Dialogue and the Art of Thinking Together. A Pioneering Approach to Communicating in Business and in Life. Doubleday Currency, New York 1999. (Dt.: Dialog als Kunst, gemeinsam zu denken. Die neue Kommunikationskultur in Organisationen. EHP Organisation, Bergisch Gladbach 2002.)

Isaacs, ehemals Leiter des MIT Dialogue-Project, stellt gedankenreich seinen auf David Bohm basierenden Dialogansatz vor. Sein Buch kann als ein Standardwerk über das »Miteinander-Denken« angesehen werden.

Reichert, Thomas (Hrsg.)
Buber für Atheisten. Ausgewählte Texte. Verlag Lambert Schneider, Gerlingen 1996.

In diesem sorgfältig komponierten Buch werden zentrale Texte Bubers mit informativen Kommentierungen vorgestellt.

Zu 3 »Wir hörten einander wirklich zu« – Der Dialog im Alltag

Wild, Rebecca
Lebensqualität für Kinder und andere Menschen. Erziehung und Respekt für das innere Wachstum von Kindern und Jugendlichen. Beltz, Weinheim 2001.

Rebecca Wild gründete in Ecuador mit ihrem Mann Mauricio eine Schule, in der das Leben und Lernen jedes einzelnen Kindes respektiert wird und wo eine vorbereitete Lernumgebung den Interessen und Wachstumsmöglichkeiten der Kinder entgegenkommt. Die Entwicklung von Lebensqualität bei Berücksichtigung der Vielfalt von Bedürfnissen steht im Mittelpunkt des Konzepts.

Mettler-v. Meibom, Barbara
Die kommunikative Kraft der Liebe. Via Nova, Petersberg 2000.

In diesem auch von Weisheiten der indischen Philosophie der Vedanta *inspirierten Buch weist die Autorin, Professorin für Politik- und Kommuniationswissenschaft, den Weg in eine kommunikative Zukunft, in der Liebe das tragende Prinzip verkörpert. Dass diese* communio *gelingen kann, belegt sie nicht nur an herausragenden Persönlichkeiten wie* Mahatma Gandhi, *sondern auch an Institutionen wie z. B. der Findeis-Foundation und nicht zuletzt an Alltagssituationen.*

Zu 4 »Den gleichwürdigen, persönlichen Dialog entwickeln« – Dialogische Erziehung als gemeinsame Entwicklung

Apatow, Robert
The Spiritual Art of Dialogue. Mastering Communication for Personal Growth, Relationships, and the Workplace. Inner Traditions, Rochester/Vt. 1998.

Dieses Buch basiert auf den jahrelangen Auseinandersetzungen des Autors mit der griechischen Philosophie, insbesondere mit Platon. Daher liegt der Schwerpunkt in der reflexiven Aufarbeitung des »menschlichen Dramas«. Darüber hinaus bietet Apatow ein praktisches Beispiel der Übertragung des Dialogs »Menon« (Dialog zwischen Sokrates und Menon über das Verhältnis von Tüchtigkeit und Lernen bzw. Naturanlage) auf die Reform der Dialogpraxis.

Assagioli, Roberto
Die Schulung des Willens. Methoden der Psychotherapie und der Selbsttherapie. Junfermann, Paderborn 1991.

Für Assagioli ist die innere Suche und die Verwirklichung des Selbst eine notwendige Praxis. Der Begründer der Psychosynthese stellt die Erweckung des Willens in den Mittelpunkt, aus dem in jedem Augenblick die eigene Zukunft erschaffen wird.

Buber, Martin
Reden über Erziehung. Gütersloher Verlagshaus, Gütersloh 2000 (zuvor Verlag Lambert Schneider, in mehreren Auflagen).

Eine Zusammenstellung von drei Reden Martin Bubers aus den Jahren 1919, 1935 und 1939 zur Erziehung.

Ciompi, Luc
Die emotionalen Grundlagen des Denkens. Vandenhoeck & Ruprecht, Göttingen 1999.

Ciompi entwirft eine so genannte »fraktale Affektlogik« und will den Streit zwischen Materialismus und Idealismus durch eine neue Integration überwinden. Emotion und Kognition führen in seinem Modell der Komplexität über die konventionelle Logik hinaus zur Selbstorganisation.

Ferrucci, Piero
Werde, was du bist. Selbstverwirklichung durch Psychosynthese. Rowohlt, Reinbek bei Hamburg 1999.

Piero Ferrucci, langjähriger Mitarbeiter von Roberto Assagioli, dem Entwickler der Psychosynthese, stellt einfache Übungen vor, die geeignet sein können, sich von inneren Konditionierungen und Konflikten zu befreien. Ein Buch, das einlädt, aus frustrierenden Gewohnheiten auszubrechen.

Flick, Deborah L.
From Debate to Dialogue. Using the Understanding Process to

Transform our Conversations. Orchid Publications, Boulder/Col. 1999.

Flick nennt den Dialogprozess »Understanding Process« (UP) und geht dabei von ähnlichen Prinzipien wie beim Dialogprozess aus. Kritisch untersucht sie die Unzulänglichkeiten der »Debate Culture« und gibt aus ihrer Erfahrung mit dem UP zahlreiche Anwendungshinweise.

Gruen, Arno
Der Verlust des Mitgefühls. Über die Politik der Gleichgültigkeit. dtv, München 1999.

Der Autor bezeichnet die Fähigkeit zum Mitgefühl als die Schranke zum Unmenschlichen, das aus der fehlenden Herausbildung einer eigenen Identität und der Identifikation mit fremder Macht resultiert.

Jäger, Willigis
Die Welle ist das Meer. Herder, Freiburg 2000.

Jäger weitet den Blick für ein Bewusstsein, das in der Lage ist, konventionelle Weltsichten zu überschreiten. Erfahren in Zen-Meditation und geprägt von seiner katholischen Ordenstradition, versucht er als Leiter eines Meditationszentrums verschiedene spirituelle Traditionen zu vereinen.

Juul, Jesper
Das kompetente Kind. Auf dem Weg zu einer neuen Wertgrundlage für die ganze Familie. Rowohlt, Reinbek bei Hamburg 1997.

Dieses Buch zeigt, dass vieles, was wir heute als »Erziehung« verstehen, sowohl überflüssig als auch schädlich ist. Juul ist den Formen der Interaktion zwischen Erziehenden und Kindern auf der Spur und vermittelt überzeugend, wie eine respektvolle, dialogorientierte Haltung Auswege aus tragischen Teufelskreisen ermöglichen kann.

Juul, Jesper
Vom Gehorsam zur Verantwortung. Für eine neue Erziehungskultur. Walter, Düsseldorf, Zürich 2004.

Juul stellt seine neuen Erfahrungen mit einer selbstbestimmten dialogorientierten Erziehungspraxis vor, die zu einer anderen Kultur des Miteinander-Lernens führen soll.

Kaiser, Annette
Jenseits aller Pfade, Theseus, Berlin 2002.

Annette Kaiser erläutert in ihrem Buch Wege und Möglichkeiten, die traditionellen Begrenzungen des Denkhorizontes zu überschreiten. Ihr Verständnis von einem ganzheitlichen Menschsein gründet sie auf ein »universelles Bewusstsein«.

Kast, Verena
Der Schatten in uns. Die subversive Lebenskraft. Walter, Düsseldorf, Zürich, 1999.

Verena Kast stellt das Schattenkonzept von C. G. Jung an praktischen Beispielen vor und belegt die Fruchtbarkeit dieses Denkkonzeptes in ihrer praktischen Arbeit.

Krishnamurti, Jiddu
Erziehung zur Kunst des Lebens. Krishnamurtis Briefe an seine Schulen. Erster Teil. Verlag Lambert Schneider, Heidelberg 1988.

Der indische Weisheitslehrer und Dialogpartner von David Bohm spricht in seinen Briefen grundlegende Lebensfragen an. Aus seiner Arbeit ist eine weltweite Schulinitiative entstanden.

Krishnamurti, Jiddu
Du bist die Welt. Fischer Taschenbuch Verlag. Frankfurt a. M. 1993.

Der Philosoph und Weisheitslehrer befasst sich mit akuten Menschheitsfragen und macht deutlich, wie sie mit dem einzelnen Menschen verbunden sind.

Miller, Alice
Am Anfang war Erziehung. Suhrkamp, Frankfurt a. M. 1982.

In vielem ist die gegenwärtige Art der Erziehung nicht mit der »Schwarzen Pädagogik« vergleichbar, mit der unsere Großeltern traktiert wurden und von der in diesem Klassiker der Erziehungsliteratur die Rede ist. Gleichwohl lässt die Lektüre den Leser auch heute noch nachdenklich zurück.

Morin, Edgar
Die sieben Fundamente des Wissens für eine Erziehung der Zukunft. R. Krämer, Hamburg 2001.

Edgar Morin, Präsident der Europäischen Agentur für Kultur der UNESCO, beschreibt als Soziologe, wie die Erziehung im Hinblick auf die globalen Probleme radikal erneuert werden könnte. Die Beschäftigung mit seinen sieben fundamentalen Bereichen, basierend auf dem dialogischen Prinzip, ist allen zu empfehlen, die an Reformprozessen in Erziehung und Bildung arbeiten.

Schopp, Johannes

Eltern stärken – Dialogische Elternseminare. Ein Leitfaden für die Praxis. Leske + Budrich, Opladen 2005.

Kein Elterntrainingshandbuch liegt hier vor, sondern ein Dialogbegleiter für alle in der Elternbildung Tätigen. In einer Zeit, in der »pädagogisches Rezeptwissen« vermarktet wird und Eltern dadurch eher verunsichert werden, als ihren eigenen Weg im Erziehungsalltag zu finden, ist es wohltuend zu lesen, was bei Eltern geschieht, wenn sie unvoreingenommen und nicht bewertend ernst genommen werden. Ein grundsätzliches Verständnis von Dialog, wie Johannes Schopp es in seinem Buch erläutert, schafft eine neue Erziehungs- und Lernkultur zwischen Eltern und ihren Kindern, aber auch zwischen so genannten pädagogischen Experten und Eltern als Experten.

Schulz von Thun, Friedemann

Miteinander reden 1. Störungen und Klärungen. Allgemeine Psychologie der Kommunikation. Rowohlt, Reinbek bei Hamburg 1993.

Miteinander reden 2. Stile, Werte und Persönlichkeitsentwicklung. Differentielle Psychologie der Kommunikation. Rowohlt, Reinbek bei Hamburg 1993.

Miteinander reden 3. Das »innere Team« und situationsgerechte Kommunikation. Kommunikation, Person, Situation. Rowohlt, Reinbek bei Hamburg 1999.

Das dreibändige Standardwerk zur Kommunikation ist nach wie vor eine fundierte Quelle von Sichten und Einsichten in die alltägliche Praxis, miteinander zu reden.

Sidorkin, Alexander M.

Beyond Discourse. Education, the Self, and Dialogue. State University of New York Press, Albany 1999.

Dieses Buch basiert auf einem Dissertationsvorhaben und den Erfahrungen Sidorkins in russischen Schulreformprojekten. Es sind sowohl Bakhtins Arbeiten zur Dialogik Dostojewskis verarbeitet als auch die Ansätze von Gadamer und Buber. Darüber hinaus setzt sich Sidorkin mit der Chance einer grundlegenden Schulreform auseinander, die über politische Rhetorik und Absichtserklärungen hinausgeht.

Stone, Hal und Sidra

Du bist viele. Das 100fache Selbst und seine Entdeckung durch die Voice-Dialogue-Methode. Heyne, München 1994.

Die Voice-Dialogue-Methode bietet einen praktischen Zugang zur Vielstimmigkeit der psychischen Prozesse. Sie erleichtert das »In-der-Schwebe-Halten« von Annahmen und Bewertungen.

Tannen, Deborah

Lass uns richtig streiten. Vom Wortgefecht zum Dialog. Goldmann Taschenbuch Verlag, München 1999.

Deborah Tannen plädiert für eine Denkwende im Kopf – weg vom unproduktiven verbalen Schlagabtausch, der oft mehr Probleme schafft, als er löst. Da »Front-Denken« die Phantasie beschränken kann, zeigt sie alternative Umgangsformen mit Meinungsverschiedenheiten.

Wittemann, Artho

Die Intelligenz der Psyche. Wie wir ihren verborgenen Ordnungen auf die Spur kommen. Kösel, München 2000.

Das komplexe Miteinander oder Gegeneinander in der menschlichen Psyche stellt Artho Wittemann vom Voice-Dialogue-Center in München praxisnah dar. Seine Einführung in die fünf »Kontinente« der Psyche eröffnet erstaunliche Möglichkeiten der Selbsterforschung.

Zweig, Conni und Abrams, Jeremiah

Meeting the Shadow. The Hidden Side of the Dark Side of Human. Nature Penguin Putnam Inc., New York 1991.

Eine Reihe von prominenten Psychologen beschreibt in diesem Sammelband das Phänomen des Schattens und Möglichkeiten des kreativen Umgangs damit, um Projektionen in der Kommunikation eher zu erkennen.

Zu 5 »Wir brauchen die freie Denkbewegung des Geistes« – Der Dialog als Kernelement einer neuen Lernkultur

Derrida, Jacques
Die unbedingte Universität. Edition Suhrkamp, Frankfurt a. M. 2001.

Dieser Band basiert auf einem Vortrag von 1998 an der Universität Stanford und behandelt die Frage, wie die Kreativität der Kunst und die Suche nach dem Menschlichen in einer künftigen Universität auf der Basis einer kompromisslosen Suche nach der »Wahrheit« umgesetzt werden könnte.

Fullan, Michael
Die Schule als lernendes Unternehmen. Klett-Cotta, Stuttgart 2002.

Fullan, Erziehungswissenschaftler in Toronto, ist in der Lehrerausbildung tätig und überträgt das Konzept der lernenden Organisation auf die Schule. Er stellt dar, wie sich Eigenverantwortlichkeit konkret äußert und wie das Prinzip von Lehrenden, sich als Lernende zu verstehen, umgesetzt werden kann.

Hentig, Hartmut von
Die Schule neu denken. Beltz Verlag, Weinheim 2003.

Lange vor der PISA-Diskussion hat Hartmut von Hentig auf die fundamentalen Schwächen des selektierenden in Fächer, 45-Minuten-Rhythmen und Jahrgangsklassen zergliederten Unterrichts hingewiesen. Es geht ihm um einen fundamentalen Wandel, der neugierigere, psychisch stabilere, selbstständig denkende junge Menschen zum Ziel hat.

Kahl, Reinhard
Treibhäuser der Zukunft. Wie in Deutschland Schulen gelingen. Archiv der Zukunft, Beltz und Deutsche Kinder- und Jugendstiftung, Bonn 2004.

DVD mit einer hervorragenden Dokumentation erfolgreicher Schulen, deren Bildungsreformen weitgehend auf dialogorientiertem selbstständigem Lernen basieren.

Mädche, Flavia
Kann lernen wirklich Freude machen? Der Dialog in der Erziehungskonzeption von Paulo Freire. AG SPAK-Bücher, München 1995.

Flavia Mädche, erfahrene Praktikern in verschiedenen Bereichen von der Alphabetisierung von Erwachsenen bis zur Leitung eines Kindergartens, zeigt mit Bezug auf die brasilianische Geschichte anschaulich die Entstehungs- und Wirkungsgeschichte von Freires dialogorientierter Pädagogik auf.

Raulinat, Andrea (Hrsg.)
Das QED PraxisBuch. Qualitativer EntwicklungsDialog für Menschen mit Behinderung. Winterhuder Werkstätten. Hamburg 2003.

Dieses praxisnahe Handbuch für Qualitätsentwicklung von sozialen Einrichtungen besticht durch seinen grundlegend dialogischen Ansatz.

Romhardt, Kai
Wissen ist machbar. 50 Basics für einen klaren Kopf. Econ, München 2001.

Kai Romhardt behandelt in einem kleinen Bändchen praxisnah und anschaulich, was heute »Wissensmanagement« genannt wird. Ein gelungenes und wohltuend übersichtliches Kompendium, um Wissen zu ordnen.

Schoem, David und Hurtado, Sylvia
Intergroup Dialogue. Deliberative Democracy in School, College, Community and Workplace. University of Michigan Press, Michigan 2001.

Dieser Sammelband vereint Beiträge zum Umgang mit Unterschieden durch den Dialog. Es werden dialogorientierte, demokratische Fallstudien und Beteiligungsmodelle vorgestellt, die eine veränderte Bildungspraxis zum Ziel haben.

Senge, Peter M., Cambron-McCabe, Nelda, Lucas, Timothy, Smith, Brian, Dutton, Janis und Kleiner, Art
Schools that Learn. A Fifth Discipline Fieldbook for Educators, Parents and Everyone Who Cares about Education. Doubleday Currency, New York 2000.

Dieses umfassende Handbuch stellt Erfahrungen und Arbeitsinstrumente aus zahlreichen Reformprozessen im Bildungswesen vor. Es ermöglicht einen vertieften Zugang zu

Organisationsproblemen im schulischen Alltag und bietet zahlreiche praktische Übungen.

Siebert, Horst
Pädagogischer Konstruktivismus. Eine Bilanz der Konstruktivismusdiskussion für die Bildungspraxis. Kriftel, Neuwied 1999.

Horst Siebert beschreibt in sehr praxisorientierter Weise die unterschiedlichen Facetten der Konstruktivismusdiskussion. Er macht anschaulich mit der Begrifflichkeit vertraut und übersetzt sie in bildungspraktische handlungsleitende Fragestellungen.

Vella, Jane
Training through Dialogue. Promoting Effective Learning and Change with Adults. Jossey-Bass, San Francisco 1995.

Jane Vella beschreibt in diesem Handbuch, wie die »Train the Trainer«-Ausbildung konkret aussehen kann, wenn sie von den Grundlagen des Dialogs ausgeht. An Beispielen aus dem Gesundheitswesen in Chile oder im ländlichen Bereich von Arkansas und Vermont, aber auch aus New York wird »step by step« gezeigt, wie diese Alternativen gestaltet werden können.

Zu 6 Der Dialog als kreativer Denkraum lernender Organisationen

Argyris, Chris
Wissen in Aktion. Eine Fallstudie zur Lernenden Organisation. Klett-Cotta, Stuttgart 1997.

Einer der erfahrendsten Organisationsforscher bietet einen aufschlussreichen Einblick in die praktische Aktionsforschung.

Burow, Olaf-Axel
Die Individualisierungsfalle. Kreativität gibt es nur im Plural. Klett-Cotta, Stuttgart 1999.

Ausgehend von der Feldtheorie Kurt Lewins beschreibt der Autor anschaulich die Grundtypen kreativer Felder und wie sie in einer lernenden Organisation wirksam werden können. Anhand der Geschichte der »Comedian Harmonists« plädiert er für den Abschied vom »Geniekult«.

Chatterjee, Debashis
Leading Consciously. Pilgrimage Toward Self-Mastery. Butterworth-Heinemann, Boston 1998.

Debashis Chatterjee ist Lehrer für Verhaltensforschung am »Indian Management Institute« in Lucknow/Indien. Leitungsfunktionen sieht er als einen Pfad des Umgangs mit Energie. An Beispielen von Lao-Tse und Gandhi bis zu Mutter Teresa macht er diese innere Qualität deutlich. Peter Senge weist in seinem Vorwort zu diesem Buch auf die Bedeutung alter Weisheiten und interkultureller Erfahrungen für die Entwicklung von Führungsqualitäten hin.

Dietz, Karl-Martin und Kracht, Thomas
Dialogische Führung. Campus, Frankfurt am Main 2000.

Ausgehend von Forschungen am Heidelberger Hardenberg-Institut haben die Autoren ein eigenes Dialogkonzept entwickelt und konsequent in der Praxis getestet. Am Fallbeispiel »dm-drogerie-Markt« zeigen sie, welche Potenziale ein Dialogprozess in einem marktrelevanten Unternehmen haben kann.

Ehmer, Susanne
Dialog in Organisationen. Praxis und Nutzen in der Organisationsentwicklung. Kassel University Press, Kassel 2004.

Die Autorin untersucht in ihrer Dissertation die Anlage und Wirkung von Dialogprozessen in Wirtschaftsunternehmen, basierend auf organisationsrelevanten Fragestellungen hinsichtlich Veränderung, Struktur, Kultur und Kommunikation, institutionellen und gesellschaftlichen Aufgaben und Anforderungen. Darüber hinaus stellt sie auch die Grundlagen des dialogischen Ansatzes nach Bohm vor.

Ellinor, Linda und Gerard, Glenna
Der Dialog im Unternehmen. Inspiration, Kreativität, Verantwortung. Klett-Cotta, Stuttgart 2000.

Ein Buch, das durch zahlreiche praktische Fallbeispiele und nachvollziehbar dargestellte Übungen zugleich einen Schatz an Erfahrungen enthält und zum eigenen Experimentieren mit dem Dialog in Alltag und Organisation einlädt.

Hock, Dee W.
Die chaordische Organisation. Klett-Cotta, Stuttgart 2001.

Für Hock, den Gründer der VISA-Card-Organisation, ist die chaordische Organisation ein komplexer Organismus, der Chaos und Ordnung als Lebensprozess miteinander verbindet. Eine lesenswerte Autobiografie.

Jaworski, Joseph
Synchronicity. The Inner Path of Leadership. Berrett Koehler, San Francisco 1998.

Jaworski, Mitbegründer der Society for Organizational Learning (SOL), beschreibt auf anschauliche und persönliche Weise, wie das Prinzip der Synchronizität wirksam werden kann. Dieses von C. G. Jung beschriebene akausale Verbindungsprinzip wird vom Autor als Koinzidenz verschiedener Ereignisse verstanden, die außerhalb jeder statistischen Wahrscheinlichkeit liegt.

Mindell, Arnold
Sitting in the Fire. Large Group Transformation Using Conflict and Diversity. Lao Tse Press, Portland, Oregon 1995.

Mindell beschreibt aus seiner weltweiten Erfahrung in der Großgruppenarbeit, wie verdeckte Konflikte offen gelegt werden und demokratische Gruppenprozesse gelingen können.

Seifter, Harvey und Economy, Peter
Das virtuose Unternehmen. Campus, Frankfurt am Main 2001.

Das Orpheus Chamber Orchestra gilt als eines der besten Orchester der Welt, aber es hat keinen Dirigenten. Diese Aufsehen erregende Selbstorganisation auf Basis eines permanenten Dialogs kann auch Maßstäbe für andere Organisationen setzen. Selbstverantwortung und Management werden entmystifiziert.

Senge, Peter M., Kleiner, Art, Roberts, Charlotte, Ross, Richard, Roth, George und Smith, Brian
The Dance of Change. Die 10 Herausforderungen tiefgreifender Veränderungen in Organisationen. Signum, Wien, Hamburg 2000.

In diesem Arbeitsbuch werden Probleme und Chancen von Veränderungsprozessen aufgrund vielfältiger Praxiserfahrungen kompetent dargestellt. Die nachvollziehbare Beschreibung von Übungen und Erfahrungen kann dazu verhelfen, mangelnde Kommunikationsprozesse und Verweigerungshaltungen reflexiv zu überwinden.

Zu 7 »Vom Gegeneinander-Reden zum Miteinander-Denken« – Der Dialog in politisch-gesellschaftlichen Konfliktfeldern

Abgeordnetenhaus von Berlin
Zukunftsfähiges Berlin: Bericht der Enquêtekommission. Verwaltungs-Verlag, Berlin 1999.

Der Bericht ist nicht nur ein vorbildliches Handbuch für eine umweltpolitische Strategie, sondern auch eine gute Darstellung für Partizipationsmodelle und Entscheidungsverfahren dialogorientierten Charakters.

Arnett, Ronald und Arneson, Pat
Dialogic Civility in a Cynical Age. Community, Hope, and Interpersonal Relationships. State University of New York Press, Albany 1999.

Die Autoren gehen von einem zunehmend »zynischen Zeitalter« aus und stellen sich der Aufgabe, eine kulturelle Alternative zu entwickeln, die sich »dialogue civility« nennt. In diesem Buch werden die Ansätze verschiedener Theoretiker und Praktiker vor dem Hintergrund dieser Aufgabe untersucht, wie z. B. Carl Rogers, Abraham Maslow, Mark Bucher, Paulo Freire und Victor Frankl.

Bar-On, Dan
Die Last des Schweigens. Gespräche mit Kindern von NS-Opfern. Edition Körber-Stiftung, Hamburg 2003.

Diese erweiterte und aktualisierte Ausgabe der englischen Originalausgabe von 1989 (The Legacy of Silence) wird als ein Basiswerk für psychologische und politische Verständigung angesehen. Als erster israelischer Wissenschaftler begann Dan Bar-On Mitte der 80er Jahre, die moralischen und psychischen Nachwirkungen der Verbrechen im Nationalsozialismus auf die Kinder von NS-Tätern zu erforschen. Er stieß auf ein gemeinsames Muster sowohl der Täter- als auch der Opferseite, nämlich das Schweigen. Er zeigt, wie durch das Erzählen die psychischen Wunden aufgrund des Schweigens und der Verdrängung erkannt und traumatische Erfahrungen bearbeitet werden können.

Bar-On, Dan
Die »Anderen« in uns. Dialog als Modell der interkulturellen Konfliktbewältigung. Edition Körber-Stiftung, Hamburg 2001.

In seiner sozialpsychologischen Untersuchung gibt Dan Bar-On einen anschaulichen Einblick in die mentalen Befindlichkeiten im Nahen Osten. Er analysiert die kollektive israelische Identität und differenziert einen inneren und äußeren »Anderen«. Dabei geht er von der Hypothese aus, dass das israelische »kollektive Selbst« ursprünglich monolithisch strukturiert war und im Gegensatz zu verschiedenen »Anderen« steht. Sein Dialogmodell nennt er TRT – »to reflect and trust«.

Bar-On, Dan
Den Abgrund überbrücken. Mit persönlichen Geschichten politischen Feindschaften begegnen. Edition Körber-Stiftung, Hamburg 2002.

Dan Bar-On legt überzeugend dar, welche Perspektiven entstehen, wenn sich die Kräfte des Zuhörens und Erzählens entfalten können. In Gesprächen zwischen Kindern von Tätern und Opfern des Holocaust zeigen sich Gemeinsamkeiten und Trennendes in neuem Licht und bieten die Voraussetzung, um Gefühle und Sichtweisen transformieren zu können.

Bar-On, Dan
Erzähl dein Leben! Meine Wege zur Dialogarbeit und politischen Verständigung. Edition Körber-Stiftung, Hamburg 2004.

Dan Bar-On skizziert seine Herkunft und seinen Werdegang, berichtet aber vor allem von den unterschiedlichen Projekten, an denen er zusammen mit anderen Menschen gearbeitet hat: u. a. vom TRT-Prozess und dem Dialog zwischen den Nachkommen von Holocaust-Opfern und denen von NS-Tätern; von verschiedenen Dialogen zwischen Israelis und Palästinensern.

Bundesministerium für Familie, Senioren, Frauen und Jugend und Bundeszentrale für politische Bildung
Erwachsenwerden vor dem Hintergrund unterschiedlicher Religionen und Weltanschauungen. Bonifatius Druck-Buch-Verlag, Paderborn 2004.

Hervorragendes Arbeitsmaterial für interreligiöses Lernen, basierend auf dem Ansatz des Dialogprozesses.

Caspary, Sigrun und Matoba, Kazuma
Transkultureller Dialog. Metropolis, Marburg 2000.

In diesem Buch stellen die Autoren Untersuchungen an der Universität Witten/Herdecke vor, in denen sie den transkulturellen Dialog auf Basis der Kernfähigkeiten weiterentwickelt haben.

Cissna, Kenneth N. und Anderson, Rob
Moments of Meeting. Buber, Rogers, and the Potential for Public Dialogue. State University of New York Press, Albany 2002.

Die historische Begegnung von Buber und Rogers wird in der Bedeutung für die psychotherapeutische Praxis mit den historischen Kontexten aufbereitet.

Ferguson, Niall (Hrsg.)
Virtuelle Geschichte. Historische Alternativen im 20. Jahrhundert. Primus, Darmstadt 1999.

Der Autor, Professor für Moderne Geschichte am Jesus College in Oxford, unternimmt den für einen Historiker gewagten und abenteuerlichen Versuch, die Frage zu stellen: Was wäre, wenn ...? Das Buch öffnet den Blick für alternative Sichten in die »Vergangenheit«. Es zeigt die Geschichte als Möglichkeitsraum mit teilweise chaotischen Fluktuationen und verschiedenen Vergangenheitsoptionen, die einen neuen Blick auf das 20. Jahrhundert ermöglichen.

Galtung, Johan und Jacobsen, Carl G.
Searching for Peace. The Road to TRANSCEND. Pluto Press, London 2000.

In diesem Buch stellt der norwegische Friedensforscher seinen TRANSCEND-Ansatz vor, der in mehr als 40 Konflikten weltweit zum Einsatz gekommen ist. Er beansprucht, ganzheitlicher an Konflikte heranzugehen als herkömmliche Mediationsverfahren.

Gugel, Günther
Wir werden nicht weichen. Institut für Friedenspädagogik, Tübingen 1996.

Der engagierte Autor bietet anschauliches Praxismaterial aus der Analyse verschiedener historischer Konflikte und deren intelligenter Bearbeitung dar.

Habermas, Jürgen und Derrida, Jacques
Philosophie in Zeiten des Terrors. Philo, Berlin, Wien 2004.

In diesem Buch, das die Ereignisse des Anschlages vom 11. September 2001 auf das World Trade Center aufgreift, gehen die beiden Philosophen auf die Hintergründe des internationalen Terrorismus ein, wobei Habermas Terrorismus als fundamentale Kommunikationsstörung begreift.

Halabi, Rabah und Philipps-Heck, Ulla (Hrsg.)
Identitäten im Dialog. Konfliktintervention in der Friedensschule von Neve Schalom/Wahat al-Salam in Israel. Wochenschau Verlag, Schwalbach/Ts. 2001.

In diesem Buch wird das Konzept der Konfliktintervention in der Friedensschule von Neve Schalom/Wahat al-Salam in Israel dargestellt. Es werden konkrete Kurse und Encountergruppen-Sitzungen skizziert, die den Prozess der Arbeit nachvollziehbar machen.

Khatami, Mohammad
Islam, Dialogue and Civil Society. Australian National University, Canberra 2000.

Der Band versammelt verschiedene Beiträge des iranischen Präsidenten zum Thema »Dialog«.

Mader, Gerald, Eberwein, Wolf-Dieter und Vogt, Wolfgang R.
Konflikt und Gewalt. Agenda Verlag, Münster 2000.

Dieser Sammelband, erschienen in der Schriftenreihe des Österreichischen Studienzentrums für Friedens- und Konfliktforschung, vereint Beiträge, welche an konkreten Beispielen Eskalationsdynamiken und Interventionschancen in akuten Konflikten aufzeigen.

Mitchell, Peter R. und Schoeffel, John
Understanding Power. The Indispensable Chomsky. The New Press, New York 2002.

Der amerikanische Wissenschaftler Noam Chomsky gilt als ein Linguist mit großer öffentlicher Wirkung. In diesem Sammelband sind zahlreiche Aufsätze vereint, die eine alternative Sicht auf das Phänomen Macht, vom Vietnam-Krieg bis in die heutige Zeit, zeigen.

Ries, Matthias
Oslo – Tor zum Frieden in Nahost? Verlag Meinhardt Text und Design, Idstein 2000.

In seiner Dissertation untersucht der Autor den Friedensprozess in Nahost und die Chancen, die sich durch die Verhandlungen in Oslo ergeben haben. Der damalige Verhandlungsdurchbruch wird in dieser Arbeit auf die Bedeutung der persönlichen Beziehungen der Akteure im Dialog zurückgeführt.

Stiftung Entwicklung und Frieden (Hrsg.)
Brücken in die Zukunft. Ein Manifest für den Dialog der Kulturen. Eine Initiative von Kofi Annan. S. Fischer, Frankfurt a. M. 2001.

Das Buch enthält Beiträge namhafter, von Kofi Annan ausgewählter Autoren zu dem von der UNO ausgerufenen »Jahr des Dialogs zwischen den Kulturen« (2001), u. a. von Nadine Gordimer und Richard von Weizsäcker.

Traitler, Reinhild (Hrsg.)
In the Mirror of your Eyes – Report of the European Project for Interreligious Learning, EPIL. Zürich, Beirut 2004.

Dieser spannende und ansprechend gestaltete Projektbericht stellt die Praxis eines interreligiösen Frauenprojekts vor, das in verschiedenen europäischen Städten und in Beirut stattfand und das durch den Dialogansatz entscheidend geprägt wurde.

Tutu, Desmond
No Future without Forgiveness. Doubleday, New York 1999.

Desmond Tutu, anglikanischer Bischof in Südafrika, ist neben Nelson Mandela die »Seele« des Versöhnungsprozesses in Südafrika. Sein sehr persönliches Buch ist ein wertvoller Beitrag für das Verständnis eines mentalen Modells der Vergebung.

Volkan, Vamik D.
Das Versagen der Demokratie. Zur Psychoanalyse nationaler, ethnischer und religiöser Konflikte. Psychosozial Verlag, Gießen 1999.

Der Psychoanalytiker Volkan schlägt eine Brücke zwischen tiefenpsychologischen Konfliktmustern und der Gedankenwelt von Diplomaten und Historikern. An konkreten Beispielen zeigt er Großgruppendynamiken auf, deren Kenntnis für die Analyse von Konflikten hilfreich sein kann.

Yankelovich, Daniel
The Magic of Dialogue. Transforming Conflict into Cooperation. Simon & Schuster, New York 1999.

In diesem Buch präsentiert der US-amerikanische Sozialwissenschaftler Yankelovich seine Erfolge mit dem dialogischen Ansatz in Non-profit-Organisationen und Wirtschaftsunternehmen. Schwerpunkt seines Anliegens ist, die Qualität der Diskurse in den sozialen Einrichtungen und den politischen Institutionen zu verbessern und damit die gesamte öffentliche Meinungsbildung durch den Dialog zu verändern.

Zu 8 Welche anderen Kommunikationsverfahren können den Dialogprozess bereichern?

Burow, Olaf-Axel
Ich bin gut – wir sind besser. Erfolgsmodelle kreativer Gruppen. Klett-Cotta, Stuttgart 2000.

Burow zeigt – anhand der Erfolgsgeschichte der Beatles und der Computerkonzerne Apple und Microsoft –, wie Schwächen des Einzelnen durch kollektive Intelligenz und Kreativität in Gruppenprozessen ausgeglichen werden können.

Cohn, Ruth C.
Es geht ums Anteilnehmen. Herder, Freiburg 1993.

Ruth Cohn, Begründerin des Verfahrens der Themenzentrierten Interaktion, zeigt in diesem Buch, dass eine Selbstverwirklichung des Menschen nur möglich ist, wenn die Mitwelt partnerschaftlich einbezogen ist.

Cohn, Ruth C. und Farau, Alfred
Gelebte Geschichte der Psychotherapie. Zwei Perspektiven. Klett-Cotta, Stuttgart 1987 (3. Aufl. 2001).

Alfred Farau, Tiefenpsychologe der Jung'schen Schule, hinterließ eine unvollendete visionäre Geschichte der Psychotherapie. Nach seinem Tod 1972 wurde diese von seiner Freundin Ruth Cohn, die ebenfalls an der Einbeziehung gesellschaftlicher und pädagogischer Aspekte in die Psychotherapie interessiert war, fertiggestellt. Das Buch vereint die persönliche Perspektive Ruth Cohns mit einer Einführung in die Psychotherapie und den Entstehungsprozessen der Themenzentrierten Interaktion auf anregende Weise.

Cohn, Ruth C. und Terfurth, Christina
Lebendiges Leben und Lernen. TZI macht Schule, Klett-Cotta, Stuttgart 1997 (4. Aufl. 2001).

Es wird anschaulich vermittelt, wie zwischenmenschliche Beziehungen und kreative Aufgabenbewältigung in Schule, Hochschule und Erwachsenenbildung aufgrund von Erfahrungen mit der Themenzentrierten Interaktion (TZI) praktisch möglich und verbessert werden können.

Mehta, Gerda und Rückert, Klaus
Mediation und Demokratie. Neue Wege des Konfliktmanagements in größeren Systemen. Carl Auer Systeme, Heidelberg 2003.

Dieser Sammelband vereint eine Reihe von kompetenten Beiträgen rund um das Thema Mediation.

Owen, Harrison
Erweiterung des Möglichen – Die Entdeckung von Open Space. Klett-Cotta, Stuttgart 2001.

Harrison Owen, der Entdecker der »Open Space Technology«, beschreibt sein dynamisches selbstorganisiertes Verfahren und dessen Anwendung als dialogorientiertes Kommunikationssystem in unterschiedlichen Organisationszusammenhängen.

Rosenberg, Marshall B.
Gewaltfreie Kommunikation. Junfermann, Paderborn 2001.

Inzwischen ist dieses Buch zu einem in 17 Sprachen übersetzten Standardwerk geworden. Es sucht eine Sprache erlernbar zu machen, die auf Empathie und gegenseitigem Respekt basiert.

Rosenberg, Marshall B.
Konflikte lösen durch gewaltfreie Kommunikation. Herder, Freiburg 2004.

Im Gespräch mit der Journalistin Gabriele Seils schildert Marshall Rosenberg anschaulich seine Erfahrungen mit der Methode der gewaltfreien Kommunikation.

Stierlin, Helm
Die Demokratisierung der Psychotherapie. Anstöße und Herausforderungen. Klett-Cotta, Stuttgart 2003.

Der ärztliche Direktor der Abteilung »Psychoanalytische Grundlagenforschung und Familientherapie« an der Universität Heidelberg unternimmt eine spannende Zeitreise durch die Psychotherapiegeschichte und stellt sie in Zusammenhang mit der Entwicklung der Demokratie, beginnend im klassischen Griechenland. Im Mittelpunkt steht sein dialogorientiertes Klienten-Therapeuten-Verhältnis.

Zu 9 Modellvorstellungen zum Verständnis dialogischer Prozesse

Chomsky, Noam
Media Control. Wie die Medien uns kontrollieren. Europa Verlag, Hamburg 2003.

Der US-amerikanische Linguist Noam Chomsky zählt zu den zehn meistzitierten Autoren und wurde von der New York Times als der »wichtigste lebende Intellektuelle« bezeichnet. Er schlägt vor, dass die Bürger demokratischer Gesellschaften »Kurse für geistige Selbstverteidigung« besuchen sollten, um sich gegen Manipulation und Kontrolle aktiv wehren zu können.

Fricke, Werner (Hrsg.)
Aktionsforschung und industrielle Demokratie. Forum der Arbeit, Heft 6. Friedrich-Ebert-Stiftung, Bonn 1997.

In diesem Heft der Friedrich-Ebert-Stiftung sind anregende Beiträge aus den Erfahrungen mit der Aktionsforschung versammelt. Dieser dialogorientierte Ansatz bezieht den Beobachterstandpunkt in den Forschungsprozess ein.

Koestler, Arthur
Die Wurzeln des Zufalls. Suhrkamp Taschenbuch, Frankfurt a.M. 1974.

Koestler untersucht kritisch das, was wir Zufall nennen, und fragt danach, was uns in bestimmten Augenblicken veranlasst, etwas zu tun oder zu unterlassen, und warum sich welche Begegnungen ereignen.

Lenkersdorf, Carlos
Leben ohne Objekte. Sprache und Weltbild der Tojolabales. Ein Majavolk in Chiapas. IKO – Verlag für Interkulturelle Kommunikation, Frankfurt a.M. 2000.

Die vorliegende Studie beschreibt anschaulich, wie das Organisationsprinzip der Sprache sowie das soziopolitische und kulturelle Weltbild dieses Majavolkes westliche Sehgewohnheiten in Frage stellen können.

Linell, Peter
Approaching Dialogue. Talk Interaction and Contexts in Dialogical Perspectives. Impact: Studies in Language and Society from Benjamins Publishing Company, Amsterdam, Philadelphia 1998.

Dieses Buch des schwedischen Sprachwissenschaftlers (Universität Linköping) versucht, einen theoretischen Zugang und eine Analyse zum Sprechakt zu entwickeln. Gleichzeitig stellt es die Möglichkeiten und Grenzen des »Dialogismus« in Bezug auf Kommunikation und Kognition aus sprachwissenschaftlicher Sicht vor.

Pörksen, Bernhard
Abschied vom Absoluten. Gespräch zum Konstruktivismus. Carl-Auer-Systeme, Heidelberg 2001.

In diesem Band werden, nicht ohne Witz, Begründer des Konstruktivismus wie Heinz von Foerster, Ernst von Glasersfeld und andere vorgestellt. In Gesprächen geht es z. B. um die Zentralfigur des Beobachters. Diese »Philosophie des Möglichen«

inspiriert zu neuen Sichtweisen und zu Skepsis gegenüber Gewissheiten.

Prigogine, Ilya und Stengers, Isabelle
Dialog mit der Natur. Piper, München 1981.

Die Entdeckung von dissipativen Strukturen und die Untersuchung der Instabilität in offenen Systemen bringen die Autoren dazu, der Natur ihre Erfinderkraft wieder zuzugestehen und Kreativität als universellen schöpferischen, dialogischen Prozess zu sehen.

Senge, Peter, Scharmer, Claus-Otto, Jaworski, Joseph und Flowers, Sue Betty
Presence – Human Purpose and the Field of the Future. Society for Organizational Learning, Cambridge, MA 2004.

Dieses Buch ist im Stil eines Gesprächs der vier Autoren miteinander verfasst, unter Einbeziehung von 150 interviewten Praktikern und Denkern aus Wissenschaft und Organisation, die sich mit Fragen einer aktiven Zukunftswahrnehmung befassen. Die persönlichen Zugänge zu dem, was sich entfalten will, werden anschaulich dargestellt.

Sheldrake, Rupert und Fox, Matthew
Die Seele ist ein Feld. Der Dialog zwischen Wissenschaft und Spiritualität. O.W. Barth, Bern, München, Wien 1996.

Die Autoren beschreiben die Seele als ein Feldphänomen. Im Sinne der Mystik und der Quantenphysik sehen sie die Rolle der »Beziehung« als wesentlich für alles, was existiert.

Sheldrake, Rupert, Mc Kenna, Terence und Abraham, Ralph
Denken am Rande des Undenkbaren. Über Ordnung und Chaos, Physik und Metaphysik, Ego und Weltseele. Piper, München 1999.

Dieses Dreiergespräch über Wissenschaft und Transzendenz, über Chaos und Kreativität versucht aus naturwissenschaftlicher Sicht, die Grenzen des abendländischen Denkens auszuloten und unkonventionelle Wege – beispielsweise in Form von Analogien über Attraktormodelle und Phasenübergänge – dialogisch zu erschließen.

Skolimowsky, Henryk
The Participatory Mind. A New Theory of Knowledge and of the Universe. Arkana Penguin Books, London 1994.

Der am Holismus orientierte Denker Skolimowsky bedauert, dass wir nur einen Intelligenzquotienten (IQ) kennen, aber keinen Quotienten für das Mitgefühl. Verstand und Gefühl sind für ihn zwei Seiten eines gemeinsamen Spektrums. Ausgehend von Bateson, Chardin und Bergson zeigt er eine alternative Sichtweise von »Denken« und »Welt«.

Solms, Mark und Turnball, Oliver
Das Gehirn und die innere Welt. Neurowissenschaft und Psychoanalyse. Walter Verlag, Düsseldorf, Zürich 2004.

Wird der Traum Sigmund Freuds von neurologischen Substraten für psychoanalytische Strukturen und Prozesse Wirklichkeit? Dieser Frage suchen sich die Autoren in ihrem kompetent und fesselnd geschriebenen Buch anhand experimentell gesicherter Fakten aus der Neurobiologie zu nähern.

Swimme, Brian
Das Universum ist ein grüner Drache. Claudius, München 1991.

Der Physiker und Mystiker Brian Swimme bietet, ausgehend vom Weltbild der modernen Physik, eine alternative Sichtweise über die Entwicklung des Kosmos, die in der Tradition von Platon, Thomas von Aquin und Teilhard de Chardin steht. In einem fiktiven Dialog erweckt er beim Leser den Sinn für die Energien, die im Kosmos lebendig werden wollen.

Winter, Wolfgang
Theorie des Beobachters, Skizzen zur Architektonik eines Metatheoriesystems. Verlag Neue Wissenschaft, Frankfurt a. M. 1999.

In dieser anregenden Dissertation des Betriebswissenschaftlers Wolfgang Winter ist es dem Autor gelungen, die oft unreflektierten Erkenntnisse der theoretischen Modelle des kritischen Rationalismus und Konstruktivismus nachvollziehbar zu beschreiben und kritisch zu hinterfragen.

Zu 10 Dialog-Werkstatt

Grochowiak, Klaus und Heiligtag, Stefan
Die Magie des Fragens. Warum es keine unschuldigen Fragen gibt. Junfermann, Paderborn 2002.

In diesem Handbuch für kommunikative Kompetenz machen die Autoren die Leserinnen mit verschiedenen Fragetypen und deren Bedeutung in unterschiedlichen psychotherapeutischen Richtungen vertraut.

Muth, Cornelia
Erwachsenenbildung als transkulturelle Dialogik. Wochenschau Verlag, Schwalbach/Ts. 1998.

In dieser Studie beschreibt die Autorin, wie die Vielfalt der Lebensformen in der Moderne durch eine dialogische Haltung zu einem integralen Bestandteil einer modernen Demokratie werden könnte.

Radatz, Sonja
Beratung ohne Ratschlag. Systemisches Coaching für Führungskräfte und BeraterInnen. Verlag Systemisches Management, Wien 2000.

Sonja Radatz beschreibt fundiert und materialreich, wie systemisch-konstruktivistische Beratungsarbeit gestaltet werden kann. Sie geht davon aus, dass der Problemträger selbst Experte für seine eigene Wirklichkeit ist. Insbesondere arbeitet sie die verschiedenen Frageformen der möglichen Interventionen heraus.

Simon, Fritz B.
Meine Psychose, mein Fahrrad und ich. Zur Selbstorganisation der Verrücktheit. Carl-Auer-Systeme, Heidelberg, 8. Aufl. 2000.

Der Autor versucht, eine erste umfassende Ordnung in das Feld der systemischen Theorie und Therapie zu bringen, und stellt viele gängige Vorannahmen der Psychotherapie in Frage.

Simmons, Annette
A Safe Place for Dangerous Truths. Using Dialogue to Overcome Fear and Distrust at Work. American Management Association, New York 1999.

Annette Simmons hat ein gut lesbares und sehr praxisnahes Buch über den Dialogprozess verfasst. Es ist hilfreich für die Dialogprozess-Begleiter und erweitert die Sichtweise durch die systematisierte Beobachtung und Auswertung häufig auftretender Prozessdynamiken.

Artikel im Internet

Im Folgenden werden ausschließlich Artikel aufgeführt, die im Internet frei zugänglich sind und kostenlos heruntergeladen werden können. Wenn Sie den einen oder anderen Artikel über die angegebenen Adressen nicht finden können, geben Sie Titel und/oder Autor in »Google« ein (eine Alternative ist »AllTheWeb.com«). Oft werden Sie dann fündig, da die Artikel häufig unter anderen Adressen zu finden sind. Eine andere Möglichkeit ist, die angegebene Homepage (Endung z. B. »com«, »org« oder Länderkürzel wie »de«, »ch«) aus der fraglichen Adresse aufzusuchen und von dort zu versuchen, sich zu dem hoffentlich noch vorhandenen Artikel durchzuklicken. Wenn alle Stricke reißen, können Sie sich auch an Manfred Zimmer (s. Anhang, Adressen) wenden, der dieses Internetverzeichnis erstellt hat, das im Folgenden gekürzt wiedergegeben wird und aktualisiert auf unserer homepage abrufbar ist: http://www.dialogprojekt.de

Einstiegsseiten

(1) Die Seite http://www.mythen-der-buchkultur.de/Module/Modul_06.htm gibt einen umfassenden deutschsprachigen Überblick über den Bohm'schen Dialog anhand von Literaturauszügen, Grafiken, Schemata etc. zu verschiedenen Themenaspekten: so zu Definitionen, Zielen, Typen, Setting, Methoden, Aufgaben des Dialog-Begleiters, Phasen, historischen Wurzeln. Im Abschnitt »Unterschiede und Gemeinsamkeiten zwischen Dialogen und anderen Kommunikationsformen« wird besonders auf die Balintgruppenarbeit eingegangen.

(2) Eine englischsprachige, von *William van den Heuvel* gestaltete Seite – http://www.muc.de/~heuvel/dialogue/index.html – bietet die Möglichkeit zum Herunterladen einer Reihe von Artikeln von Bohm selbst und seinem Kreis (Kommentare zu Bohm) sowie von Beiträgen über spezielle Themen zum Dialog.

Über den Link http://www.muc.de/~heuvel/bohm/index.html bzw. http://www.muc.de/~heuvel/dialogue/index.html sind neben biografischen Daten ausgewählte Zitate aus Bohms Werk und auch ein Interview mit David Bohm zugänglich. Der Link enthält auch, in Form offener Briefe, Stellungnahmen aus dem Kreis um Bohm zu dessen Schrift *Dialogue – A Proposal* (s. unten).

(3) Die Links der Seite www.thinkg.net/ ermöglichen – neben den zum Teil schon auf der Seite von *van den Heuvel* angebotenen Möglichkeiten, Artikel herunterzuladen – das Abspielen von Video- und Audiodateien von und über Bohm. Die Seite enthält eine noch im Aufbau befindliche Zusammenstellung von Zitaten aus David Bohms *On Dialogue*. Sie ermöglicht ferner den Austausch mit Dialog-Gruppen (s. Punkt 5).

(4) Die Seite von *Anthony Judge* (2002) – »Selected Websites on Dialogue« [http://www.laetusinpraesens.org/links/webdial.php] – geht zwar vom Dialogbegriff David Bohms aus und stellt entsprechende Links zur Verfügung. Doch wird der Begriff in der Folge so weit gefasst, dass Links wie »Interfaith and intercultural dialogue«, »Political dialogue«, »Conversation theory« selten zum Ziel führen, zumal zahlreiche nicht mehr aktiv sind.

(5) Über die beiden folgenden Seiten können Sie Kontakt zu Menschen aufnehmen, die den Dialog im Internet diskutieren oder pflegen. Bei Subskription in diese Liste – http://lists.cometsite.com/mailman/listinfo/bohm_dialogue – können Sie sich an der Diskussion über theoretische Fragen zum Bohm'schen Dialog beteiligen. Über die Adresse http://www.thinkg.net wird Ihnen die Möglichkeit geboten, sich an einer Gruppe zu beteiligen, die sich im »Optischen Dialog« (OD) übt, d. h. den Gedankenaustausch mit Hilfe von Bildern. Ferner können Sie sich an einer im Aufbau befindlichen Gruppe beteiligen, um sich im (konventionellen) Bohm'schen Dialog zu üben.

(6) Im Jahr 1996 wurde ein virtuelles Dialog-Experiment durchgeführt. Fünf Monate lang führten 50 Teilnehmende aus

aller Welt über das Internet unter Beteiligung von *Linda Ellinor* und *Glenna Gerard* (s. Literaturverzeichnis) Dialoge (*Community of Inquiry and Practice*, CIP). Den Erfahrungsbericht (Ausgangsfragen, Organisation, Beiträge, Bewertung etc.) können Sie ausgehend von der Adresse http://www.awakentech.com aus dem Internet abrufen. Zahlreiche Links führen Sie zu weiterführenden Fragen, z.B. wie es möglich ist, auf kollektive Bedeutung zu hören.

Im Folgenden werden über das Internet verfügbare Beiträge aufgeführt, die sich auf die einzelnen Kapitel dieses Buches beziehen.

Zu 2 Von der Kunst, miteinander zu denken – Einige Grundlagen des Dialogs

Beiträge von David Bohm

David Bohm, Donald Factor and Peter Garrett: Dialogue – A Proposal, 1991.
http://www.muc.de/~heuvel/dialogue/dialogue_proposal.html.
Deutsche Übersetzungen z.B. durch *Helga Pfetsch* (c/o http://www.dialogprojekt.de) und *Hanna Mandl* (http://www.mlp.co.at/artikel/dialog_ein_vorschlag.pdf).

Diese Einführungsschrift in den Dialog ist aus Gesprächen hervorgegangen, an denen die Autoren seit 1983 teilnahmen. Die Autoren äußern sich gut verständlich über die Notwendigkeit, Ziel und Zweck des Dialogs sowie einige Regeln zur Durchführungspraxis.

David Bohm: An Introduction to the Teachings.
http://thinkg.net/david_bohm/david_bohm_on_krishnamurti.html

Im Jahr 1959 stieß Bohm auf das Buch »First and Last Freedom« von Krishnamurti. Sein besonderes Interesse war dessen »tiefe Einsicht« in das Problem der Teilhabe des Beobachters am Beobachteten. Auf wenigen Seiten gelingt es Bohm meisterhaft, in die Denkweise seines späteren »spirituellen Mentors« einzuführen.

David Bohm 1917–1992. An Interview. By F. David Peat and John Briggs. In: *Omni*, Jan. 1987.
http://www.fdavidpeat.com/interviews/bohm.htm

Bohm plädiert hier für eine ganzheitliche Sicht des Universums. Materie und Leben bilden nach seiner Ansicht ein Ganzes. In diesem Interview geht um die These der »impliziten Ordnung«, die der herkömmlichen Quantenmechanik widerspricht.

Exploration into the Meaning of the Word »Meaning«. From a seminar conducted by David Bohm in Ojai, California, December 1–3, 1989. In: Proprioception of Thought, David Bohm (David Bohm Seminars, P. O. Box 1452, Ojai, CA 93023, 1999), S. 51–53.
http://www.ratical.org/many_worlds/K/meaning.html

David Bohm erkundet zusammen mit Studenten in Frage und Antwort die Bedeutung des Begriffs »meaning« (Bedeutung, Sinn) und ordnet ihm die Begriffe »significance« (Bedeutung), »value« (Wert) und »purpose« (Absicht; Zweck) zu, wobei er diese Wörter auch etymologisch ableitet.

Beiträge über David Bohm

David F. Peat: Infinite Potential. The Life and Times of David Bohm. Helix Books, Addison-Wesley, New York u.a. 1997.
http://www.muc.de/~heuvel/bohm/infinite_potential.html

Wiedergegeben werden Auszüge aus der Biographie, die Bohms Physikerkollege David Peat in sehr persönlichem Stil verfasst hat.

David Bohm. In: Wikipedia, the free encyclopedia.
http://en.wikipedia.org/wiki/David_Bohm

Biografischer Abriss mit Schwergewicht auf Bohms wissenschaftlicher Entwicklung.

Olival Freire Jr.: David Bohm, His Science and His Exile. A Thirty-year Struggle for Recovering American Citizenship. Instituto de Fisica, UFBa Salvador, Bahia, Brasil.
http://thinkg.net/david_bohm/david_bohm_science_and_exile.html

Dargestellt werden die Etappen von Bohms Exil, die ihn

zunächst nach Brasilien, sodann nach Israel führten, bis er schließlich in England seine zweite Heimat fand. Wie sich das Exil, zu dem Bohm unter der »Antikommunismus-Hysterie« McCarthys gezwungen wurde, auf sein wissenschaftliches Werk und dessen Rezeption auswirkte, steht im Mittelpunkt des Aufsatzes.

Weitere Beiträge zur Thematik von Kapitel 2

Christoph Mandl: Dialogos oder eine Collage über das Team-Lernen. In: *Organisationsentwicklung* 4/96, S. 32–45.
http://www.mlp.co.at/artikel/dialogos.pdf

Mandl lässt in diesem fiktiven, unterhaltsamen Gespräch Bohm, Buber, Senge, Isaacs und sich selbst zu Wort kommen. Dabei werden Grundlagen, Wesen, Zielsetzung und Rahmenbedingungen des Bohm'schen Dialogs, vorwiegend im Hinblick auf das organisationale Lernen, angesprochen. Martin Buber wirkt mit seinen Statements allerdings etwas verloren in diesem illustren Kreis ...

Peter Garrett: Dialogue and the Transformation of Memory. Dialogos, Inc. and Centre for Action Research in Professional Practice, University of Bath, Bath, UK.
http://www.dialogos.com/publications/DaTM.html

Peter Garrett skizziert den Weg des Dialogs von den frühen 80er Jahren, zusammen mit David Bohm, bis in die 90er Jahre, in denen der Dialog zunehmend in Organisationen eingesetzt wurde.

Christiane Geiser: Der Dialog nach David Bohm. Eine Einführung. Vortrag im transdisziplinären Studiengang »Wissenschaft und Weisheit«, Universität Zürich, März 2000.
www.gfk-institut.ch/artikel.html

Der durch praktische Übungen angereicherte Vortrag geht von biografischen Angaben zu David Bohm aus und identifiziert mit Wahrnehmen (Verlangsamen, Hinhören, Hinschauen, Hinspüren), Zuhören (sich selbst, dem anderen, dem »Gruppenganzen«) und Sprechen (erkundend, von Herzen) die wesentlichen Charakteristika eines gelingenden Dialogs.

Zu 3 »Wir hörten einander wirklich zu« – Der Dialog im Alltag

»Wenn unsere Eltern nicht da sind, dann können wir hier am Niederhof immer zu allen gehen.«
http://www.kindergruppen.at/frische_boe/fb42/fb42amsel.htm

Gespräche mit Kindern und Erwachsenen im LebensRaum Niederhof werden nacherzählt und zu bewerten versucht.

Zu 4 »Den gleichwürdigen, persönlichen Dialog entwickeln« – Dialogische Erziehung als gemeinsame Entwicklung

Mark K. Smith: Dialogue and Conversation. 2001.
http://www.infed.org/biblio/b-dialog.htm

Im Mittelpunkt dieses Aufsatzes steht das Dialogverständnis von Paulo Freire, Hans-Georg Gadamer, Jürgen Habermas und David Bohm.

Elisabeth C. Gründler: Das kompetente Kind: Grundprinzipien der Pädagogik von Jesper Juul.
http://familienhandbuch.de/cmain/f_Aktuelles/a_Erziehungsfragen/s_413.html

Wer sich kurz und prägnant über die Grundprinzipien der Pädagogik Juuls informieren will, ist mit diesem Artikel bestens bedient.

»Die Eltern-Kind-Beziehung kann nicht demokratisch sein!« Interview mit *Jesper Juul* von Elisabeth C. Gründler.
http://www.ial-lernen.de/juul/texte/3.Die-Eltern-Kind-Beziehung-kann-nicht-demokratisch-sein.doc

Spannend zu lesendes Interview mit zahlreichen Beispielen und Tipps zur Praxis der professionellen und elterlichen Erziehung, unter dem Credo: »Wenn man Bäume und Blumen in seinem Garten so behandelte, wie wir herkömmlich mit Kindern und Jugendlichen umgehen, würden die Pflanzen eingehen. Man kann nicht jeden Tag herumgehen und Zweige abschneiden.«

Schattenarbeit in Deutschland.
http://www.schattenarbeit.de/

Einführende und recht informative Seite zur Schattenarbeit.

Zu 5 »Wir brauchen die freie Denkbewegung des Geistes« – Der Dialog als Kernelement einer neuen Lernkultur

Othmar Loser-Kalbermatten: Die Schule als Lernende Organisation.
http://www.lernende-organisationen.ch/Schule.pdf

Neben Systemdenken, gemeinsamer Vision, Erkundung der mentalen Modelle und persönlicher Entwicklung ist besonders der Dialog Voraussetzung und persönliche Bedingung dafür, die Schule selbst zu einer lernenden Organisation werden zu lassen.

Satish Kumar: Life Is All About Learning.
http://www.swaraj.org/shikshantar/satishls3.htm

Satish Kumar schreibt in diesem fesselnden Beitrag über seine Vorstellungen von Erziehung, von Lernen und über die Prinzipien, die das Leben bestimmen sollten: Gewaltlosigkeit, Wahrheit, kein Nehmen ohne Geben, physische Ausgeglichenheit, kein Besitzdenken.

Zu 6 Der Dialog als kreativer Denkraum lernender Organisationen

Chris Argyris: »I never trusted distant observation.« An Interview with Chris Argyris by Victor Woodell. *Organizational Development Journal*, Vol. 21, No. 2, 2003, S. 67–70.
http://www.rednova.com/news/stories/2/2003/07/06/story101.html

In diesem Interview gibt Argyris Auskunft beispielsweise zu Fragen nach seinem (wissenschaftlichen) Verhältnis zu Kurt Lewin und Donald A. Schön, nach der gegenwärtigen Relevanz der Aktionsforschung, nach dem Beobachter als Akteur, nach dem Unterschied zwischen den offiziellen und praktizierten Handlungskonzepten – und natürlich seinen weiteren Plänen.

Mechtild Beucke-Galm: Über die Bedeutung von Dialog in einer »lernenden Organisation«. IOD, Institut für Organisationsberatung und Dialog, Frankfurt a. M.
http://www.io-d.de/pdf/n_mbg0603.pdf

Unter Rückgriff auf die Dialogmodelle von Buber und Bohm/Isaacs wird der Dialog in diesem Aufsatz als soziale Intervention und als Miteinander-Denken beschrieben. Nicht zuletzt ein Praxisbeispiel, in dem die Autorin als Dialogberaterin einer Firma zum Erfolg verhilft, macht diesen Beitrag lesenswert.

Mechtild Beucke-Galm: Wie kommt das Neue in die Welt? Dialog in der Strategie-Entwicklung. IOD, Institut für Organisationsberatung und Dialog, Frankfurt a. M. In: *Beratung der Veränderung – Veränderung der Beratung.* Neue Wege in Organisationsberatung, Training und der Gestaltung sozialer Systeme, hrsg. von H. Lobnig, J. Schwendenwein, L. Zvacek, Gabler Verlag, Wiesbaden 2003, S. 174–193.
http://www.io-d.de/pdf/mbg_dasneue_0302.pdf

In der Strategie-Entwicklung eines Unternehmens sucht das Management die Zukunft zu antizipieren und das Unternehmen auf die gedachte Zukunft auszurichten. Am Beispiel einer mittelständischen Unternehmensgruppe erläutert die Autorin ihr Beratungskonzept zur Einführung des Dialogs, geht auf Rahmen und Setting der strategischen Dialoge ein und hebt die Bedeutung des Containers und der Begleitung bei diesem Prozess hervor.

Susanne Ehmer: Dialog in Organisationen. Praxis und Nutzen des Dialogs in der Organisationsentwicklung. Eine Untersuchung. (Beiträge zur Supervision, Bd. 14, hrsg. von S. Ehmer) Dissertation, Kassel University Press 2004.
http://cgi.uni-kassel.de/~dbupress/download_frei.pdf.cgi?3-89958-077-X

Kommentar siehe unter »Weiterführende Literatur«.

Gerhard Fatzer: Führungskräfte im Dialog. In: *Alpha – der Kadermarkt der Schweiz,* 1.3.2003.
http://www.lernende-organisationen.ch/Fatzer%20Dialog.pdf

Die Kommunikationsstruktur vieler Unternehmen ist durch »eingeübte Inkompetenz« geprägt, die vier Regeln folgt: Doppeldeutigkeit der Botschaft, so handeln, als wäre die Botschaft nicht widersprüchlich, Tabuisieren der Doppeldeutigkeit dieser Botschaft, erklären, dies sei der Normalzustand. Der Dialog wird in diesem Aufsatz als eine Möglichkeit beschrieben, diese »defensiven Routinen« aufzubrechen.

M. Hänsel, A. Zeuch, J. Schweitzer: Erfolgsfaktor Intuition. Geistesblitze in Organisationen. In: *Zeitschrift für Organisationsentwicklung* 3, Heft 1, 2002.
http://www.professionelle-intuition.com/Publikation___Download/Erfolgsfaktor_Intuition_-_OE_Artikel_2002.pdf

Intuition wird in unterschiedlichen Formen erlebt, wie z. B. als »intelligentes« Körpergefühl oder als Geistesblitz. In diesem Aufsatz stellen die Autoren zunächst die Grundfunktionen von Intuition dar, die beim organisationalen Handeln bedeutsam sind. Sodann geht es um intuitive Kompetenzen in verschiedenen Kontexten wirtschaftlichen und organisationalen Handelns, wie z. B. Führung, Personalauswahl. Schließlich wird auf die wichtigsten Aspekte für das Training von Intuition eingegangen.

William N. Isaacs: The Dialogue Project Annual Report 1993–94. The MIT Center for Organizational Learning, Massachusetts Institute of Technology, Cambridge, MA, 1994.
http://www.solonline.org/static/research/workingpapers/8004.html

Der nicht nur aus historischem Interesse interessante Bericht aus den Anfängen der Entwicklung des Dialogprozesses am MIT gibt Auskunft über den Einsatz des Dialogs in verschiedenen Praxisfeldern, über Fortschritte im Theorieaufbau, über die Entwicklung in der Dialogbegleitung, über die Entwicklung von Schulungsmaterial und über ein Dialogsymposium.

William N. Isaacs: Dialogic Leadership. In: *System Thinker*, Vol. 10, 1, 1999.
http://www.dialogos.com/publications/systhink.pdf

In diesem Artikel bezieht sich Isaacs nicht explizit auf Bohm, vielmehr sucht er sein Verständnis dialogischer Führerschaft anhand des Vier-Spieler-Modells von David Kantor zu erläutern. Den verschiedenen Rollen, die wir in einem Gespräch einnehmen können, ordnet er jeweils eine dialogische Kernfähigkeit zu (Mover – Sprechen; Follower – Hören; Opposer – Respektieren; Bystander – Suspendieren). Dialogische Führerschaft zeichnet sich durch Ausgewogenheit in all diesen Bereichen aus.

Christoph Mandl: Dialog als Kommunikations- und Arbeitsform eines Projektteams. In: *Innovatives Projektmanagement*, Weka Media, Kap. 4.4.1, November 2002.
http://www.mlp.co.at/artikel/WekaDialog.pdf

Der Bohm'sche Dialog wird in diesem Aufsatz als eine junge Kommunikations- und Arbeitsform für Entwicklungsprojekte und darüber hinaus als »beziehungsstiftend, handlungsstiftend, verständnisstiftend und auch motivierend« beschrieben.

Peter Pächnatz: Lernen im Gespräch durch den Dialog. In: *Organisationsentwicklung*, Heft 2/2000, S. 4–13.
http://www.flow.de/deutsch/pdf/dialog.pdf

Peter Pächnatz berichtet in diesem spannend zu lesenden Beitrag, wie es ihm gegen anfängliche Skepsis und Abwehr gelang, den Dialog in einem Großunternehmen einzuführen.

Adolf Schepers und Christian Thaler: Peter M. Senge: Die V. Disziplin. Folien, Technische Universität Berlin, Institut für Psychologie, 2001.
http://www3.psychologie.huberlin.de/arbpsy/lehre/a_ogest/AOgest_II/Praesentationen/Senge/Senge-F%C3%BCnfte%20Disziplin.ppt

Anhand von 41 Folien wird in anschaulicher Weise versucht, Senges Konzept der Fünften Disziplin zu verdeutlichen.

Smith, M. K. (2001): Chris Argyris: Theories of Action, Double-loop Learning and Organizational Learning. In: *The Encyclopedia of Informal Education [Web-Enzyklopädie].*
http://www.infed.org/thinkers/argyris.htm

Nach einem kurzen biographischen Abriss und einem Statement von Senge zu Argyris werden – zum Teil anhand von Originalzitaten und -graphiken – die Handlungstheorien (also quasi die »Landkarten im Kopf«), deren Rolle und Folgen für Unternehmen (offizielle/praktizierte Handlungstheorien, Ein- und Doppelschleifenlernen, Modell I und Modell I) sowie eine Sechs-Stufen-Interventionsstrategie skizziert. Im Anschluss an den Artikel sind zahlreiche Literaturangaben sowie weiterführende weiterführende Links angegeben.

Zu 7 »Vom Gegeneinander-Reden zum Miteinander-Denken« – Der Dialog in politisch-gesellschaftlichen Konfliktfeldern

Dirk Scheffler: Der Dialog-Ansatz und dialogische Kommunikation. In: *IPUBLIC – Psychologie im Umweltschutz*, Ausgabe 4, 2002, S. 45–49.
http://www.ipu-ev.de/web/dokumente/ipublic_1_2002.pdf

Nach Ansicht Schefflers kann gerade in der interdisziplinären Umweltforschung und in Umsetzungsprozessen nachhaltiger Entwicklung (Agenda 21-Prozesse), also da, wo sich viele unterschiedliche Perspektiven und Fachkulturen begegnen, eine dialogische Gesprächsform hilfreich sein, um eine intensive Verständigung herbeizuführen, die über das gewohnte Denken hinausführt. Scheffler berichtet in diesem Beitrag über ein Dialogseminar, das er im Rahmen eines Kongresses von Umweltpsychologen initiiert und als Facilitator begleitet hat.

Elisabeth Gründler: Dialog mit dem Feind. Der israelische Psychologe Dan Bar-On entwickelt den TRT-Prozess. Hagalil.com 18.2.02.
http://www.nahost-politik.de/psychologie/dialog.htm

Einfühlsam und sachkundig zeichnet die Autorin den Werdegang des TRT-Prozesses und seines Begründers Dan Bar-On nach.

Kazuma Matoba: Dialogkompetenz für transkulturelle Kommunikation: Neuer Versuch des Theorieaufbaus für interkulturelles Kommunikationstraining. In: Shinji Nakagawa, Susanna Slivensky, Masako Sugitani und Japanische Gesellschaft für Germanistik (Hrsg.): *Pädagogische Interaktion und interkulturelles Lernen im Deutschunterricht.* Studien Verlag, Innsbruck 2000, S. 221–235.
http://www.transcultural-dialogue.com/documents/dialogkompetenz.pdf

Im Mittelpunkt dieses Aufsatzes steht die These des Autors, dass Kommunikation mit dem kulturell Fremden dadurch gelingen kann, dass seine kulturspezifische kommunikative Kompetenz zu einer universellen transkulturellen dialogischen Kompetenz erweitert wird. Eine Möglichkeit hierzu bietet die Förderung der kulturspezifisch nicht voll entwickelten dialogischen Kernfähigkeiten.

Kazuma Matoba: Dialogue Process as Communication Training for Multicultural Organizations. In: S. Bohnet-Joschko und D. Schiereck (Hrsg.): *Socially Responsible Management.* Metropolis Verlag, Marburg, S. 143–166.
http://www.transcultural-dialogue.com/documents/dialogue_process.pdf

Matoba bespricht verschiedene Modelle für dialogische (interkulturelle) Kommunikation: das von Yoshikawa unter Bezug auf Buber, das von Ellinor & Gerard bzw. Hartkemeyer & Dhority unter Bezug auf Bohm. Im Wesentlichen aus dem Vier-Stufen-Dialogmodell von Jaworski & Scharmer leitet Matoba einen Drei-Stufen-Dialog für das Einüben interkultureller Kommunikation ab. Dabei steht auf jeder Stufe das Einüben verschiedener Kernkompetenzen im Vordergrund. Das eigentliche Ziel des Aufbaus einer dritten Kultur aus einem gelingenden interkulturellen Dialog kann nur erreicht werden, wenn die zehn Kernfähigkeiten entwickelt werden.

Interkulturelle Kooperation für ein internationales Berlin (IKIB): Gruppe »Dialog zwischen Kulturen und Generationen«.
http://www.ikib.org/Dialoggruppe.html

Menschen im Alter zwischen 20 und Mitte 60, u. a. aus Lateinamerika, Asien, Deutschland und Osteuropa, treffen sich einmal monatlich zum Dialog.

Zu 8 Welche anderen Kommunikationsverfahren können den Dialogprozess bereichern?

Christina Hahn: Durch Dialog zu Veränderungsstrategien. Drei Großgruppenverfahren im kritischen Vergleich. (Reihe: Arbeitstexte Politikwissenschaft, Kommunikation – Medien – Infrastrukturen, Nr. 30, Nov. 1999, Universität Gesamthochschule Essen, FB 1. Hrsg. von Prof. Dr. Barbara Mettler-v. Meibom.)
http://www.perspektivenwerkstatt-essen.de/lese/artikel/hahn.htm

Nach einer Erläuterung des Dialogbegriffs von David Bohm werden in dieser ausgezeichneten kommunikationswissenschaftlichen Arbeit die Großgruppenverfahren Perspektivwerkstatt, Zukunftskonferenz und Open Space Technology unter Zugrundelegung verschiedener Kriterien (Herkunft, An-

wendungsgebiet, Zielsetzung, Rollen der Teilnehmer, Rollen der Moderatoren, Struktur des Verfahrens, Größe der Konferenz, Visionsbildung, Implementierungsstrategie) einander gegenübergestellt und bewertet.

Zu 9 Modellvorstellungen zum Verständnis dialogischer Prozesse

Rupert Sheldrake: Morphische Felder. Aus: *Der siebte Sinn der Tiere.* Scherz, Bern u. a. 1999, S. 354–373.
http://www.sheldrake.org/deutsche/morfeld.html

Selbstorganisierende Systeme besitzen auf allen Komplexitätsebenen eine Ganzheit, die auf einem charakteristischen organisierenden Feld dieses Systems beruht, seinem »morphischen Feld«. Diese Felder entwickeln sich aufgrund der »morphischen Resonanz«, also einer Art Schwingung, d. h. eines Einflusses, der sich fortpflanzt. Sheldrake erläutert in diesem Buchauszug leicht verständlich und anhand von Beispielen, was er unter »morphischen Feldern« und »morphischer Resonanz« versteht.

William van den Heuvel: The Flow of Meaning. Lecture, Windsor, England, 7.6.1997.
http://www.muc.de/~heuvel/papers/flow_of_meaning.html

David Bohm definiert den Dialog als »Fließen/Fluss von Bedeutung«. Nach van den Heuvel führt dieser Bedeutungsfluss »wie Wasser zum Meer« zu einem Zustand von Kohärenz. Diesem Zustand von Kohärenz stehen verschiedene Blockierungen im Weg. Ein »master block« verhindert die Auflösung all dieser Blockierungen. Um zu erklären, wie diese Blockierung – die Hauptblockierung ist unser Selbst – aufgelöst werden kann, bedient sich van den Heuvel Analogien aus der Computersprache.

Frank Thissen: Das Medium und die Botschaft. Zur Bedeutung der Metainformationen in virtuellen Lernumgebungen. In: Friedrich Scheuermann (Hrsg.): *Lernen in neuen Organisationsformen.* Campus, Münster, New York 2000, S. 365–380.
http://www.frank-thissen.de/de/medium01.pdf

Grundthese des Aufsatzes ist, dass der Lernkontext Wahrnehmung, Aufnahme und kognitive Verarbeitung der Lerninhalte wesentlich beeinflusst. Um dies zu belegen, geht der Autor auf die aktuellen Konzepte ein, die sich mit Lernen und Wahrnehmung auseinander setzen, wie z. B. das Konzept der Autopoiesis und der mentalen Modelle, die Vorstellung des Beziehungsaspekts kommunikativen Handelns und das dialogische Prinzip, wie es von Buber, Bohm und Dhority formuliert wurde, sowie die Vorstellungen über die Beziehung zwischen Denken (Kognition) und Emotionalität.

Danke!

Dankbarkeit ist eine Quelle von Lebensfreude – und wir freuen uns gerne!

Es liegt in der Natur der Sache, dass ein Buch wie dieses, das sich mit der Kunst des Dialogs befasst, ein gemeinsames Ergebnis einer Vielzahl von Beteiligten ist.

Wir sind vielen Menschen dankbar für ihre Unterstützung, können hier aber nur einige erwähnen. Insbesondere diejenigen, die uns als Gesprächspartner zur Verfügung standen und die Dialogarbeit unterstützt haben.

Im Zentrum dieses Buches stehen Praxisberichte und Gespräche, die wir im Rahmen verschiedener Projekte und Veranstaltungen geführt haben. Vielleicht interessiert es Sie als Lesende, wie diese Gespräche zustande kamen?

Das Gespräch mit *Hans-Georg Gadamer* wurde kurz nach seinem 100. Geburtstag geführt. Ermutigend waren seine geistige Frische und sein Interesse an unserem Dialogprojekt. Die spannende Arbeit von *Peter Garrett* lernten wir bei einem Englandaufenthalt kennen. *Michael Mendizza* inspirierte uns mit seinem *Touch the Future*-Projekt anlässlich eines von Freeman Dhority und Glenna Gerard organisierten internationalen Dialogtreffens in den USA, an dem auch *Joseph Jaworski* teilnahm. *Jesper Juul* begegneten wir im Rahmen eines von ihm durchgeführten Seminars in Hannover. Gelegenheit zum Gespräch mit *Verena Kast* fanden wir verschiedene Male in Lindau und Osnabrück. *Hartmut von Hentig* teilte mit uns seine Erfahrungen auf einem Spaziergang im Rahmen eines Rousseau-Seminars in Bad Boll. *Horst Siebert* aus Hannover ist uns ein begleitender Mentor auf dem Weg des Dialogs geblieben. *Satish Kumar* war ein anregender Partner im Schumacher College in England, wo wir die Gespräche beim Zubereiten indischer Gaumenfreuden in der Küche fortsetzten. *Norm Green* steckte uns mit seiner Begeisterung für seine Ideen der Schulreform an, als wir nach seiner Bertelsmann-Preisverleihung von Hamburg aus gemeinsam aufbrachen.

Das Gespräch mit Präsident *Khatami* ist die Frucht einer Vermittlung von *Fatemeh Sadr Tabatabai* und wir waren erfreut, dass es sowohl in der größten Tageszeitung Persiens »Ettela'at« als auch im Forschungsmagazin des Dialog-Instituts in Teheran veröffentlicht wurde. In der Folge druckte der Verlag der Zeitung eine persische Ausgabe unseres Buches *Miteinander denken* und sorgte damit für eine erfreuliche Resonanz.

Das Gespräch mit *Andrés Pástrana Arango* fand während einer Kolumbien-Reise anläßlich der Vorbereitung der EXPO 2000 im Präsidentenpalast von Bogotá statt – auf dem Höhepunkt der Dialogprozesse in Kolumbien. Es zeichnete sich durch eine vertrauensvolle Atmosphäre aus, so dass uns auch die Einsicht in vertrauliche Prozessunterlagen ermöglicht wurde. Mit *Dan Bar-On* sprachen wir im Rahmen seiner Auszeichnung mit dem Erich-Maria-Remarque-Friedenspreis in Osnabrück. Den Generalsekretär der TRC, *Martin Coetzee*, trafen wir während eines Südafrikaaufenthaltes in Kapstadt und lernten bei dieser soziologischen Exkursion verschiedene Dialogansätze im Lande kennen. *Marshall Rosenberg* trug mit seinen Seminaren zur Gewaltfreien Kommunikation zur Vertiefung unseres Verständnisses bei. Mit *Ruth Cohn* verband uns sofort eine tiefe Sympathie für das gemeinsame Suchen nach einem Weg des Miteinander im Gruppengespräch. Zeit für Gespräche mit *Humberto Maturana* ergab sich auf einem internationalen Kongress in Wien. Mit *Hans-Peter Dürr* verbrachten wir anlässlich einer Tagung anregende Tage auf der Fraueninsel im Chiemsee, und *Rupert Sheldrake* forderte unser Denken im Rahmen eines Seminars in England heraus.

Allen Gesprächspartnerinnen und -partnern sind wir dankbar für die freie Entfaltung ihrer Ideen. Verantwortung für eventuelle Unzulänglichkeiten tragen allein die Autoren.

Ein Herzstück dieses Buches sind die zahlreichen Praxisberichte verschiedener Dialogprozess-Begleiterinnen und -Begleiter. Mit allen fühlen wir uns verbunden, da wir mit ihnen gemeinsame Dialoge erlebt haben und um ihr Engagement wissen!

Besonders erwähnen möchten wir stellvertretend *Kazuma Matoba*, der in der Universität Witten/Herdecke zahlreiche Studierende im Rahmen von internationalen Projekten für den Dialogansatz begeistert hat. In der Schweiz unterstützt *Thomas Pfister* die Dialogarbeit seit vielen Jahren. Auch die Zusammenarbeit mit *Freeman Dhority* ist nach wie vor inspirierend und lehrreich. Herzlichen Dank!

Vielen, die an unterschiedlichen Orten an unseren Dialogseminaren teilgenommen haben, verdanken wir Erfahrungen, die vielfältig und ermutigend gewesen sind. Sie haben uns erleben lassen, dass ein anderer kreativer Umgang mit Ideen und Menschen möglich ist.

Wir wissen die zuverlässige Unterstützung in Osnabrück zu schätzen: insbesondere durch den VHS-Kollegen *Carl-Heinrich Bösling* und den Dezernenten

Reinhard Sliwka, die das Dialogprojekt begleitet haben, und den Oberbürgermeister *Hans-Jürgen Fip*, der anlässlich des 350. Jahrestages des Westfälischen Friedens unser erstes Dialogbuch *(Miteinander denken)* im Friedenssaal des Osnabrücker Rathauses vorstellte. Die langjährige, engagierte Begleitung von *Wolfgang Wöstmann* und *Arnold Schmieder* von der Adolf-Reichwein-Gesellschaft in Osnabrück und von *Georg Széll* an der Universität Osnabrück hat dazu beigetragen, eine tragfähige Basis für das Dialogprojekt zu schaffen.

Dieses Buch wäre nicht entstanden ohne die kritische Begleitung und Durchsicht hilfreicher Menschen; von denen *Karsten Hermann* und *Agnes Wienholt* besonders zu nennen sind. *Werner Ratering* ließ sich vor vielen Jahren von der Dialogarbeit inspirieren und blieb seit dieser Zeit ein wacher Gesprächspartner. Durch seine künstlerische Arbeit, besonders durch die Darstellung der Kernfähigkeiten, schuf er für uns und viele andere einen neuen Zugang der Wahrnehmung. Unsere Kinder haben längst über den Kreis der Familie hinaus eigene Dialogerfahrungen gesammelt. Sie und ihre Freunde ließen uns teilhaben an ihren Fragen und Erfahrungen. Zahlreiche Zitate und Beispiele haben wir ihnen zu verdanken.

Ohne die tatkräftige Hilfe, die mutigen Streichungen, das hartnäckige Ringen und die Weitsicht von *Manfred Zimmer* wäre dieses Buch überhaupt nicht möglich gewesen. Auch die konstruktive und wohlwollende, sorgsame Begleitung von *Thomas Reichert* hat dafür gesorgt, dass es seine Form annahm – beiden und auch *Johannes Czaja* von Klett-Cotta, herzlichen Dank für Geduld, Umsicht, Kreativität und Ausdauer!

Namen und Anschriften

Dhority, L. Freeman, Prof. Dr.
1990 Vassar Drive
USA-Boulder, CO 80305
eMail: fdhority@aol.com
http://www.dialogprojekt.de
http://www.forumemoko.info

Dobkowitz, Steffi
Hofmannstraße 21
D-91052 Erlangen
Tel.: 09131/22877
eMail: s.dobkowitz@forumemoko.info
http://www.forumemoko.info

Ehmer, Susanne, Dr.
Universität Kassel
Institut für Soziale Therapie, Supervision, Organisationsberatung
Arnold-Bode-Straße 10
D-34127 Kassel
Tel.: 0561/804-2941
Fax: 0561/804-2051
eMail: s-ehmer@uni-kassel.de

Eichhorst, Hans-Dieter
Dialogwerkstatt Westerwald
Auf den Stühlen 2
D-57627 Hachenburg
Tel.: 02662/943933
Fax: 02662/943934
eMail: eichhorst@dialogwerkstatt.de
http://www.dialogwerkstatt.de

Eversmann, Hedwig
Edmund-Bertrams-Straße 55
D-40489 Düsseldorf
Tel.: 0211/940356
Fax: 0211/940357
eMail: hedwig@eversmann.de

Findeis-Dorn, Christine
Trialog: Rhetorik, Dialog, Qigong
Am Südhang 25
D-55127 Mainz
Tel.: 06131/971-9001
Fax: 06131/971-9002
eMail: trialog@findeis-dorn.de
findeis-dorn@st-georgen.uni-frankfurt.de
http://www.findeis-dorn.de

Gumpert, Heike
Gneisenaustraße 16
D-53173 Bonn
Tel.: 0228/9563970
eMail: heike.gumpert@gmx.de

Haars, Anna-Brigitte
Dialogwerkstatt Rhein-Main
Im kleinen Grund 16
D-65779 Kelkheim
Tel.: 06174/964777
Fax: 06174/964774
eMail: haars@dialogwerkstatt.de
http://www.dialogwerkstatt.de

Hanns-Lilje-Stiftung
Goethestraße 29
D-30169 Hannover
Tel.: 0511/1241-165
Fax: 0511/1241-183

Hänsel, Markus, Dr.
Systemische Beratung und Training
Am Dorf 5-4
D-69124 Heidelberg
Tel.: 06221/782851
Fax: 06221/782856
eMail: markus.haensel@gmx.de
http://www.professionelle-intuition.de

Hartkemeyer, Johannes, Dr.
Volkshochschule der Stadt Osnabrück
Bergstraße 8
D-49076 Osnabrück
Tel.: 0541/323-4421
Fax: 0541/323-4347
eMail: info@vhs-osnabrueck.de
http://www.vhs-osnabrueck.de

Hartkemeyer, Martina, Dr.
Institut für Dialogprozess-Begleitung
der Adolf-Reichwein-Gesellschaft
Osnabrücker Straße 73b
D-49565 Bramsche
Tel.: 05407/858521
Fax: 05407/858522
eMail:
mhartkemeyer@dialogprojekt.de
http://www.dialogprojekt.de

Hartkemeyer, Tobias
FB Ökologische Agrarwissenschaften
Universität Kassel
Nordbahnhofstraße 1a
D-37213 Witzenhausen
Tel.: 05542/98-1717
Fax: 055 42/98-1713
eMail: tohart@uni-kassel.de

Hergert, Roland, Dipl.-Kfm
Lehmkuhlenstraße 33
D-26123 Oldenburg
Tel.: 0441/3407532
eMail: roland.hergert@mail.uni-oldenburg.de

Hipp, Joachim
Wengel & Hipp, Institut für Organisations- und Karriereberatung
Kaiserstraße 79
D-60329 Frankfurt
Tel.: 069/21997220
Fax: 069/21997222
eMail: jh@wengelundhipp.de
http://www.wengelundhipp.de

Holler, Margitta
Organisationsberatung und Training
Rutschbahn 17
D-20146 Hamburg
Tel.: 040/443227
Fax: 040/41353576
eMail: holler@rutschbahn.net

Holmes, Steve, Dr.
Waldgrenzweg 5
D-69118 Heidelberg
Tel.: 06221/800016
eMail: stevejackie@gmx.de

IKIB
Interkulturelle Kooperation für ein internationales Berlin e. V.
Akazienstraße 20
D-10823 Berlin
Tel.: 030/7813177
eMail: info@ikib.org
http://www.ikib.org

Jungermann, Christoph Daniel, Dipl.-Ök.
Universität Witten/Herdecke
Alfred-Herrhausen-Straße 50
D-58448 Witten
Fax: 01212/543902916
eMail:
christoph.jungermann@uni-wh.de
http://www.jungermann.biz/cd

Kapelari, Benno
Zögersbachstraße 24
A-3180 Lilienfeld
Tel.: 02762/5509944
Fax: 02762/1118047
eMail: benno.kapelari@utanet.at

Lingg, Henriette Katharina
Birkenstraße 3d
D-85757 Karlsfeld
Tel: 08131/596979
Fax: 08131/596959
eMail: henriette@lingg.org
http://www.lingg.org

Matoba, Kazuma, Dr.
Universität Witten/Herdecke
Institute for Comparative Research into Culture and Economic Systems (ICCE)
Alfred-Herrhausen-Straße 50
D-58448 Witten
Tel.: 02302/926-552
Fax: 02302/926-587
email: kazuma.matoba@uni-wh.de
http://www.transcultural-dialogue.com

Morawski, Frank M. A.
Helmholtzstraße 60
D-46045 Oberhausen
Tel./Fax: 0208/8830224
eMail: frank.morawski@gmx.net

Niederhellmann-Mogk, Annette, Dr.
Bismarckstraße 8
D-53113 Bonn
Tel.: 0228/229690
eMail: niederhellmann.mogk@t-online.de

Pächnatz, Peter
Beratungsgruppe externes Personalmanagement
BeP Hamburg
Paul-Sorge-Straße 113
D-22455 Hamburg
Tel.: 040/898077-78
Fax: 040/898077-79
eMail: pep@rent-a-personalmanager.de
http://www.rent-a-personalmanager.de

Pfetsch, Helga
Sitzbuchweg 44
D-69118 Heidelberg
Tel. 06221/801516
Fax: 06221/802124
eMail: helga.pfetsch@skillgmbh.de
http://www.skillgmbh.de

Ratering, Werner
Haus Stapel
D-48329 Havixbeck
Tel.: 02507/2058
eMail: errata@t-online.de
http:/www.werner-ratering.de

Raulinat, Andrea
alsterdialog
Alsterdorfer Markt 12
D-22297 Hamburg
Tel.: 040/50773774
Fax: 040/50773776
a.raulinat@alsterdorf.de
http://www.alsterdialog.de

Röttgen, Roland
Dialogwerkstatt Bergstraße
Giesser Weg 43
D-64673 Zwingenberg
Tel.: 06251/789281
Fax: 06251/789280
eMail: roettgen@dialogwerkstatt.de
http://www.dialogwerkstatt.de

Rubenbauer, Ursula
Belziger Straße 3 A
D-10823 Berlin
Tel.: 030/78713546
eMail: ursula.rubenbauer@web.de

Sadr-Tabatabai, Fatemeh
Musa Sadr Foundation,Teheran
Mirdamad Street 25
Teheran, Iran
Tel.: 0098/21290-3006
Fax: 0098/21290-3007
eMail: fatemehsadr@yahoo.de

Scheffler, Dirk
e-fect hoffmann + scheffler gbr
evaluation beratung training
Am Deimelberg 19
D-54295 Trier
Tel.: 0651/28430
Fax: 0651/28430
eMail: scheffler@e-fect.de
http://www.e-fect.de

Scheible, Daniel, Dipl.-Ök.
Universität Witten/Herdecke
Hauptstraße 51
D-58452 Witten
Tel.: 2302/401950
eMail: d.scheible@gmx.de
http://www.transcultural-dialogue.com

Schmid Holz, Daniel, Dr.
Boldern Evangelisches Tagungs- und Studienzentrum
CH-8708 Männedorf
Postfach (Boldernstraße 83)
Tel.: 0041/1/92171-11
Fax: 0041/1/92171-10
eMail: daniel.schmid.holz@boldern.ch
http://www.boldern.ch

Schneider, Ingeborg
Media-Intuitiva
Heidelsteinweg 9
D-36088 Hünfeld
Tel.: 06652/7940950
eMail: ingeborg-schneider@media-intuitiva.de
http://www.media-intuitiva.de

Schönfeld, Stefan
Scharnhorststraße 7
D-04275 Leipzig
Tel.: 0341/2319398
Fax.: 0341/2319399
eMail: sschoenfeld@aol.com

Schopp, Johannes
Jugendamt Dortmund
Referat Elternbildung
Ostwall 64
D-44122 Dortmund
Tel.: 0231/50-25956
Fax: 0231/50-26514
eMail: jschopp@stadtdo.de

Schütte, Margret
Ludwigschule
Groner Allee 49
D-49497 Ibbenbüren
Tel.: 05407/3535
eMail: margretschuette@web.de

Schwarzer, Christoph
For Wind – Zentrum für Windenergieforschung
Marie-Curie-Straße 1
D-26129 Oldenburg
Tel.: 0441/36116-721
Fax 0441/36116-739
eMail: christoph.schwarzer@forwind.de
http://www.forwind.de

Tepe, Herbert
Blumensteiner Straße 5
D-34317 Habichtswald
Tel.: 05606/532678
eMail: htepe@tepe-training.de
http://www.tepe-training.de

Traitler, Reinhild, Dr.
Voltastraße 27
Ch-8044 Zürich
Tel. 0041/1/2526594
eMail: rtraitler@swissonline.ch

von Bergen, Wiebke
Beratung Training Supervision
Lokstedter Steindamm 18
D-22529 Hamburg
Tel.: 040/561006
Fax: 040/56060703
eMail: info@von-bergen.de
http://www.von-bergen.de

Wengel, Katja
Wengel & Hipp, Institut für Organisations- und Karriereberatung
D-60329 Frankfurt
Kaiserstraße 79
Tel.: 069/21997220
Fax: 069/21997222
eMail: kw@wengelundhipp.de
http://www.wengelundhipp.de

Wolfs, Dorothee, M.A.
Dialogwerkstatt Hamburg
Knauerstraße 9
D-20249 Hamburg
Tel.: 040/48004888
email: wolfs@dialogwerkstatt.de
http://www.dialogwerkstatt.de

Zeuch, Andreas, Dr.
best.instinct: beratung & training
Steubenstraße 46
D-69126 Heidelberg
Tel.: 06221/895872
Fax: 06221/895871
eMail: a.zeuch@gmx.de
http://www.a-zeuch.de

Zimmer, Manfred, Dr.
Büro für Umweltdokumentation und Umweltbildung
Wüstenstraße 17
D-49080 Osnabrück
Tel./Fax: 0541/802131
eMail: oekodok@t-online.de
http://www.oekodok.de

Abbildungsverzeichnis

Durch die zahlreichen Seminare und Hinweise vieler Teilnehmender haben wir eine umfangreiche Sammlung von Karikaturen und Abbildungen zusammengetragen. Nicht immer konnten wir die genaue Herkunft der in diesem Buch verwandten Abbildungen zurückverfolgen. Wir bitten, uns bzw. den Verlag zu informieren, wenn genauere Quellenangaben und damit verbundene Rechte bekannt sind. (Fotos, soweit nicht anders angegeben, von J. F. & M. Hartkemeyer.)

6. Kapitel

S. 202: »Wenn nicht bald eine Weiche kommt, sind wir verloren«, Karikatur.

S. 207: Tagungs- und Studienzentrum Boldern am Zürichsee.

S. 237: Joseph Jaworski: Hintergrund: Seminarnotizen.

7. Kapitel

S. 248: Seminar-Grafik.

S. 248: Seminar-Grafik.

S. 251: Seminar-Grafik.

S. 259: Buchumschlag: Traitler 2004, *In the Mirror of Your Eyes*.

S. 264: Dialogrunde an der University of Namibia, Foto: Christoph Daniel Jungermann.

S. 266: Teil der Dialogrunde an der University of Namibia, Foto: Christoph Daniel Jungermann.

S. 267: Dialogteilnehmende in Namibia, Foto: Christoph Daniel Jungermann.

S. 274: Kathami, Foto aus Public Forum; Hintergrund: Buchtitel der persischen Ausgabe von *Miteinander denken*.

S. 283: Profil Dialogkompetenz/kulturspezifische Kompetenzen, nach Matoba 200.

S. 285: Andrés Pastrana Arango, aus: Presidencia de la República de Colombia, 1999, S. 565; Hintergrund: Urwald in Kolumbien.

S. 286: Gesprächsrunde im Präsidentenpalast.

S. 287: Pastrana und Marulanda im Gespräch, aus: Presidencia de la República de Colombia, 1999.

S. 288: Kolumbianische Dialogrunde, aus: Presidencia de la República de Colombia, 1999.

S. 290: Ralph Giordano, Foto: Verlag Kiepenheuer und Witsch, Köln.

S. 292: Dan Bar-On, Quelle: Internet; Hintergrund: Jerusalem.

S. 302: Martin Coetzee; Hintergrund: Die ehemaligen Gefängnisinsel Robben Island.

S. 303: »Truth hurts, but silence kills«, Plakatfoto.

S. 303: Höhle im Steinbruch auf Robben Island.

S. 304: Wachturm auf Robben Island.

S. 305: Desmond Tutu, Quelle: Umschlag von *No Future without Forgiveness,* Doubleday, New York.

S. 309: Guguletu in Südafrika.

8. Kapitel

S. 313: Harrison Owen.

S. 317: Marshall Rosenberg; Hintergrund: Giraffe von Lisa Maria Hartkemeyer.

S. 322: »Erziehungssache: Rauchen«, Karikatur (Quelle unbekannt).

S. 325: Westfälischer Friedensvertrag, aus: Hoffmeyer 1985, S. 214.

S. 328: Ruth Cohn; Hintergrund: Matterhorn, Schweiz.

9. Kapitel

S. 337: Humberto Maturana; Hintergrund: Verschiedene Schattenwürfe, aus: Hampden-Turner, 1986, S. 9.

S. 339: Welt-Auge aus Public forum.

S. 346: Hans-Peter Dürr; Hintergrund: Vortragsfolie zur Quantentheorie.

S. 351: Keltisches Muster.

S. 356: »Entschuldigung«, Karikatur, Tex Rubinowitz; aus: *Die Zeit,* 7.11.02.

S. 357: Chinesisches Zeichen für Wandlung.

S. 358: Rupert Sheldrake; Hintergrund: Keltische Darstellung von Verbundenheit.

S. 364: Franz Marc, »Streit«.

S. 365: Attraktormuster »Verdeckte Ursachen«.

S. 366: Eisbergmodell.

S. 368: Beispiel zum Lernen nach dem Eisberg-Modell – »Internationaler Terrorismus«.

S. 370: Lern-Schleifen (verändert nach Argyris).

S. 371: Tiefe des Prozesses (nach Claus-Otto Scharmer).

10. Kapitel

S. 379 f.: Dilemma-Übung.

S. 389: Feedback-Modell.

S. 396: Grafiken: Flight, Fight, Pairing, Dependance, aus: Annette Simmons: *A Safe Place for Dangerous Truth,* New York 1999, S. 50 ff.

S. 397: Four-Player-Model (nach David Kantor).

S. 423: Beispiel zum Eisbergmodell.

S. 424: Beispiel zum Eisbergmodell.

Personen- und Namenregister

Sachregister

Bei Textstellen, die für die jeweiligen Stichworte besonders wichtig sind, sind die Seitenzahlen fett hervorgehoben.